2006

中国发展报告

中华人民共和国国家统计局 编

中国统计出版社
China Statistics Press

（京）新登字 041 号

图书在版编目（CIP）数据

中国发展报告. 2006/中华人民共和国国家统计局编.
—北京：中国统计出版社，2006. 6
ISBN 7-5037-5027-8

Ⅰ. 中…
Ⅱ. 中…
Ⅲ. ①经济发展-分析-中国-2005
经济发展趋势-经济预测-中国-2006
Ⅳ. F123.2

中国版本图书馆 CIP 数据核字（2006）第 054694 号

2006 中国发展报告

作　　者/中华人民共和国国家统计局编
责任编辑/郭　栋
装帧设计/艺编广告·张　冰
出版发行/中国统计出版社
通信地址/北京市西城区月坛南街 75 号　邮政编码/100826
办公地址/北京市丰台区西三环南路甲 6 号
电　　话/邮购（010）63376907　书店（010）68783172（发行部）
印　　刷/河北天普润印刷厂
经　　销/新华书店
开　　本/880×1230mm　1/16
字　　数/750 千字
印　　张/25.75
印　　数/1-1800 册
版　　别/2006 年 6 月第 1 版
版　　次/2006 年 6 月第 1 次印刷
书　　号/ISBN 7-5037-5027-8/F·2348
定　　价/88.00 元

《2006中国发展报告》编委会与编辑部

前　言

2005年，全国各族人民在党中央、国务院的领导下，以邓小平理论和“三个代表”重要思想为指导，以科学发展观统领经济社会发展全局，认真贯彻落实加强和改善宏观调控的各项政策措施，国民经济呈现出增长较快、效益较好、价格平稳、活力增强的良好态势。特别是运行的稳定性有所提高、发展的协调性有所改善，关键领域的改革有所突破，对外开放继续扩大，各项社会事业蓬勃发展，人民生活水平继续提高。2005年国内生产总值达到182321亿元，比上年增长9.9%。第一、第二和第三产业增加值占国内生产总值的比重分别为12.4%、47.3%和40.3%。各项税收收入超过3万亿元，比上年增加20%。全国规模以上工业企业实现利润14362亿元，增长22.6%。居民消费价格比上年温和上涨1.8%。年末全国就业人员75825万人，比上年末增加625万人。年末城镇登记失业率为4.2%，与上年末持平。进出口总额14221亿美元，比上年增长23.2%，出口大于进口1019亿美元。年末国家外汇储备达到8189亿美元。人民币汇率形成机制改革顺利推进。人民币小幅升值2.56%。全年普通高等教育招生505万人，毕业生307万人。普通高中招生878万人，毕业生662万人。神舟六号载人航天飞行取得圆满成功，标志着我国在一些重要科技领域达到世界先进水平。年末广播综合人口覆盖率为94.5%；电视综合人口覆盖率为95.8%。抗击禽流感取得成效，防止了高致病性禽流感疫情的大规模爆发和对人类的感染。人口自然增长率保持稳定。2005年我国总人口突破13亿，年末达到130756万人。全年人口自然增长率为5.89‰。

2005年也是我国“十五”计划的结束之年。刚刚过去的五年是我国社会主义现代化进程中极不平凡的五年，是继往开来、与时俱进的五年，是战胜各种困难大踏步前进的五年。我们克服了世界经济低迷、贸易保护主义抬头、国际恐怖主义猖獗等不利影响；成功地战胜了突如其来的“非典”等重大疫情和自然灾害；有效抑制了经济运行中不稳定、不健康因素，使国民经济持续五年平稳较快增长，年均增长速度达到9.5%，经济实力大幅度提高，经济总量进入到世界前4位。经济结构战略性调整迈出重要步伐，农业特别是粮食生产走出低谷，重新登上 9600 亿斤台阶。能源、交通、重要原材料等基础产业和基础设施建设成效显著；五年全社会固定资产投资累计完成 29.5 万亿元，超过了 1981－2000 年 20 年间全社会固定资产投资的总和。五年来，我国新建高速公路 2.4 万公里，超过 2000 年以前所建高速公路总和，新增发电装机容量 1.8 亿千瓦。经济体制改革不断深化，社会主义市场经济体制逐步完善。成功加入 WTO 并抓住机遇使对外开放达到一个新的水平。人民安居乐业，生活水平显著提高。到 2005 年底，城乡居民人民币储蓄存款余额达 14.1 万亿元，比 2000 年末增加 1 倍多。各项社会事业大踏步前进。我们党科学总结国内外发展理论和实践，提出了以人为本、全面协调可持续的科学发展观和构建和谐社会两大重要战略思想，使我们的发展理念发生了深刻变化，实现了新的飞跃，对推进全面建设小康社会和整个现代化事业具有全局的和长远的决定性指导作用。

2005 年良好的运行结果为我国经济社会发展在新世纪第一个五年画上了圆满的句号，也为新的一年乃至“十一五”规划确立了一个崭新的起点。我们在总结成绩的同时，对发展中存在的矛盾和问题也不容忽视。经济社会发展与科学发展和构建和谐社会的要求还相去甚远，尤其是教育、卫生、社会保障等公共产品还不能满足广大人民群众日益增长的需求，制约经济社会发展的体制机制问题还比较多。面对新的一年和新的五年，发展的任务还很艰巨，挑战还很大。我们只有坚持以科学发展观统领经济社会发展全局，继续加强和改善宏观调控，努力开拓，积极进取，不断深化改革扩大开放，认真解决长期积累的突出矛盾和问题，才能够突破发展的瓶颈制约和体制障碍，抓住机遇，在新的、更高的历史起点上取得更加辉煌的成就。

《2006 中国发展报告》是国家统计局向社会推出的关于中国经济社会发展回顾与预测的综合性、权威性的年度分析报告。其内容丰富、全面，并配有翔实、权威的数据信息，具有较强的可读性和实用性。

本书编辑过程中得到了最高人民法院、教育部、公安部、民政部、劳动与社会保障部、商务部、文化部、卫生部、国家环保总局、国家广播影视总局、国家体育总局、林业局、海洋局、中国残疾人联合会等部门的大力支持，在此表示衷心感谢。同时，也感谢广大读者对本书的一贯支持和关注，感谢对本书编辑工作提出的有益建议和意见。

编　者

2006 年 5 月

目 录

重要文献篇

综合篇

行业篇

专题篇

政策信息篇

综合

农业

工业建筑

交通邮电旅游

国内外贸易

专栏文章

重要文献篇

政府工作报告

——2006年3月5日在第十届全国人民代表大会第四次会议上

国务院总理　温家宝

各位代表：

现在，我代表国务院，向大会作政府工作报告，请予审议，并请全国政协各位委员提出意见。

一、去年工作回顾

2005年，我国社会主义现代化事业取得显著成就。

——经济平稳较快发展。全年国内生产总值达到18.23万亿元，比上年增长9.9%；财政收入突破3万亿元，增加5232亿元；居民消费价格总水平上涨1.8%。国民经济呈现增长较快、效益较好、价格较稳的良好局面。

——改革开放迈出重大步伐。一些重点领域和关键环节的改革取得新突破；进出口贸易总额达到1.42万亿美元，增长23.2%；实际利用外商直接投资603亿美元；年末国家外汇储备达到8189亿美元。

——社会事业取得新进步。科技、教育、文化、卫生、体育等事业全面发展。神舟六号载人航天飞行圆满成功，标志着我国在一些重要科技领域达到世界先进水平。

——人民生活进一步改善。城镇新增就业970万人；城镇居民人均可支配收入达到10493元，农村居民人均纯收入达到3255元，扣除价格因素，分别增长9.6%和6.2%。

我国在全面建设小康社会道路上迈出了新的坚实步伐。

一年来，我们以科学发展观统领经济社会发展全局，主要做了以下几方面工作：

（一）着力解决经济运行中的突出问题。继续搞好宏观调控，坚持区别对待、有保有压的原则，综合运用财税、货币、土地等手段，控制固定资产投资过快增长，遏制房地产投资过快增长和房价过快上涨的势头。进一步增加农业、能源、交通、社会事业等薄弱环节投入，促进协调发展，增强发展后劲。加强经济运行调节，继续缓解煤电油运紧张状况，保障了经济平稳较快增长。

（二）积极推进经济结构调整和增长方式转变。继续加强“三农”工作。28个省（区、市）全部免征了农业税，全国取消了牧业税。增加对种粮农民的补贴和对产粮大县及财政困难县的转移支付，对部分粮食主产区的重点粮食品种实行最低收购价政策，多渠道增加农民收入。全年中央财政用于“三农”的支出达到2975亿元，比上年增加349亿元。粮食总产量在上年大幅度增长的基础上，又增产1454万吨，达到48401万吨。农业综合生产能力得到加强，粮食稳定增产和农民持续增收，为经济平稳较快发展和社会稳定奠定了基础。

在产业结构调整方面，制定和实施了能源、重要原材料和装备制造等行业发展规划和产业政策，提出了促进流通业发展的政策措施，引导和支持重点行业健康发展；淘汰了一批高耗能、高污染和不符合安全生产条件的落后生产能力。

为推进经济增长方式转变，突出抓了能源资源节约和环境保护，提出了建设资源节约型社会、发展循环经济的任务和政策措施，启动了178项节能、节水和资源综合利用等重大项目。加强了矿产开发、土地利用和城乡规划管理。去年投入国债资金152亿元，主要用于淮河、太湖等重点流域污染防治和天然林保护、退耕还林还草、防沙治沙等重点生态工程。深入开展环保专项治理，解决了一些危害群众健康的环境问题。

（三）深化体制改革和推进对外开放。农村综合改革试点继续推进。国有商业银行股份制改革和农村信用社改革取得重要进展，上市公司股权分置改革稳步推进，完善人民币汇率形成机制改革顺利实施。国有企业建立现代企业制度步伐加快。中央财政安排219亿元支持116户国有企业实施政策性关闭破产，企业分离办社会职能工作继续进行。财税、投资、价格改革继续深化。邮政体制改革开始启动。铁路、民航体制改革取得新进展。制定并实施了鼓励、支持和引导非公有制经济发展的政策措施。一些重点领域和关键环节的改革,取得了突破性进展。

我们积极应对对外开放中出现的新情况新问题。调整出口退税、关税和加工贸易政策,优化对外贸易结构。完善出口退税机制。稳步推进服务业对外开放。全面部署了加入世界贸易组织后过渡期的各项工作。

(四)加快发展各项社会事业。2005 年中央财政用于科技、教育、卫生、文化等方面的支出 1168 亿元,比上年增长 18.3%;投入国债建设资金 95.4 亿元。

在科技方面,加强了国家创新体系、基础研究和基础设施建设。集成电路芯片设计开发、第三代移动通信、高性能复合材料、高档数控机床研制等重大科技专项取得重要进展。在国务院领导下,组织和动员各方面力量,经过两年多的深入研究和广泛论证,制定了《国家中长期科学和技术发展规划纲要》。

在教育方面,重点加强了义务教育特别是农村义务教育。中央和地方财政安排专项资金 70 多亿元,对 592 个重点贫困县 1700 万名贫困家庭学生免除学杂费、免费提供教科书和补助寄宿生生活费,还为中西部地区 1700 多万名贫困家庭学生免费提供教科书,许多辍学儿童重新回到学校。继续实施西部地区"两基"攻坚计划。两年来新建、改建、扩建农村寄宿制学校 2400 多所,为 16 万个农村中小学校和教学点配备了远程教育设施。职业教育得到进一步加强。高等教育持续发展。

在卫生方面,着力加强公共卫生体系建设和农村卫生工作。近三年,中央和地方投入 105 亿元,基本建成了覆盖省市县三级的疾病预防控制体系;总投资为 164 亿元的突发公共卫生事件医疗救治体系建设进展顺利。中央安排 30 亿元国债资金支持中西部乡镇卫生院建设,改善农村医疗卫生条件。新型农村合作医疗制度试点已扩大到 671 个县,惠及 1.77 亿农民。加强艾滋病等重大疾病防治。高度重视高致病性禽流感疫情防控工作,有效遏制了疫情蔓延和对人的传播。人口和计划生育工作取得新进展。

在文化方面,积极开展文化体制改革试点工作,公共文化基础设施建设进一步加强,文化信息资源共享工程顺利实施。对外文化交流日益活跃。体育事业取得新成绩。社会主义精神文明建设得到加强。

(五)努力做好就业和社会保障工作。加大对就业再就业的政策支持和资金投入。去年中央财政安排国有企业下岗职工基本生活保障专项补助、再就业补助 209 亿元,比上年增加 29 亿元。统筹做好城镇新增劳动力、高校毕业生、复员退伍军人等就业工作。中央财政还安排专项资金支持农村劳动力转移培训和城镇退役士兵自谋职业。

社会保障体系不断完善,覆盖面进一步扩大。已有 17 个省(区、市)完成国有企业下岗职工基本生活保障向失业保险并轨。城市低保对象基本实现应保尽保。重点优抚对象抚恤补助标准明显提高,中央财政安排优抚事业费 74.6 亿元,比上年增长 90%。28 个省(区、市)、2300 个县(市)已初步建立社会救助体系的基本框架。救灾和扶贫工作力度加大。全年中央财政用于抗灾救灾的资金 89 亿元,救助受灾群众 9000 多万人次。中央和地方财政安排扶贫资金 162 亿元,农村贫困人口比上年减少 245 万人。

(六)切实加强民主法制建设。基层民主政治建设继续推进,21 个省(区、市)完成了村委会换届选举。政务公开、厂务公开和村务公开不断扩大。加强了政府决策科学化、民主化工作,对涉及群众利益的重大事项实行公示、听证等制度。重视政府法制建设,国务院提出了劳动合同法、妇女权益保障法和个人所得税法修正案(草案)等 7 部法律议案,制定并颁布了《重大动物疫情应急条例》、《关于预防煤矿生产安全事故的特别规定》等 22 部行政法规。制定和实施了《国家突发公共事件总体应急预案》和专项预案,应对突发事件的能力不断提高。审计、监察监督进一步强化。认真做好实施《中华人民共和国公务员法》的准备工作。实施新的《信访条例》,畅通了信访渠道,规范了信访秩序。稳步推进司法体制改革。深入开展规范执法行为、促进执法公正的专项整改活动,保障公民合法权益。继续加强社会治安综合治理,依法严厉打击各种违法犯罪活动,刑事发案数有所下降,社会保持稳定。

民族、宗教、侨务和对台工作进一步加强。国防和军队现代化建设取得新进展。外交工作成果显著。

一年来的成就,是以胡锦涛同志为总书记的党中央驾驭全局、正确领导的结果，是广大干部群众共同奋斗、辛勤劳动的结果。在这里，我代表国务院，向全国各族人民，向各民主党派、各人民团体和各界人士，表示诚挚的感谢！向香港特别行政区同胞、澳门特别行政区同胞和台湾同胞以及广大侨胞，表示诚挚的感谢！向一切关心和支持中国现代化建设的各国朋友，表示诚挚的感谢！

在看到成绩的同时，我们也清醒地认识到，经济社会生活中的困难和问题还不少。一些长期积累的和深层次的矛盾尚未根本解决，又出现了一些不容忽视的新问题。一是粮食增产和农民增收难度加大。当前粮价走低和农业生产资料价格上涨的压力都不小，影响农民增加收入和种粮积极性。耕地不断减少，农业综合生产能力不强，粮食安全存在隐患。二是固定资产投资增幅仍然偏高。有些行业投资增长过快，新开工项目偏多，投资结构不合理，投资反弹的压力比较大。三是部分行业过度投资的不良后果开始显现。产能过剩问题日趋突出，相关产品价格下跌，库存上升，企业利润减少，亏损增加，潜在的金融风险加大。四是涉及群众切身利益的不少问题还没有得到很好解决。看病难、看病贵和上学难、上学贵等问题突出，群众反映比较强烈；在土地征用、房屋拆迁、库区移民、企业改制、环境保护等方面，还存在一些违反法规和政策而损害群众利益的问题。五是安全生产形势严峻。煤矿、交通等重特大事故频繁发生，给人民群众生命财产造成严重损失。

我们还认识到，各级政府工作中存在不少缺点和不足。政府职能转变滞后，一些工作落实不够，办事效率不高，形式主义、做表面文章的现象还比较突出，一些政府工作人员弄虚作假、奢侈浪费，甚至贪污腐败。

我们要进一步增强使命感和紧迫感，发扬成绩，改进工作，以更加昂扬的斗志，更加奋发有为的精神状态，更加扎实的工作作风，努力把政府各项工作做得更好，绝不辜负人民的厚望和国家的重托。

二、今年主要任务

2006年是实施“十一五”规划的第一年，改革发展稳定的任务十分繁重。做好政府工作的基本思路是：以邓小平理论和“三个代表”重要思想为指导，认真贯彻党的十六大和十六届三中、四中、五中全会精神，全面落实科学发展观，坚持加快改革开放和自主创新，坚持推进经济结构调整和增长方式转变，坚持把解决涉及人民群众切身利益问题放在突出位置，全面加强社会主义经济建设、政治建设、文化建设与和谐社会建设，为“十一五”开好局、起好步。

综合考虑各种因素，2006年国民经济和社会发展的主要预期目标是：国内生产总值增长8%左右，单位国内生产总值能耗降低4%左右；居民消费价格总水平涨幅控制在3%；城镇新增就业900万人，城镇登记失业率控制在4.6%；国际收支基本平衡。

通观全局，做好今年政府工作必须把握好以下原则：一是稳定政策，适度微调。继续搞好宏观调控，保持宏观经济政策的连续性和稳定性，正确把握宏观调控的方向和力度，注重区别对待、分类指导，有针对性地解决经济发展中的突出矛盾。二是把握大局，抓好重点。正确处理改革发展稳定的关系，以改革开放为动力推动各项工作，着力解决事关全局的重大问题，促进经济社会全面发展。三是统筹兼顾，关注民生。坚持以人为本，搞好“五个统筹”，更加注重城乡、区域协调发展，更加注重社会事业建设，更加注重社会公平和社会稳定，让全体人民共享改革发展成果。四是立足当前，着眼长远。把做好今年工作和实现“十一五”规划目标结合起来，积极进取，量力而行，注重实效。

今年要着力做好以下几方面的工作。

( )继续保持经济平稳较快发展

从当前国际环境和国内形势看，今年经济发展的有利条件很多，但制约发展的矛盾也不少，还有一些不确定因素，需要采取正确的应对之策，防止经济出现大的起落。

稳定宏观经济政策，主要是继续实施稳健的财政政策和稳健的货币政策。鉴于当前经济增长势头较好，社会投资活跃，今年要继续适当减少长期建设国债发行规模和财政赤字。拟发行长期建设国债600亿元，比上年减少200亿元，同时增加中央预算内经常性建设投资100亿元；拟安排中央财政赤字2950亿元，比上年预算减少50亿元。长期建设国债资金和预算内投资，主要用于农林水利、科教文卫、生态建设、环境保护和西部开发等方面，保证重点续建项目，适当开工建设关系发展全局的重大项目。从今年开始，参照国际通行做法，采取国债余额管理方式管理国债发行。大力推进依法治税，切实加强税收征管，规范非税收入管理。财政支出要统筹兼顾、量入为出、确保重点、厉行节约。加强财政监管，控制行政经费增长。要保持货币信贷适度增长，优化信贷结构，创新金融产品，加大对"三农"、中小企业、就业、助学的信贷支持，合理控制中长期贷款。健全利率形成和传导机制。完善有管理的浮动汇率制度，保持人民币汇率在合理、均衡水平上的基本稳定。

坚持扩大内需的战略方针，重点是扩大消费需求，增强消费对经济发展的拉动作用。一是努力增加城乡居民收入。要调整收入分配关系，规范收入分配秩序，增加中低收入者的收入。坚持"多予少取放活"，特别要在"多予"上采取更多措施，增加农民收入。各地都要合理调整和严格执行最低工资制度，制定和推行最低小时工资标准。逐步解决农民工工资偏低的问题。建立并完善防止工资拖欠的法规和机制。认真实施修改后的个人所得税法，减轻中低收入者的税负。今年国家将适当提高企业离退休人员基本养老金标准、优抚对象抚恤补助标准、城市居民最低生活保障补助标准。改革公务员工资制度，在清理规范津贴补贴的基础上，建立国家统一的职务与级别相结合的工资制度和工资正常增长机制，完善艰苦边远地区津贴制度。同时，推进事业单位收入分配制度改革。二是稳定居民支出预期，扩大即期消费。通过加快完善社会保障体系和解决教育、医疗卫生、住房等领域的突出问题，减轻居民增加消费的后顾之忧。三是大力开拓农村消费市场。加强农村流通体系和市场建设，充分发挥农村现有流通网络的作用，支持城市流通企业经营网络向农村延伸，为农民增加消费提供便利。四是完善消费环境和政策。改善居民住、行条件，积极发展旅游、文化、健身等服务性消费。切实保障消费者合法权益。合理调整消费税，规范和发展消费信贷，抓紧清理、修订现行抑制消费的不合理规定和政策，促进居民消费结构升级。

保持固定资产投资适当规模，坚持有保有压，优化投资结构，防止投资过快增长。继续把好土地、信贷两个闸门，坚持实行最严格的土地管理制度，坚持按照贷款条件和市场准入标准发放贷款。从严控制新开工项目。同时，进一步加强经济社会发展薄弱环节和重点领域的建设。继续解决部分城市房地产投资规模过大和房价上涨过快的问题。要着力调整住房供应结构，严格控制高档房地产开发，重点发展普通商品房和经济适用房。建立健全廉租房制度和住房租赁制度。整顿规范房地产和建筑市场秩序，基本完成建设领域清理拖欠工程款任务，促进房地产业和建筑业健康发展。

（二）扎实推进社会主义新农村建设

建设社会主义新农村，是党的十六届五中全会提出的重大历史任务，事关全面建设小康社会和现代化建设全局。要贯彻工业反哺农业、城市支持农村的方针，加大对"三农"的支持力度，推进农村体制改革和制度创新，尽快使广大农村面貌有比较明显的变化。

建设社会主义新农村，首先要发展现代农业，促进粮食生产稳定发展和农民持续增收。稳定、完善和强化对农业的扶持政策。进一步增加对农民的种粮直接补贴、良种补贴、农机具补贴，增加对产粮大县和财政困难县的转移支付。坚持和完善重点粮食品种最低收购价政策，抑制农业生产资料价格上涨。今年中央财政用于"三农"的支出达到3397亿元，比上年增加422亿元。要切实保护耕地特别是基本农田，稳定粮食播种面积，不断提高粮食综合生产能力。增强农业科技创新和转化能力，加强农业技术推广和服务。加快兽医管理体制改革和动物疫病防控体系建设。继续调整农业结构，积极发展畜牧业，推进农业产业化，大力发展农村二、三产业特别是农产品加工业，壮大县域经济，推进农村劳动力向非农产业和城镇有序转移，多渠道增加农民收入。

建设社会主义新农村，必须加强农村基础设施建设。要下决心调整投资方向，把国家对基础设施建设投入的重点转向农村，这是一个重大转变。主要是加强以小型水利设施为重点的农田基本建设，加强防汛抗旱和减灾体系建设，加强农村道路、饮水、沼气、电网、通信等基础设施和人居环境建设，加强教育、卫生、文化等农村公共事业建设。主要措施是：逐年加大国家财政投资和信贷资金对农业、农村的投入；整合各种渠道的支农资金，提高资金使用效益；积极引导农民对直接受益的公益设施建设投资投劳；鼓励和引导社会各类资金投向农村建设，逐步建立合理、稳定和有效的资金投入机制。通过坚持不懈努力，使农村基础设施有一个大的改善。

建设社会主义新农村，必须全面推进农村综合改革。今年在全国彻底取消农业税，标志着在我国实行了长达2600年的这个古老税种从此退出历史舞台，这是具有划时代意义的重大变革。农村税费改革不仅取消了原先336亿元的农业税赋，而且取消了700多亿元的“三提五统”和农村教育集资等，还取消了各种不合理收费，农民得到了很大的实惠。为保证基层政权正常运转和农村义务教育的需要，从今年起，国家财政将每年安排支出1030多亿元，其中中央财政转移支付每年将达到780多亿元，地方财政每年将安排支出250多亿元。需要指出，全部取消农业税后，巩固和发展农村税费改革成果的任务仍然十分艰巨，关键是要全面推进农村综合改革，包括深化乡镇机构、农村义务教育和县乡财政管理体制等改革。这些改革，既涉及农村生产关系调整，也直接触及农村上层建筑变革，意义更深刻，工作更艰难，一定要坚定不移地推进。

建设社会主义新农村是一项长期而艰巨的任务。要坚持从实际出发，因地制宜，分类指导，搞好规划；要尊重农民意愿，不能搞形式主义和强迫命令，防止一哄而起；要发扬自力更生、艰苦奋斗精神，求真务实，真抓实干。

（三）加大产业结构调整、资源节约和环境保护力度

推进产业结构调整和优化升级，是转变经济增长方式、提高经济增长质量的重要途径和迫切任务。一要着力提升产业层次和技术水平。要加快发展先进制造业、高新技术产业和现代服务业，继续加强交通、能源、水利等基础产业和基础设施建设，推进国民经济和社会信息化。提高产业技术水平，关键是要全面增强自主创新能力。要在一些重要产业尽快掌握核心技术和提高系统集成能力，形成一批拥有自主知识产权的技术、产品和标准。主要措施是：强化企业在自主创新中的主体地位，建立以市场为导向、产学研相结合的技术创新体系；大力实施品牌战略，鼓励开发具有自主知识产权的知名品牌；健全知识产权保护体系，加大知识产权保护的执法力度；完善自主创新的激励机制，实行支持企业创新的财税、金融和政府采购等政策；改善市场环境，发展创业风险投资，支持中小企业提升自主创新能力。二要推进部分产能过剩行业调整。进行这项调整，要综合运用经济、法律和必要的行政手段，充分发挥市场机制的作用。主要措施是：认真贯彻国家产业政策，严格市场准入标准，控制新增产能；推动企业并购、重组、联合，支持优势企业做强做大，提高产业集中度；依法关闭那些破坏资源、污染环境和不符合安全生产条件的企业，淘汰落后生产能力；通过调整投资结构、扩大消费需求等措施，合理利用和消化一些已经形成的生产能力。这项工作涉及面广，政策性强，要积极而有序地进行。

抓好资源节约工作。一要综合运用各种手段，特别是价格、税收等经济手段，促进资源合理开发和节约使用。二要抓紧制定和完善各行业节能、节水、节地、节材标准，推进节能降耗重点项目建设，促进土地集约利用。鼓励发展节能降耗产品和节能省地型建筑。三要大力推动以节能降耗为重点的设备更新和技术改造，加快淘汰高耗能、高耗水、高耗材的工艺、设备和产品。四要大力发展循环经济。在重点行业、产业园区、城市和农村实施一批循环经济试点。完善资源综合利用和再生资源回收的税收优惠政策，推进废物综合利用和废旧资源回收利用。五要全面加强管理，把节能降耗纳入经济社会发展的统计、评价考核体系，建立信息发布制度。从今年开始，每年都要公布各地区和主要行业的单位产值能源消耗情况。六要在全社会广泛持久地开展资源节约活动，使建设资源节约型社会深入人心，蔚成风气。

加快建设环境友好型社会。加强对水源、土地、森林、草原、海洋等自然资源的生态保护。重点搞好“三河三湖”（淮河海河辽河、太湖巢湖滇池）、南水北调水源及沿线、三峡库区、松花江等流域污染防治。大力推行清洁生产，加强工业废水治理工程建设。抓好大气污染防治和重点城市污水处理、生活垃圾无害化处理。综合防治农业面源污染和畜禽养殖污染。继续实施自然生态保护工程。抓紧建立生态补偿机制。强化环境和生态保护执法检查，健全环境保护的监测体系、评价考核和责任追究制度。

（四）继续推动区域协调发展

进一步推进西部大开发。着力支持重点地带、重点城市和重点产业加快发展。确保青藏铁路、三峡三期工程等一批重点工程建成投产，新开工一批重大建设项目。巩固和发展退耕还林、退牧还草成果，抓紧研究制定后续相关政策。继续实施天然林保护、风沙源和石漠化治理等生态工程。支持发展优势产业和建设特色资源加工基地。加快科技、教育发展。加大政策扶持和财政转移支付力度，加快建立长期稳定的西部开发资金渠道。

继续实施东北地区等老工业基地振兴战略。重点加强大型粮食基地建设，推进重点行业改革重组和技术改造。搞好资源枯竭型城市经济转型和采煤沉陷区治理、棚户区改造,抓紧研究建立资源开发补偿机制、衰退产业援助机制。做好部分城市和国有企业厂办大集体改革试点工作。认真落实扩大对外开放的政策措施,在加快改革开放中走出振兴的新路子。

积极促进中部地区崛起。充分发挥中部区位、资源、产业和人才优势,重点加强现代农业特别是粮食主产区商品粮基地建设,加强能源和重要原材料基地建设,加强现代综合交通运输体系、现代流通体系和现代市场体系建设。支持老工业基地振兴和资源型城市转型,建设现代装备制造基地和高技术产业基地。增强中心城市辐射功能,带动周边地区发展。

鼓励东部地区率先发展。着力增强自主创新能力,推进产业结构优化升级,增强国际竞争力和可持续发展能力,更加注重节约利用土地、水、能源等资源和环境保护,实现既快又好发展,在科学发展道路上走在全国前面。继续发挥经济特区、上海浦东新区的作用,推进天津滨海新区开发开放。

进一步支持革命老区、少数民族地区、边疆地区和贫困地区加快经济社会发展。加大对人口较少民族的扶持力度,推进兴边富民行动。发达地区要采取多种方式帮助和带动欠发达地区。

(五)实施科教兴国战略和人才强国战略,加强文化建设

我国已进入必须更多地依靠科技进步和创新推动经济社会发展的历史阶段,要把加快科技发展放在更加突出的战略地位。要以建设创新型国家为目标,全面实施《国家中长期科学和技术发展规划纲要》。抓紧启动一批重大科技专项和重点项目,集中力量在重点领域和关键环节取得突破。继续加强基础研究、前沿技术研究和社会公益性科技研究。建设国家重大科技基础设施和一批产业技术研发试验设施。加强国家创新体系建设。深化科技体制改革,有效整合全社会科技资源,促进科技成果向现实生产力转化。建立财政性科技投入稳定增长机制。今年中央财政安排科技投入716亿元,比上年增长19.2%,地方和企业也都要增加科技投入。要进一步繁荣和发展哲学社会科学,推动理论创新。

要大力普及和巩固九年义务教育。从今年起用两年时间,全部免除农村义务教育阶段学生学杂费,今年在西部地区实施,明年扩大到中部和东部地区;继续对贫困家庭学生免费提供教科书并补助寄宿生生活费。将农村义务教育全面纳入国家财政保障范围,建立中央和地方分担的农村义务教育经费保障机制。主要是:提高农村义务教育阶段中小学公用经费保障水平,建立农村中小学校舍维修改造投入机制,完善农村中小学教师工资经费保障机制。为此,今后五年国家财政新增义务教育经费累计将达2182亿元。在全国农村普遍实行免除学杂费的义务教育,这是我国教育发展史上的一个重要里程碑,必将对全面提高国民素质产生重大而深远的影响。要解决城市低收入家庭和农民工子女义务教育阶段上学困难问题,让每个孩子都有平等接受义务教育的机会。继续扎实推进西部地区“两基”攻坚计划,确保到2007年如期实现计划目标。发展职业教育是一项重要而紧迫的任务,今后五年中央财政将投入100亿元支持职业教育发展。高等教育要创新教育教学模式和方法,着力提高教育质量,推进高水平大学和重点学科建设。各级各类学校都要全面推进素质教育。要培养一支德才兼备的教师队伍,造就一批杰出的教育家。

实施人才强国战略,加强人才队伍建设。要多渠道增加对人力资源开发的投入,推进市场配置人才资源,规范人才市场管理。

加强社会主义文化建设。抓好理想信念教育,特别是青少年的思想道德教育。深入开展群众性精神文明创建活动。深化文化体制改革,发展文化事业和文化产业。加强文化基础设施建设尤其是农村基层文化建设,完善公共文化服务体系。繁荣文学艺术、广播影视、新闻出版事业。加强文化遗产和自然遗产保护。大力扶持民族文化艺术,扩大国际文化交流。加强文化市场管理,坚持开展“扫黄打非”。广泛开展全民健身运动,提高竞技体育水平。继续做好北京奥运会和上海世博会筹办工作。

(六)进一步推进改革开放

改革开放是决定中国命运的重大决策。当前改革正处于攻坚阶段,必须以更大的决心加快推进各项改革。今年一些关系全局的重大体制改革要取得新进展。

要认真贯彻《中华人民共和国公司法》,加快国有大型企业股份制改革。着力完善产权结构、公司治理结构和激励约束机制,加快形成一批具有国际竞争力的大公司大企业集团。加大国有独资企业和垄断行业的改革力度,放宽市场准入,推进投资主体和产权多元化。完善国有资产监管体制,健全国有资本经营预算制度、经营业绩考核体系和国有资产重大损失责任追究制度。规范国有企业改制和产权转让行为，防止国有资产流失，维护职工合法权益。推进集体企业改革和发展。认真落实鼓励、支持和引导非公有制经济发展的政策措施，进一步为各类所有制企业创造公平竞争的法治环境、政策环境和市场环境。

要加快金融体制改革。一是坚定不移地推进国有商业银行股份制改革。坚持国家绝对控股，改善产权结构，引进借鉴国外先进管理经验，规范公司治理结构，完善内控机制与管理制度，推进制度创新。二是大力发展资本市场。认真贯彻《中华人民共和国证券法》，切实加强证券市场基础性制度建设。要着力提高上市公司质量，继续搞好证券公司综合治理，依法强化市场监管，努力营造公开、公正、公平、透明的市场环境。继续推进上市公司股权分置改革。积极稳妥地发展债券市场和期货市场。三是深化农村金融改革。完善农村信用社体制，推进农业银行、农业发展银行改革，加快农村金融创新，健全农村金融体系，改进农村金融服务。同时，要深化保险业改革，拓宽服务领域；推进政策性银行、邮政储蓄机构等其他金融机构改革。加强和改进金融监管，强化银行资本充足率约束。依法严厉打击金融领域的违法犯罪行为，防范系统性金融风险，维护金融稳定和安全。

要深化财税、投资、价格改革。财政体制改革的重点，是健全公共财政体系，完善转移支付制度，实施政府收支分类改革，完善预算管理制度。积极推进增值税转型改革。调整和完善资源税。研究统一各类企业税收制度。投资体制改革的重点，是落实投资主体的自主权和风险承担机制，改进项目核准和备案制度，加强产业投资信息发布，完善并认真执行市场准入制度，健全投资宏观调控体系。价格改革的重点，是逐步理顺和完善资源性产品和要素价格形成机制，改革要兼顾各方面的利益，尤其要考虑低收入群众的基本生活。

继续深入整顿和规范市场秩序。要强化市场法治，加快社会信用体系建设。依法严惩制假售假、商业欺诈、走私贩私、偷逃骗税、金融证券犯罪和侵犯知识产权等行为。坚决打击传销和变相传销活动。集中力量开展食品安全专项整治，严把市场准入关，加强生产和流通全过程的监管，让人民群众吃上安全、放心的食品。

进一步扩大对外开放，更好地利用国内国外两个市场、两种资源。要转变贸易增长方式，注重优化进出口结构，努力改善进出口不平衡状况。支持具有自主知识产权、自主品牌、高附加值的产品和服务产品出口，继续控制高耗能、高污染和资源性产品出口。推动加工贸易转型升级和合理布局。适当扩大进口，增加先进技术、关键设备和国内短缺资源进口。继续积极有效利用外资，着力提高利用外资质量。扩大服务领域对外开放。支持有条件的企业"走出去"，按照国际通行规则对外投资和跨国经营，在境外建立加工基地、营销服务网络和研发机构。建立政策支持和服务体系，完善境外投资协调机制和风险控制机制。

今年，我国加入世贸组织过渡期将基本结束，要增强做好各项应对工作的紧迫感。进一步完善涉外经济管理体制和机制，提高贸易和投资便利化水平。运用世贸组织规则，支持重点产业提高抗风险能力和国际竞争力。健全应对贸易争端的有效机制，妥善处理贸易摩擦。有步骤、有重点地推进区域经济合作和自由贸易区谈判。在世贸组织新一轮谈判中发挥建设性作用。

（七）高度重视解决涉及群众切身利益的问题

我们要牢记执政为民的宗旨，坚持一切为了人民。要抓紧解决广大群众最关心、最直接、最现实的利益问题，尤其要切实做好就业、社保、医疗、安全生产等工作。

继续实施积极的就业政策，千方百计扩大就业。进一步解决体制转轨遗留的下岗失业人员再就业问题和重组改制、关闭破产企业的职工安置问题。国有企业下岗失业人员再就业扶持政策再延长三年，并根据各地实际将适用范围逐步扩大到城镇集体企业下岗职工。加大对军工、森工等困难行业下岗职工再就业的支持力度。中央财政今年安排再就业补助资金 251 亿元，比上年增加 42 亿元。地方财政也要增加这方面的投入。重视做好高等学校毕业生就业、退役军人的安置工作，搞好城镇新增劳动力和进城农民工就业工作。加强职业培训和就业服务体系建设。切实维护劳动者的合法权益。

加快推进社会保障体系建设。切实保证各项社会保险金的及时支付。完善城镇职工基本养老保险制度，搞好做实个人账户试点工作，扩大试点范围；改革养老金计发办法，建立参保缴费的激励约束机制。提高各类所有制企业的参保率，统一城镇个体工商户和灵活就业人员的参保办法，扩大社会保险覆盖范围。加大社会保险费征缴和基金监管力度,多渠道筹集社会保障基金。同时,加强城镇职工基本医疗保险和失业、工伤、生育保险制度建设。继续完善城市低保制度。研究制定机关事业单位养老保险制度改革方案。研究适合农民工特点的社会保障办法。完善农村“五保户”供养、特困户救助、灾民救济等制度,增加资金支持并适当提高救助标准。有条件的地方要探索建立农村居民最低生活保障制度。各地都要加快城乡特殊困难群众社会救助体系建设。加强防灾减灾救灾工作。加大扶贫投入和工作力度,进一步减少贫困人口。落实军烈属优抚政策。积极发展社会福利事业和慈善事业,开展多种形式的捐助和帮扶活动。要使失去父母的儿童、没有生活来源的老人和残疾人,得到更多的关爱和帮助,让他们感受到社会主义大家庭的温暖。

突出抓好医疗卫生工作。着眼于逐步解决群众看病难、看病贵问题,主要抓好三个方面:一是加快农村医疗卫生服务体系建设。启动《农村卫生服务体系建设与发展规划》,健全县、乡、村三级医疗卫生服务体系和网络;五年内国家财政将投入200多亿元,对乡镇卫生院和部分县医院房屋和设备进行改造。加快推进新型农村合作医疗制度建设,今年把试点范围扩大到全国40%的县,中央和地方财政对参加合作医疗农民的补助标准由20元提高到40元,中央财政为此将增加支出42亿元。到2008年,要在全国农村基本建立新型合作医疗制度和医疗救助制度。实行城市医疗卫生人员定期到农村服务的制度。二是大力发展城市社区卫生服务。要通过调整城市医疗卫生资源、加大政府投入、加强人才培养、完善服务功能、推进机制创新等措施,加快构建以社区为基础的新型城市医疗卫生服务体系。将符合条件的社区卫生服务机构纳入城镇基本医疗保险定点范围,实行社区首诊制度试点,逐步实现小病不出社区、大病才上医院。探索建立城市医疗救助制度。三是深化医疗卫生体制改革,深入整顿和规范医疗服务、药品生产流通秩序。加强对药品、医疗服务的价格监管。规范医院、医生的医疗和用药行为,加强医德医风建设,提高医疗服务质量,控制医药费用。要支持中医药事业发展,充分发挥中医药在防病治病中的重要作用。加强严重危害人民群众健康的重大疾病预防工作,认真落实艾滋病、结核病、血吸虫病等重大传染病防治措施。高度重视防控人感染高致病性禽流感工作。

稳定现行生育政策和低生育水平,提高出生人口质量,有效治理出生人口性别比偏高的问题。扩大农村计划生育家庭奖励扶助制度的覆盖面和西部地区“少生快富工程”的实施范围。重视做好老龄工作。保障妇女儿童权益。积极发展残疾人事业。

切实加强安全生产工作。安全生产责任重于泰山,经济发展必须建立在安全生产的基础上。近几年,我们在安全生产方面采取了一系列措施,取得了一定成效。但是,问题还很突出。主要原因是:安全措施没有真正落实,企业安全主体责任不到位,生产安全设施设备落后;煤炭需求过旺,生产和运输绷得过紧;企业基础工作薄弱,管理松弛,有的严重违法违规生产。一些地方领导干部和工作人员严重失职渎职,甚至徇私舞弊。

加强安全生产必须标本兼治、重在治本。第一,各级政府要把安全生产摆在更加重要的位置,主要领导亲自抓、负总责,强化企业安全生产主体责任,层层落实安全生产责任制。第二,实行有利于安全生产的经济政策。健全激励和约束机制,促进企业重视安全生产。第三,加快煤炭等行业改革重组步伐。加强大型煤炭基地建设,鼓励大型煤炭企业集团兼并改造中小煤矿。第四,加大安全生产投入。国家今年再安排30亿元国债资金,重点支持煤矿瓦斯综合治理和利用的科技攻关试点工程。地方和企业也要加大这方面的投入。第五,深入开展安全生产专项整治。继续打好煤矿瓦斯治理和矿山整顿两个攻坚战。同时,要抓好其他矿山、危险化学品、烟花爆竹、道路和水上交通、建筑施工、消防安全等专项整治。第六,强化企业管理。加强企业安全生产基础工作,完善安全生产技术规范和质量工作标准。加强安全技术人才培养和职工安全技能培训。充分发挥职工群众对安全生产的参与和监督作用。第七,加强安全生产法制建设。尤其要严格执法和监管。加大安全生产事故责任追究和处罚力度。严肃查处安全生产领域的失职渎职和腐败问题。通过采取综合措施,坚决遏制重特大事故频发的势头。

(八)加强民主政治建设和维护社会稳定

我们要巩固和发展民主团结、生动活泼、安定和谐的政治局面。健全民主制度,丰富民主形式,扩大公民有序的政治参与,保证人民依法实行民主选举、民主决策、民主管理、民主监督。全面推进依法行政，加强和改进政府立法工作，重点加强节约资源、保护生态环境、就业和社会保障、应对和处置突发公共事件、促进社会稳定、维护市场秩序等方面的立法。完善公众参与立法的机制、程序和方法。积极开展法律法规实施的跟踪检查。继续强化审计、监察等专项监督。深入开展普法教育。做好法律服务和法律援助工作，为困难群众打官司提供有效帮助。落实司法体制改革各项措施，进一步规范执法行为，促进司法公正，维护司法权威，实现严格、公正、文明执法。

高度重视社会稳定工作，广泛深入推进平安建设。正确处理新时期社会矛盾，认真落实涉及群众利益的各项政策。重视解决群众反映的问题，及时化解矛盾。做好信访工作。加强和巩固基层政权，推进和谐社区、和谐村镇建设。完善社会稳定预警体系和应急处理机制。搞好社会治安综合治理，加快建设社会治安防控体系，依法严厉打击严重暴力性犯罪、经济犯罪和盗窃、抢劫等多发性侵财犯罪。加强国家安全工作。

加强民族团结、维护祖国统一和社会稳定，是全国各族人民的共同愿望。要全面贯彻民族政策和有关法律法规，认真落实国务院颁布的实施民族区域自治法若干规定，促进各民族共同团结奋斗、共同繁荣发展。大力培养少数民族干部和各方面人才。贯彻党的宗教工作基本方针，提高依法管理宗教事务的能力。进一步做好新形势下的侨务工作。

各位代表！

加强国防和军队建设，是社会主义现代化建设的重要战略任务。坚持以毛泽东军事思想、邓小平新时期军队建设思想、江泽民国防和军队建设思想为指导，坚持把科学发展观作为加强国防和军队建设的重要指导方针，坚持党对军队绝对领导的根本原则和制度，着眼于有效履行新世纪新阶段军队的历史使命，加速推进中国特色军事变革，提高军队信息化条件下的整体防卫作战能力。狠抓军事训练，培养高素质军事人才。深化后勤建设和改革。加强国防科研和高新技术武器装备研制。坚持从严治军，依法治军，提高军队正规化水平。全面加强人民武装警察部队建设，增强执勤和处置突发事件的能力。完善国防动员体制机制，注重民兵预备役部队质量建设。深入开展“双拥”活动，巩固和发展军政军民团结。

各位代表！

我们要继续贯彻“一国两制”、“港人治港”、“澳人治澳”、高度自治的方针，严格按照特别行政区基本法办事，全力支持香港、澳门两个特别行政区行政长官和政府依法施政。继续实施内地与香港、澳门更紧密经贸关系安排，进一步加强和推动内地同港澳在经贸、科教、文化、卫生、体育等领域的交流和合作。我们坚信，香港、澳门一定能够保持长期繁荣稳定。

我们坚持“和平统一、一国两制”的基本方针和现阶段发展两岸关系、推动祖国和平统一进程的八项主张，坚持一个中国原则决不动摇、争取和平统一的努力决不放弃、贯彻寄希望于台湾人民的方针决不改变、反对“台独”分裂活动决不妥协。我们将继续和台湾同胞一道，促进两岸人员往来和经济、科技、文化交流与合作，构建和平稳定的两岸关系。我们将努力争取在一个中国原则基础上恢复两岸对话与谈判；推动全面、直接、双向“三通”进程；支持海峡西岸和其他台商投资相对集中地区的经济发展；依法保障台湾同胞正当权益，竭诚为台湾同胞服务。两岸关系朝着和平稳定、互利共赢方向发展是人心所向，任何人妄图破坏这种大趋势是注定要失败的。最终完成祖国统一大业是全体中国人的共同愿望，是任何人都阻挡不了的。

各位代表！

一年来，我们高举和平、发展、合作的旗帜，坚持奉行独立自主的和平外交政策，维护国家和人民的根本利益，发展同世界各国的友好与互利合作关系，为维护世界和平、促进共同发展作出了贡献。

新的一年，我们将继续坚定不移地走和平发展道路。在国际事务中，坚持民主公正，推进协调合作；坚持和睦互信，维护共同安全；坚持平等互利，促进共同繁荣；坚持开放包容，推动文明对话，积极促进国际秩序向公正合理方向发展。

我们要在和平共处五项原则基础上加强全方位外交。巩固和加强同广大发展中国家的友好合作。坚持与邻为善、以邻为伴的周边外交方针，推动区域合作机制建设，把务实合作上升到新水平。扩大同发达国家的共同利益，妥善处理分歧，推进交流与合作。积极参与和开展多边外交，在国际和地区事务中发挥建设性作用。扩大和深化对外文化交流，增进同世界各国人民之间的了解与友谊。保护我国公民和法人在海外的合法权益。中国政府和人民愿与世界各国人民一道，为建立和平、公正、和谐的新世界而不懈奋斗！

三、关于《国民经济和社会发展第十一个五年规划纲要(草案)》的说明

党的十六届五中全会通过的《中共中央关于制定国民经济和社会发展第十一个五年规划的建议》,提出了未来五年国民经济和社会发展的奋斗目标、指导方针和主要任务。根据《建议》精神,国务院制定了《国民经济和社会发展第十一个五年规划纲要(草案)》,已提请大会审查。下面,我就几个问题作简要说明。

(一)“十一五”规划《纲要(草案)》的编制过程和主要特点

党中央、国务院对制定“十一五”规划工作高度重视。早在2003年7月,国务院就开始部署相关准备工作。组织有关部门、地方、研究机构和各方面专家,对经济社会发展面临的若干重大问题开展专题研究,为编制《纲要(草案)》提供了基础。党的十六届五中全会后,国务院根据中央《建议》精神,深入研究和编制“十一五”规划,成立了由各领域专家组成的专家委员会进行咨询论证,在全国范围内开展多种形式的为“十一五”规划建言献策活动,人大代表、政协委员和各界人士提出了许多建议。《纲要(草案)》的编制过程,是发扬民主、集思广益、科学决策的过程。

《纲要(草案)》力求反映社会主义市场经济发展和改革开放新形势的要求,体现宏观性、战略性和政策性,并明确政府的工作重点和责任。从内容到形式都有所创新。在规划内容上,贯穿了落实科学发展观和构建社会主义和谐社会的战略思想,突出了“五个统筹”,突出了加强经济社会发展薄弱环节,突出了解决人民群众关注的切身利益问题,注意处理好市场机制与宏观调控的关系。在规划指标上,分为预期性和约束性两大类。预期性指标,是预计和期望达到的目标,主要通过引导市场主体行为来实现;约束性指标,是必须实现的目标,主要通过依法加强管理和提供服务来实现。在规划形式上,《纲要(草案)》采取正文加专栏的形式,在专栏中列举了有关发展指标和重点工程,使规划内容更加直观、清晰。

《纲要(草案)》的制定以第一次全国经济普查数据为基础。历时两年多的经济普查工作,进一步摸清了我国经济社会发展的基本情况,查实了国内生产总值总量和三次产业的比重,更加全面、准确地反映了国情国力。依据新的经济普查数据制定“十一五”规划,更符合实际情况,更具有科学性。

(二)“十五”时期国民经济和社会发展主要情况

过去五年,是我国发展进程中很不平凡的五年,是继往开来、与时俱进的五年。我们摆脱了亚洲金融危机带来的冲击,战胜了非典疫情和重大自然灾害,不失时机地推进改革开放,进一步发挥市场配置资源的基础性作用,加强和改善宏观调控,保持了经济平稳较快发展。我国工业化、城镇化、市场化、国际化进程明显加快,社会生产力、综合国力和人民生活水平都跃上一个新台阶,城乡面貌发生了很大变化。

五年来,我国经济实力显著增强。2005年与2000年相比,国内生产总值增长57.3%,年均增长9.5%;财政收入增长1.36倍,年均增加3647亿元。农业特别是粮食生产出现重要转机,主要工业产品产量大幅度增长,高技术产业快速发展,基础产业和基础设施建设成就斐然,在水利、能源、交通、通信等领域建成或新开工一大批重大工程。经济社会信息化程度迅速提高。

五年来,改革开放成果丰硕。农村、国有企业、金融、财税、投资等改革和市场体系、社会保障体系建设都取得重大进展。我国加入世界贸易组织,对外开放进入新的阶段。五年间,进出口贸易总额增长两倍,实际利用外商直接投资累计2740.8亿美元。一批有竞争力的企业走向世界。

五年来,人民生活明显改善。城镇居民人均可支配收入和农村居民人均纯收入,分别实际增长58.3%和29.2%。城镇新增就业4200万人。住房、通信、汽车和服务消费大幅度增加。科技、教育、文化、卫生、体育等社会事业加快发展。

五年来,社会主义政治建设、文化建设、社会建设取得新进展。

这些辉煌成就,极大地增强了全国各族人民沿着中国特色社会主义道路奋勇前进的信心。

“十五”时期经济社会发展中也存在不少矛盾和问题。主要是:经济结构不合理,自主创新能力不强,经济增长方式转变缓慢,能源资源消耗过大,环境污染加剧;就业矛盾比较突出;投资和消费的关系不协调;城乡、区域发展差距和部分社会成员之间收入差距继续扩大;社会事业发展仍然滞后。这些问题都需要我们努力加以解决。

（三）“十一五”时期经济社会发展的指导原则和主要目标

“十一五”时期是全面建设小康社会的关键时期。综合分析各种因素，未来五年国际环境总体上对我国发展有利，但不稳定不确定因素比较多；国内有许多有利条件，同时存在不少制约因素和困难。我们要抓住机遇，趋利避害，增强忧患意识，做好克服各种困难、应对各种风险和挑战的充分准备，奋力把改革开放和现代化事业推向前进。

《纲要（草案）》全面贯彻落实科学发展观，体现了中央《建议》提出的重要原则，这就是：必须保持经济平稳较快发展，必须加快转变经济增长方式，必须提高自主创新能力，必须促进城乡区域协调发展，必须加强和谐社会建设，必须不断深化改革开放。贯彻这些原则，就要转变发展观念、创新发展模式、提高发展质量，切实把经济社会发展转入以人为本、全面协调可持续发展的轨道。

根据中央《建议》确定的指导思想和原则，《纲要（草案）》提出了“十一五”时期经济社会发展的主要目标。这些目标既与全面建设小康社会的目标相衔接，又反映了经济社会发展的阶段性特征和客观要求。这里，我仅就其中两个方面的重要目标作简要说明。

一是关于经济增长速度问题。《纲要（草案）》提出，今后五年国内生产总值年均增长 7.5%，这是综合考虑各方面因素，根据需要和可能提出的。按照新近公布的第一次全国经济普查数据和 2005 年经济增长实际结果，“十五”期间国内生产总值增长速度比原来预计的高一些，“十一五”年均增长 7.5%，将会超过中央《建议》提出的 2010 年人均国内生产总值比 2000 年翻一番的要求。这个目标是积极的，经过努力是可以实现的。还需要指出，这个目标是建立在优化结构、提高效益和降低消耗基础上的。在实际执行中，各地要处理好速度和结构、效益的关系，不要片面追求和盲目攀比速度。历史经验和现实情况表明，保持经济平稳较快发展至关重要。

二是关于节能和环保问题。《纲要（草案）》提出了“十一五”期间单位国内生产总值能源消耗降低 20% 左右、主要污染物排放总量减少 10% 等目标。这是针对资源环境压力日益加大的突出问题提出来的，体现了建设资源节约型、环境友好型社会的要求，是现实和长远利益的需要，具有明确的政策导向。尽管实现这一目标的难度很大，但我们有信心、有决心完成。

（四）“十一五”时期的战略重点和主要任务

《纲要（草案）》对“十一五”时期的经济建设、社会发展、改革开放等方面，都作出了全面部署，提出了明确的任务和政策措施。

一是建设社会主义新农村。《纲要（草案）》把解决“三农”问题放在各项战略任务的首位。强调坚持统筹城乡经济社会发展，按照生产发展、生活宽裕、乡风文明、村容整洁、管理民主的要求，扎实稳步地推进社会主义新农村建设。要进一步提高农业综合生产能力，推进农业结构调整，加强农村基础设施建设，增加农民收入。着力抓好大型粮棉油生产基地、优质粮食产业、农田水利、饮水安全、公路、沼气和农村教育、文化、卫生建设等重点工程。全面推进农村综合改革，基本完成乡镇机构、农村义务教育和县乡财政管理体制等改革任务。培养造就有文化、懂技术、会经营的新型农民。各地方、各部门必须在经济工作思路和重点上有一个大的转变。建设资金要更多地向“三农”倾斜，公共服务要更大范围地覆盖农村，全社会都要大力支持农村发展。

二是加快推进经济结构调整和增长方式转变。我国当前经济发展中诸多问题的症结，在于结构不合理和增长方式粗放。必须按照走新型工业化道路的要求，从优化产业结构中求发展，从节约资源、保护环境中求发展。《纲要（草案）》提出，要推进工业结构优化升级，促进工业由大变强。这是针对我国工业规模已经不小，但总体素质不高、竞争力不强的现状，而提出的一个重大任务。《纲要（草案）》对推进信息化、发展高技术产业、振兴装备制造业、发展能源原材料工业等方面的主要任务和建设布局作了部署，规划了一批重大建设项目。提出要加快发展服务业特别是信息、金融、保险、物流、旅游和社区服务业，不断提高服务业的比重和水平。

《纲要（草案）》把建设资源节约型、环境友好型社会摆在突出位置，提出了明确任务和措施，规划了一批节能重点工程、循环经济示范试点工程、生态保护和环境治理重点工程。认真落实这些任务和措施，将会明显提高资源利用效率，基本遏制生态环境恶化的趋势。我们一定要坚持不懈地努力，为人民群众创造清洁、良好的生活和工作环境，为子孙后代留下蓝天绿地、碧水青山。

三是促进区域协调发展。《纲要（草案）》分别提出了不同区域发展的重点任务，要求健全协调互动的市场机制、合作机制、互助机制和扶持机制。《纲要（草案）》根据各个区域资源、环境承载能力和发展潜力，将国土空间划分为优化开发、重点开发、限制开发和禁止开发四类主体功能区，实施不同的区域政策。同时，强调积极稳妥地推进城镇化，发挥城市群的带动和辐射作用。

四是着力增强自主创新能力。这是《纲要（草案）》的一个特点。要按照自主创新、重点跨越、支撑发展、引领未来的方针，加快建设创新型国家，全面提高原始创新能力、集成创新能力和引进消化吸收再创新能力。《纲要（草案）》提出，适应国家战略需求，启动一批重大科技专项，涉及信息、生物等战略产业领域，能源、资源、环境和人民健康等重大紧迫问题，以及军民两用技术。实施好这些重大专项，对于整合有限的科技资源、加快攻克事关全局和长远的科技难关，带动相关领域技术水平的整体提升，具有重大的现实意义和深远的战略意义。提高自主创新能力，最根本的是加快科技教育发展和人才队伍建设，《纲要（草案）》对此也作了全面部署。

五是深化改革和扩大开放。过去二十多年，我国经济社会发展取得的一切成就，都是同坚定地推进改革开放分不开的。要完成新阶段的发展任务，也必须坚定不移地全面深化改革和扩大开放。《纲要（草案）》提出，要加快完善社会主义市场经济体制，形成有利于转变经济增长方式、促进全面协调可持续发展的体制机制。要加强对改革的总体指导和统筹协调，在推进经济体制改革的同时，继续推进政治体制改革、文化体制改革和社会管理体制改革。正确处理改革发展稳定的关系。要按照统筹国内发展和对外开放的要求，实施互利共赢的开放战略，以开放促改革促发展。在扩大开放中重视维护国家经济安全。

六是努力建设和谐社会。这是推进经济社会发展的重要目标和保障。《纲要（草案）》提出，要做好人口工作，扩大就业，健全社会保障体系，不断提高人民生活水平和健康水平，加强公共安全建设，加强社会主义民主政治建设和文化建设，完善社会管理体制。经过今后五年的努力，使我们的社会更加和谐，让人民群众生活得更加美好！

各位代表！

全面完成今年和“十一五”期间的任务，对各级政府提出了更高的要求。必须大力加强政府自身改革和建设。

我们要加快推进行政管理体制改革，进一步转变政府职能。继续推进政企分开，减少和规范行政许可和行政审批。坚决把不该由政府管理的事交给市场、企业、社会组织和中介机构。切实转变政府管理经济方式，加强社会管理和公共服务职能。大力推行政务公开，完善政府新闻发布制度和信息公布制度，提高工作透明度和办事效率。建立健全行政问责制，提高政府执行力和公信力。

我们要深入开展廉政建设和反腐败斗争。认真落实惩治和预防腐败的各项任务和措施。今年要集中开展治理商业贿赂专项工作，重点治理工程建设、土地出让、产权交易、医药购销和政府采购等领域的商业贿赂问题，坚决纠正不正当交易行为，依法查处商业贿赂案件。要继续纠正损害群众利益的不正之风，着力解决教育乱收费、医疗高收费等突出问题。

我们要认真贯彻实施公务员法，加强对公务员的教育、管理和监督。坚持从严治政，赏罚分明。各级政府工作人员特别是领导干部要忠于职守，勤勉尽责，全心全意为人民服务；要顾全大局，加强纪律性，做到令行禁止，不折不扣地执行国家的法律法规、方针政策；要艰苦奋斗，勤俭节约，反对铺张浪费；要求真务实，力戒空谈，克服官僚主义、形式主义、弄虚作假和浮夸作风，把各项任务和部署真正落到实处。

各位代表！

我们国家正站在新的历史起点上，朝着全面建设小康社会的目标阔步前进。我们要更加紧密地团结在以胡锦涛同志为总书记的党中央周围，高举邓小平理论和“三个代表”重要思想伟大旗帜，凝聚13亿人民的智慧和力量，坚定信心，奋发图强，努力把“十一五”规划的宏伟蓝图变为美好现实，谱写社会主义现代化事业的新篇章。任何艰难险阻都挡不住我们前进的步伐。我们的目标一定要达到！我们的目标一定能够达到！

关于2005年国民经济和社会发展计划执行情况与2006年国民经济和社会发展计划草案的报告

——2006年3月5日在第十届全国人民代表大会第四次会议上

国家发展和改革委员会

各位代表：

受国务院委托，现将2005年国民经济和社会发展计划执行情况与2006年国民经济和社会发展计划草案提请十届全国人大四次会议审议，并请全国政协各位委员提出意见。

一、2005年国民经济和社会发展计划执行情况

2005年，全国各族人民在中国共产党的领导下，树立和落实科学发展观，加强和改善宏观调控，团结奋进，锐意进取，国民经济呈现增长比较快、效益比较好、价格比较稳的良好局面，完成了十届全国人大三次会议审议通过的国民经济和社会发展计划。

（一）经济继续保持平稳较快增长。经济运行的稳定性有所提高。全年国内生产总值达到182321亿元，增长9.9%，四个季度分别增长9.9%、10.1%、9.8%和9.9%。规模以上工业增加值全年增长16.4%，四个季度分别增长16.2%、16.5%、16.2%和16.4%。

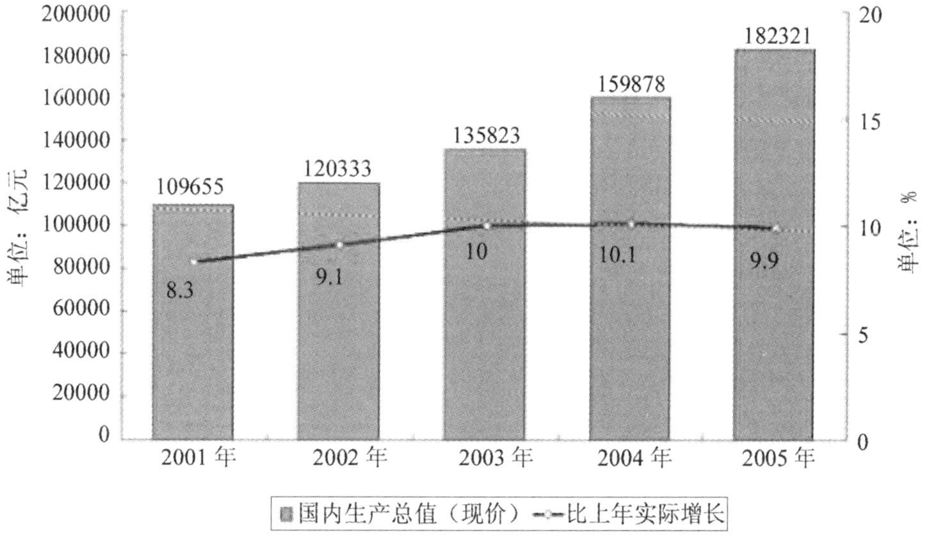

图表1 “十五”期间国内生产总值及其增长率

经济发展的协调性有所改善。呈现增速较高、物价平稳的格局，全年居民消费价格总水平涨幅为1.8%。效益与速度同步提高，全年财政收入增长19.8%，增收5231.5亿元，规模以上工业企业实现利润增长22.6%。经济增长支撑条件绷得过紧的状况有所缓解，煤炭产量21.9亿吨，增长9.9%；发电量2.47万亿千瓦小时，增长12.3%，迎峰度夏期间国家电网系统拉限电条次和损失电量同比分别

减少61%和66%;重点物资运输得到较好保障。

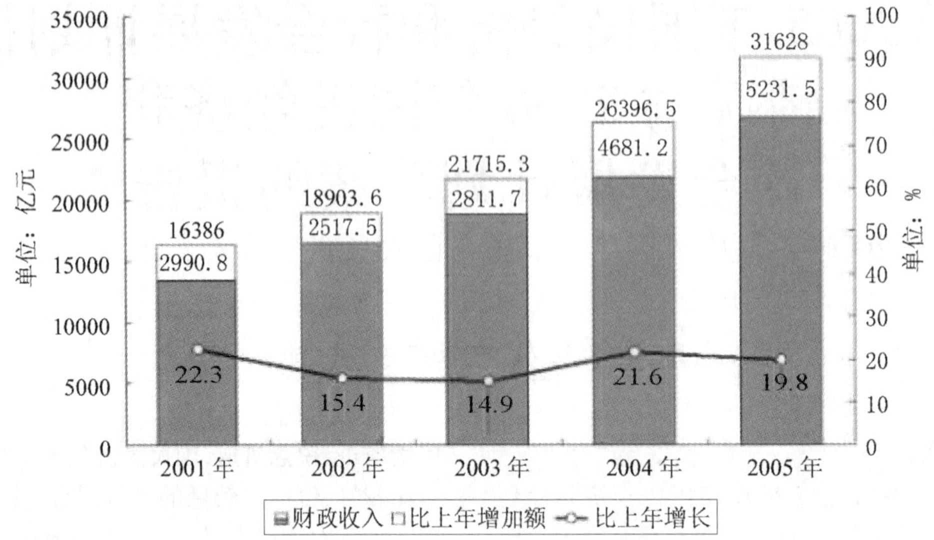

图表2 "十五"期间全国财政收入及其增长情况

(二)产业结构调整取得新进展。农业得到进一步加强。中央财政用于"三农"的支出达到2975亿元,比上年增加349亿元。粮食播种面积比上年增加267万公顷,粮食产量达4840亿公斤,增加145.4亿公斤。农业优质化、区域化、产业化和标准化程度继续提高,全国优质专用小麦种植面积占全部小麦种植面积的比重达48%,优质稻种植面积比重为64%,分别提高4个和3个百分点。畜牧水产业发展势头良好。

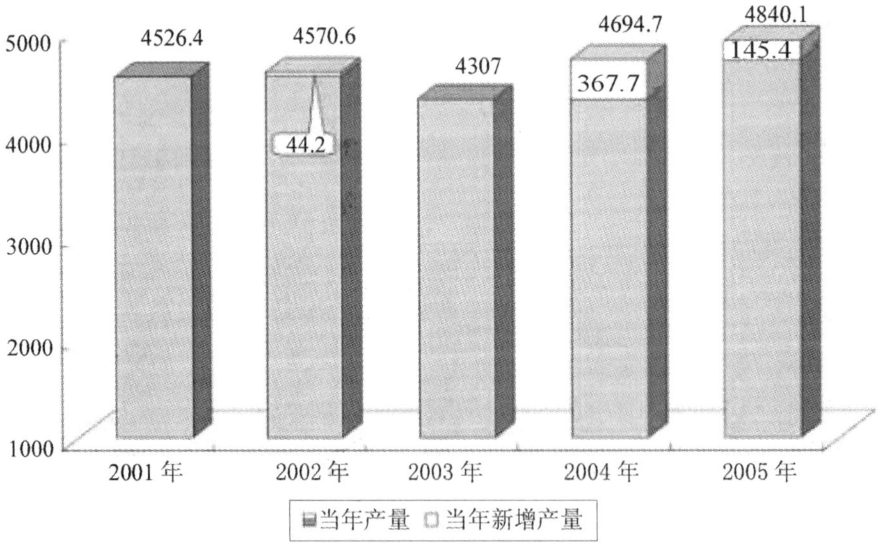

图表3 "十五"期间粮食产量及增产情况(单位:亿公斤)

工业结构升级步伐加快。高技术产业快速发展,规模以上工业中,高技术产业增加值增长19.8%。一批重大科技专项和产业化专项顺利实施。重大关键技术和装备国产化取得新进展。重型燃气轮机、城市轨道交通运输装备、大型水电和抽水蓄能机组的引进消化吸收工作顺利推进,百万吨级乙烯装备国产化依托工程开始启动,建成750千伏交流输变电示范工程。企业兼并重组步伐加快,淘汰了一批高耗能、高污染和不符合安全生产条件的落后生产能力,部分过度扩张行业投资增幅继续回落。

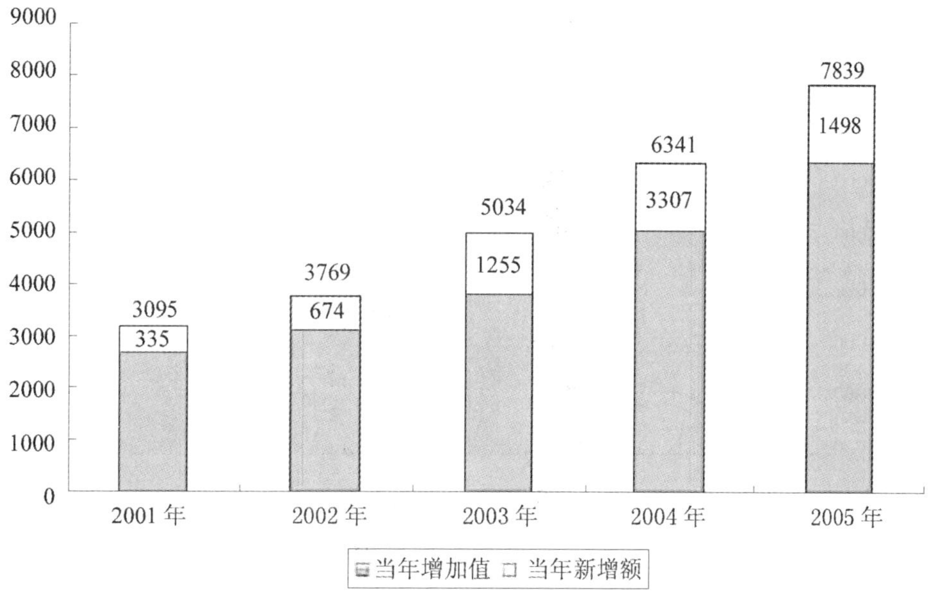

图表4 “十五”期间规模以上高技术产业增加值增长情况(单位:亿元)

基础设施建设继续加强。西电东送、南水北调等重点工程建设进展顺利。青藏铁路提前一年全线铺通。县际公路改造工程基本完成。新建公路13万公里,其中高速公路6457公里。新建铁路投产里程1203公里,新增电气化铁路863公里,新增铁路复线486公里。

服务业继续稳定发展。政府和企业信息化应用水平进一步提高。邮电通信、现代物流、社区服务、旅游、会展等新兴服务业发展加快,商贸、餐饮等传统服务业保持良好发展势头。

(三)区域发展总体战略积极推进。西部大开发进展顺利,新开工重点工程10项,投资总规模1360亿元。遂宁—重庆—怀化铁路建成投产,“五纵七横”国道主干线西部路段全部开工,重庆、西宁、满洲里等10个西部机场新建、改扩建工程先后完工,百色、紫坪铺等水利工程相继下闸蓄水。东北地区等老工业基地振兴战略扎实推进。以重大装备国产化和提升企业自主创新能力为重点,支持石化、钢铁、重大装备、造船、汽车和零部件等优势产业发展壮大。资源型城市经济转型试点取得阶段性成果,棚户区改造开始实施。研究制定了促进中部崛起的政策措施,中部地区农业基础进一步巩固,优势产业发展壮大,城市群的辐射带动作用增强。东部地区继续保持率先发展的良好态势,经济结构调整、增长方式转变取得新的成效。

(四)经济体制改革实现新突破。农村综合改革试点积极推进,取消了牧业税,全部免征农业税的省份扩大到28个。国有企业改革继续深化,国有资产监管力度加大。铁路、民航、烟草等行业管理体制改革迈出新步伐,邮政体制改革开始启动。制定并实施了鼓励支持和引导非公有制经济发展的政策措施。人民币汇率形成机制改革顺利实施。上市公司股权分置改革稳步推进。国有商业银行股份制改革迈出重要步伐。深化农村信用社改革试点全面展开。调整完善了出口退税机制。东北老工业基地增值税转型改革试点进展顺利。投资体制改革继续推进,企业投资项目核准制和备案制全面实施。天然气出厂价格改革方案顺利出台,煤电、煤热价格联动机制初步建立,水价改革稳步实施。

(五)对外开放迈出新步伐。外贸进出口总额14221亿美元,增长23.2%。其中,出口7620亿美元,增长28.4%;进口6601亿美元,增长17.6%。机电产品和高新技术产品出口分别增长32%和31.8%。服务业对外开放进一步扩大。控制高耗能、高污染和资源性产品出口取得成效。利用外资继续保持较大规模,水平进一步提高,全年实际利用外商直接投资603亿美元。年末外汇储备8189亿美元。企业“走出去”取得积极进展,全年对外直接投资(非金融部分)达69亿美元。

(六)资源节约和环境保护取得新成效。节能、节水、节材、节地、资源综合利用和发展循环经济工作力度加大。在重点行业、重点领域、产业园区和部分地区启动了国家第一批循环经济试点。对部分高耗电行业实行了差别电价政策,对部分高耗水行业制定了取水定额国家标准,对部分产品发

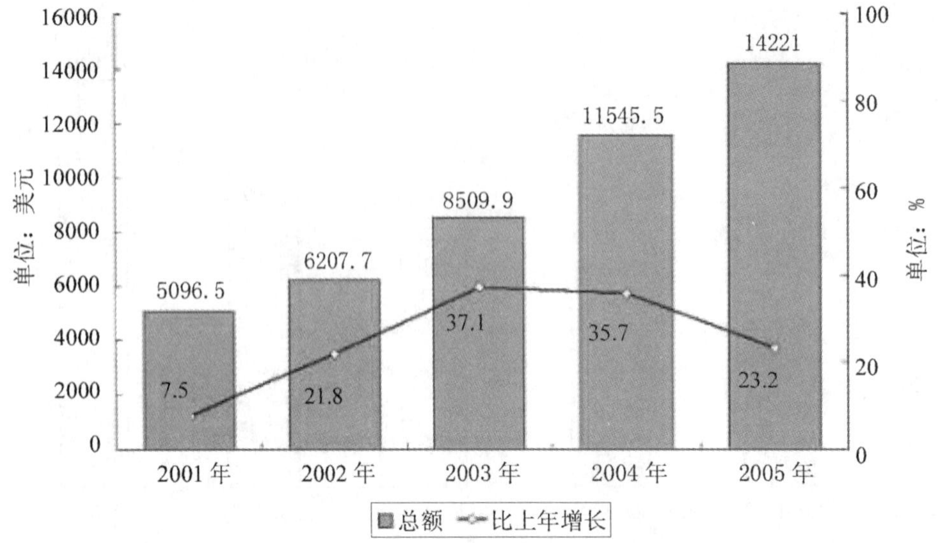

图表 5 “十五”期间外贸进出口总额及其增长情况

布了强制性能效标准。万元国内生产总值用水量下降 8.7%。节能建筑推广、墙体材料革新及木材节约和代用取得新进展。全社会资源忧患意识与节约意识进一步增强。

“三河三湖”、三峡库区、南水北调工程沿线等重点流域区域水污染防治工作步伐加快，城镇污水、工业废水、危险废物、火电厂二氧化硫污染治理进一步加强。城市污水处理率和工业固体废物综合利用率继续提高。部分空气污染严重城市的空气质量有所改善。退耕还林完成 111.1 万公顷，荒山荒地造林及封山育林 266.7 万公顷，退牧还草 666.7 万公顷。天然林资源保护、京津风沙源治理等重点生态建设工程进展顺利。“三化”草地治理、水土流失治理和矿山生态恢复面积分别为 838 万公顷、420 万公顷和 7.2 万公顷。野生动植物资源保护得到加强。

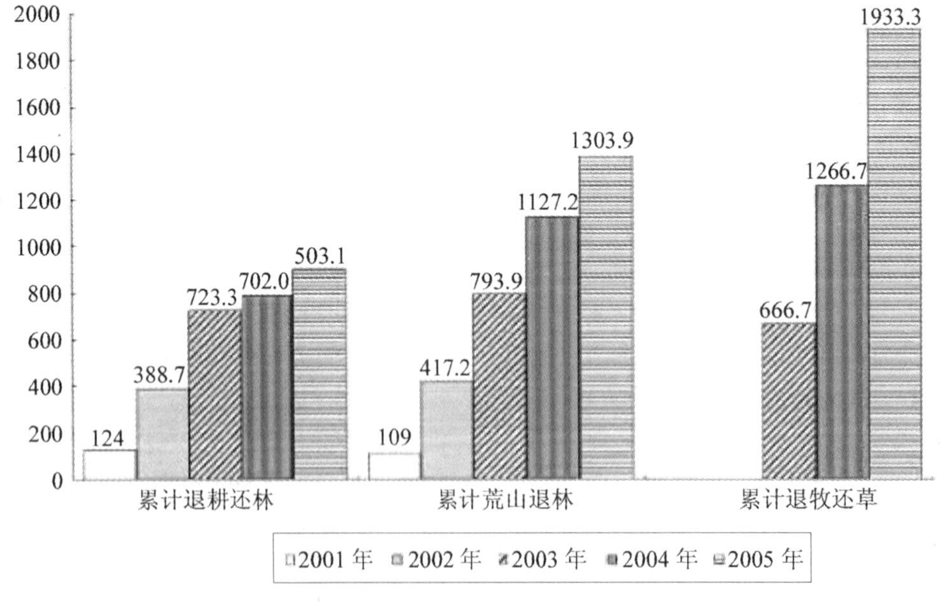

图表 6 “十五”期间退耕还林、荒山荒地造林和退牧还草情况 （单位：万公顷）

（七）科技、教育、文化、卫生等社会事业全面发展。制定并公布实施《国家中长期科学和技术发展规划纲要（2006－2020 年）》。国家创新体系、基础研究和科技基础设施建设进一步加强。神舟六号载人航天飞行取得圆满成功。龙芯 2 号高性能通用计算机芯片、禽用禽流感基因工程灭活疫苗研制成功。抗虫棉推广面积达300万公顷。全年共签定技术合同26.5万项;技术合同成交额1510亿元,比上年增长13.2%。

全国义务教育人口覆盖率超过95%。西部地区"两基"攻坚计划取得新进展。新建、改扩建农村寄宿制学校2400多所,为16万个农村中小学和教学点配备了远程教育设施。中央和地方财政安排专项资金70多亿元,对592个重点贫困县1700万名贫困家庭学生免除学杂费、免费提供教科书和补助寄宿生生活费,还为中西部地区1700多万名贫困家庭学生免费提供教科书。中等职业学校和县级职教中心的校舍和实训设施建设步伐加快。高等教育"211工程"、"985工程"稳步推进。

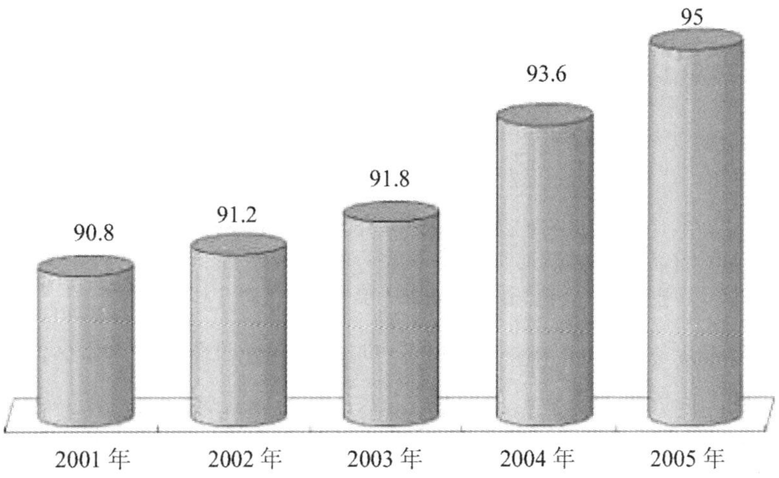

图表7 "十五"期间全国义务教育人口覆盖率(单位:%)

公共文化体系建设进一步加强。重大文化项目建设和自然文化遗产保护力度加大,基本实现县县有文化馆和图书馆。广播电视村村通工程取得新进展,新增覆盖人口2700万。《全国红色旅游发展规划纲要》开始实施。全民健身运动深入开展,奥运场馆建设进展顺利。

疾病预防控制体系基本建成。医疗救治体系建设进展顺利。农村卫生服务体系建设继续推进,以中西部乡镇卫生院为重点的农村卫生基础设施建设得到加强。新型农村合作医疗制度试点范围扩大到671个县,有1.77亿农民参加合作医疗。城市社区卫生服务发展加快。高致病性禽流感疫情防控取得初步成效。农村计划生育服务体系建设开始实施,全国人口自然增长率5.89‰。

(八)人民生活进一步改善。城镇居民人均可支配收入和农村居民人均纯收入分别实际增长9.6%和6.2%。社会消费品零售总额增长12.9%。城镇新增就业970万人,城镇登记失业率4.2%。社会保障覆盖范围继续扩大,"两个确保"进一步巩固,城乡困难群众基本生活得到保障。全国绝大多数地方已基本实现国有企业下岗职工基本生活保障向失业保险并轨,东北三省完善城镇社会保障体系试点顺利实施。

图表8 "十五"期间城乡居民收入及恩格尔系数变化情况

年 份		2001	2002	2003	2004	2005
城镇居民人均可支配收入(元)		6859.6	7702.8	8472.2	9421.6	10493
实际增长(%)		8.5	13.4	9.0	7.7	9.6
农村居民人均纯收入(元)		2366.4	2475.6	2622.2	2936.4	3255
实际增长(%)		4.2	4.8	4.3	6.8	6.2
恩格尔系数	城镇居民家庭(%)	38.2	37.7	37.1	37.7	36.7
	农村居民家庭(%)	47.7	46.2	45.6	47.2	45.5

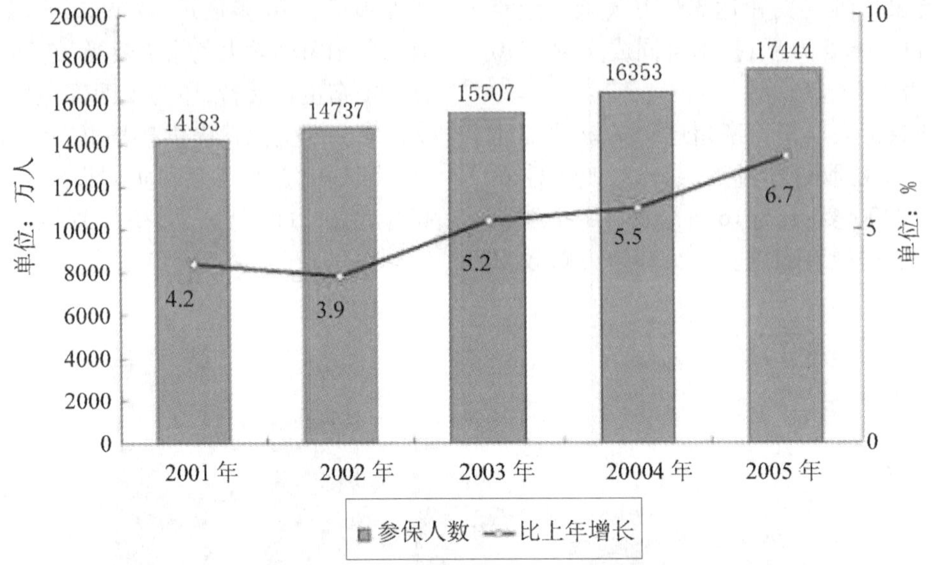

图表 9 "十五"期间基本养老保险参保人数及其增长情况

经济社会发展在取得成绩的同时，也面临不少困难和挑战。制约我国经济健康发展的长期性、深层次问题仍然是：自主创新能力弱，经济结构不合理；增长方式粗放，资源环境约束加剧；城乡经济二元结构矛盾突出，经济社会发展不协调；体制机制不完善，法制环境不健全等。当前比较突出的是：(1)粮食增产和农民增收难度加大。农业基础薄弱的状况没有根本改变，依靠扩大种植面积增加粮食产量的余地不大。农业总体效益低，粮食价格下行压力较大，能源、原材料价格上涨导致农资生产成本提高，农民增加务工收入的制约因素较多。(2)固定资产投资增幅仍然偏高。2005 年全社会固定资产投资增长 25.7%，增速虽比上年有所回落，但仍在高位运行。在建规模偏大，新开工项目偏多，有些行业投资增长过快，投资结构不合理，投资反弹压力较大。(3)部分行业产能过剩的不良后果开始显现。导致相关产品价格下跌，库存上升，企业利润增幅下降、亏损增加，金融潜在风险加大。(4)涉及群众切身利益的不少问题还没有得到很好解决。就业再就业压力加大，社会保障体系不健全，部分社会成员之间收入差距仍有继续拉大趋势，教育乱收费、群众看病难和看病贵问题没有明显改观。在环境保护、企业改制、土地征用、房屋拆迁、库区移民等方面还存在不少群众反映强烈的问题。高致病性禽流感和重大动植物疫病防控任务较重。(5)安全生产形势相当严峻。煤矿、交通等重特大事故频繁发生，给人民群众生命财产造成严重损失。对上述问题，要高度重视，积极采取措施，认真加以解决。

二、2006 年经济社会发展的总体要求和主要目标

今年是"十一五"的开局之年，是我们在新的历史起点上继续前进的一年。做好今年的各项工作，对于巩固和发展经济平稳较快发展的好势头，顺利实施"十一五"规划至关重要。2006 年经济社会发展工作，要以邓小平理论和"三个代表"重要思想为指导，认真贯彻党的十六大和十六届五中全会精神，坚持以科学发展观统领经济社会发展全局，保持宏观经济政策的连续性和稳定性，着力加快改革开放，着力增强自主创新能力，着力推进经济结构调整和经济增长方式转变，着力提高经济增长的质量和效益，坚持把解决涉及人民群众切身利益问题放在突出位置，正确处理改革发展稳定的关系，全面加强社会主义经济建设、政治建设、文化建设与和谐社会建设，为"十一五"开好局、起好步。

按照上述要求，做好今年经济社会发展工作，必须坚持"稳定政策、适度微调，把握大局、抓好重点，统筹兼顾、关注民生，立足当前、着眼长远"的原则。综合考虑经济社会发展的需要和可能以及上年实际执行情况，并与"十一五"规划纲要(草案)相衔接，2006 年经济社会发展的主要目标是：

——国内生产总值增长 8% 左右。主要考虑是：我国资源环境压力加大，经济运行总体上仍绷

得较紧,发展中还存在一些不稳定、不确定因素,增长速度不宜定得过高;从有利于增强综合国力、扩大就业和缓解各种社会矛盾的需要,以及近几年增长速度较快的情况出发,增长速度又不宜定得过低。8%左右是全国经济增长的预期目标,各地要从实际出发,合理、适度地确定本地增长速度,防止盲目追求和攀比速度,切实把主要精力放到提高经济增长质量和效益上来。

——城镇新增就业900万人,城镇登记失业率控制在4.6%。今年就业压力仍然较大,推进企业改革和结构调整,会在短期内影响就业岗位的增加。按照经济增长与提供就业岗位的关系测算,通过完善和落实积极的就业政策,这一目标是可以实现的,但必须付出艰苦努力。

——居民消费价格总水平上涨3%。这一指标比上年实际略高一些,主要考虑是:国际油价高位运行会对国内相关产品价格产生一定影响;理顺资源性产品价格关系,疏导价格矛盾,调整部分服务类价格,也会在一定程度上推动价格总水平上升。

——外贸进出口总额增长15%。要继续保持外贸进出口稳定增长。鉴于目前出口规模已经较大,且相当多的出口商品附加值较低,外贸增长目标不宜定得过高,以有利于引导各方面着力转变外贸增长方式,加快调整进出口商品结构,促进国际收支基本平衡。

——单位国内生产总值能耗降低4%左右。我国目前仍处在资源消费强度较高的时期,强化节能降耗措施见效需要一个过程,实现这一目标的难度较大。但我国能源效率低下的状况已难以为继,同时节能降耗的潜力很大,只要加大调整经济结构力度、加快转变粗放型增长方式,这一指标必须也能够实现。

——城乡居民收入稳定增长。城镇居民人均可支配收入和农村居民人均纯收入分别实际增长6%和5%。主要考虑是:随着经济较快增长,企业效益继续提高,国家促进农民增收、加强社会保障和扶贫工作等各项措施逐步落实,城乡居民收入将持续增加;但提高居民特别是农民收入水平也面临许多困难和制约因素。在城乡居民收入稳定增长的基础上,消费需求保持平稳较快增长,全社会消费品零售总额预期增长12%。

——科技、教育等各项社会事业加快发展。研究与试验发展经费支出占国内生产总值的比重力争达到1.45%。高中阶段教育毛入学率达到57%,普通高校计划招生530万人,研究生40万人。公共文化服务体系建设进一步加强。新型农村合作医疗试点范围扩大到全国40%左右的县(市、区)。人口自然增长率控制在7.5‰以内。

——生态环境状况继续改善。主要污染物排放总量减少2%。工业固体废物综合利用率提高到56.2%。城市污水处理率达到50%。

三、2006年经济社会发展的主要任务和措施

实现今年国民经济和社会发展目标,要统筹安排、突出重点,务必保持经济平稳较快增长的良好势头,务必在推进社会主义新农村建设上有良好开端,务必在增强自主创新能力、推进结构调整上取得明显进展,务必在节能降耗、转变增长方式上取得显著成效,务必在重点领域和关键环节的改革上取得新突破,务必在构建社会主义和谐社会上迈出新步伐。为此,要着力抓好以下十方面工作。

(一)稳定宏观经济政策,保持经济平稳较快发展。继续实施稳健的财政政策和稳健的货币政策。(1)适当减少中央财政赤字,继续调整财政支出结构。2006年,全国财政预算收入35423亿元,支出38373亿元,中央财政赤字拟安排2950亿元,比上年预算减少50亿元,财政赤字占国内生产总值的比重进一步降低。大力开展增收节支,依法加强收入征管,严格控制一般性支出增长,保障重点支出需要。(2)缩减长期建设国债发行规模,合理确定投资方向。2006年拟发行长期建设国债600亿元,比上年减少200亿元;中央预算内经常性建设资金554亿元,增加100亿元。按照突出重点、压缩一般的原则,进一步调整国债资金和预算内投资结构,优先安排重点续建项目,适当开工建设事关“十一五”发展全局的重大项目。中央政府投资的主要方向是:改善农村生产生活条件,推进社会主义新农村建设;促进基础教育、公共卫生等社会事业发展;支持西部大开发等区域协调发展;加强环境保护与生态建设、水利、交通、能源等重大基础设施建设,以及涉及人民群众生命财产安全和切身利益的建设项目等。加强稽察监管,提高投资效益。(3)保持货币信贷适度增长,着力优化信贷结构。2006年,广义货币供应量(M2)和狭义货币供

应量(M1)分别预期增长16%和14%,新增人民币贷款2.5万亿元。合理控制中长期贷款规模。积极引导金融机构增加对有效益、有市场企业的流动资金贷款,着力解决农户、中小企业等贷款难问题,加大对经济社会发展薄弱环节和西部大开发、东北地区等老工业基地调整改造、中部崛起的信贷支持。发展直接融资,扩大企业债券发行规模。继续推进利率市场化改革,健全货币政策传导机制。完善有管理的浮动汇率制度,保持人民币汇率在合理、均衡水平上的基本稳定。进一步改进外汇管理,优化储备结构,加强对跨境资本流动的监控。(4)保持价格总水平基本稳定。继续加强对价格总水平和粮食、棉花、石油、煤炭、钢材、商品房等重要商品和服务价格走势的监测分析。做好市场价格巡查工作。

加强固定资产投资调控。2006年全社会固定资产投资总规模预期增长18%。继续严把土地、信贷两个闸门,从严控制新开工项目,抑制固定资产投资过快增长,防止投资反弹。(1)坚持实行最严格的土地管理制度,从紧控制农用地特别是耕地转为建设用地。2006年,农用地转为建设用地的规模控制在26.67万公顷。(2)坚持区别对待、有保有压的原则,严格控制过度扩张行业的土地和资金供应,保障国家重点建设项目、有利于结构调整重大项目的建设用地和资金需要。(3)加强城市规划,合理控制拆迁规模,规范城建项目打捆贷款。巩固清理整顿开发区成果,进一步完善政策。(4)着力调整住房供应结构,增加普通商品房和经济适用房供给,健全商品房与经济适用房、廉租住房相结合的城镇住房供应体系,控制高档房地产开发,基本完成建设领域清理拖欠工程款任务,引导建筑业与房地产市场健康发展。

着力扩大消费需求。(1)努力增加城乡居民尤其是中低收入者的收入,适当提高企业离退休人员基本养老金标准、残疾军人等各类优抚对象抚恤补助标准、城市居民最低生活保障补助标准。合理调整并严格执行企业最低工资标准,制定和推行最低小时工资标准。根据《中华人民共和国公务员法》,改革公务员工资制度。推进事业单位收入分配制度改革。(2)改善消费心理预期,通过加快完善社会保障体系和解决教育、医疗、住房等领域的突出问题,稳定居民支出预期,扩大即期消费。(3)积极开拓农村市场,加快农村商业流通体系建设,加大对农村商业网点连锁经营、农资物流配送等项目的支持力度,继续实施“万村千乡”市场工程。发展城市社区商业和服务业。(4)培育新的消费热点,扩大文化、健身、旅游等服务性消费,规范和发展住房、汽车交易市场。(5)改善消费环境,合理调整现行消费税,加快个人征信体系建设,完善消费信贷政策。积极发展电子商务。继续开展教育、医药价格收费专项检查,严厉查处商业欺诈行为,切实保障消费者合法权益。

促进煤电油运供需有效衔接。在保证安全的前提下,稳定煤炭生产和供应,推进大型煤炭基地建设。加快水电、核电、可再生能源等清洁能源建设,优化发展火电,完善电网结构。努力增加石油天然气供给,推进煤炭液化示范、煤层气开发利用工程,加快建立石油储备体系。继续加强煤运通道、下水港口和其他重大交通基础设施建设。建立电力需求侧管理的长效机制。搞好煤电油运综合协调,着力解决与群众生活密切相关的供水、供气、供电、供暖和供油等问题。

(二)推进社会主义新农村建设,促进农业发展和农民增收。坚持“多予少取放活”的方针,加快建立以工促农、以城带乡的长效机制。(1)稳定发展粮食生产。继续加强农业综合生产能力建设,努力使粮食总产量保持在上年水平。搞好土地管理和基本农田保护,稳定粮食播种面积。加强大型商品粮基地建设,继续实施优质粮食产业工程、种子工程和植保工程。增加对产粮大县和财政困难县的转移支付。继续对短缺的重点粮食品种在主产区实行最低收购价政策,稳定粮食市场价格。健全中央和省级粮食储备调节制度和调控机制,进一步充实地方储备。(2)发展现代农业。按照“高产、优质、高效、生态、安全”的要求,积极推进优势农产品的区域化布局、专业化生产和产业化经营。加快农业科技进步,大力推广农业先进适用技术。建设新疆优质棉基地和长江流域“双低”油菜产业带。继续实施畜禽水产良种工程,支持有条件的地区发展养殖小区。加快实施动物防疫体系建设规划,落实好扶持家禽业发展的各项措施。(3)着力改善农村生产生活条件。把国家对基础设施建设投入的重点放在农村,继续加强以小型水利建设为重点的农田基本建设,支持大型灌区节水改造和中部地区排涝泵站改造,突出抓好农村“水、气、路、电”等基础设施和人居环境建设。2006年,用于农村饮水安全工程的中央投资拟比上年增加1倍,再解决2000万高氟、高砷、苦咸水、污染水和季节性缺水地区农村人口的饮用水安全问题。用于农村沼气建设的中央投资拟比上年增加1.5倍,新增农村沼气用户250万户,带动农户改圈、改厕、改厨。启动"十一五"农村公路改造工程,加强东部、中部地区的通村沥青(水泥)路和西部地区的通乡沥青(水泥)路建设。加快无电村电力建设,实施部分省份农网完善工程。(4)加快发展农村公共事业。今年要在西部地区全部免除农村义务教育阶段学生学杂费。继续对农村义务教育阶段贫困家庭学生免费提供教科书并补助寄宿生生活费。提高农村义务教育阶段中小学公用经费保障水平,建立和完善农村中小学校舍维修改造投入机制、教师工资经费保障机制。基本完成农村寄宿制学校改造任务和农村中小学现代远程教育工程。实施《农村卫生服务体系建设与发展规划》,以中西部为重点继续推进农村卫生基础设施建设,再改建和新建4200个乡镇卫生院,达到规划目标的68%。扩大新型农村卫生合作医疗制度的试点范围,推行农村医疗救助制度。启动20户以上通电自然村的广播电视村村通工程,继续实施农村电影放映工程,推动乡镇文化站建设。(5)多渠道增加农民收入。稳步推进农业产业化经营,积极发展贸工农一体化和农副产品加工龙头企业及各类专业合作经济组织,挖掘农业内部增收潜力。增加对农民的种粮直接补贴、良种补贴、农机具补贴,对种粮农民逐步实行化肥、柴油等农资直接补贴制度。加强化肥价格和涉农收费的监管,抑制农业生产资料价格上涨,切实减轻农民负担。强化农民工就业培训,继续清理对农民工的歧视性政策,落实农民工工资支付措施,促进农村劳动力向城镇和非农产业转移就业。发展壮大县域经济。

(三)大力增强自主创新能力,扎实推进创新型国家建设。认真实施《国家中长期科学和技术发展规划纲要(2006-2020年)》,大力推进原始创新、集成创新和引进消化吸收再创新。(1)加强重大科技攻关。在条件成熟的基础上,启动实施重大新药创制、转基因生物新品种培育等若干重大科技专项。实施蛋白质研究、纳米研究等重大科学研究计划。在能源、资源、信息、装备等领域,集中力量组织一批重大产业核心技术攻关。加强生态环境、人口与健康、公共安全等领域的公益性技术研究。继续繁荣和发展哲学社会科学。(2)加快国家创新体系建设。强化企业在自主创新中的主体地位,培育3000家左右行业骨干企业技术中心。新建煤矿瓦斯治理、新型疫苗、船舶制造等一批国家工程中心。启动建设下一代互联网应用、生物冶金等若干国家工程实验室。积极推动海洋科学综合考察船、新一代大型天文望远镜等九大科技基础设施建设。建设中科院知识创新三期工程。调整和完善国家科技计划体系,优化科技资源配置,促进科技成果转化。继续推进技术开发类院所企业化转制和社会公益类科研机构改革。完善科技评审评估和成果评价奖励等制度。大力培育和发展科技中介服务机构。加强科学普及工作,实施全民科学素质行动计划。(3)进一步细化鼓励自主创新的财税、金融、政府采购等政策措施,鼓励企业加大研发投入。支持使用、制造和设计单位联合招标引进重大技术。建立财政性科技投入稳定增长机制。设立创业风险投资引导基金。对选用国产首台、首套装备给予政策扶持。加强对重大技术和装备引进的管理,防止盲目重复引进。支持中小企业提升自主创新能力,鼓励外资企业研发活动本地化。加大对知识产权的保护力度。(4)加强科技人才队伍建设。建立健全人才评价机制。依托国家重点项目、重点学科和重点科研基地,造就一批科技领军人才、学科带头人和战略科学家。

(四)加快推进产业结构优化升级,大力提升产业技术水平和整体竞争力。(1)着力推进部分产能过剩行业的结构调整。综合运用经济、法律和必要的行政手段,充分发挥市场机制作用,促进优胜劣汰。加强产业政策引导、信贷政策调节、财政政策支持,继续完善行业规划,贯彻落实《促进产业结构调整暂行规定》,提高并严格执行环保、安全、技术、土地和资源综合利用等市场准入标准,严格控制新增产能。继续清理整顿在建和拟建项目,对不符合市场准入条件的项目,依法停止建设。依法关闭一批破坏资源、污染环境和不具备安全生产条件的企业。围绕提升技术水平、改善品种、保护环境、降低消耗、保障安全等,对传统产业实施改造提高。按照市场原则,鼓励钢铁、水泥、电解铝、煤炭等行业兼并重组,支持优势企业做强做大,提高整体技术水平和行业集中度。(2)加快发展高技术产业。改善高技术企业的信贷服务和融资环境。重点支持集成电路、软件和新型元器件等核心产业,培育数字化音视频、下一代互联网、新一代移动通信、高性能计算机及网络设备等信息产业群。积极发展生物产业。加快推进广播电视直播卫星、新支线飞机工程。坚持以信息化带动工业化,广泛应用高新技术和先进适用技术改造提升传统产业。(3)大力振兴装备制造业。完善支持重大装备发展的政策和配套措施。依托重点工程,继续推进燃气轮机、超临界和超超临界燃煤发电机组、百万千瓦核电机组、高速列车、大型煤化工成套设备等16个重点领域的重大装备国产化,带动基础产品和零部件的发展。(4)促进服务业全面发展。选择若干城市开展服务业体制改革与创新试点。加快发展交通运输、金融、信息、现代物流、各种中介服务组织等生产性服务业和社区服务、旅游等新兴消费性服务业。提高商贸、餐饮、邮政等传统服务业的水平和质量。

(五)加强资源节约和环境保护,促进经济增长方式转变。(1)积极推进节能降耗。抓紧制定和完善各行业节能、节水、节材、节地标准,建立各地区和重点行业能耗目标考核体系和单位国内生产总值能耗公报制度。实施十大重点节能工程,突出抓好1000家高耗能企业的节能工作。扩大节能产品认证范围,推行强制性能效标准,加强重点用能产品能效标识管理。继续推进政府部门采购和使用节能产品。发展农业节水灌溉。支持高耗水行业节水技术改造,加快再生水利用设施建设,支持海水淡化和直接利用,加大节水设备和器具的推广力度。加强重点行业原材料消耗管理。鼓励开发高强度和耐腐蚀金属材料,促进木材节约和代用。强化节约和集约利用土地,建立和完善建设用地定额标准,发展节能省地型建筑。推动第二批城市限时禁用实心粘土砖。(2)大力发展循环经济。完善发展循环经济、促进资源节约和综合利用的财税、价格政策。组织实施国家循环经济试点。支持循环经济关键和共性技术研发及产业化示范。推进共伴生矿产资源和工业废物综合利用,做好再生资源回收利用。广泛开展宣传教育,倡导健康文明、节约资源的消费模式和生活方式。(3)搞好生态建设和环境保护。继续实施天然林资源保护、水土保持、京津风沙源治理、三江源自然保护区生态保护和建设、三峡库区周边绿化带建设等重点生态工程。抓紧建立生态补偿机制。加大"三河三湖"、环渤海、三峡库区、南水北调沿线等重点流域区域水污染防治力度。严格保护城镇饮用水源地水质。加强现有燃煤电厂烟气二氧化硫排放治理。做好城市大气污染综合防治工作。推行清洁生产。加强核安全和辐射环境的监管。认真履行《联合国气候变化框架公约》。大力发展环保产业。

(六)充分发挥比较优势,推动区域协调发展。(1)着力促进西部地区重点地带、重点城市和重点产业开发,努力增强自身发展能力。新开工一批重大基础设施工程。巩固和发展退耕还林、退牧还草成果。继续加强长江、黄河上游水污染治理。加大矿产资源勘探开发力度,支持建设石油、稀土、钾磷肥等特色资源加工基地。进一步加强西部地区科技教育、人才开发和法制建设。加快建立长期稳定的西部开发资金渠道。(2)加强东北大型粮食基地建设,促进重点行业结构调整和国有企业改革重组,抓好资源型城市经济转型、采煤沉陷区治理和棚户区改造工作,实施以松花江、辽河流域为重点的生态环境整治工程。抓紧研究建立资源开发补偿机制、衰退产业援助机制。做好东北地区厂办大集体改革试点工作。认真落实扩大对内对外开放的政策措施。(3)出台并组织实施促进中部崛起的指导意见,在产业发展、重大基础设施建设、资金投入、推进改革开放等方面加大支持力度。重点加强现代农业特别是粮食主产区商品粮基地、能源重要原材料基地、现代装备制造和高技术产业基地以及综合交通运输体系建设。发展现代流通业。支持老工业城市加快企业改组改造和资源型城市转型。增强中心城市辐射功能。(4)东部地区要率先增强自主创新能力、国际竞争力和可持续发展能力,更加注重节约利用土地、水、能源、矿产资源,加快发展高技术产业和现代服务业。继续发挥经济特区、上海浦东新区的作用,推进天津滨海新区开发开放,支持海峡西岸和其他台商投资相对集中地区的经济发展。积极发展海洋经济。(5)进一步支持革命老区、少数民族地区、边疆地区和贫困地区的经济社会发展。加大对人口较少民族的扶持力度,推进兴边富民行动。健全发达地区帮扶欠发达地区发展的机制,继续做好区域合作对口支援工作。(6)开展主体功能区划研究,合理确定优化开发、重点开发、限制开发、禁止开发四类功能区的范围,根据各区域的主体功能定位,确定发展方向和配套政策。

(七)继续深化改革,营造科学发展的体制环境。加强对改革的总体指导、统筹协调和综合配套,力争在一些重要领域和关键环节继续取得新突破。(1)全面推进以深化乡镇机构、农村义务教育和县乡财政管理体制改革为主要内容的农村综合改革。规范农村土地流转政策,加快征地制度改革。深化粮棉流通体制改革。完善农村信用社体制，做好农业银行、农业发展银行改革和政策性农业保险试点工作，改进农村金融服务。(2)深化企业改革。以贯彻修订后的公司法为契机，推进国有大型企业股份制改造，着力完善产权结构、法人治理结构和激励约束机制，加快形成一批拥有自主知识产权、知名品牌和国际竞争力的大公司、大企业集团。继续做好企业政策性关闭破产、分离办社会职能和主辅分离工作。规范国有企业改制和国有产权转让行为，防止国有资产流失，维护职工合法权益。加快建立国有资本经营预算制度，建立健全非经营性资产、自然资源资产等监管体制。进一步深化电信、电力、民航、邮政、烟草管理体制改革。推进铁路投融资体制改革，研究提出铁路体制改革方案。进一步引入市场机制，完善市场监管，深化供水、供气、供热等市政公用事业改革。积极推动集体企业改革和发展。完善鼓励支持和引导非公有制经济发展的配套政策措施，推动实施中小企业成长工程。(3)加快推进金融体制改革。继续做好国有商业银行股份制改革工作，坚持国家绝对控股，完善公司治理结构和内控机制。积极稳妥地推进资本市场改革和发展，着力提高上市公司质量，搞好证券公司的综合治理，继续开展股权分置改革和产业投资基金试点。深化保险业改革，推进政策性银行、邮政储蓄机构等其他金融机构改革。规范金融市场，强化金融监管，维护金融稳定和安全，防范和化解金融风险。(4)深化财税体制改革。健全公共财政体系，完善转移支付制度，实施政府收支分类改革，完善预算管理制度。积极推进增值税转型改革，调整和完善资源税，研究统一各类企业税收制度。(5)深化投资体制改革。进一步完善投资项目核准制和备案制。尽快制定中央预算内直接投资管理和中央政府投资项目决策责任追究等办法。健全投资宏观调控体系。(6)积极稳妥推进资源性产品价格改革。继续实行峰谷、丰枯分时电价制度，稳步推进电力竞价上网，实行鼓励可再生能源发展的电价机制。完善石油价格形成机制。调整天然气出厂价格。加大水资源费征收力度，合理调整城市供水和水利工程供水价格，全面开征污水处理费，在有条件的地方加快实施阶梯式水价和超计划超定额用水加价制度。建立规范的基准地价制度。价格改革要兼顾各方面利益，尤其是要采取措施，保证低收入群众基本生活不受影响。(7)继续推进行政管理体制改革。深入贯彻行政许可法，进一步转变政府职能，减少和规范行政许可。健全对涉及经济社会发展全局重大事项决策的协商和协调机制，完善专家论证、技术咨询、决策评估制度和公示、听证制度，提高决策的科学化、民主化水平。积极推进事业单位改革。

（八）积极实施互利共赢开放战略，进一步提高对外开放质量和水平。(1)加快转变外贸增长方式，优化进出口商品结构。大力实施科技兴贸战略。完善出口退税、金融支持和品牌认证等措施，提高出口产品的质量、档次和附加值。支持企业扩大具有自主知识产权、自主品牌的高新技术和机电产品出口。推动加工贸易转型升级，提高产业层次和加工深度。控制高耗能、高污染和资源性产品出口。着重增加先进技术、关键设备和国内短缺资源进口，努力改善贸易不平衡状况。做好加入世贸组织后过渡期工作。加强区域和多双边经贸合作。进一步落实内地与港澳更紧密经贸关系安排的各项措施。(2)继续积极利用外资，优化结构、提高质量。注重引导跨国公司向我国转移附加值高、技术含量高的加工制造环节、服务外包业务和建立技术研发机构。加强对外资投向的产业和区域引导，完善规范企业并购的相关政策，严格限制低水平、高消耗、高污染的外资项目进入，维护产业安全。(3)积极稳妥地实施“走出去”战略。继续支持和引导有条件的企业对外投资，完善境外投资的相关政策、法律法规以及促进和保障体系，健全协调和监管机制。

（九）坚持把教育放在优先发展的战略位置，促进各项社会事业全面进步。(1)优先发展教育事业。全面实施素质教育。普及和巩固九年义务教育，强化政府对义务教育的保障责任，改善农村办学条件，解决好城市低收入家庭和进城务工农民的子女上学问题。启动实施职业教育基础能力建设工程，专项支持县职教中心、中等职业学校和示范性高等职业院校建设。推进高中阶段教育协调发展。继续实施“211 工程”和“985 工程”，提高高等教育质量。积极发展民办教育。(2)完善公共卫生和基本医疗服务体系。全面完成医疗救治体系建设任务。调整和优化城市医疗资源布局，构建以社区为基础的新型城市医疗卫生服务体系。继续做好艾滋病、结核病、血吸虫病等重大疾病的防治及高致病性禽流感的防控工作。推动医疗卫生体制和药品生产流通体制改革。继续降低药品价格，整顿医疗器械市场价格秩序，加强医德医风建设，规范医疗服务中的诊疗和用药行为，抓紧解决群众看病难、看病贵问题。支持中医药事业发展。(3)大力发展文化、广播影视、新闻出版、旅游、体育等事业。深化文化体制改革。积极推进文化设施建设,加强重大自然文化遗产、民间文化保护。做好新闻出版工作。围绕全国重点红色旅游区和精品路线,加强经典景区和相关景区的基础设施建设。积极推进全民健身运动,提高竞技体育水平。继续抓好北京奥运会和上海世博会筹办工作。(4)稳定现行生育政策和低生育水平,提高出生人口素质。以中西部地区县级和中心乡计划生育服务站建设为重点,健全基层计划生育服务网络,完善流动人口计划生育管理和服务。扩大农村计划生育家庭奖励扶助制度的覆盖面和西部地区"少生快富工程"的实施范围。大力发展老龄事业。

(十)认真解决关系人民群众切身利益的问题,高度重视和维护社会稳定。以扩大就业、完善社会保障体系、理顺分配关系、维护社会稳定为着力点,扎实推进和谐社会建设。(1)继续实施积极的就业政策。进一步解决体制转轨遗留的下岗失业人员再就业问题和重组改制关闭破产企业的职工安置问题。大力发展服务业、劳动密集型产业和中小企业,拓宽就业渠道。做好新增劳动力特别是高校毕业生、退役军人和就业困难人员的就业指导和服务工作。大力开展职业培训和就业服务体系建设。完善对特殊困难群众的就业援助制度。鼓励自谋职业和自主创业,支持多种形式灵活就业。加强劳动者权益保护工作。(2)加快完善社会保障体系。切实保证各项社会保险待遇及时支付。继续扩大城镇社会保险覆盖面。完善城镇基本养老和基本医疗保险制度,提高统筹层次。做好城市低保工作。在有条件的地方,建立农村居民最低生活保障制度。加强失业、工伤、生育保险制度建设。积极稳妥地解决农民工和被征地农民的社会保障问题。加快建立城乡特殊困难群众社会救助体系。进一步发展残疾人、社会福利和社会慈善事业。(3)合理调节收入分配。抓紧建立居民收入分配监测和预警体系。规范居民收入分配秩序,调节过高收入,完善国有企事业单位收入分配规则和监管体制。强化个人所得税征管,取缔各种非法收入。(4)积极帮助城乡困难群众解决生产生活问题。加大扶贫开发力度,稳步推进以工代赈和易地扶贫试点。做好灾区群众生活救济、生产恢复和灾后重建工作。完善农村"五保户"供养、特困户救助、灾民救济等制度,增加资金支持并适当提高救助标准。(5)进一步加强安全生产管理。严格落实安全生产责任制,依法关闭取缔不具备安全生产条件的厂矿企业,加大矿山、交通运输、危险化学品、烟花爆竹等重点领域安全生产的治理力度,强化对食品、药品和餐饮卫生等的监管。特别是要按照"企业负责、政府支持"的原则,加大煤矿安全技改和瓦斯治理的投入,企业要提足用好安全生产费用,中央政府要继续安排资金,地方政府也要加大投入,完善通风、防尘、防火、排水、运输等安全生产系统,强化瓦斯抽采和综合利用,坚决遏制重特大事故频发的势头。(6)维护和促进社会稳定。高度重视并认真解决征地拆迁、企业改制、库区移民和环境污染等方面存在的损害群众利益的问题。加快完善社会稳定预警体系和应急处理机制,妥善应对自然灾害、事故灾难、公共卫生以及社会安全等突发事件。健全社会治安防控体系,加强和谐社区、和谐村镇建设,创造城乡居民安居乐业的社会环境。

2006年,我国改革发展稳定的任务艰巨而繁重。我们要在以胡锦涛同志为总书记的党中央领导下,高举邓小平理论和"三个代表"重要思想伟大旗帜,全面落实科学发展观,齐心协力,扎实工作,为实现经济社会发展目标和"十一五"的良好开局而努力奋斗!

关于2005年中央和地方预算执行情况与2006年中央和地方预算草案的报告

——2006年3月5日在第十届全国人民代表大会第四次会议上

中华人民共和国财政部

各位代表：

受国务院委托，现将2005年中央和地方预算执行情况与2006年中央和地方预算草案的报告提请十届全国人大四次会议审议，并请全国政协各位委员提出意见。

一、2005年中央和地方预算执行情况

2005年，在党中央、国务院的坚强领导下，各地区、各部门以科学发展观为统领，认真贯彻中央各项方针政策和十届全国人大三次会议的有关决定、决议，经济建设和各项社会事业发展取得了新的成绩，人民生活进一步改善。各级财政、税务、海关等部门严格依法理财，加强财政监督管理，狠抓增收节支，中央和地方都圆满完成了预算。

全国财政收入突破三万亿元，达到31627.98亿元(不含债务收入，下同)，再上了一个新台阶，比2004年增加5231.51亿元，增长19.8%，完成预算的108.1%；全国财政支出33708.12亿元，比2004年增加5221.23亿元，增长18.3%，完成预算的104.5%。收支相抵，支出大于收入2080.14亿元。

分中央与地方来看：中央财政总收入17249.79亿元，按可比口径比2004年增加2581.02亿元(已扣除新增出口退税指标584.11亿元)，增长17.6%，完成预算的106.4%。其中，中央本级收入16535.94亿元，比2004年增加2580.6亿元，增长18.5%，完成预算的108.5%。中央财政总支出20249.41亿元，比2004年增加2388.87亿元，增长13.4%，完成预算的105.4%。其中，中央本级支出8775.73亿元，比2004年增加881.65亿元，增长11.2%，完成预算的104%；对地方税收返还和补助支出11473.68亿元，比2004年增加1507.22亿元，增长15.1%，完成预算的106.5%。中央财政赤字2999.62亿元，比十届全国人大三次会议批准的3000亿元减少0.38亿元，财政赤字占GDP的比重为1.6%。2005年中央财政归还到期国内外债务本金3923.25亿元，加上弥补当年赤字，中央财政国债发行总规模为6922.87亿元。另外，代地方政府发行国债100亿元。中央政府性基金收入1399.1亿元，中央政府性基金支出1399.1亿元。地方财政总收入26565.72亿元(含中央税收返还和补助收入)，按可比口径比2004年增加4158.13亿元，增长18.6%，完成预算的107.2%。其中，地方本级收入15092.04亿元，比2004年增加2650.91亿元，增长21.3%，完成预算的107.7%。地方财政总支出25646.24亿元，比2004年增加4340亿元，增长20.4%，完成预算的103.5%。其中，地方本级支出24932.39亿元，比2004年增加4339.58亿元，增长21.1%，完成预算的104.7%；上解中央支出713.85亿元，与2004年基本持平。地方财政收支相抵，结余或结转919.48亿元。上述预算执行数字，在决算编制汇总后，还会有些小的变化。

2005年中央预算执行及财政工作的主要情况是：

(一)实施稳健财政政策，预算执行情况较好。2005年初，根据国民经济和社会发展面临的新形势，中央及时调整财政政策取向，实施了以“控制赤字、调整结构、推进改革、增收节支”为主要内容的稳健财政政策。中央财政赤字预算3000亿元，比2004年减少192亿元；压缩国债项目资金规模300亿元，增加中央预算内经常性建设投资100亿元。在政策落实过程中，切实按照“五个统筹”的要求，既注重运用税收、补贴、转移支付等多种政策手段，又适当调整国债项目资金的使用结构和投

向,加强农业等经济社会发展的薄弱环节,重点保证重大在建项目、农林水利、教科文卫、能源等方面的资金需要。

在经济平稳较快发展的基础上,依法加强收入征管,积极实施科学化管理,全面清理和规范税收优惠政策,严格控制减免税,努力做到应收尽收,全国财政收入实现较大幅度增长。2005 年,全国财政收入比上年增收 5231.51 亿元,增长 19.8%。

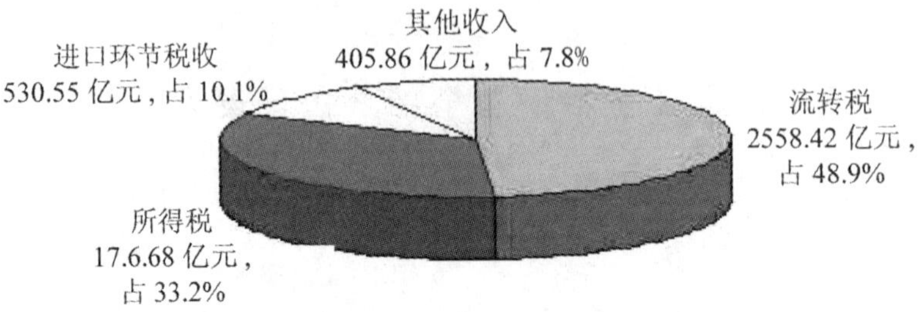

图 1　2005 年全国财政收入增收(5231.51 亿元)构成

需要说明的是,全国财政收入实现较大幅度增长,除了国民经济平稳较快增长的基本因素外,也存在一些非经常性和税务部门加强征管因素。主要有:一是受煤炭、原油、有色金属等基础能源、原材料生产增长和价格大幅上涨,以及房地产行业增长较快等因素的影响,来自这些行业的增值税、营业税等税收大幅度高于其他行业,约有 600 多亿元增收是超常规的。二是 2005 年全国企业所得税增长 38.9%,高于同期规模以上工业企业利润增长 22.6% 的水平,其主要原因是 2004 年企业利润大幅度增长,2005 年企业所得税汇算清缴收入比上年增加 500 多亿元。其中,2005 年中国银行、中国建设银行和中国工商银行实施了股份制改造,剥离了不良资产,资产质量提高,盈利能力增强,账面利润增加,三大商业银行上缴企业所得税比 2004 年增加 200 多亿元。三是税务部门加强税收征管稽查,大力清缴欠税,也增加了较多收入。综合上述因素,2005 年的增收中有 1200 亿元左右是非经常性因素带来的。如果剔除非经常性因素收入,全国财税增收与经济增长和物价水平是基本一致的。

2005 年,中央财政比预算超收 1619 亿元(未扣除新增出口退税指标)。按照党中央、国务院关于认真落实科学发展观的指示精神,根据《全国人大常委会关于加强中央预算审查监督的决定》及十届全国人大三次会议有关决议的要求,中央财政超收收入除按有关法律、法规和财政体制规定,增加对地方税收返还、一般性转移支付、民族地区转移支付共 328 亿元外,主要用于加强经济社会发展薄弱环节的支出和解决历史欠账。具体是:增加社会保障支出 244 亿元(其中拨付全国社保基金 194 亿元,增加国有企业破产关闭补助资金 50 亿元);增加教育科学支出 26 亿元;新增出口退税指标 584 亿元,用于增加当年出口退税指标以及解决部分历史陈欠资金需要;消化供销社经营棉花政策性财务挂账 90 亿元;其余 347 亿元用于预留公务员工资制度改革及配套政策支出。中央财政预计超收收入安排使用的情况,国务院已向全国人大常委会报告。

(二)大力支持解决“三农”问题,促进城乡协调发展。2005 年财政支持“三农”继续保持了力度大、政策实、措施强的特点。全年仅中央财政用于“三农”的支出就达 2975 亿元,比 2004 年实际执行数增加 349 亿元,增长 13.3%。一是不断深化农村税费改革。中央财政为此转移支付 662 亿元,比 2004 年增长 26.3%。2005 年,牧业税和除烟叶外的农业特产税已全部免征;免征农业税的省份达到 28 个,8 亿农民受益。二是认真落实“三补贴”等政策。全国 30 个省份用于粮食直补的资金达到 132 亿元,比 2004 年增长 13.8%。兑付良种补贴资金 38.7 亿元,比 2004 年增长 35.8%。中央财政兑付农机具购置补贴资金 3 亿元,是 2004 年的 4 倍多。另外,落实专项资金 55 亿元,对产粮大县予以财力补助;对企业生产销售的尿素免征增值税,运用关税政策鼓励进口国内短缺的农业生产资料。调动了地方政府重农抓粮的积极性,维护了粮食安全。三是支持农业和农民长远发展。2005 年中央财政用于农业农村基础设施建设的预算内基本建设投资和国债项目资金达 812.78 亿元,进一步改善了农村生产生活条件。中央财政用于农业综合开发资金 98.55 亿元,新增资金中 76.6% 用于粮食主产区中低产田改造的农业基础设施建设。同时,积极探索采用投资参股、专项贴息等形式,更加有效地发挥农业综合开发资金的引导、示范和带动效应。中央财政支持280万农村劳动力转移培训，补助资金4亿元，比2004年增长60%。不断增加用于扶贫开发方面的投入，2005年达到130亿元。中央财政安排资金251.7亿元，直接补贴退耕还林的农民。继续大力支持农业科技推广、农业产业化、农民专业合作组织发展、小型农田水利建设和测土配方施肥等。

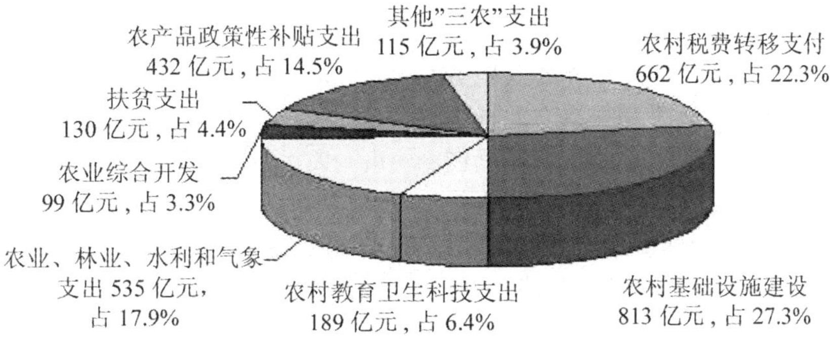

图2 2005年中央财政用于"三农"支出(2975亿元)构成

(三)进一步加大财政投入，促进社会各项事业发展。一是支持就业再就业和社会保障工作。2005年全国财政就业和社会保障支出3649.27亿元，增长17.1%。其中，中央财政社会保障支出1623.59亿元，增长10%。积极支持东北三省开展完善城镇社会保障体系试点，完善企业职工基本养老保险制度，研究制定了扩大做实基本养老保险个人账户试点方案。积极参与制定并认真落实中央关于就业和再就业的财税优惠政策。多数省份已基本完成了国有企业下岗职工基本生活保障向失业保险并轨工作，城市低保基本实现应保尽保。支持做好企业军转干部和复退军人解困工作，并大力支持抗灾救灾，同时进一步清理和取消了针对农民进城就业的不合理收费，并采取积极措施解决农民工子女教育和农民工管理服务的经费问题。二是支持加快教科文事业发展。2005年全国教育支出3951.59亿元，增长17.4%。中央财政负担的教育支出384.38亿元，增长15.9%。其中，中央本级教育事业费338.64亿元，增长17.2%，高于中央财政经常性收入增长。中央和地方各级财政安排专项资金70多亿元，进一步扩大"两免一补"政策实施范围，使中西部地区农村义务教育阶段3400万名贫困家庭学生受益。中央财政还安排资金55亿元，继续支持实施全国中小学危房改造工程、国家西部地区"两基"攻坚计划、农村中小学现代远程教育工程、农村中小学布局调整等项目。中央财政安排专项资金7.7亿元，用于职业教育实验培训基地建设，进一步支持职业教育改革与发展。安排专项资金32.6亿元，继续支持实施"211工程"、"985工程"等重点工程，增强高校科技创新和社会服务能力。中央财政安排专项资金36.4亿元，继续支持深化高校管理体制改革。特别是从2005年起，中央财政每年安排国家助学奖学金10亿元，进一步加强对高校经济困难学生的资助工作。2005年，全国科技支出991.56亿元，增长20.9%。其中，中央财政科技支出600.78亿元，增长21.8%。重点支持了国家科技基础条件平台建设和中国科学院"知识创新工程试点"等工作。2005年，全国文体广播事业费支出692.88亿元，增长18%。其中，中央财政文体广播事业费支出99.27亿元，增长17%。加强基层文化建设，继续支持全国文化信息资源共享工程、广播电视村村通工程、送书下乡工程等。安排专项经费2.5亿元，用于大遗址等重要文物保护。三是促进医疗卫生体系建设和制度创新。2005年，全国财政医疗卫生支出1026.99亿元，增长20.2%。中央财政安排资金42亿元，支持建立和完善突发公共卫生事件医疗救治体系、疾病信息网络体系、卫生执法监督体系。安排补助资金5.42亿元，支持新型农村合作医疗制度试点，试点范围由2004年全国县(市、区)的11.6%扩大到2005年的23.5%。同时，积极推进城乡医疗救助制度建设。安排农村计划生育奖励扶助资金3.35亿元，比2004年增长68%。特别是中央财政设立20亿元禽流感防控基金，并实施了阶段性减免税政策，切实保障了高致病性禽流感防治工作的需要，促进了家禽业恢复发展。四是保障国家政权建设。2005年中央财政安排政法专款48.1亿元，有效改善了基层政法机关的执法办案条件，并通过改进管理方法，不断提高资金的使用效益；安排专项经费4亿元，继续支持“大通关”建设，初步实现“提速、减负、增效、严密监管”的目标；安排专款9.24亿元，继续支持有关省(区、市)进行监狱体制改革试点。积极支持全国及各地区、各部门建立突发公共事件应急预案。

(四)加大转移支付力度，促进基本公共服务均等化。在认真落实西部大开发和振兴东北地区等老工业基地等各项财税优惠政策的同时，不断创新支持方式，加大支持力度。一是积极创新缓解县乡财政困难的机制。从2005年起，按照“明确责任、综合治理、激励约束、分类指导”的总体思路，中央财政安排150亿元资金，实施了以“三奖一补”为核心的政策措施，调动了地方各级政府财力安排向下倾斜、发展县域经济、精简机构和人员、完善省以下财政体制的积极性。各省(区)在保持原有对县乡财力性转移支付规模的基础上，新增安排奖励补助资金108亿元，县乡财政困难加剧的势头得以遏制并开始向好的方向转化。二是大幅度增加转移支付。2005年除税收返还和体制性补助4143.71亿元外，中央财政安排各类转移支付补助达到7329.97亿元，比2004年增长21.6%。其中财力性转移支付达到3812.72亿元，比2004年增长46.4%，用于中西部地区的比例达到90%以上。不仅推动了基本公共服务均等化，也有效缓解了县乡财政困难，促进了区域协调发展。

(五)深化财税等改革，促进完善社会主义市场经济体制。一是税收制度改革成效明显。进一步完善增值税转型改革试点方案，研究明确了东北地区工业企业固定资产折旧的税收政策，为下一步全面推开增值税转型改革积累了经验。认真研究个人所得税调整方案，经全国人大常委会批准，自2006年1月1日起，个人所得税工薪收入费用扣除额由每月800元提高至每月1600元，同时扩大纳税人自行申报范围，加强对高收入者的征管。进一步研究完善了新的企业所得税法草案和消费税政策的调整方案。此外，根据改革中出现的新情况，进一步完善出口退税负担机制。自2005年1月1日起，各地出口退税超基数部分中央、地方负担比例由75∶25改为92.5∶7.5，减轻了地方负担，促进了外贸发展。二是预算管理制度改革向纵深拓展。在中央和地方全面推进部门预算改革的基础上，稳步推进了中央部门实物费用定额改革试点，实施了项目预算滚动管理，增强了预算编制的统一性、完整性和公平性。加强财政拨款结余资金管理，稳步推进绩效考评试点工作，提高财政资金使用效益。强化非税收入管理，深化“收支两条线”管理改革取得了新进展。2005年国库集中支付制度改革扩大到所有中央部门，将3300多个基层预算单位、3700多亿元财政资金全部纳入改革实施范围，有非税收入的中央部门也全部纳入了收入收缴管理改革实施范围；36个省(自治区、直辖市)和计划单列市本级，以及200多个地级市和500多个县实行了国库集中收付制度改革。政府采购制度改革在全国范围内取得了明显成效，中央和省级政府已经完成了政府采购管理与操作机构分设、职能分离的任务；全国政府采购规模达到2500亿元，比2004年增加了364亿元，资金节约率达11%。经全国人大常委会委员长会议同意，从2006年起，采取国债余额管理方式，提高国债管理的透明度，防范财政风险。政府收支分类改革已开始在6个中央部门以及5个省市模拟试点，效果较好。“金财工程”建设步伐加快，财政核心业务系统开发应用力度加大，并初步形成了纵向连接中央、省、市(地)三级，横向连接同级相关职能部门和预算单位的网络体系，为财政管理实现信息化奠定了基础。三是大力支持国有企业改革和金融体制改革。2005年，中央财政安排资金219亿元，支持116户国有企业实施政策性关闭破产，安置职工55万人。第二批74户中央企业分离办社会职能工作顺利推进。大力支持国有企业改组改制和债转股改革，推动电力、电信、铁路、民航、邮政等行业改革，出台了支持企业改组改制、分离办社会、债转股等系列税收优惠政策。出台了调整纺织品出口结构、化解贸易摩擦的出口关税措施，支持纺织企业实施“走出去”战略。大力支持金融体制改革创新，重点支持了中国工商银行、中国银行、中国建设银行、交通银行进行财务重组和改制上市，加强对四大资产管理公司的财务管理，制定并落实了保险、证券以及资本市场发展的税收优惠政策。中央财政安排保值储蓄利息补贴29.31亿元，推动和支持29个省(区、市)深化农村信用社改革。四是积极推进住房制度改革。进一步完善住房公积金管理制度，积极运用税收政策遏止投机性炒房，促进了住房价格的基本稳定和房地产业的健康发展。

(六)积极推进依法理财，加强财政监督管理。一方面把依法理财、规范管理、严格监督和建设法治财政贯穿到财政工作的各个方面和环节，不断强化财政自身监督；另一方面，落实全国人大有关决议和审计意见，认真分析研究，采取措施整改。一是财政法律法规体系不断完善。积极贯彻落实国务院《全面推进依法行政实施纲要》，全面实施《财政违法行为处罚处分条例》，制定《财政部门全面推进依法行政依法理财实施意见》。积极推进《预算法》、《财政转移支付法》、《税收基本法》、《政府采购法实施条例》等主要财政法律法规的调研起草和修改工作。结合贯彻实施《行政许可法》，对财政行政审批事项进行了全面清理，共取消行政审批项目39项、调整审批项目6项。二是会计基础工作不断强化。积极推进会计准则、审计准则国际接轨和会计领军人才培养，加强了注册会计师行业管理和诚信建设，统一组织实施了会计师事务所执业质量和企业会计信息质量检查。三是财政监督不断深化。突出社会关注的重点资金监督，积极推进有效性监督，财政监督机制不断健全，财政监督效率不断提高。2005年共查处有问题资金606亿元，核减和收回财政资金159亿元，征收监缴中央非税收入266亿元。四是整改工作不断加强。国务院对于全国人大有关决议和审计报告所提意见和问题高度重视，要求各部门和有关单位自觉接受审计监督，认真落实审计决定，坚决纠正存在的问题。目前，各部门和有关单位已认真进行了整改。审计发现的中央预算执行中存在的问题，大部分已得到整改纠正并追究有关人员的责任。截至2005年10月底，已上缴财政各项资金11.83亿元，完善各项制度规定472项，有121人受到党纪政纪处分。有关整改情况国务院已报全国人大常委会。

2005年是"十五"计划的最后一年。回顾过去的五年，国家财政面貌发生了新的变化，主要是：国家财政实力不断壮大。全国财政收入连续突破2万亿元、2.5万亿元和3万亿元大关。"十五"时期全国财政收入为11.5万亿元，比"九五"时期增加6.4万亿元，增长126.5%，其中中央财政本级收入增长141.5%，地方财政本级收入增长111.3%。"十五"末2005年全国财政收入占GDP比重为17.3%，比"九五"末2000年的13.5%上升了3.8个百分点。全国财政支出为12.8万亿元，比"九五"时期增加7.1万亿元，增长124%，其中中央财政本级支出增长109.5%，地方财政本级支出增长130.5%。财政收入增长的稳定性和协调性进一步增强，财政发展的步伐不断加快。财政宏观调控作用不断增强。根据经济发展的客观需要，相机调整并顺利实现了积极财政政策向稳健财政政策的转变，促进了经济保持平稳较快发展。在认真总结财政政策实践的基础上，建立健全了基本适应通货膨胀、通货紧缩、供求总量基本平衡但结构不均衡等不同经济运行形态需要的，包括目标定位、政策组合、时机选择、组织实施等一系列要素在内的财政宏观调控体系。以人为本的公共支出体系不断完善。按照科学发展观和社会主义市场经济发展的要求，大力调整和优化支出结构，不断减少并逐步退出对一般竞争性、经营性领域的财政投入；大力支持义务教育、就业和社会保障、公共卫生等公益性社会事业的改革和发展；向困难地区、行业和群众倾斜，注意解决事关人民群众切身利益的突出矛盾和问题，把实现好、维护好、发展好最广大人民群众的根本利益作为财政支出的出发点和落脚点。公共财政管理体制改革不断深化。积极推进出口退税机制改革、增值税转型、个人所得税及所得税收入分享改革，深化预算管理制度改革，支持其他方面经济体制改革；推动财政法制建设、加强会计基础工作、转变财政监督方式，进一步健全了公共财政管理框架。

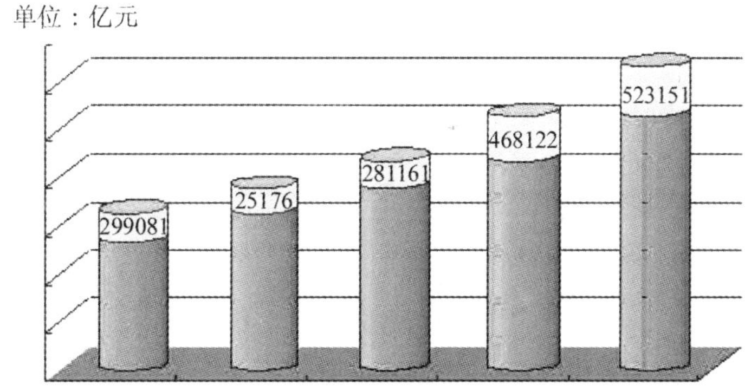

图3 "十五"期间全国财政收入大幅增加

同时,我们也清醒地认识到,财政运行和预算执行中还存在不少亟待解决的问题。一是随着我国经济社会发展进入新阶段,促进经济社会全面协调可持续发展的财政保障能力仍需提高。如对"三农"、义务教育、公共卫生、环境保护等经济社会发展薄弱环节的投入力度仍需加强。二是对提高自主创新能力、促进科技进步、转变经济增长方式的支持力度仍需加大。三是基本公共服务均等化建设步伐仍需加快。部分地区基层财政还比较困难,基层政权保障和公共服务能力有待增强。四是经济运行中仍有不少来自其他领域的显性和隐性负债,防范和化解财政风险的任务仍十分艰巨。五是预算制度和财政管理制度改革仍需深化,财政管理的规范化、科学化和透明度仍需不断提高。国务院高度重视这些矛盾和问题,要求财政部和有关部门采取切实措施加以解决。我们将增强紧迫感、使命感,加快公共财政体制建设,健全科学决策机制,着力深化改革,优化支出结构,不断提高财政管理能力和服务水平。

二、2006 年中央和地方预算草案

根据中央对经济工作的有关部署和要求,结合财政工作面临的新形势,2006 年预算编制和财政工作的总体思路是:在邓小平理论和"三个代表"重要思想指导下,认真贯彻党的十六大和十六届三中、四中、五中全会及中央经济工作会议精神,以科学发展观为统领,继续实施稳健的财政政策;狠抓增收节支,优化支出结构,切实保障重点支出需要;着力深化改革,推动经济结构调整和增长方式转变,促进经济持续快速协调健康发展和社会全面进步,为顺利实现"十一五"规划目标开好局、起好步。

根据上述总体思路,2006 年预算的主要指标安排如下:中央财政总收入 19272.04 亿元,比 2005 年增加 2022.25 亿元,增长 11.7%。其中,中央本级收入 18520.3 亿元,比 2005 年增加 1984.36 亿元,增长 12%。中央财政总支出 22222.04 亿元,比 2005 年增加 1972.63 亿元,增长 9.7%。其中,中央本级支出 9525 亿元,比 2005 年增加 749.27 亿元,增长 8.5%;对地方税收返还和补助支出 12697.04 亿元,比 2005 年增加 1223.36 亿元,增长 10.7%。中央财政收支相抵,赤字 2950 亿元,比 2005 年预算减少 50 亿元,财政赤字占 GDP 的比重预计进一步下降到 1.5%。2006 年,中央财政安排国债项目资金 600 亿元,比 2005 年减少 200 亿元(其中取消代地方政府发行国债 100 亿元),同时增加中央预算内经常性建设投资 100 亿元。中央财政国债余额 35568 亿元,比 2005 年同口径增加 2954 亿元。汇总中央和地方财政收支安排,2006 年全国财政收入 35423.38 亿元,增加 3795.4 亿元,增长 12%;全国财政支出 38373.38 亿元,增加 4665.36 亿元,增长 13.8%。

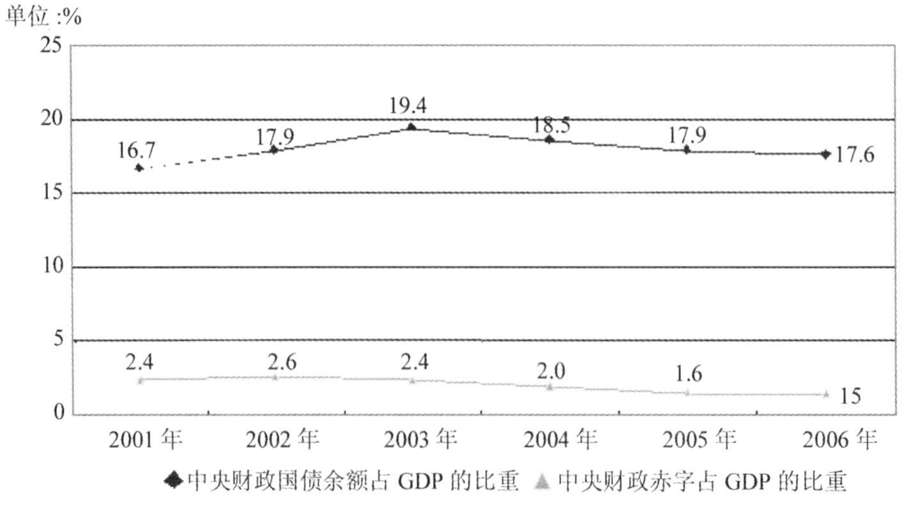

图 4　中央财政国债余额、赤字占 GDP 的比重

2006 年,全国财政收入增幅安排 12%,一方面是考虑了中央确定的宏观经济预期指标,另一方面充分考虑了各种减收因素。比如,全面取消农业税、推进增值税转型改革试点、继续调整关税税率、

提高个人所得税工薪所得减除费用标准等政策变化,以及足额安排出口退税和部分行业企业效益可能下滑等。这样的安排是积极稳妥的。

按照"统筹兼顾、量入为出、确保重点"的方针和实施稳健财政政策的要求,2006年中央财政支出安排将着力调整支出结构,有保有压,保障公共支出需要,压缩一般性开支,向农业、教育、就业和社会保障、公共卫生等经济社会发展薄弱环节倾斜;向困难地区和群体倾斜;向科技创新和转变经济增长方式倾斜。

(一)着力加强财政宏观调控,促进经济又快又好发展。根据中央经济工作会议精神和经济发展的客观需要,2006年要保持宏观经济政策的连续性和稳定性,继续实施稳健财政政策,着力推进投资、消费和出口健康发展。一是调整和优化政府投资结构。2006年中央财政预算内基建投资总规模1154亿元,包括国债项目资金600亿元和预算内投资554亿元,与2005年一致。进一步调整优化国债项目资金和中央预算内投资使用结构,发挥政府投资对落实"五个统筹"、加强薄弱环节和促进协调发展的作用,优先支持农村建设、科教文卫、资源节约、生态环境保护、西部大开发和关系"十一五"规划顺利实施的重点项目建设。二是整顿和规范收入分配秩序。适时推行公务员职级工资制改革,建立国家统一的职务与级别相结合的公务员工资制度;清理整顿津贴补贴,建立规范有序的津贴补贴发放制度和监督制约机制;推进事业单位收入分配制度改革,完善艰苦边远地区津贴制度,促进公平收入分配,更好地发挥消费对经济的拉动作用。三是巩固和发展出口退税负担机制改革成果。2006年中央财政安排出口退税指标4264亿元,用于保障对出口企业及时足额退税所需资金。各地特别是省级财政也要按体制规定足额保障出口退税所需资金。同时,进一步发挥关税等税收政策作用,支持推进外贸代理制,转变外贸发展方式,促进外贸健康发展。

(二)着力加大政策扶持和资金投入力度,加快建设社会主义新农村。建设社会主义新农村是党的十六届五中全会提出的一项宏伟目标,不仅有利于农业、农村的发展和农民的富裕,更关系到实现国家的长治久安和中华民族的伟大复兴。要逐步扩大公共财政覆盖农村范围,建立健全财政支农资金稳定增长机制。2006年,将继续保持新增教育、文化、卫生支出主要用于农村等政策的连续性、稳定性,并加大投入力度,突出在"多予"和"放活"上做文章,引导和调动社会各方面增加"三农"投入的积极性。全年中央财政预算安排用于"三农"的支出将达3397亿元,比2005年实际执行数增加422亿元,增长14.2%,高于中央财政总收入、总支出的增长水平,占中央财政总支出增量的21.4%。一是在全国范围内全面取消农业税。延续了2600多年的农业税走进了"历史博物馆"。农村税费改革使8亿农民每年减轻负担约1250亿元。2006年将积极研究提出烟叶特产税替代方案,实施国有农场税费改革,全面推进农村综合改革。为此,中央财政每年将安排转移支付资金782亿元,地方财政也将安排相应支出。二是完善并加强"三补贴"政策。扩大粮食直补资金规模,安排13个粮食主产省(区)的粮食直补资金125亿元,比2005年增加10亿元,全部达到本省(区)粮食风险基金总规模的50%;中央财政安排良种补贴资金40.7亿元,比2005年增加2亿元;安排农机具购置补贴资金6亿元,比2005年增加一倍,并扩大补贴范围,调整补贴重点;积极研究探索建立对农民种粮收益综合补贴制度。三是支持扩大新型农村合作医疗试点。将试点范围扩大到全国40%的县(市、区),中央和地方财政补助标准均由10元提高到20元,中央财政相应安排资金47.3亿元,增长7倍多。加强农村医疗救助工作,缓解特困群众"因病致贫、因病返贫"的问题。四是积极支持农业综合生产能力建设。增加农业和农村基础设施建设、生态建设、农业科技进步、农业综合开发、扶贫开发等方面的投入,促进现代农业建设。同时,进一步整合支农资金,提高支农资金使用效益。

(三)着力建立农村义务教育经费保障机制,全部免除西部地区农村中小学生学杂费。加强农村义务教育,是关系经济社会发展全局的一项战略任务,是实现"十一五"规划战略目标和全面建设小康社会的重大举措。从2006年至2010年,将按照"明确各级责任、中央地方共担、加大财政投入、提高保障水平、分步组织实施"的原则,逐步将农村义务教育全面纳入公共财政保障范围,建立中央和地方分项目、按比例分担的农村义务教育经费保障机制。改革的主要内容是:对农村义务教育阶段学生免收学杂费,对贫困家庭学生提供免费课本和寄宿生活费补助;提高农村中小学公用经费保障水平;建立农村中小学校舍维修改造的长效机制;进一步巩固完善现行教师工资保障机制。同时全面建立农村中小学预算编制制度,积极推进教育综合改革。为确保改革的顺利实施,中央财政将对中西部地区农村义务教育经费保障机制改革承担主要的投入责任,对东部困难地区也给予支持。按照"两年实现,三年完善"的进度安排,分年度、分地区推进。2006 年西部地区 12 个省(区、市)首先全面推行农村义务教育经费保障机制改革,并在全国范围内启动和实施农村中小学校舍维修改造机制。2007 年全国农村将全面实行免费义务教育。不包括教师调资的因素,预计全国财政 2006 年至 2010 年累计新增农村义务教育经费将达 2182 亿元。大力支持职业教育,加大对职业教育实验培训基地建设的支持力度,进一步完善职业院校经济困难学生资助政策。为此,中央财政安排实验培训基地建设资金 7.4 亿元、职业教育助学奖学金 8 亿元,合计比 2005 年增加 7.7 亿元。同时,进一步支持提高高等教育质量。

(四)着力支持就业再就业和社会保障工作,促进构建和谐社会。加强就业再就业和社会保障工作,是维护群众利益、促进社会公平、构建社会主义和谐社会的重要措施。2006 年,中央财政安排社会保障补助支出和就业再就业支出 1859.82 亿元,比 2005 年增加 236.23 亿元,增长 14.5%。一是继续做好就业再就业工作。落实新的就业再就业扶持政策,妥善解决国有企业下岗职工有关历史遗留问题。二是完善企业职工基本养老保险制度。抓好做实基本养老保险个人账户试点工作;研究制定事业单位养老保险制度改革方案。三是结合推行公务员职级工资改革,相应提高部分困难群众的待遇。四是认真帮助解决困难群众基本生活问题。加快城市社区卫生事业发展和城乡医疗救助制度建设步伐,逐步解决群众"看病难、看病贵"的问题;推进社会救助体系建设,进一步巩固城市低保应保尽保成果;深入研究解决被征地农民的社会保障工作。支持实行城乡平等的就业制度,抓紧研究并逐步解决进城务工农民社会保障问题,依法将务工农民全部纳入工伤保险范围,探索适合务工农民特点的大病医疗保障和养老保障办法。有条件的地方要积极探索建立农村最低生活保障制度;继续做好优抚安置和军转干部解困工作,大力支持安全生产和抗灾救灾。五是全力支持防控高致病性禽流感工作。进一步加大投入,支持公共卫生体系建设,提高重大疾病预防控制能力。确保防控经费和相关基础设施建设需要,同时采取有效财税政策措施扶持家禽业发展,研究支持建立统筹人、畜、禽疫病防治、城乡一体的公共卫生体系。

(五)着力促进自主创新,推动经济增长方式转变。提高自主创新能力是提升科技水平和国家核心竞争力的关键,是调整产业结构,转变经济增长方式的中心环节,也是促进经济持续平稳较快增长,实现经济可持续发展的必由之路。一是大力增加财政科技投入。根据《国家中长期科学和技术发展规划纲要(2006—2020 年)》和"十一五"科技发展规划的要求,2006 年中央财政科技支出安排 716.04 亿元,比 2005 年增加 115.26 亿元,增长 19.2%,地方财政也相应增加投入。通过这一政策信号更好引导全社会重视科技创新和增加科技投入。加大对基础研究、前沿技术研究、社会公益研究以及科技基础条件和科学技术普及的支持力度。合理安排科研机构(基地)正常运转经费、科研项目经费、科研基础条件经费的比例,稳定、持续地支持基础研究和社会公益类研究机构。切实改进资金管理,提高科技资金使用效益,逐步建立财政科技资金的绩效评价体系。二是充分发挥税收政策促进科技进步的作用。充分利用税收扶持措施,鼓励和引导企业增加科技投入,开发具有自主知识产权的关键技术;研究制定扶持企业技术创新活动以及鼓励创业投资企业发展的税收政策;完善进出口税收政策,鼓励能源和资源性产品、先进技术设备及其零部件的进口,限制高能耗、高污染以及资源性产品的出口;进口税收优惠政策要逐步从对进口整机设备的优惠,转变到对国内企业开发具有自主知识产权产品、装备所需重要原材料、关键零部件的优惠上来。三是完善企业财务和分配制度。加快企业财务制度改革,建立符合现代企业制度、有利于企业自主创新的财务管理制度体系;改革和完善企业分配制度,允许企业对有突出贡献的科技骨干实行股权激励等政策,鼓励企业引进科技人才;拓展政府采购政策的扶持功能,支持国内具有自主知识产权的重要高新技术装备及产品的生产。四是积极制定并实施支持循环经济发展的财税政策。推动理顺资源价格,建立合理反映资源稀缺程度的价格形成机制;逐步实行矿业权有偿取得制度,促进矿产资源的合理利用和综合开发;逐步加大对清洁生产、可再生资源和新能源开发等项目的支持力度,并整合资金,重点用于支持与发展循环经济有关的科技研发、技术推广和重大项目建设示范;运用有关财税政策措施,引导形成有利于节约资源、减少污染的生产和消费模式。大力支持建立健全生态建设和环境保护政策机制。按照“污染者付费”原则,充分考虑资源的稀缺性和环境成本,逐步提高排污收费水平,将环境要素成本化;按照“谁开发谁保护、谁利用谁补偿”的原则,逐步建立健全我国生态补偿机制;以支持推进城市污水、垃圾处理产业化为突破口,推进污染治理市场化;加大对污染防治、生态建设、环境保护试点示范及其监管能力建设的资金投入。

(六)着力加大转移支付力度,促进区域协调发展。实现基本公共服务均等化,促进地区协调发展,是公共财政的目标,更是构建和谐社会的要求。一是加大对欠发达地区的财政支持力度,促进革命老区、民族地区、边疆地区和贫困地区加快发展。2006年,中央财政对地方主要是中西部地区一般性转移支付资金将达到1359亿元,比2005年增加238亿元,增长21.2%;对民族地区转移支付资金将达到200亿元,比2005年增加40.77亿元,增长25.6%。二是增加扶贫开发投入。2006年,中央财政安排扶贫开发资金137亿元,比2005年增加7亿元。重点支持以改善贫困人口生产生活条件为主要目标的贫困村基础设施建设,支持以改进农业生产组织方式、提高贫困群众生产能力和收入水平为主要目标的贫困地区农业产业化发展,支持农村贫困劳动力转移培训等。三是认真落实区域发展总体战略的各项财税政策措施。重点落实西部大开发、振兴东北地区等老工业基地的财税优惠政策。积极研究制定促进中部地区崛起的财税政策;支持东部率先发展。

(七)着力支持改革,完善社会主义市场经济体制。改革是发展的动力,也是实现科学发展的重要保证。一是大力支持国有企业改革。中央财政安排资金338亿元,继续推进国有企业政策性关闭破产和中央企业分离办社会工作。组织开展解决东北地区厂办大集体问题试点。二是支持深化金融体制改革。重点研究改革国有金融资产管理体制,促进建立政策性银行自我约束及可持续发展机制。支持深化农村金融体制改革,增强服务功能。三是进一步完善税收制度。尽快在全国范围内实施将企业新增机器设备所含税款纳入增值税抵扣范围的改革方案。出台实施个人所得税工薪所得费用扣除标准的调整方案。择机实施消费税改革,对部分资源性产品和高档消费品征收消费税。积极推进部分地区实施物业税模拟评税试点工作,积极推进资源税、车船税、耕地占用税等改革。积极推进企业所得税“两法”合并改革。继续大力支持粮食流通、事业单位、外贸、邮政、住房等体制改革创新。

(八)着力加大财政保障力度,加强政权建设。为巩固和扩大缓解县乡财政困难成果,继续完善“三奖一补”政策,2006年中央财政安排奖补资金210亿元,比2005年增加60亿元。同时,积极研究各级政府间支出责任、收入划分,重点完善省以下财政管理体制。为加强基层政法机关建设,安排贫困地区公检法司专项支出59.3亿元,比2005年增加11.2亿元,增长23.3%;为提高我军在高技术条件下的防卫作战和应对突发事件的能力,维护国家主权和领土完整,适当提高军人待遇,安排国防支出2807.29亿元,比2005年增加360.25亿元,增长14.7%;为加强国际间交流与合作,安排对外援助支出85亿元,比2005年增加10.3亿元,增长13.8%;为提高国家应急保障能力,中央财政预备费安排150亿元,比2005年增加50亿元,地方也相应增加。中央财政还将积极保障落实科学发展观、服务改革发展稳定大局的其他重点支出需要。

三、扎实工作,确保圆满完成2006年预算

根据2006年政府工作的总体要求,将重点抓好以下财政工作:

(一)狠抓税收、非税收入征管,促进财政收入稳定增长。在大力支持经济发展、做大经济“蛋糕”的基础上,依法加强收入征管,做到应收尽收,防止跑冒滴漏;严格控制减免税,抓紧清理到期的税收优惠政策,坚决制止和纠正擅自出台“先征后返”等变相减免税政策;大力整顿和规范税收秩序,严厉打击各种偷骗税等违法活动。进一步加强非税收入管理,继续深挖非税收入的增收潜力。研究制定规范的非税收入管理办法,进一步拓展非税收入管理范围,逐步将国有资产有偿使用收入、国有资本经营收益、特许经营收入、罚没收入、捐赠收入纳入非税收入管理范围;进一步严格“收支两条线”管理,特别是做好教育、农民、企业负担等各项减负治乱的专项治理工作。加强收入动态监管,不断提高收入监管分析质量,堵塞各种漏洞,确保财政收入稳定增长,逐步实现税收收入和非税收入的

统筹安排,提高各级政府的调控能力。编制执行好财政发展第十一个五年规划,积极探索处理乡村债务的有效措施和办法,防范和化解财政风险,促进财政可持续发展。

(二)确保落实"五个统筹"需要,坚决反对铺张浪费。尽管近年来经济总量越来越大、财政收入快速增长,但我们仍需保持清醒头脑,增强忧患意识。我国还处在社会主义初级阶段,维护稳定、促进发展、支持改革、落实"五个统筹"等各方面都需要财政支持和保障,增支压力很大,绝不能因为财政收入形势相对好一些就可以敞开口子花钱。要严格按预算确保农村义务教育经费保障机制改革、扩大新型农村合作医疗制度改革试点、促进科技创新等各项重点支出需要。不仅中央财政将足额保证,地方也要足额安排所需资金,绝不能留硬缺口。同时,切实按照"两个务必"的要求,严格支出管理,狠抓勤俭节约,重点压缩会议费、招待费、公务用车等支出,切实采取措施控制不务实的论坛、节庆和国际会议,坚决防止形象工程、政绩工程,反对盲目建设和重复建设。积极推进绩效考评工作,坚决制止铺张浪费、挥霍资金的行为,提高财政资金使用的规范性、安全性和有效性,推动构建节约型社会。

(三)实施新的政府收支科目,进一步深化预算管理制度改革。政府收支科目分类改革是预算管理制度的一次创新,对提高政府预算的透明度,加强预算管理和监督,从源头上治理腐败,促进社会主义民主政治建设都具有重要意义。认真总结2005年政府收支科目分类改革模拟试点经验,完善相关办法,逐步建立科学规范的政府收支分类体系,正式启用新科目编制2007年政府预算。进一步深化部门预算和财政国库管理制度改革。中央和省两级将国库集中支付制度改革范围扩大到所有基层预算单位,逐步将其全部财政性资金纳入改革范围;地市级也都将实施这一改革,同时积极向县一级推进。大力推进财税库横向联网和非税收入收缴管理制度改革,建立健全收入收缴监管机制。规范政府采购管理,运用政府采购政策功能,加强政府采购政策的国际协调与合作,政府采购规模力争突破3000亿元。推动实施国债余额管理工作,建立科学、灵活的国债管理机制。积极推进"金财工程"建设,完善财政信息管理的网络平台和安全体系。切实加强行政事业单位国有资产管理,完善行政事业单位国有资产管理的规章制度,全面开展行政事业单位清产核资。积极研究建立国有资本经营预算制度的有关问题。

(四)狠抓依法理财,加强财政监督管理和会计基础工作。认真贯彻国务院《全面推进依法行政实施纲要》,积极推进修订《预算法》和《企业所得税法》立法进程,进一步完善财政法律体系。按照党中央、国务院的统一部署,积极推动政务公开工作,制定并出台有关具体实施办法,自觉接受社会监督。建立健全财政监督机制,把财政监督贯穿于财政运行的各个环节,实现对财政资金运行事前、事中和事后的全过程监控,充分发挥财政监督在推进完善市场经济体制、整顿和规范市场经济秩序、确保财政宏观政策执行、提高财政资金效益等方面的积极作用。制定发布新的会计准则和审计准则,形成适应社会主义市场经济发展要求、与国际接轨的会计准则和审计准则体系。加强诚信建设和职业道德教育,健全企业和会计师事务所内部控制制度和文化体系,搞好注册会计师、注册评估师行业管理和建设,严格行业监管,提高信息质量,增强社会公信力。在加强财政管理制度创新的同时,自觉接受全国人大和审计部门的监督,增强使命感、紧迫感,提高为民理财的责任意识,加强对财政资金使用的监督管理,完善内控机制,不断推进财政管理工作的规范化,预防各类违反财经法规的问题。

2006年是"十一五"的开局起步之年。圆满完成预算和各项财政工作任务意义重大。我们要在以胡锦涛同志为总书记的党中央领导下,高举邓小平理论和"三个代表"重要思想伟大旗帜,牢固树立和认真贯彻科学发展观,按照十届全国人大四次会议对经济财政工作提出的各项要求,自觉接受人民代表大会对财政工作的监督和指导,认真听取人民政协的意见和建议,切实转变工作作风,深入开展调查研究,努力服务大局、做大经济财政蛋糕、以人为本、开拓创新、主动服务,为促进国民经济持续快速协调健康发展和"十一五"规划目标的顺利实现作出积极贡献!

中华人民共和国国民经济和社会发展第十一个五年规划纲要

中华人民共和国国民经济和社会发展第十一个五年(2006~2010年)规划纲要根据《中共中央关于制定国民经济和社会发展第十一个五年规划的建议》编制,主要阐明国家战略意图,明确政府工作重点,引导市场主体行为,是未来五年我国经济社会发展的宏伟蓝图,是全国各族人民共同的行动纲领,是政府履行经济调节、市场监管、社会管理和公共服务职责的重要依据。

第一篇　指导原则和发展目标

第一章　全面建设小康社会的关键时期

"十五"时期是不平凡的五年,我国综合国力明显增强,人民生活明显改善,国际地位明显提高。面对复杂多变的国内外形势,在全国各族人民共同努力下,我们有效抑制经济运行中出现的不稳定不健康因素,成功战胜非典疫情和重大自然灾害的挑战,从容应对加入世界贸易组织后的新变化,国民经济持续较快发展,"十五"计划确定的主要发展目标提前实现。工业化、城镇化、市场化、国际化步伐加快,经济体制改革不断深化,对外贸易迈上新台阶,国家财政收入大幅度增加,价格总水平保持基本稳定,城乡面貌和人民生活进一步改善,民族团结不断巩固,各项社会事业取得新进步,国防和军队建设取得新进展,社会主义民主政治和精神文明建设继续加强。更为重要的是,党中央提出了树立科学发展观和构建社会主义和谐社会的重大战略思想。这些都为"十一五"时期的发展奠定了良好基础。面向未来,我们站在一个新的历史起点上。

专栏1　"十五"计划主要指标实现情况

指标	2000年	"十五"计划目标	2005年	"十五"年均增长(%)
国内生产总值年均增长(%)		7		9.5
五年城镇新增就业(万人)		[4000]		[4200]
五年转移农业劳动力(万人)		[4000]		[4000]
城镇登记失业率(%)	3.1	5	4.2	
价格总水平		基本稳定		1.4
货物进出口总额(亿美元)	4743	6800	14221	24.6
研究与试验发展经费支出占国内生产总值比重(%)	0.9	1.5	1.3	
高等教育毛入学率(%)	11.5	15	21	
高中阶段教育毛入学率(%)	42.8	60	53	
初中毛入学率(%)	88.6	90	95	
全国总人口(万人)	126743	133000	130756	6.3‰
主要污染物排放总量减少(%)		[10]		<[10]
城镇居民人均可支配收入年均增长(%)		5		9.6
农村居民人均纯收入年均增长(%)		5		5.3
城镇居民人均住宅建筑面积(平方米)	20.3	22	26	5.1

注:研究与试验发展经费支出占国内生产总值比重按经济普查前数据2005年为1.55%;带[]的为五年累计数。

“十一五”时期是全面建设小康社会的关键时期，具有承前启后的历史地位，既面临难得机遇，也存在严峻挑战。

我国具备保持经济平稳较快发展和社会和谐进步的有利条件。城乡居民消费结构加速升级，将带动产业结构加快调整和城镇化加快发展，市场潜力巨大。劳动力资源丰富，国民储蓄率较高，基础设施不断改善，产业配套能力较强，科技教育具有较好基础，社会政治保持长期稳定。改革向纵深推进，社会主义市场经济体制逐步完善，将进一步激发社会活力和发展动力。和平、发展、合作成为当今时代的潮流，世界政治力量对比有利于保持国际环境的总体稳定，经济全球化趋势深入发展，科技进步日新月异，生产要素流动和产业转移加快，我国与世界经济的相互联系和影响日益加深，国内国际两个市场、两种资源相互补充，外部环境总体上对我国发展有利。

在前进道路上还存在不少困难和问题。我国正处于并将长期处于社会主义初级阶段，生产力还不发达，制约发展的一些长期性深层次矛盾依然存在：耕地、淡水、能源和重要矿产资源相对不足，生态环境比较脆弱，经济结构不合理，解决“三农”问题任务相当艰巨，就业压力较大，科技自主创新能力不强，影响发展的体制机制障碍亟待解决。“十五”时期在快速发展中又出现了一些突出问题：投资和消费关系不协调，部分行业盲目扩张、产能过剩，经济增长方式转变缓慢，能源资源消耗过大，环境污染加剧，城乡、区域发展差距和部分社会成员之间收入差距继续扩大，社会事业发展仍然滞后，影响社会稳定的因素还较多。国际环境复杂多变，影响和平与发展的不稳定不确定因素增多，发达国家在经济科技上占优势的压力将长期存在，世界经济发展不平衡状况加剧，围绕资源、市场、技术、人才的竞争更加激烈，贸易保护主义有新的表现，对我国经济社会发展和安全提出了新的挑战。

在战略机遇与矛盾凸显并存的关键时期，要有高度的历史责任感、强烈的忧患意识和宽广的世界眼光，准确把握我国发展的阶段性特征，立足科学发展，着力自主创新，完善体制机制，促进社会和谐，全面提高我国的综合国力、国际竞争力和抗风险能力，开创社会主义经济建设、政治建设、文化建设、社会建设的新局面，为后十年顺利发展打下坚实基础，奋力把中国特色社会主义事业推向前进。

第二章 全面贯彻落实科学发展观

“十一五”时期促进国民经济持续快速协调健康发展和社会全面进步，要以邓小平理论和“三个代表”重要思想为指导，以科学发展观统领经济社会发展全局。坚持发展是硬道理，坚持抓好发展这个党执政兴国的第一要务，坚持以经济建设为中心，坚持用发展和改革的办法解决前进中的问题。发展必须是科学发展，要坚持以人为本，转变发展观念、创新发展模式、提高发展质量，落实“五个统筹”，把经济社会发展切实转入全面协调可持续发展的轨道。要坚持以下原则：

——必须保持经济平稳较快发展。要进一步扩大国内需求，调整投资和消费的关系，合理控制投资规模，增强消费对经济增长的拉动作用。正确把握经济发展趋势的变化，保持社会供求总量基本平衡，避免经济大起大落，实现又快又好发展。

——必须加快转变经济增长方式。要把节约资源作为基本国策，发展循环经济，保护生态环境，加快建设资源节约型、环境友好型社会，促进经济发展与人口、资源、环境相协调。推进国民经济和社会信息化，切实走新型工业化道路，坚持节约发展、清洁发展、安全发展，实现可持续发展。

——必须提高自主创新能力。要深入实施科教兴国战略和人才强国战略，把增强自主创新能力作为科学技术发展的战略基点和调整产业结构、转变增长方式的中心环节，大力提高原始创新能力、集成创新能力和引进消化吸收再创新能力。

——必须促进城乡区域协调发展。要从社会主义现代化建设全局出发，统筹城乡区域发展。坚持把解决好“三农”问题作为重中之重，实行工业反哺农业、城市支持农村，推进社会主义新农村建设，促进城镇化健康发展。落实区域发展总体战略，形成东中西优势互补、良性互动的区域协调发展机制。

——必须加强和谐社会建设。要按照以人为本的要求，从解决关系人民群众切身利益的现实问题入手，更加注重经济社会协调发展，千方百计扩大就业，加快发展社会事业，促进人的全面发展；更加注重社会公平，使全体人民共享改革发展成果；更加注重民主法制建设，正确处理改革发展稳定的关系，保持社会安定团结。

——必须不断深化改革开放。要坚持社会主

义市场经济的改革方向，完善现代企业制度和现代产权制度，建立反映市场供求状况和资源稀缺程度的价格形成机制，更大程度地发挥市场在资源配置中的基础性作用，提高资源配置效率，切实转变政府职能，健全国家宏观调控体系。统筹国内发展和对外开放，不断提高对外开放水平，增强在扩大开放条件下促进发展的能力。

根据上述指导思想和原则，针对发展中的突出矛盾和问题，要进一步调整推动发展的思路，转变推动发展的方式，明确推动发展的政策导向。

——立足扩大国内需求推动发展，把扩大国内需求特别是消费需求作为基本立足点，促使经济增长由主要依靠投资和出口拉动向消费与投资、内需与外需协调拉动转变。

——立足优化产业结构推动发展，把调整经济结构作为主线，促使经济增长由主要依靠工业带动和数量扩张带动向三次产业协同带动和结构优化升级带动转变。

——立足节约资源保护环境推动发展，把促进经济增长方式根本转变作为着力点，促使经济增长由主要依靠增加资源投入带动向主要依靠提高资源利用效率带动转变。

——立足增强自主创新能力推动发展，把增强自主创新能力作为国家战略，促使经济增长由主要依靠资金和物质要素投入带动向主要依靠科技进步和人力资本带动转变。

——立足深化改革开放推动发展，把改革开放作为动力，促使经济增长由某些领域相当程度上依靠行政干预推动向在国家宏观调控下更大程度发挥市场配置资源基础性作用转变。

——立足以人为本推动发展，把提高人民生活水平作为根本出发点和落脚点，促使发展由偏重于增加物质财富向更加注重促进人的全面发展和经济社会的协调发展转变。

第三章　经济社会发展的主要目标

根据全面建设小康社会的总体要求，“十一五”时期要努力实现以下经济社会发展的主要目标：

——宏观经济平稳运行。国内生产总值年均增长7.5%，实现人均国内生产总值比2000年翻一番。城镇新增就业和转移农业劳动力各4500万人，城镇登记失业率控制在5%。价格总水平基本稳定。国际收支基本平衡。

——产业结构优化升级。产业、产品和企业组织结构更趋合理，服务业增加值占国内生产总值比重和就业人员占全社会就业人员比重分别提高3个和4个百分点。自主创新能力增强，研究与试验发展经费支出占国内生产总值比重增加到2%，形成一批拥有自主知识产权和知名品牌、国际竞争力较强的优势企业。

——资源利用效率显著提高。单位国内生产总值能源消耗降低20%左右，单位工业增加值用水量降低30%，农业灌溉用水有效利用系数提高到0.5，工业固体废物综合利用率提高到60%。

——城乡区域发展趋向协调。社会主义新农村建设取得明显成效，城镇化率提高到47%。各具特色的区域发展格局初步形成，城乡、区域间公共服务、人均收入和生活水平差距扩大的趋势得到遏制。

——基本公共服务明显加强。国民平均受教育年限增加到9年。公共卫生和医疗服务体系比较健全。社会保障覆盖面扩大，城镇基本养老保险覆盖人数达到2.23亿人，新型农村合作医疗覆盖率提高到80%以上。贫困人口继续减少。防灾减灾能力增强，社会治安和安全生产状况进一步好转。

——可持续发展能力增强。全国总人口控制在136000万人。耕地保有量保持1.2亿公顷，淡水、能源和重要矿产资源保障水平提高。生态环境恶化趋势基本遏制，主要污染物排放总量减少10%，森林覆盖率达到20%，控制温室气体排放取得成效。

——市场经济体制比较完善。行政管理、国有企业、财税、金融、科技、教育、文化、卫生等领域的改革和制度建设取得突破，市场监管能力和社会管理水平明显提高。对外开放与国内发展更加协调，开放型经济达到新水平。

——人民生活水平继续提高。城镇居民人均可支配收入和农村居民人均纯收入分别年均增长5%，城乡居民生活质量普遍提高，居住、交通、教育、文化、卫生和环境等方面的条件有较大改善。

——民主法制建设和精神文明建设取得新进展。法制建设全面推进，形成中国特色社会主义法律体系。思想道德建设进一步加强，构建和谐社会取得新进步。

专栏2 “十一五”时期经济社会发展的主要指标

类别	指标	2005年	2010年	年均增长(%)	属性
经济增长	国内生产总值(万亿元)	18.2	26.1	7.5	预期性
	人均国内生产总值(元)	13985	19270	6.6	预期性
经济结构	服务业增加值比重(%)	40.3	43.3	[3]	预期性
	服务业就业比重(%)	31.3	35.3	[4]	预期性
	研究与试验发展经费支出占国内生产总值比重(%)	1.3	2	[0.7]	预期性
	城镇化率(%)	43	47	[4]	预期性
人口资源环境	全国总人口(万人)	130756	136000	<8‰	约束性
	单位国内生产总值能源消耗降低(%)			[20]	约束性
	单位工业增加值用水量降低(%)			[30]	约束性
	农业灌溉用水有效利用系数	0.45	0.5	[0.05]	预期性
	工业固体废物综合利用率(%)	55.8	60	[4.2]	预期性
	耕地保有量(亿公顷)	1.22	1.2	-0.3	约束性
	主要污染物排放总量减少(%)			[10]	约束性
	森林覆盖率(%)	18.2	20	[1.8]	约束性
公共服务人民生活	国民平均受教育年限(年)	8.5	9	[0.5]	预期性
	城镇基本养老保险覆盖人数(亿人)	1.74	2.23	5.1	约束性
	新型农村合作医疗覆盖率(%)	23.5	>80	>[56.5]	约束性
	五年城镇新增就业(万人)			[4500]	预期性
	五年转移农业劳动力(万人)			[4500]	预期性
	城镇登记失业率(%)	4.2	5		预期性
	城镇居民人均可支配收入(元)	10493	13390	5	预期性
	农村居民人均纯收入(元)	3255	4150	5	预期性

注:国内生产总值和城乡居民收入为2005年价格;带[ ]的为五年累计数;主要污染物指二氧化硫和化学需氧量。

专栏3 规划指标的属性

本规划确定的发展目标体现了人民的根本利益和长远利益,是凝聚人民意愿的国家战略意图,其中的量化指标分为预期性和约束性两类。

预期性指标是国家期望的发展目标,主要依靠市场主体的自主行为实现。政府要创造良好的宏观环境、制度环境和市场环境,并适时调整宏观调控方向和力度,综合运用各种政策引导社会资源配置,努力争取实现。

约束性指标是在预期性基础上进一步明确并强化了政府责任的指标,是中央政府在公共服务和涉及公众利益领域对地方政府和中央政府有关部门提出的工作要求。政府要通过合理配置公共资源和有效运用行政力量,确保实现。

第二篇 建设社会主义新农村

坚持统筹城乡经济社会发展的基本方略，在积极稳妥地推进城镇化的同时，按照生产发展、生活宽裕、乡风文明、村容整洁、管理民主的要求，扎实稳步推进新农村建设。

第四章 发展现代农业

坚持把发展农业生产力作为建设社会主义新农村的首要任务，推进农业结构战略性调整，转变农业增长方式，提高农业综合生产能力和增值能力，巩固和加强农业基础地位。

第一节 提高农业综合生产能力

坚持粮食基本自给，稳定发展粮食生产，确保国家粮食安全，粮食综合生产能力达到5亿吨左右。加强粮食主产区生产能力建设，提高粮食单产、品质和生产效益。建立粮食主产区与主销区间利益协调机制。抓好其他区域粮食生产能力建设。

坚持最严格的耕地保护制度，确保基本农田总量不减少、质量不下降。加强以小型水利设施为重点的农田基本建设，改造大型灌区，加快中低产田改造，提高耕地质量和农业防灾减灾能力。

提高农业科技创新和转化能力。加快建设国家农业科技创新基地和区域性农业科研中心。加快农作物和畜禽水产良种繁育、饲料饲养、疫病防治、资源节约、污染治理等技术的研发和推广。培育和推广超级杂交水稻等优良品种。加强物种资源保护和合理开发利用。

改革传统耕作方式，推行农业标准化，发展节约型农业。科学使用化肥、农药和农膜，推广测土配方施肥、平衡施肥、缓释氮肥、生物防治病虫害等适用技术。推广先进适用农机具，提高农业机械化水平。

第二节 推进农业结构调整

优化农业产业结构。在保证粮棉油稳定增产的同时，提高养殖业比重。加快发展畜牧业和奶业，保护天然草场，建设饲草料基地，改进畜禽饲养方式，提高规模化、集约化和标准化水平。因地制宜发展经济林和花卉产业。发展水产养殖和水产品加工，实施休渔、禁渔制度，控制捕捞强度。

优化农业产品结构。发展高产、优质、高效、生态、安全农产品。重点发展优质专用粮食品种、经济效益高的经济作物、节粮型畜产品和名特优新水产品。

优化农业区域布局。提高黄淮海平原、长江中下游平原和东北平原的粮食综合生产能力。在气候条件适宜区域建设经济作物产业带和名特优新稀热带作物产业带。发展农区、农牧交错区畜牧业，在南方草山草坡和西南岩溶地区发展草地畜牧业，恢复和培育传统牧区可持续发展能力。在缺水地区发展旱作节水农业。

第三节 加强农业服务体系建设

健全农业技术推广、农产品质量安全和标准、动物防疫和植物保护、认证认可等服务体系。整合涉农信息资源，加强农村经济信息应用系统建设。推进农业服务组织和机制创新，鼓励和引导农民发展各类专业合作经济组织，提高农业的组织化程度。

第四节 完善农村流通体系

推进农产品批发市场建设和改造，促进农产品质量等级化、包装规格化。继续实施“万村千乡市场工程”，加快供销合作社经营网络改造和城市商业网点向农村延伸。完善鲜活农产品“绿色通道”网络。发展农资连锁经营，规范农资市场秩序。

第五章 增加农民收入

第一节 挖掘农业增收潜力

积极发展品种优良、特色明显、附加值高的优势农产品。延长农业产业链条，使农民在农业功能拓展中获得更多收益。发展农产品加工、保鲜、储运和其他服务。支持发展农业产业化经营，培育带动力强的龙头企业，健全企业与农户利益共享、风险共担的机制。扩大养殖、园艺等劳动密集型产品和绿色食品生产。鼓励优势农产品出口。发展休闲观光农业。

第二节 增加非农产业收入

推动乡镇企业机制创新和结构调整，引导乡镇企业向有条件的小城镇和县城集中。扶持县域经济发展，注重发展就业容量大的劳动密集型产业和服务业，壮大县域经济。健全就业信息服务体系，引导富余劳动力向非农产业和城镇有序转移，保障进城务工人员合法权益，增加农民务工收入。

第三节 完善增收减负政策

继续实行对农民的直接补贴政策，加大补贴力度,完善补贴方式。促进农产品价格保持在合理水平,稳定农业生产资料价格,建立农业支持保护制度。严格涉农收费管理,禁止向农民乱收费、乱摊派。

第六章 改善农村面貌

统筹规划、分步实施,政府引导、群众自愿,因地制宜、注重实效,改善农民生产生活条件。

第一节 加强农村基础设施建设

着力加强农民最急需的生产生活设施建设。加快实施农村饮水安全工程。加强农村公路建设,基本实现全国所有乡镇通油(水泥)路,东中部地区所有具备条件的建制村通油(水泥)路,西部地区具备条件的建制村通公路,健全农村公路管护体系。积极发展农村沼气、秸秆发电、小水电、太阳能、风能等可再生能源,完善农村电网。建立电信普遍服务基金,加强农村信息网络建设,发展农村邮政和电信,基本实现村村通电话、乡乡能上网。按照节约土地、设施配套、节能环保、突出特色的原则,做好乡村建设规划,引导农民合理建设住宅,保护有特色的农村建筑风貌。

第二节 加强农村环境保护

开展全国土壤污染现状调查,综合治理土壤污染。防治农药、化肥和农膜等面源污染,加强规模化养殖场污染治理。推进农村生活垃圾和污水处理,改善环境卫生和村容村貌。禁止工业固体废物、危险废物、城镇垃圾及其他污染物向农村转移。

第三节 积极发展农村卫生事业

加强以乡镇卫生院为重点的农村卫生基础设施建设,健全农村三级卫生服务和医疗救助体系。培训乡村卫生人员,开展城市医师支援农村活动。建设农村药品供应网和监督网。加强禽流感等人畜共患疾病防治。完善农村计划生育服务体系,实施农村计划生育家庭奖励扶助制度和“少生快富”工程。

第四节 发展农村社会保障

探索建立与农村经济发展水平相适应、与其他保障措施相配套的农村养老保险制度。基本建立新型农村合作医疗制度。有条件的地方要建立农村最低生活保障制度。完善农村“五保户”供养、特困户生活补助、灾民救助等社会救助体系。

第七章 培养新型农民

加快发展农村教育、技能培训和文化事业,培养造就有文化、懂技术、会经营的新型农民。

第一节 加快发展农村义务教育

着力普及和巩固农村九年制义务教育。对农村义务教育阶段学生免收学杂费,对其中的贫困家庭学生免费提供课本和补助寄宿生生活费。按照明确各级责任、中央地方共担、加大财政投入、提高保障水平、分步组织实施的原则,将农村义务教育全面纳入公共财政保障范围,构建农村义务教育经费保障机制。实施农村教师培训计划,使中西部地区50%的农村教师得到一次专业培训。鼓励城市各单位开展智力支农,加大城镇教师支援农村教育的力度。全面实施农村中小学远程教育。

第二节 加强劳动力技能培训

支持新型农民科技培训,提高农民务农技能和科技素质。实施农村劳动力转移培训工程,增强农村劳动力的就业能力。实施农村实用人才培训工程,培养一大批生产能手、能工巧匠、经营能人和科技人员。

第三节 发展农村文化事业

加强农村文化设施建设,扩大广播电视和电影覆盖面。引导文化工作者深入乡村,满足农民群众精神文化需求。扶持农村业余文化队伍,鼓励农民兴办文化产业。推动实施农民体育健身工程。开展“文明村镇”和“文明户”活动,引导农民形成科学文明健康的生活方式。

第八章 增加农业和农村投入

坚持“多予少取放活”的方针,加快建立以工促农、以城带乡的长效机制。调整国民收入分配格局,国家财政支出和预算内固定资产投资,要按照存量适度调整、增量重点倾斜的原则,不断增加对农业和农村的投入。扩大公共财政覆盖农村的范围,确保财政用于“三农”投入的增量高于上年,新增教育、卫生、文化财政支出主要用于农村,中央和地方各级政府基础设施建设投资的重点要放在农业和农村。改革政府支农投资管理方式,整合支农投资,提高资金使用效率。鼓励、支持金融组织增加对农业和农村的投入,积极发展小额信贷,引导社会资金投向农业和农村。

第九章 深化农村改革

稳定并完善以家庭承包经营为基础、统分结合的双层经营体制，有条件的地方可根据自愿、有偿的原则依法流转土地承包经营权，发展多种形式的适度规模经营，搞好土地承包流转中的仲裁服务。巩固农村税费改革成果，全面推进农村综合改革，基本完成乡镇机构、农村义务教育和县乡财政管理体制等改革任务。深化农村金融体制改革，规范发展适合农村特点的金融组织，发挥农村信用社的支农作用，建立健全农村金融体系。稳步推进集体林权改革。加快征地制度改革，健全对被征地农民的合理补偿机制。增强村级集体经济组织的服务功能。

大力推进农村基层组织建设。着重抓好村党组织建设，同步推进村民自治组织和其他村级组织配套建设。积极推进村级组织活动场所建设。加强农村基层干部队伍建设。推进政务公开和民主管理，健全村党组织领导的充满活力的村民自治机制。

专栏4 新农村建设重点工程

大型粮棉油生产基地和优质粮食产业工程 在粮食主产区集中连片建设高产稳产大型商品粮生产基地，继续建设优质棉基地、优质油料带。在13个粮食主产区的484个粮食主产县(场)，建设万亩连片标准粮田，实施良种繁育、病虫害防控和农机装备推进等项目。

沃土工程 对增产潜力大的中低产田加大耕地质量建设力度，配套建设不同类型的土肥新技术集成转化示范基地，使项目实施区的中低产田耕地基础地力提高一个等级。

植保工程 完善县(市)级基层站点和省级分中心，建设一批生态和生物控灾示范基地、农药安全测试评价中心和生物技术测试区域中心。

大型灌区续建配套改造和中部四省大型排涝泵站改造 大型灌区续建配套和节水改造。更新改造湖南、湖北、江西、安徽四省已有大型排涝泵站。

种养业良种工程 建设农作物种质资源库、农作物改良中心、良种繁育基地，畜禽水产原良种场、水产遗传育种中心、种质资源场及检测中心等。

动物防疫体系 建设和完善动物疫病监测预警、预防控制、检疫监督、兽药质量监察及残留监控、防疫技术支撑、防疫物质保障六大系统。

农产品质量安全检验检测体系 建设国家级农产品质量标准与检测技术研究中心、农产品质检中心、区域性质检中心，省级综合性农产品质检中心和县级农产品检测站。

农村饮水安全 解决1亿农村居民饮用高氟水、高砷水、苦咸水、污染水和血吸虫病区、微生物超标等水质不达标及局部地区严重缺水问题。

农村公路 新建和改造农村公路120万公里，实现所有具备条件的乡镇和行政村通公路。

农村沼气 建设以沼气池、改圈、改厕、改厨为基本内容的农村户用沼气，以及部分规模化畜禽养殖场和养殖小区大中型沼气工程。

送电到村和绿色能源县工程 建成50个绿色能源示范县，利用电网延伸、风力发电、小水电、太阳能光伏发电等，解决350万户无电人口用电问题。

第三篇 推进工业结构优化升级

按照走新型工业化道路要求，坚持以市场为导向、企业为主体，把增强自主创新能力作为中心环节，继续发挥劳动密集型产业的竞争优势，调整优化产品结构、企业组织结构和产业布局，提升整体技术水平和综合竞争力，促进工业由大变强。

第十章 加快发展高技术产业

按照产业集聚、规模发展和扩大国际合作的要求，加快促进高技术产业从加工装配为主向自主研发制造延伸，推进自主创新成果产业化，引导形成一批具有核心竞争力的先导产业、一批集聚效应突出的产业基地、一批跨国高技术企业和一批具有自主知识产权的知名品牌。

第一节 提升电子信息制造业

根据数字化、网络化、智能化总体趋势，大力发展集成电路、软件和新型元器件等核心产业，重点培育光电通信、无线通信、高性能计算及网络设备等信息产业群，建设软件、微电子、光电子等产业基地，推动形成光电子产业链。开发信息产业关键技术，增强创新能力和竞争力，延伸产业链。

第二节 培育生物产业

发挥我国特有的生物资源优势和技术优势，面向健康、农业、环保、能源和材料等领域的重大需求，重点发展生物医药、生物农业、生物能源、生物制造。实施生物产业专项工程，努力实现生物产业关键技术和重要产品研制的新突破。健全市场准入制度，保护特有生物资源，保障生物安全。

第三节 推进航空航天产业

坚持远近结合、军民结合、自主开发与国际合作结合，发展新支线飞机、大型飞机、直升机和先进发动机、机载设备，扩大转包生产，推进产业化；推进航天产业由试验应用型向业务服务型转变，发展通信、导航、遥感等卫星及其应用，形成空间、地面与终端产品制造、运营服务的航天产业链。

专栏5 高技术产业工程重大专项

集成电路和软件 建设集成电路研发中心，实现90纳米及以下集成电路工艺技术产业化。发展基础软件、中间件、大型关键应用软件和集成系统。

新一代网络 建设下一代互联网示范工程、覆盖全国的数字电视网和具有自主知识产权的移动通信示范网。实现新一代网络关键技术、关键设备和关键软件产业化，建成新一代信息网络基础设施。实施数字音视频产品产业化专项。

先进计算 突破千万亿次高性能计算机系统技术，建设基于网格的先进计算平台，实现万亿次高性能计算机产业化。

生物医药 建设一批重大疾病防治疫苗和基因工程药物产业化示范工程，完善现代中药体系，提高新药创制能力。

民用飞机 发展干线、支线、通用飞机和直升机。开发先进发动机。

卫星应用 研制新型气象、海洋、资源、通信等卫星，开发无毒无污染大推力运载火箭。建设对地观测和导航定位卫星系统、民用卫星地面系统设施及应用示范工程。

新材料 建设信息、生物、航空航天等行业急需的各类高性能新型材料产业化示范工程。

第四节 发展新材料产业

围绕信息、生物、航空航天、重大装备、新能源等产业发展的需求，重点发展特种功能材料、高性能结构材料、纳米材料、复合材料、环保节能材料等产业群，建立和完善新材料创新体系。

第十一章 振兴装备制造业

第一节 振兴重大技术装备

努力突破核心技术，提高重大技术装备研发设计、核心元器件配套、加工制造和系统集成的整体水平。加强组织协调，强化政策支持，依托重点工程，完善技术标准，在高档数控机床与基础制造装备、高效清洁发电与输变电等领域研制一批对国家经济安全、技术进步、产业升级有重大影响和带动作用的重大技术装备，引导形成一批集研发设计制造于一体、竞争力强的企业。

第二节 提升汽车工业水平

增强汽车工业自主创新能力，加快发展拥有自主知识产权的汽车发动机、汽车电子、关键总成及零部件。发挥骨干企业作用，提高自主品牌乘用车市场占有率。鼓励开发使用节能环保和新型燃料汽车。引导企业在竞争中兼并重组,形成若干产能百万辆的企业。

第三节 壮大船舶工业实力

加强船舶自主设计能力、船用装备配套能力和大型造船设施建设,优化散货船、油船、集装箱船三大主力船型,重点发展高技术、高附加值的新型船舶和海洋工程装备。在环渤海、长江口和珠江口等区域建设造船基地,引导其他地区造船企业合理布局和集聚发展。

专栏6 装备制造业振兴的重点

大型高效清洁发电装备 百万千瓦级核电机组、超超临界火电机组、燃气—蒸汽联合循环机组、整体煤气化燃气—蒸汽联合循环机组、大型循环流化床锅炉、大型水电机组及抽水蓄能机组、大型空冷机组、大功率风力发电机组等。

超高压输变电设备 掌握±500千伏直流和750千伏交流输变电关键设备制造技术,开发1000千伏特高压交流和±800千伏直流输变电成套设备。

大型乙烯成套设备 推进百万吨级大型乙烯成套设备和对二甲苯、对苯二甲酸成套设备的国产化。

大型煤化工成套设备 煤炭液化和气化、煤制烯烃等设备。

大型冶金设备 大型薄板冷热连轧成套设备及涂镀层加工成套设备等。

煤矿综合采掘设备 大型煤炭井下综合采掘、运输提升和洗选设备以及大型露天矿设备。

大型船舶装备 大型海洋石油工程设备、30万吨矿石和原油运输船、万标箱以上集装箱船、液化天然气运输船等大型、高技术、高附加值船舶及大功率柴油机等配套装备。

轨道交通装备 掌握时速200公里及以上高速铁路列车、新型地铁车辆等装备核心技术,实现产业化。

环保及资源综合利用装备 大气污染治理、城市及工业污水处理、固体废物处理等大型环保设备,海水利用、报废汽车处理等资源综合利用设备。

数控机床 提高大型、精密、高速数控装备和数控系统及功能部件的水平。

第十二章 优化发展能源工业

坚持节约优先、立足国内、煤为基础、多元发展,优化生产和消费结构,构筑稳定、经济、清洁、安全的能源供应体系。

第一节 有序发展煤炭

加强煤炭资源勘探,统筹规划,合理开发,提高回采率,减少煤炭开采对生态环境的影响。建设大型煤炭基地,鼓励煤炭企业联合重组,引导形成若干产能亿吨级的企业。鼓励有优势的煤炭企业实行煤电联营或煤电运一体化经营。调整改造重组中小煤矿,依法关闭不具备安全生产条件、破坏资源和环境的煤矿。

加强煤矿瓦斯综合治理,加快煤层气开发利用。加强煤炭清洁生产和利用,鼓励发展煤炭洗选及低热值煤、煤矸石发电等综合利用,开发推广高效洁净燃烧、烟气脱硫等技术。发展煤化工,开发煤基液体燃料,有序推进煤炭液化示范工程建设,促进煤炭深度加工转化。

第二节 积极发展电力

以大型高效环保机组为重点优化发展火电。建设大型超超临界电站和大型空冷电站。推进洁净煤发电,建设单机60万千瓦级循环流化床电站,启动整体煤气化燃气-蒸汽联合循环电站工程。鼓励发展坑口电站,建设大型煤电基地。适度发展天然气发电。加快淘汰落后的小火电机组。

在保护生态基础上有序开发水电。统筹做好移民安置、环境治理、防洪和航运。建设金沙江、雅砻江、澜沧江、黄河上游等水电基地和溪洛渡、向家坝等大型水电站。适当建设抽水蓄能电站。

积极推进核电建设。重点建设百万千瓦级核电站,逐步实现先进压水堆核电站的设计、制造、建设和运营自主化。加强核燃料资源勘查、开采、加工工艺改造以及核电关键技术开发和核电人才培养。

加强电网建设。建设西电东送三大输电通道和跨区域输变电工程,扩大西电东送规模,继续推进西电东送、南北互济、全国联网。加强区域、省级电网建设,同步发展输配电网络,加强城乡电网建设和改造,完善城乡配电网络,扩大供电范围,确保供电安全。

第三节 加快发展石油天然气

加大石油天然气资源勘探力度。加强油气资源调查评价,扩大勘探范围,重点开拓海域、主要油气盆地和陆地油气新区,开展煤层气、油页岩、油砂、天然气水合物等非常规油气资源调查勘探。推进油气勘探开发主体多元化。

实行油气并举,稳定增加原油产量,提高天然气产量。加强老油田稳产改造,延缓老油田产量递减。加快深海海域和塔里木、准噶尔、鄂尔多斯、柴达木、四川盆地等地区的油气资源开发。坚持平等合作、互利共赢,扩大境外油气资源合作开发。在沿海地区适度建设进口液化天然气项目。扩建和新建国家石油储备基地。

加快油气干线管网和配套设施的规划建设,逐步完善全国油气管线网络。建成西油东送、北油南运成品油管道。适时建设第二条西气东输管道及陆路进口油气管道。

第四节 大力发展可再生能源

实行优惠的财税、投资政策和强制性市场份额政策,鼓励生产与消费可再生能源,提高在一次能源消费中的比重。大力开发风能,建成30个10万千瓦级以上的大型风电项目,在内蒙古、河北、江苏、甘肃等地区形成百万千瓦风电基地。加快开发生物质能,支持发展秸秆、垃圾焚烧和垃圾填埋气发电,建设一批秸秆和林木质电站,扩大生物质固体成型燃料、燃料乙醇和生物柴油生产能力。并网风电装机、生物质发电装机分别达到500万千瓦和550万千瓦。积极开发利用太阳能、地热能和海洋能。

第十三章 调整原材料工业结构和布局

按照控制总量、淘汰落后、加快重组、提升水平的原则,加快调整原材料工业结构和布局,降低消耗,减少污染,提高产品档次、技术含量和产业集中度。

第一节 优化发展冶金工业

坚持内需主导,着力解决产能过剩问题,严格控制新增钢铁生产能力,加速淘汰落后工艺、装备和产品,提高钢铁产品档次和质量。推进钢铁工业发展循环经济,发挥钢铁企业产品制造、能源转换和废物消纳处理功能。鼓励企业跨地区集团化重组,形成若干具有国际竞争力的企业。结合首钢等城市钢铁企业搬迁和淘汰落后生产能力,建设曹妃甸等钢铁基地。积极利用低品位铁矿资源。

控制电解铝总量,适度发展氧化铝,鼓励发展铝深加工和新型合金材料,提高铝工业资源综合利用水平。加大铜铅锌锰矿资源勘查力度,增加后备资源,稳定矿山生产。控制铜铅锌冶炼建设规模,发展深加工产品和新型合金材料。加强稀土和钨锡锑资源保护,推动稀土在高技术产业的应用。

第二节 调整化学工业布局

按照基地化、大型化、一体化方向,调整石化工业布局。在油品消费集中区域以扩建为主适度扩大炼油生产能力,在无炼油工业的油品消费集中区域合理布局新项目,在生产能力相对过剩区域控制炼油规模。关停并转小型低效炼油装置。合理布局大型乙烯项目,形成若干炼化一体化基地,防止一哄而上。

调整化肥、农药、农膜工业布局和结构。在能源产地和粮棉主产区建设百万吨级尿素基地,建设云南、贵州、湖北磷复肥基地和青海、新疆钾肥基地。控制农药总量,提高农药质量,发展高效、低毒、低残留农药。发展和推广可降解农膜。

优化发展基础化工原料,积极发展精细化工,淘汰高污染化工企业。

提高药品自主开发能力,巩固传统化学原料药,开发特色原料药。加强中药资源普查、保护、开发和可持续利用,建设中药资源基地,大力发展中药产业。

第三节 促进建材建筑业健康发展

以节约能源资源、保护生态环境和提高产品质量档次为重点,促进建材工业结构调整和产业升级。在有条件的地区发展日产5000吨及以上的新型干法水泥,逐步淘汰立窑等落后生产能力。提高玻璃等建筑材料质量及加工深度。大力发展节能环保的新型建筑材料、保温材料以及绿色装饰装修材料。

推进建筑业技术进步,完善工程建设标准体系和质量安全监管机制,发展建筑标准件,推进施工机械化，提高建筑质量。

第十四章　提升轻纺工业水平

着力打造自主品牌，提高质量，增加品种，满足多样化需求，扩大高端市场份额，巩固和提高轻纺工业竞争力。

第一节　鼓励轻工业提高制造水平

运用信息、生物、环保等新技术改造轻工业。调整造纸工业原料结构，降低水资源消耗和污染物排放，淘汰落后草浆生产线，在有条件的地区实施林纸一体化工程。大力发展食品工业，提高精深加工水平，保障食品安全。鼓励家用电器、塑料制品和皮革及其他轻工行业开发新产品，提高技术含量和质量。

第二节　鼓励纺织工业增加附加值

提高纺织工业技术含量和自主品牌比重。发展高技术、高性能、差别化、绿色环保纤维和再生纤维，扩大产业用纺织品、丝绸和非棉天然纤维开发利用。推进纺织工业梯度转移。

第十五章　积极推进信息化

坚持以信息化带动工业化，以工业化促进信息化，提高经济社会信息化水平。

第一节　加快制造业信息化

以信息化改造制造业，推进生产设备数字化、生产过程智能化和企业管理信息化，促进制造业研发设计、生产制造、物流库存和市场营销变革。提高机电装备信息化水平，实现精准、高效生产。推广集散控制、现场总线控制、敏捷制造等技术，强化生产过程的在线监测、预警和控制。

第二节　深度开发信息资源

加快国家基础信息库建设，促进基础信息共享。优化信息资源结构。加强生产、流通、科技、人口、资源、生态环境等领域的信息采集，加强信息资源深度开发、及时处理、传播共享和有效利用。

第三节　完善信息基础设施

积极推进"三网融合"。建设和完善宽带通信网，加快发展宽带用户接入网，稳步推进新一代移动通信网络建设。建设集有线、地面、卫星传输于一体的数字电视网络。构建下一代互联网，加快商业化应用。制定和完善网络标准，促进互联互通和资源共享。

第四节　强化信息安全保障

积极防御、综合防范，提高信息安全保障能力。强化安全监控、应急响应、密钥管理、网络信任等信息安全基础设施建设。加强基础信息网络和国家重要信息系统的安全防护。推进信息安全产品产业化。发展咨询、测评、灾备等专业化信息安全服务。健全安全等级保护、风险评估和安全准入制度。

第四篇　加快发展服务业

坚持市场化、产业化、社会化方向，拓宽领域、扩大规模、优化结构、增强功能、规范市场，提高服务业的比重和水平。

第十六章　拓展生产性服务业

大力发展主要面向生产者的服务业，细化深化专业化分工，降低社会交易成本，提高资源配置效率。

第一节　优先发展交通运输业

统筹规划、合理布局交通基础设施，做好各种运输方式相互衔接，发挥组合效率和整体优势，建设便捷、通畅、高效、安全的综合运输体系。

加快发展铁路运输。重点建设客运专线、城际轨道交通、煤运通道，初步形成快速客运和煤炭运输网络。扩展西部地区路网，强化中部地区路网，完善东部地区路网。加强集装箱运输系统和主要客货枢纽建设。建设铁路新线1.7万公里，其中客运专线7000公里。

进一步完善公路网络。重点建设国家高速公路网，基本形成国家高速公路网骨架。继续完善国道、省道干线公路网络，打通省际间通道，发挥路网整体效率。公路总里程达到230万公里，其中高速公路6.5万公里。

积极发展水路运输。完善沿海沿江港口布局，重点建设集装箱、煤炭、进口油气和铁矿石中转运输系统，扩大港口吞吐能力。改善出海口航道，提高内河通航条件，建设长江黄金水道和长江三角洲、珠江三角洲高等级航道网。推进江海联运。

优化民用机场布局。扩充大型机场，完善中型机场，增加小型机场，提高中西部地区和东北地区机场密度。完善航线网络。建设现代化空中交通管理系统。

专栏7 交通基础设施重点工程

铁路 建设北京至上海、北京至广州至深圳、哈尔滨至大连、郑州至西安、上海至宁波至深圳、南京至武汉至成都等客运专线,北京至天津、上海至南京、上海至杭州、南京至杭州、广州至珠海等城际轨道交通,向塘至湄州湾、兰州至重庆、太原至中卫(银川)铁路和青藏铁路延伸线,大同至秦皇岛、朔州至黄骅铁路扩能改造。

公路 建设北京至上海、北京至福州、北京至香港(澳门)、北京至昆明、北京至哈尔滨、沈阳至海口、包头至茂名、青岛至银川、南京至洛阳、上海至西安、上海至重庆、上海至昆明、福州至银川、广州至昆明等高速公路。

港口 建设大连、唐山、天津、青岛、上海、宁波—舟山、福州、厦门、深圳、广州、湛江及防城等沿海港口的煤炭、进口油气、进口铁矿石中转运输系统和集装箱运输系统。适时建设华东、华南地区煤炭中转储存基地。

水运 建设长江口深水航道治理三期工程、珠江口出海航道工程,长江水系、珠江水系和京杭运河航道整治工程,加快重庆、武汉、南京等内河港口建设。

机场 扩建北京、上海、广州、杭州、成都、深圳、西安、乌鲁木齐、郑州、武汉等机场,迁建昆明、合肥等机场,在中西部地区和东北地区新建支线机场。

优化运输资源配置。强化枢纽衔接和集疏运配套,促进运输一体化。开发应用高速重载、大型专业化运载、新一代航行系统等高新技术,推广集装箱多式联运和快递服务。应用信息技术提升运输管理水平,推广智能交通运输体系。发展货运代理、客货营销等运输中介服务。建设上海、天津、大连等国际航运中心。

第二节 大力发展现代物流业

推广现代物流管理技术,促进企业内部物流社会化,实现企业物资采购、生产组织、产品销售和再生资源回收的系列化运作。培育专业化物流企业,积极发展第三方物流。建立物流标准化体系,加强物流新技术开发利用,推进物流信息化。加强物流基础设施整合,建设大型物流枢纽,发展区域性物流中心。

第三节 有序发展金融服务业

健全金融体系,完善服务功能,创新服务品种,提高服务质量。规范发展多种所有制形式的中小银行以及证券公司、财务公司、融资租赁公司、基金管理公司等非银行金融机构。鼓励金融创新,稳步发展综合类金融服务,支持发展网上金融服务。积极发展面向中小企业的融资和小额信贷。完善支付结算体系,提高支付清算效率。健全金融市场的登记、托管、交易、清算系统。发展境外金融服务和外汇风险管理、综合理财等,为企业跨境经营提供便利服务和外汇避险工具。

拓宽保险服务领域,发展养老、医疗保险,发挥商业保险在健全社会保障体系中的重要作用。发展农业保险、责任保险,建立国家支持的农业和巨灾再保险体系。拓宽保险资金运用渠道。发展网上保险等新的服务方式。

第四节 积极发展信息服务业

改善邮政和电信基础业务,发展增值业务,开发新兴业务,促进普遍服务。调整电信业务结构,发展互联网产业。

积极发展电子商务。建立健全电子商务基础设施、法律环境、信用和安全认证体系,建设安全、便捷的在线支付服务平台。发展企业间电子商务,推广面向中小企业、重点行业和区域的第三方电子商务交易与服务。

推进电子政务。整合网络资源,建设统一的电子政务网络,构建政务信息网络平台、数据交换中心、数字认证中心,推动部门间信息共享和业务协同。开发基础数据资源和办公资源,完善重点业务系统。健全政府与企业、公众互动的门户网站体系,依法开放政务信息,促进办事程序规范。培育公益性信息服务机构,开发利用公益性信息资源。

加强测绘基础设施建设,丰富和开发利用基础地理信息资源,发展地理信息产业。鼓励教育、文化、出版、广播影视等领域的数字内容产业发展,丰富中文数字内容资源,发展动漫产业。

第五节 规范发展商务服务业

拓展和规范律师、公证、法律援助、司法鉴定、经济仲裁等法律服务。发展项目策划、财务顾问、并购重组、上市等投资与资产管理服务。规范发展会计、审计、税务、资产评估、校准、检测、验货等经济鉴证类服务。支持发展市场调查、工程咨询、管理咨询、资信服务等咨询服务。鼓励发展专业化的工业设计。推动广告业发展。合理规划展馆布局,发展会展业。

第十七章 丰富消费性服务业

适应居民消费结构升级趋势，继续发展主要面向消费者的服务业，扩大短缺服务产品供给，满足多样化的服务需求。

第一节 提升商贸服务业

鼓励发展所有制形式和经营业态多样化、诚信便民的零售、餐饮等商贸服务。积极发展连锁经营、特许经营、物流配送等现代流通方式和组织形式。按照优化城市功能、疏解交通的要求，合理调整城市商业网点结构和布局。

第二节 发展房地产业

调整住房供应结构，重点发展普通商品住房和经济适用住房，严格控制大户型高档商品房。按照保障供给、稳定房价的原则，加强对房地产一、二级市场和租赁市场的调控，促进住房梯次消费。完善房地产开发融资方式，加强资本金管理，规范发展住房消费信贷和保险。规范物业管理行为，提高市场化程度。

第三节 大力发展旅游业

全面发展国内旅游，积极发展入境旅游，规范发展出境旅游。合理开发和保护旅游资源，改善基础设施，推进重点旅游区、旅游线路建设，规范旅游市场秩序。继续发展观光旅游，开发休闲度假以及科普、农业、工业、海洋等专题旅游，完善自助游服务体系。继续推进红色旅游。加快旅游企业整合重组。鼓励开发特色旅游商品。

第四节 加强市政公用事业

优先发展公共交通，完善城市路网结构和公共交通场站，有条件的大城市和城市群地区要把轨道交通作为优先领域，超前规划，适时建设。积极发展出租车业。加强城市供排水、中水管网改造和建设，增强安全供水能力，扩大再生水使用范围。合理规划建设和改造城市集中供热、燃气设施。

第五节 加快发展社区服务业

围绕便民服务，重点发展社区卫生、家政服务、社区保安、养老托幼、食品配送、修理服务和废旧物品回收等。理顺社区管理体制，推进社区服务规范化和网络化建设。

第六节 发展体育事业和体育产业

加强城乡基层和各类学校体育设施建设，开展全民健身活动，提高全民特别是青少年的身体素质。保护发展民族民间体育。深化体育改革，鼓励社会力量兴办体育事业和投资体育产业。规范发展体育健身、竞赛表演、体育彩票、体育用品，以及多种形式的体育组织和经营实体。提高竞技运动水平，办好北京奥运会和广州亚运会。

第十八章 促进服务业发展的政策

打破垄断，放宽准入领域，建立公开、平等、规范的行业准入制度。鼓励社会资金投入服务业，提高非公有制经济比重。公共服务以外的领域，要按照营利性与非营利性分开的原则加快产业化改组。营利性事业单位要改制为企业，并尽快建立现代企业制度。继续推进政府机关和事业单位后勤服务社会化改革。采取积极的财税、土地、价格等政策，支持服务业关键领域、薄弱环节、新兴产业和新型业态的发展。健全服务业标准体系，推进服务业标准化。大城市要把发展服务业放在优先位置，有条件的要逐步形成服务经济为主的产业结构。

第五篇 促进区域协调发展

根据资源环境承载能力、发展基础和潜力，按照发挥比较优势、加强薄弱环节、享受均等化基本公共服务的要求，逐步形成主体功能定位清晰，东中西良性互动，公共服务和人民生活水平差距趋向缩小的区域协调发展格局。

第十九章 实施区域发展总体战略

坚持实施推进西部大开发，振兴东北地区等老工业基地，促进中部地区崛起，鼓励东部地区率先发展的区域发展总体战略，健全区域协调互动机制，形成合理的区域发展格局。

第一节 推进西部大开发

西部地区要加快改革开放步伐，通过国家支持、自身努力和区域合作，增强自我发展能力。坚持以线串点，以点带面，依托中心城市和交通干线，实行重点开发。加强基础设施建设，建设出境、跨区铁路和西煤东运新通道，建成“五纵七横”西部路段和八条省际公路，建设电源基地和西电东送工程。巩固和发展退耕还林成果，继续推进退牧还草、天然林保护等生态工程，加强植被保护，加大荒漠化和石漠化治理力度，加强重点区域水污染防治。加强青藏高原生态安全屏障保护和建设。支持资源优势转化为产业优势,大力发展特色产业,加强清洁能源、优势矿产资源开发及加工,支持发展先进制造业、高技术产业及其他有优势的产业。加强和改善公共服务,优先发展义务教育和职业教育,改善农村医疗卫生条件,推进人才开发和科技创新。建设和完善边境口岸设施,加强与毗邻国家的经济技术合作,发展边境贸易。落实和深化西部大开发政策,加大政策扶持和财政转移支付力度,推动建立长期稳定的西部开发资金渠道。

第二节　振兴东北地区等老工业基地

东北地区要加快产业结构调整和国有企业改革改组改造,在改革开放中实现振兴。发展现代农业,强化粮食基地建设,推进农业规模化、标准化、机械化和产业化经营,提高商品率和附加值。建设先进装备、精品钢材、石化、汽车、船舶和农副产品深加工基地,发展高技术产业。建立资源开发补偿机制和衰退产业援助机制,抓好阜新、大庆、伊春和辽源等资源枯竭型城市经济转型试点,搞好棚户区改造和采煤沉陷区治理。加强东北东部铁路通道和跨省区公路运输通道等基础设施建设,加快市场体系建设,促进区域经济一体化。扩大与毗邻国家的经济技术合作。加强黑土地水土流失和东北西部荒漠化综合治理。支持其他地区老工业基地的振兴。

第三节　促进中部地区崛起

中部地区要依托现有基础,提升产业层次,推进工业化和城镇化,在发挥承东启西和产业发展优势中崛起。加强现代农业特别是粮食主产区建设,加大农业基础设施建设投入,增强粮食等大宗农产品生产能力,促进农产品加工转化增值。支持山西、河南、安徽加强大型煤炭基地建设,发展坑口电站和煤电联营。加快钢铁、化工、有色、建材等优势产业的结构调整,形成精品原材料基地。支持发展矿山机械、汽车、农业机械、机车车辆、输变电设备等装备制造业以及软件、光电子、新材料、生物工程等高技术产业。构建综合交通运输体系,重点建设干线铁路和公路、内河港口、区域性机场。加强物流中心等基础设施建设,完善市场体系。

第四节　鼓励东部地区率先发展

东部地区要率先提高自主创新能力,率先实现经济结构优化升级和增长方式转变,率先完善社会主义市场经济体制,在率先发展和改革中带动帮助中西部地区发展。加快形成一批自主知识产权、核心技术和知名品牌,提高产业素质和竞争力。优先发展先进制造业、高技术产业和服务业,着力发展精加工和高端产品。促进加工贸易升级,积极承接高技术产业和现代服务业转移,提高外向型经济水平,增强国际竞争力。加强耕地保护,发展现代农业。提高资源特别是土地、能源利用效率,加强生态环境保护,增强可持续发展能力。继续发挥经济特区、上海浦东新区的作用,推进天津滨海新区开发开放,支持海峡西岸和其他台商投资相对集中地区的经济发展,带动区域经济发展。

第五节　支持革命老区、民族地区和边疆地区发展

加大财政转移支付力度和财政性投资力度,支持革命老区、民族地区和边疆地区加快发展。保护自然生态,改善基础设施条件。发展学前教育,加快普及义务教育,办好中心城市的民族初中班和高中班,加强民族大学建设和民族地区高等教育。建设少数民族民间传统文化社区,扶持少数民族出版事业,建立双语教学示范区。加强少数民族人才队伍建设,稳定民族地区人才队伍。支持发展民族特色产业、民族特需商品、民族医药产业和其他有优势的产业。优先解决特困少数民族贫困问题,扶持人口较少民族的经济社会发展,推进兴边富民行动。继续实行支持西藏、新疆及新疆生产建设兵团发展的政策。

第六节　健全区域协调互动机制

健全市场机制,打破行政区划的局限,促进生产要素在区域间自由流动,引导产业转移。健全合作机制,鼓励和支持各地区开展多种形式的区域经济协作和技术、人才合作,形成以东带西、东中西共同发展的格局。健全互助机制,发达地区要采取对口支援、社会捐助等方式帮扶欠发达地区。健全扶持机制,按照公共服务均等化原则,加大国家对欠发达地区的支持力度。国家继续在经济政策、资金投入和产业发展等方面,加大对中西部地区的支持。

第二十章　推进形成主体功能区

根据资源环境承载能力、现有开发密度和发展潜力,统筹考虑未来我国人口分布、经济布局、国土利用和城镇化格局,将国土空间划分为优化开发、重点开发、限制开发和禁止开发四类主体功能区,按照主体功能定位调整完善区域政策和绩效评价,规范空间开发秩序，形成合理的空间开发结构。

第一节　优化开发区域的发展方向

优化开发区域是指国土开发密度已经较高、资源环境承载能力开始减弱的区域。要改变依靠大量占用土地、大量消耗资源和大量排放污染实现经济较快增长的模式，把提高增长质量和效益放在首位，提升参与全球分工与竞争的层次，继续成为带动全国经济社会发展的龙头和我国参与经济全球化的主体区域。

第二节　重点开发区域的发展方向

重点开发区域是指资源环境承载能力较强、经济和人口集聚条件较好的区域。要充实基础设施，改善投资创业环境，促进产业集群发展，壮大经济规模，加快工业化和城镇化，承接优化开发区域的产业转移，承接限制开发区域和禁止开发区域的人口转移，逐步成为支撑全国经济发展和人口集聚的重要载体。

第三节　限制开发区域的发展方向

限制开发区域是指资源环境承载能力较弱、大规模集聚经济和人口条件不够好并关系到全国或较大区域范围生态安全的区域。要坚持保护优先、适度开发、点状发展，因地制宜发展资源环境可承载的特色产业，加强生态修复和环境保护，引导超载人口逐步有序转移，逐步成为全国或区域性的重要生态功能区。

专栏8　部分限制开发区域功能定位及发展方向

大小兴安岭森林生态功能　区禁止非保护性采伐，植树造林，涵养水源，保护野生动物。

长白山森林生态功能区　禁止林木采伐，植树造林，涵养水源，防止水土流失。

川滇森林生态及生物多样性功能区　在已明确的保护区域保护生物多样性和多种珍稀动物基因库。

秦巴生物多样性功能区　适度开发水能，减少林木采伐，保护野生物种。

藏东南高原边缘森林生态功能区　保护自然生态系统。

新疆阿尔泰山地森林生态功能区　禁止非保护性采伐，合理更新林地。

青海三江源草原草甸湿地生态功能区　封育草地，减少载畜量，扩大湿地，涵养水源，防治草原退化，实行生态移民。

新疆塔里木河荒漠生态功能区　合理利用地表水和地下水，调整农牧业结构，加强药材开发管理。

新疆阿尔金草原荒漠生态功能区　控制放牧和旅游区域范围，防范盗猎，减少人类活动干扰。

藏西北羌塘高原荒漠生态功能区　保护荒漠生态系统，防范盗猎，保护野生动物。

东北三江平原湿地生态功能区　扩大保护范围，降低农业开发和城市建设强度，改善湿地环境。

苏北沿海湿地生态功能区　停止围垦，扩大湿地保护范围，保护鸟类南北迁徙通道。

四川若尔盖高原湿地生态功能区　停止开垦，减少过度开发，保持湿地面积，保护珍稀动物。

甘南黄河重要水源补给生态功能区　加强天然林、湿地和高原野生动植物保护，实行退耕还林还草、牧民定居和生态移民。

川滇干热河谷生态功能区　退耕还林、还灌、还草，综合整治，防止水土流失，降低人口密度。

内蒙古呼伦贝尔草原沙漠化防治区　禁止过度开垦、不适当樵采和超载放牧，退牧还草，防治草场退化沙化。

内蒙古科尔沁沙漠化防治区　根据沙化程度采取针对性强的治理措施。

内蒙古浑善达克沙漠化防治区　采取植物和工程措施，加强综合治理。

毛乌素沙漠化防治区　恢复天然植被，防止沙丘活化和沙漠面积扩大。

黄土高原丘陵沟壑水土流失防治区　控制开发强度，以小流域为单元综合治理水土流失，建设淤地坝。

大别山土壤侵蚀防治区　实行生态移民，降低人口密度，恢复植被。

桂黔滇等喀斯特石漠化防治区　封山育林育草，种草养畜，实行生态移民，改变耕作方式，发展生态产业和优势非农产业。

第四节　禁止开发区域的发展方向

禁止开发区域是指依法设立的各类自然保护区域。要依据法律法规规定和相关规划实行强制性保护，控制人为因素对自然生态的干扰，严禁不符合主体功能定位的开发活动。

专栏9　禁止开发区域

国家级自然保护区　共243个，面积8944万公顷。
世界文化自然遗产　共31处。
国家重点风景名胜区　共187个，面积927万公顷。
国家森林公园　共565个，面积1100万公顷。
国家地质公园　共138个，面积48万公顷。

第五节　实行分类管理的区域政策

财政政策，要增加对限制开发区域、禁止开发区域用于公共服务和生态环境补偿的财政转移支付，逐步使当地居民享有均等化的基本公共服务。投资政策，要重点支持限制开发区域、禁止开发区域公共服务设施建设和生态环境保护，支持重点开发区域基础设施建设。产业政策，要引导优化开发区域转移占地多、消耗高的加工业和劳动密集型产业，提升产业结构层次；引导重点开发区域加强产业配套能力建设；引导限制开发区域发展特色产业，限制不符合主体功能定位的产业扩张。土地政策，要对优化开发区域实行更严格的建设用地增量控制，在保证基本农田不减少的前提下适当扩大重点开发区域建设用地供给，对限制开发区域和禁止开发区域实行严格的土地用途管制，严禁生态用地改变用途。人口管理政策，要鼓励在优化开发区域、重点开发区域有稳定就业和住所的外来人口定居落户，引导限制开发区域和禁止开发区域的人口逐步自愿平稳有序转移。绩效评价和政绩考核，对优化开发区域，要强化经济结构、资源消耗、自主创新等的评价，弱化经济增长的评价；对重点开发区域，要综合评价经济增长、质量效益、工业化和城镇化水平等；对限制开发区域，要突出生态环境保护等的评价，弱化经济增长、工业化和城镇化水平的评价；对禁止开发区域，主要评价生态环境保护。

第二十一章　促进城镇化健康发展

坚持大中小城市和小城镇协调发展，提高城镇综合承载能力，按照循序渐进、节约土地、集约发展、合理布局的原则，积极稳妥地推进城镇化，逐步改变城乡二元结构。

第一节　分类引导人口城镇化

对临时进城务工人员，继续实行亦工亦农、城乡双向流动的政策，在劳动报酬、劳动时间、法定假日和安全保护等方面依法保障其合法权益；对在城市已有稳定职业和住所的进城务工人员，要创造条件使之逐步转为城市居民，依法享有当地居民应有的权利，承担应尽的义务；对因城市建设承包地被征用、完全失去土地的农村人口，要转为城市居民，城市政府要负责提供就业援助、技能培训、失业保险和最低生活保障等。鼓励农村人口进入中小城市和小城镇定居，特大城市要从调整产业结构的源头入手，形成用经济办法等控制人口过快增长的机制。

第二节　形成合理的城镇化空间格局

要把城市群作为推进城镇化的主体形态，逐步形成以沿海及京广京哈线为纵轴，长江及陇海线为横轴，若干城市群为主体，其他城市和小城镇点状分布，永久耕地和生态功能区相间隔，高效协调可持续的城镇化空间格局。

已形成城市群发展格局的京津冀、长江三角洲和珠江三角洲等区域，要继续发挥带动和辐射作用，加强城市群内各城市的分工协作和优势互补，增强城市群的整体竞争力。

具备城市群发展条件的区域，要加强统筹规划，以特大城市和大城市为龙头，发挥中心城市作用，形成若干用地少、就业多、要素集聚能力强、人口分布合理的新城市群。

人口分散、资源条件较差、不具备城市群发展条件的区域，要重点发展现有城市、县城及有条件的建制镇，成为本地区集聚经济、人口和提供公共服务的中心。

第三节　加强城市规划建设管理

规划城市规模与布局，要符合当地水土资源、环境容量、地质构造等自然承载力，并与当地经济发展、就业空间、基础设施和公共服务供给能力相适应。

加强城市水源地保护和供水设施建设。缺水城市要适度控制城市规模，禁止发展高耗水产业和建设高耗水景观。地下水超采城市要控制地下水开采，防止地面沉降。城市道路以及供排水、能源、环保、电信、有线电视等的建设，要破除部门和地方分割，在统一规划基础上协同建设，减少盲目填挖和拆建。加强城市综合防灾减灾和应急管理能力建设。稳步推进城市危旧住房和“城中村”改造，保障拆迁户合法权益。城市规划和建筑设计要延续历史，传承文化，突出特色，保护民族、文化遗产和风景名胜资源。强化城市规划实施的监管，推进城市综合管理，提高城市管理水平。

第四节　健全城镇化发展的体制机制

加快破除城乡分割的体制障碍，建立健全与城镇化健康发展相适应的财税、征地、行政管理和公共服务等制度。完善行政区划设置和管理模式。改革城乡分割的就业管理制度，深化户籍制度改革，逐步建立城乡统一的人口登记制度。

第六篇　建设资源节约型、环境友好型社会

落实节约资源和保护环境基本国策，建设低投入、高产出，低消耗、少排放，能循环、可持续的国民经济体系和资源节约型、环境友好型社会。

第二十二章　发展循环经济

坚持开发节约并重、节约优先，按照减量化、再利用、资源化的原则，在资源开采、生产消耗、废物产生、消费等环节，逐步建立全社会的资源循环利用体系。

第一节　节约能源

强化能源节约和高效利用的政策导向，加大节能力度。通过优化产业结构特别是降低高耗能产业比重，实现结构节能；通过开发推广节能技术，实现技术节能；通过加强能源生产、运输、消费各环节的制度建设和监管，实现管理节能。突出抓好钢铁、有色、煤炭、电力、化工、建材等行业和耗能大户的节能工作。加大汽车燃油经济性标准实施力度，加快淘汰老旧运输设备。制定替代液体燃料标准，积极发展石油替代产品。鼓励生产使用高效节能产品。

专栏10　节能重点工程

低效燃煤工业锅炉（窑炉）改造　采用循环流化床、粉煤燃烧等技术改造或替代现有中小燃煤锅炉（窑炉）。

区域热电联产　发展采用热电联产和热电冷联产，将分散式供热小锅炉改造为集中供热。

余热余压利用　在钢铁、建材等行业开展余热余压利用。

节约和替代石油　在电力、交通运输等行业实施节油措施，发展煤炭液化、醇醚类燃料等石油替代产品。

电机系统节能　在煤炭等行业进行电动机拖动风机、水泵系统优化改造。

能量系统优化　在石化、钢铁等行业实施系统能量优化，使企业综合能耗达到或接近世界先进水平。

建筑节能　严格执行建筑节能设计标准，推动既有建筑节能改造，推广新型墙体材料和节能产品等。

绿色照明　在公用设施、宾馆、商厦、写字楼以及住宅中推广高效节电照明系统等。

政府机构节能　政府机构建筑按照建筑节能标准进行改造，在政府机构推广使用节能产品等。

节能监测和技术服务体系建设　更新监测设备，加强人员培训等。

第二节　节约用水

发展农业节水，推进雨水集蓄，建设节水灌溉饲草基地，提高水的利用效率，基本实现灌溉用水总量零增长。重点推进火电、冶金等高耗水行业节水技术改造。抓好城市节水工作，强制推广使用节水设备和器具，扩大再生水利用。加强公共建筑和住宅节水设施建设。积极开展海水淡化、海水直接利用和矿井水利用。

第三节　节约土地

落实保护耕地基本国策。管住总量、严控增量、盘活存量，控制农用地转为建设用地的规模。建立健全用地定额标准，推行多层标准厂房。开展农村土地整理，调整居民点布局，控制农村居民点占地，推进废弃土地复垦。控制城市大广场建设，发展节能省地型公共建筑和住宅。到2010年实现所有城市禁用实心粘土砖。

第四节 节约材料

推行产品生态设计，推广节约材料的技术工艺，鼓励采用小型、轻型和再生材料。提高建筑物质量，延长使用寿命，提倡简约实用的建筑装修。推进木材、金属材料、水泥等的节约代用。禁止过度包装。规范并减少一次性用品生产和使用。

第五节 加强资源综合利用

抓好煤炭、黑色和有色金属共伴生矿产资源综合利用。推进粉煤灰、煤矸石、冶金和化工废渣及尾矿等工业废物利用。推进秸秆、农膜、禽畜粪便等循环利用。建立生产者责任延伸制度，推进废纸、废旧金属、废旧轮胎和废弃电子产品等回收利用。加强生活垃圾和污泥资源化利用。

推动钢铁、有色、煤炭、电力、化工、建材、制糖等行业实施循环经济改造，形成一批循环经济示范企业。在重点行业、领域、产业园区和城市开展循环经济试点。发展黄河三角洲、三峡库区等高效生态经济。

专栏11 循环经济示范试点工程

重点行业 建设济钢、宝钢、鞍本钢、攀钢、中铝、金川公司、江西铜业、鲁北化工等一批循环经济示范企业。

产业园区建设 资源循环利用产业链及园区集中供热和废物处理中心，建设河北曹妃甸、青海柴达木等若干循环经济产业示范区。

再生资源回收利用 建设湖南汨罗等再生资源回收利用市场和加工示范基地。

再生金属利用 建设若干30万吨以上的再生铜、再生铝、再生铅示范企业。

废旧家电回收处理 建设若干废旧家电回收利用示范基地。

再制造 建设若干汽车发动机、变速箱、电机和轮胎翻新等再制造示范企业。

第六节 强化促进节约的政策措施

加快循环经济立法。实行单位能耗目标责任和考核制度。完善重点行业能耗和水耗准入标准、主要用能产品和建筑物能效标准、重点行业节能设计规范和取水定额标准。严格执行设计、施工、生产等技术标准和材料消耗核算制度。实行强制淘汰高耗能高耗水落后工艺、技术和设备的制度。推行强制性能效标识制度和节能产品认证制度。加强电力需求侧管理、政府节能采购、合同能源管理。实行有利于资源节约、综合利用和石油替代产品开发的财税、价格、投资政策。增强全社会的资源忧患意识和节约意识。

第二十三章 保护修复自然生态

生态保护和建设的重点要从事后治理向事前保护转变，从人工建设为主向自然恢复为主转变，从源头上扭转生态恶化趋势。

专栏12 生态保护重点工程

天然林资源保护 对工程区内9418万公顷天然林和其他森林实行全面有效管护，在长江上游、黄河上中游工程区造林579万公顷。

退耕还林还草 在长江、黄河流域水土流失以及北方风沙地区等继续实施退耕还林还草。

退牧还草 在内蒙古东部、内蒙古甘肃宁夏西部、青藏高原东部、新疆北部四大片区治理严重退化草地。

京津风沙源治理 退耕还林34万公顷，在宜林荒山荒沙地区造林29万公顷，人工造林127万公顷，飞播造林145万公顷，封沙育林育草95万公顷，草地治理291万公顷。

防护林体系 建设“三北”防护林体系四期工程，长江、珠江防护林和太行山绿化、平原绿化及沿海防护林体系工程。推进三峡库区绿化带建设。

湿地保护与修复 建设222个湿地保护区，其中国家级湿地保护区49个，通过对水资源的合理调配和管理等措施恢复重要湿地。

青海三江源自然保护区生态保护和建设 退牧还草644万公顷，退耕还林还草0.65万公顷，封山育林、沙漠化土地防治、湿地保护、黑土滩治理80万公顷，鼠害治理209万公顷，水土流失治理5万公顷。

水土保持工程 新增水土流失治理面积1900万公顷。实施石羊河流域综合治理。

野生动植物保护及自然保护区建设 建设和完善一批自然保护区，继续实施对极度濒危野生动植物物种的拯救工程。

石漠化地区综合治理 通过植被保护、退耕还林、封山育林育草、种草养畜、合理开发利用水资源、土地整治和水土保持、改变耕作制度、建设农村沼气、易地扶贫等措施，加大石漠化地区治理力度。

在天然林保护区、重要水源涵养区等限制开发区域建立重要生态功能区,促进自然生态恢复。健全法制、落实主体、分清责任,加强对自然保护区的监管。有效保护生物多样性,防止外来有害物种对我国生态系统的侵害。按照谁开发谁保护、谁受益谁补偿的原则,建立生态补偿机制。

第二十四章　加大环境保护力度

坚持预防为主、综合治理,强化从源头防治污染,坚决改变先污染后治理、边治理边污染的状况。以解决影响经济社会发展特别是严重危害人民健康的突出问题为重点,有效控制污染物排放,尽快改善重点流域、重点区域和重点城市的环境质量。

第一节　加强水污染防治

加大"三河三湖"等重点流域和区域水污染防治力度。科学划定饮用水源保护区,强化对主要河流和湖泊排污的管制,坚决取缔饮用水源地的直接排污口,严禁向江河湖海排放超标污水。加强城市污水处理设施建设,全面开征污水处理费,到 2010 年城市污水处理率不低于 70%。

第二节　加强大气污染防治

加大重点城市大气污染防治力度。加快现有燃煤电厂脱硫设施建设,新建燃煤电厂必须根据排放标准安装脱硫装置,推进钢铁、有色、化工、建材等行业二氧化硫综合治理。在大中城市及其近郊,严格控制新(扩)建除热电联产外的燃煤电厂,禁止新(扩)建钢铁、冶炼等高耗能企业。加大城市烟尘、粉尘、细颗粒物和汽车尾气治理力度。

第三节　加强固体废物污染防治

加快危险废物处理设施建设,妥善处置危险废物和医疗废物。强化对危险化学品的监管,加强重金属污染治理,推进堆存铬渣无害化处置。加强核设施和放射源安全监管,确保核与辐射环境安全。加强城市垃圾处理设施建设,加大城市垃圾处理费征收力度,到 2010 年城市生活垃圾无害化处理率不低于 60%。

专栏 13　环境治理重点工程

重点流域水污染治理　"三河三湖"、三峡库区、长江上游、黄河中上游、松花江、南水北调水源及沿线的水污染治理工程。

燃煤电厂烟气脱硫　增加现有燃煤电厂脱硫能力,使 90% 的现有电厂达标排放。

医疗废物及危险废物处置　建设医疗废物及危险废物集中处置设施,基本实现医疗废物及危险废物的安全处置。

核与辐射安全工程　加快中低放射性废物处置场建设,解决高放射性废物永久处置问题。

铬渣污染治理　对堆存铬渣及受污染土壤进行综合治理,实现所有堆存铬渣无害化处置。

第四节　实行强有力的环保措施

各地区要切实承担对所辖地区环境质量的责任,实行严格的环保绩效考核、环境执法责任制和责任追究制。各级政府要将环保投入作为本级财政支出的重点并逐年增加。健全环境监管体制,提高监管能力,加大环保执法力度。实施排放总量控制、排放许可和环境影响评价制度。实行清洁生产审核、环境标识和环境认证制度,严格执行强制淘汰和限期治理制度,建立跨省界河流断面水质考核制度。实行环境质量公告和企业环保信息公开制度,鼓励社会公众参与并监督环保。大力发展环保产业,建立社会化多元化环保投融资机制,运用经济手段加快污染治理市场化进程。积极参与全球环境与发展事务,认真履行环境国际公约。

第二十五章　强化资源管理

实行有限开发、有序开发、有偿开发,加强对各种自然资源的保护和管理。

第一节　加强水资源管理

顺应自然规律,调整治水思路,从单纯的洪水控制向洪水管理、雨洪资源科学利用转变,从注重水资源开发利用向水资源节约、保护和优化配置转变。加强水资源统一管理,统筹生活、生产、生态用水,做好上下游、地表地下水调配,控制地下水开采。完善取水许可和水资源有偿使用制度,实行用水总量控制与定额管理相结合的制度,健全流域管理与区域管理相结合的水资源管理体制,建立国家初始水权分配制度和水权转让制度。完成南水北调东线和中线一期工程，合理规划建设其他水资源调配工程。

第二节　加强土地资源管理

实行最严格的土地管理制度。严格执行法定权限审批土地和占用耕地补偿制度，禁止非法压低地价招商。严格土地利用总体规划、城市总体规划、村庄和集镇规划修编的管理。加强土地利用计划管理、用途管制和项目用地预审管理。加强村镇建设用地管理，改革和完善宅基地审批制度。完善耕地保护责任考核体系，实行土地管理责任追究制。加强土地产权登记和土地资产管理。

第三节　加强矿产资源管理

加强矿产资源勘查开发统一规划管理，严格矿产资源开发准入条件，强化资格认证和许可管理，严格按照法律法规和规划开发。完善矿产资源开发管理体制，依法设置探矿权、采矿权，建立矿业权交易制度，健全矿产资源有偿占用制度和矿山环境恢复补偿机制。完善重要资源储备制度，加强国家重要矿产品储备，调整储备结构和布局。实行国家储备与用户储备相结合，对资源消耗大户实行强制性储备。

第二十六章　合理利用海洋和气候资源

第一节　保护和开发海洋资源

强化海洋意识，维护海洋权益，保护海洋生态，开发海洋资源，实施海洋综合管理，促进海洋经济发展。综合治理重点海域环境，遏制渤海、长江口和珠江口等近岸海域生态恶化趋势。恢复近海海洋生态功能，保护红树林、海滨湿地和珊瑚礁等海洋、海岸带生态系统，加强海岛保护和海洋自然保护区管理。完善海洋功能区划，规范海域使用秩序，严格限制开采海砂。有重点地勘探开发专属经济区、大陆架和国际海底资源。

第二节　开发利用气候资源

加强空中水资源、太阳能、风能等的合理开发利用。发展气象事业，加强气象卫星应用、天气雷达等综合监测，建立先进的气象服务业务系统。增强灾害性天气预警预报能力，提高预报准确率和时效性。增强气象为农业等行业服务的能力。加强人工影响天气、大气成分和气候变化监测、预测、评估工作。

第七篇　实施科教兴国战略和人才强国战略

把科技进步和创新作为经济社会发展的重要推动力，把发展教育和培养德才兼备的高素质人才摆在更加突出的战略位置，深化体制改革，加大投入，加快科技教育发展，努力建设创新型国家和人力资本强国。

第二十七章　加快科学技术创新和跨越

实施国家中长期科学和技术发展规划，按照自主创新、重点跨越、支撑发展、引领未来的方针，加快建设国家创新体系，不断增强企业创新能力，加强科技与经济、教育的紧密结合，全面提高科技整体实力和产业技术水平。

第一节　大力推进自主创新

加强基础研究、前沿技术研究和社会公益性技术研究，在信息、生命、空间、海洋、纳米及新材料等领域超前部署，集中优势力量，加大投入力度，力争取得重要突破。适应国家重大战略需求，启动一批重大科技专项，在能源、资源、环境、农业、信息、健康等领域加强关键技术攻关，实现核心技术集成创新与跨越。实施重大产业技术开发专项，促进引进技术消化吸收再创新。

坚持哲学社会科学与自然科学并重，繁荣和发展哲学社会科学。实施马克思主义理论研究和建设工程，构建哲学社会科学创新体系，积极推动理论创新，进一步发挥对经济社会发展的重要促进作用。促进自然科学与哲学社会科学的结合。

第二节　加强自主创新能力建设

建设科技支撑体系，全面提升科技自主创新能力。建设国家重大科技基础设施，实施知识创新工程，整合研究实验体系，建设若干世界一流水平的科研机构和研究型大学，构筑高水平科学研究和人才培养基地。实施重大科学工程，加强国家重点实验室建设，构建国家科技基础条件平台，促进科技资源共享。建设一批产业技术研发试验设施，提高产业技术创新能力。加强科普能力建设，实施全民科学素质行动计划。

专栏 14 重大科技专项与重大科技基础设施

核心电子器件、高端通用芯片及基础软件 开发高端电子通用器件和高可信网络化基础软件，信息安全所需芯片和器件等关键技术。

极大规模集成电路制造技术及成套工艺 开发60纳米至45纳米高速、低功耗芯片和新型硅基集成电路的制造工艺技术，核心集成电路装备技术。

新一代宽带无线移动通信 开发新一代宽带无线移动通信网络、终端与应用技术。

高档数控机床与基础制造技术 开发高档数控机床与基础制造成套技术，研究数字化与智能化控制单元。

大型油气田及煤层气开发 开发特殊地质条件下油气资源工业化开采成套技术。

大型先进压水堆及高温气冷堆核电站 开发百万千瓦级大型先进压水堆核电设计技术和20万千瓦级模块式高温气冷堆商业化技术。

水体污染控制与治理 研究典型流域水污染控制、湖泊富营养化防治和水环境生态修复等关键技术。

转基因生物新品种培育 开发功能基因克隆与验证、规模化转基因操作等核心技术，建立和完善优异种质创新、新品种培育和规模化制种三大技术平台。

重大新药创制 研制一批具有自主知识产权和市场竞争力的新药，建立具有国际先进水平的研发平台。

艾滋病和病毒性肝炎等重大传染病防治 构建艾滋病、病毒性肝炎等重大传染病的有效防控技术体系，研制高效特异性诊断试剂、疫苗和药物及检测技术。

大型飞机 开发大型飞机设计与制造成套技术。

高分辨率对地观测系统 开发基于卫星、飞机和平流层飞艇的高分辨率先进观测技术，建立对地观测数据中心及重点应用系统。

载人航天与探月工程 突破航天员出舱活动以及空间飞行器交会对接重大技术，建立具有一定应用规模的短期有人照料、长期在轨自主飞行的空间实验室。开发月球探测关键技术，建立月球探测工程系统。

重大科技基础设施 建设散裂中子源、强磁场装置、大型天文望远镜、海洋科学综合考察船、航空遥感系统、结冰风洞、大陆构造环境监测网络、重大工程材料服役安全研究评价设施、蛋白质科学研究设施、子午工程、地下资源与地震预测极低频电磁探测网、农业生物安全研究设施等。

第三节 强化企业技术创新主体地位

加快建立以企业为主体、市场为导向、产学研相结合的技术创新体系，形成自主创新的基本体制架构。加强国家工程实验室、国家工程中心和企业技术中心建设，建立企业自主创新的基础支撑平台。发展技术咨询、技术转让等技术创新中介服务，形成社会化服务体系。实行支持自主创新的财税、金融和政府采购政策，引导企业增加研发投入。发挥各类企业特别是中小企业的创新活力，鼓励技术革新和发明创造。

第四节 加大知识产权保护力度

加强公民知识产权意识，健全知识产权保护体系，建立知识产权预警机制，依法严厉打击侵犯知识产权行为。加强计量基础研究，完善国家标准体系，及时淘汰落后标准。优先采用具有自主知识产权的技术标准，积极参与制定国际标准。发展专利、商标、版权转让与代理、无形资产评估等知识产权服务。

第五节 深化科技体制改革

整合科技资源，合理配置基础研究、前沿技术研究和社会公益性研究力量，促进科研机构、大学、企业间科研人员的合理流动与合作，构建科技资源共享机制。深化技术开发类院所企业化转制改革和社会公益类科研机构改革，完善现代科研院所制度，形成开放合作的研究开发体系。完善科技管理体制和运行机制，改革科技评审评估和成果评价奖励等制度。建立多元化、多渠道的科技投入体系，保证科技经费的增长幅度明显高于财政经常性收入的增长幅度，逐步提高国家财政性科技投入占国内生产总值的比例。

第二十八章 优先发展教育

全面实施素质教育，着力完成“普及、发展、提高”三大任务，加快教育结构调整，促进教育全面协调发展，建设学习型社会。

第一节 普及和巩固义务教育

重点加强农村义务教育，努力降低义务教育阶段农村学生特别是女性学生、少数民族学生和贫困家庭学生的辍学率，全国初中三年保留率达到95%。推进城乡、地区间义务教育均衡发展。各地政府要保证进城务工人员子女与当地学生平等接受义务教育。

第二节 大力发展职业教育

重点发展中等职业教育，年招生规模扩大到800万人。发展多种形式的职业技能培训。改革职业教育教学方式，更新教学内容，推行工学结合、校企合作的培养模式，建立弹性学习制度。促进职业教育和普通高中教育协调发展，提高办学水平和质量。

第三节 提高高等教育质量

把高等教育发展的重点放在提高质量和优化结构上，加强研究与实践，培养学生的创新精神和实践能力。稳步提高高等教育大众化水平，稳步发展普通本专科和研究生教育，提高高层次人才培养质量。有重点地加强高水平大学和重点学科建设，推动各类高等院校协调发展。继续发展各类成人教育。

第四节 加大教育投入

保证财政性教育经费的增长幅度明显高于财政经常性收入的增长幅度，逐步使财政性教育经费占国内生产总值的比例达到4%。强化政府对义务教育的保障责任，加大中央和省级政府对财政困难县义务教育经费的转移支付力度。促进教育公平，公共教育资源要向农村、中西部地区、贫困地区、民族地区以及薄弱学校、贫困家庭学生倾斜。各级政府要增加职业教育投入，重点支持面向农村学生的中等职业学校。支持设立资助贫困家庭学生就学的民间慈善基金组织，鼓励社会各界捐资助教。继续实行助学贷款，健全面向各阶段学生的资助制度，完善贫困家庭学生助学体系。扩大彩票公益金收益用于特殊教育的份额。

第五节 深化教育体制改革

明确各级政府提供公共教育职责，制定和完善学校的设置标准，支持民办教育发展，形成公办教育与民办教育共同发展的办学格局。形成多元化的教育投入体制，义务教育由政府负全责，高中阶段教育以政府投入为主，职业教育和高等教育实行政府投入与社会投入相互补充。规范教育收费，建立严格的教育收费公示制度。形成适应素质教育要求的教学体制，改革招生考试制度，推进教学课程改革，减轻中小学生过重的课业负担，健全评价制度。形成权责明确的教育管理体制，在学科、专业和课程设置以及招生规模、人才聘用等方面给学校更多自主权，培育并发挥学校的优势和特色。进一步加强教师队伍建设。

专栏15 教育发展重点工程

西部地区农村寄宿制学校建设 2004~2007年国家安排资金100亿元，重点支持尚未实现“两基”的西部农村地区，新建和改扩建7700所农村寄宿制学校。

农村中小学现代远程教育 2003~2007年中央和地方政府共同安排资金100亿元，为中西部地区3.75万所农村初中建设计算机教室、为38.4万所农村小学配备卫星教学接收设备、为11万个小学教学点配备教学光盘播放设备和成套教学光盘。

中西部农村初中改造 推动未纳入“两基”攻坚计划实施范围的中西部地区农村初中校舍改造，改善办学条件，提高学生巩固率和寄宿率。

职业教育基础能力建设 支持1000所县级职教中心、1000所中等职业学校和100所示范性高等职业学院改善办学条件，形成一批职业教育骨干基地。

高等教育“211”和“985”工程 继续加强高水平大学和重点学科建设，形成一批处于学术前沿的新兴和交叉学科，部分学科接近或达到国际先进水平。

第二十九章 推进人才强国战略

坚持党管人才原则，牢固树立科学人才观，壮大人才队伍，提高人才素质，优化人才结构，完善用人机制，发挥人才作用，促进人口大国向人力资本强国转变。

第一节 建设高素质人才队伍

实施党政人才培养工程，完善培训制度，加强理论教育、专业培训和实践锻炼，提高党政人才思想政治素质和执政能力，建设高素质党政领导人才队伍。实施企业家培养工程，培养造就一批富有创新意识和能力、适应经济全球化要求的企业家，推进企业经营管理人才职业化、市场化。实施专业技术人才知识更新工程和战略高技术人才培养工程，重点培养造就一批科技领军人才、学科带头人和战略科学家。实施高技能人才培养工程，建立一批高技能人才培训基地和公共实训基地，建设高技能人才队伍。加强农村实用人才培养。加强中西部地区和东北地区人才资源开发和人才队伍建设。鼓励和引导海外留学人员回国工作、为国服务。积极吸引海外高层次人才。

第二节 创新人才工作机制

推进市场配置人才资源，消除人才市场发展的体制性障碍，规范人才市场管理，营造人才辈出、人尽其才的社会环境。深化干部人事制度改革，完善机关、企业和事业单位干部人事分类管理体制，健全以品德、能力和业绩为重点的人才评价、选拔任用和激励保障机制。建立符合科学发展观要求的干部综合考核评价体系，注重在实践中锻炼培养人才。深化职称制度改革。贯彻实施公务员法，完善公务员制度。各级政府和企事业单位要加大人才资源开发投入，加强人才资源能力建设，形成多元化投入机制。

第八篇 深化体制改革

以转变政府职能和深化企业、财税、金融等改革为重点，加快完善社会主义市场经济体制，形成有利于转变经济增长方式、促进全面协调可持续发展的机制。

第三十章 着力推进行政管理体制改革

按照精简、统一、效能的原则和决策、执行、监督相协调的要求，建立决策科学、权责对等、分工合理、执行顺畅、监督有力的行政管理体制，加快建设服务政府、责任政府、法治政府。

第一节 推进政府职能转变

按照政企分开、政资分开、政事分开以及政府与市场中介组织分开的原则，合理界定政府职责范围，加强各级政府的社会管理和公共服务职能。进一步推进行政审批制度改革，减少和规范行政审批。深化政府机构改革，优化组织结构，减少行政层级，理顺职责分工，提高行政效率，降低行政成本，实现政府职责、机构和编制的科学化、规范化、法定化。合理划分中央与地方及地方各级政府间在经济调节、市场监管、社会管理和公共服务方面的权责。加快推进事业单位分类改革。

第二节 健全政府决策机制

健全科学民主决策机制，完善重大事项集体决策、专家咨询、社会公示和听证以及决策失误责任追究制度。推行政务公开并逐步实现制度化，完善政府新闻发布制度，提高政府工作透明度，保障公民对政府工作的知情权、参与权、表达权和监督权。全面推进依法行政，行政机关及其工作人员要严格按照法定权限和程序履行职责。实行综合执法，加强对行政执法的监督，建立执法责任追究制。推行政府问责制，完善行政赔偿制度。

第三节 深化投资体制改革

落实企业投资自主权，逐步缩小政府对投资项目的核准范围，健全企业投资项目核准制和备案制。合理界定政府投资范围和中央与地方的投资事权，改进和完善决策规则和程序，提高资金使用效率，建立政府投资项目决策责任追究制。建立和完善投资调控体系。

第三十一章 坚持和完善基本经济制度

坚持公有制为主体、多种所有制经济共同发展的基本经济制度。毫不动摇地巩固和发展公有制经济，毫不动摇地鼓励、支持和引导个体、私营等非公有制经济发展。

第一节 深化国有企业改革

推动国有资本向关系国家安全和国民经济命脉的重要行业和关键领域集中，优化国有经济布局，增强国有经济控制力、影响力和带动力，发挥主导作用。完善国有资本有进有退、合理流动的机制，加快国有大型企业股份制改革，除极少数必须由国家独资经营的企业外，绝大多数国有大型企业改制为多元股东的公司。改善国有企业股本结构，发展混合所有制经济，实现投资主体和产权多元化，建立和完善现代企业制度，形成有效的公司法人治理结构，增强企业活力。发展具有较强竞争力的大公司大企业集团。全心全意依靠职工群众，探索现代企业制度下职工民主管理的有效途径。继续深化集体企业改革，发展多种形式的集体经济。

第二节 健全国有资产监管体制

制定完善经营性国有资产监管体制的法律及配套行政法规，建立健全国有资本经营预算、企业经营业绩考核和企业重大决策失误追究等制度，落实监管责任，实现国有资产保值增值。建立健全国有金融资产、非经营性资产和自然资源资产等监管体制，防止国有资产流失。

第三节 深化垄断行业改革

坚持政企分开、放宽准入、引入竞争、依法监管，推进垄断行业管理体制和产权制度改革。按照形成综合运输体系的要求，推进交通运输业管理体制改革。积极稳妥地推进铁路体制改革，加快铁路投融资体制改革。深化电力体制改革，巩固厂网分开，加快主辅分开，稳步推进输配分开和区域电力市场建设。深化石油、电信、民航、邮政、烟草、盐业和市政公用事业改革，推进国有资产重组，形成竞争性市场格局，建立现代企业制度。

第四节 鼓励非公有制经济发展

大力发展个体、私营等非公有制经济。进一步消除制约非公有制经济发展的体制性障碍和政策性因素，进一步落实鼓励、支持和引导非公有制经济发展的政策措施。允许非公有制经济进入法律法规未禁止的行业和领域，鼓励和支持非公有制经济参与国有企业改革，进入金融服务、公用事业、基础设施等领域。完善金融、税收、信用担保、技术创新等方面的政策，改善行政执法和司法环境，加强和改进对非公有制企业的服务和监管。

第三十二章 推进财政税收体制改革

调整和规范中央与地方、地方各级政府间的收支关系，建立健全与事权相匹配的财税体制。实行有利于促进科技进步、转变增长方式、优化经济结构的财税制度。

第一节 完善财政体制

加快公共财政体系建设，明确界定各级政府的财政支出责任，合理调整政府间财政收入划分。完善中央和省级政府的财政转移支付制度，理顺省级以下财政管理体制，有条件的地方可实行省级直接对县的管理体制，逐步推进基本公共服务均等化。改革预算编制制度，提高预算的规范性和透明度。继续深化部门预算、国库集中收付、政府采购和收支两条线管理制度改革。建立国库现金管理和国债余额管理制度，推进政府会计改革。加强预算执行审计，提高预算执行的严肃性。建立财政预算绩效评价体系，提高财政资金使用效率。加强政府债务管理，防范政府债务风险。完善非税收入管理制度，规范对土地和探矿权、采矿权出让收入的管理。

第二节 完善税收制度

在全国范围内实现增值税由生产型转为消费型。适当调整消费税征收范围，合理调整部分应税品目税负水平和征缴办法。适时开征燃油税。合理调整营业税征税范围和税目。完善出口退税制度。统一各类企业税收制度。实行综合和分类相结合的个人所得税制度。改革房地产税收制度，稳步推行物业税并相应取消有关收费。改革资源税制度。完善城市维护建设税、耕地占用税、印花税。

第三十三章 加快金融体制改革

第一节 深化金融企业改革

积极推进国有商业银行综合改革，通过加快处置不良资产、充实资本金、股份制改造和上市等途径，完善公司治理结构，健全内控机制，建设具有国际竞争力的现代股份制银行。合理确定政策性银行职能定位，健全自我约束机制、风险调控机制和风险补偿机制。加快其他商业银行、邮政储蓄机构等金融机构改革。稳步发展多种所有制金融企业，鼓励社会资金参与中小金融机构的设立、重组与改造。完善金融机构规范运作的基本制度，稳步推进金融业综合经营试点。推进金融资产管理公司改革。完善保险公司治理结构,深化保险资金运用管理体制改革。

第二节　加快发展直接融资

积极发展股票、债券等资本市场,稳步发展期货市场。推进证券发行、交易、并购等基础性制度建设,促进上市公司、证券经营机构规范运作,建立多层次市场体系,完善市场功能,拓宽资金入市渠道,提高直接融资比重。发展创业投资,做好产业投资基金试点工作。

第三节　健全金融调控机制

加强货币政策与其他宏观政策的相互协调配合,完善金融调控体系。建立健全货币市场、资本市场、保险市场有机结合、协调发展的机制,维护金融稳定和金融安全。稳步发展货币市场,理顺货币政策传导机制,推进利率市场化改革。完善有管理的浮动汇率制度,逐步实现人民币资本项目可兑换。

第四节　完善金融监管体制

建立金融风险识别、预警和控制体系,防范和化解系统性金融风险。规范金融机构市场退出机制,建立相应的存款保险、投资者保护和保险保障制度。提高金融监管水平,加强风险监管和资本充足率约束,建立健全银行、证券、保险监管机构间以及同宏观调控部门的协调机制。

第三十四章　完善现代市场体系

第一节　健全全国统一开放市场

进一步打破行政性垄断和地区封锁,完善商品市场,健全资本、土地、技术和劳动力等要素市场。严格界定公益性用地和经营性用地,经营性基础设施用地实行有偿使用,完善经营性用地招标拍卖挂牌出让和非经营性用地公开供地制度。规范发展产权交易市场。积极发展技术市场。逐步建立城乡统一的劳动力市场。

第二节　完善价格形成机制

积极稳妥地推进资源性产品价格改革。合理调整水利工程供水、城市供水和再生水价格。推进电价改革,逐步建立发电、售电价格由市场竞争形成,输电、配电价格由政府定价的机制。适时推进石油价格改革,建立与替代能源价格挂钩的天然气价格形成机制。扩大市场形成土地价格的范围。

第三节　规范市场秩序

打击各种违法经营活动,规范市场主体行为和市场竞争秩序。清理整顿对企业的乱收费、乱罚款和各种摊派。加强价格监管,禁止价格欺诈、价格操纵等行为。以完善信贷、纳税、合同履约、产品质量的信用记录为重点,加快建设社会信用体系,健全失信惩戒制度。

第九篇　实施互利共赢的开放战略

坚持对外开放基本国策,在更大范围、更广领域、更高层次上参与国际经济技术合作和竞争,更好地促进国内发展与改革,切实维护国家经济安全。

第三十五章　加快转变对外贸易增长方式

按照发挥比较优势、弥补资源不足、扩大发展空间、提高附加价值的要求,积极发展对外贸易,促进对外贸易由数量增加为主向质量提高为主转变。到2010年货物贸易、服务贸易进出口总额分别达到2.3万亿美元和4000亿美元。

第一节　优化出口结构

以自有品牌、自主知识产权和自主营销为重点,引导企业增强综合竞争力。支持自主性高技术产品、机电产品和高附加值劳动密集型产品出口。严格执行劳动、安全、环保标准,规范出口成本构成,控制高耗能、高污染和资源性产品出口。完善加工贸易政策,继续发展加工贸易,着重提高产业层次和加工深度,增强国内配套能力,促进国内产业升级。引导企业构建境外营销网络,增强自主营销能力。积极开拓非传统出口市场,推进市场多元化。加强对出口商品价格、质量、数量的动态监测,构建质量效益导向的外贸促进和调控体系。

第二节　积极扩大进口

实行进出口基本平衡的政策,发挥进口在促进我国经济发展中的作用。完善进口税收政策,扩大先进技术、关键设备及零部件和国内短缺的能源、原材料进口,促进资源进口多元化。

第三节　发展服务贸易

扩大工程承包、设计咨询、技术转让、金融保险、国际运输、教育培训、信息技术、民族文化等服务贸易出口。鼓励外资参与软件开发、跨境外包、物流服务等。建设若干服务业外包基地,有序承接国际服务业转移。积极稳妥扩大服务业开放,建立服务贸易监管体制和促进体系。

第四节 完善公平贸易政策

健全贸易运行监测预警体系和摩擦应对机制,合理运用反倾销、反补贴、保障措施,增强应对贸易争端能力,维护企业合法权益和国家利益。加强国际贸易的多双边对话与合作,实现共同发展。完善贸易法律制度,建立大宗商品进出口协调机制,加强行业自律,规范贸易秩序。有效运用技术性贸易措施,加强进出口检验检疫和疫情监控。

第三十六章 提高利用外资质量

抓住国际产业转移机遇,继续积极有效利用外资,重点通过利用外资引进国外先进技术、管理经验和高素质人才,把利用外资同提升国内产业结构、技术水平结合起来。

第一节 引导外商投资方向

完善法律法规和政策,形成稳定、透明的管理体制和公平、可预见的政策环境。引导外资更多地投向高技术产业、现代服务业、高端制造环节、基础设施和生态环境保护,投向中西部地区和东北地区等老工业基地。鼓励跨国公司在我国设立地区总部、研发中心、采购中心、培训中心。鼓励外资企业技术创新,增强配套能力,延伸产业链。吸引外资能力较强的地区和开发区,要注重提高生产制造层次,并积极向研究开发、现代流通等领域拓展,充分发挥集聚和带动效应。

第二节 促进利用外资方式多样化

引导国内企业同跨国公司开展多种形式的合作,发挥外资的技术溢出效应。在保护国内自主品牌基础上,引导和规范外商参与国内企业改组改造。有效利用境外资本市场,支持国内企业境外上市。完善风险投资退出机制,鼓励外商风险投资公司和风险投资基金来华投资。鼓励具备条件的境外机构参股国内证券公司和基金管理公司。

继续用好国际金融组织和外国政府贷款,重点投向中西部地区和东北地区等老工业基地,用于资源节约、环境保护和基础设施建设。合理、审慎使用国际商业贷款,允许具备条件的金融机构和企业在境外融资。加强对外债的宏观监测和管理,优化债务结构,保持适度的外债规模。

第三十七章 积极开展国际经济合作

完善促进生产要素跨境流动和优化配置的体制和政策,积极发展与周边国家及其他国家的经济技术合作,实现互利共赢。

第一节 实施"走出去"战略

支持有条件的企业对外直接投资和跨国经营。以优势产业为重点,引导企业开展境外加工贸易,促进产品原产地多元化。通过跨国并购、参股、上市、重组联合等方式,培育和发展我国的跨国公司。按照优势互补、平等互利的原则扩大境外资源合作开发。鼓励企业参与境外基础设施建设,提高工程承包水平,稳步发展劳务合作。完善境外投资促进和保障体系,加强对境外投资的统筹协调、风险管理和海外国有资产监管。

第二节 推进国际区域经济合作

统筹规划并稳步推进贸易、投资、交通运输的便利化,积极参与国际区域经济合作机制,加强对话与协商,发展与各国的双边、多边经贸合作。积极参与多边贸易、投资规则制定,推动建立国际经济新秩序。增加我国对其他发展中国家的援助,进一步加强与发展中国家的经济技术合作。

第十篇 推进社会主义和谐社会建设

按照民主法治、公平正义、诚信友爱、充满活力、安定有序、人与自然和谐相处的要求,从解决人民群众最关心、最直接、最现实的切身利益问题入手,扎实推进和谐社会建设。

第三十八章 全面做好人口工作

第一节 稳定人口低生育水平

坚持计划生育基本国策,稳定和完善现行生育政策,落实人口和计划生育工作目标责任制。建立独生子女死亡、伤残家庭扶助制度,完善基本服务项目免费制度。加强计划生育服务管理能力建设。完善以现居住地管理为主的流动人口计划生育服务管理体系。

第二节　改善出生人口素质和结构

普及优生优育知识，实施计划生育生殖健康促进计划，加大出生缺陷干预力度，鼓励婚前和孕前医学检查，预防和控制先天性感染、遗传性因素对出生人口健康的影响。采取综合措施有效治理出生人口性别比升高的问题。

第三节　积极应对人口老龄化

弘扬敬老风尚，营造老有所养、老有所乐、老有所为的社会氛围。积极发展老龄产业，增强全社会的养老服务功能，提高老年人生活质量，保障老年人权益。实施爱心护理工程，加强养老服务、医疗救助、家庭病床等面向老年人的服务设施建设。

第四节　保障妇女儿童权益

落实男女平等基本国策，实施妇女发展纲要，保障妇女平等获得就学、就业、社会保障、婚姻财产和参与社会事务的权利，加强妇女卫生保健、扶贫减贫、劳动保护、法律援助等工作。坚持儿童优先原则，实施儿童发展纲要，依法保障儿童生存权、发展权、受保护权和参与权。改善儿童成长环境，促进儿童身心健康发展。完善孤残儿童手术康复、家庭寄养经费投入和艾滋孤儿救助机制。

第五节　保障残疾人权益

倡导和鼓励社会各界关心、支持和参与残疾人事业。推进无障碍设施建设，加强残疾人康复、贫困残疾人脱贫、残疾少年儿童义务教育、残疾人就业服务和社会保障等工作，创造残疾人平等参与社会生活的条件。

第三十九章　提高人民生活水平

第一节　千方百计扩大就业

把扩大就业摆在经济社会发展更突出的位置，实行积极的就业政策，统筹城乡就业，努力控制失业规模。继续实施和完善鼓励企业增加就业岗位、加强就业培训的财税、信贷等优惠政策。健全就业服务体系，加快建立政府扶助、社会参与的职业技能培训机制。完善对困难地区、困难行业和困难群体的就业援助制度。积极发展就业容量大的劳动密集型产业、服务业和各类所有制的中小企业。鼓励劳动者自主创业和自谋职业，促进多种形式就业。支持并规范发展就业中介服务。全面实行劳动合同制度，积极推行集体合同制度，健全协调劳动关系三方机制，完善劳动争议处理体制。全面建立用人单位守法诚信制度。完善企业裁员机制，避免把富余人员集中推向社会。国有企业要尽可能通过主辅分离、辅业改制等措施安置富余人员。加强劳动力市场监管、劳动保护和劳动执法监察，规范用工行为，切实维护劳动者合法权益。

第二节　加大收入分配调节力度

完善按劳分配为主体、多种分配方式并存的分配制度，坚持各种生产要素按贡献参与分配。加快推进收入分配制度改革，规范个人收入分配秩序，强化对分配结果的监管，努力缓解行业、地区和社会成员间收入分配差距扩大的趋势。更加注重社会公平，特别要关注就学、就业机会和分配过程的公平。着力提高低收入者收入水平，逐步扩大中等收入者比重，有效调节过高收入。严格执行最低工资制度，逐步提高最低工资标准。建立规范的公务员工资制度，规范职务消费，完善国有企事业单位收入分配规则和监管机制。控制和调节垄断性行业的收入，建立健全个人收入申报制，强化个人所得税征管。坚决取缔各种非法收入。

第三节　健全社会保障体系

增加财政社会保障投入，多渠道筹措社会保障基金，合理确定保障标准和方式，建立健全与经济发展水平相适应的分层次、广覆盖的社会保障体系。

扩大城镇基本养老保险覆盖范围，逐步做实个人账户，逐步提高社会统筹层次，增强统筹调剂的能力。推进机关事业单位养老保险制度改革。建立失业保险与促进就业联动机制，完善失业保险制度。扩大基本医疗保险覆盖范围，健全多层次的医疗保障体系。完善和落实工伤保险政策和标准，推进各类用人单位依法参加工伤保险。鼓励有条件的企业建立补充保险。建立健全生育保险制度。认真解决进城务工人员社会保障问题。规范社会保险基金征缴和监管。加强社会保障服务管理能力建设。

完善城市居民最低生活保障制度，逐步提高保障标准。建立城乡医疗救助制度，将城市居民最低生活保障对象、农村特困户和五保供养对象纳入救助范围。完善城市生活无着流浪乞讨人员特别是流浪未成年人的救助制度。鼓励开展社会慈善、社会捐赠、群众互助等社会扶助活动，支持志愿服务活动并实现制度化。

第四节　加大扶贫工作力度

强化各级政府扶贫职责，加大扶贫投入，完善扶贫开发机制，提高扶贫效率。对具备基本生存条件的贫困地区，继续实行就地扶贫，改善基本生产生活条件，开辟增收途径；对生存条件恶劣的贫困地区，实行易地扶贫。对有劳动能力的贫困人口，实行技能培训、技术扶贫和劳务输出扶贫，增强其增收能力；对不具备劳动能力的贫困人口，实行救济和救助。更加注重对贫困家庭子女的扶助，通过寄宿学习、家庭寄养、社会托养、免费职业教育等，改善其成长环境，防止贫困代际传递。采取社会救助和设立专项贷款等措施，防止因灾因病返贫。加大对集中连片贫困地区扶持力度，因地制宜地实行整村推进的扶贫开发方式。继续开展定点帮扶工作，鼓励社会各界积极参与扶贫工作。

第五节　扩大城乡居民消费

提高城乡居民收入水平，增强居民特别是农村居民和城镇低收入者的消费能力。培育消费热点，推进公众营养改善行动，健全普通商品住房与经济适用住房、廉租住房相结合的城镇住房供应体系，继续提高电话、计算机等的普及率，促进文化、健身、旅游、休闲等服务性消费。引导居民消费预期，扩大即期消费。改善消费环境，规范和发展消费信贷。

第四十章　提高人民健康水平

高度关注人民健康，加大政府投入力度，加快发展医疗卫生事业，认真解决群众看病难看病贵问题。

第一节　完善公共卫生和医疗服务体系

建立健全突发公共卫生事件应急机制，提高疾病预防控制和医疗救治能力。改善医疗卫生机构条件，加强专业队伍建设。大力发展社区卫生，加快构建以社区卫生服务为基础，社区卫生服务机构与医院分工协作、双向转诊的城市医疗服务体系。

第二节　加强疾病防治和预防保健

严格控制艾滋病、结核病、乙型肝炎等重大传染病的传播，有效预防和控制血吸虫病等寄生虫病和地方病，加强新发传染病防治和免疫工作，综合防治心脑血管疾病、恶性肿瘤等慢性病和职业病。加强心理健康教育和保健，重视精神卫生及疾病防治。加强妇幼卫生保健，儿童计划免疫接种率达到90%以上，婴儿死亡率降至17‰，孕产妇死亡率降至40/10万。

第三节　加强中医药和医学科研工作

保护和发展中医药，加强中医临床研究基地和中医医院建设，推进中医药标准化、规范化。整合优势医学科研资源，加强对重大疾病的研究。

第四节　深化医疗卫生体制改革

按照政事分开、管办分开、医药分开、营利性与非营利性分开的方向，坚持政府主导、社会参与、转换机制、加强监管的原则，建立符合国情的医疗卫生体制，为广大群众提供安全方便有效合理的公共卫生和基本医疗服务。按属地化和全行业管理的原则完善分类管理。强化政府在提供公共卫生和基本医疗服务中的责任，建立各级政府间规范的责任分担与资金投入机制，逐步建立投资主体多元化、投资方式多样化的办医体制。完善公立医疗机构运行机制、激励机制和补偿政策。整合医疗卫生资源，大力提高农村、中西部地区和基层公共卫生资源的比重。加强对医疗卫生服务行为、服务质量和药品市场的监管，降低药品虚高价格，控制医疗费用过快上涨。

第四十一章　加强公共安全建设

完成改革和发展的任务，必须保持长期稳定的社会环境。要强化全社会公共安全意识，加强公共安全保障能力建设，提高公共安全保障水平，维护人民生命财产安全，确保社会稳定。

第一节　增强防灾减灾能力

加强防洪减灾薄弱环节建设，重点加强大江大河综合治理、病险水库除险加固、蓄滞洪区建设和城市防洪，增强沿海地区防台风、风暴潮、海啸的能力。加强对滑坡、泥石流和森林、草原火灾的防治。提高防洪减灾预警和指挥能力，建立洪水等灾害风险管理制度和防洪减灾保障制度。加强对三峡库区等重点地区地质灾害的防治。完善大中型水库移民后期扶持政策。加强城市群和大城市地震安全基础工作，加强数字地震台网、震情、灾情信息快速传输系统建设，实行预测、预防、救助综合管理，提高地震综合防御能力。

第二节　提高安全生产水平

坚持安全第一、预防为主、综合治理，落实安全生产责任制，强化企业安全生产主体责任，健全安全生产监管体制，严格执行重大安全生产事故责任追究制度。加强安全生产科研开发、监管监察和支撑体系建设。实施重大危险源普查和监测监控，加大安全设施投入，搞好隐患治理和安全技术改造。严格执行安全生产许可制度，加强煤炭等高危行业和重点领域的安全生产，抓好非煤矿山、特种设备、危险化学品、烟花爆竹、建筑施工、道路交通和人员密集场所消防安全等的专项整治。强化交通、消防基础设施建设和安全监管。培育和规范安全生产中介机构。加强安全生产宣传教育培训。建立安全生产指标考核体系，到2010年单位国内生产总值生产安全事故死亡率下降35%，工矿商贸就业人员生产安全事故死亡率下降25%。

第三节 保障饮食和用药安全

加强食品、药品监管设施建设，完善技术标准体系，创新监管机制，规范监管行为，提升监管能力和水平，依法强化对食品、药品、餐饮卫生等的监管，保障人民群众健康安全。

专栏16 公共服务重点工程

社会救助 建设救助管理设施、流浪未成年人保护中心、“慈善超市”和社会捐助接收点等。

社会福利 建设综合福利中心、社区福利设施、农村敬老院、儿童福利机构、残疾人综合服务设施等。

公共卫生 继续完善疾病预防控制和医疗救治体系，加强中医临床研究基地和重点中医医院建设。

社区服务 新建和改造社区服务中心、社区服务站，加强和完善社区卫生、社会保险服务。

防洪减灾 建设治淮骨干工程，加强大江大河及中小河流治理。实施主要江河蓄滞洪区安全建设工程。

安全生产应急救援 建设国家、省、市三级安全生产应急救援指挥中心和国家、区域、骨干专业应急救援体系。

重大事故隐患治理 治理尾矿库危库、险库和危险性较大的病库，搬迁城区内安全距离不达标的危险化学品生产和储存企业。

国家灾害应急救援 建设四级灾害应急救助指挥体系。

基层政法基础设施 新建和改造基层派出所、司法所、人民法庭。

第四节 维护国家安全和社会稳定

依法严厉打击各种犯罪活动，保障人民群众安居乐业。加强社会治安综合治理，推进社会治安防控体系建设，深入开展平安创建活动。改善司法保障条件，加强基层政法机构、案件侦查、禁毒、缉私、边境检查等的基础设施建设。积极应对传统和非传统安全问题。加强公安政法队伍建设。

第五节 强化应急体系建设

建立健全应急管理体系，加强指挥信息系统、应急物资保障、专业救灾抢险队伍、应急标准体系以及运输、现场通讯保障等重点领域和重点项目的建设，健全重特大自然灾害发生后的社会动员机制，提高处置突发公共事件能力。

第四十二章 完善社会管理体制

健全党委领导、政府负责、社会协同、公众参与的社会管理格局，推进社会管理体制创新。

第一节 加强基层自治组织建设

推进管理有序、治安良好的和谐社区、和谐村镇建设，倡导人与人和睦相处，增强社会和谐基础。探索新时期城乡基层自治组织建设和管理的有效模式，发挥城乡基层自治组织协调利益、排忧解难的作用。

第二节 规范引导民间组织有序发展

培育发展行业协会、学会、公益慈善和基层服务性民间组织，发挥提供服务、反映诉求、规范行为的作用。完善民间组织自律机制，加强改进对民间组织的监管。

第三节 正确处理人民内部矛盾

高度重视并维护人民群众根本利益，妥善协调各方面利益关系，从源头上预防和化解人民内部矛盾。改进和完善信访工作，畅通诉求渠道，综合运用教育、协商、调解、法律等方式，依法及时合理地处理群众反映的问题。健全人民调解制度，完善社会矛盾纠纷调处机制。深入做好新时期的群众工作，引导群众以理性合法的形式表达诉求。建立和完善矛盾排查机制、信息预警机制、应急处置机制和责任追究机制，预防和妥善处置群体性、突发性事件，切实解决群众的合理诉求，依法维护社会稳定。

第十一篇 加强社会主义民主政治建设

坚持政治文明和物质文明全面发展，扩大社会主义民主，健全社会主义法制，为现代化建设提供政治保证。

第四十三章 加强社会主义民主政治建设

第一节 发展社会主义民主

坚持和完善人民代表大会制度、中国共产党领导的多党合作和政治协商制度、民族区域自治制度。积极稳妥地继续推进政治体制改革，巩固和发展民主团结、生动活泼、安定和谐的政治局面。

健全民主制度，丰富民主形式，扩大公民有序的政治参与，保证公民依法实行民主选举、民主决策、民主管理、民主监督。加强基层民主建设，坚持和完善政务公开、厂务公开、村务公开，保证公民依法行使选举权、知情权、参与权、监督权。尊重和保障人权，促进人权事业全面发展。

巩固和壮大最广泛的爱国统一战线，健全重大问题决策前协商的制度。发挥人民政协的作用，支持人民政协履行政治协商、民主监督、参政议政的职能。坚持和完善职工代表大会和其他形式的企事业民主管理制度。发挥工会、共青团、妇联等人民团体的桥梁纽带作用。保证民族自治地方依法行使自治权，巩固和发展平等团结互助的社会主义民族关系，促进各民族共同繁荣进步。全面贯彻宗教信仰自由政策，依法管理宗教事务，坚持独立自主自办的原则，引导宗教与社会主义社会相适应。贯彻落实侨务方针政策，做好侨务工作。

第二节 全面推进法制建设

贯彻依法治国基本方略，推进科学立法、民主立法，形成中国特色社会主义法律体系。完善市场主体、市场交易、市场监管、社会管理、可持续发展等方面的法律法规。推进司法体制和工作机制改革，规范司法行为，加强司法监督，促进司法公正，维护社会正义和司法权威。实施“五五”普法规划，开展法制宣传教育，提高全民法律素质，形成遵法守法、依法办事的社会风气。

第三节 加强廉政建设

坚持标本兼治、综合治理、惩防并举、注重预防的方针，建立健全教育、制度、监督并重的惩治和预防腐败体系。加大从源头上预防和治理腐败的力度。推进反腐倡廉体制、机制和制度创新，加强对权力运行的制约和监督，强化政府专门机构和社会监督，保障公民的检举权、控告权、申诉权。严肃查处违纪违法案件，坚决纠正损害群众利益的不正之风。

第十二篇 加强社会主义文化建设

牢牢把握先进文化的前进方向，坚持为人民服务、为社会主义服务的方向和百花齐放、百家争鸣的方针，繁荣社会主义文化，不断满足人民群众日益增长的精神文化需求。

第四十四章 加强社会主义文化建设

第一节 加强思想道德建设

全面落实邓小平理论和“三个代表”重要思想，深入学习贯彻科学发展观，加强马克思主义理论研究和建设，坚持马克思主义在意识形态领域的指导地位，进一步巩固全国各族人民团结奋斗的共同思想基础。坚持正确的舆论导向。加强理想信念教育和思想政治工作，大力弘扬以爱国主义为核心的民族精神和以改革创新为核心的时代精神，加强社会主义思想道德建设，扎实开展群众性精神文明创建活动，在全社会倡导爱国守法、明礼诚信、团结友善、勤俭自强、敬业奉献的基本道德规范，发扬艰苦奋斗的优良传统，进一步增强中华民族的凝聚力和创造力，使全体人民始终保持昂扬向上的精神状态，为全面建设小康社会提供强大的思想保证和精神动力。

第二节 丰富人民群众精神文化生活

积极发展文化事业和文化产业，创造更多更好适应人民群众需求的优秀文化产品。加大政府对文化事业的投入，逐步形成覆盖全社会的比较完备的公共文化服务体系。推进文化创新，实施精品战略，繁荣艺术创作，提高文化艺术产品质量。加强文化自然遗产和民族民间文化保护。扩大广播影视覆盖范围，发展数字广播影视，确保播出安全。

繁荣新闻事业。发展现代出版发行业，积极发展数字出版，重视网络媒体建设。大力推广普通话。扩大国际文化交流，积极开拓国际文化市场，推动中华文化走向世界。办好上海世博会。

专栏17　公共文化建设重点工程

村村通广播电视　全面实现20户以上已通电自然村通广播电视。

农村电影放映　基本实现全国农村一村一月放映一场电影。

乡镇综合文化站建设　基本实现全国乡镇均建有综合文化站。

文化信息资源共享　推进文化资源数字化，以农村为重点促进文化信息资源共享。

重大文化自然遗产保护　加强世界遗产、国家重点文物保护单位、国家重点风景名胜区、国家历史文化名城（镇、村）等保护和利用设施建设，建设抢救性文物保护设施。

"西新工程"　加强西藏、新疆等地区广播电视设施建设，扩大覆盖范围，提高收听收看质量，增强播出传输安全保障能力。

重大文化设施建设　推进国家博物馆、中国美术馆（二期）、国家话剧院等和地方重点文化设施建设。

第三节　深化文化体制改革

建立党委领导、政府管理、行业自律、企事业单位依法运营的文化管理体制和富有活力的文化产品生产经营机制。改进对公共文化单位的扶持方式，促其增强活力、改善服务。推进经营性文化事业单位转制，努力形成一批坚持社会主义先进文化方向，有较强自主创新能力、市场竞争能力的文化企业和企业集团。完善文化产业政策，促进民族文化产业发展，引导和规范非公有制经济进入文化产业，形成以公有制为主体、多种所有制共同发展的文化产业格局和民族文化为主体、吸收外来有益文化的文化市场格局。加强文化市场综合执法和对互联网的管理，坚持扫黄打非，营造扶持健康文化、改造落后文化、抵制腐朽文化的社会环境。积极倡导企业文化建设。

第十三篇　加强国防和军队建设

根据维护国家安全统一和发展利益的要求，加强国防和军队现代化建设，形成国防建设与经济建设协调发展的良好局面。

第四十五章　加强国防和军队建设

第一节　全面加强军队建设

坚持以毛泽东军事思想、邓小平新时期军队建设思想、江泽民国防和军队建设思想为指导，坚持把科学发展观作为加强国防和军队建设的重要指导方针，坚持党对军队的绝对领导，贯彻积极防御的军事战略方针，着眼有效履行新世纪新阶段军队的历史使命，全面加强军队革命化现代化正规化建设，积极推进中国特色军事变革，努力提高部队信息化条件下整体防卫作战能力。始终把思想政治建设摆在各项建设的首位，保持军队建设的正确方向。实施科技强军战略，推进机械化和信息化复合发展。深化体制编制和政策制度调整改革，优化力量结构和部队编成，增强军队建设的活力。创新军事理论，加强部队训练和院校教育，培养新型军事人才，提高官兵素质。发展现代化武器装备，优化体系结构，提高配套水平。推进后勤建设和改革，增强综合保障能力，提高官兵生活水平。加强基层建设，打牢部队建设基础。贯彻依法治军、从严治军方针，强化作风纪律建设，严格部队管理教育，确保部队高度稳定和集中统一。加强武装警察部队建设，着力提高执勤处突反恐的能力。深入开展"双拥"活动，军队要积极参加抢险救灾和支援国家经济建设，国家和社会要做好优抚安置工作，巩固和发展军政军民团结。

第二节　调整优化国防科技工业

坚持军民结合、寓军于民、强化基础、自主创新的方针，加快国防科技工业转型升级，提高科技创新能力，开发军民两用技术和产品。推进数字化军工建设，提高武器装备研发和制造水平，确保武器装备供应。调整优化军品科研生产能力结构，提升总体设计、总装测试和系统集成等核心能力，精干科研生产主体，推进专业化重组和社会化协作。积极稳妥地实施军工科研院所改革。建立面向社会的军品科研生产准入和退出制度，健全军民互动合作的协调机制。以产权制度改革为突破口，分类实施军工企业股份制改造。深化军工投资体制改革，推进投资主体多元化。

第三节 增强国防动员能力

深化国防动员体制和运行机制改革，坚持在经济建设中贯彻国防的要求，逐步建立集中统一、结构合理、反应迅速、权威高效的现代国防动员体系。加强民兵预备役部队质量建设，抓好国民经济动员、人民防空和交通战备等建设，推进国防动员信息化，开展全民国防教育，提高平战转换、快速动员、持续保障和综合防护能力。加强国防基础设施建设，依法保护国防设施。

第十四篇 建立健全规划实施机制

在社会主义市场经济体制初步建立的条件下，实现本规划的目标和任务，主要依靠发挥市场配置资源的基础性作用。同时，政府要正确履行职责，调控引导社会资源，合理配置公共资源，保障规划顺利实施。

第四十六章 建立分类指导的实施机制

本规划提出的农业、工业、服务业等的发展方向，利用外资、对外贸易等的发展重点，是对市场主体的导向，主要依靠市场主体的自主行为实施。各级政府要维护公平竞争，严禁地方分割和部门保护，不得直接干预企业经营活动，不得干预市场机制正常运行。

本规划确定的保持经济平稳较快发展、转变经济增长方式、调整优化经济结构、增强自主创新能力、建设社会主义新农村、促进区域协调发展、促进城镇化健康发展、建设资源节约型和环境友好型社会等重点任务，主要通过完善市场机制和利益导向机制努力实现。政府要通过体制机制创新和完善政策，为激发市场主体的积极性、创造性营造良好的制度和政策环境。国有企事业单位要发挥带头和示范作用。

本规划确定的义务教育、公共卫生、社会保障、社会救助、促进就业、减少贫困、防灾减灾、公共安全、公共文化、基础科学与前沿技术以及社会公益性技术研究、国防等公共服务领域的任务，是政府的承诺，各级政府要切实履行职能，运用公共资源全力完成。

本规划提出的主体功能区划、保护生态环境、资源管理、保护知识产权、调节收入分配、维护市场经济秩序、保障人民合法权益、社会建设和管理等的要求，主要通过健全法律法规、加大执法力度等法律手段，并辅之以经济手段加以落实。

本规划确定的改革任务，是政府的重要职责，必须放在政府工作的重要位置。要加强对改革的总体指导和统筹协调，将改革任务分解落实到有关部门，不失时机地推进，并注重及时把行之有效的改革措施用法律、规章和制度的形式确立下来。

第四十七章 调整和完善经济政策

根据公共财政服从和服务于公共政策的原则，按照公共财政配置的重点要转到为全体人民提供均等化基本公共服务的方向，合理划分政府间事权，合理界定财政支出范围。公共财政预算安排的优先领域是：农村义务教育和公共卫生、农业科技推广、职业教育、农村劳动力培训、促进就业、社会保障、减少贫困、计划生育、防灾减灾、公共安全、公共文化、基础科学与前沿技术以及社会公益性技术研究、能源和重要矿产资源地质勘查、污染防治、生态保护、资源管理和国家安全等。重点支持的区域是：限制开发区域和禁止开发区域，中西部地区特别是革命老区、民族地区、边疆地区、贫困地区，三峡库区，资源枯竭型城市等。

充分发挥税收的调节作用，完善和制定鼓励资源节约型和环境友好型社会建设、促进就业和再就业、促进科技发展和增强自主创新能力、促进文化体制改革，以及振兴装备制造业和其他产业健康发展的税收政策。

按照社会主义集中力量办大事原则，在经济发展和财力增加基础上逐步增加中央政府投资规模。完善政府投资管理体制，整合政府投资，改进投资方式，加强项目监管。

加强和改进产业政策工作，增强对国内产业发展、对外贸易和利用外资的统筹，加强信贷、土地、环保、安全、科技等政策和产业政策的配合，采用经济手段促进产业发展。加强对高技术产业和装备制造业薄弱环节的扶持，重点支持研究开发，培育核心竞争力。按照适度偏紧原则调控高耗能产业规模，控制生产能力盲目扩张。按照引导产业集群发展、减少资源跨区域大规模调动的原则优化产业布局，促进主要使用海路进口资源的产业在沿海地区布局，主要使用国内资源和陆路进口资源的产业在中西部重点开发区域布局。实施品牌战略，支持拥有自主知识产权和知名品牌、竞争力强的大企业发展成为跨国公司。实施中小企业成长工程。依法淘汰落后工艺技术，关闭破坏资源、污染环境和不具备安全生产条件的企业。

专栏18　中央政府投资支持的重点领域

新农村建设　普及和巩固农村义务教育，农村劳动力转移就业，公共卫生和基本医疗服务体系，饮水安全，农村公路，沼气等可再生能源，农村电网，农村公共文化，优质粮食产业工程，沃土工程，植保工程，灌区建设，动物防疫体系及种养业良种工程等。

公共服务　义务教育、中等职业教育和劳动力技能培训，重大疾病防治体系，基层公共卫生、社会福利、公共文化和体育设施，公检法司基础设施，就业服务，社区服务，食品药品安全监管设施，安全生产监管、煤矿安全监察设施及支撑体系，防洪、气象、地震等防灾减灾，采煤沉陷区治理，贫困地区以工代赈和易地扶贫，生态移民，民族地区和边疆地区发展等。

资源环境　能源和重要矿产资源地质勘查，生态环境保护与修复，环境污染治理，节能节水节地，循环经济示范等。

自主创新　知识创新工程，重大科学工程及科技基础设施，高技术产业化，重大技术装备自主研发及国产化，资源节约技术研发和推广等的示范。

基础设施　国家铁路、国家高速公路、重要港口和航道、枢纽机场和重要支线机场、空管设施，南水北调、大江大河治理等重大水利工程，信息化和信息安全基础设施，战略物资储备，可再生能源，城市供水管网、燃气和集中供热设施，城镇污水和垃圾处理设施等。

第四十八章　健全规划管理体制

加强统筹协调。继续做好总需求与总供给的平衡，特别要加强制度协调、规划协调和政策协调。统筹协调政策目标和政策手段，搞好财政政策、货币政策、产业政策、区域政策、社会政策和政绩考核间的配合，防止国家政策部门化。统筹协调长期发展与短期发展，近期措施要有利于解决长期性发展难题，改革体制、制定政策、安排投资、确定发展速度，都要充分考虑可持续性，防止急于求成。

改革规划管理体制，健全科学化、民主化的编制程序，形成以国民经济和社会发展规划为统领，各类规划定位清晰、功能互补、统一衔接的规划体系。做深做实城市规划、土地利用规划、环境保护规划和粮食、能源、交通等专项规划。编制全国主体功能区划规划，明确主体功能区的范围、功能定位、发展方向和区域政策。强化区域规划工作，编制部分主体功能区的区域规划。改革完善地方规划，深化市县规划体制改革。

本规划确定的约束性指标，具有法律效力，要纳入各地区、各部门经济社会发展综合评价和绩效考核。约束性指标要分解落实到有关部门，其中耕地保有量、单位国内生产总值能源消耗降低、主要污染物排放总量减少等指标要分解落实到各省、自治区、直辖市。

国务院有关部门要加强对本规划实施情况的跟踪分析，接受全国人民代表大会及其常务委员会对规划实施情况的监督检查。

在本规划实施的中期阶段，要对规划实施情况进行中期评估。中期评估报告提交全国人民代表大会常务委员会审议。经中期评估需要修订本规划时，报全国人民代表大会常务委员会批准。

保持香港、澳门长期繁荣稳定。坚持“一国两制”、“港人治港”、“澳人治澳”、高度自治的方针，严格按照特别行政区基本法办事，加强和推动内地同港澳在经贸、科教、文化、卫生、体育等领域的交流和合作，继续实施内地与香港、澳门更紧密的经贸关系安排，加强内地和港澳在基础设施建设、产业发展、资源利用、环境保护等方面的合作。支持香港发展金融、物流、旅游、资讯等服务业，保持香港国际金融、贸易、航运等中心的地位。支持澳门发展旅游等服务业，促进澳门经济适度多元发展。

台湾是中华人民共和国不可分割的神圣领土。推进两岸关系发展和祖国统一大业，扩大海峡两岸经济、文化、科技、教育交流与人员往来，维护台湾同胞的正当权益，推动全面、直接、双向“三通”，促进建立稳定的两岸经贸合作机制,促进两岸关系发展,维护台海和平稳定。

“十一五”规划是全面建设小康社会进程中的重要规划。全国各族人民要在中国共产党的领导下,紧密团结在以胡锦涛同志为总书记的党中央周围,高举邓小平理论和“三个代表”重要思想伟大旗帜,全面贯彻落实科学发展观,振奋精神,扎实工作,锐意进取,开拓创新,为实现“十一五”规划和全面建设小康社会的宏伟目标而努力奋斗。

中华人民共和国
2005年国民经济和社会发展统计公报

中华人民共和国国家统计局

2006年2月28日

2005年，全国各族人民在党中央、国务院的领导下，以邓小平理论和“三个代表”重要思想为指导，以科学发展观统领经济社会发展全局，认真贯彻落实加强和改善宏观调控的各项政策措施，国民经济和社会发展取得明显成效。经济保持平稳较快增长，重要领域和关键环节的改革有所突破，就业和社会保障工作进一步加强，城乡居民生活不断改善，对外开放继续扩大，各项社会事业得到加强，实现了年初确定的国民经济和社会发展的预期目标，较好地完成了“十五”时期的主要任务，为“十一五”时期经济社会发展奠定了良好基础。但经济结构不合理、增长方式粗放等问题仍比较突出。

一、综合

初步核算，全年国内生产总值182321亿元，比上年增长9.9%。其中，第一产业增加值22718亿元，增长5.2%；第二产业增加值86208亿元，增长11.4%；第三产业增加值73395亿元，增长9.6%。第一、第二和第三产业增加值占国内生产总值的比重分别为12.4%、47.3%和40.3%。

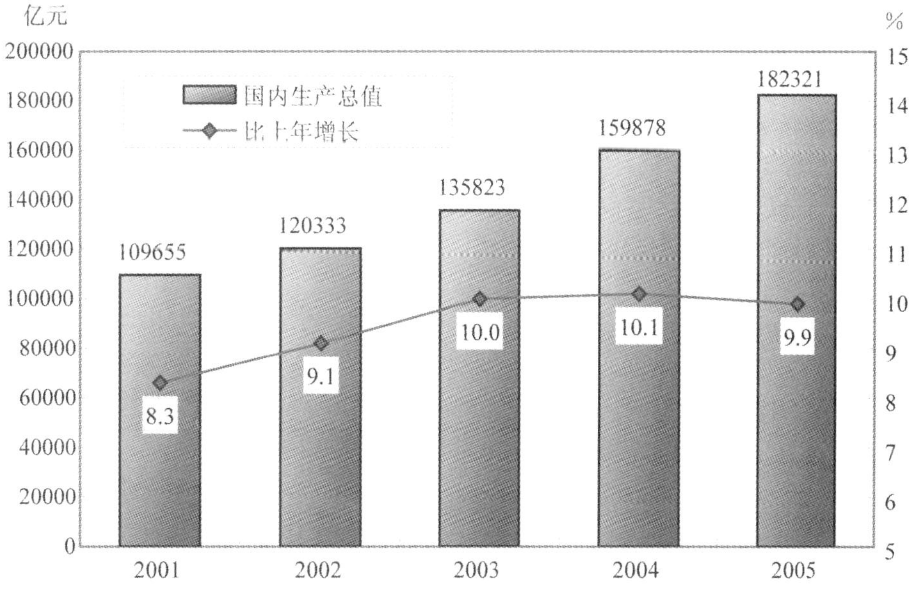

图1 “十五”时期国内生产总值与增长速度

全国居民消费价格总水平比上年上涨1.8%（见表1），其中服务价格上涨3.3%。商品零售价格上涨0.8%。工业品出厂价格上涨4.9%。原材料、燃料、动力购进价格上涨8.3%。固定资产投资价格上涨1.6%。农产品生产价格上涨1.4%。70个大中城市房屋销售价格上涨7.6%。

年末全国就业人员75825万人，比上年末增加625万人。其中城镇就业人员27331万人，新增加

表 1　2005 年居民消费价格比上年上涨情况

单位:%

指　　标	全国	城市	农村
全国居民消费价格总水平	1.8	1.6	2.2
食 品	2.9	3.1	2.5
其中:粮食	1.4	1.5	1.3
烟酒及用品	0.4	0.3	0.5
衣 着	-1.7	-2.0	-0.9
家庭设备用品及服务	-0.1	-0.3	0.3
医疗保健及个人用品	-0.1	-0.4	0.5
交通和通信	-1.0	-1.6	0.3
娱乐教育文化用品及服务	2.2	1.3	3.8
居 住	5.4	5.6	5.2

970 万人,净增加 855 万人。年末城镇登记失业率为 4.2%,与上年末持平。

年末国家外汇储备达到 8189 亿美元,比上年末增加 2089 亿美元。2005 年 7 月 21 日,对人民币汇率形成机制进行了改革,年末人民币对美元汇率为 8.0702,比上年末升值 2.56%。

全年各项税收收入 30866 亿元(不包括关税和农业税),比上年增加 5148 亿元,增长 20.0%。全国规模以上工业企业实现利润 14362 亿元,比上年增长 22.6%;销售利润率为 5.9%,比上年降低 0.1 个百分点。

二、农业

全年粮食种植面积 10427 万公顷,比上年增加 267 万公顷;棉花种植面积 506 万公顷,减少 63 万公顷;油料种植面积 1431 万公顷,减少 12 万公顷;糖料种植面积 156 万公顷,减少 1 万公顷;蔬菜种植面积 1774 万公顷,增加 18 万公顷。

全年粮食产量 48401 万吨,比上年增加 1454 万吨,增产 3.1%;棉花产量 570 万吨,减产 9.8%;油料产量 3078 万吨,增产 0.4%;糖料产量 9551 万吨,减产 0.2%。蔬菜、水果在品种优化的基础上平稳发展(见表 2)。

表 2　2005 年主要农产品产量

单位:万吨

产品名称	产 量	比上年增长%
粮 食	48401	3.1
夏 粮	10627	5.1
早 稻	3179	-1.3
秋 粮	34595	2.9
油 料	3078	0.4
花 生	1434	0.0
油菜籽	1305	-1.0
棉 花	570	-9.8
糖 料	9551	-0.2
甘 蔗	8760	-2.5
甜 菜	791	35.2
烤 烟	241	11.5
茶 叶	92	9.8
水 果	16076	4.8
蔬 菜	56284	2.2

全年肉类总产量 7700 万吨,比上年增长 6.3%。其中,牛、羊肉分别增长 5.6% 和 9.3%。全年水产品产量 5100 万吨,增长 4.0%。

全年木材产量 4746 万立方米,比上年减少 8.7%。

全年新增有效灌溉面积 102 万公顷,新增节水灌溉面积 123 万公顷。

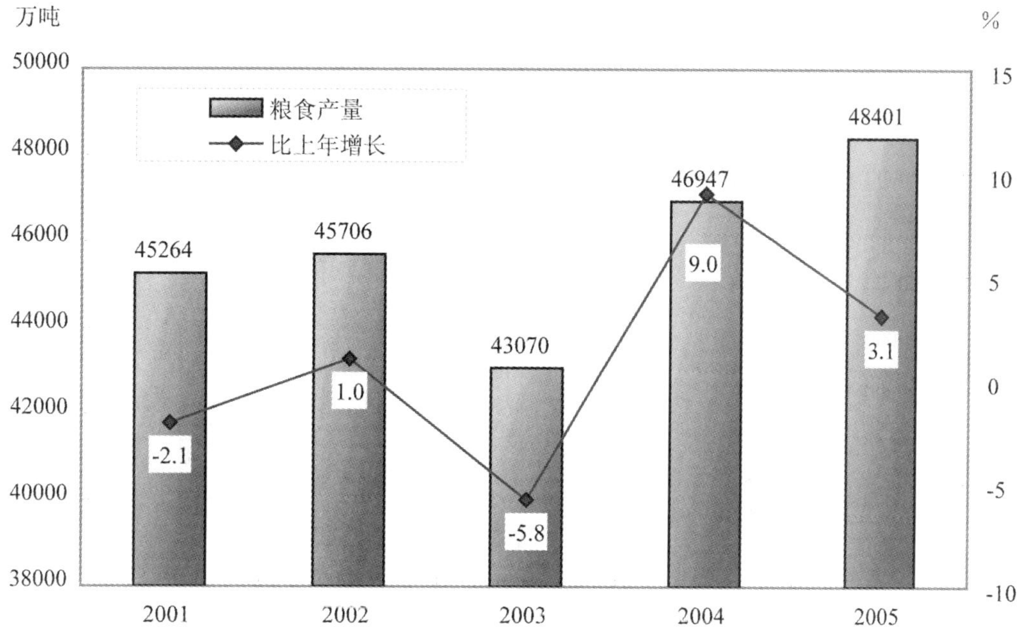

图 2 “十五”时期粮食产量与增长速度

三、工业和建筑业

全年全部工业增加值 76190 亿元，比上年增长 11.4%。规模以上工业增加值 66425 亿元，增长 16.4%（见表3）；产品销售率 98.1%，与上年持平。

表 3 2005 年规模以上工业增加值主要分类情况

单位：亿元

指　标	增加值	比上年增长%
规模以上工业	66425	16.4
其中：国有及国有控股企业	26063	10.7
其中：集体企业	2581	12.4
股份制企业	32173	17.8
外商及港澳台投资企业	18977	16.6
其中：私营企业	11807	25.3
其中：轻工业	20585	15.2
重工业	45840	17.0

全年一次能源生产总量 20.6 亿吨标准煤，比上年增长 9.5%；发电量 24747 亿千瓦小时，增长 12.3%；原煤 21.9 亿吨，增长 9.9%；原油 1.81 亿吨，增长 2.8%。

主要原材料产品中，粗钢产量 3.52 亿吨，比上年增长 24.6%；钢材 3.97 亿吨，增长 24.1%；水泥 10.6 亿吨，增长 10.0%；十种有色金属增长 13.2%；硫酸、纯碱、烧碱、乙烯等主要化工产品增长 9.9% 至 21.4%。

汽车产量 570 万辆，比上年增长 12.1%，其中轿车 277 万辆，增长 19.7%。

程控交换机、移动通信手持机、微型电子计算机等高技术产品产量分别比上年增长 1.3% 至 35.3%（主要工业产品产量见表 4）。全年规模以上工业中，高技术产业增加值 7839 亿元，比上年增长 19.8%。

全年规模以上工业企业中，国有及国有控股企业实现利润 6447 亿元，比上年增长 17.4%；集体企业实现利润 551 亿元，增长 32.0%；股份制企业实现利润 7420 亿元，增长 28.7%；外商及港澳台投资企业实现利润 3967 亿元，增长 6.9%；私营企业实现利润 1975 亿元，增长 47.3%。

全年全社会建筑业实现增加值 10018 亿元，比上年增长 11.9%。全国具有资质等级的总承包和专业承包建筑业企业实现利润 818 亿元，增长 13.8%；上缴税金 1099 亿元，增长 17.4%。

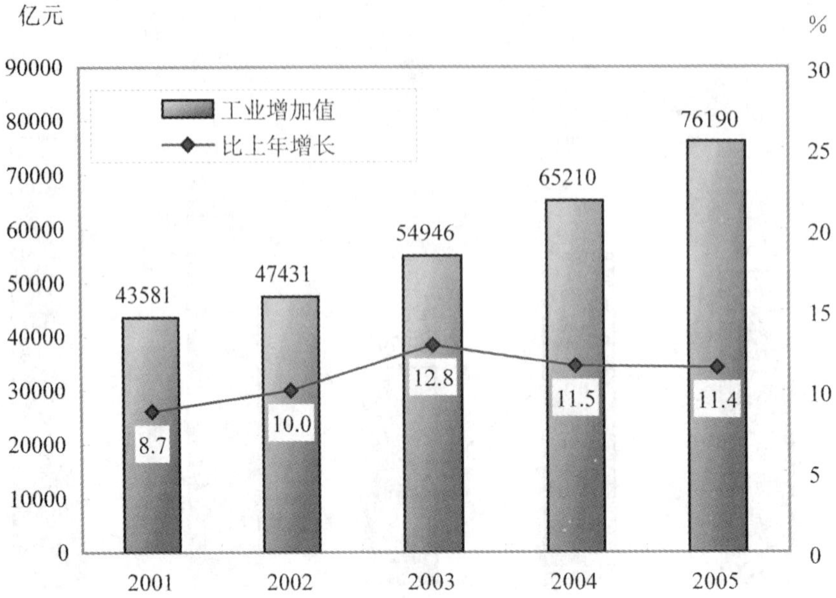

图2 "十五"时期粮食产量与增长速度

表4 2005年主要工业产品产量

产品名称	单位	产量	比上年增长%
纱	万吨	1440	11.5
布	亿米	470	11.9
化学纤维	万吨	1618	13.6
成品糖	万吨	903	-12.6
卷烟	亿支	19560	4.4
彩色电视机	万台	8283	11.5
家用电冰箱	万台	2986	-0.7
房间空气调节器	万台	6765	5.9
一次能源生产总量	亿吨标准煤	20.6	9.5
原煤	亿吨	21.9	9.9
原油	亿吨	1.81	2.8
天然气	亿立方米	500	20.6
发电量	亿千瓦小时	24747	12.3
其中:火电	亿千瓦小时	20180	12.4
水电	亿千瓦小时	4010	13.4
粗钢	万吨	35239	24.6
钢材	万吨	39692	24.1
十种有色金属	万吨	1635	13.2
其中:精炼铜(铜)	万吨	260	18.1
电解铝	万吨	779	16.4
氧化铝	万吨	851	21.9
水泥	亿吨	10.6	10.0
硫酸	万吨	4529	15.3
纯碱	万吨	1467	9.9
烧碱	万吨	1264	21.4
乙烯	万吨	756	20.0
化肥(折100%)	万吨	5220	8.6
发电设备	万千瓦	9200	28.9
汽车	万辆	570	12.1
其中:轿车	万辆	277	19.7
大中型拖拉机	万台	16.2	42.7
集成电路	亿块	266	12.9
程控交换机	万线	7721	1.3
移动通信手持机(手机)	万台	30354	6.4
微型电子计算机	万台	8084	35.3

四、固定资产投资

全年全社会固定资产投资88604亿元，比上年增长25.7%。其中，城镇投资75096亿元，增长27.2%；农村投资13508亿元，增长18.0%。

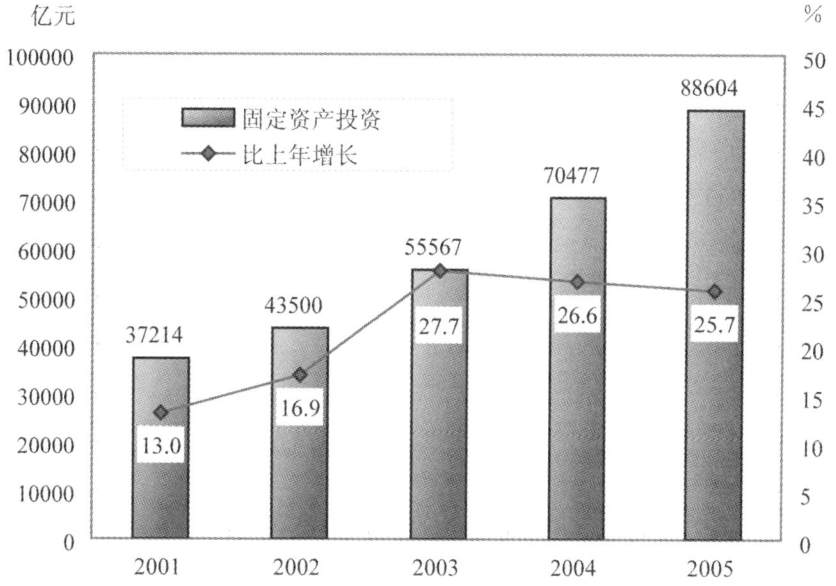

图4 "十五"时期固定资产投资与增长速度

在城镇投资中，国有及国有控股投资40047亿元，比上年增长17.5%。第一产业投资823亿元，增长27.5%；第二产业投资31598亿元，增长38.4%；第三产业投资42675亿元，增长20.0%。分行业看，煤炭开采及洗选业投资比上年增长65.6%；电力、热力的生产与供应业投资增长33.7%；石油和天然气开采业投资增长29.7%；铁路运输业投资增长45.7%；交通运输设备制造业投资增长51.1%；纺织业投资增长38.0%；教育投资增长8.4%；卫生投资增长28.9%。

全年房地产开发投资15759亿元，比上年增长19.8%。商品房竣工面积48793万平方米，增长14.9%。商品房销售额18080亿元。其中，现房销售额占35.5%，期房占64.5%。

表5 "十五"时期固定资产投资新增主要生产能力

指　　标	单　位	2001－2005年累计	其中:2005年
新增发电机组容量	万千瓦	17655	6326
11万伏及以上变电设备	万千伏安	40666	15306
新建铁路投产里程	公里	7063	1203
增建铁路复线投产里程	公里	3556	486
电气化铁路投产里程	公里	5494	863
新建公路	公里	351173	129748
其中:高速公路	公里	23964	6457
港口万吨级码头泊位新增吞吐能力	万吨	45232	18989
新增局用交换机容量	万门	23254	4608
新增光缆线路长度	万公里	214	53
新增数字蜂窝移动电话交换机容量	万户	35148	8598

三峡电站工程已投产运行14台发电机组,累计发电940亿千瓦时;西电东送北通道、中通道、南通道共形成输送能力超过3250万千瓦;青藏铁路全线铺通,结束了西藏地区不通铁路的历史;南水北调东、中线一期工程累计完成投资38亿元;治淮骨干工程累计完成投资250亿元。

五、国内贸易

全年社会消费品零售总额达到67177亿元,比上年增长12.9%,扣除价格上涨因素,实际增长12.0%。分城乡看,城市消费品零售额45095亿元,增长13.6%;县及县以下消费品零售额22082亿元,增长11.5%。分行业看,批发零售业零售额56589亿元,增长12.6%;餐饮业零售额8887亿元,增长17.7%;其他行业零售额1701亿元,增长0.4%。

在限额以上批发零售业零售额中,汽车类零售额比上年增长16.6%,石油及制品类增长34.4%,文化办公用品类增长11.4%,通讯器材类增长19.9%,家用电器和音像器材类增长14.8%,建筑及装潢材料类增长22.1%,日用品类增长11.9%,家具类增长13.3%,食品、饮料、烟酒类增长13.6%,服装类增长19.6%,化妆品类增长19.1%,金银珠宝类增长13.9%。

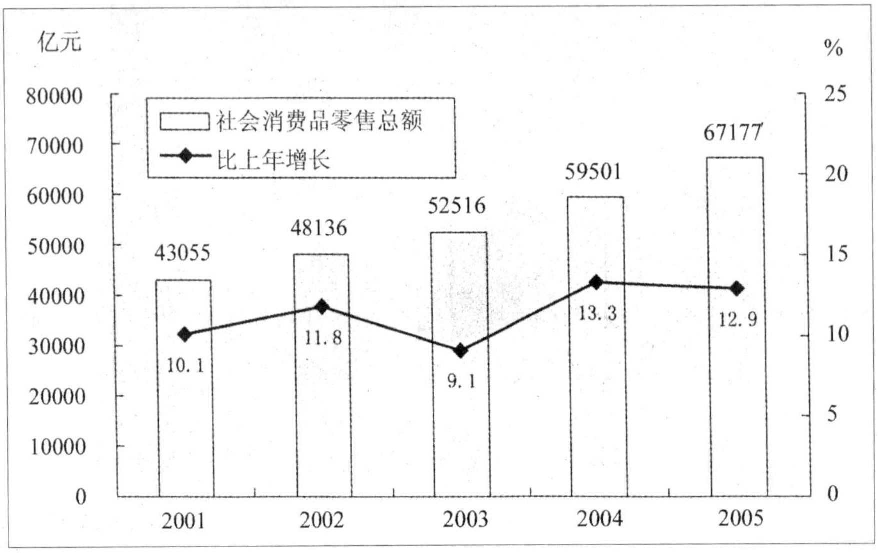

图5 “十五”时期社会消费品零售总额与增长速度

六、对外经济

全年进出口总额14221亿美元,比上年增长23.2%。其中,出口7620亿美元,增长28.4%;进口6601亿美元,增长17.6%。出口大于进口1019亿美元(见表6)。在全国进出口总额中,外商投资企业的进出口额为8317亿美元,比上年增长25.4%。其中,出口额4442亿美元,增长31.2%;进口额3875亿美元,增长19.4%。

表6 2005年进出口主要分类情况

单位:亿美元

指 标	绝对数	比上年增长%
进出口总额	14221	23.2
出口额	7620	28.4
其中:一般贸易	3151	29.3
加工贸易	4165	27.0
其中:机电产品	4267	32.0
进口额	6601	17.6
其中:一般贸易	2797	12.7
加工贸易	2740	23.6
其中:机电产品	3504	16.0
出口大于进口	1019	
其中:一般贸易	354	
加工贸易	1425	

表 7　2005 年对主要国家和地区进出口情况

单位:亿美元

国家和地区	出口额	比上年增长%	进口额	比上年增长%
美国	1629	30.4	487	9.1
欧盟	1437	34.1	736	5.0
中国香港	1245	23.4	122	3.6
日本	840	14.3	1005	6.5
东盟	554	29.1	750	19.1
韩国	351	26.2	768	23.4
中国台湾	165	22.2	747	15.3
俄罗斯	132	45.2	159	31.0

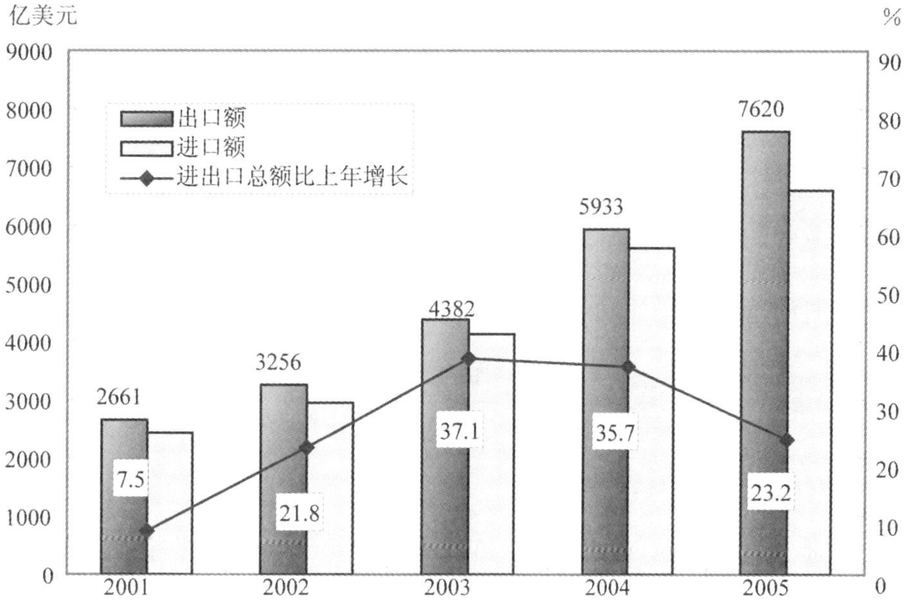

图 6　"十五"时期进出口情况

全年批准外商直接投资项目 44001 个,比上年增长 0.8%;实际使用金额 603 亿美元,下降 0.5%(见表 8)。在实际使用外商直接投资金额中,制造业和房地产业所占比重分别为 70.4% 和 9%,分别比上年下降 0.6 和 0.8 个百分点;租赁和商务服务业、交通运输仓储和邮政业所占比重分别为 6.2% 和 3%,分别上丌 1.6 和 0.9 个百分点。

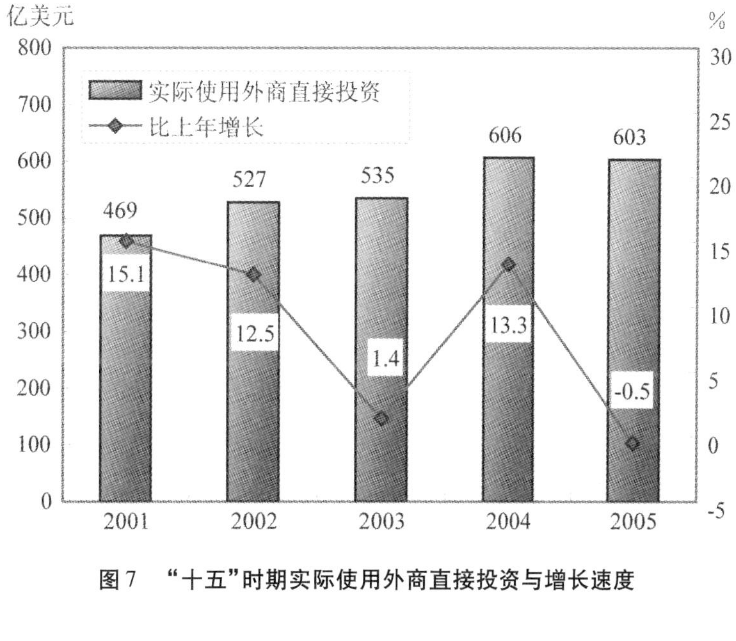

图 7　"十五"时期实际使用外商直接投资与增长速度

表 8　2005 年外商直接投资分行业情况

金额单位:亿美元

行业名称	合同项目(个)	比上年增长%	实际使用金额	比上年增长%
总 计	44001	0.8	603.2	-0.5
农、林、牧、渔业	1058	-6.4	7.2	-35.5
采矿业	252	-9.7	3.5	-34.0
制造业	28928	-4.8	424.5	-1.3
电力、燃气及水的生产和供应业	390	-14.3	13.9	22.7
建筑业	457	11.2	4.9	-36.5
交通运输、仓储和邮政业	734	15.1	18.1	42.4
信息传输、计算机服务和软件业	1493	-8.0	10.1	10.7
批发和零售业	2602	53.1	10.4	40.4
住宿和餐饮业	1207	2.8	5.6	-33.4
金融业	40	-7.0	2.2	-13.0
房地产业	2120	20.0	54.2	-8.9
租赁和商务服务业	2981	12.0	37.5	32.6
科学研究、技术服务和地质勘查业	926	47.2	3.4	15.8
水利、环境和公共设施管理业	139	-15.2	1.4	-39.3
居民服务和其他服务业	329	31.1	2.6	64.6
教育	51	-13.6	0.2	-53.8
卫生、社会保障和社会福利业	22	4.8	0.4	-55.1
文化、体育和娱乐业	272	0	3.1	-31.8
公共管理和社会组织			0.04	105.6

全年对外直接投资额(非金融部分)69 亿美元,比上年增长 25.8%。

全年对外承包工程完成营业额 218 亿美元,比上年增长 24.6%;对外劳务合作完成营业额 48 亿美元,增长 27.5%。

七、交通、邮电和旅游

全年交通运输、仓储及邮电通信业增加值 13805 亿元,比上年增长 12.4%(见表 9、表 10)。

表9　2005年各种运输方式完成货物运输量

指　　标	单 位	绝对数	比上年增长%
货物运输总量	亿 吨	183.7	7.7
铁路	亿 吨	27.0	8.2
公路	亿 吨	132.9	6.7
水运	亿 吨	21.1	12.8
民航	万 吨	306.7	10.8
管道	亿 吨	2.7	10.6
货物运输周转量	亿吨公里	78329.8	12.8
铁路	亿吨公里	20730.5	7.5
公路	亿吨公里	8573.8	9.3
水运	亿吨公里	48057.6	16.0
民航	亿吨公里	78.9	9.9
管道	亿吨公里	889.0	12.4

表10　2005年各种运输方式完成旅客运输量

指 标	单 位	绝对数	比上年增长%
旅客运输总量	亿 人	184.2	4.2
铁路	亿 人	11.6	3.4
公路	亿 人	169.2	4.2
水运	亿 人	2.0	3.6
民航	万 人	13827.0	14.1
旅客运输周转量	亿人公里	17473.0	7.1
铁路	亿人公里	6061.8	6.1
公路	亿人公里	9299.1	6.3
水运	亿人公里	67.1	1.3
民航	亿人公里	2044.9	14.7

全年港口完成货物吞吐量49亿吨，比上年增长17.7%，其中外贸货物吞吐量13.6亿吨，增长18.0%。

年末全国民用汽车保有量达到4329万辆（包括三轮汽车和低速货车1149万辆），比上年末增长20.6%。年末私人汽车保有量2365万辆，增长22.0%。

全年完成邮电业务总量12199亿元，比上年增长24.6%。其中,邮政业务总量624亿元,增长10.1%;电信业务总量11575亿元,增长25.4%。全年新增局用交换机4608万门,总容量达到4.7亿门。新增固定电话用户3868万户,年末达到35043万户。其中,城市电话用户23977万户,农村电话用户11066万户。新增移动电话用户5860万户,年末达到39343万户。年末全国固定及移动电话用户总数达到74386万户,比上年末增加9728万户。电话普及率达到57部/百人。

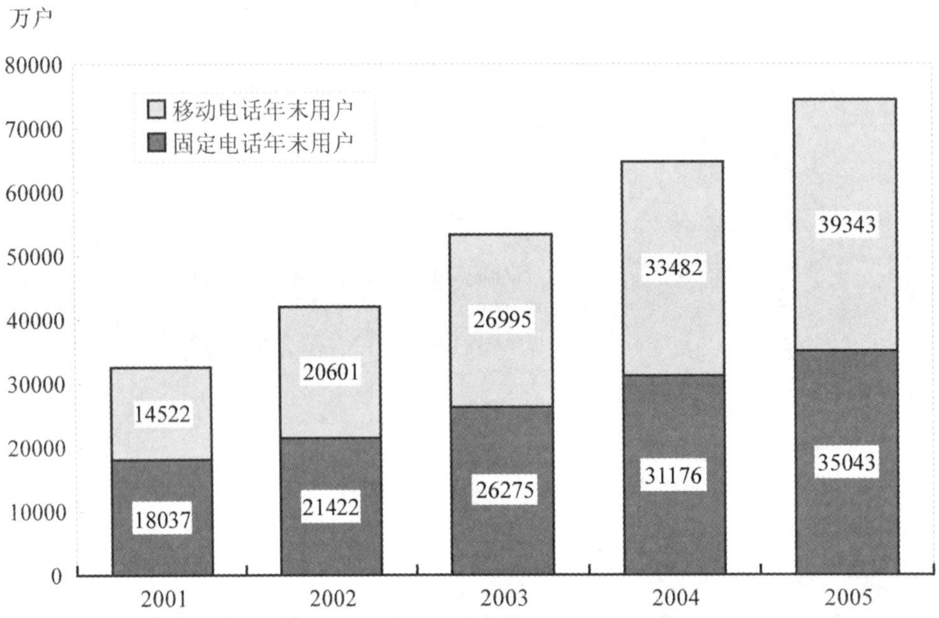

图8 "十五"时期各年年末电话用户数

全年入境人数12029万人次,比上年增长10.3%。其中,外国人2026万人次,增长19.6%;香港、澳门和台湾同胞10003万人次,增长8.6%。在入境旅游者中,过夜人数4681万人次,增长12.1%。国际旅游外汇收入293亿美元,增长13.8%。全年国内出境人数达3103万人次,增长7.5%。其中因私出境2514万人次,增长9.4%,占出境人数的81.0%。全年国内出游人数达12亿人次,增长10.0%;国内旅游总收入5286亿元,增长12.2%。国际国内旅游总收入7686亿元,增长12.4%。

八、金融、证券和保险

年末广义货币供应量(M_2)余额为29.9万亿元,比上年末增长17.6%;狭义货币供应量(M_1)余额为10.7万亿元,增长11.8%;流通中现金(M_0)余额为2.4万亿元,增长11.9%。年末全部金融机构本外币各项存款余额30.0万亿元,增长18.2%;全部金融机构本外币各项贷款余额20.7万亿元,增长12.8%(见表11)。

表11 2005年全部金融机构本外币存贷款情况

单位:亿元

指 标	年末数	比上年末增长%
各项存款余额	300209	18.2
其中:企业存款	101751	13.8
城乡居民储蓄存款	147054	16.5
其中:人民币	141051	18.0
各项贷款余额	206838	12.8
其中:短期贷款	91157	6.5
中长期贷款	92941	16.2

全年农村金融合作机构(农村信用社、农村合作银行、农村商业银行)人民币贷款余额2.2万亿元,比上年末增加3451亿元。全部金融机构人民币消费贷款余额2.2万亿元,增加1996亿元。其中个人住房贷款余额1.84万亿元,增加2444亿元。

全年企业通过证券市场发行、配售股票共筹集资金1883亿元,比上年增加363亿元。其中,发行A股(包括增发及可转债)20只,配股2只,筹集资金338亿元,减少498亿元;发行H股24只,筹集资金1545亿元,增加887亿元。年末境内上市公司(A、B股)数量由上年末的1377家增加到1381家,市价总值32430亿元,比上年末减少12.5%。全年发行一年期以上企业债券654亿元,比上年增加332亿元。

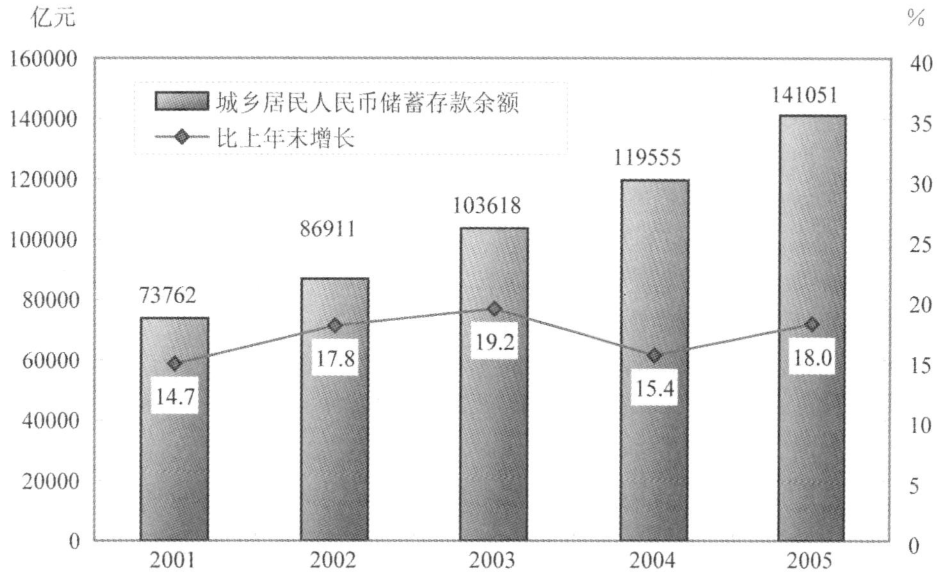

图9 “十五”时期城乡居民人民币储蓄存款余额与增长速度

全年保险公司保费收入4927亿元,比上年增长14.0%,其中寿险业务保费收入3244亿元;健康险和意外伤害险业务保费收入453亿元;财产险业务保费收入1230亿元。支付各类赔款及给付1130亿元,其中寿险业务给付307亿元;健康险和意外伤害险赔款及给付151亿元;财产险业务赔款672亿元。

九、教育和科学技术

全年普通高等教育招生505万人,在校生1562万人,毕业生307万人。普通高中招生878万人,在校生2409万人,毕业生662万人。普通小学招生1672万人,在校生10864万人,毕业生2020万人(见表12)。

全年研究与试验发展(R&D)经费支出2367亿元,比上年增长20.4%,占国内生产总值的1.30%,其中基础研究经费135亿元。年末国有企事业单位共有各类专业技术人员2720万人。全年国家安排了288项科技攻关计划课题和911项“863”计划课题。新建国家工程研究中心19个。新安排国家重点实验室改造项目16项,累计达到

表12 “十五”时期各类教育发展情况

单位:万人

指标	2005年招生	2005年在校生	2001-2005年累计毕业生	其中:2005年
研究生	37	98	60	19
普通高等教育	505	1562	971	307
中等职业教育	647	1559	1919	403
普通高中	878	2409	2391	662
初中	1988	6215	9864	2123
普通小学	1672	10864	11171	2020
特殊教育	4.9	36	23	4.3
学前教育	1356	2179	5470	1025

143项。国家认定企业技术中心达到361家。全年共取得省部级以上科技成果3.6万项。全年受理国内外专利申请47.6万件,其中国内申请38.3万件,占80.5%;受理国内外发明专利申请17.3万件,其中国内申请9.3万件,占53.8%。全年共签订技术合同26.5万项,技术合同成交金额1510亿元,比上年增长13.2%。全年成功发射卫星5次。神舟六号载人航天飞行取得圆满成功,标志着我国在一些重要科技领域达到世界先进水平。

年末全国共有产品检测实验室18932个,其中国家检测中心293个。全国现有产品质量、体系认证机构177个,已累计完成对4.7万个企业的产品认证。全国共有法定计量技术机构4037个,全年强制检定计量器具3491万台(件)。全年制定、修订国家标准1304项,其中新制定673项。全国共有各类气象台站9881个,其中自动观测站7246个;天气雷达观测站点258个,卫星云图接收站点440个。全国共有地震台站1253个,地震遥测台网31个。全国共有8376个海洋观测站、监测站位。测绘部门公开出版地图1667种,测绘图书497种。

十、文化、卫生和体育

年末全国共有艺术表演团体2577个,文化馆2868个,公共图书馆2736个,博物馆1556个。广播电台273座,电视台302座,教育台50个。全国有线电视用户12569万户,有线数字电视用户413万户。年末广播综合人口覆盖率为94.5%;电视综合人口覆盖率为95.8%。全年生产故事影片260部,科教、纪录、美术片42部;生产特种影片14部。出版各类报纸404亿份,各类期刊27.5亿册,图书64亿册(张)。年末全国共有档案馆4012个,已开放各类档案6016万卷(件)。

年末全国共有卫生机构30万个,其中医院、卫生院6万个,妇幼保健院(所、站)2964个,专科疾病防治院(所、站)1470个。医院和卫生院床位307.0万张。卫生技术人员445.6万人,其中执业医师和执业助理医师193.8万人,注册护士134.0万人。全国疾病预防控制中心(防疫站)3592个,卫生技术人员16.1万人;卫生监督所1925个,卫生技术人员3.8万人;乡镇卫生院4.0万个,床位65.3万张,卫生技术人员84.8万人。截至2005年9月底,全国共有671个县(市)开展了新型农村合作医疗试点工作,有1.77亿农民参加了合作医疗。全年共有13个省区发生高致病性禽流感疫情;人感染高致病性禽流感累计发病7人,死亡5人。

全年我国运动员在世界锦标赛、世界杯赛的22个项目中获得106个世界冠军。全年共有8人2队21次创15项世界纪录。全民健身运动更加活跃。

十一、人口、人民生活和社会保障

年末全国总人口为130756万人,比上年末增加768万人(见表13)。全年出生人口1617万人,出生率为12.40‰;死亡人口849万人,死亡率为6.51‰;自然增长率为5.89‰。

表13　2005年人口主要构成情况

单位:万人

指标	年末数	比重(%)
全国总人口	130756	100.0
其中:城镇	56212	43.0
乡村	74544	57.0
其中:男性	67375	51.5
女性	63381	48.5
其中:0-14岁	26504	20.3
15-64岁	94197	72.0
65岁及以上	10055	7.7

全年农村居民人均纯收入3255元,扣除价格上涨因素,比上年实际增长6.2%;城镇居民人均可支配收入10493元,实际增长9.6%。农村居民家庭恩格尔系数(即居民家庭食品消费支出占家庭消费总支出的比重)为45.5%,城镇居民家庭恩格尔系数为36.7%(见表14)。按年人均纯收入低于683元的标准,年末农村贫困人口为2365万人,比上年末减少245万人;按年人均纯收入684-944元的标准,年末农村低收入人口为4067万人,比上年末减少910万人。

表14 “十五”时期城乡居民生活改善情况

指标	单位	2001	2002	2003	2004	2005
城镇居民人均可支配收入	元	6860	7703	8472	9422	10493
农村居民人均纯收入	元	2366	2476	2622	2936	3255
城镇居民家庭恩格尔系数	%	38.2	37.7	37.1	37.7	36.7
农村居民家庭恩格尔系数	%	47.7	46.2	45.6	47.2	45.5

年末全国参加城镇基本养老保险人数为17444万人，比上年末增加1091万人。其中参保职工13082万人，参保的离退休人员4362万人。全国参加城镇基本医疗保险的人数为13709万人，增加1305万人。其中参保职工9959万人，参保退休人员3750万人。全国参加失业保险的人数为10648万人，增加64万人。全国参加工伤保险的人数为8390万人，增加1545万人。

年末全国企业参加基本养老保险离退休人员4002万人，实现了基本养老金全部按时足额发放；全年进入再就业服务中心的下岗职工全部按时足额领到了基本生活费，并由中心代缴了社会保险费；年末全国领取失业保险金人数为362万人。全年共有2233万城镇居民得到政府最低生活保障，比上年增加27.8万人。

年末全国各类收养性社会福利单位床位150万张，收养各类人员116万人。城镇建立各种社区服务设施17万个，其中综合性社区服务中心9705个。全年销售社会福利彩票411亿元，筹集社会福利资金144亿元，直接接收社会捐赠款29亿元。

十二、资源、环境和安全生产

全年实际建设占用耕地13.9万公顷，比上年减少4.1%。灾毁耕地5.4万公顷。生态退耕39万公顷，因农业结构调整减少耕地1.2万公顷。查出往年建设未变更上报的建设占用耕地7.3万公顷。土地整理复垦开发补充耕地30.7万公顷。当年净减少耕地36.2万公顷。

全年水资源总量27430亿立方米，比上年增长13.7%；人均水资源2098立方米，增长13.0%。全年平均降水量628毫米，增长4.6%。年末全国454座大型水库蓄水总量2227亿立方米，比上年末增加283亿立方米。全年总用水量5578亿立方米，比上年增长0.5%。其中，生活用水增长6.9%，工业用水增长3.7%，农业用水减少1.6%。万元GDP用水量357立方米，下降8.7%。全国人均用水量为427立方米，与上年持平。全年曾有2163万人口、1969万头大牲畜发生临时性饮水困难。

国土资源调查及地质勘查新发现大中型矿产地169处，其中，能源矿产地40处，金属矿产地58处，非金属矿产地64处，水气矿产地7处。有72种矿产新增查明资源储量，其中，石油9.43亿吨，天然气5263亿立方米，原煤698亿吨。

全年完成营造林面积637万公顷。六大林业重点工程营造林面积543万公顷，占全年营造林面积的85.2%。全国共批准国家级生态示范区166个，自然保护区达到2349个，其中国家级自然保护区243个，自然保护区面积14995万公顷，占国土面积的15%。国家地质公园达138个，其中新批准53个。新增综合治理水土流失面积4.4万平方公里，新增实施水土流失地区封育保护面积6.3万平方公里。

初步测算，全年能源消费总量22.2亿吨标准煤，比上年增长9.5%。其中，煤炭消费量21.4亿吨，增长10.6%；原油3.0亿吨，增长2.1%；天然气500亿立方米，增长20.6%；水电4010亿千瓦小时，增长13.4%；核电523亿千瓦小时，增长3.7%。主要原材料消费中，钢材4.0亿吨，增长20.1%；氧化铝1561万吨，增长21.7%；水泥10.5亿吨，增长9.0%。万元GDP能耗1.43吨标准煤，与上年持平。

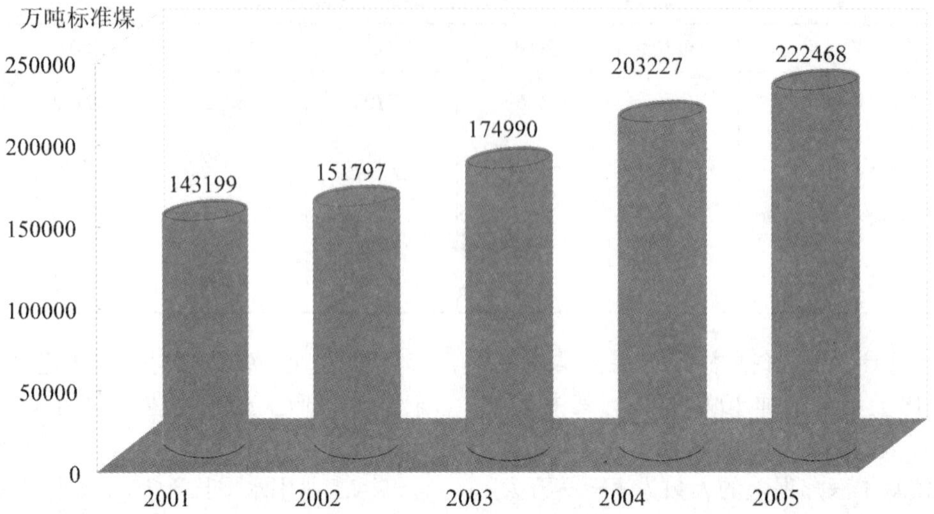

图10 “十五”时期能源消费总量

七大水系的411个水质监测断面中,有41%的断面满足国家地表水3类标准,比上年下降1个百分点;32%的断面为4~5类水质,上升2个百分点;超过5类水质的断面比例占27%,下降1个百分点。

全国近岸海域293个海水水质监测点中,达到国家一、二类海水水质标准的监测点占67.3%,比上年上升17.7个百分点;三类海水占8.9%,下降6.5个百分点;四类、劣四类海水占23.8%,下降11.0个百分点。全国海域未达到清洁海域水质标准的面积为13.9万平方公里,比上年减少17.8%,其中,严重污染海域面积约为2.9万平方公里。对18个海洋生态监控区监测表明,主要海湾、河口及滨海湿地生态系统均处于不健康或亚健康状态。

在监测的523个城市中,有344个城市空气质量达到二级以上(含二级)标准,占监测城市数的65.8%;有133个城市为三级,占25.4%;有46个城市为劣三级,占8.8%。在监测的350个城市中,城市区域声环境质量为重度污染的占0.9%,中度污染的占1.7%,轻度污染的占33.1%。

全年城市污水日处理能力达8091万立方米,比上年增长9.5%;城市污水处理率达到48.4%,提高2.8个百分点;集中供热面积22亿平方米,增长3.2%;建成区绿化覆盖率达到33.0%,提高1.4个百分点。

全年各类自然灾害造成直接经济损失2042亿元,比上年上升27.4%。全年农作物受灾面积3882万公顷,上升4.6%。其中,绝收460万公顷,上升5.4%。全年发生特大森林火灾3起,因森林火灾造成受害森林面积7.3万公顷,下降48.4%。全年因海洋灾害造成直接经济损失约332亿元,增加5.1倍。全年发生赤潮82次,减少14次;累计赤潮面积约27070平方公里,上升1.7%。全年共发生造成人员伤亡或直接经济损失50万元以上的地质灾害854起,共造成直接经济损失36.5亿元。全年共发生5级以上地震13次,受灾人口208万人,受灾面积15040平方公里,造成直接经济损失26亿元。

全年生产安全事故死亡12.7万人,比上年下降7.1%。亿元GDP生产安全事故死亡人数为0.70人,下降18.5%;工矿商贸企业从业人员生产安全事故10万人死亡人数为3.85人,下降6.8%;煤矿百万吨死亡人数为2.81人,下降8.7%。全年共发生道路交通事故450254起,造成9.9万人死亡、47.0万人受伤,直接财产损失18.8亿元;道路交通万车死亡人数为7.60人,下降23.7%。

注:

1.本公报为初步统计数。

2.各项统计数据均未包括香港特别行政区、澳门特别行政区和台湾省。

3. 国内生产总值、各产业增加值绝对数按现价计算,增长速度按可比价计算。
4. 表 2 中的水果产量含果用瓜。
5. 钢材产量及消费量数据中均含部分使用钢材加工成其他钢材的重复计算因素。
6. 表 6 中,进出口按贸易方式分,除了一般贸易和加工贸易外,还有保税区仓储转口货物、边境小额贸易、外商投资企业作为投资进口的设备物品等贸易方式。
7. 邮电业务总量完成额按 2000 年不变价格计算。
8. 电话普及率的计算含接入用户交换机的话机数。
9. 六大林业重点工程是指天然林资源保护工程、退耕还林工程、京津风沙源治理工程、三北及长江中下游地区等重点防护林工程、野生动植物保护及自然保护区建设工程、重点地区速生丰产用材林基地建设工程。
10. 万元 GDP 用水量、万元 GDP 能耗按 2000 年不变价格计算。
11. 七大水系是指长江、黄河、珠江、松花江、淮河、海河、辽河水系。

综合篇

2005 年国民经济运行情况及 2006 年展望

2005 年,各地区、各部门在党中央、国务院的正确领导下,以科学发展观为统领,进一步加强和改善宏观调控,积极推进改革开放,国民经济呈现增长较快、稳定性提高、协调性改善的良好格局。展望 2006 年,只要认真贯彻落实中央经济工作会议确定的各项方针政策,正确处理好改革、发展和稳定的关系,有效应对各种困难和风险,国民经济发展前景依然较好。

一、2005 年基本情况

(一)国内生产总值增长较快,稳定性提高

初步核算,全年国内生产总值 182321 亿元,比上年增长 9.9%,略低于上年 10.1% 的增长速度。其中,第一产业增加值 22718 亿元,增长 5.2%,比上年回落 1.1 个百分点;第二产业增加值 86208 亿元,增长 11.4%,加快 0.3 个百分点;第三产业增加值 73395 亿元,增长 9.6%,回落 0.4 个百分点。分季度看,四个季度的国内生产总值分别增长 9.9%、10.1%、9.8% 和 9.9%,比较平稳。

(二)农业生产继续趋好,二、三产业稳定增长

粮食再获丰收。全年粮食总产量达到 9680 亿斤,在 2004 年增产 775 亿斤的基础上再增产 291 亿斤,增长 3.1%,其中,夏粮 2125 亿斤,增长 5.1%;早稻 636 亿斤,减产 1.3%;秋粮 6919 亿斤,增长 2.9%。在主要经济作物中,棉花产量 571 万吨,比上年减产 9.6%;油料产量 3077 万吨,增长 0.37%,糖料产量 9452 万吨,减少 1.24%。由于应对及时得当,畜牧业克服"禽流感"带来的困难,继续保持增长,肉类总产量达到 7743 万吨,比上年增长 6.88%。

工业生产保持平稳较快增长。全年工业增加值 76190 亿元,比上年增长 11.4%。其中,规模以上工业增加值 66425 亿元,增长 16.4%,增速比上年回落 0.3 个百分点。在规模以上工业增加值中,国有及国有控股企业增长 10.7%,回落 3.5 个百分点;集体企业增长 12.4%,加快 2.5 个百分点;股份制企业增长 17.8%,加快 1.3 个百分点;外商及港澳台投资企业增长 16.6%,回落 2.2 个百分点。分主要产品看,能源和主要原材料生产继续较快增长,但大部分产品增速有所回落。粗钢增长 24.6%,钢材增长 24.1%,比上年略有加快;原煤增长 9.9%,发电量增长 12.3%,分别比上年回落 5.8 和 3.0 个百分点;水泥增长 11.6%,回落 2.0 个百分点,平板玻璃下降 1.2%,去年为增长 33.7%。电子产品保持高速增长。微型电子计算机、传真机、大规模集成电路、移动通信基站设备分别增长 35.3%、25.5%、12.9% 和 27.8%。汽车生产增速在上年大幅回落的基础上继续有所回落。全年完成汽车产量 570.5 万辆,比上年增长 12.1%,比上年回落 2.5 个百分点,但轿车产量 277 万辆,增长 21.7%,加快 11.8 个百分点。产销衔接良好,全年产销率达到 98.1%,与上年持平。

第三产业稳定增长。全年批零贸易餐饮业增加值比上年增长 11.4%,金融保险业增长 9.8%,增速分别比上年加快 3.3 和 6.1 个百分点,运输邮电业增长 12.4%,房地产业增长 5.3%,其他服务业增长 8.1%。

(三)社会需求仍然较旺,结构有所改善

固定资产投资在结构调整中保持了较快增长。全年全社会固定资产投资达到 88604 亿元,比上年增长 25.7%,增幅比上年回落 0.9 个百分点。其中,城镇固定资产投资 75096 亿元,增长 27.2%,回落 1.3 个百分点。对房地产的宏观调控措施取得成效,房地产开发投资增速逐步回落,全年完成 15759 亿元,增长 19.8%,回落 8.3 个百分点。第二产业投资继续引领整体投资增长。城镇固定资产投资中,第二产业投资增长 38.4%,增速分别比第一、第三产业高 10.9 和 18.4 个百分点。行业投资结构有所改善。电力、燃气及水的生产和供应业投资增速高位回落,全年增长 31.1%,比上年回落 14.1 个百分点;采矿业投资加快增长,增速达 50.7%,加快 13.7 个百分点;黑色金属冶炼及压延加工业投资增长 27.5%,非金属矿物制品业投资

增长26.6%,分别回落0.1和15.1个百分点。分地区看,东部地区投资增长24%,回落3.1个百分点;中部地区投资增长32.7%,回落0.2个百分点;西部地区投资增长30.6%,加快0.5个百分点。

国内市场销售增长有所加快。全年社会消费品零售总额67177亿元,比上年增长12.9%,扣除价格因素,实际增长12.0%,实际增速比上年加快1.8个百分点。其中,城市消费品零售总额45094亿元,增长13.6%;县及县以下消费品零售总额22082亿元,增长11.5%。分行业看,批发零售业零售额56589亿元,比上年增长12.6%;餐饮业零售额8887亿元,增长17.7%。

出口继续高速增长,贸易顺差明显扩大。全年进出口总额14219亿美元,比上年增长23.2%,增速比上年回落12.5个百分点。其中,出口7620亿美元,增长28.4%,回落7个百分点;进口6600亿美元,增长17.6%,回落18.4个百分点。进出口相抵,顺差达1020亿美元,比上年增加700亿美元。对美国、欧盟、东盟出口持续较快增长,增速分别为30.4%、34.1%和29.1%;对日本出口增长14.3%,对韩国出口增长26.2%,对俄罗斯出口增长45.2%,对台湾地区出口增长22.2%。

外汇储备继续增加。年末国家外汇储备8189亿美元,比年初增加2089亿美元。利用外资基本保持上年水平,全年外商直接投资合同金额1891亿美元,比上年增长23.2%;实际使用金额603亿美元,下降0.5%。

(四)居民消费价格涨势温和,生产资料价格涨幅高位回落

全年居民消费价格比上年上涨1.8%,涨幅比上年回落2.1个百分点。其中,城市上涨1.6%,农村上涨2.2%。从构成看,粮食及肉禽蛋类价格涨幅回落是居民消费价格涨幅回落的主要原因。全年食品价格上涨2.9%,涨幅比上年回落7个百分点,烟酒及用品价格上涨0.4%,娱乐教育文化用品及服务价格上涨2.2%,居住价格上涨5.4%,其余商品价格则略有下降。全年商品零售价格上涨0.8%。

受国内需求旺盛和国际原油价格大幅上涨的影响,上游产品价格仍居高位,但涨幅明显回落。原材料、燃料、动力购进价格比上年上涨8.3%(其中,12月份的同比涨幅已回落到5.0%),工业品出厂价格上涨4.9%(其中,12月份同比涨幅为3.2%),涨幅分别比上年回落3.1和1.2个百分点。固定资产投资价格上涨1.6%,70个大中城市房屋销售价格上涨7.6%,分别比上年回落4.0和2.1个百分点。

(五)贷款稳定增加,货币流动性有所降低

12月末,广义货币(M_2)298756亿元,同比增长17.6%,同比加快3个百分点;狭义货币(M_1)107279亿元,增长11.8%,回落1.8个百分点;流通中现金(M_0)24032亿元,增长11.9%,加快3.2个百分点。货币流动性有所降低,M_1/M_2为35.9%,同比回落1.9个百分点。

金融机构各项贷款比年初增加23544亿元,同比多增871亿元。贷款结构有所改善,短期贷款增加6509亿元,多增294亿元;中长期贷款增加11972亿元,少增2012亿元。各项存款比年初增加43912亿元,同比多增10506亿元。其中,企业存款增加11359亿元,少增287亿元;居民储蓄存款增加21497亿元,多增5567亿元。全年货币净投放2563亿元,同比多投放841亿元。

(六)居民收入保持较快增长,企业利润继续增加

城乡居民收入继续较快增长。全年城镇居民人均可支配收入10493元,扣除价格因素,比上年实际增长9.6%,增幅比上年提高1.9个百分点;农民人均纯收入3255元,实际增长6.2%,回落0.6个百分点。

企业利润继续增加。全年规模以上工业实现利润14362亿元,比上年增长22.6%,增幅比上年回落15.5个百分点。39个工业大类行业中,有32个行业利润比上年增加,5个行业减少,2个行业亏损。但由于部分矿产品和原材料价格大幅上涨,下游产品价格涨幅走低,企业效益分化现象更加明显。新增利润最多的石油开采、煤炭、电力、通用设备、农副食品加工等5个行业占整个工业新增利润的72.4%。扣除石油、煤炭后的其他行业利润增长12.6%。与此同时,全年亏损企业亏损额达到1923亿元,比上年增长38.8%。

以上情况说明,2005年我国经济形势是好的,呈现出增长平稳较快,经济效益改善,价格上涨温和,活力有所增强的良好态势,特别是经济运行的稳定性有所提高、发展的协调性有所改善。这为新世纪第一个五年我国的经济社会发展画上了圆满的句号,也为新的一年乃至"十一五"时期经济的平稳较快发展奠定了良好的基础。能够取得这样的成绩，主要得益于党中央、国务院加强和改善宏观调控的一系列政策措施，得益于各地区、各部门和社会各界的共同努力。

二、2006 年展望

2006 年是"十一五"的开局年，也是进一步巩固和发展宏观调控成果，保持经济社会发展良好势头的关键一年。综合分析各种因素，尽管还面临着一些不容忽视的困难和矛盾，但总体上看，国民经济仍可望保持平稳较快增长的好势头。

(一)经济运行中面临的主要矛盾

一是抑制投资过快增长与消化产能趋于过剩的矛盾。2005 年，投资过快增长的势头得到一定遏制，但投资增长的惯性较强，反弹压力依然存在。全社会固定资产投资增速总体呈稳中略快趋势，全年增速比上半年加快 0.3 个百分点，比上年也只回落 0.9 个百分点。投资增速仍明显高于消费。固定资产投资与 GDP 之比，在上年 43.9% 的高水平上又提高了 4.7 个百分点。在建规模仍然较大，全年新开工项目计划总投资 6.48 万亿元，比上年增长 32.4%；施工项目计划总投资 17.85 万亿元，增长 29%。而且，不少投资项目主要依靠银行特别是国有银行贷款，一些项目的投资效益又比较差。这种格局对经济的长期稳定增长和金融安全构成威胁，必须继续坚定地控制投资的过快增长。事实上，由于前几年连续大规模投资，一些行业特别是原材料和投资品行业产能迅速扩大，有的已经出现明显过剩的态势。从长期看，坚定地控制投资过快增长，可以避免更大规模的投资带来更为严重的生产能力过剩和经济的大幅波动；但从眼前看，这样做又会直接减少当前的总需求特别是投资需求，加剧产能过剩的矛盾，影响即期经济增长。

二是抑制通胀与防止通缩的矛盾。2005 年，居民消费价格涨幅大幅回落，12 月份涨幅仅为 1.6%。随着生产能力的逐步释放，2006 年供大于求的矛盾还会加剧，市场价格存在继续走低的压力。而另一方面，原油、铁矿石等上游产品价格高位波动，资源类产品和服务价格上调压力较大，广义货币供应量 M2 已相当于 GDP 的 1.64 倍，比 2004 年高 5 个百分点，长期的通胀风险也不容忽视。如果为了防止价格涨幅过低或下降，采取扩大货币供应等措施扩大需求，又会加大未来的通胀压力和金融风险。

三是保证粮食增产与稳定粮价的矛盾。我国是一个有 13 亿人口的大国，粮食足则社会稳。虽然近两年粮食生产连续获得丰收，但粮食产量仍不能满足当期需求，且 2006 年气候条件可能不及 2005 年，继续采取措施调动农民种粮积极性，促进粮食增产仍是我们必需的政策选择。而另一方面，粮食价格现在已经出现回落。据农产品集贸市场价格调查，12 月份，籼稻价格同比下降 4.4%，小麦下降 5.8%，玉米下降 5.3%，大豆下降 8%。如果粮食增产过多，粮价下行的压力将进一步加大，从而会影响农民特别是粮食主产区农民的收入。

四是积极参与国际产业分工与资源性产品出口过快、贸易顺差过大的矛盾。为在国际产业转移中更好地利用两个市场、两种资源，促进我国经济增长，必须坚持对外开放，积极参与国际贸易与经济合作。但对外贸易发展不平衡，贸易顺差过大，以及一些资源性产品出口增长过快等问题，加剧了国内重要资源的供求矛盾和环境保护的压力，也加大了我国与相关国家的贸易摩擦，需要进行合理的控制和引导。目前，我国经济对出口和外资的依赖程度较高，如果出口和利用外资出现大的波动，势必对国内经济增长和就业等产生消极影响。

针对上述矛盾和问题，如果只注重其中的一个方面，则另一个方面可能会激化。解决问题的关键是要协调好长期利益与短期利益的关系，要在实现长期稳定增长与避免短期波动之间进行权衡取舍，寻求最佳的政策平衡点。因此，从这个意义上说，目前经济生活中的问题虽然不象前两年那么突出和尖锐，但却非常复杂，解决起来的难度更大。宏观调控面临的形势依然严峻，任务依然艰巨。

(二)经济发展的总体趋势

尽管我们面临不少矛盾和问题，但总体上看，这些矛盾和问题对短期经济运行的影响不大，2006 年我国经济仍可保持良好发展势头。

首先，宏观经济政策有利于经济的平稳较快增长。

对于 2006 年的经济工作，中央经济工作会议已作出了全面部署，对面临的矛盾和问题也提出了一系列的应对措施，即保持宏观经济政策的连续性、稳定性，继续实行稳健的财政政策和货币政策，扩大内需特别是消费需求，推进社会主义新农村建设，促进城乡和区域协调发展，积极推进改革，转变外贸增长方式，增强自主创新能力，促进资源节约等。这些政策措施是在认真分析国内外形势基础

专栏 我国经济和社会发展水平的国际比较

一、国民经济保持较快增长，经济规模跃居世界第四位

“十五”时期（2001 – 2005 年）我国国民经济持续快速增长，国内生产总值（GDP）年均增长率高达 9.5%，比世界平均水平高出 5.5 个百分点，分别比发达国家和发展中国家年均增长速度高 7.3 和 3.3 个百分点。2001 – 2004 年，我国国内生产总值稳居世界第六位。根据初步预计数，2005 年可能升至第四位。我国国内生产总值占世界的份额由 2001 年的 4.2 % 提高到 2005 年的 5.0%。

二、工农业主要产品产量稳居世界前列

我国工农业生产发展迅速，工农业主要产品产量继续保持世界领先地位。2004 年工业产品产量中，钢、煤和水泥的产量继续保持世界第一；发电量继续位居世界第二；糖产量居世界第三；原油居世界第六位。农业产品产量中，谷物、肉类、棉花、花生、油菜籽、水果的产量继续保持世界第一；茶叶产量位居世界第二；大豆产量位居世界第四。

三、经济实力进一步增强，人均国民总收入超过 1000 美元

2001 – 2004 年，我国经济实力稳步提高，人均国民总收入于 2001 年首次突破 1000 美元，2004 年进一步上升到 1490 美元，居世界的位次由 2001 年的第 138 位上升到 2004 年的第 129 位。

四、对外开放水平进一步提高，已跻身于对外贸易大国行列

2005 年我国对外贸易进出口总额为 14221 亿美元，居世界的位次由第六位上升到第三位，占全球贸易进出口总额的比重由 2001 年的 4.0 % 提高到 6.7%。其中，我国商品贸易出口总额达到 7620 亿美元，居世界的位次由第六位上升到第三位，占全球商品贸易出口总额的比重由 2001 年的 4.3 % 提高到 7.3%。我国商品贸易进口总额达到 6601 亿美元，居世界的位次也由第六位上升到第三位，占全球商品贸易进口总额的比重由 2001 年的 3.8 % 提高到 6.1%。

五、吸引外国直接投资居世界第三位

我国由于廉价的劳动力和巨大的市场潜力，吸引外国直接投资持续增长，由 2001 年的 469 亿美元增加到 2005 年的 603 亿美元，增长 28.6%；吸引外国直接投资额仅次于美国和英国，居世界第三位。

六、国际旅游收入和国际入境旅游人数分别居世界第六位和第五位

国际旅游收入增长迅猛，由 2001 年的 177.9 亿美元增加到 2005 年的 297 亿美元，增长 66.9%，居世界前列。据世界银行的资料显示，2003 年我国国际旅游收入总额居世界第六位，占世界国际旅游收入总额的 2.8%。

2005 年我国国际入境（过夜）旅游人数达到 12029 万人次。据世界银行的资料显示，2003 年我国国际旅游人数居世界第五位。

七、外汇储备大幅增长，稳居世界第二位

2005 年我国外汇储备达到 8189 亿美元，比 2001 年的 2122 亿美元增长 2.9 倍；目前仅次于日本，居世界第二位。

（执笔：王强）

上提出来的，体现了科学发展观的要求，标本兼治，既立足于眼前，也着眼于长远，能够有效遏制经济生活中的不稳定和不健康因素，促使我国经济继续平稳较快发展。

其次，国际经济环境仍比较有利。

虽然存在油价较高、汇率波动等不利因素，一些主要经济体也各自面临这样或那样的问题，但全球经济温和增长的大趋势不会改变。根据国际货币基金组织预测，2006 年全球经济增长速度仍将维持 2005 年 4.3% 的水平；世界贸易量的增长速度也会由 2005 年的 7.0% 提高到 7.4%。整个外部环境与 2005 年相比不会有大的改变，总体上仍将有利于我国经济发展。

第三，2006 年供求关系变化仍可支撑经济较快增长。

从需求看，社会总需求增速虽可能略有放缓，但仍将保持较快增长。消费方面，由于城乡居民收入仍保持了较快增长，消费环境也在逐步改善，预计消费需求将保持稳定增长的走势。投资方面，虽然房地产投资增速回落、外商直接投资在高水平上略有降低、企业盈利预期下降等因素，可能会使投资增长速度有所下降，但目前各地区上项目、加快发展的积极性仍较高，在建规模仍然较大，投资增长的惯性和动力还比较强。所以固定资产投资增长速度与2005年相比，仅会略有降低。出口方面，受汇率波动、贸易摩擦、油价较高、基数较大等因素影响，出口增长的不确定性在增加，但由于国际贸易环境总体有利，我国出口产品竞争能力仍较强，出口退税政策对出口仍有促进作用，出口保持适度增长的可能性还是较大。总之，三大需求仍可以保持较强增势，不会对经济增长构成明显负面影响。

供给方面，生产能力增强，瓶颈缓解。近几年固定资产投资连续高增长，2001－2005年，累计完成固定资产投资接近30万亿元，超过了1981－2000年20年的投资总和。大量项目陆续投产，生产能力不断提高，一些重要资源和原材料的瓶颈约束作用将进一步缓解。国内储蓄率较高，利用外资规模较大，外汇储备处于较高水平，扩大生产所需的资金来源比较充足。而现阶段，我国劳动力供给仍较充裕，劳动者素质逐步提高，加上体制环境不断改善，劳动生产率也在提高，整体供给能力将明显增强，能够支撑经济的较快增长。

供求两个方面的因素分析说明，虽然2006年我国某些方面可能出现供大于求的矛盾，但由于需求增长较旺盛，仍可支撑经济较快增长。

综上所述，只要认真贯彻落实中央经济工作会议的各项部署，切实以科学发展观统领经济社会发展全局，进一步加强和改善宏观调控，密切监测经济运行，适时适度进行微调，正确处理短期利益和长远发展的关系，积极转变增长方式，加大改革力度，加快结构调整步伐，2006年我国经济仍将继续保持平稳较快增长。预计全年经济可望增长9%左右。

（执笔：郑京平　王文波　冯春平　刘爱华　戴旻乐）

2005 年经济体制改革进展回顾及 2006 年改革前瞻

一、2005 年经济体制改革回顾

2005 年是改革攻坚的关键一年，是贯彻落实科学发展观、巩固宏观调控成果、保持经济社会良好发展态势的关键一年，也是全面实现“十五”计划目标、衔接“十一五”发展的重要一年。党中央、国务院高度重视经济体制改革工作，将 2005 年确定为改革年。一年来，围绕解决经济社会发展中的突出矛盾和深层次问题，消除制约生产力发展的体制障碍，和完善社会主义市场经济制度建设，各项改革不失时机地稳步推进，一些重要领域和关键环节的改革取得突破。主要是：农村综合改革试点取得重大进展，国有经济战略性调整取得明显成效，非公有制经济发展的体制和政策环境进一步改善，国有资产和金融监管体制不断完善，人民币汇率形成机制改革顺利实施，上市公司股权分置改革进展平稳，国有独资商业银行股份制改革迈出重要步伐，行政管理体制改革力度显著增强。改革在各领域的有序展开，有力地促进了经济平稳较快发展与社会和谐进步。具体体现在以下几个方面：

（一）农村改革不断深入

1. *农村税费改革进一步推进。*2004 年全面取消农业特产税和少数地区减免农业税的改革试点基础上，国务院发布《关于 2005 年深化农村税费改革试点工作的通知》，全国免征农业税的省份从上年的 8 个扩大到 28 个，其他 3 个省份的国家级贫困县也免征农业税，全年减轻农民负担约 220 亿元；年底，全国人大常委会通过了关于废止农业税条例的决定，农业税被正式取消；以乡镇机构、农村义务教育和县乡财政体制改革为主要内容的农村综合改革试点，已在 29 个省份展开。

2. *粮食、棉花流通体制改革继续深化。*粮食购销直补资金从上年的 116 亿元增加到 132 亿元，解决“老人、老账、老粮”问题取得明显成效，国有粮食企业产权制度改革力度加大。棉花流通体制改革特别是棉花质量检验体制改革试点取得积极进展。

3. *农垦体制、户籍制度等改革迈出新步伐。*17 个整体转制为企业集团的垦区实行了公司制改造，7 个垦区承担的办社会职能已全部移交给地方政府。继河北、辽宁、江苏、福建、山东、湖北、湖南、重庆、四川等地之后，陕西、广西两地出台了以建立城乡统一户口登记制度为主要内容的改革措施，户籍制度改革进展平稳。

（二）国有企业改革步伐加快，所有制结构继续完善

1. *国有经济进行战略性调整。*大多数地区的国有小型企业中的国有资本已经或正在积极退出，9 组 18 家中央企业实现重组，国务院国资委直接监管的中央企业已由最初的 196 家减至 169 家。大型国有企业股份制改革步伐加快，神华能源等 6 家企业在境内外上市，其中神华集团、中远集团实现主营业务整体在香港上市。目前，全国 50% 以上的国有及国有控股大型骨干企业已改制为多元持股的公司制企业。宝钢集团等 11 家国有独资公司建立健全董事会的试点进展顺利。第 2 批 74 家中央企业开始分离办社会职能，1600 多个机构和近 14 万职工实现分离。启动东北地区部分城市和地区厂办大集体改革试点。国务院通过《全国国有企业关闭破产四年总体规划》，部署国有企业政策性关闭破产工作。国有资产监管法规体系不断健全，出台《企业国有产权向管理层转让暂行规定》等规章。国有企业负责人经营业绩考核制度全面推行。83% 以上的市（地）组建了国有资产监管机构。此外，修订发布《公司法》，进一步完善公司法人制度。

2. *垄断行业改革在多方面迈出新步伐。*在电力领域，东北、华东、南方区域电力市场试点取得积极进展，大用户直接购电试点开始实施，《电力监管条例》颁布施行。在信息产业领域，国务院批准了《邮政体制改革方案》，邮政政企分开和监管机

构组建等改革工作稳步推进。在铁路领域,实行铁路局(公司)直接管理站段体制;除个别地区外,全国铁路基本完成分离办社会职能工作。在交通领域,国家出台实施《农村公路管理养护体制改革方案》。在烟草领域,出台进一步理顺烟草行业资产管理体制、深化烟草企业改革的意见。在市政公用事业领域,全国263个企业和项目签署了特许经营协议,投资多元化和经营市场化格局基本形成。

3. 非公有制经济发展的政策和体制环境进一步改善。国务院发布《关于鼓励支持和引导个体私营等非公有制经济发展的若干意见》和《关于非公有资本进入文化产业的若干决定》。各有关部门在放宽市场准入、加大财税金融支持、完善社会服务、改进政府监管等方面制定了具体措施,非公有资本进入民航、铁路、文化、出版和金融等重要领域的政策限制实现重要突破,非公有制经济发展的服务体系和信用担保体系建设步伐加快。据不完全统计,目前全国31个省区市已累计出台促进非公有制经济发展的法规、政策性文件200多件。在各项政策的推动下,非公有制经济呈现出生产和出口快速增长、效益稳步提高的良好态势。

(三)投资体制改革积极推进

经过多年讨论和酝酿,去年国务院颁发了《关于固定资产投资改革的决定》,出台预算内投资、国债投资和主权外债等政府投资管理办法;启动中央预算内投资项目“代建制”试点;咨询评估领域开始引入竞争机制。在规范政府行为、提高投资的市场化程度,全面实施核准制和备案制、放宽社会资本投资的领域等方面均有所突破。

(四)金融体制改革力度加大

1. 银行业改革迈出重要步伐。继2003年选择中国银行、建设银行进行国有商业银行股份制改革试点后,2005年又启动了工商银行股份制改革。目前,中国银行、建设银行、工商银行和交通银行改革取得重要进展,财务状况明显改善,公司治理改革和内控机制建设进程加快,其中交通银行和建设银行已相继成功在香港上市,工商银行已完成财务重组和股份公司设立。自2003年6月启动的深化农村信用社改革试点已经扩大到全国30个省份(西藏没有农村信用社),全国省级管理机构基本组建完成。至10月末,全国共组建银行类机构57家(其中:农村商业银行11家、农村合作银行46家),组建以县(市)为单位统一法人机构325家,全国农村信用社(含农村合作银行、农村商业银行)不良贷款率比2002年末下降21.4个百分点,农业贷款占其贷款总额的47%,占全部金融机构农业贷款的85%,在支持和服务“三农”中发挥了主力军作用。此外,城市商业银行综合治理和重组改造工作稳步进行。

2. 人民币汇率形成机制改革顺利实施。按照主动性、可控性和渐进性的原则,自2005年7月21日起开始实行以市场供求为基础、参考一篮子货币进行调节、有管理的浮动汇率制度,在国内外引起积极反应。人民币汇率形成机制改革后,一系列配套措施相继出台:加快发展外汇市场,为市场主体提供交易避险工具;扩大银行间即期外汇市场非美元货币对人民币交易价的浮动幅度,同时允许银行自行制定非美元货币对人民币价格;提高境内机构保留经常项目外汇收入限额和居民个人因私购汇指导性限额。

3. 上市公司股权分置改革启动且进展平稳。按照“试点先行、协调推进、妥善解决”的步骤和“统一组织、分散决策”的思路,启动上市公司股权分置改革试点。国务院有关部门联合发布《关于上市公司股权分置改革的指导意见》及配套文件,规范上市公司股权分置改革。至年末,共有16批上市公司完成这项改革或进入改革程序。

4. 金融市场制度创新步伐加快。金融业综合经营取得突破,工商银行与长江航运集团共同成立债转股公司,并直接持股45%。发展壮大机构投资者队伍,商业银行设立基金管理公司试点启动,保险资金直接进入股票市场,第1批企业年金管理人资格认定工作完成,新增QFII机构3家、新增外汇投资额度60亿美元。中国证券投资者保护基金有限公司设立,加大保护投资者合法权益的力度。积极推动金融产品创新,推出商业银行次级债券等产品,大力发展货币市场基金和债券型基金,稳步推进人民币、外汇衍生产品发展,扩大远期结售汇业务试点,推动资产证券化业务试点。修改发布新的《证券法》。国务院转发《关于提高上市公司质量意见》,着力解决影响上市公司质量的突出体制问题。

5. 证券公司综合治理取得进展,国有保险公司股份制、集团化改革成果进一步巩固。下调金融机构在人民银行的超额准备金存款利率,放开金融机构同业存款利率,利率市场化稳步推进。金融监管体制继续完善,国家首次发布《金融稳定报告》,主要商业银行已经全面推行贷款质量五级分类制度,反洗钱跨部门工作协调机制建立。人民银行上海总部成立,强化了央行在公开市场操作、金融市场运行调节等方面的职能。

(五)财税改革稳步进行

实施政府收支分类改革模拟试点,组织中央部门推进财政资金绩效考评试点;国库集中收付制度已基本覆盖全部中央部门单位和大部分省级财政;通过以奖代补方式建立缓解县乡财政困难的激励约束机制;修订《个人所得税法》,加快建立综合和分类相结合的个人所得税制,将工资、薪金所得的费用扣除额由原来每月800元提高到1600元;完善出口退税负担机制,将超基数部分中央与地方负担比例由75∶25调整为92.5∶7.5;继续推进东北地区增值税转型改革试点;调整住房转让的营业税和契税,加大对房地产市场投机炒作的调控力度;调整资源税和资本市场税收政策,促进资源节约和资本市场健康发展。

(六)价格体制改革有序展开

煤电价格联动机制初步建立;在东北地区开展两部制上网电价改革试点;对部分高能耗行业实行差别电价政策;水资源价格改革力度加大;一些地区进行了阶梯式水价试点;有关部门提出完善石油定价机制综合配套改革方案;天然气出厂价格形成机制改革方案出台。

(七)现代市场体系进一步发展与规范

1.*在商品市场方面*:国务院发布《关于促进流通业发展的若干意见》,有关部门开展流通体制改革试点,加快推进内外贸一体化和贸工农一体化;连锁经营、特许经营、现代物流、电子商务等现代流通方式进一步发展;颁布实施《直销管理条例》和《禁止传销条例》。

2.*在土地市场方面*:经营性用地"招拍挂"出让制度继续完善;国有土地协议出让行为逐步规范;在部分地区开展了工业用地"招拍挂"出让的尝试;以完善二轮土地延包、加强土地流转合同管理、开展承包纠纷仲裁试点为重点进一步完善农村土地制度。

3.*在劳动力市场方面*:有关部门废止了专门针对农民工的流动就业凭证管理制度,着手开展建设城乡一体化劳动力市场的试点。

4.*在社会信用体系建设方面*:企业信用分类监管改革成果初步显现,深圳开展对外贸易信用体系建设试点。

5.*在整顿和规范市场经济秩序方面*:加大清理地区封锁规定的力度,纠正各地设置行政壁垒、分割市场、妨碍公平竞争的做法;食品副食品、药品和医疗器械、农业生产资料、价格等专项整治以及保护知识产权等专项行动取得积极成效。

(八)科学、教育、文化、卫生领域的改革有序展开

1.*科技领域*:6个部门所属的公益类科研院所改革通过阶段性验收;先后2批转制的376家开发类科研机构制度建设深入展开,总体发展势头良好。

2.*教育领域*:以县为主的农村义务教育管理体制基本建立,以政府投入为主的农村义务教育经费保障机制得到巩固;围绕调整结构和提高质量,高等教育改革不断深入;国务院发布《关于大力发展职业教育的决定》,政府主导、面向市场、多元办学的职业教育办学体制正在形成;民办教育规模明显扩大,成为教育事业重要组成部分;政府举办的义务教育阶段学校全部实行"一费制"收费办法;落实"两免一补"政策,加大对农村义务教育阶段贫困家庭学生的补贴力度。

3.*文化领域*:公益性文化事业单位内部机制改革力度加大,经营性文化事业单位转企改制取得积极成效;文化领域结构调整和资源整合步伐加快;以国有电影制片单位股份制公司制改革为重点,广播影视事业改革势头良好;中小学教材出版发行招投标试点继续推进。

4.*卫生领域*:新型农村合作医疗制度试点范围扩大到641个县,共有1.63亿农民参加了合作医疗;城市医疗服务体制改革试点着手进行,各地在发展社区卫生服务方面取得新成效;以纠正医药购销和医疗服务不正之风为重点,加强了医疗服务监管。

(九)就业、收入分配和社会保障体制改革继续深化

1.*在就业方面*:国务院发布《关于进一步加强就业再就业工作的通知》,各地区各有关部门进一步完善体制、落实政策,千方百计扩大就业,促进下岗失业人员再就业。

2.*在收入分配方面*:各地调整了最低工资标准;有关部门加大了规范收入分配秩序的力度。

3.*在社会保障方面*:吉林、黑龙江两省完善城镇社会保障体系试点进展顺利;在总结东北三省试点经验的基础上,国务院发布《关于完善企业职工基本养老保险制度的决定》,部署进一步扩大基本养老保险覆盖范围等工作；城镇社会保险覆盖面继续扩大，年末全国养老、医疗、失业、工伤和生育保险参保人数分别达17300、13500、10600、8000和5100万人；国有企业下岗职工基本生活保障制度向失业保险制度并轨工作稳步推进；已有17个省份出台关于加快建立健全城乡特困群众社会救助体系的政策，纳入各类社会救助对象总数超过1亿人次；城市居民最低生活保障标准继续提高，保障范围进一步规范；建立农村低保制度的省份已由上年底的8个增加到12个。

（十）对外贸易和经济合作的制度保障不断完善

1. *在外贸方面*：实现工业品出口配额招标商品全部公开招标；大力推进电子口岸建设和“大通关”建设；进一步下放外贸经营备案登记权限；完善货物自动进口许可和货物进口许可证管理；取消羊毛、毛条、天然橡胶等商品的进口指定经营。

2. *在利用外资方面*：修订和实施《外商投资产业指导目录》，限制高能耗、高污染的外商投资项目；进一步完善外商投资企业监管办法，建立外商投资审批责任追究制和行政公示制；发布实施《关于促进东北老工业基地进一步扩大对外开放的实施意见》和《关于促进国家级经济技术开发区进一步提高发展水平的若干意见》。

3. *在对外投资方面*：有关部门联合起草“走出去”战略的总体指导文件；协调推动能源和重要矿产资源合作项目取得积极进展；以境外国有资产及境外并购监管为重点，加强和改善对境外企业的监管；调整境内银行对境外投资企业融资性对外担保管理方式，提高资金使用效率。

（十一）政府行政管理体制改革力度增强

1. *政府机构改革取得新进展*：调整安全生产监管体制，设立国家安全生产监督管理总局；成立了国家能源领导小组办公室；改革国家统计局直属三支调查队管理体制；基本完成省以下国土资源干部管理体制改革。

2. *依法行政全面推进*：落实《全面推进依法行政纲要》，大部分部门和地方出台了贯彻“纲要”的实施意见；国务院颁布《信访条例》，加大保护信访人合法权益力度；继续贯彻《行政许可法》，进一步清理、减少和规范行政审批，完善核准、备案制度；颁布《公务员法》，完善了公务员新陈代谢机制、竞争择优机制、激励保障机制及监督制约机制；各级人大和政府的立法工作显著加强。政府职能转变步伐加快：继续推进政企分开、政资分开、政事分开，政府社会管理和公共服务的职能明显增强；党中央、国务院发布《关于进一步推行政务公开工作的意见》，各地区、各部门加大政务公开力度，更好地为基层、企业和社会公众服务；加快建设体现科学发展观和正确政绩观要求的经济社会发展综合评价体系和干部实绩考核评价体系，有关部门开展绿色GDP核算指标体系试点。加大推行行政执法责任制的力度，有关部门抓紧制定行政过错责任追究制度；不少地方建立和完善了岗位责任制、首问负责制、限时办结制、服务承诺制、过错追究制等一系列制度。

3. *综合配套改革试点起步*。2005年6月，国务院第96次常务会议批准上海浦东新区进行以行政管理体制改革为重点的综合配套改革试点，并作出总体部署。11月，国家外汇管理局在浦东推出跨国公司外汇资金管理方式改革试点，促进在华设立的中外资跨国公司地区总部设立跨境运作的资金中心、财务中心，完善国际化、市场化的投资环境，推进金融创新和金融中心建设，标志着浦东综合改革配套试点迈出了实质性的第一步。

一年来，在党中央、国务院的正确领导和全国各个方面的共同努力下，经济体制改革的力度显著增强，一些重要领域和关键环节的改革取得突破性进展，为国民经济实现增长较快、效益较好、价格平稳、活力增强的发展态势，提供了强大动力和有力保障。

二、2006年经济体制改革前瞻

“十一五”时期是我国改革攻坚的关键时期，2006年是实施“十一五”规划的开局之年，做好今年的改革工作，意义重大。由于当前我国经济社会发展中长期积累的矛盾和问题还很多，影响生产力发展的体制性障碍还严重存在，改革所遇到的利益抵抗和环境挑战越来越强，某些关键性的改革才刚刚破题，继续深化面临着很大的困难，改革工作仍存在着一些薄弱环节，需要采取有力的措施加以解决，改革仍然任重道远。为此，2006年经济体制改革的目标和任务要以科学的发展观统揽改革全局，以解放和发展生产力和实现最广大人民群众根本利益为目标统筹改革进程，更大力度地、更加规范地落实改革成果、推进改革进程。

（一）农村改革

深化农村改革是建设社会主义新农村的重要措施。全面深化以农村税费改革为重点的综合改革，要加快推进乡镇机构和管理体制改革，要推进农村义务教育体制和县乡财政体制改革以及农村金融体制和土地征用制度改革。

同时，农村义务教育经费保障机制改革将从今年开始实施，准备用5年时间，逐步将农村义务教育全面纳入公共财政保障范围，构建起农村义务教育经费保障的新机制。

（二）国有企业与国有资产管理体制改革

加快国有大型企业股份制改革；以推进国有独资公司建立完善董事会为重点，完善公司法人治理结构；积极推进控股上市公司股权分置改革；继续深化企业内部改革，切实转换经营机制；继续做好主辅分离、辅业改制工作，积极稳妥解决历史遗留问题。

深入推进中央企业建立和完善董事会工作。2006年将在现有的基础上积极选择条件成熟的企业，继续扩大国有独资公司建立和完善董事会试点范围，依法有序地推进试点工作。

积极稳妥地推进中央企业调整重组。在继续鼓励中央企业联合重组的同时，积极探索以资产经营公司为平台推进中央企业的调整重组。发挥资产经营公司在促进资本流动、推进企业改制、吸引战略投资者方面的重要作用，大力推进中央企业特别是一般性竞争行业中央企业的股份制改革。发挥资产经营公司在托管困难企业、处置不良资产等方面的重要作用，加大经营困难、包袱沉重、缺乏竞争力企业的退出力度。发挥资产经营公司在推进结构调整、企业重组方面的重要作用，加快培育发展大公司大企业集团。

抓紧建立中央企业国有资本经营预算制度。结合中央企业的实际情况，进一步规范和提高企业财务预算编制质量，积极研究制定中央企业国有资本经营预算及相关配套制度文件。在此基础上，着手编制中央企业国有资本经营预算。

（三）投资体制改革

完善核准制和备案制，真正把企业投资自主权落到实处。规范政府投资管理。尽快制定中央预算内直接投资管理办法和中央政府投资项目决策责任追究等制度，抓紧出台《政府投资条例》。还要研究解决政府资金使用分散问题的办法，改进投资计划的下达程序和方式，增强投资安排的透明度。改进对全社会投资的引导和调控。逐步建立投资调控的长效机制。搞好与金融、国土管理、城市规划、环境评估等部门的协同配合，共同建立投资监管体系。

（四）金融改革

银行改革：目前，国有商业银行股份制改革处在关键阶段，要按照中央的要求和部署，在巩固成效的基础上继续稳步推进改革。包括统筹推进农村金融体制改革；按“一行一策”原则，分步制定、实施政策性银行改革方案；推动金融控股公司的规范发展。

汇率改革：推进外汇管理体制改革，完善人民币汇率形成机制。按照主动性、可控性和渐进性原则，完善有管理的浮动汇率制度，发挥市场供求在人民币汇率形成中的基础性作用，保持人民币汇率在合理、均衡水平上的基本稳定。

资本市场改革：积极推进市场创新，增加中国资本市场的广度和深度，提高资本市场效率。要提高直接融资比重，在市场的改革发展中，要积极鼓励市场创新。具体讲，一是建立多层次资本市场；二是要创新产品；三是要不断完善市场交易结算系统，为市场提供安全、适用、高效的交易结算服务。

（五）财税改革

积极推进政府收支分类等预算管理制度改革。做好正式启用新科目编制2007年政府预算的各项准备工作；中央和省级要将国库集中支付制度改革范围扩大到所有基层预算单位；政府采购规模要力争突破3000亿元；积极研究建立国有资本经营预算制度的有关问题。

进一步完善税收制度。力争出台在全国范围内实施将企业新增机器设备所含税款纳入增值税抵扣范围的改革方案；出台实施个人所得税工薪所得费用扣除标准的调整方案；推进部分地区实施物业税改革试点；积极推进资源税、车船税、耕地占用税等改革；组织煤炭行业矿产资源有偿使用制度改革试点工作；推动内外资企业所得税“两法”合并。

（六）资源价格改革

以资源性产品价格改革为重点，逐步形成反映资源稀缺程度的价格形成机制，以利推动结构调整、节约能源资源。重点将放在油气价格、煤价、电价、水价和地价等五个方面。

全面推进水价改革。扩大水资源费征收范围，提高征收标准;推行面向农民的终端水价制度,逐步提高农业用水价格;全面开征污水处理费,尽快把污水处理收费标准调整到保本微利水平;合理提高水利工程和城市供水价格等。

积极推进电价改革。要逐步建立起发电、售电价格由市场竞争形成,输电、配电价格实行政府定价的价格形成机制。将上网电价由政府制定逐步过渡到由市场竞争形成。

完善石油天然气定价机制。坚持与国际市场价格接轨的方向和原则,建立既反映国际市场石油价格变化,又考虑国内市场供求、生产成本和社会各方面承受能力等因素的石油价格形成机制;逐步提高天然气价格。

全面实现煤炭价格市场化。政府逐步淡化对煤价形成的干预;研究建立科学的成本核算体系,全面反映煤炭资源成本、生产成本和环境成本;完善煤电价格联动机制,通过市场化方式实现煤电价格的良性互动。

完善土地价格形成机制。使土地价格真实反映土地市场供求和土地价值,反映土地资源的稀缺状况。严格控制行政划拨用地范围,扩大经营性用地招标、拍卖、挂牌出让方式的范围,减少协议出让土地的数量。

(七)垄断行业改革

邮政改革:加快组建独立的邮政监管机构。争取尽早完成国家和各省(区、市)邮政监管机构的组建工作;加快组建中国邮政集团公司。在组建企业集团总部和各省公司时,要按照"精简、高效"的原则,对企业内部的组织架构和管理流程进行调整;继续推进主辅分离和辅业改制工作。加快推进第一批改制企业方案的审批和实施步伐,争取今年的主辅分离和辅业改制工作取得突破性进展。

电信改革:进一步推进电信体制改革,推动增加省级电信监管机构人员编制,加强电信市场有效竞争格局研究,提出有关方案建议;进一步落实《投融资体制改革方案》,完善企业规划备案和传输网项目的行业审查工作;推进电信资费管理方式改革,逐步建立电信资费的市场化形成机制;深化信息技术创新投入体制改革,建立并逐步完善有关的保障机制;深化信息产业标准化运行机制改革,强化对标准化工作的研究、指导和管理。

民航改革:继续落实放宽市场准入政策。按照《国内投资民用航空业规定(试行)》,继续支持各类投资主体投资民用航空业,引导和鼓励新设航空公司以经营支线、货运和通用航空为重点。鼓励航空公司在中、西部和东北地区设施设备使用不足的机场设立运营基地。引导新设航空公司与干线航空公司结成互补共存互惠互利的伙伴关系,增加区域航线覆盖面和航线班次。同时推进价格改革。

铁路改革:"十一五"期间,继续推进铁路基础性改革,大力深化投融资体制改革,走出一条在国家政策引导下运用市场机制加快铁路发展的新路子;完善铁路局直接管理站段的改革,充分发挥新体制优势;加大主辅分离、辅业改制力度。

能源体制改革:加快推进能源体制改革。主要任务是:依靠市场机制和政府推动,加快组建大型煤炭企业集团,优化煤炭企业组织结构;深化电力体制改革,进一步落实改革方案;以提高国际竞争力为目标,以市场化改革为方向,深化油气行业改革;积极稳妥地推进能源价格改革,逐步形成能够反映资源稀缺程度、市场供求关系和污染治理成本的价格形成机制,建立合理的能源比价关系;强化能源管理,健全能源开发监管体系。

(八)对外经贸体制改革

优化进出口商品结构,着力提高对外贸易的质量和效益。积极引导外商投资方向,把引进先进技术、管理经验和高素质人才作为利用外资的重点。继续实施"走出去"战略,鼓励有条件的企业按照国际通行惯例到境外投资,扩大我国发展的市场空间,提高资源保障程度。要深化经贸体制改革,建立健全涉外法律法规和政策体系,妥善处理国际贸易摩擦和纠纷,推进贸易和投资的自由化、便利化。

(九)社会事业改革

加快构建义务教育投入保障机制。引导和鼓励非公有资本进入文化、体育等产业。推动医疗卫生体制和药品生产流通体制改革。开展城市医疗服务体制改革和医疗救助试点,继续加强医疗服务和药品价格监督。

(十)政府行政管理体制改革

进一步缩小政府从事事务的范围,把与政府性质及职能不相符的事务,特别是涉及到企业投资、人事管理等方面的事物,都交给企事业单位和市场中介组织;加快界定各级政府的事权,相应调整和规范中央与地方、地方各级政府间的财政收支关系,确保财权事权相匹配。进一步完善行政管理方式,完善核准和登记备案制度,继续缩小行政审批

专栏　我国企业所有制结构发生重大变化

从第一次全国经济普查和第一次全国基本单位普查资料分析比较看，1996年以来我国企业所有制结构发生了重大变化。

一、非公有制经济已经成为国民经济的重要组成部分

2004年末我国私营、外商及港澳台商投资企业达到了213万家，占全部企业的65.7%，1996年以来平均每年净增加近20万家；就业的人员达到了7636万人，占全部企业就业人员的45%，1996年以来平均每年净吸纳社会就业人员696万人，成为缓解社会就业压力的主体。从企业实收资本的构成看，2004年个人、外商和港澳台资本占全部企业实收资本的比重达到44%，比1996年提高了27.2个百分点。

二、公有制经济比重下降，但主体地位仍然牢固

1996年至2004年间，以国有企业（包括国有、国有联营和国有独资企业）、集体企业（包括集体、股份合作制和集体联营企业）形式组成的公有制企业个数占全部企业的比重由73.9%下降到19.9%，就业的人员由83.8%减少到29.8%。但主体地位仍然牢固。2004年末，在全部企业实收资本中，公有资本所占比重为56%，超过半数，仍稳居主体地位。

三、企业所有制形式趋于混合，公有制实现形式多元化

随着非公有制经济的发展和国有、集体企业改革，各种组织类型企业之间的所有制经济的界限逐渐打破，企业所有制形式逐步趋于混合。2004年在全部集体企业实收资本中，集体资本仅占72.8%，个人资本达到了21%。即使在私营企业，公有资本所占比重也达到了2.2 %。公有制经济实现形式向多元化方向发展。

四、国有经济布局改善，重要行业保持着较强控制力

从1996年至2004年全部企业国家资本的分布变动情况看，国有经济从遍布各行业、各个领域，逐步向关系到国民经济命脉的重要行业和关键领域集中。2004年金融、交通运输仓储邮政、采掘与电信和其他信息传输服务业企业使用的国家资本占全部企业国家资本的比重比1996年提高了约10个百分点，而制造业、批发和零售业比重明显下降。关系国计民生的石油、铁路、民航、金融等重要行业，国家资本仍然具有绝对优势，所占比重均在70%以上。

（执笔：杜希双）

范围，规范行政审批程序。进一步深化政府机构改革，加强和完善从事经济调节和社会管理的机构，撤销那些直接从事和干预微观经济活动和社会事务的机构，进一步完善公务员特别是领导干部选拔任用和政绩评价制度；进一步完善科学民主的决策机制。进一步健全政府管理法律体系，强化对政府行为的监管。

（执笔：江明清）

2005 年人口及就业情况

人口状况

2005 年是“十五”时期的最后一年，也是我国在建设小康社会道路上取得全面发展的一年。在党中央和国务院的正确领导下，各地区认真贯彻落实《中共中央国务院关于加强人口和计划生育工作稳定低生育水平的决定》，我国人口继续保持低速增长，人口稳定在低生育水平，平均预期寿命和人口受教育水平进一步提高，人口老龄化趋势进一步显现，城镇人口比重又有所上升。

一、人口保持低速增长，低增长率高增长量是当前人口发展特征

2005 年底我国总人口达到 130756 万人，其中男性 67375 万人，占全国总人口的 51.5%；女性 63381 万人，占 48.5%。全年净增人口 768 万人。

从 1949 年建国初期到 1964 年的 15 年间，我国人口从 5 亿增加到 7 亿，每增加 1 亿人平均用 7 年半的时间。而从 1964 年到 1974 年，10 年间人口由 7 亿增加到 9 亿，每增加 1 亿人所需的时间缩短为 5 年，这一时期是我国人口的高速增长阶段。

人口的高速增长给我国社会经济发展带来了巨大压力。面对这一日益严峻的形势，党和政府采取果断措施，出台并实行了计划生育。这一政策的实施，使我国人口高出生、高增长的势头得到迅速控制，人口开始进入平稳发展阶段。1981 年我国人口达到了 10 亿，1988 年超过 11 亿，1995 年突破了 12 亿。这一阶段，人口每增加 1 亿所需的时间从 5 年又延长到 7 年多。随后人口发展速度继续减慢，人口从 12 亿到 13 亿，用了 10 年时间。实现了人口再生产类型由高出生率、高死亡率、高增长率向低出生率、低死亡率、低增长率的历史性转变。

人口规模庞大是我国的基本国情。虽然我国人口已经进入低出生、低死亡、低自然增长的发展阶段，但由于人口惯性的影响，每年的人口增量仍然相当大，低增长率高增长量成为目前我国人口增长的主要特征。“十五”时期，我国人口自然增长率年平均为 6.23‰，比“九五”时期年平均 9.08‰ 回落了 2.85 个千分点。尽管如此，人口总量的增加依然相当大，2001—2005 年的五年中，我国人口共增加了 4013 万人，年平均增加 803 万人。

二、人口地区分布依然“东多西少”，人口大省位次有所改变

2005 年我国人口的地区分布情况，依次为东部人口占全国总人口的 39.44%；中部人口占全国总人口的 32.53%；西部人口占全国总人口的 28.03%。与往年相比，虽然各地区人口比重变化不大，但是东部人口的比重在逐年增加，而中部和西部人口的比重在逐年减少（见表）。

东、中、西部地区人口占总人口比重

单位：%

地区别	2005 年	2000 年	1990 年	1982 年
东　部	39.44	38.92	37.67	37.51
中　部	32.53	32.93	33.85	33.83
西　部	28.03	28.15	28.48	28.66

由于人口流动的原因，2005 年底我国常住人口总数排在前三位的省与 2004 年相比发生了变化。排在第一、二位的仍然是河南 9380 万人、山东 9248 万人，而第三位的省由广东（9194 万人）取代

了四川(8212万人)。由于河南、四川都是人口迁出大省,全省常住人口比2004年都有大幅度减少,河南减少了337万人,四川减少了513万人;广东作为人口迁入大省,人口增加了890万人。

2005年人口最少的三个省与2004年相同,为西藏277万人、青海543万人、宁夏596万人,分别比上年增加3万人、4万人和8万人。

三、人口出生率略有上升,地区差异依然明显

从我国人口出生率的变动情况来看,总体上呈现下降的趋势,但2005年略有上升。2005年全国出生人口1617万人,出生率为12.40‰,与2004年相比,出生率上升了0.11个千分点。

这是因为上世纪70年代末实行计划生育以来出生的独生子女,开始陆续进入婚育年龄,按生育政策夫妇双方都是独生子女的可以生育二胎;另外,上个世纪八十年代末人口生育高峰时出生的女性,也开始陆续进入生育年龄,2005年育龄妇女人数比2004年增加311万。

尽管总体上我国人口出生率已达到较低水平,接近发达国家平均11.0‰的水平,远远低于发展中国家23.5‰的水平,但全国不同地区的人口出生水平仍存在着较大差异。2005年有12个省、自治区、直辖市的人口出生率高于全国平均水平,其中人口出生率最高的省份是西藏,达到17.94‰,比全国平均水平高5.54个千分点。全国绝大部分省、自治区、直辖市的人口出生率都低于全国平均水平,其中出生率最低的省份为北京,仅有6.29‰,比全国平均水平低6.11个千分点。

展望未来,受生育周期的影响,我国将迎来第四次人口出生高峰,加之人们生育意愿还比较高,继续保持人口低速平稳增长的任务仍相当艰巨。继续保持人口低速平稳增长,关键是要稳定低生育水平。一是要坚持稳定现行生育政策不动摇,继续鼓励公民晚婚晚育,提倡一对夫妇只生育一个子女;二是要重点加强对迁移流动人口生育的管理和服务,流入地和流出地政府部门要履行好管理的职责;三是要加强对出生人口的动态监测,及时、准确、全面地提供出生人口的信息资料,为管理服好务。

四、人口死亡率在低水平上波动,平均预期寿命继续提高

我国人口死亡率的变动历程是一个死亡率水平由高到低,并在低水平上趋于稳定的过程。我国死亡率变动的主要原因是社会经济的发展、人民生活水平的提高以及医疗卫生事业的进步。1949年新中国刚成立时,人口死亡率高达20‰;1950—1964年,除了个别年份外,人口死亡率迅速下降,并向10‰趋近。1965年我国人口死亡率跌至10‰以下,1977年以后一直稳定在6—7‰之间。

2005年全国死亡人口849万人,死亡率为6.51‰,与2004年相比死亡率上升0.09个千分点。由于人口的粗死亡率受到人口年龄结构的影响,随着人口逐渐老化和高龄人口的增加,今后我国人口的死亡率水平可能会在低水平上波动。

与出生率类似,我国人口死亡水平也存在相当明显的地区差异。2005年全国有8个省、自治区、直辖市的人口死亡率高于全国平均水平,其中死亡率最高的地区是贵州,达到7.21‰,比全国平均水平高0.7个千分点。绝大部分地区的死亡率都低于全国平均水平,其中死亡率最低的省份是宁夏,为4.95‰,比全国平均水平低1.56个千分点。

人口平均预期寿命继续提高。2005年我国人口平均预期寿命为72.1岁,比2000年的71.4岁,提高了0.7岁。平均预期寿命的提高,主要是我国社会经济发展水平的提高和医疗卫生条件的改善,人口死亡率继续保持较低水平的结果。目前我国人口平均预期寿命比世界人口平均预期寿命65.4岁高6.7岁,比发展中国家63.4岁高8.7岁,但比发达国家低3.5岁。

四、教育事业快速发展,人口受教育水平进一步提高

2005年我国具有初中及以上各种受教育程度人口继续保持增长态势,人口受教育程度结构的重心逐步上移,国民整体受教育程度进一步提高。表现为:

一是具有大专及以上教育程度的人口快速增长。2005年全国具有大专及以上程度人口已达到6764万人,与2000年第五次人口普查相比,增加了2193万人,增长了48%,是各种受教育程度中增长最快的。

2005年全国分地区总人口、出生率、死亡率、自然增长率

单位:万人,‰

地区别	总人口	出生率	死亡率	自然增长率
全　　国	130756	12.40	6.51	5.89
北　　京	1538	6.29	5.20	1.09
天　　津	1043	7.44	6.01	1.43
河　　北	6851	12.84	6.75	6.09
山　　西	3355	12.02	6.00	6.02
内 蒙 古	2386	10.08	5.46	4.62
辽　　宁	4221	7.01	6.04	0.97
吉　　林	2716	7.89	5.32	2.57
黑 龙 江	3820	7.87	5.20	2.67
上　　海	1778	7.04	6.08	0.96
江　　苏	7475	9.24	7.03	2.21
浙　　江	4898	11.10	6.08	5.02
安　　徽	6120	12.43	6.23	6.20
福　　建	3535	11.60	5.62	5.98
江　　西	4311	13.79	5.96	7.83
山　　东	9248	12.14	6.31	5.83
河　　南	9380	11.55	6.30	5.25
湖　　北	5710	8.74	5.69	3.05
湖　　南	6326	11.90	6.75	5.15
广　　东	9194	11.70	4.68	7.02
广　　西	4660	14.26	6.09	8.16
海　　南	828	14.65	5.72	8.93
重　　庆	2798	9.40	6.40	3.00
四　　川	8212	9.70	6.80	2.90
贵　　州	3730	14.59	7.21	7.38
云　　南	4450	14.72	6.75	7.97
西　　藏	277	17.94	7.15	10.79
陕　　西	3720	10.02	6.01	4.01
甘　　肃	2594	12.59	6.57	6.02
青　　海	543	15.70	6.21	9.49
宁　　夏	596	15.93	4.95	10.98
新　　疆	2010	16.42	5.04	11.38

注:各省总人口为各省年底常住人口。

这主要是由于“十五”期间,我国高等教育事业的快速发展。特别是1999年党中央、国务院做出高等学校扩招重大决策以来,高校连续扩招,普通高等学校在校学生数呈明显的递增趋势。同时,随着办学体制改革的不断深化,各类高等教育也得到较快的发展。到2005年,各种形式高等教育在校生总规模超过2300万人,比2000年增加了1071万人。高等教育毛入学率达到21%,比2000年提高了8.5个百分点。高等教育人口的快速增长,使我国高质量的人力资本存量不断增加,为增强我国自主创新能力和国际竞争力提供了坚实的人才支撑。

二是具有中等教育程度的人口继续增加。2005全国总人口中具有初、高中受教育程度人口继续增加。其中,具有初中程度人口为46735万人,与第五次人口普查相比,增加3746万人,增长了8.7%。具有高中程度人口为15083万人,增加974万人,增长了6.9%。

自1986年国家《义务教育法》实施至今,我国政府一直把实现基本普及九年义务教育的目标作为教育工作的“重中之重”。2005年全国普及九年义务教育的地区人口覆盖率继续扩大,超过了95%,比2000年提高了近10个百分点。初中阶段毛入学率超过95%,比2000年提高6个百分点以上。同时,随着九年义务教育的普及和高等教育的发展,高中阶段教育规模显著扩大。2005年,全口径的高中阶段在校生达到3990万人,比2000年增加1472万人,年平均增长9.64%;毛入学率达到52.7%,比2000年提高了9.9个百分点。九年义务教育的进一步普及和高中阶段教育规模的扩大,使得我国总人口中具有中等教育程度的人口继续增加。

三是具有小学教育程度人口明显减少。2005年全国具有小学程度人口为40706万人,与第五次人口普查相比,减少了4485万人,减少了9.9%。这一方面是因为小学学龄人口的减少。自上世纪七十年代以来,随着我国计划生育工作的广泛开展和不断加强,人口出生率和总和生育率急剧下降,人口年龄结构类型的转变加快,0-14岁人口规模逐步缩小,小学学龄人口也相应减少。另一方面反映出我国普及九年义务教育所取得的成绩,人口受教育程度在向更高一级层次加快转化,接受初中及以上教育的人口不断增加。

尽管我国人口受教育程度在不断提高,但从人口受教育程度的结构看,受过高中以上教育的人口比重还很低,只占16.7%,特别是受过大专以上教育的人口比重更低,远远低于发达国家的水平。因此进一步提高我国人口素质的任务还相当繁重,任重而道远。

五、老龄人口比重进一步提高,65岁以上老龄人口超过1亿

2005年底,我国65岁及以上老龄人口超过1亿人,达到10055万,比2000年多1183万人;占总人口比重达到7.7%,比2000年的7.0%上升了0.7个百分点。实际上,在2001年,0-14岁少儿人口比重已经下降到22.5%,65岁及以上老龄人口比重上升到7.1%,老少比为31.6%,年龄中位数为32.3岁。我国是在经济相对不发达,人均收入水平较低的条件下,进入了老年型社会。目前,尽管我国经济总量跃居世界前六位,但人均水平很低。据国际货币基金组织最近公布的世界各国2005年人均GDP排名,我国排名112位。GDP衡量的是一个国家的经济总量,人均GDP评价的是一个国家的富裕程度。我国老龄化水平相当于世界平均水平,但人均GDP不到世界平均水平的五分之一。发达国家进入人口老龄化社会时,人均GDP约为1万美元,而我国刚刚接近2000美元。另外,我国的人口老龄化发展速度很快,老年人口的绝对数越来越大。人口老龄化的快速发展,将对我国的经济发展和社会发展带来深远的影响。

进入老龄型社会,反映了我国经济社会的进步,医疗卫生条件的改善。但是在经济相对不发达的条件下出现的人口老龄化必将对我国的经济发展造成极大的压力。因此我们应以科学、积极的态度迎接人口老龄化的挑战,充分利用“人口红利”期的有利时机,大力发展社会经济,建立和完善社会保障体系、养老保障体系,积极应对日益突出的老年人口问题,构建社会主义和谐社会,实现经济社会的可持续发展。

六、城镇化水平有所提高,城镇人口比重达到43%

2005年底我国城镇人口为56212万人,占总人口的43%,比上年提高1.24个百分点,城镇化水平又有所提高。

在计划经济的体制下,我国的城镇化水平一直不高,城镇人口的比重长期徘徊在17%左右,随着改革开放的不断向前推进,城市化进程的加快,特别是近几年,我国城镇化水平提高较快,城镇人口从1978年的1.7亿人增加到2005年的5.6亿人；城镇化水平也已由1978年的17.9%，提高到目前的43%。城镇化水平迅速提高的原因主要来自两个方面，一是由于行政区划的变化，使得市和镇的数量增加。1978年至2004年，全国城市总数由193个增加到661个，其中地级市由99个增加到283个，县级市由91个增加到374个。在城市数量增加的同时，镇的数量也在不断增加。1990年至2004年，十五年间全国镇的个数由12084增加到19883，增加了7799个。二是大量富裕的农民和农村剩余劳动力脱离了农业活动向市镇流动。因为大部分农村人口从事的是农业，而农业人口向非农业的成功转移，一方面依赖于农业劳动生产率的提高，另一方面取决于二三产业的吸纳能力，这两方面都对国家的经济起着重要作用。因此，在党的十六大报告中首次提出，“农村富余劳动力向非农产业和城镇转移，是工业化和现代化的必然趋势。”可见，解决“三农”问题的根本出路也在城镇化。

虽然近年我国城镇化水平提高较快，但与发达国家相比，我国城镇化水平仍然很低。据联合国人口发展基金的统计，2004年世界发达地区的城市化率为75%，欠发达地区的城市化率为42%，最不发达地区的城市化率为28%。可以看出，我国的城市化率略高于欠发达地区的平均水平，但与发达国家的平均水平相比，还差30多个百分点。与我国工业化的发展速度相比，城镇化的发展速度明显滞后，正在成为影响和制约国民经济快速增长和实现全面小康社会的瓶颈。

“十一五”时期是我国经济社会发展承前启后的重要时期，也是稳定低生育水平、统筹解决人口问题、促进人的全面发展的关键时期。受生育周期的影响，“十一五”时期，我国将迎来第四次出生人口高峰，加之人们生育意愿还比较高，稳定低生育水平的任务仍然艰巨。人口教育水平和健康水平还相对较低，出生人口性别比持续升高的势头还没有得到有效遏制，人口老龄化还在继续发展，人口与资源环境的矛盾还相当尖锐，这些都会对我国未来的人口和社会经济发展带来巨大挑战。“十一五”期间，我们必须要以科学发展观为指导，在稳定低生育水平的基础上，提高人口素质，遏制出生人口性别趋高，关注人口老龄化，以改善人口结构，引导人口合理布局，实现人口与社会经济资源环境的协调和可持续发展。

（执笔：武超）

就业情况

2005年，党中央、国务院高度重视涉及群众切身利益的就业问题，政府加大对就业再就业的政策支持和资金投入，就业和再就业工作取得成效。全国城乡就业总量继续增加，第二、三产业就业人员的比重继续上升，全国私营个体就业人员突破1亿人，非公有制经济在吸纳就业方面发挥了重要作用。

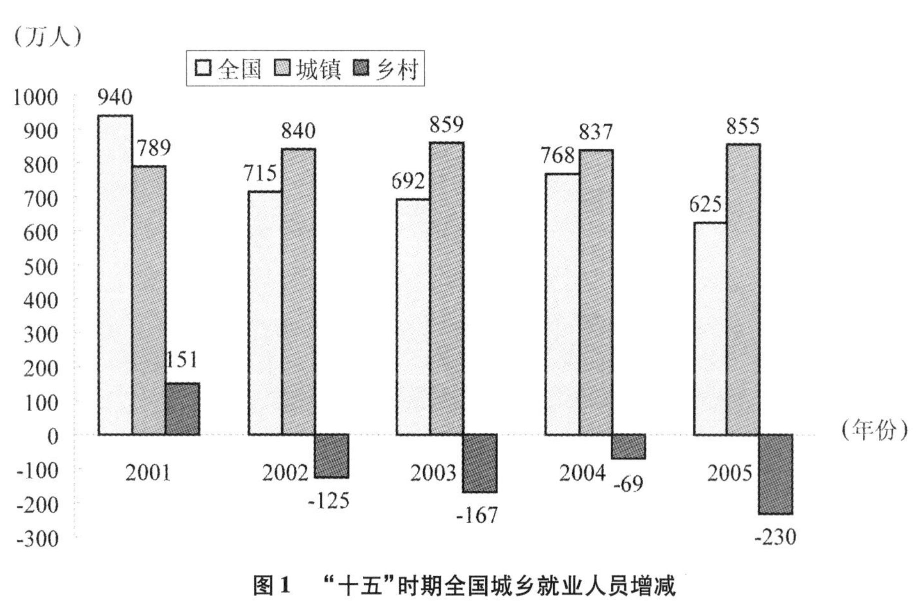

图1 “十五”时期全国城乡就业人员增减

（一）全国就业总量稳步增加，城镇就业人员增加明显

2005 年末全国城乡就业人员为 75825 万人，比上年末增加 625 万人，增长 0.83%。其中城镇就业人员为 27331 万人，比上年末增加 855 万人，增长 3.23%，乡村就业人员为 48494 万人，比上年末减少 230 万人，下降 0.47%。城镇就业人员占全国就业人员的 36%，乡村占 64%。“十五”期间，城镇就业人员的比重从 2000 年的 32.1% 上升到 2005 年的 36%，就业人员年平均增加 836 万人，增加的就业人员主要集中在城镇。乡村就业人员保持减少的趋势，年平均减少 88 万人（图 1）。

2005 年全国城乡就业总量的增加，主要得益于我国经济平稳较快的发展，2005 年国内生产总值增长 9.9%。国民经济保持较快的增长与扩大就业产生了良性互动。“十五”期间，党中央、国务院高度重视就业再就业工作，2002 年国务院下发了《关于进一步做好下岗失业人员再就业工作的通知》，2005 年又下发了《关于进一步加强就业再就业工作的通知》，各地区各部门采取了各种措施扩大就业，各项就业再就业扶持政策得到较好的落实，在解决体制转轨遗留下岗失业人员再就业问题和重组改制、关闭破产企业职工安置问题上取得了很大的成绩。2005 年全国实现新增就业人员 970 万人，下岗失业人员再就业 510 万人，其中“4050”人员 130 万人，完成了年度的就业目标。登记失业人数为 839 万人，城镇登记失业率仍保持了上年 4.2% 的水平，低于 4.6% 的控制目标。

（二）第二、三产业就业人员比重继续提高，制造业、批发和零售业增加人数最多

2005 年年末全国城乡就业人员 75825 万中，第一产业就业人员 33918 万人，占全国城乡就业人员的 44.7%；第二产业 18092 万人，占 23.9%；第三产业 23815 万人，占 31.4%。第一产业就业人员比上年减少 1351 万人，第二、三产业就业人员比上年分别增加了 1172 万人和 804 万人。

第二产业增加人数最多的制造业，增加了 931 万人，其中城镇单位、城镇私营个体和农村的制造业分别增加了 185 万人、173 万人和 573 万人。

排在第三产业增加就业人数前五位的是批发和零售业、住宿和餐饮业、租赁商务服务业、交通运输仓储和邮政业、居民服务和其他服务业，分别增加了 391.8 万人、155.4 万人、107.6 万人、70.9 万人和 61.9 万人。

（三）非公有制经济在促进就业方面发挥了重要作用，全国私营个体就业人数突破 1 亿人

2005 年年末，城镇单位就业人员为 11509 万人，比上年末增加 410 万人，按登记注册类型分，公有制经济国有和集体单位（包括股份合作和联营单位）就业人员为 7531 万人，比上年减少 313 万人。非公有制经济有限责任公司、股份有限公司、港澳台商投资、外商投资就业人员达到 3694 万人，比上年增加 601 万人。“十五”期间，各种非公有制经济快速发展，吸纳就业人数迅速增加，平均每年增加 948 万人。到 2004 年，所占比重首次过半达到 52.3%（图 2）。

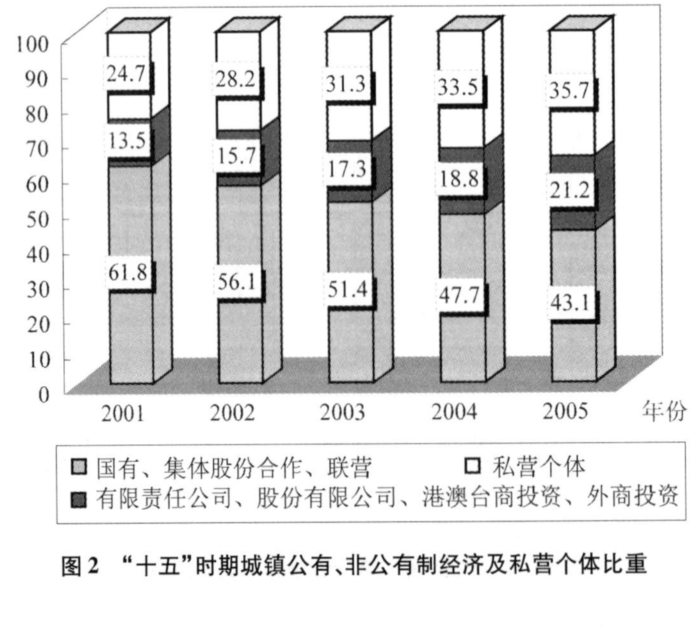

图 2 “十五”时期城镇公有、非公有制经济及私营个体比重

专栏　性别统计

性别统计是分析、研究社会经济发展变化的一种新的统计方法，它是从性别角度，描述、分析、研究、判断社会经济发展中的一些现象和问题，通过对比男女两性在社会经济发展中地位、权力、作用和发展状况等方面上的差异，进而找出解决男女不平等发展的方法，推动两性和谐发展，共同进步。

性别统计与妇女统计不同，体现在三个方面：一、研究对象不同。妇女统计把妇女作为独立的统计对象，只收集妇女的有关数据，不收集相应的男性数据；而性别统计则把妇女和男子都作为统计对象，不仅收集妇女数据，也收集男性数据。二、数据使用者参与程度不同。过去的妇女统计，统计指标的设计、数据整理、展示发布仅为生产人员所熟悉，使用者很少介入其中；而现在的性别统计，要求统计指标的设计、数据整理、展示发布不仅生产人员熟悉，使用者也要熟悉，双方的合作更加密切。三、生产者不同。妇女统计数据的生产，过去是由妇女机构来做，而性别统计的数据生产，现在则由国家的官方机构来做。

我国从上个世纪九十年代开始引进性别统计方法，国家统计局翻译出版了《性别统计——一种寻求改变的工具》一书，并对各地区、各部门统计人员进行培训。利用国家统计局和国务院各有关部门生产的性别统计数据，于1995年、1999年和2004年先后出版了三本性别统计资料《中国社会中的女人和男人——事实与数据》，满足社会各界对性别统计数据的需求。

根据国家统计局提供的性别统计数据，2005年全国妇联妇女研究所编制了妇女发展和性别平等综合指数，从健康、教育、经济、政治、家庭和环境六个领域反映中国妇女发展与性别平等状况。结果显示，2004年全国综合指数达到68.23，比2000年提高了2.12分，教育和健康领域的指数分别达到了82.32和80.13，遥遥领先于其他领域；提高幅度最大的是妇女发展的环境和教育领域，分别增加了5.45分和4.28分。

性别统计是一种崭新的统计方法，是对传统社会统计领域的拓展和补充，越来越被世界各国所接受和应用，目前世界上已有几十个国家在推广使用性别统计方法。

（执笔：王克钧）

2005年全国私营个体就业人数突破1亿人，达10725万人，比上年增长11.7%，增加了1120万人，其中城镇6236万人，农村4489万人，分别比上年增加了721万人和399万人，是“十五”期间私营个体就业人数增加最多的年份。

“十五”期间，随着经济结构调整和国有企业改革不断深化，公有制经济吸纳就业的能力逐年下降，国家相继出台了支持和引导私营个体经济发展的具体政策和措施。2005年，国务院发布了《关于鼓励支持和引导个体私营等非公有制经济发展的若干意见》，进一步推动了我国私营个体经济的发展，个体私营经济创造的就业机会有效缓解了就业压力。2005年私营个体企业共安置下岗失业人员120.7万人，有35.6万名高校毕业生在毕业后进入私营个体经济就业。

（四）东部地区城镇就业人员快速增加，中、西部地区止降回升，东北地区继续减少，各地区私营个体就业人员均有增加

2005年，城镇单位就业人员增加的410万人中，东部地区增加最多，达402.6万人，比上年增长了8.6%，是“十五”期间增长最快的一年。西部地区增加了35.5万人，增长了1.4%。中部地区增加了15.9万人，增长了0.6%。西部、中部地区城镇单位就业人员的止降回升，改变了“十五”期间连续下降的趋势。东北地区2005年比上年减少了44.1万人，下降了3.0%，依旧保持“十五”期间下降的趋势（见图3）。东部地区，城镇单位就业人员增加量位于前三位的是上海、山东、浙江；中部地区是湖南、河南、江西；西部地区是四川、贵州、广西。

2005年，城镇私营个体就业人员比上年增加721万人，东、西部地区分别增加446万人和150.8万人，是“十五”期间增长最快的一年。中部地区增加了116.4万人，东北地区增加了8万人。“十五”期间，城镇私营个体的就业人员呈逐年增加态势。分地区看，东部地区，城镇私营个体就业人员增加量位于前三位的是广东、江苏、上海；中部地区是河南、湖北、江西；西部地区是四川、云南、重庆。

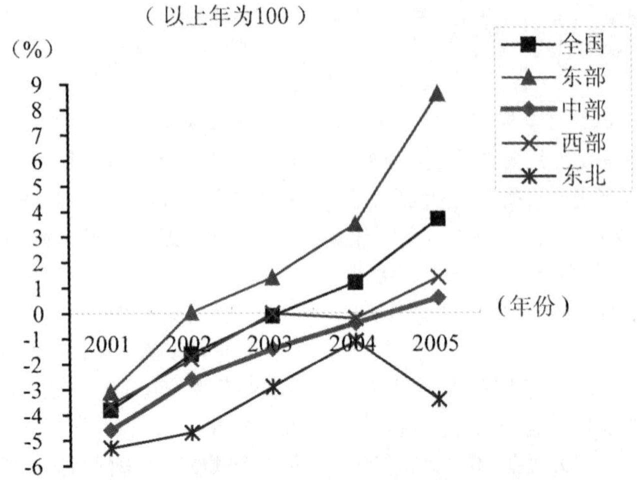

图3 “十五”时期全国分地区城镇单位就业人员增速

2005 年就业人员的地区分布表明，东部地区的非公制和私营个体经济在吸纳就业人员方面仍保持着绝对的优势。西部大开发战略实施五年来，西部地区，吸纳就业人员的能力已见成效。东北地区在“十五”期间城镇单位就业人员仍在继续减少。

（执笔：胡英　梁尔卫）

2005年固定资产投资回顾及2006年展望

2005年,在各项宏观调控措施的共同作用下,我国固定资产投资继续保持了较快增长态势,投资增长幅度趋于平稳,投资结构有所改善,部分行业过度投资和商品房价格过快上涨的情况进一步得到遏制。但投资规模过大、投资增速偏高、投资增长方式粗放等问题依然存在。2006年,要全面落实科学发展观,继续执行各项宏观调控政策,保持投资的适度增长,防止投资增速过度反弹,进一步完善投资结构,优化投资增长方式,保持国民经济持续、稳定增长。

一、2005年投资运行的主要特点

据初步统计,2005年全社会固定资产投资达到88604亿元,比上年增长25.7%,增幅比上年回落0.9个百分点。其中,城镇固定资产投资75096亿元,增长27.2%,农村固定资产投资13508亿元,增长18.0%。全年投资运行呈现以下特点:

(一)全年投资稳定、快速增长。2005年,各季度全社会投资均保持稳定、快速增长态势。一季度,全社会固定资产投资同比增长22.8%,上半年同比增长25.4%,前三季度,固定资产投资增速提高到26.1%,全年增长25.7%。2005年城镇固定资产投资也呈稳定、快速增长态势,四个季度累计增长速度分别为25.3%、27.1%、27.7%和27.2%。2005年农村各季固定资产投资增速呈逐步上升态势,四个季度累计增长速度分别为12.7%、16.3%、17.6%和18.0%。总体上看,与2004年固定资产投资高开低走、急剧回落的态势不同,2005年各季投资增长速度相对平稳,波动幅度不大。

(二)宏观调控的作用继续显现。2005年,国家对固定资产投资继续实施宏观调控。一是信贷得到严格控制,中长期贷款过快增长的势头得到遏制。2005年,人民币中长期贷款增长17.2%,增速比上年低7.0个百分点,比年初增加1.2万亿元,比上年少增2012亿元。2005年,城镇固定资产投资中国内贷款增长18.2%,国内贷款占资金来源的比重为18.8%,比上年下降了1.5个百分点。二是继续实施严格的土地管理政策。全年实际建设占用耕地13.9万公顷,比上年减少4.1%;全年房地产开发企业土地购置面积3.82亿平方米,减少4%。

(三)工业投资继续引领投资增长。在2005年城镇投资中,第一、二、三产业投资分别为823亿元、31599亿元和42675亿元,分别增长27.5%、38.4%和20.0%。其中,工业完成投资30768亿元,增长37.9%,高出城镇投资增速10.7个百分点,也高于一、三产业的投资增速,延续了近几年工业引领投资快速增长趋势。2005年投资高速增长的行业有:采矿业完成投资3204亿元,比上年增长50.7%;农副食品加工业完成投资885亿元,增长62.9%;食品制造业完成投资545亿元,增长48.2%;纺织业完成投资1053亿元,增长38.0%;金属制品业完成投资763亿元,增长77.3%;设备制造业完成投资5496亿元,增长47.1%,其中,通用设备制造业完成投资1021亿元,增长81.6%;专用设备制造业完成投资784亿元,增长68.9%;交通运输设备制造业完成投资1562亿元,增长51.1%;电气机械及器材制造业完成投资762亿元,增长44.9%。

(四)投资结构有所改善。从地区结构看,2005年城镇投资中,东、中、西部地区分别完成投资40519亿元、17116亿元和16004亿元,分别比上年增长24.0%、32.7%和30.6%,东部地区增幅比上年降低3.1个百分点,中部地区微降0.2个百分点,西部地区则加快了0.5个百分点,中、西部地区投资增速分别比东部快8.7和6.6个百分点,中、西部投资增速与东部的差距开始缩小。

从行业结构看,国家重点调控的过度投资行业的投资增速得到了一定遏制。黑色金属冶炼及压延加工业投资增长27.5%,非金属矿物制品业投资增长26.6%。煤、电、油、运投资得到加强。煤炭开采及洗选业投资1143亿元,增长65.6%;石

专栏 中国高速公路发展迅猛

高速公路是指专供汽车分向、分车道行驶并全程控制出入的公路。与一般公路相比，具有通过能力大、行车速度快、运输效益高、交通事故少等特征，对实现国土均衡开发、缩小地区差别、建立统一的市场经济体系、提高现代物流效率具有重要作用。

高速公路在二十世纪二三十年代开始在德国、意大利、美国等西方发达资本主义国家出现。第二次世界大战后，出于战后重建和发展经济的需要，西方工业发达国家掀起了修建高速公路的热潮，一些发展中国家在实现现代化的过程中，也把修建高速公路作为一项重要措施。目前全世界已有80多个国家和地区拥有高速公路，通车里程超过23万公里，其中美国拥有8万多公里，居世界第一位。高速公路不仅是交通运输现代化的重要标志，也是衡量一个国家经济发展水平和现代化程度的重要标志。

1988年10月，长度为18.5公里的上海沪嘉高速公路建成通车，标志着中国大陆高速公路实现了零的突破；1990年9月，长375公里、横跨5个市地的沈大高速公路全线建成通车，我国大规模建设高速公路的序幕缓缓拉开。到1998年底，全国高速公路里程达到8733公里，居世界第六位，年均建成800多公里，用短短的十年时间，走过了西方发达国家几十年的发展历程。1998年后高速公路进入了快速发展期，年均建成4000多公里。到2005年底，我国高速公路达4.1万公里，稳居世界第二位。全国除西藏自治区外，其他各省、区、市都拥有高速公路，16个省区的高速公路里程超过1000公里。高速公路的快速发展，极大提高了我国公路网的整体技术水平，优化了交通运输结构，对缓解交通运输的“瓶颈”制约发挥了重要作用，有力地促进了我国经济发展和社会进步。

为适应全面建设小康社会和实现现代化的迫切需要，提高国家竞争力，国务院批准了实施《国家高速公路网规划》。该规划采用放射线与纵横网格相结合布局方案，由7条首都放射线、9条南北纵线和18条东西横线组成，简称“7918”网，总规模约8.5万公里，大约30年建成。国家高速公路网作为具有全国性政治、经济、国防意义的重要干线公路，主要连接大中城市，包括国家和区域性经济中心、交通枢纽、重要对外口岸，为全社会生产和生活提供安全、舒适、高效、可持续的运输服务，并为应对自然灾害等突发性事件提供快速交通保障。

（执笔：孔凡国）

油和天然气开采业投资1443亿元，增长29.7%；电力、燃气及水的生产和供应业投资7246亿元，增长31.1%；铁路运输业投资1233亿元，增长45.7%。煤、电、运供求紧张局面得到一定缓解，投资行业结构进一步改善。

（五）房地产开发投资增幅逐月回落，商品房价格过快上涨的势头得到遏制。2005年，针对商品房价过快上涨的现象，国家出台了一系列措施，对房地产开发市场进行宏观调控，房地产投资增速逐月回落，房价过快上涨势头得到遏制。全年房地产开发投资15759亿元，比上年增长19.8%，增速比上年回落8.3个百分点。1－2月，房地产开发投资增速为27.0%，以后各季均呈现增幅回落的态势，这种回落的态势一直延续到年底。

2005年商品房平均销售价格涨幅总体上呈回落态势，但波动较大。1－2月商品房平均销售价格延续上年惯性，快速涨至18.9%，随后，在国家宏观调控政策的作用下，上涨势头得到一定遏制，销售价格涨幅开始回落，5月至10月平均销售价格增长幅度基本保持在9%左右，但11、12两月价格涨幅有些反弹，年均上涨了11.7%。

二、当前投资领域值得关注的问题

（一）投资增速仍然偏高，投资规模依然偏大。2005年全社会投资现价增长速度虽然低于上年水平，但由于2005年投资价格指数远低于上年，扣除价格因素后，2005年全社会投资实际增长23.7%，比2004年的19.9%高3.8个百分点，是1994年以来第二个高增长年份，仅次于2003年。2005年全社会投资快速增长，投资占GDP的比重继续上升。根据经济普查数据计算，2002年至2005年全社会固定资产投资占GDP的比重分别为36.1%、40.9%、44.1%和48.6%，呈逐年上升态势，其中

专栏 神华集团“煤化油”项目

由神华集团公司投资建设的神华集团“煤化油”项目是目前世界上首套煤炭直接液化项目，也是具有中国自主知识产权的新科技高风险项目。它是国家“十五”计划的重点项目之一，也是继“西气东输”、“西电东送”之后西部大开发的又一重大举措。

神华集团“煤化油”项目以煤炭为原料，通过化学加工过程，生产油品和石油化工产品。项目总规模为年生产各种油品500万吨，建成投产后，预计每年实现利税分别达到25亿元左右。项目将分两期工程实施，一期工程生产线计划总投资245.35亿元，已于2004年8月25日开工建设，计划于2007投产使用。建成投产后，每年用煤970万吨，可生产各种油品320万吨，其中汽油50万吨、柴油215万吨、液化气31万吨，苯、混合二甲苯等24万吨。二期工程生产线将于2010年投产，建成后将生产各种油品180万吨。

目前，项目的先期工程基础设计已修改完成，EPC招标、合同谈判工作完成，长周期设备已经订货，两台世界之最、单台重量超过2000吨的大型煤液化反应器已在现场完成主体组焊。煤制氢工程合同已签订，该单元开始全面施工，气、风厂房主体工程完工。

2006年，项目计划投资45亿元，将完成所有的土建工程，进入全面各类设备安装阶段，公用工程掀起安装高峰。2006年1－3月项目完成投资2100万元。预计到年底，设备机械将安装完毕，配管完成过半，水电汽风等将试运行。

（执笔：高毅）

2005年比2004年又上升4.5个百分点。2005年，各地区城镇施工项目计划总投资17.8万亿元，比上年增长29.0%，增幅比上年高2个百分点。

（二）新开工项目增加较多，投资反弹的压力依然存在。2005年，城镇累计新开工项目186560个，比上年增加34197个，施工项目259476个，增加44036个。城镇新开工项目计划总投资和施工项目计划总投资分别增长32.4%和29.0%；新开工项目个数占施工项目的比重、新开工项目计划总投资占施工项目计划总投资的比重分别为71.9%和36.3%，前者为“十五”以来的最高水平，后者为“十五”以来第二高水平，仅次于2003年。新开工项目的大量增加使下一阶段投资扩张的压力依然存在。

（三）部分地区投资增长过快，城乡投资增速差距仍然很大。部分地区投资增长明显过快，2005年，投资增长速度超过35%的省达7个：吉林增长50.7%、内蒙古增长50.1%、河南增长44.9%、辽宁增长42.2%、云南增长39.3%、河北增长37.7%、广西增长42.0%。

从城乡结构看，2005年，城镇投资75096亿元，比上年增长27.2%，增速降低0.4个百分点；农村投资13508亿元，增长18.0%，比上年增速提高了0.6个百分点。农村投资增速仍大大慢于城镇投资的增长速度。

（四）投资的粗放型特点仍比较明显。高耗能行业、资源消耗产业投资增速偏高，高技术行业、社会事业投资比重仍然偏低，造成了对资源的过度开发，部分地区环境继续不断恶化。据初步统计，2005年，高耗能产业投资8166亿元，比上年增长34.0%，其中，黑色金属矿采选业完成投资282亿元，增长114.6%，有色金属矿采选业投资183亿元，增长56.4%；高技术产业投资2172亿元，增长19.5%，其中，通信设备、计算机及其他电子设备制造业完成投资1207亿元，增长18.2%，信息传输、计算机服务和软件业投资1542亿元，下降5.8%；教育投资1955亿元，比上年增长8.4%。投资增长过度依赖能源和资源的投入，仍带有明显的粗放型特点。

三、对2006年投资形势的展望

展望2006年投资形势，既存在有利于投资增长的因素，也存在不利于投资增长的潜在影响。

（一）促使投资快速增长的因素。一是有关部门制定的2006年投资预期目标为18%，高于2005年的投资预期目标，将对2006年投资增长水平产生重要影响；二是社会投资扩张的冲动特别是地方投资冲动仍然较强，尤其今年又是“十一五”的开局之年，投资需求还有可能继续膨胀；三是固定资

专栏　溪洛渡水电站

溪洛渡水电站位于四川宜宾上游230公里的四川省雷波县与云南省永善县交界的深山峡谷，是我国“十五”期间开工的最后一项巨型水电工程，也是金沙江下游梯级电站的第一个开工建设项目。项目静态投资503.4亿元，未来动态投资可能超过700亿元，设计装机容量1260万千瓦，居世界第三位。电站预计2007年11月截流，2013年6月首批机组发电，2015年竣工后年发电量可达640亿千瓦时。溪洛渡水电站建成后，所发电力可全部输送给华中和华东地区，从而成为国家“西电东送”战略骨干电源。

溪洛渡工程具有窄河谷、高拱坝、大泄洪量和超大地下洞室群的特点，所以工程施工面临一系列世界级难题。据了解，拦河大坝设计坝顶高程610米，最大坝高278米，属世界特高拱坝。枢纽泄洪总功率近1亿千瓦，为目前世界上已建成拱坝枢纽泄洪功率最高水平二滩电站的3倍。此外，地下主厂房也将是世界上最大的地下引水发电厂房工程——筹备期主要工程导流洞群包括6条洞，总长9394米，断面尺寸20米×22米，其中闸门竖井断面跨度达34米，是目前世界上断面跨度最大的导流洞群。

溪洛渡水电站所在金沙江的水力蕴藏量1.124亿千瓦，占全国水能总量的1/6，可开发的水能资源达8891万千瓦。根据国务院批准的《长江流域综合利用规划简要报告》表明，以溪洛渡建设为开端，金沙江中下游将规划兴建梯级电站12座，装机总容量为5858万千瓦，年发电量为2632亿千瓦时。溪洛渡水电站是这12个水电基地中最大的一个。随着溪洛渡水电站于2005年12月26日正式开工，中国水电开发潜质最好的金沙江干流梯级开发工程全面启动。

（执笔：高毅）

产投资在建规模和新开工项目的规模依然较大，结转工作量也比较大。

（二）促使投资增长速度减缓的因素。从宏观环境来看，根据中央经济工作会议精神，2006年国家将继续采取适度从紧的宏观调控政策，土地、信贷将继续得到有效控制，投资增长将受到一定的制约；从市场供求状况来看，随着大量生产能力的建成投产，主要工业产品的供求关系发生重大变化，一些基础性产品也将进入供过于求的状态，部分资源性产品的生产能力也将开始出现过剩，据统计，电力、钢铁、电解铝、煤炭、焦炭、水泥、汽车等主要产品的新增生产能力将出现不同程度的过剩，支撑投资高速增长的热点行业将明显减少。随着市场制约因素的增强，固定资产投资高速增长的态势将受到一定抑制。

综合上述各种因素，预计2006年全国固定资产投资仍将保持较快增长的态势，增长幅度可能会与2005年基本持平或略低于2005年。

四、几点建议

（一）继续实施和改善宏观调控，保持投资的适度增长。从长期看，要实现经济的持续较快增长，改善人民生活，提升综合国力，必须保持适当的投资规模和投资增长速度。但要实现经济的持续、稳定增长，必须合理确定投资与消费的比例关系，防止投资的过度扩张。2006年，应继续做好固定资产投资的宏观调控工作，继续执行严格的土地政策，节约使用建设用地；继续实施稳健的货币政策，合理控制信贷规模。同时，要把握好调控的时机和力度，既要防止投资反弹，又要防止投资过度紧缩，以确保国民经济平稳较快增长。

（二）进一步改善投资结构，促进投资的协调发展。要对生产能力过剩或潜在过剩行业的投资进行严格控制，引导企业采用高新技术和先进适用技术改造传统工业，增强企业的自主创新能力，推进产业结构优化升级。要加快发展中西部地区，形成合理的区域投资增长格局，促进区域经济协调发展。要扎实推进社会主义新农村建设，进一步加大农村基础设施的投资，缩小城乡差距。

（三）改变商品房供应结构，保持房地产业的健康发展。2005年，国家对房地产业的宏观调控取得了显著成效，但房地产开发市场中的结构性矛盾还很突出，商品房价上涨的幅度依然较大，宏观调控的任务也还没有完成。2006年，要继续实施现行的各项政策，要在继续遏制投机性购房活动的同时，改善房地产供给结构，加大普通住房和经济适用类住房的供应，采取鼓励普通住房销售的政策，合理引导住房消费，保持商品住房价格的基本稳定，促进房地产业的健康发展。

（四）深化改革，发挥市场在投资资源配置中的基础性作用。要逐步建立起市场引导投资、企业自主决策、银行独立审贷、融资方式多样、中介服务规范、宏观调控有效的新型投资管理体制，为投资的协调、持续增长创造良好的体制环境。要进一步改革财税制度、土地管理制度，理顺各种能源、资源、土地和其他基础性产品的价格关系，构建投资活动的自我约束机制；要全面贯彻科学的发展观和正确的政绩观，减少各级政府对投资活动的行政干预，使投资增长逐步走上健康发展的道路。

（固定资产投资司）

2005 年财政运行情况

2005 年，根据国民经济和社会发展的形势，我国实施了以“控制赤字、调整结构、推进改革、增收节支”为主要内容的稳健财政政策，确保了宏观经济的稳定运行。全年财政收入突破 3 万亿元，达到 31628 亿元(不含债务收入，下同)，同比增加 5232 亿元，增长 19.8%，完成预算的 108.1%，财政收入再上一个新台阶；全国财政支出 33708 亿元，同比增加 5221 亿元，增长 18.3%，完成预算的 104.5%。收支相抵，支出大于收入 2080 亿元，比 2005 年初预算的 3000 亿赤字减少 920 亿元。

一、2005 年财政运行的主要特点

1. 主要税种收入保持较快增长

增值税作为财政收入的第一大来源，2005 年共完成 10794 亿元，同比增长 19.7%；企业所得税完成 5336 亿元，同比增长 34.8%；进口环节税完成 5275 亿元，同比增长 11.2%；营业税完成 4233 亿元，同比增长 18.2%；个人所得税完成 2095 亿元，同比增长 20.6%。

2. 企业所得税对财政收入的贡献率提高

作为财政增收的主体之一，企业所得税对财政收入增长的贡献率进一步提高。2005 年企业所得税增收 1379 亿元，对财政增收的贡献率达到 26.4%，比上年贡献率提高 4.2 个百分点。而增值税、进口环节税对财政增收贡献率有所下降。增值税增加 1776 亿元，对财政增收的贡献率为 33.9%，但贡献率比去年降低 4.2 个百分点；进口环节税增收 531 亿元，对财政增收的贡献率为 10.1%，但贡献率比去年降低 12 个百分点。

3. 大力支持解决“三农”问题，促进城乡协调发展

2005 年财政对“三农”的支持力度继续加大。全年中央财政用于“三农”的支出就达 2975 亿元。为不断深化农村税费改革，中央财政转移支付 662 亿元，比 2004 年增长 26.3%。免征农业税的省、自治区、直辖市达到 28 个，有 8 亿农民受益。认真落实“三补贴”等政策，全国 30 个省、自治区、直辖市用于粮食直补的资金达到 132 亿元，同比增长 13.8%。另外，为支持农业和农民长远发展，2005 年中央财政用于农业、农村基础设施建设的预算内基本建设投资和国债项目资金达 813 亿元。这都为社会主义新农村建设奠定了坚实的物质基础。

4. 进一步加大财政投入，促进社会各项事业发展

2005 年各级政府进一步加大对科技、教育、文化、卫生、体育事业的支持。一是支持就业再就业和社会保障工作。2005 年全国财政就业和社会保障支出 3649 亿元，增长 17.1%；二是支持加快教科文事业发展。2005 年全国教育支出 3952 亿元，增长 17.4%；三是促进医疗卫生体系建设和制度创新。2005 年全国财政医疗卫生支出 1027 亿元，增长 20.2%；四是保障国家政权建设。全年中央财政安排政法专款 48 亿元，有效改善了基层政法机关的执法办案条件。

二、财政收支方面的改革

1. 政府收支分类改革方案正式批准，2007 年全面实施

政府收支分类改革自 1999 年底开始研究，经过讨论、试点，2005 年 12 月得到国务院正式批准，将于 2007 年预算时全面实施。我国目前现行的这套政府收支分类体系已不能适应市场经济体制下政府职能转变的需要，不能清晰反映政府职能活动，制约了财政管理的科学化、信息化，也与国民经济核算体系和国际通行做法不相适应。新设计的收支分类体系贯彻了公开透明、符合国情、便于操作的三项原则，对政府收入进行了统一分类，全面、规范、细致地反映政府各项收入；建立了新的政府支出功能分类体系，更加清晰地反映政府各项职能活动；建立了新型的支出经济分类体系，全面、规范、明细反映政府各项支出的具体用途。

2. 所得税改革取得进展

2005 年个人所得税调整方案经全国人大常委

会批准。自2006年1月1日起,个人所得税工薪收入费用扣除额由每月800元提高至每月1600元,同时扩大纳税人自行申报范围,加强对高收入者的征管。另外,进一步研究完善了新的企业所得税法草案。

3. 出口退税改革进一步完善

2005年是出口退税机制改革全面实施的第二年,出口退税负担机制得到了进一步完善。年初,国务院下发了《关于完善中央与地方出口退税负担机制的通知》,决定从2005年1月1日起,将中央和地方出口退税超基数负担比例由75:25调整为92.5:7.5,并将出口退税退库办法改由中央统一退库,地方负担部分年终专项上解。2005年,全国办理出口退(免)税已达4043亿元,未发生"新欠"退税。

4. 推进其他各项税收制度的改革

预算管理制度改革进一步深化。政府采购制度改革在全国范围内取得了明显成效,中央和省级政府已经完成了政府采购管理与操作机构分设、职能分离的任务;全国政府采购规模达到2500亿元,比2004年增加了364亿元,资金节约率达11%。大力支持国有企业改革和金融体制改革。2005年,中央财政安排资金219亿元,支持116户国有企业实施政策性关闭破产,安置职工55万人。

2005年是实施稳健财政政策的第一年,国民经济得以平稳较快发展。2006年是实施"十一五"规划的第一年,财政工作的总体思路是:以科学发展观为统领,继续实施稳健的财政政策;狠抓增收节支,优化支出结构,切实保障重点支出需要;着力深化改革,推动经济结构调整和增长方式转变,促进经济持续快速协调健康发展和社会全面进步,为顺利实现"十一五"规划目标开好局、起好步。

(执笔:王绍辉、许晓娟、肖益忠)

2005年金融运行报告

一、银行业

2005年,中国人民银行坚持以科学发展观为指导,按照党中央、国务院的统一部署,继续执行稳健的货币政策,切实加强金融宏观调控,综合运用多种货币政策工具,合理调节货币供应量,取得明显成效;同时稳步推进金融企业改革和人民币汇率形成机制改革,加快金融市场建设,改进外汇管理,完善货币政策传导机制,维护金融稳定健康运行,有力地支持了国民经济平稳较快发展。

(一)2005年货币信贷基本情况

1.广义货币供应量增长速度加快,狭义货币供应量增长速度偏低

2005年12月末,广义货币供应量(M2)余额为29.9万亿元,同比增长17.6%,增幅比上年末高2.9个百分点;在广义货币加快增长的同时,狭义货币始终呈现平缓增长态势;年末狭义货币供应量(M1)余额为10.7万亿元,同比增长11.8%,仍低于年度预期调控目标3.2个百分点;市场货币流通量(M0)余额为2.4万亿元,同比增长11.9%。

2.金融机构各项存款快速增长,居民储蓄和企业存款定期化趋势增强

2005年12月末,金融机构本外币各项存款余额为30.0万亿元,同比增长18.2%。其中,居民储蓄和企业存款同比逐步增长,居民储蓄存款余额14.7万亿元,比年初增加2.1万亿元,增长16.5%,同比上升2.5个百分点;企事业单位存款余额10.2万亿元,增长13.8%,比年初增加1.2万亿元。

2005年金融机构人民币各项存款增加4.39万亿元,同比多增1.05万亿元。其中:居民户存款增加2.21万亿元,非金融性公司存款增加1.99万亿元,财政存款增加1752亿元。

从存款期限结构看,居民储蓄和企业存款定期化趋势增强。2005年年末,企事业单位和居民储蓄定期存款余额13.2万亿元,比年初增加2.1万亿元。其中,企事业单位定期存款余额3.6万亿元,同比多增3303亿元,增长28.7%;居民储蓄定期存款余额9.7万亿元,比年初增加1.4万亿元,增长16.2%。

3.金融机构各项贷款平稳增长,存贷差持续扩大,贷款期限结构有所改善

2005年12月末,金融机构本外币各项贷款余额为20.7万亿元,同比增长12.8%。金融机构人民币各项贷款余额19.5万亿元,同比增长13%,增幅比上年末低1.5个百分点。全年人民币贷款增加2.35万亿元,同比多增871亿元,控制在年初预期调控目标范围内。存款增速明显快于贷款增速,人民币存贷差日渐扩大,截止12月底,存贷差高达9.25万亿元。

从期限结构来看,人民币短期贷款增长平稳,中长期贷款增幅有所回落,但占比仍然较高,票据融资持续大幅度增长。2005年短期贷款余额8.74万亿元,比年初增加6509亿元,同比多增295亿元;中长期贷款余额8.75万亿元,比年初增加11723万亿元,同比少增2124亿元;新增中长期贷款占全部新增贷款的比重为50.7%,占比虽仍较高,但比2004年同期下降;票据融资余额1.62万亿元,相比年初增加4711亿元,同比多增2685亿元。

4.商业银行不良贷款继续实现"双降"

2005年12月末,我国境内商业银行不良贷款余额13133.6亿元,比年初减少5176.4亿元,不良贷款率为8.6%,比年初下降4.2个百分点。全国资本充足率达到8%的商业银行由2004年年初的8家,增加到2005年年末的53家;资本充足率达标行资产占商业银行总资产的比重由2003年年初的0.6%,上升到2005年年末的75%左右。

5.银行间市场利率基本平稳

2005年12月份银行间市场同业拆借月加权平均利率1.72%,比去年同期低0.35个百分点,质押式债券回购月加权平均利率1.54%,比去年同期低0.34个百分点。

6. 外汇占款继续增加,外汇存款多增,外汇存贷比进一步上升

2005 年外汇占款增加 18619 亿元,比上年多增 757 亿元。全年新增外汇存款 68 亿美元,比上年多增 29 亿美元。新增外汇贷款 171 亿美元,比上年多增 4 亿美元。年末外汇存贷比为 93.1%,比上年末提高 4.7 个百分点。

7. 国家外汇储备增加较快,人民币汇率保持稳定

截至 2005 年 12 月末,国家外汇储备余额为 8189 亿美元,同比增长 34.3%,增幅比上年下降 17 个百分点。全年外汇储备增加 2089 亿美元,同比多增加 22 亿美元。2005 年 7 月 21 日人民币汇率形成机制改革出台后至 12 月末,人民币汇率弹性有所增强,汇率水平总体上保持稳定。12 月末,人民币汇率为 1 美元兑 8.0702 元人民币,比上年末升值 2.56%。

(二)金融关键领域改革实现突破

2005 年我国人民币汇率形成机制改革和国有银行股份制改革取得阶段性成果。

1. 汇率形成机制改革运行平稳

2005 年 7 月 21 日,经国务院批准,中国人民银行宣布开始实行以市场供求为基础、参考一篮子货币进行调节、有管理的浮动汇率制度。人民币汇率不再盯住单一美元,形成更富弹性的人民币汇率机制。本次汇率制度改革对于提高我国货币政策的有效性以及今后货币政策工作实施的方向都具有重要意义。

汇改后至 2005 年末,人民币对美元汇率收盘价最高为 1 美元兑 8.0702 元人民币,最低为 1 美元兑 8.1128 元人民币。年末收于 1 美元兑 8.0702 元人民币。新的汇率制度运行以来,人民币汇率实现了小幅双向波动,保持了在合理、均衡水平上的基本稳定。

2. 国有商业银行股份制改革扎实推进

中国银行、中国建设银行、中国农业银行和中国工商银行四家国有商业银行从维护国家根本利益出发,坚持国家绝对控股的基本原则,审慎选择境外战略投资者,各项改革扎实推进。

2005 年中国建设银行在完成了 2005 年全球规模最大的银行股 IPO(首次公开发行)后,正式在香港联合证券交易所挂牌上市,从而在四大国有商业银行中首家实现海外上市。建行的成功上市创下了有史以来全球银行业规模最大的 IPO;也是迄今为止中国企业最大规模的 IPO,意味着四大国有银行已成功迈出境外上市的第一步。

与建设银行不同,工商银行此次进行的是整体改制,不设存续公司,全行的全部业务、资产、负债和机构网点、员工,全部纳入股份制改造的范围,整体重组后全部进入中国工商银行股份有限公司。工行股份挂牌,也吹响了上市的号角。

2005 年是中国金融业发展历程中具有重要意义的一年。一年来,人民银行在党中央、国务院的正确领导下,切实加强和改善金融宏观调控,加快推进金融改革和金融市场建设,把握时机进行人民币汇率形成机制改革,保持了货币信贷合理增长,维护了金融的整体稳定,促进了国民经济平稳较快增长。

二、证券业

2005 年是中国资本市场改革发展历程上极不平凡的一年。这一年,旨在解决证券市场深层次矛盾的重大制度性变革正式启动。股权分置改革、证券业综合治理和上市公司治理全面推进,资本市场机制逐步完善,资本市场改革取得重大突破,资本市场发展步入新的历史时期。

(一)证券市场运行基本状况

1. 发行情况

(1)股票

2005 年证券市场通过发行、配售股票共筹集资金 1883 亿元,比上年增加 372 亿元。其中,发行 A 股(包括增发及可转债)20 只,配股 2 只,筹集资金 338 亿元,减少 498 亿元;发行 H 股共 24 只,筹集资金 1545 亿元,增加 887 亿元。年末境内上市公司(A、B 股)数量由上年末的 1377 家增加到 1381 家。

(2)债券

2005 年,国内各类债券融资达到 16205 亿元。其中,发行国债 7042 亿元、政策金融债券 5852 亿元、证券公司债券 29 亿元、银行次级债 966 亿元、银行普通债 270 亿元、企业债券(含短期融资券)2047 亿元。

2. 交易情况

(1)股票

2005 年,上证综合指数年初开盘 1261 点,年底收盘 1161 点,下跌 7.9%;深圳成份指数年初开盘 3051 点,年底收盘 2864 点,下跌 6.15%。2005

年全年股票成交金额31665亿元，同比降低25.2%，日均成交金额130.8亿元，同比降低24.9%，股票成交量6623.7亿股，同比增长13.7%，成交笔数34924万笔，同比降低18.2%。截至2005年12月31日，沪深两市上市公司市价总值32430.3亿元，比上年末减少12.5%。

(2)债券

2005年国债现货成交金额2781亿元，同比降低6.3%，回购成交金额23621亿元，同比下降46.4%。企业债现货成交金额146亿元，回购成交金额1071亿元。可转债成交金额437亿元。

(3)基金

2005年证券投资基金成交金额773亿元，同比增长60.9%，日均成交金额3.2亿元，同比增长61.1%。

(4)期货

2005年，国内期货市场仍保持较大的交易规模。由于棉花、燃料油、玉米等新品种交易的逐渐活跃，天然橡胶交易的逐步恢复，2005年期货市场成效量较2004年有所上升。但因铜、铝等高价值量品种的价格长期在高位运行，投资者交易谨慎，成交减少，造成交易金额有所下降。2005年，期货市场总成交量3.23亿手，同比增加5.6%；总成交金额13.45万亿元，同比减少8.5%。

3. 市场主体情况

2005年，机构投资者持续发展壮大，证券投资基金规模稳步增长，合格境外机构投资者(QFII)、保险公司及其资产管理公司、企业年金、社保基金等机构投资者发展迅速，成为资本市场发展的重要力量，多元化的机构投资者格局已经初步形成，在促进资本市场的改革与稳定发展方面起到了重要作用。截至2005年12月31日，证券投资基金218只，基金总规模4714亿元，基金总资产净值4691亿元。投资者开户数达7336.1万户，比上年底增加120.4万户。

(二)资本市场改革发展取得重要进展

1. 股权分置难题破解

2005年4月29日，经国务院批准，中国证监会发布《关于上市公司股权分置改革试点有关问题的通知》，股权分置改革正式启动。6月10日，湖南三一重工股份有限公司股权分置改革方案获得通过，第一只G股由此诞生，证券市场改革取得重大突破。此后，股权分置改革工作稳扎稳打，在争论和探索中坚定前行，一批又一批企业顺利推出改革方案。实践证明，党中央、国务院的决策是正确的，改革的基本原则和做法得到了市场的认同，改革中保持了市场的基本稳定，有效维护了投资者特别是广大公众投资者的权益，股权分置改革的积极效应初步显现。股权分置改革的启动和取得重要进展，无疑是2005年中国股市最为重大的事件，也是中国证券市场具有里程碑意义的事件。

2. 提高上市公司质量工作有序推进

提高上市公司质量是资本市场发展的根本。2005年，国务院批转了证监会《关于提高上市公司质量的意见》，就提高上市公司质量工作提出了明确要求。证监会与国资委、银监会也发出通知，进一步规范上市公司控股股东行为，加大清理大股东占用上市公司资金的力度，努力解决上市公司违规担保问题。总体看来，提高上市公司质量这项工作已顺利起步。证监会、国务院有关部门和地方政府共同参与的上市公司综合监管体系正在构建，上市公司监管的有效性在不断提高。

3. 证券公司综合治理工作取得明显成效

2005年7月29日，国务院办公厅转发了证监会《关于证券公司综合治理工作方案》，证监会与人民银行、财政部、公安部、最高法院以及地方政府密切配合，努力工作，证券公司综合治理工作取得明显成效。证券公司的底数已基本摸清，整改工作取得初步成效，关闭和重组工作进展顺利。2004年以来，果断关闭处置20家高风险证券公司，一批涉嫌违法违规的责任人被追究法律责任。客户保证金第三方存管制度、委托理财、国债回购交易结算等基础性制度不断健全。成立证券投资者保护基金，初步建立了风险处置长效机制。加大对违规公司和责任人的处罚力度，严肃了市场纪律。通过这些努力，证券行业风险明显释放，高风险证券公司得以稳妥处置，部分证券公司通过重组实力明显增强，证券公司的违规经营问题得到有效遏制，行业创新发展工作也取得新进展。

4. 资本市场法制建设不断完善

2005年10月27日，十届全国人大常委会第十八次会议上表决通过了新《公司法》、新《证券法》，并于2006年1月1日起正式实施。“两法”的修订和施行，拓展了资本市场的发展空间，强化了监管职责，为资本市场的持续健康发展提供了坚实的法律保障。

5. 保护投资者利益落到实处

首先，新《公司法》、《证券法》是证券市场进入新的发展阶段、保护证券投资者合法权益的根本性保障。

其次，中国证券投资者保护基金有限责任公司登记成立，标志着国内证券市场救济制度的逐步成形，证券投资者的权益将受到更好地保护，我国证券市场的法制化建设又推进了一大步。

第三，《关于提高上市公司质量的意见》等一系列证券市场基础性制度建设，必将为市场未来的良性成长提供基础和条件。

第四，《上市公司与投资者关系工作指引》加强对上市公司开展投资者关系工作的指导，保障股权分置改革工作的顺利推进，把保护投资者特别是社会公众投资者的合法权益落在实处。

6. 证券业创新加速

2005 年 3 月 22 日，国家开发银行和中国建设银行分别进行信贷资产证券化和住房抵押贷款证券化的试点，首批资产证券化产品面市。2005 年 4 月 8 日，沪深 300 统一指数正式发布，为投资者提供了有利的投资参考。2005 年 7 月 18 日，上交所与深交所分别推出《权证管理暂行办法》，将权证产品与股权分置改革结合起来，权证产品推出并上市交易。

2005 年，各地区、各部门以股权分置改革为重点，积极协调，密切配合，全面推进资本市场基础性、制度性建设方面，市场的深层次矛盾和结构性问题逐步解决，为资本市场的长期稳定发展和进一步改革开放夯实了基础，带来了生机和活力。

三、保险业

2005 年，我国保险业继续处于不断深化改革、不断扩大对外开放的进程中，抵御风险的能力不断提高，保险服务经济社会的意识和能力不断增强。

（一）保险市场运行状况

1. 保费收入持续增长，收入结构发生变化

2005 年我国保险市场平稳健康运行，实现保费收入 4932 亿元，同比增长 14.2%。保险总资产突破 1.5 万亿，达到 15226 亿元，同比增长 28.5%。

在保费总收入持续增长的过程中，保费收入结构不断发生变化。2005 年，财产险保费收入为 1230 亿元，同比增长 12.8%，但增幅下降 12.6 个百分点，财产险保费收入增长出现明显回落；人身险保费收入为 3697 亿元，同比增长 14.5%，增幅提高 7.3 个百分点，恢复较快增长。

2. 保险市场活力增强

2005 年，保险法人机构新增 25 家，达到 93 家，这比 2002 年增加了一倍，说明我国保险市场具有较高的潜在投资价值，市场活力明显增强。保险业从业人员达到 180 万人，占金融从业人员总数的 40%，其中仅保险营销员就接近 150 万人。

3. 保障经济稳定运行能力不断增强

2005 年，我国保险业完成赔款与给付 1137 亿元，同比增长 13.2%。其中，人身险公司共赔款与给付 446 亿元，同比增长 4.7%；财产险公司共赔款 691 亿元，同比增长 19.3%。赔款与给付的持续增长说明我国保险业保障经济稳定运行的能力不断增强。

同时，我国保险业积极服务于经济生活新领域，不断提高服务经济社会的能力和水平。2005 年，我国保险业为全社会提供了近 110 万亿元的风险保障，为 2.5 亿人次提供了商业健康保障。在支持对外贸易和投资方面，保险业近 3 年来共为 426 亿美元的出口和投资提供了收汇保障，为 80 多个大型中长期外贸及投资项目提供保险支持。在辅助社会管理方面，保险业积极参与新型农村合作医疗改革试点，共为 1765 万农民提供合作医疗保险服务。

4. 证券投资成为保险资金运用的主渠道

2005 年，保险资金运用总量进一步增加，保险资金运用渠道进一步拓宽。2005 年末，保险资金运用余额为 14316 亿元，比年初增加 3357 亿元，同比增长 30.6%。

自 2004 年保险资金准许直接投资股票市场以来，证券投资成越来越成为保险资金运用的主渠道。2005 年证券投资总额为 8897 亿元，同比增长 55.7%，占资金运用总量的比重达到 62.1%，比 2004 年提高 10 个百分点；银行存款在保险资金运用总量的比重持续下降，2005 年为 36.6%，比 2004 年降低 8.7 个百分点。在证券投资中，国债投资仍然是证券投资的重要组成部分，但是所占比重逐步下降，2005 年为 40.3%，比 2004 年的 46.4% 下降 6.1 个百分点。

保险投资收益率得到逐步提升。全年保险资金投资收益率为 3.6%，其中，股票投资平均收益率超过 6%。同时，保险机构也成为债券市场的第二大机构投资者，对于增强债券市场活力、改善企业治理结构发挥了越来越大的作用。

专栏 资本构成变化明显 重要行业仍显国家控制力

实收资本是指企业以货币、实物、无形资产等形式实际投入运营的资本或股本。它是衡量经济实力的一个重要指标,按投资主体可分为国家资本、集体资本、法人资本、个人资本、港澳台资本和外商资本。为了更清晰地观测资本属性,我们把法人资本按企业中其它五项资本的比例分摊到各项。

第一次全国经济普查资料显示,2004 年底我国企业法人实收资本为 18.2 万亿元,比 2001 年增加 4.5 万亿,平均每年增长约 10%,与 GDP 增长基本同步。实收资本结构虽然有较大变化,但重要行业仍显国家控制力。

一、实收资本属性比重:公有降低非公有上升

2004 年实收资本中,公有资本占 56.0%,其中国家资本占 48.1%,集体资本占 7.9%,分别比 2001 年降低了 6.3 和 3.4 个百分点;非公有资本占 44.0%,其中个人资本占 28%,比 2001 年上升了 9.6 个百分点,港澳台和外商资本合计占 16%,仅比 2001 年上升了 0.1 个百分点。

二、实收资本分布:国有和集体企业比重降低,其余企业比重上升

2004 年国有企业(含国有独资公司、国有联营企业)实收资本占 36.1%,比 2001 年降低了 4.9 个百分点;集体企业(含股份合作企业、集体联营企业)占 4.3%,降低了 4.9 个百分点;私营企业占 15.7%,上升了 5.4 个百分点;港澳台商投资企业占 7.3%,降低了 1.8 个百分点;外商投资企业占 10.6%,上升了 1.7 个百分点;其余类型企业占 26.0%,上升了 4.5 个百分点。

三、分行业实收资本构成:重要行业国家资本占绝对控制地位

分行业大类看,国家资本占绝对控制地位的行业有 31 个:煤炭开采和洗选业、石油和天然气开采业、烟草制品业、石油加工炼焦及核燃料加工业、黑色金属冶炼及压延加工业、电力热力的生产和供应业、燃气生产和供应业、水的生产和供应业、铁路运输业、道路运输业、城市公共交通业、水上运输业、航空运输业、管道运输业、仓储业、邮政业、电信和其他信息传输服务业、银行业、证券业、保险业、其他金融活动、商务服务业、专业技术服务业、地质勘查业、水利管理业、公共设施管理业、其他服务业、社会保障业、新闻出版业、广播电视电影和音像业、体育。

(执笔:杨宽宽)

(二)保险业在防范风险中创新发展

1. 保险产品更具专业性

2005 年保险业落实国家政策,积极着手解决"三农"问题,在农业保险、农村新型合作医疗等领域试点工作逐渐向纵深发展,保险业已经成为农村、农业、农民稳定生产生活的又一重要保障。我国保险业大力推动农业保险、健康保险、责任保险、养老保险等方面的发展,走专业化经营之路,使保险业无论在提供经济补偿、促进经济发展方面,还是在完善社会保障体系、构建和谐社会等各个方面均发挥了突出的作用,也使保险业的规模和效益同步提高。

2. 公司改革不断取得新突破

在我国金融系统中,保险业仅用了几年的时间就率先完成了国有公司的股份制改造。目前,除政策性的出口信用保险公司外,所有中资保险公司都采取了股份制的组织形式。中国人保、中国人寿、中国平安三家保险公司通过改制上市,在境外共筹集资金 487 亿元,进一步充实了资本金,从根本上改变了我国保险业偿付能力总体不足的状况,为全面实施偿付能力监管奠定了基础。2005 年,我国保险业资本金总量突破 1000 亿元,大大增强了保险业的总体承保能力和抵御风险的能力。通过改造,我国保险公司的实力大大增强,国际地位大幅提升。

3. 对外开放呈现新局面

截止 2005 年 12 月末,我国外资保险公司有 40 家,外资公司 2005 年的保费收入达到 341 亿元,占总保费收入的 6.9%。保险作为我国金融业最早对外开放的行业,一直坚持对外开放的主动性、安全性和渐进性,注重引进资本实力雄厚、管理先进、与我国保险市场互补性较强的外国保险公司,从而促进了中外资保险公司公平竞争、共同发展。目前,保险业已步入对外开放的新阶段,并呈现出合作共赢、优势互补、相辅相成、和谐发展的新局面。

(执笔:徐雄飞、王绍辉、肖益忠、许晓娟)

2005年市场价格基本情况

2005年,国家实施了有效的宏观调控政策,在国民经济保持稳定快速增长的同时,投资增长过快的势头得到了控制,市场价格基本稳定。全国工业品价格涨势趋缓,工业品出厂价格比上年上涨4.9%,原材料、燃料、动力购进价格比上年上涨8.3%,涨幅分别回落1.2和3.1个百分点;固定资产投资价格比上年上涨1.6%,涨幅回落4个百分点;房屋销售价格比上年上涨7.6%,涨幅回落2.1个百分点;居民消费价格温和上涨,比上年上涨1.8%,涨幅回落2.1个百分点。

一、市场价格涨跌情况

工业品价格、固定资产投资价格、房地产价格和居民消费价格,与上年相比,涨幅均出现不同程度的回落。

(一)2005年工业品价格总体涨势趋缓

2005年,工业经济运行情况良好,对工业产品的市场需求继续保持旺盛势头,但投资过快增长的势头得到遏制,生产资料总体上供不应求的局面有所缓解,部分产品价格冲高后逐步回落。

工业品价格全年呈现前八个月大致平稳,后四个月逐月回落的格局。一季度,受原油、煤炭和有色金属价格大幅上涨的影响,工业品出厂价格上涨5.6%,原材料、燃料、动力购进价格上涨10.1%。二、三季度,受国际原油价格持续攀升、屡创新高的影响,工业品价格继续上涨,但各地加强了煤电油运的供给,再加上钢材价格的不断回落,工业品价格涨势趋缓,工业品出厂价格分别上涨5.6%、4.9%,原材料、燃料、动力购进价格分别上涨9.6%、7.9%。5月份工业品出厂价格上涨5.9%,涨幅为全年最高。四季度,受国际原油价格大幅回落和钢材价格加速下降的影响,工业品出厂价格上涨3.5%,原材料、燃料、动力购进价格上涨5.6%。

工业品出厂价格上涨的行业面达87.2%,上涨面与上年持平。39个工业行业中有34个工业行业价格呈上涨态势,其中,涨幅最高的行业是石油和天然气开采业,涨幅高达29.9%。煤炭开采和洗选业、黑色金属矿采选业、有色金属矿采选业、石油加工炼焦及核燃料加工业和有色金属冶炼及压延加工业涨幅也较高,分别比上年上涨23.2%、12.3%、19.6%、18.4%和11.7%。

(二)固定资产投资价格涨幅逐季回落

2005年,固定资产投资保持快速增长,由于投资品市场主要建材出现供大于求,价格涨幅大幅回落,带动投资价格涨幅逐季平稳回落。

与上年相比,全国固定资产投资价格上涨1.6%,涨幅比上年回落4个百分点。其中,一季度上涨1.8%,二季度上涨1.7%,三季度上涨1.6%,四季度上涨1.2%。其中,占固定资产投资总额60%以上的建筑安装工程投资价格比上年上涨1.8%,涨幅比上年回落6.4个百分点,影响固定资产投资价格上涨约1个百分点。分季度看,一、二、三季度均上涨2.0%,四季度上涨1.3%;设备、工器具购置价格下降0.6%。分季度看,价格降幅逐季有所扩大,一季度下降0.2%,二季度下降0.6%,三季度下降0.7%,四季度下降1%;其他费用价格上涨3.2%,涨幅比上年回落0.3个百分点。

(三)房地产价格涨幅回落

由于房地产供需总量不平衡,中低档房屋供应量少,房屋刚性需求客观存在。而土地交易价格、原材料、金融费用等都在上涨,房地产价格仍在高位运行。2005年,国家出台了一系列宏观调控措施后效果显现,涨幅有所回落,但房屋销售市场仍然活跃。

全国房屋销售价格比上年上涨7.6%,涨幅比上年低2.1个百分点。其中,住宅上涨8.4%,涨幅回落1个百分点;非住宅上涨5.6%,涨幅回落1.5个百分点。

分地区看,全国35个大中城市房屋销售价格均有所上升,涨幅在0.9%-11.8%。超过10%的有2个城市,分别为呼和浩特(11.8%)和青岛(10.9%),另外成都(9.8%)、上海(9.7%)、杭州(9.7%)和大连(9.2%)的房屋销售价格涨幅较高。

2005年,全国土地交易价格比上年上涨9.1%,涨幅回落1个百分点。房屋租赁价格上涨1.9%,涨幅提高0.5个百分点。

(四)居民消费价格涨幅逐渐回落

与上年同期相比,全国居民消费价格上涨1.8%。一季度上涨2.8%(城市为2.5%,农村为3.5%),1-6月上涨2.3%(城市为1.9%,农村为2.9%),1-9月上涨2.0%(城市为1.7%,农村为2.5%),1-12月上涨1.8%(城市为1.6%,农村为2.2%)。

从各月环比来看,6个月环比价格指数上升,分别为1、2、8、9、10及12月。5个月的环比指数下降,分别为3、4、5、6和11月,7月份的环比持平。受春节假日和季节因素的影响,2月份环比指数上升最高,为1.8%,3月份环比指数下降最多,为0.9%。

从全国31个省(区、直辖市)来看,消费价格比上年同期均有所增长。增幅在2.0%以上的有9个省(区),最高为湖北,增幅为2.9%。增幅在1.0%以下的有3个省(区),最低为新疆,增幅为0.7%。其中,30个省(区、直辖市)的食品价格增幅在0.1%-4.9%之间,北京、广东、上海、湖北的食品价格比上年同期分别增长了4.9%、4.7%、4.5%和4.2%,只有新疆例外,食品价格下跌了1.5%。

从36个大中城市来看,除乌鲁木齐和西宁外,其他城市的消费价格比上年均有所增长。涨幅居前三位的是武汉、福州和郑州,分别为2.7%、2.5%和2.4%。乌鲁木齐和西宁的消费价格比上年分别下跌0.5%和0.1%。

农村居民消费价格涨幅继续高于城市。与上年同期相比,2005年农村居民消费价格总水平上涨2.2%,涨幅高于城市0.6个百分点。在八大类商品和服务中,只有食品和居住价格的涨幅,城市大于农村,分别高出0.6和0.4个百分点。其余六大类商品价格涨幅,农村均高于城市。

二、2005年市场价格运行特点

(一)生产资料出厂价格上涨较大,生活资料出厂价格小幅下降

生产资料出厂价格上涨是影响工业品出厂价格上涨的主要因素。2005年,生产资料出厂价格比上年上涨6.8%,涨幅回落1个百分点,拉动工业品出厂价格总水平上涨约5个百分点。生活资料出厂价格略降0.2%,影响工业品出厂价格总水平下降约0.1个百分点。生产资料价格上涨主要受原油、成品油、煤炭和有色金属价格上涨较高的影响。从主要分类看,采掘工业价格涨幅最高,达25.8%。其次是原料工业价格上涨9.8%,加工工业上涨2.2%。生活资料中,食品类和衣着类出厂价格分别略涨0.9%和0.8%,一般日用品类上涨1.9%,耐用消费品类则下降3.2%。

*1.原油价格大幅上涨。*年初,国际原油市场价格不断上涨,3月15日的轻质原油价格创下了2004年10月26日以来的最高收盘价。受其影响,国内于3月23日调整了成品油的出厂和零售价格。一季度,原油出厂价格比上年同期上涨24.5%。二季度,国际原油价格波动较大,国内在5月10日调高了柴油的出厂价格,在5月23日降低了汽油的出厂价格,但下调的幅度远远低于前期上调的幅度。三季度,国际原油价格涨势凶猛。8月29日,美国纽约商品交易所WTI近月期货价格一度突破70美元/桶的历史纪录,之后有所波动,但始终保持在高价位上。国内于7月12日和23日分别上调了汽、柴油的出厂价和零售中准价,这是2005年成品油价格的第五次调整。三季度原油出厂价格比上年同期上涨33.6%。四季度,国际原油价格出现回落态势,11月17日,纽约商品交易所WTI近月期货价格大幅下跌,比最高时下跌13.47美元/桶,降幅达19.3%,降至5个月来最低。国内原油及成品油价格也随之高位回落。

2005年全年,原油出厂价格比上年上涨31.1%,涨幅比上年提高10.8个百分点,影响工业品出厂价格总水平上涨约1个百分点。成品油价格涨幅也较高,汽油、柴油出厂价格分别比上年上涨21.2%和20.7%。

*2.煤炭产品价格继续上涨,但涨幅逐渐回落。*2005年,工业(特别是高耗能的重工业)增速回落,电力需求增速有所降低。加上新增装机保持较快增长,水电增发较多,电力供需矛盾呈缓解趋势。受此影响,煤炭需求增速回落,供求紧张状况有所缓解,煤炭价格冲高回落。上半年,煤炭价格居高不下,7月中下旬,山西、山东、河南、安徽等主要产煤区的煤炭出矿价格开始下滑,部分地区价格降幅达到10%—20%。原煤价格涨幅由年初的26%缩小到年底的16.5%,回落了9.5个百分点。2005

年全年,原煤出厂价格上涨了23.3%。

3. 钢材价格冲高后转降。近两年,国内外钢材需求激增导致钢材价格飞涨,社会各方资本纷纷投资钢铁业,刺激了钢铁产能过快扩张,钢材的生产增长速度以不低于20%的幅度递增,最终导致市场供大于求,价格下跌。年初,钢材产品价格延续上年底涨幅趋缓之势,涨幅进一步回落,一季度,黑色金属冶炼及压延加工业出厂价格比上年同期上涨8.3%。二季度,钢材价格基本平稳,小幅波动。三季度以后,产能过剩的消极效应逐渐显现,供大于求的局面更加严重。8月份开始,部分钢材产品价格由升转降,到年底,钢材产品价格全部在高位转为下跌趋势。2005年全年,黑色金属冶炼及压延业产品出厂价格比上年上涨4.7%,涨幅与上年比回落14.2个百分点。其中,普通大型钢材上涨1.5%,普通中型钢材下降1.5%,普通小型钢材上涨2.4%,线材下降0.4%,中厚钢板上涨6.6%,薄钢板上涨7.9%。

4. 有色金属价格持续上涨。2005年,国际有色金属市场价格始终保持高价位,加上国内对有色金属的需求较大,致使有色金属价格持续大幅上涨。与上年相比,2005年有色金属冶炼及压延业产品价格上涨11.7%。其中,铜、铅、锌、镍、铝、锡的出厂价格涨幅在5.1%—17.6%之间。

(二)食品、服务和居住涨价拉动居民消费价格上涨

从构成上看,食品价格上涨和服务项目价格上涨两项合计拉动价格总水平上涨1.76个百分点。居民消费价格的八大类四升四降。即:食品、烟酒、娱乐教育文化和居住四大类价格上升,衣着、家庭设备用品、医疗保健、交通通信四类下降。

1. 食品价格上涨是拉动价格总水平的主要因素。2005年,食品价格比上年同期上涨2.9%,涨幅较上年缩小7个百分点。食品价格上涨,拉动居民消费价格总水平上涨0.99个百分点,占消费价格总涨幅的55.1%。其中,粮食价格上涨1.4%,肉禽及其制品价格上涨2.5%,水产品价格上涨5.9%,蛋类价格上涨4.6%,上述四项合计,引起居民消费价格总水平上涨0.44个百分点,占食品价格总涨幅的44.5%。

2. 居住类价格涨幅较高。2005年居住价格比上年同期上涨5.4%,其中水、电、燃料价格上涨8.6%,拉动居住价格水平上涨3.6个百分点。特别是各地不断上调液化气价格,液化石油气比上年上涨了16.6%。居住类中的建房及装修材料价格持续上涨。建材价格比上年同期上涨2.6%,拉动居住价格水平上涨0.9个百分点。

3. 服务项目价格涨价较快,也是拉动价格总水平上涨的重要因素。2005年,在水、电、燃料价格上调后,医疗保健服务、义务教育杂费和学杂托幼费等相继上涨。与上年同期相比,全年服务项目价格上涨3.3%,涨幅较上年提高1个百分点,拉动消费价格总水平上涨0.77个百分点。其中,医疗保健服务上涨5.2%,学杂托幼费上涨5.4%。

(三)主要工业消费品价格继续下降。2005年,除烟酒类价格上涨0.4%外,居民消费中的大部分工业消费品价格仍呈下降态势。但受上游价格上涨的影响,家庭设备用品和交通通信类价格比上年同期的降幅分别缩小1.3和0.5个百分点。

与上年同期相比,衣着类价格下降1.7%。其中,服装价格下降1.9%,衣着材料价格持平;医疗保健和个人用品价格下降0.1%。其中,西药价格下降2.3%,中药材及中成药价格下降3.5%;家庭设备用品价格下降0.1%。其中,耐用消费品价格下降1.2%,家庭设备价格下降1.5%;交通工具价格下降2.7%,通信工具价格下降15.9%。其中,汽油价格上涨15.2%,柴油价格上涨14.4%。

三、影响市场价格变动的主要因素

国家对投资过热和房地产业的调控,对相关行业产生了一系列的链式反应。对工业品价格的影响,最明显的是钢铁行业。黑色金属冶炼及压延业产品出厂价格涨幅与上年比回落14.2个百分点。另外,国际市场的价格变动对国内市场价格走势的影响更显著。受国际市场影响最明显的是石油行业,原油出厂价格涨幅比上年提高10.8个百分点。下游产品中的汽油、柴油和液化石油气价格也一再攀升。土地价格上涨及建筑材料及人工费的涨价,使得房地产价格受成本推动的作用而上涨。

(一)国际市场价格波动影响了工业品价格

2005年,国际市场的变化严重影响着国内主要生产资料的价格。国际原油市场价格的剧烈波动,国际铜的期货合约,铁矿石的定价谈判,始终是影响国内主要生产资料价格的重要因素。由于中国目前还没有重大商品国际贸易定价权,相对于欧美发达国家而言,我国的工业化还处于对国际原材料依赖十分明显的阶段。因此,中国已成为国际原材料价格上涨过程中真正的利益受损方。国际市场价格波动成为拉动国内工业品价格上涨的重要因素。

（二）国内供求关系影响了工业品价格

一方面，随着我国宏观调控政策效应的逐渐显现，2005 年工业生产和投资增速有所回落，煤电油运全面紧张的局面逐渐好转，经济发展对主要生产资料的需求有所减弱；另一方面，随着近几年投资的高速增长，主要生产资料生产能力的增长速度快于需求的增长。生产资料供求关系已由上年的总体上供不应求转变为 2005 年的部分产品供求基本平衡，部分产品供大于求。供求关系的转变是导致今年以来工业品价格总体涨幅回落的主要原因。

（三）原材料价格涨幅高，成本推动成品价格上涨

2005 年，原材料、燃料、动力购进价格上涨较高，全年上涨 8.3%，高出工业品出厂价格涨幅近一倍。九大类购进产品价格全面上涨。其中，燃料动力类和有色金属材料类涨幅较高，分别上涨 15% 和 14%。原材料等中间消耗价格高涨，加大了成本推动，带动了工业品出厂价格上涨。

（四）食品价格上涨和政策性调价影响了消费价格变动

2005 年，粮食价格涨幅回落，但受肉、禽、蛋等副食品的价格上涨的影响，食品价格上涨仍是推动价格总水平上涨的主要动力，但对价格总水平的拉动作用减弱。城市公共服务项目的政策性调价影响。水、电、燃气等价格不断调价，以及学杂托幼费等价格的上涨，引起服务项目价格涨幅加大。

四、需关注的问题

“十一五”时期，我国经济仍然要保持平稳较快的增长。由于资源产品制约与环境污染趋重，政府制定了一系列政策，旨在扩大消费的同时，节约资源，提高资源效用。

在价格运行过程中，还需要注意以下问题：

（一）宏观调控要适度。近几年投资规模不断扩大导致加工业生产能力过剩，上游产品的价格上涨难以传导到消费品上。同时，经济全球化、科技进步、生产力发展提高了劳动生产率，降低生产成本。高科技产品和部分供过于求的工业消费品价格将继续走低。政府要把握好宏观调控的方向、力度和时机，保持投资合理较快增长，完善中长期投资结构，既要抑制市场价格上涨过快，也要避免调控过度引发金融风险。要保持房地产市场价格的基本稳定，健康发展房地产业。进一步培育和维护居民消费需求，缓解消费品市场供过于求的矛盾。

（二）控制部分资源型产品和服务项目价格的增长幅度。2004 年以来，各地普遍实施“两条控制线”措施，政策性调价项目减少或推迟出台。但受原材料价格不断上涨和成本持续上升的影响，水、电、燃气等资源型产品和服务价格面临越来越大的调价压力。民用液化气价格屡创历史新高，水价近几年快速上涨。虽然粮食价格涨幅有所回落，但肉禽蛋及水产品、鲜菜等价格仍保持了较高的涨幅，再加上与居民日常生活息息相关的消费品及服务项目（如液化石油气、水、电、教育费及医疗费）的涨价，对于低收入居民阶层的影响较大。

各地在适时推出服务项目价格调整政策、缓解其比价不合理的同时，要充分考虑居民的收入水平和承受能力，应该继续执行“两条控制线”措施，控制价格上涨幅度及对消费价格总水平的拉动。要关注价格上涨对低收入居民生活的影响程度，加强对低收入家庭和特困人群的价格补贴和救济工作。另外，政府要坚决制止重大公用事业生产经营部门以各种名义牟取垄断利益的行为。

（三）注意需求不足对居民消费价格的影响。据全国城镇住户调查资料显示，2005 年我国人均可支配收入实际增长 9.6%，消费支出实际增长 8.9%，平均消费倾向为 75.7%，居民消费意愿趋向保守。央行的最新数据显示：截至 2005 年 12 月，我国居民人民币储蓄存款余额已经突破 14 万亿元，创造历史新高。持续攀升的教育费用、不断上涨的房价以及尚不健全的社会保障制度等等，都抑制了居民的消费需求，导致了储蓄率居高不下，也抑制了居民消费价格的大幅上涨。

（四）保证食品价格走势平稳，稳定居民消费价格。近两年我国粮食恢复性增产，国家继续将“三农”问题放在首位，粮食供给形势继续改善。粮食价格在 2004 年的恢复性上涨后已达到一个较高水平，近期将保持平稳状态，粮价对价格总水平的上拉作用将有所减弱。但农资价格全面上涨，对农产品价格上涨也会有一定的推动作用。2005 年，全国农资价格比上年上涨 8.3%。由于生产成本和运输成本上升可能继续推动农资价格上涨，使农民增收的实惠受到挤压或缩水。若不采取切实有力的措施抑制农业生产资料涨价过猛的势头，必

专栏 “十五”时期国内消费品市场繁荣活跃、热点纷呈

“十五”时期,国内消费品市场繁荣活跃,稳定发展。市场规模不断扩大,销售热点纷呈,市场主体多元化发展,非公经济发展迅速,市场运行的稳定性增强,对外开放进入历史性发展新阶段。

一、市场销售稳定增长,规模连年扩大。“十五”时期,国内市场社会消费品零售总额年平均增长11.4%,扣除物价因素,实际年平均增长11.1%,比“九五”时期实际年平均增长速度高0.5个百分点。

二、市场主体多元化格局鲜明,非公经济发展迅速。“十五”时期,商业流通体制改革不断深化,形成了适应市场经济发展需要,竞争更加充分的多元化发展格局。根据第一次全国经济普查资料,在全部批发和零售贸易业企业法人单位中,私营企业占63%,港澳台商投资企业占0.3%,外商投资企业占0.8%,而国有、国有联营和国有独资企业共占8.3%,集体、集体联营和股份合作企业共占12.8%,其余类型企业占14.8%。

在批发和零售贸易业法人企业从业人员中,私营企业占39.2%,港澳台商投资企业占0.9%,外商投资企业占2%,国有、国有联营和国有独资企业共占20%,集体、集体联营和股份合作企业共占12.7%,其余类型企业占25.2%。

三、居民消费升级及其进程的延续,使市场销售热点纷呈。随着我国居民收入的增长和市场商品供应的丰富,加速了以住房、汽车、通讯电子、教育、旅游休闲为主要消费点的居民消费升级进程,这是“十五”时期消费品市场的重大经济现象,也使市场销售热点纷呈。

四、“假日消费”带动市场繁荣。从1999年开始实行的“黄金周”休假制度,不仅给旅游市场带来了发展机遇,也在很大程度上促进了消费品市场的繁荣。从有关部门的统计监测数据看,每年3个“黄金周”期间,国内重点旅游城市所监测的部分商业企业和餐饮企业的商品销售额和营业收入同比增长速度均快于所在月份社会消费品零售总额的同比增长速度。同时,以“黄金周”为契机,带动了形式多样的周末城市周边休闲度假旅游,加之机关、企事业单位职工的休假以及学生的寒暑假,“假日消费”迅速发展成为消费品市场新的增长点。

五、餐饮业销售保持较快增长速度。“十五”期间,我国餐饮业零售额年平均增长速度达到16.7%,领先于社会消费品零售总额平均增长速度近6个百分点。餐饮业零售额占社会消费品零售总额的比重,由2000年的11%上升到2005年的13.2%。

六、农村市场发展相对滞后,但已初现良好发展势头。我国农民从整体看现金收入相对偏低,加上农村消费环境的局限,使农村市场发展长期滞后于城市市场。“十五”期间,县及县以下消费品零售额年平均增长8.7%,比城市零售额平均增长速度低4.2个百分点。但2004年以来,农村市场销售出现持续回升的良好态势,消费品零售额月度同比增长速度稳定在10%以上,摆脱了自1997年以来的长期低迷状态,成为国内消费品市场稳定发展的重要因素。

(执笔人:罗卫华)

将增加农业生产成本,对农民生产积极性造成一定影响,使主要农产品市场供求状况发生变化,进而会影响农产品市场价格走势。相关部门应建立对基本农业生产资料价格的直接补贴机制,并加大农资市场的监管力度,严厉打击哄抬农资价格的行为。同时要进一步贯彻和落实粮食最低收购价格保护政策,进一步采取有效措施稳定粮食价格。

(执笔:董雅秀)

2005 年城乡居民生活情况

城镇居民生活水平进一步提高

2005 年是“十五”规划的最后一年，“十五”时期我国国民经济快速、平稳、协调发展，价格总水平保持基本稳定。全国城镇居民收入增长幅度明显超过“九五”时期，城镇居民消费能力进一步增强，消费结构升级加快，生活质量显著提高，生活水平向富裕扎实迈进。

一、城镇居民可支配收入快速增长

2005 年，城镇居民人均可支配收入突破万元大关，达到 10493 元（占总收入的 92.7%），比上年增长 11.4%，扣除物价因素，实际增长 9.6%，增幅快于 2004 年 1.9 个百分点。

“十五”时期，全国城镇居民人均可支配收入年均实际增长 9.6%，比“九五”时期的 5.7% 高出 3.9 个百分点。

（一）各项收入均增长

1. 工薪收入快速增长。“十五”时期，国有、集体和其他经济类型单位职工的工资水平均有较大幅度的提高。2005 年人均工薪收入达到 7798 元，比上年增长 9%，比 2000 年增长 74.0%，年均增长 11.7%。工薪收入仍然是构成城镇居民总收入的主体，占总收入的比重为 68.9%。

2. 非公经济发展迅猛，经营净收入高速增长。“十五”时期，政府出台了一系列发展非公经济的优惠政策，特别是对下岗、失业人员从事非公经济给予更大的优惠，城镇居民人均经营净收入高速增加。2005 年人均经营净收入 680 元，比上年增长 37.6%，比 2000 年增长 1.8 倍，年均增长 22.5%。

3. 转移性收入快速增长。“十五”时期，各级政府提高了最低生活保障标准、最低工资标准和其他相关标准，给低收入家庭和离退休人员带来了实惠。2005 年人均转移性收入 2651 元，比上年增长 14.2%，比 2000 年增长 84.0%，年均增长 13.0%。

4. 财产性收入高速增长。2005 年人均财产性收入 193 元，比上年增长 19.7%，比 2000 年增长 50.2%，年均增长 8.5%。

（二）收入构成有所变化

“十五”时期，产业结构的不断调整和优化，以及就业渠道不断扩宽，为城镇居民就业和增收创造了条件。同时，政府高度重视低收入家庭和离退休人员的生活，加大了转移支付的力度，城镇居民获得收入的渠道趋向多元化，收入构成发生了较大变化。工薪收入以外的经营、转移性收入已经成为城镇居民收入增长的新亮点。工薪收入和财产性收入比重下降，经营性收入和转移性收入比重上升。

2005 年，城镇居民的全部收入中，工薪收入占 68.9%，比上年下降 1.7 个百分点，比 2000 年下降 2.3 个百分点；经营净收入占 6%，比上年上升 1.1 个百分点，比 2000 年上升 2.1 个百分点；财产性收入占 1.7%，比上年提高 0.1 个百分点，比 2000 年下降 0.3 个百分点；转移性收入占 23.4%，比上年上升 0.5 个百分点，比 2000 年上升 0.5 个百分点。

（三）高、低收入组间收入差距继续扩大

2005 年 10% 的最高收入户人均可支配收入为 28773 元，比上年增加了 3396 元，增长 13.4%，是全国平均收入的 2.7 倍。10% 的最低收入户家庭人均可支配收入为 3135 元，比上年增加了 272 元，增长 9.5%，仅为全国平均收入的 29.9%。最高 10% 与最低 10% 收入户的人均收入之比为 9.2 倍，比上年的 8.9 倍扩大了 0.3 倍。最高 10% 收入户的收入增长明显快于最低 10% 收入户，收入增长速度的明显差异使高低收入组之间的收入差距继续扩大。

（四）地区间收入差距较大

2005 年，城镇居民可支配收入增长幅度超过全国平均水平的有 13 个省（直辖市），收入过万元的有 9 个省（直辖市），其中收入排在前 5 位的均

位于东部地区,分别是上海(18645元)、北京(17653元)、浙江(16294元)、广东(14770元)和天津(12639元)。收入排后3位的分别是新疆(7990元)、青海(8058元)、甘肃(8087元),均位于西部地区。

三十六个大中城市人均可支配收入为13083元,比上年增长12.5%。其中收入排在前5位的城市分别是深圳(28665元)、上海(18645元)、广州(18287元)、北京(17653元)和宁波(17410元)。收入排后3位的城市分别是西宁(8397元)、兰州(8529元)、银川(8859元)。

(五)城乡居民收入差距继续扩大

2005年农民人均纯收入为3255元,城镇居民与农村居民人均收入之比由2000年的2.8:1扩大到3.2:1。

二、城镇居民生活质量进一步提高

“十五”时期,各类消费支出均呈增长态势,消费结构趋于优化。作为基本生存需要的食品、衣着和用品类消费占消费支出的比重逐年下降和稳定。万元级的电脑、十万元级的小汽车、商品房,逐步进入百姓家庭。旅游、无线通信以及服务性消费成为“十五”时期城镇居民消费的热点和亮点,居民生活质量显著提高。

2005年,城镇居民人均消费性支出7943元,比上年增长10.6%,扣除物价因素,实际增长8.9%,增幅比2004年高2.1个百分点。“十五”时期,全国城镇居民人均消费性支出年均实际增长8.5%,比“九五”时期的5.0%高出3.5个百分点。

(一)食品消费由量的满足转向质的提高,恩格尔系数持续下降

“十五”时期,城镇居民在吃饱吃好的基础上,更加注重膳食结构,追求营养、平衡和合理的膳食。

2005年城镇居民人均食品支出2914元,比2000年增长47.8%,年均增长8.1%。食品支出占消费支出的比重(即恩格尔系数)从2000年的39.4%下降至2005年的36.7%,减少了2.8个百分点。恩格尔系数持续下降,标志着城镇居民生活质量的进一步提高。

从主要食品消费量看,主食消费略有下降,肉、油、蛋、奶等食品消费显著增加,营养结构进一步改善。2005年人均购买粮食77公斤,比2000年减少5.3公斤;人均购买猪、牛、羊肉23.9公斤,比2000年增加3.9公斤;人均购买鲜菜118.6公斤,比2000年增加3.9公斤;人均购买鲜乳品17.9公斤,比2000年增加8公斤。

2005年,购买肉、禽、蛋、水产品支出在食品消费中比重仍然保持最高,达28.3%,人均825元,比上年增长6.7%;人均购买粮油类支出389元,比上年增长1.9%,占食品支出的13.4%;人均购买蔬菜类支出276元,比上年增长7.4%,占食品支出的9.5%;人均购买糖、烟酒、饮料类支出310元,比上年增长8.5%,占食品支出的10.6%;人均购买奶及奶制品支出139元,比上年增长4.7%,占食品支出的4.8%。

随着居民消费观念的更新,在外用餐支出迅速增长。2005年城镇居民人均在外用餐支出607元,比上年增长13.9%,占食品支出的20.9%。比2000年增长1.1倍,年均增长16.1%。

(二)汽车开始进入百姓家庭,成为新的代步工具

“十五”时期,随着城镇居民收入的大幅度提高,汽车工业的蓬勃发展,汽车快速进入居民家庭,至2005年底,城镇居民每百户拥有家用汽车3.4辆,比2000年底增加了2.9辆,增长了5.6倍,年均增长45.9%。

随着家用汽车拥有量的增加、油价的上升,与之相应的交通支出也有大幅增长。2005年城镇居民人均交通支出500元,比上年增长28.4%,比2000年增长了1.6倍,年均增长20.8%。占消费支出的比重为6.3%,比上年上升1.0个百分点,比2000年上升了2.4个百分点。

(三)旅游消费增长快速,外出旅游成为居民享受生活的体现

居民休闲时间增加,利用节假日外出,领略祖国的大好风光或异国风情成为居民享受生活的重要体现。“十五”时期三大黄金周的推行,为上班族外出旅游创造了条件。城镇居民黄金周的出游促进了旅游消费的增长。

据旅游专项调查资料显示,2005年城镇居民国内出游总人次为4.96亿人次,比2000年增加了1.67亿人次,增长50.9%。人均用于旅游的花费为736.5元,比2000年增长了8.5%。

(四)通信和网络快速发展,信息消费成为亮点

随着信息产业的快速崛起,计算机与通讯技术的不断创新,极大地刺激了居民的信息消费需求,使城镇居民通信消费和网络消费保持着旺盛的购买力和较高的增长水平。

2005 年城镇居民人均通信消费支出 497 元，比上年增长 9.4%，比 2000 年增加了 264 元，年均增长 16.3%。占消费支出的比重为 6.6%，比上年上升 0.3 个百分点，比 2000 年上升了 1.9 个百分点。

移动电话在城镇居民家庭中的普及速度更加迅猛。2000 年平均每百户仅有手机 19.5 部，2005 年底，每百户城镇居民移动电话拥有量达 137 部，比上年增加了 25.7 部，比 2000 年增长 6 倍，年均增长了 47.7%。每百户居民接入互联网计算机和移动电话数达 32.2 台/部。

（五）居民保健意识增强，支出增长迅猛

生活水平的提高，以及生活方式的改变使得城镇居民对自身的保健愈加重视，各类健身器材、保健器材和滋补保健品迅速进入普通居民家庭，使保健消费支出迅猛增长。

2005 年城镇居民家庭人均医疗保健消费支出 601 元，比上年增长 13.8%。占消费支出的比重为 7.6%，比上年上升 0.2 个百分点，比 2000 年上升了 1.2 个百分点。其中，人均医疗药品等支出 515 元，比上年增长 13.6%。人均保健支出 86 元，比上年增长 15%，比 2000 年增长了 1.8 倍，年均增长率为 22.7%。

（六）文化娱乐支出及社会化家庭服务消费支出增势强劲

收入的增长和人民精神文化需求的增多促进了文化事业和文化产业在“十五”时期的繁荣，城镇居民文化娱乐支出增势强劲。

2005 年城镇居民人均用于文化娱乐的消费支出为 526 元，比 2000 年增长 72.0%，年均增长 11.5%。其中用于文化娱乐服务的支出从 2000 年的 88 元猛增至 2005 年的 246 元，年均增幅达到 22.8%。

随着社会服务行业和家政行业等第三产业的发展，城镇居民家庭花钱雇保姆，请钟点工，将家务劳动社会化，给生活带来极大方便。

2005 年城镇居民人均服务性消费支出 2224 元，比 2000 年增长了 94.1%，年平均增长 14.2%。家庭服务性消费支出快速增长体现出城镇居民生活方式和消费理念的转变。

（七）居住支出增加，居住质量提高，向“居者有其屋”的目标逐渐迈进

“十五”时期，随着住房改革的全面推进，住房货币化的全面实施，出现了购新换旧以及购房投资的热潮，居住消费支出同步增长。

2005 年城镇居民人均居住消费支出 809 元，比上年增长 10.2%，比 2000 年增长 43.0%。2005 年人均住房支出 249 元，同比增长 0.5%；水、电、燃料等支出 516 元，增长 14.4%；居住服务费支出 43 元，增长 26.2%。

2005 年底，住宅中房屋产权私有率为 88.6%，比 2000 年提高了 11.5 个百分点，离实现“居者有其屋”的目标更近了一步。

居民用于购房建房的支出增长迅速，2005 年人均 713 元，比 2000 年增长 56.8%，人均归还住房贷款 187 元，比 2000 年增长了 5.2 倍。

居民住房的配套设施、使用面积和住宅式样都发生了质的飞跃。2005 年底，城镇居民人均使用面积为 21.3 平方米，比 2000 年增加了 3.3 平方米。2005 年，有 2.9% 的城镇居民家庭居住单栋住宅，比 2000 年提高了 0.7 个百分点；有 33.1% 的家庭居住三、四居室，比 2000 年提高 5.8 个百分点；有 6.8% 的城镇居民家庭居住平房，比 2000 年下降 12.8 个百分点。同时住宅的配套设施得到明显改善。2005 年住宅内无卫生设备的家庭比重为 5.5%，比 2000 年下降 9.8 个百分点；有 87.6% 的家庭使用管道煤气和液化气，比 2000 年提高 9.9 个百分点；有 99.2% 的城镇居民家庭能饮用洁净水，比 2000 年提高 1.0 个百分点。

（八）衣着支出比重及家庭设备用品支出趋于稳定

衣着消费更加追求美观、舒适，更加讲究时尚化、名牌化。2005 年，城镇居民人均衣着支出 801 元，比上年增长 16.6%。占消费支出的比重为 10.1%，与 2000 年持平。

家庭设备用品也由于前期的积累，普及率较高，基本进入饱和期。居民家庭用于购置家庭设备用品的支出减少，消费比重逐年减少。2005 年人均购买家庭设备用品支出占消费支出的比重为 5.6%，比 2000 年下降了 1.9 个百分点。但购买电脑、移动电话等电器快速增多。2000 年至 2005 年，城镇居民耐用消费品拥有量增加较为明显的有：家用电脑平均每百户 41.5 台，增加 31.8 台；微波炉 47.6 台，增加 30 台；空调 80.7 台，增加 50 台；移动电话 137 部，增加 117.5 部。

（九）杂项商品及服务支出增长较快

随着居民生活水平的提高，美容、美发、化妆用品消费增长加快。2005年城镇居民人均杂项商品及服务支出278元,比上年增长15.6%,比2000年增长61.5%。

三、需要关注的问题

"十五"时期,在城镇居民生活质量显著提高并逐步走向富裕的同时,也存在着平均消费倾向低、不同收入群体间收入差距拉大等一些亟待解决的问题,"十一五"时期必需认真研究解决。

(一)不同收入群体间收入差距扩大

"十五"时期,城镇居民中不同收入阶层收入差距呈逐年扩大之势。最高10%与最低10%收入户的人均可支配收入之比从2000年的5.0倍扩大为9.2倍。"十五"时期最高10%收入户的收入名义增长1.2倍(九五时期为61.9%),最低10%收入户的收入名义增长18.2%(九五时期为22.3%),最高10%收入户的收入增长明显高于最低10%收入户。

(二)低收入户居民生活压力大

2005年10%的最低收入户人均可支配收入为3135元,人均消费支出为3115元,收支基本相抵。低收入户居民家庭的恩格尔系数为47.4%,比全国平均水平高10.7个百分点。食品支出用去了低收入户居民家庭近一半的收入,居住的支出占消费支出的12.3%,教育文化娱乐支出占消费支出的11.7%。

2005年,低收入户居民家庭医疗保健支出比上年增长25.6%,比平均增长幅度高11.8个百分点;居住支出比上年增长18.9%,比平均增长幅度高8.7个百分点。医疗和居住支出增长速度过快,增加了低收入户家庭的生活压力,降低了他们抵御风险的能力。

(三)平均消费倾向走低,高低收入户的消费倾向差距大

"十五"时期,城镇居民的平均消费倾向有逐年下降的态势。2005年城镇居民平均消费倾向为75.7%,比2000年下降了3.9个百分点。10%的低收入组在2005年的消费倾向为99.3%,比2000年提高了3.5个百分点。而10%的高收入组的消费倾向为66.6%,比2000年下降了2.9个百分点。高低收入户的消费倾向相差32.7个百分点,呈相反的趋势。一方面低收入阶层的收支基本相抵,有旺盛消费需求但无购买力;另一方面有强盛购买力的高收入群体,其基本消费需求已满足,收入大量以储蓄和金融资产的形式沉淀下来。

(执笔:董雅秀)

农村居民收入保持平稳较快增长

据对全国31个省(区、市)6.8万个农村住户的抽样调查,2005年农村居民人均纯收入保持平稳较快增长,生活质量继续改善。

一、农村居民收入

2005年农村居民人均纯收入为3255元,比上年增加319元,增长10.8%,扣除价格因素的影响,实际增长6.2%。

1.2005年农民收入来源与构成

(1)工资性收入。2005年农民的工资性收入人均1175元,比上年增加176元,增长17.6%,增长率比上年高9个百分点。工资性收入的增加额占全年农民纯收入总增量的55.5%。在工资性收入中,务工收入人均713元,比上年增加126元,增长21.5%。其中,本地打工收入人均244元,比上年增加55元,增长29.3%;外出务工收入人均469元,比上年增加71元,增长17.7%。

(2)家庭经营收入。2005年农民家庭生产经营纯收入人均1845元,比上年增加99元,增长5.7%,增速回落7.6个百分点,但仍保持较高水平。家庭经营纯收入的增加额占全年农民纯收入总增量的31%。

农户家庭从事第一产业生产经营纯收入人均1470元,比上年增加72元,增长5.1%,增速回落14.9个百分点。其中,农业纯收入人均1098元,增加41元,增长3.9%;林业纯收入人均46元,增加12元,增长34.1%;牧业纯收入人均284元,增加13元,增长4.6%;渔业纯收入人均43元,增加6元,增长17%。

农户家庭从事二、三产业生产经营纯收入人均375元,比上年增加27元,增长7.8%。其中,从事第二产业生产经营得到的纯收入人均108元，与上年基本持平；从事第三产业生产经营得到的收入人均267元，比上年增加27元，增长11.3%。

（3）财产性收入。2005年农民的财产性收入人均88元，比上年增加12元，增长15.5%。财产性收入中增加较多的是租金收入和转让承包土地经营权收入，其中租金收入人均20元，比上年增长38.8%，转让承包土地经营权收入人均8元，比上年增长34.9%。

（4）转移性收入。2005年农民得到的转移性收入人均147元，比上年增加32元，增长27.6%。增加较多的是家庭非常住人口寄回带回收入、离退休金及养老金、以及退耕还林还草补贴。政策性收入（包括粮食直补、良种补贴和购置更新大型农机具补贴收入）人均18元，比上年增长12.9%。

（5）纯收入构成。2005年家庭经营纯收入占纯收入比重的56.7%，仍然是农民收入最主要的来源，但占纯收入的比重保持稳中趋降之势，比2004年再降2.8个百分点。2005年工资性收入比重为36.1%，比2004年提高2.1个百分点。转移性收入比重为4.5%，比2004年提高0.5个百分点。

2. 农民增收特点

（1）家庭经营第一产业收入增速回落，二三产业收入增速回升

2005年家庭经营收入增速回落主要是由于第一产业中农业和牧业收入回落所致。2005年粮价略微下跌，一定程度上影响农业收入增长，但由于产量增加，全年农业收入仍保持了增长。另外，部分地区发生禽流感和猪链球菌疫情，对牧业增收造成一定影响。农户家庭从事二、三产业生产经营纯收入人均375元，比上年增加27元，增长7.8%，增加额和增长幅度在十五期间都是最高的。

（2）务工收入增长是农民增收的最主要来源

农民本地务工和外出务工收入增加是2005年农民增收的主要增长点，务工收入增加对全年纯收入增加的贡献率达到39.5%，其中，本地务工收入增加对纯收入增加的贡献率为17.2%，外出务工收入的贡献率为22.3%。

外出务工收入增加主要是因为务工人数和工资水平保持稳定增长。2005年农村常住户中外出务工劳动力占农村劳动力的比重为20.2%，比上年提高1.1个百分点，常住户中外出务工人数增加685万人，比上年增长7.3%；年均外出务工时间为8.2个月，与上年持平；农民工月工资水平比上年增长10.6%。外出务工收入71元的增量中有31元是因为务工人数增加引起的，40元是因为月收入水平提高引起的。

（3）各项惠农政策仍然是农民增收的重要因素

2005年农民继续从“两减免、三补贴”为主的惠农支农政策中受益。2005年全国28个省全面免征农业税，河北、山东、云南3个省也有210个县市免征了农业税，农民负担得到了大幅度减轻。2005年农民的税费负担人均13元，比上年减少24.4元，下降65.1%，税费负担占当年农民纯收入的比重由上年的1.3%下降为0.4%。2005年农民得到的粮食直补、良种补贴和购置更新大型农机具补贴收入人均18元，比上年增长12.9%。

（4）收入差距扩大

2005年农村居民内部收入分配差距扩大，农民人均纯收入的基尼系数为0.3751，比上年提高0.006。农民人均纯收入最高省与最低省的收入比由2004年的4.1∶1扩大到4.4∶1。城乡居民收入差距比为3.22∶1，比上年的3.21∶1略有扩大。除少数年份以外，改革开放以来以农民人均纯收入基尼系数衡量的收入差距不断扩大，特别是1999年以后，人均纯收入的基尼系数更呈现出逐年扩大的态势。从发展中国家的经验来看，我国目前的农村发展已经处于兼顾公平与效率的关键时期。

3. 2006年农民增收形势分析

（1）2006年农民增收的有利因素

2006年农民增收的有利因素主要表现在以下三个方面：

第一，政策保障。中央从2004年起，连续几年出台“一号文件”，运用财政、税收、价格等多种杠杆和手段，千方百计保护农民种粮积极性，减轻农民负担，增加农民收入。2006年是我国实施“十一五”规划的第一年，也是我国建设社会主义新农村的开局之年，各项支农措施的力度还将加大，给农民的实惠有望增加。2006年全国农民将彻底告别农业税，国家还将探索完善农资价格调控机制，逐步建立起对种粮农民的化肥、柴油等农资的直接补贴制度，并承诺将进一步加大财政支农力度，继续推行粮食直接补贴、良种补贴和农机具购置补贴，加大对农民培训工作，加强农业基础设施建设，等等。这些政策措施有些可以直接增加农民转移性

收入,有些有助于推动农民生产和就业,对于促进2006年农民增收将起到积极作用。

第二,新农村建设为农民增收创造了新机遇。新农村建设将为农民创造二、三产业发展机会;农民在本地务工收入也可能会大幅度增长,因为新农村建设项目将大量使用当地农民工,为农民就业创造机会。

第三,外出务工收入保持持续增长。农民外出务工收入增长取决于农民外出务工人数增加、工资率提高和外出务工时间增长三个因素。外出务工时间近年来变化不大,基本上略多于8个月。从人数来讲,2006年具有不确定因素,一方面随着国家宏观经济的发展和城镇化的推进,将有更多的农民进城;另一方面新农村建设启动,在一定程度上吸收部分农民工回流参与本地就业,因此,劳动力外出和转移的数量取决于整个国家经济发展和新农村建设的力度。从工资增长角度看,有利条件较多,主要是国家出台了一系列政策,抓紧解决农民工工资偏低和拖欠问题、搞好农民工就业服务和职业技能培训、重视农民工权益保护和今后农民工供求关系将有所改善,等等。

(2)2006年农民增收的不利因素

2006年农民增收的不利因素主要表现为农业生产的自然风险和市场风险可能提高,农业增收空间有限。

第一,2005年农产品价格开始走低,但仍在高位运行,要保持2006年粮食等主要农产品价格不下滑难度较大。

第二,2004年和2005年总体气候条件从历史上来看属于风调雨顺的年景,根据国家气象局预测,2006年的气候条件有可能比前两年差,灾情可能偏重,将直接影响粮食等主要农产品大幅度增产和农业增收。

第三,农业生产资料价格大幅上升,加大了农民的种养成本,农民承受的压力将越来越大。2005年由于化肥、种籽、饲料、幼畜等生产资料价格上涨,致使农户购买以上几种生产资料多支出100元。2006年石油和化工产品价格仍将保持高位运行,农业生产资料价格很可能还是居高不下。

第四,2005年部分地区发生禽流感疫情,对农民收入的影响在2006年一季度和上半年会逐步显现。一是家禽市场需求下降,欲售无市;二是部分农户缩减养殖规模;三是家禽出栏时间推迟,生产成本增加;四是家禽及禽产品外调和出口难度加大。全年农民来自禽业的收入会有所下降。

总的看来,2006年农民增收的有利因素和不利因素并存,积极的作用要大于不利影响,农民收入将继续保持增长,但增长速度可能不及2005年。

4.增加农民收入的建议

(1)保持农业内部的增收能力。一是保持粮价稳定,近年来粮食价格回升对于保持种粮积极性、促进农民增收功不可没,要加强宏观调控,加快建立健全农产品市场体系,努力保持粮食及大宗农产品市场价格的稳定。二是要遏制农业生产资料价格快速上涨的势头,在生产环节加大对生产企业的支持,努力降低农业生产资料的生产成本,在商品流通环节加强宏观调控,适当控制农业生产资料的出口。三是要着力提高农业防灾抗灾能力,我国农业的防灾抗灾能力很弱,自然灾害对农业生产、农民增收的影响很大,2006年的气候条件可能比前两年差,因此,要加大对农田基本建设的投入,尽快改善农田水利设施,提高农业防灾抗灾能力。四是要把各项惠农支农的政策落实好,让农民得到更多实惠,保护和提高广大农民的生产积极性。

(2)把握新农村建设的契机,大力发展农村二、三产业。农民家庭经营第二、三产业以经营交通运输、批零贸易、餐饮和社会服务为主,促进农民家庭经营第二、三产业发展,有助于搞活农村商品流通,活跃农村市场,丰富农民的物质文化生活。发展农业服务业,有助于推动农业生产的分工与协作,提高农业生产率。因此,加强对农村第二、三产业发展的政策引导,振兴农村第二、三产业,有利于促进家庭经营二三产业的发展和增加本地非农就业机会,推动农村经济发展和增加农民收入。

(3)积极扩大农民外出就业,拓宽农民增收渠道。农村土地资源太少,农业劳动力太多,农村劳动力就业不充分是农民增收难、增速慢的主要根源之一。近年来,党和政府采取积极有效措施,改善农民进城务工环境,农村外出务工劳动力持续增加,为近年农民收入实现平稳较快增长作出了重要贡献,外出务工已成为农民扩大就业的重要实现形式。但是农民外出务工工资水平低、合法权益得不到保障、农民非农就业技能差、外出就业困难等突出问题没有得到根本解决。要采取综合措施,加快解决当前农民外出务工面临的突出问题,积极有序地引导农民外出务工,保持农民外出务工收入的平稳较快增长。

二、农村居民生活

1. 农村居民生活消费支出快速增长

受即期及前期收入水平较快增长以及收入预期良好的影响，农村居民生活消费增速超过了收入增速，农民生活质量不断改善。2005 年人均生活消费支出 2555 元，比上年同期增加 371 元，扣除价格因素和样本轮换因素的影响，实际增长 11.5%，增幅比上年快 4.2 个百分点，比同期人均纯收入的实际增幅高 5.3 个百分点。

(1)生活消费各项支出全面增长

食品支出：2005 年农村居民食品支出人均 1162 元，比上年增加 130 元，增长 12.6%。其中，食品消费品支出人均 1017 元，增加 106 元，增长 11.6%；在外饮食消费支出人均 135 元，增加 24 元，增长 21.5%。

衣着支出：2005 年农村居民衣着支出人均 149 元，比上年增加 28 元，增长 23.6%。在衣着消费中，用于购买成衣的支出人均 99 元，比上年增加 23 元，增长 30.2%。

居住支出：2005 年农村居民居住支出人均 370 元，比上年增加 46 元，增长 14.2%。其中，包括建房、买房、装修在内的居住消费品支出人均 267 元，比上年增加 33 元，增长 13.9%；包括房租、水电等在内的居住消费服务性支出人均 103 元，比上年增加 13.4 元，增长 14.9%。

家庭设备用品及服务支出：2005 年农村居民用于购买家庭设备用品及服务支出人均 111 元，比上年增加 22 元，增长 24.9%。其中，购买日用品支出增长 20.6%，购买家具类用品增长 19.1%，购买机电设备支出增长 34.6%。

文教娱乐支出：2005 年农村居民用于文教娱乐用品及服务的支出人均 295 元，比上年增加 48 元，增长 19.3%。其中，学杂费支出人均 194 元，增加 25 元，增长 14.8%；成人培训费人均 6 元，增加 2 元，增长 41%；购买文娱机电设备支出人均 31 元，增加 4 元，增长 15.4%。

交通及通讯支出：2005 年农村居民的交通及通讯支出人均 245 元，比上年增加 52 元，增长 27.2%。其中，购买交通工具支出人均 51 元，增长 1.9%；交通费支出人均 60 元，增长 33.5%；购买通讯工具支出人均 24 元，增长 34%；通讯费支出人均 83 元，增长 28.9%。

医疗保健支出：2005 年农村居民用于医疗保健的支出人均 168 元，比上年增加 38 元，增长 28.7%。其中，医疗费支出人均 88 元，增加 21 元，增长 30.4%；购买药品支出人均 74 元，增加 16 元，增长 26.6%。

(2)现金消费支出比重和服务性支出比重提高

2005 年农村居民生活消费中，现金消费支出额为 2136 元，比上年增加 382 元，增长 21.9%，现金消费支出占全部生活消费支出的比重为 83.7%，比上年提高 3.4 个百分点。服务性支出 757 元，比上年增加 136 元，增长 22%。服务性支出占全部生活消费支出的比重为 29.6%，比上年提高 1.2 个百分点。

2. 农村居民生活质量继续改善

2005 年农村居民生活消费支出快速增长的同时，生活质量也继续改善，具体表现在以下方面：

(1)消费结构继续优化

农村居民消费结构正在向追求生活便利、提高质量、注重健康方面进一步发展。2005 年，农村居民食品消费支出占生活消费支出的比重(恩格尔系数)为 45.5%，比 2004 年下降 1.8 个百分点。

2005 年农村居民生活消费支出的结构序列与 2004 年相同，为吃、住、文教娱乐、交通通讯、医疗保健、穿、家庭设备及服务和其他，与 2000 年相比，消费层次较高的交通通讯和医疗保健支出在消费支出结构序列中位置提前。2005 年用于交通通讯和医疗保健的支出增幅明显快于其他支出子项，吃穿住以外的支出占整个生活消费支出的比重达到 34.2%，比 2004 年提高 1.8 个百分点，农村居民的消费结构进一步优化，向享受型、发展型结构转变。

(2)食品消费质量提高，动物热量和蛋白质摄入量增加

从食品消费量来看，粮食消费人均 210 公斤，比上年减少 9 公斤，下降 4.1%；肉类消费人均 22 公斤，增长 16.6%；禽蛋消费人均 4.7 公斤，增长 2.6%；水产品消费人均 4.9 公斤，增长 10.1%。随着高质量的食物数量的增加，农村居民膳食营养状况也有所改善。2005 年农村居民每人每日食物热能摄入量为 2437 千卡，蛋白质摄入量 67 克，热量、蛋白质来源于动物性食物的比重分别为 11.3% 和 17.5%，比 2004 年提高了 1.3 个百分点和 1.1 个百分点。

专栏 时间利用调查

时间利用调查是以一定区域内特定人群的时间使用情况为对象所进行的抽样调查，是社会统计调查的一个新项目。在研究人们生活质量和生活方式变化，反映男女平等，计算有酬劳动和无酬劳动的时间分配，公正评价无酬劳动对国民经济增长贡献等方面，时间利用调查具有不可替代的作用。

时间利用调查始于上世纪20年代，发展成熟于上世纪中后期，逐步由发达国家向发展中国家展开。自1995年以来，至少有67个国家开展了时间利用情况调查，其中欧盟各国、日本、澳大利亚、加拿大、美国等发达国家已进行过多次；亚洲的老挝、尼泊尔、蒙古等国也相继开展了该项调查。

目前，国家统计局与瑞典统计局就时间利用调查开展了国际合作，在浙江和云南两省进行了时间利用调查试点。目前，该调查已有了初步的调查结果。从调查结果看，被调查者一周之内平均每天从事的工作（包括学习培训）时间是6小时56分，家务劳动（包括照顾家人）2小时02分，个人生活必需时间（包括睡眠、就餐等）11小时21分，社会生活与娱乐休闲时间3小时39分钟。这四类活动分别占一天总时间的28.9%、8.5%、47.3%和15.2%。

调查结果还显示，无论在城镇还是农村，男性主要从事的是有酬劳动，而无酬劳动则主要由女性来承担。在有酬活动中，男性平均用时7小时08分，比女性多1小时15分。其中城镇男性用时5小时44分，比城镇女性多1小时31分，农村男性用时8小时13分，比农村女性多57分钟。而在无酬劳动方面，女性所花费时间则远高于男性。女性每天用于家务劳动的时间平均为2小时58分，比男性多1小时47分，其中城镇女性用时3小时13分，比男性多1小时49分，农村女性从事家务劳动的时间是2小时45分，比男性多1小时45分钟。

（执笔：徐建琳）

（3）居住面积增加，条件改善

2005年农村居民居住质量的综合指数达到37.5%，比上年提高3.9个百分点。人均居住面积29.7平方米，比上年增长6.4%，其中55.9%的农户人均居住面积大于25平方米。钢筋混凝土结构住房面积人均11.2平方米，增长21.8%，居住在钢筋混凝土结构住房中的农户占31.1%，增加4.4个百分点。砖木结构住房面积14.1平方米，与上年持平，居住在砖木结构住房中的农户占58.9%，减少2.3个百分点。

从居住条件来看，一是住房卫生条件改善，住房有水冲式卫生厕所的农户占13.1%，提高2.6个百分点，无厕所的农户占9.4%，减少0.7个百分点。二是使用清洁能源的农户增加，使用清洁燃料液化气和电的农户占13.6%，提高3个百分点。三是饮用水更加卫生，饮用自来水的农户占37.6%，提高3个百分点，而饮用浅井水、江河湖泊塘等非卫生水的农户下降1.6个百分点。四是住房外部环境改善，28.3%的农户住宅外有水泥或柏油状路面，26.3%的农户住宅外有石头或石板等硬质路面。

（4）耐用消费品拥有量增加

2005年平均每百户农村居民家庭拥有彩色电视机84台，比上年增加8.9台，增长11.9%；洗衣机40台，增加2.8台，增长7.6%；电冰箱20台，增加2.4台，增长13.3%；摩托车41辆，增加4.5辆，增长12.6%；电话58部，增加3.8部，增长7%；移动电话50部，增加15.5部，增长44.7%；影碟机34.9台，增加7.7台，增长28.3%；空调6.4台，增加1.7台，增长36.2%。

（5）信息化程度大幅度提高

2005年农村居民的信息化程度为44.2%，比上年提高5.3个百分点。其中彩色电视机普及率76.3%，提高7.2个百分点；电话普及率70.4%，提高9.6个百分点；电脑普及率1.9%，提高0.1个百分点。

3. 农村居民生活消费存在的主要问题

（1）农村居民收入水平低制约消费增长

虽然近年农村居民生活消费增长出现积极变化，农村消费市场出现回暖迹象，但是长期以来农村居民收入偏低、增收长效机制缺乏的问题仍然存在。近两年农民增收的支撑因素主要是政策支持、

专栏 “村村通电话工程”取得可喜成绩

实施“村村通电话工程”的目的是把电话通信连接到广大落后的农村地区，是建设社会主义新农村的重要组成部分，是发展农村通信、服务“三农”的一项民心工程。充分体现了党中央、国务院贯彻落实全面建设小康社会战略目标、构建社会主义和谐社会、推动解决“三农”问题、统筹城乡经济发展的战略部署。

党和国家领导人对“村村通电话工程”（以下简称“村通工程”）高度重视，多次就村通工作作出重要指示，提出明确要求；国务院有关部门在推动建立电信普遍服务基金的同时，从政策、资金等方面给予了大力支持；各级地方政府将“村通工程”作为振兴当地农村经济、为民办实事的具体举措，成立了由政府领导亲自挂帅，省、市、县三级政府和相关部门组成的领导（协调）小组，并对“村通工程”建设涉及的土地征用、青苗补偿、道路开挖等问题提供“绿色通道”，减免部分费用和税收，拨出专项建设资金。

为保证“村通工程”的实施，信息产业部精心规划、周密组织，由中国电信集团公司、中国网络通信集团公司、中国移动通信集团公司、中国联合通信有限公司、中国铁通集团有限公司、中国卫星通信集团公司等六大电信运营企业分片包干，具体实施和落实。

自2004年1月“村通工程”开始实施以来，六大电信营运企业克服重重困难，积极努力地完成各自的分片任务，面对恶劣的自然环境和复杂的气候条件，以及电力不通、道路未达等困难，广大员工顽强拼搏，勇于奉献，为保障工程进度加班加点，为完成建设任务流血流汗，有的因此而受伤致残，有的甚至献出了宝贵的生命。到2005年底，第一阶段指定工程任务已全部超额完成。“村通工程”累计使全国54973个行政村新开通电话，全国行政村通话比率从“村通工程”开始前的89%上升到97%，提高了8个百分点，提前超额完成邮电“十五”规划中的“95%行政村通电话”目标。目前，在全国31个省（区、市）中，北京、上海、天津、广东、江苏、山东、江西、福建、黑龙江、吉林、辽宁、宁夏、河北、浙江、内蒙古等15个省（区、市）已实现了所有行政村通电话。

（执笔：栾尽晖）

粮价回升、粮食增产及务工增长，目前农产品价格上涨因素对农民增收的拉动效应趋降，粮食大幅增产的可能性不大，生产资料价格上涨增加农业生产成本，这些因素都会制约农民收入进一步增长，从而制约农民消费能力的进一步提高。

（2）农村消费环境差

农村消费环境差主要表现在两个方面，一是基础设施落后，二是流通体制不健全。近年来农村交通、通讯、水电等基础设施虽然得到进一步发展，但仍然存在一些问题，例如部分地区电网设施落后，电压不稳，电价高，电视信号弱，制约了农村居民电器购买欲望；多数地区没有自来水系统，限制了洗衣机使用，一些地区连人畜饮水都困难，更奢谈不上用洗衣机；交通通讯条件差，产品维修不便与售后服务跟不上也使部分农村居民放弃了购买。另一方面，目前农村流通体制尚不健全，农村市场规模小、服务质量差，有的地方市场秩序混乱，假冒伪劣商品充斥，农民不敢放心消费。

（3）农村居民内部消费能力不均衡

2005年农村低收入组恩格尔系数还在50%以上，很大一部分人尚处于入不敷出的状态。中等收入组整体生活步入温饱，但同低收入组一样，购买力仍然有限，有效需求明显不足。高收入组整体生活水平正在向小康过渡，具有购置高档耐用消费品的能力，消费结构升级的愿望强烈。但是，只依靠高收入组来拉动农村消费市场显然是不够的，要注重提高中低收入农户的收入和消费水平，促进农村消费水平的普遍提高。

（4）城乡居民收入和消费差距大

2005年农村居民人均纯收入3255元，只相当于城镇居民可支配收入的31%；人均生活消费支出2555元，相当于城镇居民消费性支出的32%。城乡居民收入比从2000年的2.79∶1扩大到2005年的3.22∶1，消费比从2000年的2.99∶1扩大到2005年的3.09∶1。总的来看，农村居民的收入水平、消费水平、消费结构、耐用消费品拥有情况均落后城市10余年。城乡差距日益突出可能成为农村经济乃至整个国民经济发展的障碍。

4. 提高农村居民生活水平的建议

当前可以抓新农村建设和城乡统筹的历史机

遇,从以下几个方面提高农村居民生活消费水平。

(1)千方百计增加农民收入,提高农民消费能力

收入是消费最重要的决定因素,扩大农村消费最根本的还在于提高农民收入。目前城镇化发展已进入加速阶段,新农村建设即将启动,工业化发展空间广阔,农民增收进程必将与此紧密联系在一起,收入增长会越来越依靠非农产业的发展和劳动力的流动转移。因此,要适应农民收入增长格局的变化,加快农业结构调整,加快工业化和城镇化步伐,拓宽农村居民收入渠道,千方百计增加农村居民收入。

(2)加强新农村建设,发展基础设施,改善农村消费环境

大力加强农村基础设施建设不仅有利于促进消费,提高农村居民生活质量,而且有利于增加农村非农产业就业,提高农民收入,进而提高消费能力。建议国家通过社会主义新农村建设,大力开展改水、改电、改厕、改厨和环境治理,改善农村生活条件。同时,政府还应深化农村流通体制改革,整顿市场交易秩序,加强市场法制建设,维护农村消费者合法权益,并鼓励商家生产农村地区适销对路的优质产品和培育新的消费热点,为改善农民生活、扩大农村消费市场创造良好消费环境。

(3)转变农民消费观念,加强农村社会保障体系和信贷市场建设,提高农民消费倾向

在收入之外的众多的因素中,预防性储蓄多和流动性约束高是使得农村居民平均消费倾向长期偏低的主要原因。几千年形成的中国农村居民消费习惯和消费观念比较保守,为了养老和防病,总要留一笔钱防患于未然;没有攒够足够的钱不敢消费,更不敢借贷消费。因此,一方面要帮助农民逐步转变保守的传统消费观念,另一方面要加快包括农村医疗保险和养老保险在内的农村社会保障的发展,提高农户防范风险的能力,减少预防性储蓄。同时要大力发展农村信贷市场,减小农户所受到的流动性约束,增加跨时预算能力,提高即期消费水平。

(4)加强小城镇建设,拓宽农村居民消费空间

城镇化是经济发展的必然趋势,顺应潮流,可以达到提高收入和增加消费双赢的目标。发展小城镇,可以让更多的农村居民进城,迅速减少农村人口,让余下的农村人口更多地分享农村剩余;发展小城镇,可以拓宽农产品消费市场,支撑农业附加值;发展小城镇,可以让农村劳动力在城镇建设中获得更多的非农收入。这是小城镇建设的农村居民收入增长效应。如果农村居民进城了,他就要建房置业,增加消费;第三产业也顺应而起,促进消费。

(执笔:阎　芳)

2005 年社会保障基本情况和 2006 年展望

2005 年是“十五”时期的最后一年,也是我国社会保障工作取得较快发展的一年。在邓小平理论和“三个代表”重要思想指导下,围绕全面贯彻落实科学发展观,构建社会主义和谐社会,积极推进社会保障体系建设,社会保险工作在确保发放、扩面征缴、推进并轨和完善制度等方面取得了新的进展。

一、2005 年社会保障基本情况

(一)两个确保得到巩固,国有企业下岗职工基本生活保障向失业保险并轨工作平稳推进

到 2005 年底,国有企业实有下岗职工 61 万人,比上年底减少 92 万人,其中在再就业服务中心的 20 万人,全部足额领到基本生活费并代缴了社会保险费,已经有 17 个省份完成了并轨,其他省份也正在落实并轨方案,处理一些遗留问题。继 2004 年首次实现全年确保发放之后,2005 年再次实现全年全国基本养老金当期发放无拖欠。2005 年补发历史拖欠的省份共有 12 个,共计补发 11 亿。全国已经全部补发完毕基本养老金历史拖欠的省份达到 16 个。

(二)社会保险扩面征缴工作取得新进展

1. 社会基本养老保险覆盖面进一步扩大,养老保险基金持续快速增长

2005 年,把非公经济、个体工商户、灵活就业人员作为重点参保对象,缴费人数占参保人数的比例不断提高。到 2005 年末,全国参加基本养老保险的人数为 17487 万人,比上年末增加 1134 万人。其中,参保职工 13120 万人,参保离退休人员 4367 万人,分别比上年末增加 870 万人和 264 万人。年末企业参加基本养老保险的人数为 15716 万人,比上年末增加 1037 万人。

社会基本养老保险基金征缴和支出管理工作得到加强,养老保险基金收支形势进一步趋好。2005 年,全国基本养老保险基金总收入 5093 亿元,比上年增长 19.6%,其中征缴收入 4312 亿元,增长 20.3%。全年基金总支出 4040 亿元,比上年增长 15.4%。

2. 失业保险稳步推进

2005 年末,全国参加失业保险的人数为 10648 万人,比上年末增加 64 万人。年末全国领取失业保险金人数为 362 万人,比上年末减少 57 万人。全年失业保险基金收入 333 亿元,支出 207 亿元,分别比上年增长 13.8% 和下降 3%。

3. 医疗保险覆盖面继续扩大,管理进一步加强

通过完善政策和改进服务,大力推进混合所有制和非公有制经济组织从业人员参保,吸引更多的灵活就业人员及农民工参保,鼓励部分有条件的地区,将学生儿童等城镇居民纳入医疗保险等措施,医疗保险的扩面工作取得进展。2005 年末,全国参加基本医疗保险的人数为 13783 万人,比上年末增加 1379 万人。其中参保职工 10022 万人,参保退休人员 3761 万人,分别比上年末增加 977 万人和 402 万人。

全年基本医疗保险基金收入 1405 亿元,支出 1079 亿元,分别比上年增长 23.2% 和 25.2%。

4. 加大了高风险企业参加工伤保险的工作力度

为促进煤矿等高风险企业参保,切实保证年底前国有大中型煤矿参加工伤保险目标任务的落实,先后两次与国家安全监察总局、国家煤监局、国防科工委等部门联合发文,就推进煤矿、烟花爆竹、民用爆破器材等高风险企业参保提出明确具体要求,有力促进了高风险企业参保工作。2005 年末全国参加工伤保险人数为 8478 万人,比上年末增加 1633 万人。全年享受工伤保险待遇人数为 65 万人,比上年增加 13 万人。全年工伤保险基金收入 93 亿元,支出 48 亿元,分别比上年增长 58.7% 和 42.7%。

5. 生育保险覆盖面进一步扩大

2005 年末,全国参加生育保险人数为 5408 万人,比上年末增加 1024 万人。全年共有 62 万人次享受了生育保险待遇,比上年增加 16 万人次。全

年生育保险基金收入44亿元，支出27亿元，分别比上年增长37.5%和42.1%。

（三）社会保险的制度建设得到进一步推进

1. 积极推进被征地农民社会保障工作

根据《国务院关于深化改革加强土地管理的决定》（国发［2004］28号）的要求，在充分调研和吸取各地探索经验的基础上，起草了《关于做好被征地农民就业培训和社会保障制度工作的指导意见》（代拟稿）。按照“土地换保障”的思路，推动各地被征地农民社会保障工作。目前，全国已有12个省级政府或部门出台了被征地农民社会保障文件，300多万被征地农民被纳入基本生活或养老保障制度，筹集养老基金200多亿元。其中，浙江省已有172万被征地农民纳入社会保障体系。

2. 粮食主产区的农保试点取得了初步成效

在安徽省霍邱县开展“粮食换保障”的试点工作。该县从务农农民收入增加困难和现金收入不足的实际出发，在农民自愿的前提下，鼓励和引导农户每年从售粮收入和其它收入中拿出适当资金缴纳保险费，国家用粮食直接补贴资金等支农资金，对缴纳保险费的务农农民进行直接补贴，同时县政府按农民积累基金的余额给予2.5%的贴息。政府对这一探索的目的一是整合优化“粮食直补资金”等各种支农资金的使用方向，将其主要用于引导、扶持和激励农民参保，逐步建立农民参保补贴制度，提高政策效率。二是通过探索和实践，推动中央财政建立专项资金，重点用于支持粮食主产区和中西部地区农村社会养老保险制度建设。目前这项工作已经取得了初步成效。

3. 政策标准体系制定工作取得重大进展

会同财政、民政、人事等部门共同印发了事业单位参加工伤保险的实施意见，实现了工伤保险覆盖范围由企业到事业单位的重大突破；启动了劳动能力鉴定标准的修订工作。按照条例的授权，会同卫生部有关部门，组织若干医疗卫生专家，对原《职工因工负伤致残和职业病等级程度鉴定》进行重新修订，将尽早颁布实施。配合有关单位共同完成了《国家基本医疗保险和工伤保险药品目录》乙类药品的调整工作等。

4. 生育保险制度得到加强

2005年北京、天津、重庆、浙江、贵州等省市新出台或调整了生育保险办法。新办法启动后，制度运行平稳，社会反响良好。目前，全国已有20个省（市、区）出台了生育保险法规。为了规范生育保险医疗服务管理，下发了《关于进一步完善生育保险重点联系城市制度的通知》，积极探索研究规范生育保险医疗服务管理的具体措施和办法。

二、当前我国社会保障工作中存在的主要问题

（一）城镇基本养老保险覆盖范围比较窄，统筹层次比较低

目前，国有、集体企业基本纳入基本养老保险覆盖范围。但非公有制经济组织和灵活就业人员的参保率仍然较低。此外，一些地方还存在参保政策不规范的问题，低缴费基数、低缴费比例参保的现象比较普遍，需要引起重视。从统筹层次上看，全国有北京、上海、等12个省区市实现了省级统筹，其余仍为市县级统筹。由于一些地区统筹层次低，基金调剂能力弱，影响到养老保险制度和政策的统一实施，不利于人员流动。此外，企业与机关事业单位退休人员基本养老金计发办法和调整机制不同，待遇差距逐渐拉大，矛盾十分突出。

（二）农村社会养老保险基金的管理和监督职能尚不明确，制度尚不完善，面临管理层次低、运营渠道窄、行为不规范等诸多问题

特别是农业税减免之后，大多数村集体丧失了资金来源，农民参保缺乏积极性。

（三）失业保险扩面工作难度仍较大，基金征缴工作中的欠费问题仍较突出

部分困难地区关闭破产企业资产变现困难，职工安置和社会保障资金存在较大缺口。

（四）基本医疗保险扩面难度和医疗保险统筹基金运行风险加大

从医疗保险扩面看，部分困难企业职工和关闭破产企业退休人员参保资金不落实，难以参保。一些非公经济组织特别是一些中小企业忽视职工权益，参保率比较低。灵活就业人员、农民工等流动性大，收入不稳定，参保管理难度较大。制度覆盖外人群缺乏医疗保障。在解决城镇就业人群基本医疗保障问题的同时，其他城镇居民如大中小学生、未就业的职工家属等，要求参加医疗保险的呼声越来越高，但目前还没有相应的制度安排。从医疗保险统筹基金的运行看，部分困难地区医疗保险财政欠费比较严重。随着参保人员中退休与在职比不断上升，造成基金收少支多，基金风险逐渐加大。一些地区医疗服务收费和药品价格仍持续上

涨，不规范医疗服务行为导致医疗费用不合理支出增加。

（五）各地推进工伤保险的进展不平衡，不同省市在包括工作认识、相关基础工作等方面的差距较大，在一定程度上影响了工伤保险工作的整体推进。

三、2006 年我国社会保障展望

2006 年，以贯彻落实《国务院关于完善企业职工基本养老保险制度的决定》为契机，以确保支付、扩面征缴、完善制度、强化管理为重点，加快完善社会保障体系。社会保障将会进一步趋于完善。

（一）确保各项社会保险待遇支付

巩固企业离退休人员基本养老金按时足额发放的成果，继续实现当期无拖欠，建立健全保障按时足额发放的制度、体制和工作机制。目前仍有历史拖欠的省份，要采取积极措施逐步补发历史拖欠养老金。其他各项社会保险都要把保发放、保支付摆在工作首位，深入研究基金征缴、资金平衡等问题，按规定及时支付待遇。

（二）全面贯彻落实完善企业职工基本养老保险制度的决定

国务院颁布的《关于完善企业职工基本养老保险制度的决定》，是继 1997 年统一企业职工基本养老保险制度之后，深化企业养老保险制度改革的又一重大决策，对于应对人口老龄化，实现养老保险制度可持续发展具有重大意义。要按照要求，结合本地实际，抓紧研究制定具体的实施意见，精心组织实施。在天津、上海、山西、山东、河南、湖南、湖北和新疆 8 个省（自治区、直辖市）开展做实企业职工基本养老保险个人账户试点。试点地区要加强协调，强化管理，确保中央和地方补助资金落实到位，基金征缴持续增收，个人账户记录到人；还要周密制定个人账户基金投资管理办法，确保资金安全运营和实现保值增值；要精心实施"中人"过渡办法，保证平稳过渡。要积极稳妥地做好基本养老金计发办法改革工作，建立待遇水平与履行义务更紧密联系的机制。要抓住扩大试点、完善制度的有利时机，解决统筹层次过低的问题。各地至少要统到市级，创造条件向省级统筹过渡。劳动保障部将制定省级统筹的规范标准，加强分类指导，逐步建立规范的省级统筹制度。要继续完善基本养老金正常调整机制，根据国务院的部署，适时做好调整企业退休人员养老金工作。同时，加大推动企业年金的工作力度，积极争取税收优惠政策，鼓励和引导有条件的企业建立年金，扩大基金规模，规范市场运作，保证基金安全。

（三）继续做好扩面征缴工作

2006 年，养老、失业、医疗、工伤和生育保险覆盖人数要分别达到 1.85 亿、1.08 亿、1.5 亿、9000 万和 5300 万。养老保险要进一步规范个体工商户和灵活就业人员参保缴费政策，促进他们积极参保；失业保险要加大对非公有制经济组织的扩面征缴力度，切实保障失业人员基本生活；医疗保险要重点解决困难群体医疗保障资金来源问题，通过完善制度和政策，逐步将制度覆盖范围扩大到城镇居民，同步推进企业职工生育保险；工伤保险继续以大中城市为重点地区，以煤炭、建筑等高风险企业为重点行业，以进城务工人员等为重点人群扩大覆盖面。同时，抓住国民经济较快发展的良好机遇，进一步加大社会保险费征缴力度，保持社会保险基金持续增收和收支平衡。

（四）进一步完善各项社会保险制度

研究拟订事业单位养老保险制度改革方案，统筹考虑企业和机关事业单位退休人员基本养老金调整，逐步缓解待遇差距过大的矛盾。在保证支付失业保险金的前提下，在东部地区开展扩大失业保险基金用于促进就业的试点工作。研究探索完善城镇医疗保障体系的意见，以基本保障为重点，对城镇各类人员的基本医疗保障作出制度安排。逐步推进被征地农民的就业培训和社会保障工作，研究制定进城务工人员社会保障政策，推动有条件的地区开展农村社会养老保险工作。

（五）强化社会保险基金管理和监督

进一步完善基金监管法规、政策，规范管理监督行为。重点开展养老、医疗和失业保险费征缴、保险金发放和基金管理的专项监督检查，严厉打击骗取、冒领保险金和挪用基金行为。组织开展基金检查，根据个人账户做实、基金结构发生的变化，建立健全报告和监测制度，加强违法违纪案件查处和基金回收工作，更好地发挥审计监督、社会监督和舆论监督的作用，有效防范风险，确保基金安全。继续加强对全国社会保障基金的监管。完善社会保险基金财务管理制度，做好基金决算工作。

（六）加强社会保险管理服务工作

推进企业退休人员、失业人员和基本医疗保险的社区管理服务，探索实施老年护理的社会服务计划，提高社会化管理水平。修订和推行工伤保险劳动能力鉴定标准，制定诊疗项目、住院服务等规范。加强社会保险经办机构能力建设，举办养老金计发办法和做实个人账户培训班，规范业务流程，培训业务骨干，建立社会保险经办工作示范城市。理顺各级农村养老保险管理体制。

（执笔：陈群洲）

2005 年中国经济发展的国际环境回顾和 2006 年展望

2005 年世界经济受国际石油价格上涨等因素影响，增长速度比 2004 年有所放慢，但仍处于较快的增长水平上，保持良好运行态势。2006 年，世界经济形势依然较好，可望继续保持平稳较快增长，增速大致相当于 2005 年的增长水平，但是导致世界经济下滑的风险也同时存在。总体上，2006 年国际经济环境对我国比较有利，但是各国宏观经济政策取向、国际石油价格走势以及贸易保护主义倾向等问题可能对我国造成的影响值得关注。

一、2005 年世界经济运行基本状况

(一) 世界经济保持平稳较快增长

据国际货币基金组织最新估计，2005 年世界经济增长 4.3%（按 PPP 法汇总），比 2004 年慢 0.8 个百分点；据世界银行最新估计，2005 年世界经济增长 3.2%（按汇率法汇总），比 2004 年慢 0.6 个百分点。其中：

美国经济增长稳健，前三个季度 GDP 同比分别增长 3.6%、3.6% 和 3.7%，预计第 4 季度增长 3.7%，全年增长 3.6%。

欧元区经济增长缓慢，前三个季度 GDP 同比分别增长 1.2%、1.2% 和 1.6%，预计第 4 季度增长 1.8%，全年增长 1.4%。

日本经济继续好转，前三个季度 GDP 同比分别增长为 1.1%、2.7% 和 2.8%，预计第 4 季度增长 3.2%，全年增长 2.5%，明显好于日本政府年初确定的 1.6% 增长目标。日本经济增长率自 2003 年以来已连续 3 年超过欧元区，显示出日本逐渐走出经济停滞状态。

新兴市场国家①经济表现较好，中国、印度、俄罗斯、巴西等国家经济活力继续增强。据有关国际组织估计，2005 年中国经济增长 9.8%，印度 7.1%，俄罗斯 5.5%，巴西 3.3%。

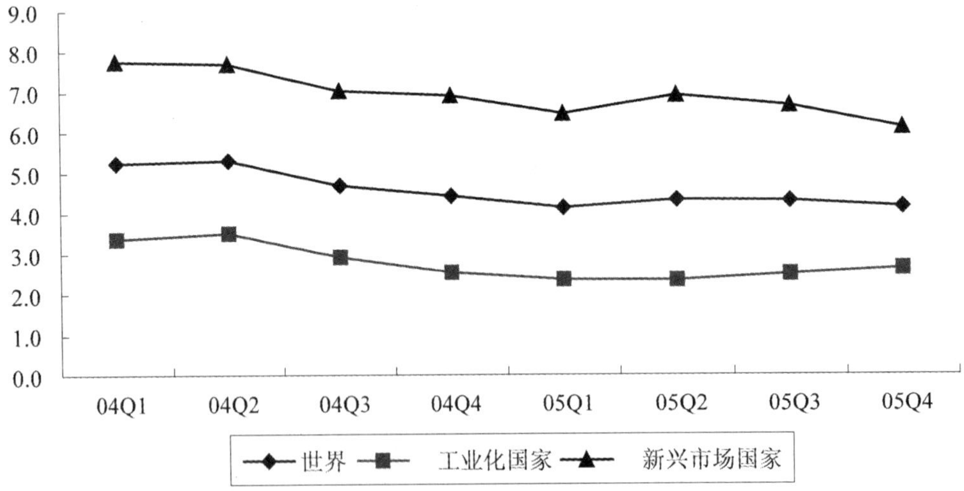

世界 GDP 季度同比增长率（%）

资料来源：国际货币基金组织《世界经济展望》2005 年 9 月。

① 新兴市场国家即指已经实现了对外开放、与国际资本市场有密切联系的发展中国家。美国富兰克林邓普顿基金公司董事总经理莫比乌斯第一个提出此概念。主要包括拉美的巴西、墨西哥、阿根廷，欧洲的俄罗斯、土耳其、波兰、捷克、匈牙利等，非洲的南非，亚洲的“四小龙”、“四小虎”和以色列，中国和印度也被认为是亚洲新兴市场国家。

(二)世界主要国家国内需求依然强劲

美国占 GDP 三分之二的消费支出继续扩大，前三个季度居民消费环比折年率分别增长 3.5%、3.4% 和 4.1%，对 GDP 增长分别贡献了 2.44、2.35 和 2.85 个百分点。在低利息等利好因素驱动下，世界主要国家固定资产投资继续高涨，前 3 个季度美国固定资本形成折年率分别增长 7%、9.5% 和 8%，对 GDP 增长分别贡献了 1.12、1.51 和 1.31 个百分点。第 2、3 季度欧元区固定资本形成环比增长 0.8% 和 1.6%，对 GDP 增长分别贡献了 0.2 和 0.3 个百分点。固定资产投资逐渐增加成为 2006 年拉动欧元区经济增长的主要动力。前 3 个季度日本固定资本形成环比分别增长 1.8%、1.4% 和 1.3%，对 GDP 增长分别贡献了 0.4、0.3 和 0.3 个百分点，显示了日本经济稳步复苏的势头。

(三)全球失业率略有下降，消费价格水平上涨，但涨幅处于可控范围

2005 年美国失业率持续下降，净增就业人口总水平上升。其中，12 月份失业率为 4.9%，比 2004 年同期下降了 0.3 个百分点，为近 4 年来较低水平。预计全年为 5.1%，将比 2004 年下降 0.5 个百分点。欧元区由于经济增长相对缓慢，2005 年失业率一直居高不下，但逐月小幅下降，已从 1 月份的 8.8% 降至 11 月份的 8.3%。预计全年为 8.6%，将比 2004 年下降 0.3 个百分点。日本失业率在波动中略有下降，预计全年失业率为 4.4%，将比 2004 年下降 0.4 个百分点。随着经济较快增长，东南亚许多国家和地区失业率也呈下降趋势。预计中国香港失业率从 2004 年的 6.8% 降至 2005 年的 5.5%，中国台湾从 4.4% 降至 4.1%，新加坡从 4% 降至 3.6%。

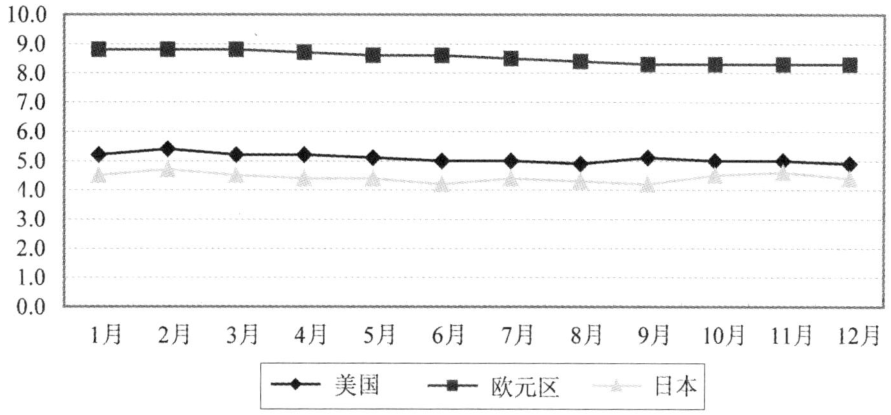

2005 年美国、欧元区、日本失业率(%)

受石油涨价以及经济较快增长等因素影响，预计 2005 年全球消费价格水平上涨 2.7%，将比 2004 年高 0.1 个百分点。其中，美国消费价格水平呈逐月上涨趋势，估计全年消费价格上涨 3.6%，比 2004 年高 0.9 个百分点。欧元区消费价格上涨率已连续 6 年超过通胀目标，9 月份达到 2.6%，10 和 11 月份分别为 2.5% 和 2.3%。预计全年上涨 2.2%，比 2004 年高 0.1 个百分点。日本消费价格下降的趋势没有根本扭转，仍然处于通缩状态。预计全年消费价格下跌 0.2%，跌幅比 2004

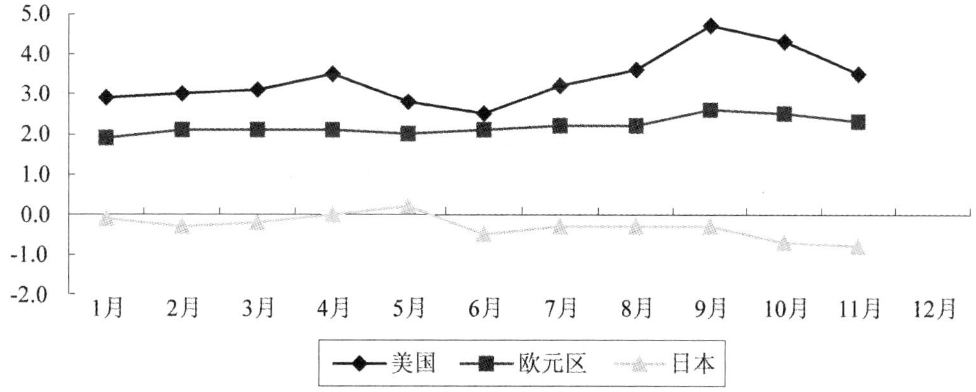

2005 年美国、欧元区、日本消费价格涨跌率(%)

年扩大 0.1 个百分点。东南亚一些国家和地区消费价格大幅上升。印度尼西亚消费价格上涨率从 2004 年的 6.1% 上升至 2005 年的 10.5%，泰国从 2.8% 上升至 4.5%。菲律宾从 6% 涨至 7.6%。但中国香港、中国台湾、新加坡、韩国等消费价格涨幅仍维持在较低的水平上：中国香港从 -0.4% 上升至 1.2%，中国台湾从 1.6% 上升至 2.3%，新加坡从 1.7% 降至 0.5%，韩国从 3.6% 降至 2.7%。

（四）世界贸易增长有所放慢，贸易不平衡状况加剧

随着世界经济增长步伐放缓，世界贸易增长速度有所放慢。据国际货币基金组织预计，2005 年世界贸易量将增长 7%，比 2004 年回落 3.3 个百分点。与此同时，世界贸易不平衡状况加剧，主要表现在美国贸易逆差继续扩大，欧元区和日本贸易顺差减少，新兴市场和发展中国家贸易顺差呈扩大趋势。其中，美国贸易逆差从 2005 年 1 月份的 585.8 亿美元，增加到 10 月份的 681 亿美元和 11 月份的 642 亿美元，经常项目逆差相当于 GDP 的比例从 2004 年的 5.7% 扩大到 2005 年的 6.1%。欧元区贸易顺差从 2005 年 1 月份的 52 亿欧元，减少到 9 月份的 12 亿欧元，经常项目顺差相当于 GDP 的比例从 0.5% 缩小到 0.2%。日本贸易顺差从 1、2 月份的 8553 亿日元、9065 亿日元，减少至 10、11 月份的 6986 亿日元、7081 亿日元（经季节调整），经常项目顺差相当于 GDP 比例从 2004 年的 3.7% 缩小到 3.3%。据 IMF 预计，2005 年新兴市场和发展中国家贸易顺差总计为 4101 亿美元，比 2004 年增加了 80%。其中，中国增加了 3 倍多，俄罗斯增加了 1 倍多。

（五）国际直接投资较为活跃，流向发生较大变化

据联合国贸发会议评估，2005 年国际直接投资保持增长态势，跨国公司为提高竞争力，努力在新兴市场国家扩大生产，寻找降低成本的新途径，同时由于石油和原材料价格上涨，也刺激了外国直接投资流向自然资源丰富的发展中国家，因此流入发展中国家的外国直接投资继续增加。2004 年在全球外国直接投资总量 6480 亿美元中，流入发展中国家 2330 亿美元，比上年增长 40%；流入发达国家 3800 亿美元，减少 14%。据 IMF9 月份预测，2005 年流入发展中国家的外国直接投资将增长 9.5%。

2005 年流入发达国家的外国直接投资在总量上虽有减少，但由于美国以及欧洲一些发达国家跨国公司大规模并购活动增多及受美国《本土投资法》影响等原因，投资流向发生较大变化。流入美国的外国直接投资不断增加，流出大幅度减少；流入欧元区的外国直接投资有所减少，流出大幅度增加；日本流入减少，流出增加。

（六）全球利率水平提高，美元小幅升值，国际股市回升

为缓解因石油涨价所带来的通货膨胀压力，许多国家的货币政策由扩张性向中性转变，利率逐渐提高。2005 年美国 8 次升息，联邦基金利率从 2 月 2 日的 1.25%，上调至 11 月 13 日的 4.25%。欧洲央行于 12 月 6 日将基准利率从 2% 上调至 2.25%，这是自 2003 年以来首次加息。加拿大、韩国、印度、印尼、马来西亚、菲律宾、泰国等国家也不同程度地提高利率。目前日本央行仍保持“零利率”货币政策不变，而英国央行为刺激国内经济增长，2005 年 8 月 4 日将基准利率从 4.75% 下调至 4.5%。与历史水平相比，目前全球利率水平仍相对较低。

受美元与欧元、日元利差扩大以及美国经济稳健增长等利好因素的影响，自 2005 年年初以来，美元贬值的趋势得到缓和，出现反弹，小幅走升。美元兑欧元汇率从 1 月份的 0.766 上升至 12 月份的 0.844，升值了 10%；美元兑日元汇率从 103.58 上升至 117.48，升值了 13.4%。

由于世界经济呈现平稳较快增长、企业利润增加等原因，全球主要股票市场价格由降转升。2005 年美国道琼斯指数、纳斯达克指数、道琼斯欧元区股票指数、日本日经股票指数均呈现回升势头。

（七）国际石油价格持续上涨，原材料价格涨幅回落

由于石油市场供需关系日趋紧张，2005 年国际石油价格在波动起伏中大幅攀升，屡创新高。2005 年 OPEC 平均油价每桶为 50.47 美元，比 2004 年上涨了 40%。特别是第 3 季度世界主要石油期货市场价格每桶超过 60 美元，8 月 30 日曾创下 70.85 美元的历史新高。随着世界经济较快增长，需求不断增加，2005 年国际市场初级产品价格继续上涨，但涨幅回落。据英国经济学家公布的数据，2005 年国际初级产品价格比 2004 年上涨了 1.9%，涨幅回落了 11.6 个百分点。国际石油价格高企、非能源初级产品价格上涨，是导致 2005 年世界经济增长放缓的重要原因。

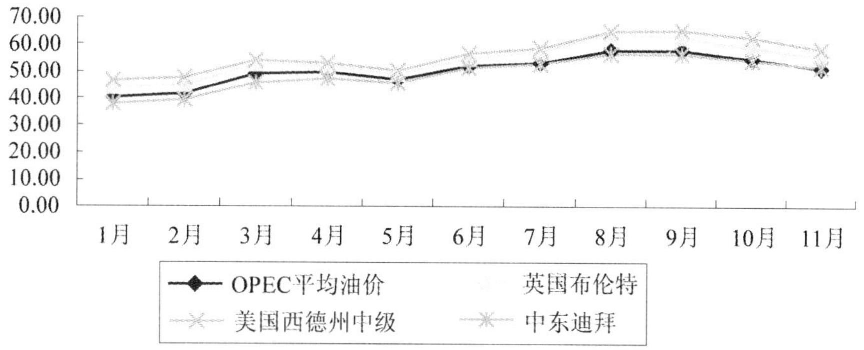

2005 年国际石油市场价格变动(美元/桶)

综上所述,2005 年各国采取更为有效灵活的宏观调控政策,政策环境相对宽松,国际金融市场秩序不断改善,为 2005 年世界经济保持平稳较快增长提供了良好的发展条件,特别是美国经济稳健增长、中国经济快速发展,成为驱动世界经济较快增长的主要动力。但是,由于国际石油价格持续上涨、主要国家财政货币政策趋紧等因素,加之欧元区、日本国内消费需求不足、美国贸易和财政"双赤字"等中长期问题没有明显改善,这些既对当前世界经济发展产生了不利影响,也是阻碍世界经济长期发展的潜在风险。

二、2006 年世界经济基本走势分析

当前世界经济正处于增长周期阶段,发展前景比较乐观。预计,2006 年世界经济形势依然良好,继续保持平稳较快增长,增速大致相当于 2005 年的水平,但经济下滑的风险同时存在,不容忽视。据 IMF《世界经济展望》秋季报告预测,2006 年世界经济增长 4.3%(按 PPP 法汇总);世界银行预测增长 3.2%(按汇率法汇总);英国共识公司预测增长 3.3%。

2006 年世界经济主要指标预测

	经济增长率(%)		消费者价格跌涨率(%)		经常项目差额占 GDP 比重(%)	
	2005 年	2006 年	2005 年	2006 年	2005 年	2006 年
世界	3.3	3.3	2.7	2.6		
美国	3.6	3.4	3.4	2.8	-6.1	-6.1
欧元区	1.4	1.9	2.2	2.0	0.2	0.2
德国	0.9	1.6	1.9	1.7	4.3	4.4
英国	1.7	2.1	2.1	2.0	-1.9	-1.8
法国	1.6	2.0	1.8	1.8	-1.3	-1.5
日本	2.5	2.2	-0.2	0.2	3.3	3.0
中国	9.8	8.7	1.9	2.1	6.1	5.6
中国香港	7.1	5.0	1.2	2.3	10.3	10.2
中国台湾	3.8	4.0	2.3	1.8	4.3	4.6
韩国	3.9	4.9	2.7	3.1	2.0	1.5
印度尼西亚	5.3	5.0	10.5	11.7	-0.4	0.7
马来西亚	5.2	5.4	3.0	2.8	13.5	12.4
泰国	4.5	5.0	4.5	4.2	-2.5	-2.5

注:2005 年为估计数,2006 年为预测数。

资料来源:国际货币基金组织《世界经济展望》2005 年 9 月;英国共识预测公司,2006 年 1 月。

(一)推动 2006 年世界经济继续较快增长的主要因素

1. 世界主要国家消费信心指数和经济先行指标呈现上行之势,世界经济增长的内在动力较强

2005 年 11 月份和 12 月份,美国消费者信心指数分别为 98.3 和 103.6,10 月份和 11 月份经济先行指标分别为 137.9 和 138.8,其中 11 月份为 2004 年以来最好水平。欧元区 10 月份和 11 月份经济先行指标分别为 106.6 和 107.2,其中 11 月份为 2003 年 5 月份以来最好水平;消费者信心指数总体上比较低迷,但近期出现好转迹象,从 11 月份 -13 升至 -11。日本经济先行指标在波动起伏中上行,消费者信心指数也缓慢回升。这些都预示着世界经济增长的内在动力在增强。

此外,目前世界主要股市价格攀高,显示出投资者对于世界经济前景继续持比较乐观的态度,对于居民消费也将起到重要的支撑作用。

2. 当前世界主要国家宏观经济基本面较好,呈现"高增长、低通胀"的运行状态

一是从季度经济增长动态看,第 4 季度美国、欧元区、日本经济呈现加速增长的势头。预计这种增长态势可能会延续至 2006 年上半年。特别是世界经济增长点呈现多元化趋势,除美国经济继续保持稳健增长以外,日本经济继续好转,对世界经济的带动作用将进一步增强;中国经济继续保持快速增长,成为推动世界经济增长的重要因素。

二是世界主要国家和地区失业率和通货膨胀率维持较低水平,为 2006 年世界经济增长提供良好的运行环境。防止通货膨胀仍是世界各国宏观经济政策的主要目标之一,目前全球消费价格水平相对较低,加之中国和前苏联国家逐渐融进全球经济,在一定程度上缓解全球通货膨胀压力,因此在近期内全球通胀率不太可能出现大幅度上升。预计 2006 年全球消费价格上涨率要略低于 2005 年,为 2.6% 左右;劳动力市场也将有所改善。

三是世界主要国家劳动生产率继续提高。2005 年第 3 季度美国劳动生产率增长 4.7%,比第 2 季度高 2.6 个百分点。8、9 月份日本劳动生产率增长也开始回升。

3. 世界主要国家财政货币政策仍相对较为宽松,而且政策调整的灵活性增强,抵御外部冲击能力增强

自 2000 年以来,世界主要国家和地区为刺激经济增长,一直实施扩张性的财政货币政策,从而有效地降低了融资成本,促进了生产和消费,对近几年世界经济持续较快增长有着直接的贡献。从 2005 年开始,全球财政货币政策有偏紧的趋势,但是与历史水平相比,目前各国的财政货币政策仍相对比较宽松。特别是去年,尽管国际石油价格大幅上涨,但对世界经济所造成的不利影响还是相当有限的,这充分显示了各国政策调整的灵活性和国际间政策协调能力增强。鉴于目前全球通货膨胀压力已大大缓解,欧元区和日本为刺激本国消费和投资,2006 年不太可能大幅度提高利率,美国升息步伐也可能放慢。而且,美国长期利率基本上没有随短期利率的提高而上升,对于房地产市场以及消费贷款不会造成太大的负面影响。

另外,一些发展中国家主要是中国和马来西亚实施更加灵活、更富弹性的汇率形成机制,国际金融秩序不断改进,也为世界经济发展提供了良好的金融环境。

4. 世界贸易较快增长,跨国投资继续回升

世界经济平稳较快增长,推动了世界贸易的发展。据国际货币基金组织 9 月份预测,2006 年世界货物和服务贸易量将增长 7.4%,比 2005 年快 0.4 个百分点。随着跨国公司盈利能力提高,为扩展新市场和降低成本,2006 年跨国并购规模将进一步扩大,全球外国直接投资流量将会进一步增加。据联合国贸发会议评估,2006 年流入发展中国家的外国直接投资将继续增加,美国、德国和英国将成为最主要的外商直接投资来源国,中国、美国和印度将成为吸引外商直接投资最多的国家。从行业分布看,服务业成为最有吸引力的行业,尤其是餐饮业、旅游业和信息通讯技术产业吸引的外商直接投资增速可能最快。

(二)导致 2006 年世界经济增长放缓的问题和矛盾

1. 全球财政货币政策可能继续偏紧,特别是利率走势将是 2006 年世界经济面临的主要挑战,世界经济增长的不确定性增加

一是世界主要国家可能减少财政支出,以改善财政收支状况。2006 年美国将继续实施进一步控制财政支出的预算议案,布什政府在 2004 年财政年度报告中已承诺,在今后 5 年内年度预算赤字将减少一半。欧元区因《稳定与增长公约》放宽期限即将到期,各成员国已不可能继续通过扩大政府支出来刺激经济增长,各国政府可能集中精力控制预算赤字。日本政府也可能要继续采取措施,减少财

专栏 中外信息化发展指数(IDI)测算与比较

信息化发展指数(IDI)是一个衡量社会信息化发展水平的综合指数,用来衡量社会利用信息和通讯技术来创建、获取、使用和分享信息及知识的能力,以及信息化发展对社会经济发展的推动作用。信息化发展指数指标体系由信息化发展指数以及信息化基础设施、使用、知识、环境与效果和信息消费五个分类指数构成,分类指数下设共计10个具体指标。信息化发展指数是用简单平均方法对各类具体指标的标准化数据进行计算,分别得出各类指数,然后通过各类指数加权平均计算得出总指数。

2002年世界33个国家(地区)信息化发展指数测算结果表明,中国信息化发展总指数居第25位。33个国和地区信息化水平差距较大,发展极不平衡。高信息化水平国家(地区),包括美国、瑞典、新加坡、荷兰、丹麦、澳大利亚、英国、加拿大、芬兰、中国香港、新西兰、日本、德国、法国、韩国、意大利、西班牙17个国家和地区。中高信息化水平国家(地区),包括波兰、阿根廷、俄罗斯、马来西亚、墨西哥、巴西、泰国、中国8个国家。中等信息化水平国家(地区),包括委内瑞拉、菲律宾、斯里兰卡、阿塞拜疆4个国家(地区)。低信息化水平国家(地区),包括印度、巴基斯坦、孟加拉国、尼日利亚4个国家。

我国信息化发展不平衡。从全国各地区来看,2003年信息化发展指数位居全国前五位的省市区分别为北京、上海、天津、广东和浙江。信息化发展指数位居后五位的分别是河南、青海、云南、贵州和西藏。

第I类型地区(称为信息化发展高水平地区):包括北京和上海。第II类型地区(称为信息化发展较高水平地区):包括天津、广东、浙江、辽宁、陕西、江苏、福建、吉林、山东、黑龙江和山西,共11个省市区。第III类型地区(称为信息化发展中等水平地区):包括湖北、重庆、河北、新疆、湖南、四川、内蒙、海南、江西、宁夏、广西和安徽,共12个省市区。第IV类型地区(称为信息化发展较低水平地区):包括甘肃、河南、青海、云南和贵州,共5个省市区。第V类型地区(称为信息化发展低水平地区):这类地区只有一个,即西藏自治区。

(执笔:杨京英 闾海琪)

政赤字。这些政策可能导致各国政府消费支出减少,对经济增长的贡献下降。

二是随着美国利率提高,美元资产吸引力增大,对其他国家构成升息压力。当前美国与其他国家之间的利差不太可能会持续下去,欧元区和英国可能会收紧银根,日本央行可能会考虑是否放弃零利率及"定量宽松"货币政策,新兴市场国家也将加快升息速度。如果世界各国央行普遍加息,必将加大企业运行成本和融资成本,消费和投资需求将减少,特别是对世界房地产市场将产生较大的冲击,进而影响整个世界经济发展。

2. 国际石油市场价格不会出现明显回落,仍将处在较高水平上,对世界经济的影响可能越来越明显

据OPEC预测,2006年OPEC石油平均价格每桶不低于50美元。美国能源署预测,2006年国际石油期货市场价格将保持在每桶64美元左右。其主要原因是刺激石油价格上涨的因素没有减弱,国际原油市场供需之间平衡关系状态仍十分脆弱。从需求看,2006年世界经济仍将平稳较快增长,继续带动石油需求的增加。据国际能源署预测,2006年世界石油需求量每天为8500万桶,比2005年增加385万桶。在世界石油供应偏紧的情况下,发达国家和地区出于经济安全考虑,将继续增加石油储备。截止到2005年11月底,OECD国家石油总储备达到46.7亿桶,同去年同期相比,增加了6.4亿桶。从供应看,短期内国际石油产能和产量不会出现大幅度增加。据OPEC预测,2006年世界原油供应量每天大致保持在8600万桶左右。由此可以看出,这种脆弱的石油供求平衡关系,使得国际石油价格变得更加动荡不稳,任何一个产油国生产出现问题,都可能导致石油价格上涨。加之国际石油市场投机、大国利益操纵以及地缘政治等因素,2006年国际市场石油价格总体上不会有明显的回落,仍将处在高位上的可能性较大。

据世界银行《2006年全球经济展望》报告预计,2006年国际石油价格将维持在平均每桶60美元左右,并有望降至56美元,2007年可能降至平

专栏　国际上对中国购买力平价的推算

购买力平价(Purchasing Power Parity,简称PPP)是指购买一组相同数量和质量的商品或服务所需两种不同货币之间的比价,通常用来测算、比较和分析不同国家之间经济规模、人均水平和贫困问题的差异。为了比较中国与世界其他国家之间的收入水平,国际上许多机构和个人对中国的购买力平价进行了推算。但由于缺乏中国有效的可比数据,各种估算值一直存在很大差异,有些推算甚至基于中国改革开放前的数据。国际上推算中国的PPP一般采用两种数据源:一是用价格数据,一般从公开出版物中取得,而不是进行调查;二是用经济普查或工业普查结果来计算所选行业的生产价格平价。多数研究都是对以往时期的前推型估算,虽然推算时所选择的代表规格品具有国际可比性,但这些规格品未必都对中国具有代表性。而且这种比较并不能显示中国与所比较国家产品之间的质量差异。

采用各种方法估算中国PPP得出的结果差距很大。世界银行采用世界发展指标法(WDI)对中国的PPP进行估算,其结果被广泛应用。这一结果与最近采用的佩恩世界表(PWT)方法得出的结果差别不大。但是,这两种推算都是基于十多年以前的部分调查数据得出的结果,与中国实际情况相去甚远。

推算中国PPP的两项最新研究结果表明,至少对于制造业和城市经济而言,中国的PPP明显高于过去在国际比较中通常使用的PPP数据。在2002年的研究中,采用了以1995年工业普查为基础的工业产量比较方法,而不是支出法。结果表明,中国制造业的PPP是以往在国际比较中常用的PPP的两倍多。1999年,OECD和中国国家统计局合作,进行了中国7个主要城市与OECD的购买力平价双边比较。这次试验性的研究表明,中国城市的PPP值比世界银行估算的结果高出很多。通过这一结果,可以推导出以下结论:因为中国的GDP几乎2/3来自城市地区,而中国农村地区的价格大约比城市价格低28%(勃兰特和霍尔茨,2004),这就意味着只需对中国城市PPP向下调整10%,即可得出中国全国水平的PPP。中国的市场汇率很有可能至少是PPP数值的两倍,但由于各项研究得出的结果差距太大,因而中国的PPP到底应该是多少还很难确定,目前也就难以用购买力平价方法对中国与其他国家国民收入水平进行确切比较。

虽然用PPP作转换因子计算中国的GDP会比用现行汇率计算高出许多,但其增长速度却会下降。用不变价和市场汇率计算的中国的实际收入与OECD的差距将每年缩小5.7%;但如果用PPP计算中国的实际收入,这一差距则每年只缩小3.5%。

(执笔:张芃　石婷)

均每桶52美元左右,国际石油价格上涨对世界经济特别中发展中国家的经济影响比2005年要大。如果按石油日产量增加200万桶这一假设条件推算,石油涨价因素对2006年和2007年世界经济可能造成的负面影响:今明两年世界经济增长率可能放慢1%和1.5%;通货膨胀可能上升2.6%和0.6%;世界实际利率可能提高1%和0.2%;经常项目逆差占GDP比重可能扩大1.1%和0.5%。

3. 全球发展不平衡,增大了世界经济循环体系的脆弱性

全球发展失衡突出表现在美国经常项目逆差继续扩大,财政赤字难以明显改善,而新兴市场国家和其他发展中国家贸易顺差继续扩大。据IMF预计,2006年美国经常项目逆差将达8052亿美元,比2005年增加1.5%。2005年美国财政状况尽管有所改善,但财政赤字仍占GDP的5%,预计2006年将扩大至5.6%。而发展中国家经常项目顺差将达4936亿美元,比2005年增长20%。全球发展失衡对世界经济的影响主要表现在:

一是国际贸易保护主义情绪日益增长,美欧国家可能加大针对发展中国家贸易制裁的力度,全球贸易摩擦进一步增加,从而放慢贸易全球化进程,危及世界经济发展。

二是美国贸易逆差不断扩大,导致美元呈现长期走弱趋势。随着美元与其他国家货币之间利差缩小、美国海外公司资金回流逐步减少等,支持2005年美元升值的各种因素逐渐消失,预计2006年美元总体处于疲软状态,在一定程度上将影响美国进口,进而对世界贸易将产生一定的影响。

三是如果美国政府财政赤字继续增加,将可能导致长期利息率上升,对房地产市场、消费贷款均将产生较大的不利影响,直接损害美国经济增长。

一旦美国经济增长出现较大幅度减速，必将殃及世界经济发展。当然，美国和世界各国都不会任凭这种情况发生。

三、2006 年世界经济对我国可能的影响及政策建议

总体上看，2006 年国际经济环境对我国经济发展比较有利，主要表现在：2006 年世界经济继续保持平稳较快增长，国际市场需求进一步旺盛，促进我国增加出口；跨国投资继续回升、国际金融市场基本稳定，有利于我国扩大利用外资规模，增加国际融资等。

随着我国经济愈加深入地融进世界经济，中国经济与世界经济的双向影响越来越大。面对较为有利的国际经济环境，在制定政策和宏观调控措施时，既要考虑国际经济环境可能对我国的影响，同时还必须考虑我国经济发展可能对世界经济的影响以及由此可能带来的负面作用。一方面，应充分利用国际经济有利环境，扩大对外贸易和利用外资规模；另一方面，应密切关注当前世界经济发展中存在的问题，及其对我国可能产生的不利影响，采取相应的措施加以解决。

一是建立化解国际石油和其他初级产品涨价因素影响的长效机制。对外，应加强与主要石油和原材料生产国的联络和协商，增加我国在确定国际石油和初级产品价格协议中的话语权和主动权，尽量减少损失。对内，通过增加石油储备、采取节能手段、提高能源利用率等措施，尽量减轻石油涨价对我国经济的不良影响。

二是密切关注各国利率走势，适时调整我国宏观经济政策。

三是针对美国贸易逆差扩大、欧元区贸易顺差不断减少、而我国对欧美贸易顺差却不断扩大，使得国际社会对我国的贸易保护主义情绪、贸易制裁可能会日益增加的情况，应适当放缓出口增长速度，相应扩大进口，保持适度规模的贸易顺差，减少贸易摩擦，并利用当前有利时机，注意转变出口增长方式，优化进出口贸易结构。通过保持适度投资水平和扩大国内需求弥补净进口减少对经济增长的影响。

四是 2006 年美元可能继续贬值，我国汇率政策可能会成为一些国家攻击的对象，人民币可能又将面临升值压力。对此，应充分发挥现行汇率形成机制的作用，缓解人民币升值压力，同时应注意有序地调整外汇储备结构，尽可能地避免因美元贬值所带来的外汇储备资产价值的损失。

（执笔：黄朗辉　余芳东　刘　冰　马　岩）

行业篇

2005年农业经济发展情况

2005年是"十五"计划的最后一年。党中央、国务院进一步强化对"三农"的扶持政策,各地全面贯彻落实中央关于农业和农村工作的一系列方针政策,各级财政用于农业的支出增长加快,农业投入呈现新格局。农民生产积极性较高,农业产出稳定增长。全年粮食增产、农民增收的目标顺利实现。

一、农业投入及特点

1.财政投入增长加快

2005年中央和地方继续贯彻"多予、少取、放活"方针。在"少取"方面,28个省(区、市)全部免征了农业税,全国取消了牧业税,农民减免税收负担220亿元。在"多予"方面,增加对种粮农民的补贴和对产粮大县及财政困难县的转移支付,其中粮食直补资金总额为132亿元,高于上年116元的水平,增长14%;中央财政农机购置补贴3亿元,比上年增加2.3亿元;良种补贴38.7亿元,高于上年28.5亿元的水平,增长36%;中央财政还安排55亿元专项资金,补助产粮大县。对部分粮食主产区的重点粮食品种实行最低收购价政策,其中早籼稻最低收购价70元/50公斤(0.70元/斤);晚籼稻最低收购价72元/50公斤(0.72元/斤);小麦最低收购价0.69~0.72元/斤。全年中央财政用于"三农"的支出达到2975亿元,比上年增加349亿元。

2.农业生产结构继续调整

2005年,政府继续加强对土地资源的管理,全年实际建设占用耕地13.9万公顷,比上年减少4.1%;灾毁耕地5.4万公顷;生态退耕39万公顷;因农业结构调整减少耕地1.2万公顷。土地整理复耕开发补充耕地30.7万公顷。2005年末全国耕地为12968万公顷,比上年净减少36.2万公顷。

种植业结构继续调整。初步统计,2005年,农作物总播种面积为15549万公顷,比上年增加194万公顷,增长1.3%。在主要农作物中,除粮食、蔬菜种植面积增加外,其它主要作物种植面积均呈减少态势。粮食播种面积继续扩大,2005年全国粮食种植面积10427万公顷,比上年增加267万公顷,增长2.6%;棉花种植面积506万公顷,减少63万公顷;油料种植面积1431万公顷,减少12万公顷;糖料种植面积156万公顷,减少1万公顷;蔬菜种植面积1774万公顷,增加18万公顷。

3.农业劳动力继续减少,外出务工劳动力稳定增长

初步统计,2005年乡村从业人员约50387万人,比2004年增加692万人,增长1.4%。其中农林牧渔劳动力29976万人,比2004年减少621万人,下降2.0%。乡村从业人员中从事工业、建筑业、信息传输和餐饮住宿的人员增长较快,其中从事工业的乡村劳动力6011万人,比上年增长573万人,增长10.5%;从事建筑业的乡村劳动力3653万人,增加273万人,增长8.1%;从事信息传输的乡村劳动力134万人,增加20万人,增长17%;从事餐饮住宿的乡村劳动力891万人,增加118万人,增长15%。

2005年农村外出务工劳动力12578万人,比上年增加755万人,增长6.4%。其中,农村常住户中外出务工的劳动力10038万人,增加685万人,增长7.3%,首次突破1亿人大关;举家外出务工的劳动力2540万人,增加70万人,增长2.8%。2005年外出务工劳动力中接受过专业技能培训的占34.4%,比上年提高6.2个百分点。

4.农户的生产投入加快

据对全国31个省(区、市)6.8万个农村住户的抽样调查,2005年农户人均生产投入1321元,比上年增加289元,实际增长18.2%。农户生产投入的主要特点:一是农户农业生产投入加快。2005年农户农业生产投入人均1058元,比上年增加229元,增长27.6%,增速比上年快3.4个百分点。其中,种植业投入人均541元,比上年增加106元,增长24.4%;牧业投入人均477元,比上年增加111元,增长30.4%。二是农户第二、三产业

生产投入大幅增长。农户用于第二、三产业的生产投入人均131元，比上年增加36元，增长37.9%。其中，工业生产支出人均40元，比上年增长28.8%；交通、运输和邮电业支出人均39元，增长43.4%；批发和零售贸易、餐饮业支出人均31元，增长65%。三是生产性固定资产投入增加较快。农户购置生产性固定资产支出人均130元，增加24元，增长22.1%。

5. 农业机械、用电、化肥和水利投入均有不同幅度增长

农村生产和生活的基础条件有所改善。初步统计，2005年农业机械总动力68283万千瓦，比2004年增加4255万千瓦，增长6.6%；农村用电量4404亿千瓦小时，增加471亿千瓦小时，增长12%；化肥施用量4766万吨，增加130万吨，增长2.8%；农膜使用量176万吨，增加8.2万吨，增长4.9%；农药144万吨，增加5.1万吨，增长3.7%。全年新增有效灌溉面积102万公顷，新增节水灌溉面积123万公顷。

6.种植粮食亩均生产投入增加

据国家统计局农村社会经济调查司调查，2005年全国平均每亩粮食生产投入223元（不包括人工费用），比上年增加21元，增长10.4%。化肥价格的波动对种粮收益影响较大。2005年亩均化肥支出78元，比上年增加12元，占全部生产投入增加额的57.1%。据对农村住户的抽样调查，农业生产投入增加的主要原因有两个：一是农户购买生产资料数量增加。2005年农户人均购买化肥158公斤，比上年增长4.5%；人均购买农药41公斤，比上年增长29.8%；人均购买种籽9公斤，比上年增长30%；人均购买饲料161公斤，比上年增长48.5%。二是农业生产资料价格上涨。由于农户购买化肥、种籽、饲料、幼畜等生产资料价格上涨，致使农户购买以上几种生产资料多支出100元左右。

二、农业产出及特点

1.农业经济稳定增长

初步统计，2005年全国农林牧渔业总产值39337亿元，按可比价格计算，比上年增长5.6%。农林牧渔业总产值中，农业产值19524亿元，比上年增长3.8%；畜牧业产值达到13268亿元，增长8.4%；渔业产值4002亿元，增长5.9%；林业产值1389亿元，增长1.5%。2005年农林牧渔业增加值22718亿元，比上年实际增长5.2%，

2.全年粮食生产保持增长格局

据全国31个省（区、市）抽样调查和部分粮食主产区面积遥感测量结果，2005年全国粮食产量9680亿斤，比上年增产291亿斤，增长3.1%。

2005年粮食生产有四个特点：一是粮食单产稳定略增，2005年粮食单产为309.4公斤/亩，比上年提高1.4公斤/亩，提高0.5%，粮食单产水平再创历史新高。二是面积扩大对粮食增产的贡献最大。因面积扩大增产粮食247亿斤，对粮食增产总量的贡献率为85%。三是粮食增产主要增在主产区，从粮食增产区域看，13个粮食主产区增产幅度较大，粮食主产区增加266亿斤，占全国增加量的91%。四是夏粮、秋粮增产，早稻减产。分季节看，全国夏粮产量2125亿斤，增产102.4亿斤，增幅为5.1%。早稻产量636亿斤，减产8.6亿斤。秋粮保持增产格局。全国秋粮产量达到6919亿斤，增加197亿斤，增长2.9%。

3. 畜牧业生产克服“禽流感”影响继续稳定发展

初步统计，2005年肉类总产量7700万吨，比上年增长6.3%。其中，猪、牛、羊肉分别增长6.6%、5.6%和9.3%。2005年发生的“禽流感”对家禽业生产与销售量有一定影响，全国发生“禽流感”疫情31起，涉及13个省（区、市），扑杀家禽2000多万只，占2004年家禽出栏总量的0.2%。

“禽流感”对2005年全国家禽生产影响没有2004年春季大。主要原因：一是疫情发生在第四季度，对全年生产影响有限。二是由于2004年中国发生过“禽流感”疫情，国家、社会和家禽养殖户对“禽流感”疫情有所了解，在疫情再次发生之时，应对措施得利，家禽免疫面扩大。据农业部统计，目前中国家禽免疫率达到85%。三是2005年第四季度禽流感造成的价格波动比2004年小。四是扑杀家禽只数只占全年出栏量的0.2%。

4.农产品价格保持基本稳定

据抽样调查，2005年全国农产品生产价格比上年上涨1.4%，价格涨幅比上年回落11.7个百分点。其中种植业、林业、畜牧业和渔业产品价格分别上涨1.6%、4.8%、0.5%和4.7%。2005年主要农产品价格变动的主要特点：一是粮食生产价格稳中略降。2005年粮食生产价格比上年下降0.9%。全年谷物价格比上年下降0.8%，豆类价

格下降4.3%，薯类价格上涨6.1%。且粮食主销区比主产区降幅大。二是棉花生产价格上涨11.8%。三是畜牧业产品生产价格涨跌互现。生猪出栏价格比上年下降2.4%；肉牛生产价格上涨1.6%；活羊价格上涨1.7%；奶产品价格微跌0.4%；家禽和蛋类生产价格虽比上年上涨5.6%和6.4%，但涨幅较上年大幅回落。

总的来看，2005年农业生产表现为四大亮点：粮食再获丰收、农林牧渔产出平稳增长、畜牧业生产克服“禽流感”影响稳定发展、农产品价格保持基本稳定。

三、农业效益

1.耕地生产率继续提高

2005年尽管粮食生产价格稳中趋降及油料价格下降，但棉花、糖料、蔬菜和水果等农产品价格回升拉动种植业产品价格上涨1.6%。其中，棉花生产价格上涨11.8%，糖料价格上涨11.6%，蔬菜价格上涨7.2%，水果价格上涨7.4%，茶叶价格上涨10.2%，烟叶价格上涨3.3%。种植业产品价格总体上涨，加上粮食、棉花和油料的单产水平都有不同程度提高，单位面积种植业产值比上年增加。初步统计，2005年，平均每公顷播种面积生产的农作物种植业产值达到12557元，比2004年增加684元，增长5.8%。按播种面积计算的单位面积产量，粮食每公顷4342公斤，比上年提高21公斤，增长0.5%；棉花每公顷1126公斤，比上年提高15公斤，增长1.4%；油料每公顷2151公斤，比上年提高46公斤，增长2.2%。糖料每公顷61224公斤。

2.主要粮食品种种植效益下降

据国家统计局农村社会经济调查司对全国9000个农业生产单位主要农产品收益情况的调查，2005年全国粮食生产平均每亩纯收益为243元，比上年减少27元，下降10%；主要粮食品种种植效益下降。分品种看，四种主要粮食生产效益均有不同程度下降。2005年小麦每亩纯收益为166元，比上年减少33元，下降16.6%；稻谷平均每亩纯收益为324元，比上年减少7元，下降2.1%；玉米每亩纯收益为308元，比上年减少14元，下降4.3%；大豆每亩纯收益为194元，比上年减少35元，下降15.3%。与上年比较，小麦亩均纯收益减幅最大，稻谷最小；从亩均纯收益看，种植稻谷收益最高，小麦最低。

2005年粮食主产区种植粮食亩均纯收益下降。黑龙江、吉林、辽宁、江苏、山东、湖北、四川、内蒙古、河南、河北、安徽、湖南和江西13个粮食主产省(区)亩均纯收益为260元，比上年减少26元，下降9.1%。种粮效益下降的主要原因是粮食价格稳中略降和生产资料价格上涨。据调查，2005年，粮食价格下降0.9%；农业生产资料价格上涨8.3%，化肥价格上涨12.8%，种籽价格上涨10.7%，农用机油价格上涨11.1%。

四、农业增长因素

2005年粮食总产量在上年大幅度增长的基础上，又增产291亿斤，达到9680亿斤。“十五”期末粮食生产出现重要转机。农业综合生产能力得到加强，粮食稳定增产和农民持续增收，为经济平稳较快发展和社会稳定奠定了基础。2005年农村经济平稳增长，主要是国家贯彻落实“城市支持乡村，工业反哺农业”方针，制定有利于农业和农村经济发展的政策，各级财政和农户都加大了对农业生产的投入。以下对农业增长的因素和各因素的贡献率进行分析。

1.2005年农业增长因素

2005年，促使农业总产出稳定增长主要因素可以概括为“三个提高，一个有利”，“三个提高”为：一是各级财政用于“三农”的支出大幅度提高；二是“三补贴二减免”等支持农业生产的政策提高了农民的生产积极性；三是农业生产条件的改善和科技进步提高了农业生产的效率。“一个有利”体现在：农业生产的气候条件虽然不如上年，但仍然有利于农业生产。在对农业增长的影响因素进行量化分析时，我们着重分析农业投入和农业效率对农业产出的影响。在模型的选择上，我们选择在实际中得到广泛应用的修正的柯布－道格拉斯生产函数。我们将农业投入分为耕地、劳动力、资本和科技四个部分，由于政策的影响体现在投入增加和播种面积的变化上，可以说，这四个方面基本概括了以上所提到的影响农业产出的各种因素。

2.农业增长因素对产出增长的贡献

初步统计，2005年农业总产值现价比上年增长9.0%，其中农业资金投入对农业产值增长贡献了5.7%，农业效率提高贡献了3.8%，而耕地的贡献为－0.5%。

农业资金投入对农业产值增长贡献了5.7%。

这里的农业资金是指新投入的资金，主要包括农户的农业生产投入和国家财政用于“三农”的投入，不包括固定资产存量。据测算，2005 年新投入农业生产的农业资本为 10857 亿元，比 2004 年增长 12.2%。将农业资本的产出弹性与增长率相乘，就得到资本对农业增长的贡献为 5.7%。可见，农业资金对农业产出增长的影响很大。

农业劳动力对农业增长的影响不显著。2005 年农林牧渔劳动力 29976 万人，比 2004 年减少 621 万人，下降 2.0%。由以上对农业产出模型的分析可知，在中国人均耕地少，农村劳动力严重富余的条件下，农林牧渔劳动力的少量增减，对农业增长没有显著影响。

耕地对农业增长的贡献提高。2005 年国家继续落实最严格的耕地保护制度，当年退耕还林和建设用地比上年继续减少，全年耕地净减少 36.2 万公顷，远低于 2004 年 80 万公顷减少量。据此计算，2005 年耕地减少 0.3%，耕地对农业增长的贡献为 -0.5%，与 2004 年的 -1.2% 比较，有了较大幅度提高。由此可见，由于对耕地实行了更严格的保护，耕地下降幅度减缓，耕地数量下降对农业产出的负面影响比上年减少了。

农业生产效率对农业产出的贡献继续提高。农业效率提高对农业生产的贡献是农业总产值增长率扣除新增投入量产生的总产值增长率之后的余额，在这里，农业生产效率主要包括科技进步和气候条件对农业投入产出比的影响。2005 年农业效率对农业生产增长的贡献为 3.8%。“十五”期间，良种、测土配肥和农作物栽培等新技术的推广提高了农业投入产出比，科技进步对农业增产、增效的贡献稳定提高。

五、农业投入与产出的变化趋势

中共十六届五中全会提出了建设社会主义新农村的重大历史任务。2006 年中央一号文件《关于推进社会主义新农村建设的若干意见》（以下简称“中央一号文件”）提出了统筹城乡发展，推进社会主义新农村建设的综合措施。2006 年是“十一五”规划的第一年，各级财政及社会资金将加大对“三农”的支持力度，推进农村体制改革和制度创新，使广大农村面貌有比较明显的变化。

1.农业投入形成新格局

2006 年全国彻底取消农业税，这是具有划时代意义的重大变革。农村税费改革不仅取消了农业税赋，而且取消了“三提五统”和农村教育集资等，还取消了各种不合理收费，农民得到了很大的实惠。为保证基层政权正常运转和农村义务教育的需要，从 2006 年起，国家财政将每年安排支出 1030 多亿元，其中中央财政转移支付每年将达到 780 多亿元，地方财政每年将安排支出 250 多亿元。

温家保总理在十届全国人大四次会议上所做的《政府工作报告》指出，2006 年要稳定、完善和强化对农业的扶持政策。进一步增加对农民的种粮直接补贴、良种补贴、农机具购置补贴，增加对产粮大县和财政困难县的转移支付。坚持和完善重点粮食品种最低收购价政策，抑制农业生产资料价格上涨。2006 年中央财政用于“三农”的支出达到 3397 亿元，比上年增加 422 亿元，增长 14.2%，高于中央财政总收入、总支出的增长水平，占中央财政总支出增量的 21.4%。若有超收，还将主要用于增加对“三农”的投入。

中央一号文件还指出，要加快推进农村金融改革。县域内各金融机构在保证资金安全的前提下，将一定比例的新增存款投放当地，支持农业和农村经济发展；引导邮政储蓄资金返还农村；国家开发银行要支持基础设施建设和农业资源开发；继续发挥农业银行支持农业和农村经济发展的作用；鼓励在县域内设立多种所有制的社区金融机构，允许私有资本、外资等参股。可以预见，在财政投入发挥基础性作用和杠杆作用的带动下，将吸引更多的社会资金、金融资金投向农村，最终建立起以政府（财政）投入为引导的多元化支农资金稳定增长机制。

2.稳步推进劳动力转移，提高劳动力素质

中央一号文件强调，要保障务工农民的合法权益。进一步清理和取消各种针对务工农民流动和进城就业的歧视性规定和不合理限制。建立健全城乡就业公共服务网络，为外出务工农民免费提供法律政策咨询、就业信息、就业指导和职业介绍。切实解决务工农民工资偏低和拖欠问题。扩大农村劳动力转移培训阳光工程实施规模，增强农民转产转岗就业的能力。这些措施将加快农业富余劳动力转移，有利于提高农村劳动力素质和生产效率，增强我国农业在国际上的竞争力。

3.耕地变化趋势

温家宝总理在《政府工作报告》中指出，要切

实保护耕地特别是基本农田，稳定粮食播种面积，不断提高粮食综合生产能力。2006 年国家将继续实施优质粮食产业工程，集中力量建设一批国家优质专用粮食基地。支持粮食主产区重点建设旱涝保收、稳产高产基本农田。据国家统计局农村司 2006 年 2 月底对全国 800 多个调查县 7 万多农户种植意向调查，2006 年全国粮食播种面积继续保持稳定增长。其中，谷物面积扩大，豆类面积减少，薯类面积保持稳定。意向调查显示，全国粮食播种面积将达到 15.75 亿亩，比上年扩大 1080 万亩，增长 0.7%。其中，夏粮播种面积预计为 4.01 亿亩，比上年扩大 570 万亩，增长 1.4%；秋粮播种面积预计为 10.83 亿亩，比上年扩大 465 万亩左右，增长 0.4%；早稻播种面积预计 9087 万亩，基本保持稳定。

4.农村基础设施得以改善

建设社会主义新农村，必须加强农村基础设施建设。中央一号文件指出，要大力加强农田水利、耕地质量和生态建设。在搞好重大水利工程建设的同时，不断加强农田水利建设。加快发展节水灌溉，继续把大型灌区续建配套和节水改造作为农业固定资产投资的重点。加强防汛抗旱和减灾体系建设，加强农村道路、饮水、沼气、电网、通信等基础设施和人居环境建设。预计 2006 年农村基础设施、村容村貌将有较大改善。

（执笔：柏先红）

2005 年工业[1]经济总体运行状况良好

从总体上看,2005 年我国工业经济运行状况良好。规模以上工业生产平稳、快速增长,主要能源产品供需矛盾缓和,经济效益总体水平较高,工业品出口继续快速增长,产销衔接状况良好。

一、2005 年工业经济运行的主要特点

(一)工业生产平稳、快速增长

2005 年,全国规模以上工业企业累计完成增加值 66425.2 亿元,比上年增长 16.4%,略低于 2003 年(17%)和 2004 年(16.7%)的增速,比 1995 – 2002 年的平均速度高 5.3 个百分点。

1. 各季度增速波动幅度不大

1 – 4 季度,规模以上工业分别比上年同期增长 16.2%、16.5%、16.2% 和 16.4%,平稳增长的特点比较明显。

2. 股份制和外商及港澳台商投资企业生产增速较高

股份制和外商及港澳台商投资企业生产增长速度明显高于国有和集体企业,全年分别完成工业增加值 32173.4 亿元和 18976.7 亿元,分别比上年增长 17.8% 和 16.6%;国有和集体企业增长速度相对较低,分别完成工业增加值 8621.8 亿元和 2581 亿元,分别增长 10.5% 和 12.4%。

3. 轻工业增速低于重工业

全年轻、重工业分别完成增加值 20584.6 亿元和 45840.6 亿元,分别比上年增长 15.2% 和 17%,重工业增速比轻工业高 1.8 个百分点。

4. 高技术行业快速增长

按照 2002 年国家统计局下发的《高技术产业统计分类目录》汇总,2005 年,规模以上高技术行业工业企业累计完成增加值 7838.5 亿元,占全部规模以上工业的 11.8%;比上年增长 19.8%,增速比全部规模以上工业快 3.4 个百分点。

5. 大部分重要产品生产增长速度较快,部分产品增速较低,少量产品出现负增长。

2005 年统计的 404 种主要工业产品中,产量比上年增长的有 361 种,(其中,增幅超过 20% 的有 153 种,增幅在 10 – 20% 之间的有 142 种,增幅低于 10% 的有 66 种);产量比上年下降的有 43 种(其中,下降幅度超过 10% 的有 17 种)。

(1)通信设备、微机等产品迅猛增长

有 27 个产品增速超过 40%,主要是通信设备(移动交换设备、移动通信基站设备、载波通信设备)、微型电子计算机、显示器、部分轿车(排气量 1.0 升及以下和 2.5 升以上)、民用钢质船舶、铁路货车、大中型拖拉机、家用洗碗机、电热水器、数码照相机、速冻米面食品等。

(2)部分机械、钢材等产品快速增长

有 41 个产品增速在 30% – 40% 之间。其中,机械类产品主要有造纸机械、采矿设备、电站锅炉、起重设备、发电设备;钢材产品主要有中厚宽钢带、冷扎窄钢带、热轧薄宽钢带、特厚板、热轧窄钢带、冷扎薄宽钢带和厚钢板;耐用消费品主要有电饭锅、燃气灶具和燃气热水器;其他产品主要有彩色照相胶卷、手工工具、子午线轮胎外胎、鲜冷藏冻肉、发酵酒精、大米、小麦粉和羽绒服等。

(3)部分机械、原材料和饮食产品增长较快

有 85 个产品增速在 20% – 30% 之间。其中,机械类产品主要有金属轧制设备、收获机械、气体压缩机、场上作业机械、电焊机、复印机械、分离机械、金属成形机床等;原材料类产品主要有生铁、铁矿石原矿量、纸浆、粗钢、钢材(合计)、焦炭、纱、化学药品原药、氧化铝、精炼铜、钾肥、天然气、烧碱、浓硝酸、化学农药、农用薄膜、乙烯、纯苯等;饮食类产品主要有乳制品、冷冻饮料、葡萄酒、软饮料、饼干、精制茶、方便面等。

(4)部分生活用品、主要能源和建材等产品平稳增长

---

① 指规模以上工业企业,即全部国有及年销售收入 500 万元以上的非国有工业企业。下同。

有142个产品增速在10%－20%之间，主要是和居民生活有关的产品，以及主要能源、建材产品和部分机械产品。如冷柜、吸排油烟机、家用吸尘器、家用洗衣机、房间空气调节器、彩电、微波炉、家具、皮鞋、布、服装、饮料酒、汽车、摩托车、自行车、发电量、原煤、平板玻璃、水泥、集成电路、程控交换机、打印机、十种有色金属、小型拖拉机、金属切削机床、金属冶炼设备、金属切削工具等。

(5)部分家庭生活用品等低速增长

有66个产品生产增速较低，在10%以下，主要是一些生活用品，如电池、收音机、金属家具、家用电风扇、电话单机、日用塑料制品、麻袋、卷烟、绒线(毛线)、伞、锁具、激光视盘机、肥(香)皂、制冷空调设备、家用电冰箱、钟、照相机、表等；其他低增长的产品主要有工业锅炉、电站水轮机、粮食加工机械、天然原油、原油加工量、液化石油气等。

(6)43种产品产量比上年下降

主要有录像机、汽车仪器仪表、金属集装箱、农业运输机械、黑白电视机、烟草加工机械、玻璃保温容器、卫生陶瓷、成品糖、火柴、彩色显像管、家用电热烘烤器具、毛皮服装等。

(二)主要能源产品生产增长较快，供求紧张程度趋于缓解

2005年以来，主要能源产品一直保持着较高的增长速度，能源供求紧张程度逐步趋于缓解。

全年累计，规模以上工业企业共完成发电量2.41万亿千瓦时，比上年增长13.3%，增幅虽然比上年下降了1.6个百分点，但在近20多年里仍属高增长年份(2003年和2004年，增速分别为16.5%和14.5%，1993年为15.3%，其余年份均低于12%)。今年以来，全国拉路限电电网数量呈逐月减少的态势。3月份，全国共有21个电网发生拉路限电现象；4月份以后，情况明显好转，4－9月份，分别有10－15个电网发生拉路限电现象；10月份以后，进一步下降为7个左右，主要是京津唐、冀南、山西、蒙西、浙江、安徽和广东电力供应仍不足。

今年以来，煤炭生产继续较快增长。全年累计，全国规模以上工业企业共生产原煤18.24亿吨，比上年增长10.7%(据初步统计，2005年全国原煤总产量为21.9亿吨，比上年增长9.9%)，增幅比上年下降4.3个百分点；煤炭出口呈较大幅度下降，2005年，全国共出口煤炭7107万吨，同比下降17.1%；煤炭社会库存大幅度增加，到12月底，全国社会煤炭库存已近1.4亿吨，比年初增加了3623万吨。

全年累计，原油产量近1.81亿吨，增长3.9%，增幅提高1个百分点；全年进口原油1.27亿吨，原油的对外依存度为39.9%，比上年下降0.3个百分点。

天然气产量499.5亿立方米，增长21.9%，增幅比上年提高3.4个百分点。

(三)总体效益状况良好，但行业分化严重

从总体上看，2005年，全国规模以上工业的经济效益状况较好。工业经济效益综合指数为176.61，比上年提高11.66。其中，总资产贡献率为12.66%，提高0.49个百分点；流动资产周转率为2.31次，提高0.15次；资本保值增值率为114.7%，产销率为98.1%，均和上年基本持平；成本费用利润率为6.31%，略有下降(下降0.25个百分点)；资产负债率为58.25%，上升0.55个百分点。

1.实现利润继续较快增长，但不同行业之间差异巨大

2005年，规模以上工业利润的增长出现了两个明显特点。

一是继续较快增长，但增速大幅度回落。全年累计，规模以上工业实现利润14362亿元，同比增长22.6%，增幅比上年同期回落15.5个百分点。

二是不同行业之间利润增长情况差异巨大。今年以来，各行业利润增长幅度很不均匀，采掘业、食品加工业、纺织服装业等利润继续高速增长；部分加工行业利润处于下降或增幅大幅回落的状态，原油加工业出现巨额亏损。

今年以来，实现利润继续大幅度增长(超过30%)的行业有20个，主要是以下几类：

一是采掘业和部分加工行业。2005年，“非金属矿采选业”实现利润58.9亿元，增长100.6%；“有色金属矿采选业”实现利润199.1亿元，同比增长97.7%；“煤炭开采和洗选业”实现利润551.7亿元，增长78.9%；“石油和天然气开采业”实现利润2936.5亿元，增长68.2%；“有色金属冶炼及压延加工业”实现利润419.8亿元，增长38.9%；“橡胶制品业”实现利润103.6亿元，增长37%；“通用设备制造业”实现利润594.6亿元，增长35.4%；“黑色金属矿采选业”实现利润139.8亿元，增长35.2%；“金属制品业”实现利润296.5亿元，增长

30.7%；“塑料制品业”实现利润206.3亿元，增长30.2%。

二是食品、纺织服装、饮料等轻纺工业。2005年，“农副食品加工业”实现利润380.1亿元，同比增长61.6%；“纺织业”实现利润422.3亿元，同比增长51.8%；“食品制造业”实现利润205.2亿元，同比增长51.1%；“木材加工及木、竹、藤、棕、草制品业”实现利润80亿元，同比增长44%；“皮革、毛皮、羽毛(绒)及其制品业”实现利润133.6亿元，同比增长38.3%；“家具制造业”实现利润60.3亿元，同比增长38.1%；“工艺品及其他制造业”实现利润87.6亿元，同比增长33.1%；“纺织服装、鞋、帽制造业”实现利润198.3亿元，同比增长33.1%；“饮料制造业”实现利润217.3亿元，同比增长31.5%。

利润增长速度较高(在20%－30%之间)的行业有7个，依次是“废旧资源和废旧材料回收加工业”、“仪器仪表及文化、办公用机械制造业”、“专用设备制造业”、“造纸及纸制品制造业”、“电力、热力的生产和供应业”、“电气机械及器材制造业”、“医药制造业”，利润同比的增幅在20.5%－29.9%之间。

利润增幅相对较低(低于20%)的行业有5个，依次是“文教体育用品制造业”、“烟草制品业”、“化学原料及化学制品制造业”、“通信设备、计算机及其他电子设备制造业”和“非金属矿物制品业”利润增幅在1.5%－14.4%之间。

净亏损和利润比上年同期下降的行业有7个，主要是下游加工和制造行业。

2005年，“石油加工、炼焦及核燃料加工业”净亏损149.9亿元；“水的生产和供应业”净亏损0.3亿元；“化学纤维制造业”实现利润48.5亿元，同比下降20.3%；“交通运输设备制造业”实现利润657.1亿元，同比下降14.3%；“黑色金属冶炼及压延加工业”实现利润1037.4亿元，下降4.4%；“燃气生产和供应业”实现利润16亿元，下降3.4%；“印刷业和记录媒介的复制”实现利润85.9亿元，下降2%。

2. 亏损企业亏损额大幅度增加

2005年，规模以上工业中共有亏损企业4.7万多家，亏损面为17.9%，比上年下降0.3个百分点；全年累计亏损额已达1923亿元，比上年增长38.8%。

分行业看，亏损企业亏损额较大，且增幅较高的行业主要有以下几个：

石油加工、炼焦及核燃料加工业：共有亏损企业近5百家，亏损面为25.7%；累计亏损额高达373.6亿元，比上年同期增长近8倍。通信设备、计算机及其他电子设备制造业：共有亏损企业2255家，亏损面为25.4%；累计亏损额高达225亿元，比上年同期增长21.2%。化学原料及化学制品制造业：共有亏损企业3千多家，亏损面为16.6%；累计亏损额高达135.2亿元，比上年同期增长62.8%。交通运输设备制造业：共有亏损企业2千多家，亏损面为18.8%；累计亏损额高达110.2亿元，比上年同期增长18.4%。非金属矿物制品业：共有亏损企业4千多家，亏损面为20.6%；累计亏损额高达100.9亿元，比上年同期增长42.3%；黑色金属冶炼及压延加工业：共有亏损企业1670多家，亏损面为25.3%；累计亏损额高达99.8亿元，比上年同期增长185%。电气机械及器材制造业：共有亏损企业2570家，亏损面为16.8%；累计亏损额79.7亿元，比上年同期增长29.3%。

(四)出口交货值继续快速增长，但增幅回落明显

2005年，规模以上工业企业累计实现出口交货值47948.9亿元，比上年增长26.1%，继续快速增长，但增幅已出现明显的回落态势，主要表现在两个方面：

一是出口交货值增幅低于上年，对工业增长的贡献率下降。相对于2004年32.6%的增幅，2005年出口交货值的增速回落了6.5个百分点；出口交货值在工业销售产值中的比重为19.6%，比上年下降了0.5个百分点。据测算，出口对工业增长的贡献率约为19%，比上年下降2.3个百分点；拉动工业增长3.1个百分点，比上年下降0.5个百分点。

二是下半年以来增速明显走低。6月份前，出口交货值增长速度较高，1－5月累计增长30.2%；6月份以后，增幅基本呈逐月回落的走势，6、7月份同比分别增长27.5%和26.1%；8－11月份，增速一直徘徊在20%左右，12月份，增速已回落到18.1%。

专栏 2005年煤电油行业运行情况

2005年,煤电油供需紧张的局面有所缓解。主要原因是煤电油行业生产继续保持了较快增长,运输能力进一步提高,同时,随着国家宏观调控政策的进一步落实,高耗能行业过度增长的势头得到了有效遏制。

一、煤炭生产较快增长,供需紧张局面明显缓解

2005年,原煤产量再创新高,全社会产量达到21.9[(1)]亿吨。

煤炭库存显著增加,年底全社会煤炭库存13974万吨,比年初增加3623万吨,已达到合理库存水平。在主要用煤行业中,电力直供电厂煤炭库存2370万吨,已处于合理水平。冶金重点钢厂煤炭库存344万吨,比年初增加118万吨。

值得注意的是,受市场影响,主要是高耗煤产品增速减慢,煤炭销售增速有所回落,部分地区煤炭市场价格出现下降,煤款拖欠有所增加,煤矿安全形势仍然严峻。

二、发电装机大幅提升,电力供求矛盾有所缓解

2005年,电力供需紧张形势得到缓解,供需矛盾主要体现在季度性、时段性和地区性。主要原因是装机容量连续几年大幅增加,发电量持续较快增长,以及高耗电行业增速明显回落。

2005年,电力新增装机容量近6000万千瓦,年底装机容量超过5亿千瓦。全年发电量24747[(1)]亿千瓦时,比上年增长12.3%。电力供需矛盾有所缓解,各地拉限电条次大幅减少,全国夏季用电高峰电力最大缺口比2004年减少约1000万千瓦。

三、石油生产和消费均呈现较快增长,对外依存度仍然较高

2005年,全国原油生产和进口保持稳定增长,其中原油产量1.81[(1)]亿吨,比上年增长2.8%。原油进口量1.27亿吨,比上年增长3.3%。

据初步测算,2005年石油消费量为3.16亿吨,已连续两年超过3亿吨。石油自给率为57.2%左右,比2004年的55.5%,略有提高,但对外依存度仍处于较高水平。另外,国际市场原油价格持续高位波动,也使国内部分地区一度出现成品油供应紧张。

注:(1)为公报数。

(执笔:于新华)

目前,我国工业生产的对外依存度①已经处于比较高的水平,规模以上工业的出口交货值占销售产值的比重已经接近1/5(为19.6%)。在大类行业中,对外依存度高于30%的行业已经有7个,主要是"通信设备、计算机及其他电子设备制造业"(65.5%)、"文教体育用品制造业"(65%)、"家具制造业"(51.6%)、"仪器仪表及文化、办公用机械制造业"(51.5%)、"工艺品及其他制造业"(50.7%)、"皮革、皮毛、羽毛(绒)及其制造业"(50.7%)和"纺织服装、鞋、帽制造业"(47.7%);部分地区的对外依存度已处于很高的水平,超过20%的地区有6个,依次是广东(43.7%)、福建(33%)、上海(32%)、浙江(26.6%)、天津(25.8%)和江苏(24.6%)。

从几个重点出口行业来看,情况不容乐观。"通信设备、计算机及其他电子设备制造业",是目前我国工业出口的第一大户,2005年全年累计完成出口交货值17091.9亿元,已超过全国规模以上工业出口交货值总量的1/3(为35.6%),产品近2/3出口,是我国目前对外依存度最高的行业,该行业2005年的出口交货值累计增长速度为29.4%,虽然仍保持着快速的增长,但和上年相比增幅出现了大幅度回落,回落幅度为12.7个百分点;"电气机械及器材制造业",出口交货值占全国规模以上工业的7.6%,2005年增长速度为24.8%,增幅比上年回落了13.7个百分点;其他几个重点出口行业,出口交货值的增长幅度也出现了较大的回落,"黑色金属冶炼及压延加工业"、"仪器仪表及文化、办公用机械制造业"、"金属制品业"、"农副食品加工业"和"家具制造业",出口交货值分别占全国规模以上工业1.5% -3.7%,同比分别增长18.4% -28.4%,增幅均比上年同期回落10个百分点以上。

(五)产成品资金和应收帐款增长总体上处于正常水平,但部分行业增幅偏高

2005年,规模以上工业企业产成品资金占用

① 用"出口交货值占销售产值的比重"来衡量。

专栏　2005 年高技术工业生产快速增长

2005 年，高技术工业经济运行态势良好，生产快速增长，出口交货值大幅度增加，但产销率相对略低。

一、生产快速增长

2005 年，高技术工业累计完成增加值 7838.5 亿元，比上年增长 19.8%，比全部规模以上工业增速快 3.4 个百分点。

2005 年，高技术行业部分产品保持快速增长的态势。彩色照相胶卷增长 38.9%，化学药品原药增长 23.5%，微型电子计算机增长 53.3%（其中，笔记本计算机增长 56.6%），显示器增长 50.1%，大规模集成电路增长 24.3%，传真机增长 23%，手机增长 22.2%，载波通信设备增长 44.4%，移动通信设备增长近 2.5 倍，移动通信基站设备增长 64.8%。

部分行业产品保持平稳增长。中成药增长 15%，电话单机增长 7.4%，打印机增长 15.9%，半导体分立器件增长 14.6%，彩电增长 13.1%，收音机、收录放音组合机分别增长 9.7% 和 15.3%。

二、出口交货值大幅度增长

2005 年，高技术行业累计实现出口交货值 18578.5 亿元，在全部规模以上工业中已占近 4 成（38.7%），和去年相比增长 29%。

分行业看，电子及通信设备制造业出口额最大，增长速度也最高，全年完成出口交货值 9204.4 亿元，占全部规模以上高技术工业的近一半（49.5%），比上年增长 30.9%（其中，通信设备制造业完成出口交货值 3043.6 亿元，增长 60.2%；电子器件制造业 1791.2 亿元，增长 14.6%；电子元件制造业 2469.4 亿元，增长 27.4%；家用视听设备制造业 1642.5 亿元，增长 15.4%）。电子计算机制造业完成出口交货值 7887.4 亿元，增长 27.8%（其中，电子计算机整机制造业和外部设备制造业分别完成出口交货值 4385.7 亿元和 3450.1 亿元，分别比上年增长 26.3% 和 29.7%）。医疗设备及仪器仪表制造业完成出口交货值 461.4 亿元，增长 28.1%。

三、产销衔接水平略低于全部规模以上工业

2005 年，高技术工业产销率为 97.29%，比全部规模以上工业产销率低 0.81 个百分点。

分行业看，在总量较大的行业中，电子计算机及办公设备制造业的产销率较高，为 98.16%（其中，电子计算机整机制造业和外部设备制造业分别为 98.5% 和 97.9%）；电子及通信设备制造业产销率也较高，为 97.46%（其中，通信设备制造业为 97.46%，电子器件制造业为 97.17%，电子元件制造业为 97.41%，家用视听设备制造业为 98.28%）；信息化学品制造业和医药制造业产销率较低，分别为 96.8% 和 94.14%。

（执笔：周学文）

额为 12265.6 亿元，同比增长 17.9%，增幅虽然较高，但和上年同期相比，回落了 6.7 个百分点；同时，比同期销售收入增长速度低 9.1 个百分点。按全年的日销售额计算，目前的产成品大约可供销售 18.3 天，比上年同期减少 1.7 天。

分行业看，产成品资金占用增幅相对偏高的行业主要有以下 2 个：

“煤炭开采和洗选业”，12 月末产成品资金占用额为 211.3 亿元，同比增长 44.3%，增幅比上年同期高 4.3 个百分点，比同期销售收入的增幅高 3.2 个百分点；产成品资金在流动资产中的比重为 6.7，比上年同期提高 0.8 个百分点。

“黑色金属冶炼及压延加工业”，12 月末产成品资金占用额为 940.7 亿元，同比增长 38.2%，增幅虽然比上年同期回落了 14.3 个百分点，但比同期销售收入的增幅高 8.6 个百分点；产成品资金在流动资产中的比重为 11.9，比上年同期提高 0.6 个百分点。

总体上看，规模以上工业企业的应收帐款增幅尚处于比较正常的状态，但部分行业的增幅偏高问题应加以关注。12 月末，规模以上工业企业的应收帐款净额为 26775.7 亿元，同比增长 19.2%，增幅比上年同期增幅提高了 3.6 个百分点，但比同期销售收入增长速度低 7.8 个百分点；应收帐款在流动资产中的比重为 25.3%，比上年同期略有提高（提高了 0.5 个百分点）。

今年以来，应收帐款增幅异常的行业主要有以下几个：

“通信设备、计算机及其他电子设备制造业”，12 月底应收帐款额为 5052.1 亿元，增长 26.3%，

专栏 2005年交通运输业得到快速发展

2005年,随着国民经济快速发展,交通基础设施的不断完备,运输行业也得到快速发展。据统计,2005年全社会货运量完成186.2亿吨,货物周转量完成80258亿吨公里,比上年同期分别增长9.1%和15.6%;全社会客运量完成184.7亿人,旅客周转量完成17466.7亿人公里,比上年同期分别增长4.5%和7.1%。

(一)铁路运输

2005年,由于国民经济保持较快的发展速度,煤电油运紧张状况更加突出。铁路部门积极挖掘潜力,通过实施提速战略,发展重载运输、优化运输等措施,主要运输生产指标连创历史新高。到2005年末,客运量、旅客周转量、货运量、货物周转量分别达到11.6亿人、6062亿人公里、26.9亿吨和20726亿吨公里,分别比上年同期增长3.4%、6.1%、8.1%和7.5%。

(二)公路运输

2005年,交通运输部门积极落实国家宏观调控政策,缓解煤电油运紧张局面,开通了煤炭公路运输通道,北方七港两年共发运煤炭6.5亿吨。建成了覆盖全国的2.7万公里鲜活农产品运输"绿色通道"。据统计,2005年货运量完成134.2亿吨,货物周转量完成8693亿吨公里,分别比上年同期增长7.8%和10.9%;客运量完成169.7亿人,旅客周转量完成9292亿人公里,比上年同期分别增长4.5%和6.2%。

(三)水上运输

2005年,水上货运和港口货物吞吐量都呈现出快速增长的态势。据统计,2005年水上运输完成货运量22亿吨,货物周转量完成49672亿吨公里,比上年同期分别增长17.2%和19.9%;客运量完成2亿人,旅客周转量完成67.8亿人公里,比上年同期分别增长6.2%和2.2%。

2005年,全国港口共完成货物吞吐量48.5亿吨,比上年同期增长16.4%;完成集装箱吞吐量7564万标箱,比上年同期增长22.8%。有10个港口进入世界亿吨大港行列。上海港吞吐量由2000年的2亿吨达到4.43亿吨,由世界第四跃居世界第一大港。2005年上海港、深圳港完成集装箱吞吐量1800万和1618万标准箱,分别是2000年的3.2倍和4.06倍,跃居世界第三和第四位。我国港口货物吞吐量和集装箱吞吐量已连续三年稳居世界第一位。长江干线、京杭运河成为世界上运量最大的通航河流和运河。

(四)民航运输

2005年,民航部门积极开拓市场,增加国际航线,使航空运输生产得到了较快增长。据统计,2005年货运量完成306.7万吨,货物周转量完成78.9亿吨公里,分别比上年同期增长10.9%和9.9%;客运量完成13827万人,旅客周转量完成2044.9亿人公里,分别比上年同期增长14.1%和14.7%。

(执笔:李 黎)

比上年的增幅提高了3.4个百分点,比销售收入增幅高3.4个百分点;应收帐款额在流动资产中的比重已达到45%,比上年提高了3.2个百分点。

"黑色金属冶炼及压延加工业",12月底应收帐款额为868亿元,增长32.5%,比上年提高19.8个百分点;在流动资产中的比重为11%,比上年同期提高0.9个百分点。

"交通运输设备制造业",12月底应收帐款额为1982.9亿元,增长16.3%,比上年略有提高(提高0.3个百分点),比销售收入的增幅高1.6个百分点;在流动资产中的比重达到22%,比上年提高了0.7个百分点。

"化学纤维制造业",12月底应收帐款额为125.6亿元,增长26.1%,比上年增幅提高19.8个百分点;在流动资产中的比重为13.3%,比上年提高0.6个百分点。

(六)产销衔接水平较高

2005年,工业产品销售率为98.1%,和上年基本持平。

分大类行业看,产销率高于99%的行业有5个,分别是烟草、石油加工、石油和天然气开采、燃气、电力;产销率在98% -99%之间的行业有9个,主要有交通运输设备制造、煤炭、文教体育用品制造、金属制品、农副食品加工、化纤等;产销率在97% -98%之间的行业有22个,主要有冶金、食品制造、纺织、饮料、仪器仪表、电气机械、电子、设备制造等;医药制造业的产销率最低,为94.14%。

二、对 2006 年走势的初步判断

2006 年,规模以上工业的生产仍将保持较高的增速,但将会低于上年的幅度。主要是基于以下几个因素的考虑:

一是 2006 年工业品出口仍将保持较高的增长速度,但增幅将低于 2005 年的水平。由于受到国内宏观调控政策、国际贸易环境和人民币升值等因素的影响,工业品出口的增长速度将会出现明显的回落。首先,国家对能源和高耗能产品出口政策的变化(主要是出口退税率的下调甚至取消),直接导致了钢铁等产品出口的锐减,这个因素在 2006 年将继续影响能源和高耗能产品的出口及其增长速度;第二,近期纺织、服装、鞋、钢铁等产品的出口贸易摩擦不断,欧盟和美国对我国部分纺织服装产品出口增幅的设限等,将直接导致国内企业出口订单的减少,必然会影响服装类产品出口的增长速度;第三,出口的快速增长和进口增速的回落,使我国的贸易顺差不断增加,2005 年底,已超过 1000 亿美元,再加上我国经济近年来的持续高速增长,使人民币升值的压力不断增大,如果 2006 年人民币出现较大幅度的升值,必将会对国内工业品的出口产生不利的影响。

二是投资的增长速度将趋于平稳。随着能源产品供求矛盾的缓解,以及一些重点原材料产品生产能力的趋于过剩,投资的高速增长将受到一定的制约,投资品的生产增长速度也必然随着回落。

三是国内居民的消费增长将不会出现明显的变化。

综合上述因素考虑,估计 2006 年规模以上工业的增长速度可能会保持在 16% 左右。

(执笔:周学文)

2005年建筑业生产经营情况分析

2005年，国家宏观调控作用继续显现，固定资产投资呈现稳定较快增长，房地产开发投资增速逐月回落。全国建筑业生产较快增长，企业效益继续好转，劳动生产率继续提高，建设领域清理拖欠工程款工作成效显著，建筑市场管理进一步规范，但建筑市场竞争加剧，企业生产成本有所上升。

一、2005年建筑业企业生产经营的基本情况

（一）企业生产快速增长，但增速减缓。2005年，全国建筑业企业（指具有资质等级的总承包和专业承包建筑业企业，不含劳务分包建筑业企业，下同）完成建筑业总产值34746亿元，比上年增加5714亿元，增长19.7%（按现价计算，下同），增速比上年回落6个百分点。其中，部分建筑大省如浙江、江苏、山东和广东完成的建筑业总产值增长速度比上年均有不同程度的下降，降幅分别为6.0、11.4、6.4和16.6个百分点。

分地区看，东部地区完成建筑业总产值22302亿元，比上年增长21.2%，增速比上年回落7个百分点；中部地区完成7039亿元，增长16.9%，回落6个百分点；西部地区完成5406亿元，增长10.0%，回落2个百分点。从总量上看，东部地区完成的建筑业总产值占全国建筑业总产值64.2%，中、西部地区分别占20.3%和15.6%，东部地区建筑业总产值是中、西部地区的1.8倍。

（二）企业签订合同额增幅继续大幅回落。2005年，建筑业企业签订合同额53240亿元，比上年增加7041亿元，增长15.2%，增速比上年回落了13.3个百分点。其中，国有及国有控股企业签订合同额为24819亿元，增长13%，增速回落了17.2个百分点。

（三）房屋建筑施工面积增速回落。2005年，建筑业企业房屋建筑施工面积34.90亿平方米，比上年增加3.80亿平方米，增长12.2%，增速比上年回落7.7个百分点。其中，新开工房屋面积18.94亿平方米，比上年增加近1亿平方米，增长5.5%，增速比上年回落10.5个百分点。

（四）竣工产值和竣工房屋面积总量低速增长。2005年，建筑业企业完成竣工产值22073亿元，比上年增加1807亿元，增长8.9%，增速比上年回落11个百分点；竣工房屋建筑面积15.02亿平方米，比上年增加0.28亿平方米，增长1.9%，增速回落18个百分点。

（五）企业劳动生产率继续提高。2005年，建筑业企业按建筑业总产值计算的劳动生产率为121723元/人，比上年增长12.8%，增速比上年下降了约13个百分点。其中：国有及国有控股企业为162390元/人，增长16.3%，增速下降了约15个百分点。

（六）建筑业企业经营情况继续好转。2005年，建筑业企业实现建筑业增加值6709亿元，比上年增加1093亿元，现价增长19.5%，增速略高于上年；建筑业企业实现利润总额818亿元，增加99亿元，增长13.8%；上缴税金总额1099亿元，增加163亿元，增长17.4%。国有及国有控股企业全年实现利润总额197亿元，占全部利润总额的24.1%；上缴税金总额416亿元，占全部上缴税金总额的37.9%。

二、2005年建筑业企业生产经营特点分析

（一）建筑业生产受投资规模大小的影响明显。据统计，2005年我国全社会固定资产投资达到88604亿元，增长25.7%，增幅比上年回落0.9个百分点。其中，房地产开发投资15759亿元，比上年增长19.8%，增幅比上年回落了8.3个百分点，比上半年和前三季度分别回落了3.7和2.4个百分点。从去年5月份开始，房地产开发投资增速持续低于同期城镇固定资产投资增幅，呈现平稳回落的态势。固定资产投资，特别是房地产开发投资增幅的回落抑制了建筑业生产增长的幅度，导致

建筑业企业签订合同额、建筑业总产值、竣工产值、房屋建筑施工、竣工面积等指标的增幅逐步回落。

(二)国有企业是建筑行业的主力军。随着产业结构调整,国有企业改革的不断推进和深入,全国建筑业企业,特别是国有企业生产效益进一步好转,企业创造的增加值、实现的利润、上缴的税金都比上年有新的增长。建筑行业初步形成了以总承包企业,特别是以国有大型总承包建筑业企业为龙头,以专业承包企业和劳务分包企业为基础的行业组织结构。2005 年,国有及国有控股建筑业企业 9412 个,占全国建筑业企业总数的 16.8%,完成建筑业总产值 13500 亿元,占 38.9%,实现利税 613 亿元,占 32.0%。

(三)民营企业发展迅速,已成为建筑业的生力军。近几年,民营建筑业企业数量增长迅速,民营资本的不断壮大,已逐步发展成为建筑业中不可或缺的重要力量。第一次全国经济普查结果表明,2004 年全国民营建筑业企业已达到 38945 个,比 2003 年增加 10808 个,增长 38.4%,占全部建筑业企业的比重上升到 66.0%;企业资产合计 12239 亿元,比 2003 年增加 3264 亿元,增长 36.4%,占全部建筑业企业资产的 42.8%;完成建筑业总产值 14212 亿元,比 2003 年增长 3992 亿元,增长 39.1%,占全部建筑业总产值的 49%。

(四)企业实力逐步增强。为适应竞争日益激烈的市场环境,国内建筑业企业,特别是大型企业,通过强强联合和不断加大资本投入,提高了企业施工管理、技术和装备水平,增强了建筑业企业的国际竞争力。到 2004 年末,全国建筑业企业拥有资产 28564 亿元,比上年增加 5022 亿元,增长 21.3%;各类施工机械设备 846 万台,比上年增加 46 万台,增长 5.8%;机械设备总功率 14584 万千瓦,比上年增加 2872 万千瓦,增长 24.5%;动力装备率为 5.8 千瓦/人,比上年增加 0.9 千瓦/人,增长 18.4%。

(五)建筑业行业管理进一步加强,建筑市场秩序进一步规范。为贯彻落实党的科学发展观和构建和谐社会,贯彻国务院"要健全和规范建筑劳务分包市场,加快发展成建制的劳务企业,加强对企业用工行为的监督检查"的指示精神,2005 年,建设部下发了《关于建立和完善劳务分包制度,发展建筑劳务企业的意见》、《关于加快推进建筑市场信用体系建设工作的意见》和《2005 年清理建设领域拖欠工程款工作要点》等文件,为推进建筑市场信用体系建设工作,提高建筑业劳务队伍职业素质和建筑企业的整体素质,确保工程质量和安全管理,建立预防建设领域拖欠工程款和农民工工资的长效机制提供了制度保证。

三、建筑业生产经营活动中存在的主要问题

(一)建筑业企业资产负债率较高。到 2004 年末,全国建筑业企业拥有资产 28564 亿元,负债 18240 亿元,资产负债率为 63.9%,资产负债率比 2003 年末上升 0.2 个百分点。建筑业市场竞争激烈,利润水平低,建筑业企业相对而言,自有资金少,资本积累得不到相应的扩张,企业大量资金成本支出后,只能大量举债,加剧了企业的负担。

(二)建筑业企业利润空间越来越小。一是在宏观调控的大背景下,建筑业企业签订建筑施工承包合同额增幅大幅下降,竣工产值和竣工房屋建筑面积增速逐年回落,导致建筑业企业的开工不足;二是建筑业企业之间压价竞标现象日越突出,企业获利空间越来越小。

(三)建筑工程施工成本越来越高。一是主要建材价格偏高。据国家统计局城市社会经济调查司的统计:2005 年,生产资料出厂价格比上年上涨 6.8%,涨幅与 2004 年相比回落 1 个百分点,拉动工业品出厂价格总水平上涨约 5 个百分点。工业品出厂价格的上涨导致部分建材价格也保持在较高水平,从而增加了建筑施工成本,降低了企业经营效益。二是建筑工程层层转包现象依然突出,转包商"吃回扣"、"返点"等问题普遍存在,增大了施工成本,"压缩"了施工企业的利润。三是建筑企业垫资施工现象的存在也增大了施工成本。

(四)拖欠工程款情况仍然存在。2003 年以来,全国建设领域清理拖欠工程款和农民工工资取得显著成效,国务院确定的"三年清欠"目标有望实现,行业管理部门建立防止新欠的各项机制有利于遏制新的拖欠款的产生。但是,由于建筑业施工规模过剩,市场存在激烈的竞争,行业管理对建设单位制约机制尚不健全,部分工程包括政府工程建设资金不能及时足额到位,施工企业垫资施工现象仍屡禁不止,拖欠工程款的情况仍时有发生,防止产生新的拖欠工程款的任务仍然很艰巨。

专栏 建筑业家底首次摸清

2004年,我国进行了第一次全国经济普查,建筑业首次纳入普查的范围。通过普查,全面掌握了作为国民经济支柱产业之一的建筑业企业法人、产业活动单位和个体经营户的基本情况,以及发展规模、结构和效益等情况,为深入分析研究建筑业行业发展状况,提高建筑业企业决策和管理水平奠定了基础。普查结果显示:

一、建筑业企业、单位和个体经营户数

2004年末,我国共有建筑业企业法人12.81万个,占全部二、三产业企业法人的3.9%,其中,资质内企业6.48万个,占2.0%,资质外企业6.33万个,占1.9%;非建筑行业的建筑业产业活动单位0.29万个;建筑业个体经营户56.48万户,占全部二、三产业个体经营户1.4%。

二、建筑业从业人员情况

2004年末,我国建筑业从业人员达到3270.34万人,占全部二、三产业从业人员的10.5%,其中,建筑业企业从业人员2791.43万人,非建筑行业的建筑业产业活动单位从业人员17.27万人,建筑业个体经营户从业人员461.64万人。

三、建筑业生产情况

(一)全部建筑业企业生产情况

2004年,我国建筑业企业完成建筑业总产值30998.35亿元。其中,资质内企业完成29225.79亿元,资质外企业完成1772.56亿元。非建筑行业的建筑业产业活动单位经营性收入215.14亿元。建筑业个体经营户经营收入2164.63亿元。

(二)总承包和专业承包建筑业企业房屋建筑完成情况

2004年,全国总承包和专业承包建筑业企业完成房屋建筑施工面积31.10亿平方米。其中,新开工面积17.94亿平方米,实行投标承包面积24.37亿平方米;房屋建筑竣工面积14.74亿平方米,竣工价值11430.72亿元。

四、建筑业企业资产、负债和所有者权益

2004年末,我国建筑业企业拥有资产总额31628.72亿元,其中,资质内企业29000.64亿元,资质外企业2628.08亿元。企业负债总额19786.91亿元,其中,资质内企业18472.22亿元,资质外企业1314.69亿元。企业所有者权益11841.40亿元,其中,资质内企业10528.02亿元,资质外企业1313.38亿元。

在企业所有者权益中,实收资本8881.26亿元,其中,资质内企业7948.89亿元,资质外企业932.37亿元。实现利税1830.90亿元。其中,资质内企业1666.25亿元,资质外企业164.65亿元。

(执笔:李俊波)

四、几点建议

(一)继续加大产业结构调整力度,深化改革,增强建筑业企业自身的竞争力。要通过建筑业企业产权结构改革和法人结构治理,加快企业自身规模和实力建设,调整企业资产和负债比重,鼓励和引导量大面广的中小型建筑业企业向集团化、专业化、技术性发展。对蓬勃发展的民营企业,要实施有力的监管和正确的引导,提高其技术含量,推动其健康发展。

(二)加大拖欠工程款的清欠力度和范围。新拖欠工程款现象的发生,三角"债务链"的存在,仍然会对建筑市场的秩序产生不良的影响。虽然已经建立了预防新欠的长效机制,但关键还在于这些机制的监督和落实。项目审批部门对于新开工项目的立项、审批一定要严格把关,确保资金到位,防止垫资开工等现象影响正常的建筑市场秩序。另外,建设管理部门要对分包出去的建筑工程实行严格的监管,杜绝违法分包。

(三)进一步加大市场监管力度,规范建筑市场秩序,保证建筑质量。针对层层转包和垫资施工等问题,要加强建设领域信用体系建设,建立健全信用监督和失信惩戒制度。适当放宽建筑市场准入限制和地域限制,保证建筑业协调稳步发展。

(四)加大国有企业联合、重组力度,增强国有建筑企业的竞争力。夯实国有企业内部基础管理,是国有建筑业企业改革的前提和保障。企业建立科学的、适应市场发展的内部管理制度,提高管理水平的层次和效率,有利于提高企业的核心竞争力,从而能提高全行业的整体效益。

(执笔:罗毅飞)

2005 年房地产开发市场回顾和 2006 年展望

2005 年,国家采取了一系列宏观调控政策,以稳定商品房销售价格,促进房地产开发市场的健康发展。在各地区、各部门的共同努力下,宏观调控措施取得积极成果,房地产开发投资增长幅度逐步回落,商品房销售价格快速上涨势头得到抑制。但是,房地产开发市场中的结构性矛盾尚没有得到根本性解决,商品房空置面积增速加快,部分地区房地产开发投资规模和商品房销售价格上涨的压力仍然存在。

一、对房地产开发市场宏观调控取得积极成果

(一)房地产开发投资增速逐月回落

2005 年,全国完成房地产开发投资 15759 亿元,比上年增长 19.8%,增幅比上年回落了 8.3 个百分点,比上半年和前三季度分别回落了 3.7 和 2.4 个百分点,呈现平稳回落的态势。从 5 月份开始,房地产开发投资增速已持续 8 个月低于同期城镇固定资产投资增幅。

(二)企业到位资金增长趋缓,定金及预收款回落幅度较大

2005 年,房地产开发企业到位资金 21178 亿元,比上年增长 23.4%,增幅比去年回落了 6.5 个百分点,比上半年回落了 0.1 个百分点。其中,企业自筹资金 7039 亿元,增长 35.2%,比上半年回落了 2.4 个百分点;利用外资 252 亿元,增长 10.4%;国内贷款 3835 亿元,增长 21.4%;定金及预收款 7749 亿元,增长 4.8%,增幅同比回落 39.6 个百分点,占资金来源的比重同比降低 6.5 个百分点。

(三)商品房投资结构有所改善

2005 年,全国完成商品住宅投资 10768 亿元,比上年增长 21.9%,所占比重由去年的 67.2% 上升到 68.3%,提高了 1.1 个百分点;商业营业用房投资 2000 亿元,增长 16%,所占比重为 12.7%,下降了 0.4 个百分点;办公楼投资 740 亿元,增长 13.4%,所占比重为 4.7%;下降了 0.3 个百分点。

(四)中、西部地区房地产开发投资比重提高

分地区结构看,在全部房地产开发投资中,东部地区完成 10429 亿元,占全国比重为 66.2%,与去年同期相比减少 3.3 个百分点;中部地区完成 2682 亿元,所占比重为 17%,增加 1.6 个百分点;西部地区完成 2648 亿元,所占比重为 16.8%,增加 1.7 个百分点。

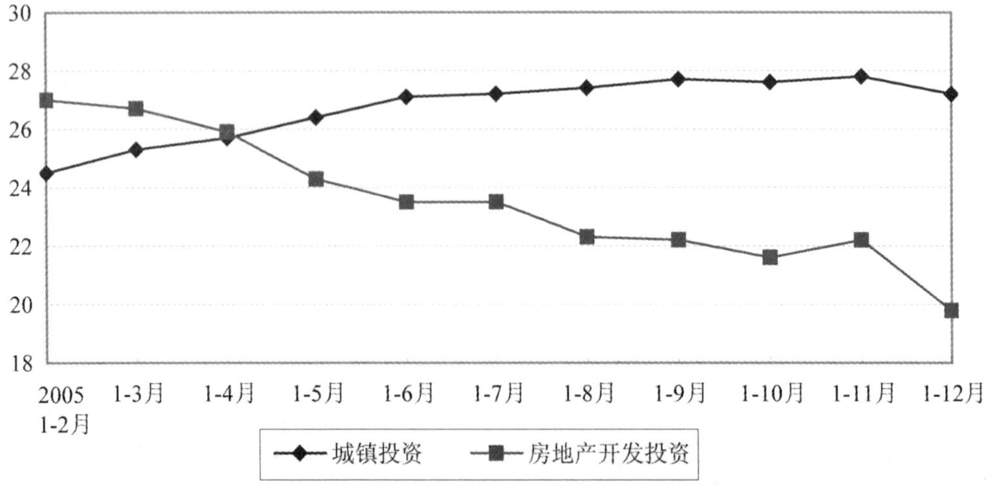

2005 年各月城镇投资和房地产开发投资增长速度(%)

(五)商品住宅平均销售价格涨幅逐季回落

2005年,全国商品住宅平均销售价格比上年增长9.3%,增幅比去年回落5.9个百分点,比一季度回落4.2个百分点,比上半年回落2.6个百分点,比前三季度回落0.3个百分点。2005年,办公楼平均销售价格同比增长13.2%;商业营业用房平均销售价格增长15.2%。分地区看,东部地区商品住宅平均销售价格增长11.3%;中、西部地区分别增长了15.6%和5.2%。

(六)土地购置面积出现负增长,商品房开、竣工面积增幅趋缓

2005年,完成土地开发面积20762万平方米,比上年增长5.2%;本年购置土地面积38210万平方米,减少1575万平方米,下降4%。分地区看,东部地区房地产企业购置土地面积下降13.2%,中部和西部地区则分别增长10.2%和3%。

房屋新开工面积为6.7亿平方米,比上年增长10.6%,增速比三季度回落2.4个百分点,比上半年回落0.3个百分点。

房屋竣工面积4.9亿平方米,比上年增长14.9%,增速比三季度回落4.8个百分点,比上半年回落1.4个百分点。

(七)期房销售额所占比重超过60%

2005年,商品房销售面积5.6亿平方米,其中,现房销售面积2.4亿平方米,期房销售面积3.2亿平方米,期房占全部销售面积的比重为57.1%。商品房销售额为18080亿元,其中,现房销售额为6424亿元,期房销售额为11656亿元,期房占全部销售额的比重为64.5%。

二、房地产开发市场存在的主要问题

(一)经济适用房投资持续负增长

近年来,经济适用房投资开发量持续减少,所占比重不断下降。2003年,经济适用房投资622亿元,比上年增长5.6%,所占比重为9.2%;2004年,经济适用房投资606亿元,比上年下降3.6%,比重下降到4.6%;2005年延续了这一趋势,全国经济适用房完成投资565亿元,比上年下降6.8%,所占比重减少到3.6%。

(二)部分地区房地产开发投资规模偏大,投资增速较快

2005年,广东、浙江、江苏、上海、北京5个省市房地产开发投资7252亿元,占全国房地产开发投资的比重高达46%,远远高于5个地区人口占全国18.2%的比重。

另外,部分地区投资增速明显快于全国的平均水平。如山西、内蒙古、河南、广西、四川、云南等6个地区地房地产开发投资的增速都超过35%;石家庄、合肥、青岛、郑州、长沙、南宁、成都、昆明、西安等9个城市超过35%,个别城市甚至接近60%。

(三)商品房平均销售价格增速仍在高位运行

2005年,全国商品房平均销售价格比上年增长10.1%,增幅虽然减少了4.3个百分点,但增幅依然偏高。从价格的绝对水平看,商品住宅平均销售价格为3010元/平方米(现房平均销售价格为2443元/平方米,期房平均销售价格为3429元/平

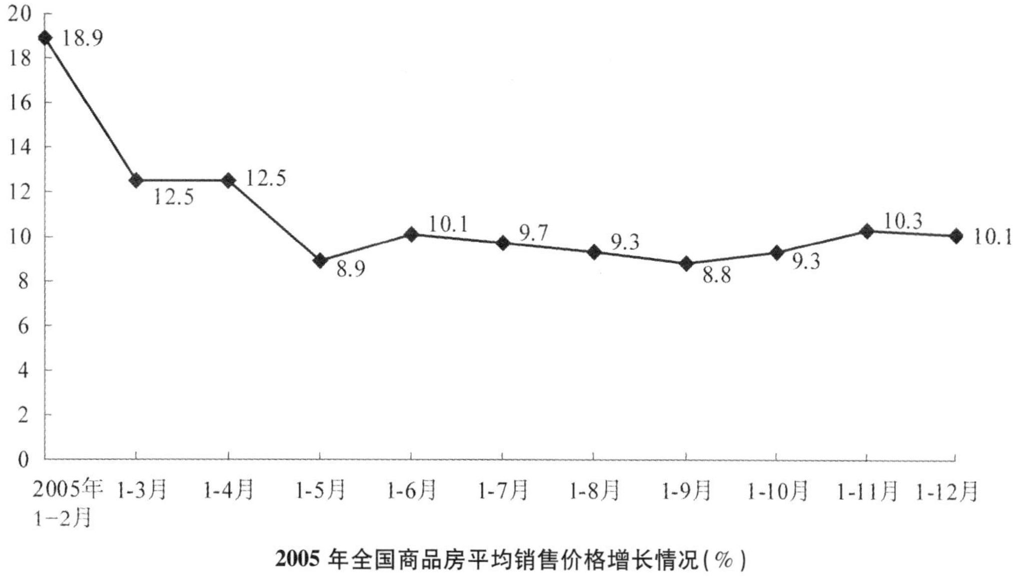

2005年全国商品房平均销售价格增长情况(%)

方米)；办公楼平均销售价格为 6995 元/平方米(现房平均销售价格为 5744 元/平方米，期房平均销售价格为 7902 元/平方米)；商业营业用房平均价格为 5134 元/平方米(现房平均销售价格为 4146 元/平方米，期房平均销售价格为 6201 元/平方米)。分地区看，东部地区商品房平均销售价格增长 11.6%；中西部地区分别增长了 15.2% 和 8.2%。

(四)商品房空置面积增长速度加快

2005 年末，全国商品房空置面积达 1.43 亿平方米，比上年增长 15.7%，而上年末是下降 8.3%。空置面积总量和增速都是"十五"时期最高的。其中，商品住宅空置面积占 58.3%。

三、2005 年房地产开发景气状况分析

2005 年全国房地产开发市场仍处于景气空间，但景气状况持续下行，接近临界点。2005 年 12 月份，"国房景气指数"为 100.92，比三季度回落 0.65 点，比上年回落 3.15 点，逐步向景气和不景气临界点靠近(纵坐标 100 以上至 108 为景气空间，100 以下为不景气空间)。

主要原因是反映房地产市场景气状况的主要指标如投资、到位资金、土地开发、销售价格增幅回落，空置面积明显增加。景气状况下行的关键是商品房销售不畅。2005 年，按可比口径计算的商品房销售面积增长速度为 15.3%，为"十五"期间最低。据央行调查，城镇居民购房意愿连创新低，市场观望气氛仍较浓厚。至于销售价格仍处高位，主要是受供求结构不尽合理的影响。低价位的普通商品房和经济适用房供不应求，拉低房价的作用不大，而投资结构不合理则使市场供求结构不合理的状况难以改善。

四、对 2006 年房地产开发的展望及建议

"十五"时期国家对房地产市场的宏观调控目标是"规模基本适度、结构基本合理、价格基本稳定"。根据中央经济工作会议和《政府工作报告》的精神，2006 年，国家将继续对房地产开发投资规模和商品房价格进行控制，并实行严格的土地管理制度和稳健的货币政策，必将对 2006 年房地产开发市场的产生影响。另一方面，2006 年是"十一五"规划的第一年，又面临地方政府换届，投资规模和房价反弹的压力仍然很大。预计 2006 年房地产开发投资仍将保持较快增长，但增幅可能略低于 2005 年。因此，要保持现有调控政策的连续性和稳定性，既要防止房地产开发投资规模和价格大幅反弹，又要保持房地产开发的适度发展。

(一)保持政策的连续性，引导市场预期

房地产业是国民经济的支柱产业，保持房地产业的持续稳定发展，对促进国民经济持续快速健康发展十分重要。因此，要想保持房地产业持续、健康发展，针对该领域出台的政策必须保持连续性和

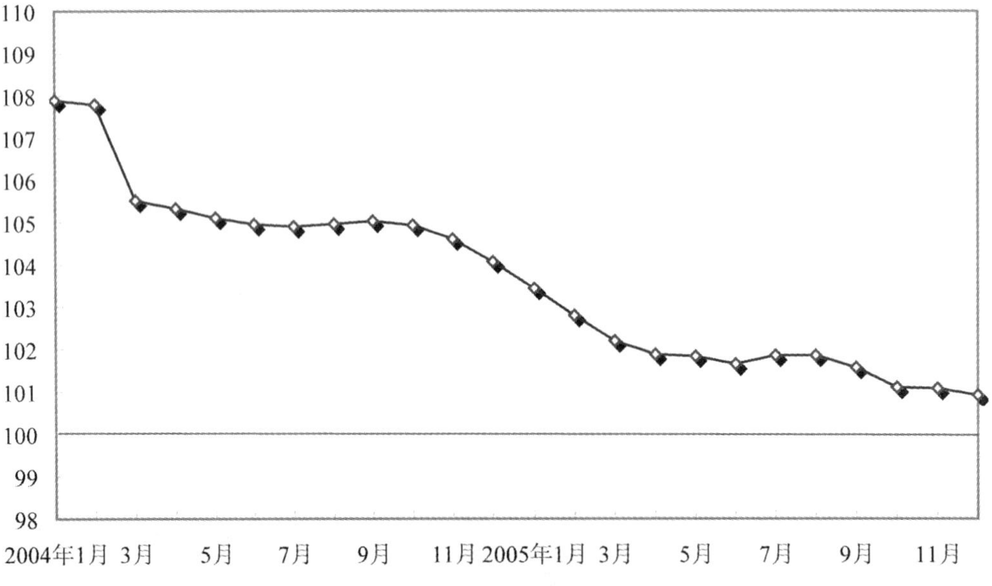

2004 年以来全国房地产开发景气指数趋势图

稳定性。强化原则就是重在引导,限制投机就是鼓励消费,使开发商理性开发,消费者理性消费,逐步恢复房地产市场正常的心里预期。

(二)做好商品房销售工作,防止商品房空置面积继续增加

推动商品房销售应该是今年工作的关键,但更为关键的是商品房供应结构的有效改善,只有供应结构和需求结构趋向平衡,商品房价格上涨和空置面积增加的压力才能真正得到缓解。要想解决供求矛盾,必须从改善投资结构入手,从源头把好关。

(三)调整土地供求结构,减少对土地资源的浪费

首先要加大房地产闲置土地的清理力度,盘活和利用存量土地,不仅要征收超过合同约定开发期一定时期土地的闲置费或无偿收回使用权,还要探讨建立土地闲置超过一定规模和期限的房地产开发企业的退出机制。其次,鼓励发展小户型低房价住房,增加土地供应量,限制高档房商品房供地。

(四)增加经济适用房建设,完善住房梯级保障体系

住房保障是社会保障问题的重要内容,是建立和谐社会的一项重要的基础性工作,保障居民基本居住需求是政府必须承担的责任。住房保障政策主要是针对最低收入、低收入和中等偏下收入的家庭,因此,完善的住房保障体系包括经济适用房和廉租房的建设供给。这样,政府通过提供经济适用房和廉租房来解决其居住问题,同时,也可有效地平抑过高的房价。

(五)加大地方政府在房地产开发市场调控中的责任

房地产市场的区域性特征决定了在调控房地产市场的过程中,地方政府起着举足轻重的作用,中央的意图能否得到贯彻落实,很大程度上取决于地方的态度。为了调动地方政府在房地产调控中的积极性,有所作为,首先,必须加快政府职能转变,尽快实现由主导建设型政府向公共服务型政府的转变,由房产市场的受益者转为监管者。其次,调整地方政府的政绩考核标准,将完善住房保障制度列入地方政府的政绩考核体系中,促使地方政府落实经济适用房和普通住房的建设计划。第三,要改革土地出让金收取办法,由一次性转让改为年租制,保证地方政府取得可持续发展的平稳的土地收益流,抑制地方政府扩张建设用地及其他短期行为,防止地方政府在城市建设中过度透支未来财政收入,有效防范金融和财政风险。

(执笔:翟善清　许春伟)

2005 年国内市场发展情况

2005 年随着国民经济持续、快速、稳定增长，国内市场保持了平稳较快的发展态势，市场供需形势逐步宽松，居民消费需求增速减缓，消费水平和消费档次逐渐提升，部分消费品和生产资料产能过剩，库存增加，出现供大于求的格局。

一、2005 年国内市场运行的主要特点

(一) 消费品市场同比增长 12.9%

2005 年，社会消费品零售总额实现 67176.6 亿元，比上年增长 12.9%。其中，第一季度社会消费品零售总额 15112.2 亿元，同比增长 13.7%；第二季度 14497.5 亿元，增长 12.6%；第三季度 15470.9 亿元，增长 12.6%；第四季度 22096 亿元，增长 12.7%。

分地域看，城市消费品零售额 45094.3 亿元，比上年增长 13.6%；县及县以下零售额 22082.3 亿元，增长 11.5%。

分行业看，批发零售业零售额 56589.2 亿元，比上年增长 12.6%；餐饮业零售额 8886.8 亿元，同比增长 17.7%；其他行业零售额 1700.6 亿元，增长 0.4%。

分商品类别看，限额以上批发零售业吃、穿、用商品类零售额分别比上年增长 13.6%、18.3% 和 18.8%。

1. 农村市场销售呈稳定增长态势

2005 年，县及县以下消费品零售额同比增长速度与城市比较差 2.1 个百分点，比上年缩小了 1.9 个百分点。县及县以下消费品零售额对社会消费品零售总额增长的贡献率达到了 29.7%，比上年高 1.6 个百分点。自上年 5 月份以来，月度同比增长速度稳定在 10% 以上。在城市消费品市场销售增长有所放缓的情况下，农村市场销售成为社会消费品零售总额稳定增长的重要因素。

2. 限额以上批发零售企业销售领先增长

从 2005 年各月度社会消费品零售额同比增长速度看，限额以上批发零售业零售额比社会消费品零售总额快 3 - 9 个百分点，拉动市场销售增长的热点大类商品基本上保持了稳定增长的趋势。

一是家居类商品零售保持稳定增长。家用电器和音像器材类增长 14.8%，建筑及装潢材料类增长 22.1%，家具类增长 13.3%，日用品类增长 11.9%。

二是个人享受、发展及服务性消费所带动的商品零售较快增长。化妆品类增长 19.1%，金银珠宝类增长 13.9%，体育、娱乐用品类增长 17.8%，电子出版物及音像制品类增长 17.6%，文化办公用品类增长 11.4%，通讯器材类增长 19.9%，书报杂志类增长 9.6%，儿童玩具类增长 8.6%，服装鞋帽、针、纺织品类增长 18.3%，石油及制品类零售增长 34.4%。

三是汽车类零售增长速度明显加快，呈现逐季加快的增长势头。2005 年限额以上批发零售业汽车类零售额实现 3215.4 亿元，比上年增长 16.6%。其中，一季度汽车类零售额为 659.2 亿元，增长 6.7%；二季度零售额 784.6 亿元，同比增长 12.5%；三季度零售额 829.6 亿元，同比增长 15.7%；四季度零售额 942.1 亿元，同比增长 29.9%。

汽车类零售额继续保持平稳增长外，汽车的品种，车型也比往年大有增加。特别是国内生产的小排量新车型的“纷墨登场”亮相，刺激了一部分消费者的购车欲望，给平淡、低迷的汽车市场注入了活力，不仅有力拉动汽车市场销售增长，而且满足了多层消费群体购车需求。

四是粮油食品类由于价格上涨因素导致零售快速增长，食品、饮料、烟酒类零售同比增长 13.6%，其中粮油类增长 37.5%，肉禽蛋类增长 15.2%，其他食品类增长 10%。

3. 餐饮市场保持较高速度增长

2005 年餐饮业零售额比上年增长 17.7%，其中 2 月、5 月和 10 月三个月份分别同比增长 18.5%、19.5% 和 15.8%。餐饮业零售额占社会消费品零售总额的比重由上年的 12.7% 上升为

13.2%,上升0.5个百分点。餐饮业零售额增长快的主要原因,随着城乡居民收入不断提高,生活消费观念的转变,餐饮消费日趋大众化,消费品位和服务层次不断提高,结构调整取得较大进展。从登记注册类型看,投资主体多元化结构已经形成,各种社会投资成为餐饮业发展的主要力量。特别是个体、私营投资成为餐饮业发展的生力军,外商投资餐饮业的市场份额也越来越高。由于餐饮市场的快速发展,餐饮服务形式相应地发生了很大的变化,已经从早先的较单一的服务形式发展为当今的多样化,大众化的服务形式。从全国餐饮市场发展情况看,豪华餐饮店、西餐店、家常风味店、特色小吃店、休闲餐厅、社区餐馆、洋快餐、土快餐、外卖店多业态的经营结构已经形成。中西餐饮、特色餐饮、宾馆餐饮、外卖送餐、商场超市休闲餐、自助餐及各式快餐、美食广场等各具特色,受到了不同层次消费者的喜爱。

(二)生产资料市场同比增长16.2%

2005年,我国生产资料市场保持了稳步较快的增长态势,但与前两年较高的增速相比有了明显的回落,据中国物流中心统计测算,2005年全社会实现生产资料销售总额14.3万亿元,按可比价格计算比上年增长16.2%,基本保持稳步较快的增长。

1.钢材市场供求关系由基本平衡转为阶段性供大于求

2005年我国钢材新增资源3.95亿吨,比上年增长20.8%;市场总消费约3.76亿吨,增长16.4%,资源增长快于需求4.2个百分点,供需差率约5%;钢材市场需求各月平均增速维持在15%左右,增速比上年回落5个百分点。

2.石油价格大幅度飙升,市场需求明显减弱

2005年受国际油价持续飙升的影响,国内成品油价格呈现高位攀升并保持坚挺态势。据中国物流信息中心价格监测调查测算,2005年我国石油及其制品市场平均价格比上年上涨16.3%,其中柴油上涨16.5%,汽油上涨13.8%,20#燃料油上涨30%。

在消费规模不断扩大和价格上涨双重因素作用下,主要生产资料供需紧缺矛盾趋缓。2005年国内原油供应量3.08亿吨,比上年增长3.7%,与上年比增速回落10.3个百分点;成品油供应量2.34亿吨,同比增长2.9%,增速与上年比回落14.9个百分点。2005年原油市场需求量3.07亿吨,大约增长5%,需求量增速高于资源量增速1.3个百分点。在主要成品油中,汽油供应量5405万吨,增长3.2%,而市场总需求5446万吨,约增长4.6%;柴油供应量11115万吨,增长7.1%,而市场总需求11130万吨,约增长8.4%;燃料油供应量4869万吨,同比下降6%,而市场总需求约5122万吨,同比约下降1.9%。

3.煤炭市场供需保持大体平衡,价格在高位上小幅波动

我国煤炭经过3年多的持续升温以后,2005年基本进入市场稳定期,特别是国家加大了对非法小煤矿的治理力度,煤炭市场在短期内曾出现供不应求的态势,个别地区、个别品牌煤炭价格的涨幅达到10%以上。2005年6月国务院下发了《关于促进煤炭工业健康发展的若干意见》,对稳定煤炭市场、降低煤炭价格产生了较大影响,3季度末,煤炭市场开始进入缓和状态。

二、国内市场运行中存在的主要问题

(一)从国民经济发展全局角度看,消费率仍然偏低

虽然我国连续几年实行扩大内需政策,使消费保持了稳定增长,但是"十五"期间消费率却持续走低,并且处于1978年以来的较低水平,说明消费增长滞后于经济的增长。2005年底召开的中央经济工作会议提出了要努力调整投资消费的比例关系,把增加居民消费特别是农民消费作为扩大消费需求的重点,显然是针对目前失衡的投资消费比例关系所采取的一个重大举措。增强消费对经济增长的拉动作用,应成为"十一五"期间宏观经济调控的一个重要任务。

(二)不断扩大的居民收入差距,对市场发展速度有明显制约

根据有关调查资料,目前我国城镇居民人均可支配收入高低差距已经超过8倍,而反映贫富差距程度的基尼系数也超过0.4的预警线。收入差距扩大到一定程度,对消费品市场发展也有较大的制约。一是容易形成消费断层,延迟消费升级进程。很显然的一个原因就是高收入阶层消费升级已经进于稳定期,边际消费倾向趋弱,低收入群体又难以积累消费升级所需的购买能力,这是目前我国居民储蓄偏高,而消费难以出现高增长的重要原因之一。二是中低收入群体消费增长更易受日益增加

专栏　2005年重点批发零售企业效益有所提高

2005年，重点批发零售企业资产规模、销售规模继续快速增长，总体经济效益有所提高，其中，批发企业利润总额平稳增长，偿债能力上升，零售企业利润有较大增长，偿债风险增加，批发零售企业亏损数量均有所增加。

一、批发零售企业资产规模、销售规模快速增长，存货周转加快，经营能力不断提高

根据对1000家重点批发零售企业统计，2005年，批发零售企业期末资产总计9043.9亿元，增长14%，其中批发企业6067.1亿元，增长11.2%，零售企业2976.8亿元，增长19.7%；实现商品销售收入净额24359.5亿元，同比增长17.7%，其中批发企业19454亿元，增长17.7%，零售企业4905.5亿元，增长17.9%；存货1352.4亿元，占商品销售收入净额5.9%，同比下降1个百分点，其中，批发企业占商品销售收入净额5%，下降1.1个百分点，零售企业占商品销售收入净额9.7%，同比下降0.2个百分点，批发零售企业存货周转加快。

二、批发零售企业利润总额持续增长

批发零售企业实现利润总额474.5亿元，增长8.2%，其中，批发企业349.1亿元，增长4%，零售企业125.4亿元，增长21.4%，但是主营业务利润同比下降2.5%，其中，批发企业下降3.2%，零售企业下降0.9%；其他业务利润增长25.7%，其中批发企业增长9.3%，零售企业增长27.6%，其他业务利润是利润增长的主要来源。

三、成本、费用增加是主营业务利润下降的主要原因

批发企业商品销售成本同比增长18.4%，比商品销售收入净额多增1个百分点，导致毛利率下降0.8个百分点，向下拉动主营业务利润；费用相对减少，费用率同比下降0.5个百分点。零售企业商品销售成本同比增长18.7%，较商品销售收入净额多增0.5个百分点，费用总额同比增长21.3%，费用率同比上升0.4个百分点，成本和费用的增长同时导致主营业务利润同比降低0.9%。

四、批发企业偿债能力有所提高，零售企业偿债风险增加

批发零售企业负债合计为6269.3亿元，同比增长13.4%，资产负债率为69.6%，同比减少0.3个百分点，其中批发企业资产负债率69%，同比减少1.2个百分点，零售企业资产负债率70.7%，同比增加1.5个百分点。

五、企业亏损面有所扩大

重点批发零售企业亏损企业179个，同比增加22个，亏损面增加了2.3个百分点。其中，批发企业亏损57家，同比年增加3家，零售企业亏损122家，同比增加19家。批发企业中，亏损主要集中在石油销售企业和进出口企业，石油销售企业亏损占总亏损的52.5%，进出口企业占总亏损12.5%；亏损最多的前10名零售企业的亏损额占总亏损的53.3%，主要是连锁零售企业。

（执笔人：杜燕）

的服务性消费以及水电气涨价的拖累，从而使启动市场的难度加大，影响商品性消费的增长速度。

（三）部分商品产能过剩，供求矛盾突出，制约市场健康发展

从2005年国内市场反映的情况看，绝大部分商品供求结构大体平衡，但市场上热销的商品如汽车、手机、钢材等由于产能过剩，消费需求趋减，市场增速下滑，库存压力加大，已成为当前社会各界关注的焦点，也是国内贸易市场急需解决的大问题。如何鼓励消费、引导生产、降低库存，促进生产与市场长期协调发展，是我国经济结构优化和增长方式转变的关键。

（四）流通领域市场行为不规范，欺诈行为时有发生

一些生产厂家和不法商户为了追求销售业绩，牟取高额利润，采取不正当的竞争手段欺骗消费者，制假售假，把不合格的低劣质产品、水货产品充斥市场，采用偷梁换柱、以假乱真、虚假广告的做法扰乱市场，严重影响消费者合法权益，甚至导致人身伤害。如农村使用的假种子、假化肥等生产资料，既坑害农民，给国家造成重大损失，又抑制农村市场的发展。因此，有关主管部门要强化市场监管体制，健全法规制度，加强市场立法和执法力度，规范和整顿国内市场秩序，才能保证市场运行健康有序，实现可持续发展。

专栏　旅游业成为推动国民经济增长的重要力量

改革开放以来，中国旅游业蓬勃发展。自1998年起，旅游业被确定为国民经济新的增长点，步入了快速发展的新阶段，产业规模不断扩大，产业体系日臻完善。2005年，中国接待入境旅游人数12029万人次，比上年增长10.3%，其中，接待入境过夜旅游人数4681万人次，增长12.1%，中国接待入境过夜旅游人数已稳居全球排名第四位（2004年排序）。与此同时，中国出境旅游增长强劲，2005年出境旅游达3100万人次，增长7.5%，是亚洲第一大客源输出国。据世界旅游组织预测，到2020年中国将成为世界上最大的旅游接待国和第四大客源输出国。

2005年，中国入境旅游外汇收入293亿美元，增长13.8%；国内旅游收入5286亿元，增长12.2%。国际国内旅游总收入达到7686亿元，比上年增长12.4%，比"九五"末增长69%，相当于全国GDP的4.2%。旅游业已成为国民经济的重要增长点，中国已经从旅游资源大国发展成为世界旅游大国。

在国内，旅游已成为大众消费的重要选择。2005年国内旅游人数达12.12亿人次，比上年增长10%。以黄金周为代表的假日旅游，成为大众旅游消费的重要渠道。截止今年春节，全国已度过16个黄金周，出游总量累计达到12.58亿人次，旅游收入累计达5123亿元。从1999年"十一"到2005年"十一"，旅游人数由4000万人次快速攀升至1.11亿人次。2006年春节黄金周出游人数达7832万人次，同比增长13.5%。这充分反映了假日旅游的旺盛势头，旅游已成为提高大众生活质量的标志，成为全面建设小康社会的重要内容。

近年来，旅游业综合功能凸显，对经济社会发展的贡献增大。从中国旅游业发展的实际看，旅游业综合性强、关联度高，特别是对其他产业或行业的关联、带动、影响和促进作用比较明显，如扩大地区经济总量、创造就业机会、增加税收、带动贫困地区人民脱贫致富等。可以说，旅游业对国家的政治外交、经济贸易、文化交流以及港澳台工作，都做出了积极贡献。

"十一五"时期，中国旅游业将迎来重要发展机遇，具有广阔的市场前景。为此，中国旅游业应抓住机遇，迎接挑战。继续发挥政府的主导作用；大力培育旅游市场；进一步加强以交通为重点的旅游基础设施建设，不断提高旅游接待能力和服务质量；保护景区景点的生态环境，达到永续利用。

（执笔：龙玲）

（五）农资价格持续上涨，制约农业生产和农村市场的发展

2005年全国农资价格相对于往年来说，价格是偏高的，特别是进入春耕生产后，部分地区由于化肥紧缺，市场价格持续上涨，在一定程度上抵消了国家减免农业税以及粮食价格上涨带给农民的实惠。不仅影响农民生产性的投入，降低农户的生产积极性，而且减少了农户的实际收入，降低了农民的购买力，制约农村市场的发展。

三、2006年国内市场发展趋势预测

（一）宏观经济的较快增长，为国内市场稳定发展提供较好环境

2006年是我国"十一五"规划第一年，中央经济工作会议提出了2006年我国经济工作的主要任务，第一条就是要"稳定宏观经济政策，保持经济平稳较快增长"，在坚持扩大内需，"把增加居民消费，特别是增加农民消费作为扩大消费需求的重点"的政策环境下，居民消费增长速度不可能出现回落，消费品市场将呈现持续稳定增长的格局。

（二）从市场需求增长潜力看，城乡消费品市场具有平稳增长的基础

国家公务员工资改革，从2006年起提高个税起征点，居民购买力水平会进一步有所提高。农村城镇化进程和"新农村建设"，对农民"多予少取放活"，加大对农业和农村增加投入的力度，免征农业税和西部地区农村减免义务教育收费，将进一步提高农民收入，增强农民购买能力，改善农村消费环境，因此，农村消费品市场销售有望延续今年的较快增长势头，城乡市场增长差距将进一步缩小。

（三）居民消费升级进程使市场销售增长的热点得以持续

吃、穿着类商品销售将继续保持平稳增长，以

家用电器、家装建材、家具及日用品为代表的家居类商品以及个人发展、旅游、休闲享受及服务性消费等方面的市场销售将保持稳定的涨势，汽车类零售随着小排量汽车使用限制的取消，还有进一步回升的空间。

（四）抓住机遇，迎接挑战，加快完善国内市场机制建设

2006 年是"十一五"规划的第一年，也是机遇与挑战并存年，在全球经济一体化的进程中，国内各生产企业一定要强化"抓技改、上规模"、"抓质量、树品牌"、"抓管理、促发展"的可持续发展的战略思想，要把握时机，以自主创新提升产业技术水平，努力掌握产品的核心技术和关键技术，增强科技成果转化能力，全面提升科技自主创新能力，建立以企业为主体、市场为导向、产学研相结合的技术创新体系，形成自主创新的基本体制架构。不断推出新产品，增加市场有效供给，满足市场有效需求。

（执笔：王贵銮）

2005年中国对外经济贸易形势回顾与2006年展望

2005年，在世界经济贸易持续增长，国际市场需求强劲的有利形势下，我国对外经济贸易保持了良好的发展势头。进出口实现了持续增长，吸收外商直接投资稳定发展，对外经济合作规模不断扩大。但是，长期存在的增长方式粗放问题仍然困扰着我们，与主要贸易伙伴的摩擦也与日俱增。在新的一年里，我国外经贸发展的主要任务是加快转变增长方式，在更高层次上参与国际经济合作与竞争，更好地促进国内经济发展与改革。

一、2005年中国对外经济贸易发展回顾

2005年我国对外经济贸易发展呈现了以下几个特点：

（一）商品进出口持续增长，但增速不协调，贸易顺差扩大

全年商品进出口总额为14221.1亿美元，比上年增长23.2%。其中，出口总额为7620.0亿美元，比上年增长28.4%。进口受到了国家加强宏观调控，投资扩张有所抑制，以及国际市场石油和资源性商品涨价的影响，增长速度低于上年。全年进口总额6601.1亿美元，增长17.6%。进出口顺差达到1019亿美元，比上年增加了两倍多。

2005年月度进、出口增速及贸易差额状况

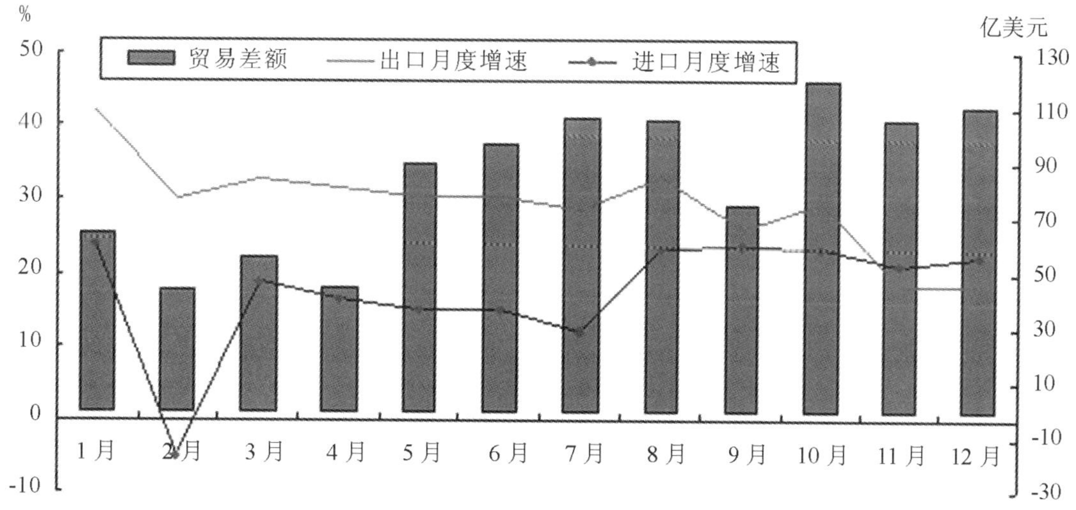

（二）出口商品结构进一步优化，大宗商品出口增势变化

机电产品和高新技术产品出口额分别为4267.5亿美元和2182.5亿美元，增长速度分别为32.0%和31.8%，占出口总额的比重继续上升，分别达到56.0%和28.6%。在国家一些限制性政策出台以后，一些高耗能、高污染和资源性大宗商品出口增长速度明显回落。例如，钢材出口量增长44.2%，比上年增速回落60.4个百分点；煤出口量比上年下降了17.3%。在贸易摩擦频发的形势下，纺织纱线、织物及制品出口金额增长22.9%，服装出口金额增长了19.9%，鞋的出口金额增长了25.3%，仍然实现了较高水平的增长。

2005 年中国进出口商品构成表

金额单位:亿美元

商品构成(按 SITC 分类)	出口		进口	
	金额	增减(%)	金额	增减(%)
总　值	7620.00	28.4	6601.20	17.6
一、初级产品	490.40	20.9	1477.10	26.0
0 类 食品及活动物	224.80	19.2	93.90	2.6
1 类 饮料及烟类	11.80	-2.5	7.80	42.8
2 类 非食用原料(燃料除外)	74.90	28.1	702.10	26.8
3 类 矿物燃料、润滑油及有关原料	176.20	21.7	639.60	33.3
4 类 动植物油、脂及蜡	2.70	80.8	33.70	-20.0
二、工业制品	7129.60	29.0	5124.10	15.4
5 类 化学成品及有关产品	357.70	35.7	777.40	18.7
6 类 按原料分类的制成品	1291.30	28.3	811.60	9.7
7 类 机械及运输设备	3522.60	31.3	2906.30	14.9
8 类 杂项制品	1941.90	24.2	608.70	21.4
9 类 未分类的商品	16.10	44.6	20.10	31.4

(三)对主要贸易伙伴出口强劲增长,进口增速放缓

中国最大的贸易伙伴仍然是欧盟,前 10 位依次有美国、日本、香港地区、东盟、韩国、台湾省、俄罗斯、澳大利亚和加拿大。2005 年对欧盟出口额比上年增长 34.1%,对美国出口增长 30.4%,对香港出口增长 23.4%,对日本出口增长 14.3%,均保持了较快的增长;然而,自欧盟的进口额增长率仅为 5.0%,自美国进口额增长率为 9.1%,自日本进口额增长率为 6.5%,均比上年的进口额增长率大幅度放缓;对美国的贸易顺差扩大至 1141.9 亿美元,对欧盟的贸易顺差扩大至 701.1 亿美元。

2005 年进出口主要贸易伙伴情况

金额单位:亿美元

主要出口贸易伙伴情况				主要进口贸易伙伴情况			
位次	国家或地区	出口金额	增速(%)	位次	国家或地区	进口金额	增速(%)
	总 值	7620.00	28.4		总 值	6601.20	17.6
1	美国	1629.00	30.4	1	日本	1004.50	6.5
2	欧盟	1437.10	34.1	2	韩国	768.20	23.4
3	中国香港	1244.80	23.4	3	东盟	750.00	19.1
4	日本	839.90	14.3	4	中国台湾省	746.80	15.3
5	东盟	553.70	29.1	5	欧盟	736.00	5.0
6	韩国	351.10	26.2	6	美国	487.30	9.1
7	中国台湾省	165.50	22.2	7	澳大利亚	161.90	40.1
8	俄罗斯	132.10	45.2	8	俄罗斯	158.90	31.0
9	加拿大	116.50	42.8	9	沙特阿拉伯	122.50	62.8
10	澳大利亚	110.60	25.2	10	中国香港	122.30	3.6

(四)利用外商直接投资稳定发展

我国实际使用外资金额名列全球第三,继续居发展中国家首位。全年外商对华投资新设立企业 44001 家,比上年增长 0.77%;实际使用外资金额

603.25亿美元，比上年下降0.5%。吸收外商投资质量和水平继续提高，结构进一步优化，外商投资高技术领域持续大幅增长，设立研发中心和地区总部迅速增加，钢铁、水泥、电解铝等行业新增外商投资得到有效遏制，东北老工业基地吸收外资大幅增长。外资企业出口金额达到4442亿美元，占全国出口总额的58%。直接就业人数超过2400万人，占全国城镇劳动就业人口的10%以上。

（五）对外经济合作保持良好势头

我国对外承包工程完成营业额217.6亿美元，新签合同额296亿美元，分别比上年增长24.6%和24.2%；对外劳务合作完成营业额48亿美元，新签合同额42.5亿美元，分别比上年增长27.5%和21.2%，派出各类劳务人员27.4万人，比上年增加2.6万人；年末在外各类劳务人员达到56.5万人。我国非金融类对外直接投资再上一层楼，总额达到69.2亿美元，比上年增长25.8%；其中股本投资40.7亿美元，比上年增长53.6%；经商务部核准和备案设立的境外中资企业共计1067家，中方协议投资额69.54亿美元，比上年增长87.3%。

二、“十一五”时期对外经济贸易发展的主要任务

受到多种因素影响，我国对外经济贸易发展还存在一些亟待解决的问题：出口增长主要还是依赖低廉要素价格取胜，经济效益不高，与资源、环境的矛盾日益突出；出口商品中加工贸易占较大比重，企业自主研发和创新能力不足，具有自主知识产权和自有品牌的产品不多；低价竞争和长期进出口失衡加剧了我国与主要贸易伙伴之间的贸易摩擦，针对我国出口商品的“反倾销”案急剧增加；利用外资过程中产业结构、区域布局还不平衡，外资的某些待遇过于优惠，对外资监管还很不到位；对外经济合作水平还不高，经营机制不够合理，对外工程承包和劳务出口中存在着某些混乱现象。另外，外经贸政策和法规有些还不够统一和透明，有些机构之间管理还不够协调。

2006年是我国“十一五”规划（2006－2010年）开局之年。“十一五”期间，我们必须利用好国际形势和国内经济发展带来的机遇，同时正视外经贸发展中的问题和外部环境变化产生的挑战。对外经济贸易发展要努力完成以下一些主要任务：

第一，加快转变外贸增长方式。实现进出口由数量增加为主向质量提高为主转变。2010年我国商品进出口将达到2.3万亿美元，年均增长10%。传统商品出口稳定增长，高技术含量、高附加值、自主品牌产品出口比重显著上升。进口的总量与结构与国内经济发展基本协调。进出口实现大体平衡。加工贸易转型升级迈出较大步伐。建立起与我国贸易大国地位相适应的外贸调控、促进和服务体系。

第二，进一步提高利用外资质量。吸收外商直接投资规模将比“十五”期间略有扩大，5年累计达到2800亿美元；基础设施、农业、高新技术产业、服务业等领域和中西部地区吸收外资的比重有较大幅度上升；通过利用外资实现引进和消化吸收技术的能力明显增强。外商投资的鼓励政策和监管体系进一步完善。各地招商引资政策得到规范，竞相优惠、恶性竞争和牺牲资源、环境的行为得到有效遏制。

第三，积极发展对外投资和服务贸易。对外投资规模实现较大幅度增长，5年累计将达到600亿美元，基本建成一批境外资源开发基地，初步形成一批有影响力的跨国企业和品牌。对外承包工程和劳务合作营业额分别累计达到1300亿美元和250亿美元。同时，努力扩大设计咨询、技术转让、金融保险、国际运输、教育培训、信息技术、民族文化等服务贸易出口。建设若干服务业外包基地，有序承接国际服务业转移。2010年服务贸易进出口额达到4000亿美元。

第四，建立与贸易伙伴的互利共赢关系。与美、欧、日、俄等大国的磋商和合作机制有所改善，贸易摩擦得到缓解。与发展中国家的经贸关系更加巩固，产业和贸易竞争得到协调。区域经济合作取得较大进展，中国－东盟自由贸易区基本建成，与澳大利亚、新西兰、巴基斯坦等国的自由贸易区谈判基本完成。在世贸组织等多边体制中，我参与规则制定的能力明显提高，正当利益得到充分体现。

第五，形成规范、高效的外经贸管理体制。完善外经贸法律法规和政策，转变有关政府部门职能，提高管理的规范、统一和透明度，建立内外贸之间、各部门和各级政府之间的协调管理机制，形成一个稳定、公平和可预见的政策环境。不断推进商务设施的现代化和信息化，建立起完善、发达的商务公共信息服务系统。

三、2006 年我国对外经济贸易形势预测与展望

2006 年世界经济贸易总体上将保持平稳增长形势,但是一些潜在的风险不容忽视。我国国民经济增长仍处在一个较快的区间,但是一些结构性矛盾仍然突出。对外经济贸易发展的有利因素和不利因素并存,预计仍然将保持较快增长,但是增长速度将比上年放慢。

(一)世界经济贸易将保持上升势头

2006 年世界经济将延续 2005 年的增长势头,预计全年经济增长速度将继续超过 4%。发达国家整体经济表现将与上年相当。作为全球经济火车头的美国消费需求旺盛,就业稳定,经济将增长 3.5%左右,略低于上年;欧元区经济有望恢复活力,全年将增长 1.5%左右;日本企业赢利增加,个人消费上升,经济景气复苏加快,全年将增长 2%左右。发展中国家和地区经济将继续高速增长。亚洲新兴工业化国家和地区经济增长强劲,印度经济在出口带动下将继续实现较快增长。拉美地区经济有望维持稳健的增长。

跨国投资和国际贸易正继续回升。从 2004 年开始,全球跨国投资出现回弹,当年流入发展中国家的外国直接投资上升了 40%。2006 年,随着跨国公司赢利能力提高,出于扩张市场和降低成本的需要,跨国企业并购规模将进一步扩大。在世界经济和跨国投资持续增长的情况下,世界贸易有望继续实现较快增长。根据国际货币基金组织(IMF)的预测,2006 年世界贸易量将增长 7.4%,高于 2005 年 7%的增长水平。

世界经济和贸易发展中仍然存在着一些不容忽视的问题和风险。一是美国经济在保持较快增长势头的同时,多年来累积的外贸和财政"双赤字"问题、过分依赖个人消费和资金流入问题继续膨胀,造成国际经济关系越来越不平衡;二是受到国际石油消费需求旺盛,供给却存在诸多不确定因素,而伊朗核问题和中东局势依然严峻的影响,国际市场油价仍将在高位徘徊,不排除再次动荡和上涨的可能;三是房地产泡沫在全球范围存在,美国房地产正在显现疲软迹象;四是一些大的经济体以"拯救失业"为借口,动辄采取贸易保护主义的做法,或以保护主义相威胁,对国际贸易的健康发展形成很大的干扰。

(二)我国国民经济将持续稳定增长

2006 年我国国民经济增长的三大需求都继续看好:一是各地争取新上项目所引起的投资冲动依然存在,二是受到扩大内需政策鼓励,城乡居民消费将保持稳定增长,三是外部市场需求并没有明显减弱。预计在工业化、城镇化和居民消费升级的推动下,国民经济仍将实现较快增长。与此同时,贯彻科学和协调的发展观,转变经济增长方式,解决投资与消费、增长与资源环境、城镇与农村等结构性失衡问题的要求越来越迫切。在宏观调控措施和经济周期规律的共同作用下,2006 年我国经济增长速度可能会比前几年有所回落。

(三)对外经济贸易将转入平稳增长期

由于前些年设备投资大幅增长,使得目前我国生产能力较为充裕。宏观经济调控取得了积极成效,主要经济指标处在适度区间。除了对高耗能、高污染、低附加值的出口和引资项目将有所抑制外,国家外经贸政策相对稳定。这些都为 2006 年我国对外经济贸易的发展提供了良好的前提和可靠的保证。

世界经济贸易保持上升势头,各主要经济体内部需求旺盛,为我国对外经济贸易进一步增长提供了空间。但是全球经济失衡、高油价困扰、以及日益增长的针对我国的保护主义威胁,又在一定程度上成为我国外经贸增长的限制因素。2006 年以来,美、欧等主要贸易伙伴已经多次对我一些出口商品发起反倾销调查或开始征收反倾销税。美国在人民币汇率问题上正在继续对我施压。一些贸易伙伴还提高了主要针对我出口商品的技术贸易壁垒。

综合考虑以上情况,预计 2006 年我国商品进出口将增长 15% ~18%,增速比上年放慢,顺差可能与上年持平或比上年缩小;实际利用外资金额将与上年相当,质量有所提高;对外直接投资金额将保持较快增长;对外承包工程和劳务合作营业额也将继续稳定增长。

(四)当前我国外经贸发展的主要政策导向

根据国内外形势的变化,针对发展中存在的问题,当前和今后一个时期我国外经贸政策的着力点将放在以下方面:

——调整和完善出口促进政策,进一步优化出口商品结构。抑制高耗能、高污染和资源性产品出口的过快增长。支持出口企业加大技术改造和研究开发力度,大力增加深加工、高附加值和具有自

专栏 2005年中国进出口贸易顺差激增

2005年,我国进出口贸易增长失衡,贸易顺差急剧扩大。全年贸易顺差1019亿美元,比上年增长两倍多,超过我国历史最高年份1998年的一倍以上。

2005年贸易顺差的结构特征:一是加工贸易创造了巨额顺差。2005年加工贸易顺差1425亿美元,比上年同期增长34%。加工贸易一直是我国贸易顺差的主要来源,从1996年至2005年,加工贸易顺差年均增长率为24.9%。二是外商投资企业和集体私营企业成为贸易顺差的主体。2005年,外资企业顺差567亿美元,比上年增长3倍;集体、私营企业顺差736亿美元,增长80.5%。三是对美国和欧盟的贸易顺差急剧增长。2005年,我对美国顺差达1142亿美元,增长35%;我对欧盟顺差701亿美元,增长89.2%。

贸易顺差激增相应带来了负面影响,主要表现为:使我国的外部贸易环境更趋紧张,进一步激化贸易争端;强化人民币升值预期,加大人民币升值压力,将使人民币汇率问题变得更加复杂化,为人民币汇率机制改革增加成本和难度;现阶段我国经济已呈现出明显的外需拉动型特征,过度倚重外贸拉动经济增长的脆弱性日渐显现,为经济可持续发展埋下隐患。

进出口增长失衡是2005年贸易顺差大幅度增长的主要原因。从出口方面看,我国长期实行"奖出限入"政策;大量引进外资促使加工贸易高速发展,而加工贸易本身就是一种贸易顺差安排;国内生产能力过剩,企业出口愿望强烈;新外贸法极大地拓展了私营和个体企业的生产与出口空间,带动传统的劳动密集型产品如纺织、轻工、机械等出口量大幅增长;"入世"效应显著,出口空间扩大。

从进口方面看,国内经济增长放缓,生产和投资性需求下降 ,导致进口需求量减弱;投资带动贸易转移,进口替代效应趋强,原来"大进大出"的加工贸易一定程度上转化为"小进大出"的格局;国际市场原油等商品价格高企,抑制了部分进口需求。

要调整贸易顺差,主要应从三方面入手:加快建立进出口贸易协调机制;加强出口税率调控;努力扩大国内需求,平衡贸易差额。

(执笔:龙玲)

主知识产权的商品的出口。

——适当增加市场需要的商品进口,推动进出口均衡增长。通过放宽进口限制和减免某些税费,刺激原油等大宗资源性商品的进口,鼓励增加高科技产品和机电设备的进口。加强大宗资源性商品的采购协调,尽快建立联合对外谈判机制,扩大长期贸易协议比例。

——整顿和维护外贸秩序,妥善应对各种贸易摩擦。充分发挥进出口商会等中介组织的协调和自律作用,打击各种破坏经营秩序的行为。加快研究制定我国的贸易磨擦应对战略,对鞋、钢铁、纺织品等重点敏感商品作好应对指导。同时,合理运用反倾销、反补贴和保障措施,保护国内产业的正常发展。

——完善外商投资产业政策,加强对外资企业的监管。积极稳妥地推进服务业开放,引导外商投资向研发、软件、数据处理、人力资源开发和为制造业配套的服务业发展。强调外商投资企业遵纪守法经营,防止垄断和限制竞争行为。

——大力拓展对外承包工程与劳务合作市场。修改出台对外承包工程经营资格管理办法,鼓励资质好、信誉度高的企业加快发展。加大对工程承包企业的融资、保险支持,提高其承揽国外较大项目能力和对外承包工程效益。规范对外劳务合作市场秩序,加强对外派劳务人员的培训和管理。

——积极稳妥地扩大境外资源合作开发。制定着眼长远的利用国外资源战略,鼓励有实力的资源开发企业积极走出去,以多种互惠互利的形式,扩大与资源富集国家的经贸合作,建立多元、稳定的国际资源和能源供应渠道。

(商务部贸易经济合作研究院)

2005 年教育事业发展情况

2005 年,中国各级各类教育持续发展。教育战线坚持统筹各级各类教育的协调发展,统筹城乡间、区域间教育的协调发展,把教育工作的重心转向各级各类教育的全面、协调、可持续发展和质量的进一步提高。学前教育规模持续发展,毛入园率逐步提高;“两基”攻坚稳步推进,义务教育普及程度达到新的高度;高中阶段教育规模显著扩大,中等职业教育发展迅速;高等教育在把握节奏、提高质量中取得新进展。

各级各类教育持续发展

2005 年全国共有各级各类学校共 65.32 万所,在读学历教育学生 26055 万人,非学历教育学生 5524 万人。

学前教育进一步发展。2005 年全国共有幼儿园 12.44 万所,比上年增加 6503 所。在园人数 2179.03 万人,比上年增加 89.63 万人。

随着学龄人口的减少,义务教育阶段规模比上年又有减少。2005 年全国共有普通小学 36.62 万所,比上年减少 2.8 万所;在校学生 10864.07 万人,比上年减少 382.16 万人。全国共有初中学校 6.25 万所(其中职业初中 601 所),比上年减少 1271 所;在校学生 6214.94 万人(其中职业初中 43.14 万人),比上年减少 312.57 万人。

高中阶段教育规模显著扩大。2005 年高中阶段教育在校学生达 3990.09 万人,比上年增加 341.11 万人,增长 9.35%。

高等教育规模继续增长。2005 年全国各种形式的高等教育在校生总数超过 2300 万人,比去年增加约 300 万人。

民办教育得到进一步发展。2005 年全国各级民办学校(机构)共有 8.62 万所(不含民办培训机构 2.9 万所),各类在校学生达 2168.1 万人。

随着改革开放和我国教育事业的发展,来华外国留学生增长较快。2005 年高等教育来华留学生招生 60904 人,比上年增长 20.36%,在校生 78323 人,增长 22.18%;中等职业教育接收外国留学生由上年的 697 人增加至 1299 人,增长 86.37%。

各级各类教育普及水平进一步提高

各级教育普及水平不断提高,入学率全面提升,国民受教育机会进一步增加。2005 年小学学龄儿童净入学率达 99.15%,比上年提高 0.2 个百分点;初中阶段教育毛入学率超过 95%,比上年提高近 1 个百分点;高中阶段教育毛入学率首次突破 50%,达到 52.7%,比上年提高 4.6 个百分点;高等教育毛入学率达到 21%,比上年提高 2 个百分点。

随着普及水平提高,高等教育和高中阶段教育“每十万人在校学生数”均有明显增加。2005 年每十万人口中高等教育在校学生数达 1613 人,比上年增加 193 人;每十万人口中高中阶段教育在校学生数达 3070 人,比上年增加 246 人。

教育资源配置水平进一步提升

2005 年以政府为主导的全社会多元投入机制逐步完善,教育资源配置水平进一步提高,中等职业教育和学前教育资源增速高于往年;新增教育资源继续向义务教育倾斜。

专任教师

2005 年全国各级各类教育的专任教师 1302.25 万人,比上年增加 25.27 万人。其中普通高校、学前教育、普通高中专任教师增长较快,普通高校由上年的 85.84 万人增长到 96.58 万人,增长 12.51%;普通高中由上年的 119.07 万人增长到 129.95 万人,增长 9.14%;学前教育由上年的 65.61 万人增长到 72.16 万人,增长 9.98%。初中阶段和小学专任教师分别比去年减少 0.24% 和 0.62%,不过由于学生规模的下降,初中阶段和小学的生师比也呈下降态势。中等职业教育教师增长远低于学生规模的增长,生师比由上年的 20.6

：1 提高到 22.5：1，教师短缺现象较为明显。

2005 年高等教育、高中阶段教育和义务教育学校共录用 38.8 万应届毕业生充实到教师队伍，比上年减少 0.14 万人。除小学、初中阶段录用毕业生数略有下降外，高等教育和高中阶段教育基本保持稳定。

校舍面积

2005 年全国各级各类学校共有校舍面积（含非产权独立使用）21.46 亿平方米，比上年增加 1.11 亿平方米，增长 5.45%，其中普通高校、学前教育、普通高中增长较快。从生均情况来看，普通高校和中等职业学校生均校舍建筑面积有所下降，普通高中基本持平，其余几类学校均略有增长。普通初中、普通小学、幼儿园生均校舍面积分别比上年增加 0.44、0.20 和 0.22 平方米。中等职业学校校舍面积增长跟不上学生规模的增长，生均校舍面积由上年的 14.70 平方米下降到 13.49 平方米。普通高校生均校舍建筑面积也下降 1.39 平方米。

当年新增校舍面积（产权）10559 万平方米，比上年减少 789 万平方米。中等职业教育、普通初中、普通小学、学前教育新增校舍面积占各级各类教育新增总量的比重有所提高，普通高中、普通高校所占比重下降。

教学仪器设备总值

2005 年全国各级教育教学仪器设备总值 2535 亿元，比上年增加 335 亿元，增长 15.2%。其中，普通高校、普通高中、普通初中增长较快，生均教学仪器设备值也比上年有所提高。中等职业教育虽然仪器设备总值扭转了去年负增长的态势，但生均水平继续下降，降幅达 6.4%。

义务教育

国家高度重视义务教育，及时做出西部“两基”攻坚的战略部署和新增教育经费主要用于农村的重大决策。按照全国农村教育工作会议和《国务院关于进一步加强农村教育工作的决定》的战略部署，2005 年进一步加大西部“两基”攻坚力度，如出台的国家“两免一补”政策等，促进了中部地区义务教育的巩固提高，改善了公共教育资源的配置状况，促进了城乡间、地区间义务教育的均衡程度均衡发展。

1.“两基”攻坚取得新进展，义务教育普及程度达到新的高度

截止 2005 年底，全国“两基”人口覆盖率超过 95%，比 2000 年提高了近 10 个百分点，达到了新的历史高度。

小学辍学率继续下降。2005 年全国小学辍学率由上年的 0.59% 下降至 0.45%，女童辍学率也由 0.60% 下降至 0.47%。农村小学休学、退学学生数下降。2005 年农村小学休学、退学学生共 8.98 万人，比上年减少 3 万人，所占比例由上年的 1.5% 下降至 1.2%。

初中阶段三年巩固率为 92.68%，与上年基本持平。初中阶段辍学率略有上升，由上年的 2.49% 上升为 2.62%，女童辍学率由 2.14% 上升为 2.31%。

2. 农村学校办学条件得到改善，城乡间资源配置的均衡程度进一步提高

2005 年全国义务教育学校办学条件得到进一步改善，生师比小学由 19.98：1 下降为 19.43：1，初中由 18.62：1 下降为 17.78：1；生均校舍建筑面积小学由 5.15 平方米提高到 5.34 平方米，初中由 5.40 平方米增长到 5.84 平方米。每百名学生拥有计算机台数小学由 2.83 台增加为 3.38 台，初中由 3.79 台增加到 4.57 台。

各级政府积极贯彻“新增教育经费主要用于农村”政策，对农村义务教育投入大幅增加，农村小学、初中学校的办学条件得到较大改善，义务教育城乡均衡发展也取得新进展，城乡基本办学条件差异逐步缩小。

2005 年全国农村小学、初中的生师比分别为 19.46:1 和 18.25:1，与城市的差距进一步缩小；农村小学生均校舍建筑面积 5.37 平方米，比上年增加 0.23 平方米，与城市基本相近；农村普通初中理科实验仪器达标学校比例达到 71.27%，与城市的差距比上年缩小 0.33 个百分点。

3. 中西部农村地区义务教育办学条件有待进一步加强

2005 年全国有 11 个省份小学生师比的城乡差距比上年缩小。但是，目前中西部地区部分省份农村教师不足的现象依然较为严重，生师比、代课教师占岗位教师比例偏高，义务教育巩固提高任务依然艰巨。全国农村小学代课教师占岗位教师的比例平均为 6.03%。

2005 年农村义务教育学校现代信息技术水平整体上比上年有所提高，部分发达省份省域内城乡差距进一步缩小，中西部地区大部分省份省域内差距有所拉大。全国有 2/3 的省初中建网学校比例的城乡差距在扩大，主要集中在中西部地区。

学前教育与特殊教育

1. 学前教育普及水平逐步提高，农村幼儿教育呈现多样化发展格局

我国一贯重视早期儿童的保育与教育，积极采取各种措施，推动学前教育的发展。2005 年全国幼儿园已发展到 12.44 万所，比上年增加 6503 所。在园幼儿（包括学前班）达到 2179.03 万人，比上年增加 89.63 万人，增长 4.29%。学前教育毛入园率明显提高，达到 41.4%，比上年提高 0.65 个百分点。幼儿园园长和教师共 83.61 万人，比上年增加 7.66 万人。全国大中城市已基本满足适龄儿童的入园需求。

农村学前教育普及程度也得到同步提高。尽管随着计划生育政策的推进和城镇化的发展，农村适龄幼儿逐步减少，举办正规的幼儿教育存在一定困难，但是政府调整了发展农村幼儿教育的基本策略，除幼儿园、学前班为主要形式外，还有季节性幼儿园、幼儿活动站、游戏小组、巡回辅导站、“大篷车”服务等灵活多样的非正规教育形式，为更多的农村幼儿提供了接受早期教育的机会。2005 年农村有幼儿园 4.92 万所，在园幼儿达到 1609.84 万人，比 2004 年增加 73.87 万人，占全国在园幼儿比例提高到 73.88%，比上年提高 0.37 个百分点。

2. 特殊教育稳步发展

2005 年全国特殊教育学校达 1593 所，比 2004 年增加了 33 所，其中城市增加 20 所，县镇增加了 17 所，农村减少了 4 所。招收残疾学生 4.93 万人，在校生 36.44 万人，分别比上年减少 0.15 和 0.74 万人。其中，在普通学校随班就读和在附设特教班就读的残疾儿童，招生和在校生分别为 3 万人和 23 万人，分别占特殊教育招生和在校生总数的 61.34% 和 63.13%。

高中阶段教育

2005 年高中阶段教育规模显著扩大。中等职业教育规模增长尤为迅速，占高中阶段比例进一步提高，学生职业技能的培养得到加强，但规模发展与办学条件不足的矛盾依然存在。普通高中办学条件进一步得到改善。

1. 高中阶段教育规模显著扩大，中等职业教育比重有所增加

高中阶段教育规模显著扩大，顺应了人民群众对高中阶段教育的需求，也促进了教育整体结构的优化。2005 年全国高中阶段教育（包括普通高中、成人高中、中等职业教育）招生 1524.76 万人，比上年增加 137 万人，增长率达 9.88%，在校学生达 3990.09 万人，比上年增加 341.11 万人，增长 9.35%。高中阶段教育毛入学率突破 50%，由上年的 48.1% 提高到 52.7%。高中阶段教育规模持续扩大，初中毕业生升入高级中学的比例进一步提高，达到 69.7%，比上年提升 5.9 个百分点。

普通高中规模持续增长。2005 年全国共有普通高中学校 1.61 万所，比上年增加 94 所；招生 877.73 万人，比上年增加 56.22 万人，增长 6.8%；在校生 2409.09 万人，比上年增加 188.72 万人，增长 8.5%。

中等职业教育（包括普通中专、成人中专、职业高中和技工学校）招生增长速度超过普通高中，所占比重有所提高。全国共有中等职业教育学校 1.45 万所，比上年增加 41 所；招生 647.03 万人，比上年增加 80.82 万人，增长 14.28%，增速超过普通高中 7.4 个百分点。2005 年中等职业教育招生所占比例达到 42.43%，较上年提高近 2 个百分点，普职比突破了“十五”以来 60:40 的格局，达到 58:42。

中等职业学生的职业技能培养得到加强，毕业生中获得职业技术证书的比例首次超过 50%。2005 年中职毕业生（不含技校）中获得职业技术证书的人数达 186.48 万人，比上年增加 35 万人，占毕业生的比例由上年的 49.5% 增加到 53.4%。

2. 中西部地区高中阶段教育招生规模增长快于东部，农村地区普通高中规模和学校布点增加

受学龄人口变动及城市化进程推进等因素影响，中、西部地区高中阶段教育发展速度超过东部地区。2005 年有 16 个省份高中阶段教育招生规模增长率高于 9.88% 的全国平均水平，其中 15 个集中在中、西部地区。

广大农村地区义务教育普及水平提高后，高中阶段教育升学需求上升，与此相适应，农村地区普通高中的学校布点得到增加，学生规模也逐步扩大。2005 全国农村的完全中学、高级中学比上年增加 218 所，占全国普通高中总校数的比例由上年的 60.15% 提高到 61.15%；农村普通高中招生达

576.31 万人,占全国总数的比例由上年的 64.48% 提高到 65.66%。农村高中校舍和教育设备的配置也同步得到增强。

3. 中等职业教育以就业为导向,逐步优化招生专业结构,工科比例有所提高

中等职业教育以促进就业为导向,适应产业结构调整,满足现代制造业发展对劳动力需求的变化,积极调整专业结构,工科比例有所提高,文科比例有所下降。

2005 年全国中等职业教育招生平均增长 17.7%,资源与环境类、加工制造类、交通运输类和医药卫生类的招生增长高达 20% 以上,其中机械加工技术、数控技术应用、模具设计与制造以及护理等专业招生的增长率超过 30%。

信息技术类、商贸与旅游类、财经类和文化艺术与体育类的招生增长仍低于平均增幅,招生所占比重持续下调,其中前几年热门的会计、文秘增长率比全国平均增幅低 8 个百分点左右,商务外语出现负增长;受到教师学历要求普遍提高的影响,师范类成为 2005 年增长最慢的专业,其中小学教育招生更由上年的 10 万人以上下降到不足 9 万人。

4. 普通高中办学条件进一步改善,但中等职业教育规模发展与办学条件不足的矛盾依然存在

普通高中的办学条件总体上得到进一步改善。2005 年全国普通高中生均校舍建筑面积面积为 13.8 平方米,比上年增加 0.06 平方米。

全国普通高中生均教学仪器设备值为 1320 元,比上年增加 92 元,增长 7.56%。

全国普通高中建网学校的比例达到 60%,比上年提 7.5 个百分点。一半以上省建网学校比例已经超过 60%,普通高中信息化水平得到进一步提高。

全国普通高中教师学历合格率达到 83.46%,比上年提高 4 个百分点。

全国普通高中生师比平均为 18.54:1,比去年下降 0.11。

中等职业教育资源配置状况有所改善,但办学条件跟不上规模发展的需要。

中等职业教育教师增长远慢于学生增长,教师紧张状况进一步加剧。2005 年中等职业教育的专任教师(不含技校)有 58.87 万人,比上年增长 1.77 万人,增幅为 3.1%;生师比由上年的 20.57 上升到 22.50

全国中等职业学校教学仪器设备的生均配置水平较上年有所下降。2005 年生均教学仪器设备值为 2030 元,比上年减少 134 元。

全国中等职业教育生均校舍建筑面积比上年有所下降。2005 年平均为 13.49 平方米,比上年下降 1.2 平方米。

高等教育

2005 年高等教育事业在把握节奏、提高质量中取得新进展。人才培养结构进一步调整,基本办学条件不断改善,但一些地方仍然存在办学条件下滑的现象。

1. 高等教育稳步发展,校均规模继续扩大

2005 年全国共招收普通、成人本科、高职(专科)学生 697.25 万人,其中普通本科、高职(专科)学生 504.46 万人,比上年增加 57.12 万人,增长 12.77%。普通本科招生 236.36 万人,专科招生 268.09 万人。全国普通、成人本科、高职(专科)在校生达 1997.10 万人,其中普通本科、高职(专科)在校生 1561.78 万人,比上年增加 228.28 万人,增长 17.12%。普通本科在校生为 848.82 万人,专科在校生 712.96 万人。普通本专科招生、在校生结构与上年基本一致。

2005 年全国共招收研究生 36.48 万人,比上年增加 3.85 万人,增长 11.8%,低于上年 21.35% 的增长速度,招收博士研究生 5.48 万人,硕士研究生招生 31.0 万人,硕士研究生增幅高于博士研究生。全国在学研究生 97.86 万人,比上年增加 15.87 万人,增长 19.36%,低于上年增幅 6 个百分点;其中在学博士 19.13 万人,硕士研究生 78.73 万人。

2005 年全国共有普通、成人高等学校 2273 所,其中普通高校 1792 所,比上年增加 61 所。有普通本科院校 701 所,普通高职(专科)院校 1091 所。全国共有研究生培养单位 766 个,比上年减少 3 个。普通高等学校校均规模(不含独立学院和分校点)由上年的 6903 增加到 7666 人,其中本科院校由上年的 12557 人增加到 13514 人,高职(专科)院校由上年的 3209 人增加到 3909 人。

2. 普通本专科招生增长速度明显放慢

2005 年全国普通本专科招生 504.46 万人,比上年增加 57.12 万人,增长 12.77%,比上年回落 4 个百分点;其中普通高职(专科)招生 268.09 万,比上年增长 12.91%,回落 6 个百分点。

3. 适应产业结构调整与人才市场需求,本专科招生的学科专业结构逐步调整

2003－2005 年 3 年间,适应产业发展与市场需求,普通本专科招生的科类结构进一步调整,普通本科招生向大文科方向调整,文学类和管理类所占比例持续上升,而工学、理学、法学类招生所占比例则持续下降,普通高职(专科)招生向工科类方向调整,工科类招生所占比例有较大幅度提高,管理学类招生也持续增长,理学类招生所占比例有较大幅度下降。

2005 年普通本科招生中,文学类招生 43.55 万人,占普通本科招生总数的 18.42%,比上年提高 1.18 个百分点,其中艺术、新闻传播学、外国语文学招生规模在 4 万人以上,增长幅度均超过 16%。管理学类招生 37.15 万人,占普通本科招生比例的 15.72%,比上年提高 0.66 个百分点,其中工商管理、公共管理、管理科学与工程招生规模均在 7000 人以上,增长幅度超过 13%。

2005 年普通高职(专科)招生中,工科招生 106.98 万人,比上年增长 34.27%,占普通高职(专科)招生的 39.90%,比上年提高 6.35 个百分点,有较大幅度提高。其中生物工程、交通运输、化工与制药、轻工纺织食品、电器信息 5 个专业招生规模在 1.5 万人以上,增长幅度均超过 40%;管理学招生 60.27 万人,比上年增长 20.4%,占普通高职(专科)招生的 22.48%,比上年提高 1.40 个百分点,其中工商管理招生超过 53 万人,比上年增长 27.48%。

4. 普通高校办学条件有所提高,一些地方生均办学条件比上年略有下降

2005 年全国普通高校共有专任教师 96.6 万人(包括独立学院和分校办学点),比上年增加 10.7 万人,增幅达 12.52%,具有研究生学历教师有 35.75 万人,比上年增加 6.31 万人,所占比重从上年的 34.3% 提高到 37.0%,其中获得博士学位的有 8.8 万人,比上年增加 1.6 万人,所占比重由上年的 8.4% 提高到 9.1%。

2005 年全国普通高校的校舍建筑总面积(产权)达 51287 万平方米(包括独立学院和分校办学点),比上年增加 5777 万平方米,增长 12.7%,另有独立使用非产权校舍面积 3983 万平方米,比上年增加 331 万平方米,增长 9.1%;其中教学及行政用房面积(产权)为 23605 万平方米,比上年增加 3222 万平方米,增长 15.8%。另有独立使用非产权教学及行政用房 1637 万平方米,比上年增加 62 万平方米,增长 4.0%;

普通高校有图书(产权)116545 万册,比上年增加 15513 万册,增长 15.4%,另有独立使用非产权图书 3523 万册,比上年增加 189 万册,增长 5.7%。

2005 年全国普通高校(含独立学院,不含分校办学点)研究生学历教师所占比例均比上年有所提高。

从生均情况来看,2005 年普通高校(含独立学院,不含分校办学点;校舍、资产包含产权和非产权独立使用两部分)生师比为 16.77 : 1,比上年的 16.22 : 1 有所提高。

全国普通高校生均教学行政用房为 13.96 平方米,比上年下降 0.30 平方米。

全国普通高校生均校舍建筑面积为 30.59 平方米,比上年下降 1.40 平方米。

全国普通高校生均图书平均为 66.69 册,比上年减少 1.21 册,。

全国普通高校生均教学仪器设备值平均为 6951 元,比上年增加 91 元。

成人教育

成人教育蓬勃发展,职业培训更注重质量和实效。2005 年全国共扫除文盲 169.05 万人,青壮年文盲率 4% 左右。各级教育机构大力开展成人培训等非学历教育,各类注册学员达 5523.70 万人次,全年结业人次达 7117.26 万,共有 1429.57 万人次通过各种证书培训,比上年增加 63.77 万人次。

2005 年由高等学校和中等职业学校承担的培训结业人数达到 1156.12 万人,比上年增加 87.62 万人,占培训结业总数的 16.31%,比上年提高 1.6 个百分点。其中通过培训获得资格证书、岗位证书的达 511.68 万人,比上年增加 56.69 万人,占培训结业总数的 44.26%,比上年提高 1.7 个百分点。另有职业培训机构结业学生 5943.19 万人次,比上年有所减少。

民办教育

民办教育持续发展,在整个国民教育体系中发挥越来越大的作用。2005 年全国共有各级各类民

办学校(机构)8.62 万所(不含民办培训机构 2.9 万所),比上年增加 0.78 万所,在校生总规模达到 2168.15 万人,比上年增加 398.79 万人,增长 22.54%。其中民办普通高校、民办中等职业学校规模发展较快。

2005 年共有民办高校 252 所,比上年增加 24 所。招生 43.61 万人,比上年增加 10.50 万人,增长 31.71%;在校生 105.17 万人,比上年增加 31.92 万人,增长 43.58%。2005 年民办高校另有其他形式教育的学生 19.18 万人。

独立学院发展迅速,规模已经超过民办普通高校。2005 年全国共有独立学院 295 所,比上年增加 46 所。招生 44.34 万人,比上年增加 13.57 万人,增长 44.08%;在校生达 107.46 万人,比上年增加 38.63 万人,增长 56.13%。2005 年独立学院还有其他形式教育的学生 0.33 万人。

2005 年民办的其他高等教育机构 1077 所,比上年减少 110 所。各类注册学生 109.15 万人,比上年增加 3.83 万人,增长 3.63%。

民办普通高中 3175 所,在校生 226.78 万人,比上年增长 22.76%,占普通高中在校生总数的 9.41%,比上年提高 1.1 个百分点;民办中等职业学校 2017 所,在校生 154.14 万人,比上年增长 40.20%,占中等职业教育在校生总数的 11.64%,比上年提高 2.3 个百分点。

民办普通初中 4608 所,在校生 372.42 万人,比上年增长 17.97%,占普通初中在校生总数的 6.03%,比上年提高 1.2 个百分点;民办普通小学 6242 所,在校生 388.94 万人,比上年增长 18.46%,占普通小学在校生总数的 3.58%,比上年提高 0.7 个百分点;民办幼儿园 68835 所,在园学生 668.09 万人,比上年增长 14.38%,占幼儿园在园幼儿总数的 30.66%,比上年提高 2.7 个百分点。

(教育部发展规划司统计处)

2005年科技事业发展情况

2005年是"十五"计划的最后一年,也是我国科技事业发展进程中承前启后、继往开来的一年。这一年中,全社会科技投入持续增加,基础研究得到加强,高技术产业发展势头良好,技术市场交易活跃,科技产出成果丰硕,综合技术服务进一步完善。我国的科技工作取得了不凡的成绩,科技事业又迈上了一个新的台阶。

科技投入保持增长,科技队伍进一步壮大

2005年,国家进一步加大对科技事业的扶持力度,全国财政科技三项费和科学事业费支出共计991.6亿元,比上年增长20.9%;其中,中央财政支出600.8亿元,增长21.8%。在继续加大财政对科技投入的同时,国家还采取有效措施积极引导全社会对科技事业、特别是自主创新活动的投入。据初步统计,2005年全社会研究与试验发展(R&D)经费投入达2367亿元,比上年增长20.4%;研究与试验发展(R&D)经费与国内生产总值(GDP)之比由上年的1.23%增加到1.30%。

2005年,全国科技人力资源基本保持稳定,科技队伍进一步壮大,人员素质不断提高。据统计,2005年末全国城镇专业技术人员为3206万人,比上年增加53万人,增长1.7%;平均每万名从业人员中有专业技术人员2785人,比上年略有减少。初步统计结果显示,2005年全国研究与试验发展(R&D)人员折合全时当量为121.9万人年,比上年增加6.6万人年,增长5.7%;其中科学家和工程师所占比重为81.6%,比上年增加1.3个百分点。

基础研究工作得到加强,原始创新能力有所提升

2005年,我国基础研究经费投入保持增长。据初步统计,全年全社会用于基础研究的经费投入为135亿元,比上年增加17.8亿元,增长15.2%;基础研究占研究与试验发展(R&D)经费的比重为5.7%。

以基础研究作为重点资助对象的国家自然科学基金继续得到国家大力扶持。2005年,国家对自然科学基金的财政拨款达到27亿元,比上年增加4.5亿元,再创历史新高。在项目资助方面,国家自然科学基金委员会全年受理面上项目申请49329项,比上年增长24.4%;批准资助面上项目9111项,资助经费达22.6亿元,分别比上年增长18.2%和34.9%,面上项目单项平均资助金额由上年的21.7万元增加到24.8万元;全年资助重点项目318项,资助经费5.1亿元,分别比上年增长42%和52.9%,重点项目单项平均资助金额由上年的148.8万元增加到160.2万元。在人才资助方面,全年资助杰出青年基金1934项,资助金额为4.5亿元,分别比去年增长21.6%和34.5%。国家对青年科技人才的重视,为保持青年科研人才队伍的稳定发挥了重要作用。

国家对基础研究扶持力度的不断加大,促进了我国基础学科的建设,提高了基础研究的创新能力。新型铈基金属非晶结构材料金属塑料的研制成功,首台基于自由电子激光的太赫兹辐射源的建成,液体、固体、溶液相转移、相分离的通用纳米晶体合成策略的提出,哺乳动物巨爬兽和两种新翼龙的化石以及最古老地衣化石的发现,显示了我国基础研究水平的提升。

高技术产业持续发展,高技术产品国际竞争力日益增强

2005年,我国高技术产业保持快速增长,产业规模不断扩大。初步统计结果显示,全年规模以上高技术产业企业实现工业总产值34429亿元,比上年增长24%;完成增加值7839亿元,比上年增长23.6%,增幅比全部工业高2.4个百分点。

在产业规模不断扩大的同时,我国高技术企业不断注重自主创新能力的提高,高技术产品进出口日趋扩大,高技术产品的国际市场竞争力得到加强。2005年,我国高技术产品进出口总额达4159.6亿美元,比上年增长27.2%;其中出口2182.5亿美元,增长31.8%,进口1977.1亿美元,增长22.5%,实现贸易顺差205.4亿美元。同时,高技术产品出口在我国对外贸易中的份额不断提

专栏 “神舟”六号载人航天飞行圆满成功

2005年10月12日上午9时许，我国自主研制的载人航天飞船——“神舟”六号在酒泉卫星发射中心发射升空，并准确进入预定轨道。10月17号凌晨4时33分，在经过115小时32分钟的太空飞行，完成我国真正意义上有人参与的空间科学实验后，“神舟”六号飞船返回舱在内蒙古顺利着陆，航天员费俊龙、聂海胜自主出舱，此次载人航天飞行宣告圆满成功。

“神舟”六号载人航天飞行是继“神舟”五号圆满完成首次载人航天任务后，我国在探索太空的征程中完成的又一伟大壮举。飞行人数从一人到两人，飞行时间从一天到多天，航天员活动范围从仅限返回舱到进入轨道舱。“神舟”五号飞行实现的是我国载人航天事业的历史性突破，“神舟”六号的成功则标志着我国在发展载人航天技术、进行有人参与的空间实验活动方面取得了具有里程碑意义的重大进展。

载人航天技术一直是国际上十分关注的一个高科技领域。2003年，我国成功发射了载人航天飞船——“神舟”五号，成为世界上第三个独立掌握载人航天技术的国家；两年之后，我国又成功发射“神舟”六号飞船，成为世界上能够独立进行有人参与的空间科学实验的三个国家之一，真正确立了航天大国的地位。载人航天工程的实施，使我国攻克了大量的关键技术，掌握了许多新技术、新工艺，提高了我国航天技术及相关技术的整体水平，带动了相关科学技术的发展，培养了一批跨世纪的航天科技队伍。这次“神舟”六号成功飞行，也为我们下一步进行航天员出舱活动、航天器交会对接以及建立空间站奠定了坚实的基础。

（执笔：李胤）

高，成为拉动出口的重要力量。2005年高技术产品出口占商品出口总额的份额达28.6%，比上年增加0.7个百分点，创历年新高；在商品出口增加额中，高新技术产品的贡献为527.1亿美元，贡献率达到31.3%。

技术交易市场日趋活跃，交易水平不断提高

2005年，我国技术市场健康发展，技术交易日趋活跃，交易规模进一步扩大，交易水平不断提高。据对全国30个省、自治区、直辖市（未包括西藏）技术市场统计，2005年全国共签订技术合同26.5万项，较上年小幅增长；技术合同成交金额达到1551亿元，比上年增加217亿元，增长16.2%；平均每份技术合同成交金额58.5万元，比上年增长16.1%。

从技术合同类型构成来看，在技术开发、技术服务、技术转让和技术咨询四类合同中，技术开发合同所占比重为37%，居主导地位。从技术合同交易主体构成看，企业的市场主体地位更加明显。从卖方市场看，全年企业签订的技术合同为9.2万项，增长3.1%；输出技术交易额919亿元，增长21.9%，占总成交金额的59%，比上年增加3个百分点；从买方市场看，企业购买技术成交金额1171亿元，增长16.4%，占总成交合同金额的76%，比上年提高1个百分点。我国技术市场的稳步发展，特别是企业市场中主体地位的进一步提高，有效地促进了科技成果向生产领域的转化。

科技产出成果丰硕，专利事业取得进展

2005年，我国科学研究和技术开发又取得一批重大成果。全国共登记省部级以上重大科技成果35890项，比上年增加4170项。其中，基础理论成果2910项，比上年增加71项；应用技术成果31460项，比上年增加4097项；软科学成果1520项，比上年增加2项。一批重大科技成果获得国家奖励。其中，叶笃正院士、吴孟超院士获国家最高科学技术奖；国家自然科学奖二等奖38项；国家技术发明奖一等奖1项，二等奖39项；国家科技进步奖一等奖18项，二等奖218项；德国管理、物理学专家杜登豪森等5人获国际科学技术合作奖。我国航空航天事业取得新的重大突破，全年5次成功发射5颗卫星；其中“神舟”六号载人航天飞行取得圆满成功，是我国科技事业发展进程中又一具有里程碑意义的重大事件，标志着我国在一些重要科技领域达到世界先进水平。

2005年，全国专利申请量和专利授权量保持增长势头。据统计，我国专利部门全年共受理国内外专利申请476264件，比上年增长34.6%；其中

专栏 2005年世界十大科技进展新闻

1.“惠更斯”号探测器成功登陆土卫六。欧洲航天局地面控制中心1月15日已收到来自“惠更斯”号探测器经由“卡西尼”号飞船传回的信号,表明“惠更斯”号已成功登陆土卫六,创造了人类探测器登陆其他天体最远距离的新纪录。

2.“深度撞击”计划获得成功。2005年7月3日,美国宇航局的“深度撞击”彗星撞击器成功击中坦普尔1号彗星的彗核表面,完成了人造航天器和慧星的第一次亲密接触。

3.美国研究人员发明取代晶体管的新元件。这种新元件名为“交换点阵式插锁”,能够提供普通计算机所需的信号恢复和转换,取代传统的晶体管,并能将计算机的功能提高数千倍。

4.天文学家首次拍到太阳系外行星照片。这颗由欧洲人在南美用超大型望远镜观测到的行星质量是木星的五倍。此次观测结果是迄今第一次拍摄到太阳系外行星的照片。

5.科学家公布人类基因组“差异图”。“国际人类基因组单体型图计划”由美国、中国、加拿大、英国、日本和尼日利亚六国科学家共同完成,可以将患者和健康人的基因进行比较,更高效地寻找与疾病相关的基因变异。

6.澳大利亚科学家成功将光束“冻住”1秒钟。澳大利亚科学家首次成功地将一个光脉冲“冻住”了足足1秒钟的时间,是以前最好成绩的1000倍,这可能会对制造光计算机或量子计算机存储设备提供帮助。

7.美国研究人员开发出高效率燃料电池。美国西北大学研究人员开发出了一种新的固体氧化物燃料电池,能源转换效率有望达到50%。这种新型燃料电池在经过更多试验后,能广泛应用于汽车、飞机,甚至众多家庭。

8.法国和瑞士科学家制造出超大容量纳米级信息存储材料。法国和瑞士科学家近期通过试验得到的纳米级材料可以突破信息存储的极限,使硬盘的信息存储密度进一步加大。

9.美国科学家制造出“夸克胶子等离子体”。美国布鲁克黑文国家实验室科学家利用相对论重离子对撞机(RHIC)制造出了“夸克胶子等离子体”。这是一种全新的物质形态,曾广泛存在于宇宙诞生后的百万分之几秒内。

10.法国科学家首次找到控制单分子行动的方法。法国科学家在世界上首次成功地利用特种显微镜仪器,让一个分子做出了各种动作。这一新的研究成果使人们从此可以简单控制单分子,并使它变成一个分子“机器”。

(执笔:李胤)

国内专利申请383157件,占80.5%,比上年增加1.7个百分点。在受理的国内外专利申请中,发明专利申请量为173327件,比上年增长33.2%;发明专利所占比重为36.4%,与上年持平。在受理的发明专利申请中,国内发明专利申请为93485件,占全部发明专利申请的53.9%,比上年增加了3.3个百分点。专利申请量、特别是国内发明专利申请量的持续增长,反映了我国技术创新、特别是自主创新活动日益活跃,知识产权保护意识不断加强。

2005年,我国专利部门共授权专利214003件,比上年增长12.5%;其中国内专利授权171619件,占80.2%,比上年略有提高。全年发明专利授权量为53305件,比上年增长8%;其中授权国内发明专利20705件,占38.8%,比上年提高了1.8个百分点。专利授权量的增长以及国内发明专利授权量份额的不断扩大,在一定程度上体现了我国科学技术水平的不断提高。

质量监督检验检疫事业健康发展,综合技术服务进一步完善

国家产品质量监督检验检疫事业健康发展。2005年,全国共有产品检测实验室18932个;其中国家检测中心293个,比上年增加30个。质检部门全年共抽查产品249类12544种。全国现有产品质量、体系认证机构177个,比上年增加了5个;目前累计完成了对4.7万个企业的产品认证。全国共有法定计量技术机构4037个;全年强制检定计量器具3491万台(件),比上年增加91万台(件)。全年制定、修订国家标准1304项,其中新制定673项,分别比上年增长46.0%和46.9%。

气象预报、地震预报、海洋监测和测绘等技术服务工作继续完善。截至2005年底,全国共有气

专栏 2005年中国十大科技进展新闻

1. “神舟”六号载人航天飞行圆满成功。2005年10月17日，我国自行研制的“神舟”六号载人飞船返回舱顺利着陆，“神舟”六号载人航天飞行获得圆满成功。这对于进一步增强中国的经济、科技、国防实力具有深远意义。

2. 青藏铁路全线铺通。青藏铁路工程建设者们在雪域高原上克服了许多难以想象的困难，优质高效地完成了青藏铁路全线铺通任务。这是世界铁路建设史上的辉煌壮举。

3. 中国首款64位高性能通用CPU芯片问世。中科院计算所研制出的龙芯2号，单精度峰值浮点运算速度为每秒20亿次，双精度浮点运算速度为每秒10亿次，功耗远低于国外同类芯片，在低成本信息产品方面具有很强的优势。

4. 中国科考队首次登上南极冰盖最高点。2005年1月18日，在挺进南极内陆冰盖1200多公里后，中国南极内陆冰盖昆仑科考队成功登上了南极内陆冰盖的最高点。这是人类南极考察历史上的又一次壮举。

5. 全球记载植物种类最多的《中国植物志》全部出版。《中国植物志》是关于中国维管束植物的全面、系统、科学的总结，是了解中国植物资源的最详实、最权威的科学资料。

6. 中国科学家成功实现首次单分子自旋态控制。中国科技大学科研人员利用低温超高真空扫描隧道显微镜，成功实现了单分子自旋态的控制，揭示了单分子科学研究的广阔前景。

7. 我国测定珠穆朗玛峰新“身高”8844.43米。国家测绘局宣布了2005年新测得的珠峰数据：峰顶岩石海拔高程8844.43米，测量精度正负0.21米，冰雪深度3.50米。这是有史以来珠峰高程测量最为精确、详尽的数据。

8. 中国大陆科学钻探深入地下5158米。经过近4年努力，中国大陆科学钻探工程“科钻一井”胜利竣工，在江苏省东海县毛北村成功深入地下5158米，标志着中国“入地”计划获得重大突破。

9. 能在血管中通行的“药物分子运输车”研制成功。中科院上海硅酸盐研究所研制的直径只有200纳米的“纳米药物分子运输车”已完成药物装载控制释放和定向传输试验。

10. 最高分辨率“中国数字人男1号”诞生。南方医科大学构建完成的“中国数字人男1号”是世界上分辨率最高的虚拟人。“数字人”在多个科学领域有着广泛的应用价值。

（执笔：李胤）

象观测站点12940个，比上年增加4808个；全年提供气象科学数据共享服务数据量2089GB。全国共有地震台站1253个，地震遥测台网31个。全国共有8376个海洋观测站、监测站位，比上年增加3514个。测绘部门公开出版地图1667种；出版测绘图书497种，比上年增加34种。

（执笔：李胤）

2005 年各项社会事业发展情况

一、卫生事业

(一)疾病控制与公共卫生

1. 传染病报告发病率和死亡率略有上升

2005 年全国报告甲、乙类传染病总发病率 268.31/10 万,死亡率 0.76/10 万,病死率 0.28%。与上年比较,传染病报告发病率上升 9.7%,死亡率上升 38.2%,病死率上升了 0.06 个百分点。发病率居前五位的依次为:肺结核、病毒性肝炎、痢疾、淋病和梅毒;病死率居前五位的依次为:狂犬病、人禽流感、鼠疫、艾滋病和新生儿破伤风。

2. 城乡居民主要死亡原因

据 30 个市和 78 个县(县级市)死因(ICD-10)统计,2005 年城市居民前十位死因为:恶性肿瘤、脑血管病、心脏病、呼吸系病、损伤及中毒、消化系病、内分泌营养和代谢疾病、泌尿生殖系病、精神障碍、神经系病,前十位死因合计占死亡总数的 92.0%。

与城市比较,农村居民前十位死因及顺位有所不同,农村居民前十位死因为:呼吸系病、脑血管病、恶性肿瘤、心脏病、损伤及中毒、消化系病、泌尿生殖系病、内分泌营养和代谢疾病、肺结核、精神障碍,前十位死因合计占死亡总数的 91.9%。

3. 血吸虫病和地方病防治

2005 年,全国血吸虫病流行县(市、区)435 个,累计达到血吸虫病传播阻断标准的县(市、区)264 个,年底实有病人 79.9 万人,期内治疗病人 51.2 万人。2005 年各类地方病防治情况:克山病病区县 326 个,累计基本控制县 256 个,现症病人 4.0 万人;大骨节病病区县 354 个,累计基本控制县 206 个,现症病人 80.9 万人;碘缺乏病监测县 2811 个,累计消除(基本消除)县 2468 个;地方性氟中毒(饮水型)病区县 1114 个,累计基本控制县 195 个,氟骨症人数 135.8 万人;地方性氟中毒(燃煤污染型)病区县 200 个,累计基本控制县 24 个,氟骨症人数 152.1 万人;地方性砷中毒(水型、燃煤污染型)病区县 43 个,病区村人口 65 万人,病人 2.59 万人。

4. 农村改水和改厕

截止 2005 年底,全国累计农村改水受益人口 88893.2 万人(其中:当年受益人口 861.9 万人),改水受益人口占农村总人口 94.1%,农村自来水普及率为 61.3%. 截止 2005 年底,农村累计使用卫生厕所 13740.1 万户,其中:当年新增卫生厕所 579.5 万户. 农村卫生厕所普及率为 55.3%,粪便无害化处理率为 59.5%。

“十五”期间,农村环境卫生状况得到改善。与 2001 年相比,农村自来水普及率由 55.1% 提高到 61.3%,卫生厕所普及率由 46.1% 提高到 55.3%,粪便无害化处理率由 49.5% 上升到 59.5%,基本实现“十五”确定的工作目标。

(二)卫生监督

1. 食品卫生

2005 年,全国 27 个省(区、市)共有 384 万户食品生产和服务企业接受经常性卫生监督,卫生监督覆盖率达 94.9%,合格率为 88.5%。29 个省(区、市)21 类食品共抽查监测 230 万件,平均合格率为 87.5%。2005 年食品从业人员体检合格率达 99.7%,31 个省(区、市)报告食物中毒 2453 起,中毒 32553 人,死亡 381 人。

2. 环境卫生

据不完全统计,2005 年 28 个省(自治区、直辖市)共有 75.2 万户接受公共场所卫生监督,监督覆盖率达 92.1%,监测合格率 90.1%。24 个省(区、市)共抽检生产企业和经营单位化妆品产品 40071 件,合格率为 91.8%,其中进口化妆品合格率 94.1%,国产化妆品合格率 91.7%。

3. 劳动卫生

据不完全统计,2005 年 25 个省(区、市)各类职业病发病 5247 例,其中尘肺 3380 例,慢性职业中毒 565 例,急性职业中毒 494 例,职业性眼、耳鼻喉疾病 226 例。生产环境中有害因素测定点 43.4 万个,实测率为 51.2%。23 个省(区、市)共有

28941个放射工作场所接受经常性卫生监督，放射工作人员就业后健康体检率达77.7%。

4. 学校卫生

2005年全国29个省共有67789所学校（包括高校、中专、技校、中学及小学）接受经常性卫生监督，卫生监督频次为1.83，合格率为78.6%。学校共体检4万余次，参加体检的学生人数为3350万人，学生体检率64.7%。

（三）农村和社区卫生

1. 新型农村合作医疗试点

截止到2005年底，全国已有678个新型农村合作医疗试点县（市、区），覆盖人口2.36亿人，共有1.79亿农民参加了合作医疗，参合率为75.7%，全国共补偿参加新型农村合作医疗的农民1.22亿次，补偿资金支出61.75亿元。

2. 农村三级卫生服务网

2005年底，全国1633个县共有综合医院2009所，县妇幼保健院（所、站）1526所，县疾病预防控制中心（防疫站）1586所。全国3.55万个乡镇共设乡镇卫生院4.1万个，床位67.8万张、人员101.2万人，其中卫生技术人员87.1万人。全国61.5万个行政村共设立58.3万个村卫生室，设立卫生室的村数占行政村总数的83.7%。村卫生室中，执业（助理）医师10.4万人、乡村医生86.4万人、卫生员5.3万人。每千农业人口乡村医生和卫生员1.05人。

3. 农村医疗服务工作量。2005年，县综合医院门诊人次1.8亿人次，入院人数1059.2万人，医院病床使用率65.3%。“十五”期间，全国农村县医院门诊服务量基本稳定，住院服务量逐年上升。由于乡镇合并等多方面原因，全国乡镇卫生院个数、床位和卫生人员数减少，门诊量也在减少。门诊量由2001年的8.2亿人次减少到2005年6.8亿人次，住院量由1700万人减少到1622万人，但病床使用率由31.3%提高到37.7%。

4. 社区卫生

2005年底，全国已设立社区卫生服务中心（站）1.7万个，其中社区卫生服务中心1382个，社区卫生服务站15746个。社区卫生服务中心提供诊疗5939万次，住院27万人；平均每个机构年提供诊疗4.3万人次，住院195人，平均每个医生每日担负诊疗13.7人次。社区卫生服务站提供诊疗6281万次，平均每站提供3989人次，平均每个医生每日担负诊疗11.0人次。

（四）妇幼保健

1. 孕产妇保健

2005年，全国孕产妇系统管理率76.7%，产前检查率为89.8%，产后访视率86.0%。新法接生率97.5%。住院分娩率85.9%，与上年比较，住院分娩率增加3.1个百分点。“十五”期间，产前检查率和产后访视率都有所下降，但住院分娩率提高了9.9个百分点。

2. 儿童死亡率

据妇幼卫生监测地区统计，2004年新生儿死亡率15.4‰，婴儿死亡率21.5‰，5岁以下儿童死亡率25.0‰。城市地区五岁以下儿童死亡率12.0‰，农村地区五岁以下儿童死亡率28.5‰，“十五”期间，农村地区5岁以下儿童死亡率下降了1/3，但城乡差距明显，农村地区5岁以下儿童死亡率是城市的2.4倍。

3. 孕产妇死亡率

据妇幼卫生监测地区统计，2004年孕产妇死亡率为48.3/10万。城市孕产妇死亡率为26.1/10万，农村孕产妇死亡率为63.0/10万，2004年与2000年比较，孕产妇死亡率下降了1/10，但城乡差距明显，农村地区孕产妇死亡率是城市的2.4倍。

（五）医疗服务

1. 医院诊疗人次增加，卫生院诊疗人次减少

2005年，全国医疗机构总诊疗人次数为23.05亿次；其中非营利性医院、卫生院占总诊疗人次数的87.8%。与上年比较，医院诊疗人次数增加0.82亿次，卫生院诊疗人次数减少0.04亿次。“十五”期间，全国医院诊疗人次数呈波动性增长，卫生院诊疗人次则持续下降。

注：诊疗人次总数不含诊所（卫生所、医务室）、社区卫生服务站和村卫生室数字。

2. 医院、卫生院入院人数增加

2005年，全国医疗机构入院人数7184万人，其中：非营利性医疗机构6987万人，占97.3%；营利性医疗机构176万人，占2.4%。医疗机构入院人数中：医院5108万人，占71.1%；社区卫生服务中心27万人，占0.4%；卫生院1641万人，占22.8%；妇幼保院院（所、站）349万人，占4.9%。三级甲等医院入院1066万人，占医院入院人数的20.9%。与上年比较，医院入院人数增加435万人，卫生院入院人数增加20万人。医院、卫生院每百诊疗人次入院3.2人，每百门、急诊人次入院3.4人。2005年全国居民每万人口入院561人。

“十五”期间,全国医院入院人数持续增长,卫生院入院人数在连续下降4年后,2005年有所增长。

3. 医生人均工作量增加

2005年,卫生部门综合医院医生人均每天担负诊疗人次为5.3次,比上年增加0.4次;医生人均每天担负住院床日为1.7日,比上年增加0.2日。

4. 医院和卫生院病床使用率上升,出院者平均住院日延长

2005年,全国医疗机构病床使用率为62.9%,与上年比较,医院病床使用率提高1.9个百分点、卫生院提高0.6个百分点。

医疗机构出院者平均住院日为9.2日,其中医院10.9日,卫生院4.7日。与上年比较,医院出院者平均住院日延长0.1日,卫生院延长0.2日。

“十五”期间,全国医院、卫生院病床使用率逐步上升,出院者平均住院日略有延长。

(六)门诊和住院病人医疗费用

1. 门诊和住院病人人均医疗费用继续增加

2005年,卫生部门综合医院门急诊病人人均医疗费用126.9元,比上年增加8.9元,增长7.5%;出院者人均住院医疗费用4661.5元,比上年增加376.7元,增长8.8%。医院级别越高,病人医疗费用越高。

2001年以来,医院门诊和住院病人人均医疗费用持续增加,但医疗费用每年增长幅度基本控制在10%以下。

2. 门诊病人药费比重下降;住院病人药费比重上升

2005年,卫生部门综合医院门诊病人医疗费中,药费占52.0%,检查治疗费占29.8%;与上年比较,药费比重下降0.5个百分点,检查治疗费比重持平。住院病人医疗费用中,药费占43.9%,检查治疗费(含手术费)占36.0%;与上年比较,药费比重上升0.2个百分点,检查治疗费比重下降0.6个百分点。

(七)卫生资源

1. 卫生机构总数增加

2005年末,全国卫生机构总数29.9万个,比上年增加1457个。全国注册医疗机构(不含村卫生室)29.0万个,其中非营利性医疗机构13.2万个,营利性医疗机构15.6万个。医疗机构中:医院18703个,社区卫生服务中心(站)1.7万个,农村乡镇卫生院4.1万个。与上年比较,医院、社区卫生服务中心(站)、妇幼保健机构数有所增加,卫生院、专科疾病防治机构数略微减少。

医院按等级分:三级医院946个(其中:三甲医院594个),二级医院5156个,一级医院2714个,未评定等级医院9887个。

2005年末,全国疾病预防控制中心(防疫站)3585个(含预防保健中心145个),比上年减少3个。各级卫生监督所1702个,比上年增加48个。

“十五”时期,全国卫生机构总数减少,减少的原因有三:一是政府机构改革后,药品检验机构、国境卫生检疫所、高等医药院校划归其他部门管理,从2002年起,卫生机构不再包括这类机构;二是乡镇数减少,乡镇卫生院相应减少;三是部分效益不好的诊所、卫生所和医务室自行关闭,机构数波动较大。但社区卫生服务中心(站)、卫生监督所增加较快。

2. 医院床位增加,卫生院床位减少

2005年末,全国医疗机构床位335.1万张,其中非营利性医疗机构320.4万张;营利性医疗机构13.3万张。医疗机构中:医院床位占73.0%,卫生院床位占20.6%,其他医疗机构床位占6.4%。与上年比较,医院床位增加8.2万张,卫生院床位减少7535张。2005年医院、妇幼保健院和专科疾病防治院共有床位253.9万张,床位数分科构成如下:全科医疗科2.4%、内科23.7%、外科23.1%、妇产科10.0%、儿科6.4%、眼科1.9%、耳鼻咽喉科1.4%、口腔科0.6%、精神科5.3%、传染科3.2%、结核病科0.9%、肿瘤科2.8%、中医科(含中西医结合科和民族医学科)13.7%、其他科室占4.6%。

“十五”期间,医院床位数增加21.5万张,卫生院床位减少5.7万张。每千人口医院和卫生院床位由2001年的2.39张上升到2005年的2.45张。

3. 卫生人员总数增加

2005年末,全国卫生人员总数542.7万人,其中卫生技术人员446.0万人,其他技术人员22.6万人,管理人员31.3万人,工勤人员42.8万人。2005年末,全国执业医师及执业助理医师193.8万人(其中:执业医师155.6万人),注册护士135.0万人。

2005年末,每千人口卫生技术人员3.48人,其中执业医师及执业助理医师1.51人、注册护士

1.05 人。

4. 卫生总费用持续增长

据测算,2004 年,全国卫生总费用达 7590.3 亿元,比 2003 年增加 1006.2 亿元(未扣除物价因素影响,下同)。卫生总费用构成:政府预算卫生支出占 17.0%,社会卫生支出占 29.3%,居民个人卫生支出占 53.6%;城市卫生费用占卫生总费用 65.1%,农村占 34.9%。人均卫生费用 583.9 元,比 2003 年增加 74.4 元。卫生总费用占 GDP 比重由 2003 年的 5.62% 下降到 2004 年的 5.55%。

"十五"时期,卫生总费用逐年增加,政府和社会卫生支出比例增加,个人卫生支出比例下降。城乡卫生费用绝对数都在增加,但城乡差距在扩大。2000 年城市人均卫生费用是农村的 3.8 倍,2004 年扩大到 4.2 倍。卫生总费用占 GDP 比重前三年上升,2004 年有所回落。

2004 年,全国卫生事业费 478.1 亿元,占国家财政支出的 1.68%。与上年比较,卫生事业费增加 28.2 亿元,占国家财政支出比重下降 0.15 个百分点。2004 年,卫生固定资产投资 419.3 亿元,占全国固定资产投资总额的 0.7%。

(八)医学科研和教育

1. 医学科研

2005 年,医学科研机构 263 个,科技人员 1.1 万人。与上年比较,医学科研机构减少 13 个,科技人员减少 253 人。"十五"时期,卫生系统共获得国家自然科学奖 4 项;技术发明奖 1 项;科技进步奖 33 项,其中 2005 年获得 10 项。

2. 医学教育

2005 年全国普通高等学校医药专业招生 33.9 万人,比上年增加 3.9 万人;在校生 113.2 万人,增加 15.6 万人;毕业生 20.3 万人,增加 4.8 万人。全国中等职业学校(包括普通中专、成人中专和职业高中)医药专业招生 45.4 万人,比上年增加 6.6 万人;在校生 122.7 万人,增加 11.8 万人;毕业生 33.1 万人,减少 0.9 万人。

"十五"期间,医学专业扩大招生,大、中专医学毕业生增加。

2005 年末,全国医学在职培训机构 463 个,总人员 1.6 万人。

(执笔:伍晓玲、薛明、程建鹏)

二、文化事业

2005 年,全国各级文化行政部门在党和政府的领导下,率领广大文化工作者艰苦奋斗,奋发图强,推动各项文化事业向前发展,文化建设取得了显著的成就。

(一)实施精品战略,文化艺术创作和演出取得显著成就

2005 年,文化部坚定文化艺术精品意识,面向大众、面向市场,取得比较明显的成效。2002—2005 年,国家舞台艺术精品工程投入 1 个多亿,重点资助了 102 台新时期以来的优秀舞台艺术作品的加工提高,推出了几乎涵盖表演艺术各主要门类的 30 台"精品剧目"。在精品工程带动下,各地新创作排演了一批优秀剧目,并在演出实践中不断打磨、精益求精,质量意识、品牌观念蔚然成风。文艺演出和活动持续活跃,社会效益和经济效益均明显提高。

2005 年,全国 2803 个艺术表演团体,全年共新排上演剧目 2740 个。其中,新创作并首演的剧目 1202 个。全国艺术表演团体的国内演出场次共 44.1 万场,比上年增加 0.3 万场,增长 0.7%;平均每团演出 157 场。其中到农村演出 27.5 万场,比上年增加 1.2 万场,增长 4.7%;占总演出场次 60.0%,比上年增加 2.4 个百分点。国内观众达到 3.9 亿人次。演出收入 11.1 亿元,比上年增加 1.3 亿元,增长 13.3%。2005 年,全国 1867 个艺术表演场所共演(映)出 60.4 万场次。共有 3.6 亿人次到艺术表演场所观看演出。

(二)狠抓"四基"建设,基层文化工作取得新的进展

从 2002 年到 2005 年,国家发改委投资 4.8 亿元,用于扶持县级文化馆、图书馆设施建设,基本实现"十五"期间县县有文化馆、图书馆的建设目标。财政部也将边疆文化长廊建设补助资金和基层文化设施设备维修补助资金从每年 1100 万元增加到 3000 万元。五年来,基层文化建设力度不断加大,投入持续增加,阵地建设得到加强,队伍素质逐渐提高。农村文化生活也日趋丰富,文化活动形式多样,先进文化在农村得到了有效的传播。

十五期间,全国公共图书馆为年均 2.2 亿人次的读者提供服务,年均外借图书 1.9 亿册次,全国人年均购书费达 0.39 元,比九五期末增加 0.1 元,

增长35.9%。群众文化单位为丰富人民群众文化生活年均举办展览9万个,组织文艺活动32.9万次,举办培训班15.3万班次。

(三)坚持繁荣与管理并重,文化市场体系日益健全

文化部制定了文化市场发展纲要,明确了各个市场门类的工作思路和政策举措,各级文化行政部门广泛吸引民营、个体、外资等非公经济参与文化市场建设;推动文化产业与高新技术的结合,发展连锁、超市和电子商务等现代经营方式,推广量贩式娱乐经营模式。文化部门还举办中国国际音像博览会、中国国际网络文化博览会等独具特色的展会活动;农村和基层文化市场培育步入正轨,服务农民、服务基层文化工作取得新进展,文化市场建设的领域不断拓展,层次不断提升。文化部推动出台和适时修订了网络文化、音像、营业性演出等法规,完善音像进出口、行政执法等程序,文化市场政策法规逐渐完善。深化行政审批制度改革,下放行政审批权力,推动文化市场综合行政执法试点工作,推动文化市场电子政务和网络监控平台建设,落实行政执法过错责任追究制,文化市场依法行政能力不断增强。

2005年,全国文化市场产业经营单位经过治理整顿,机构由上年的30.98万家增加到33.08万家,从业人员103.6万人;年上缴税金55.2亿元。2005年,全国省、市、县三级文化市场管理稽查网络机构共有3493个,22868人,分别比上年增加533个,7718人,增长15.3%和33.8%;其中稽查机构1764个,19651人。

(四)加强政策支持和典型引导,促进文化产业发展

“十五”期间,文化部先后下发了《文化产业发展第十个五年计划纲要》、《关于支持和促进文化产业发展的若干意见》、《关于引导和支持非公有制经济发展文化产业的意见》,初步形成了文化产业发展的政策体系。各地文化部门把发展文化产业纳入地方经济和社会发展的总体规划,有些地方还成立了文化产业工作领导小组,制定了当地文化产业发展规划和具体意见,使发展文化产业成为全国上下的一种普遍共识和社会高度关注的投资热点。文化部命名了42个各具特色的国家文化产业示范基地,成功举办了深圳国际文化产业博览会等一系列博览会和中日韩文化产业论坛。一批国有、民营龙头企业迅速成长,以公有制为主体、多种所有制共同发展的文化产业格局轮廓初现。另外,通过积极推动文化产业理论研究,加强人才教育培训,理论研究不断深入,文化产业人才队伍也日益壮大。

十五期间前四年。全国文化部门管理的单位累计新创文化产业增加值1479.38亿元,比九五期间增加458.41亿元,增长44.8%。

(五)服务国家整体外交和统一大业,对外及对港澳台文化交流日益活跃

“十五”期间,我们举办了“中法文化年”、美国“中国文化节”、“中华文化非洲行”等一系列大型对外文化活动,产生了广泛深远的影响,有力地配合了国家的整体外交,为现代化建设营造了良好的国际环境。在引进方面,注重内容与质量,举办的“相约北京”联欢活动、上海国际艺术节、北京国际音乐节、吴桥国际杂技节、武汉国际杂技节、声乐、钢琴、小提琴国际艺术比赛等国际多边文化活动水平不断提高,影响日益广泛,我国已经成为亚洲的国际文化活动中心。积极配合党和国家领导人的重大国事访问,对外文化交流层次得到不断提高,文化外交作用显著。“春节品牌”、“国庆品牌”、“建交纪念日活动”影响不断扩大。加大对外文化贸易扶持力度,促进我国文化产品走向世界。海外中国文化中心建设取得重大进展。2005年,我国共与友好国家签订了12起文化协定,16起文化协定执行计划。

认真贯彻“一国两制”方针,不断提高在新形势下做好对港澳台文化工作重要性的认识,增进了港澳台同胞对中华文化的认同,促进人心回归,为祖国统一大业做出了文化的贡献。

(六)拓展保护工作范围,文化遗产保护取得重要进展

在文物保护方面,加强文物保护立法,颁布了《文物保护法》,修订了《文物保护法实施条例》,积极推动地方文物立法工作。各级文物行政执法机构逐步建立,盗掘、走私文物等违法犯罪活动受到严厉打击。各项基础核查工作得到夯实,国保文物单位建档工作和文物调查及数据库系统建设试点工作进展顺利,馆藏文物安全防范工作得到加强。大遗址保护工作全面启动,世界文化遗产申报工作取得积极进展,高句丽遗址等相继列入世界遗产名录。一批文物精品展览,引起了海内外广泛关注。近年来,每年陈列展览数量近1万个,观众增长到1亿5千万人次以上,免费接待未成年观众2千多万人次。积极推动非物质遗产保护试点工作。国办颁布了《关于加强我国非物质文化遗产保护工作的意见》，推动了首批国家非物质文化遗产代表作名录的申报与建立。我国正式加入联合国教科文组织《保护非物质文化遗产公约》，为推动非物质文化遗产保护工作的国际合作奠定了基础。

2005年，全国文物业4020个机构共有文物保管品、藏品2165万件；共举办展览7965个，比上年增加1047个，增长15.1%；参观人次达1.83亿人次，比上年增加3810万人次，增长26.2%；其中外宾参观人次达1044万人次，比上年增加427万人次，增长69.1%；青少年参观人次4249万人次，比上年增加795万人次，增长23%；青少年占参观总人次的23.2%。门票收入22.5亿元，比上年增加1.1亿元，增长4.9%。全年进行文物保护维修的单位1356个；其中，国保单位370个，占总维修单位数的27.3%。全国新建和改建了一批博物馆及文物库房，一大批濒临毁坏的文物得到有计划、有重点的抢救和保护。

（七）以体制机制创新为重点，积极推进文化体制改革试点工作

2001年，在中央实验话剧院和中国青年艺术剧院的基础上组建了中国国家话剧院，优化了资源配置。十六大以后，文化系统进一步解放思想，明确改革思路和目标，改革试点工作取得明显成效。一是按照政企分开、政事分开、管办分离的原则，进一步推动政府职能转变。开展了综合性试点地区综合执法改革，综合执法机构的组建工作基本完成。二是加快了结构调整和资源整合。东方歌舞团、中国歌舞团在资源整合基础上组建了中国东方歌舞团（国家歌舞团），北京、上海、湖北、广东、西安等省市在艺术院团布局结构调整、资源配置等方面进行了积极探索。三是在加大投入的同时，公益性文化单位内部机制改革不断深化，活力逐步显现。国家图书馆等公益性试点单位深化内部机制改革，提高了管理水平和服务能力。综合试点地区也涌现出中山图书馆、重庆红岩联线、朝阳区文化馆等一批公益单位改革典型。四是积极推动了经营性单位转企改制。中演中展经国务院批准转制为中国对外文化集团公司后，以资本整合文化企业和文化市场资源，国内外演出展览业务蓬勃发展。试点地区一批文化中介单位实现改制。北京、江苏、深圳、丽江等地在经营性艺术院团转企改制方面进行了积极地探索，积累了有益的经验。

截止2005年底，全国共有各类文化单位机构38.78万个，比上年增加2.12万个，增长5.8%，从业人员190万人。按单位性质分，事业单位5.57万个，4.92万人，分别占总数的14.4%和2.6%；企业单位33.2万个，141.5万人，分别占总数的85.6%和97.4%。

（八）高度重视人才培养，队伍素质进一步提高

"十五"期间，文化部组织举办40多个班次，部机关、直属单位、地方文化厅局2000多人次参加了培训。

2005年，全国文化部门共有各类教育机构189个，共招生23150人，毕业19572人，在校生79837人，共培训干部6707人。其中，高等艺术院校招生6720人，毕业3997人，在校生21612人；中等专业学校招生14588人，毕业14095人，在校生51930人。

2005年，全国共有文化（文物）科研机构276个，共有中高级职称的科研人员3180人，占从业人员总数的48.3%。本年完成科研项目366个，其中获国家奖54个，占项目总数的14.8%；获省部级奖132个，占项目总数的36.1%。

"十五"期间，财政对文化事业的投入，达到了历史最高水平，为文化事业发展提供了重要的物质保障。"十五"期间，全国文化事业费就累计达到495.58亿元，比"九五"期间的总投入增加了241.07亿元，增长93.5%。国家财政逐年加大了对农村文化的投入力度，如2004年对农村文化共投入30.11亿元，比2000年增加13.24亿元，增长77.5%，年均增长15.6%。加大了对西部地区的投入，2004年对西部地区文化共投入24.35亿元，比2000年增加10.61亿元，增长77.6%，年均增长15.4%。"十五"期间全国共完成基建投资116.57亿元，比"九五"增加17.77亿元，增长18%。2002—2005年，中央通过转移支付补助县级图书馆、文化馆等1078个基层文化设施项目4.8亿元，全国完成了国家大剧院等一批有影响的重大文化建设项目。

过去的五年当中，文化建设取得了长足的发展，但文化建设与全面建设小康社会目标的要求尚有差距，与政治、经济、社会建设协调发展还不完全相适应。文化产品和文化服务的数量、质量还不能完全满足人民群众日益增长的精神文化需求。城乡之间、不同区域之间文化发展还不平衡，基层文化建设仍然薄弱,农民的文化生活还很贫乏。文化发展的体制、机制、政策性制约和障碍仍未取得根本性突破。文化产业发展还不充分,自主创新能力不强,缺少知名的民族文化品牌,文化贸易逆差较大,文化安全问题面临挑战。文化市场的监管手段和能力有待于提高,文化遗产保护的形势还相当严峻。对这些问题,我们要有清醒的认识,分析问题的历史背景和主观客观原因,在今后“十一五”的工作中努力加以解决。

(执笔:李建军)

三、广播电影电视事业

2005 年是“十五”规划的最后一年,回首“十五”,在党中央、国务院的领导和各级广播影视部门的不懈努力下,广播影视部门认真贯彻落实中央“让党和国家的声音传入千家万户,让中国的声音传向世界各地”的重要指示,不断满足人民群众日益增长的精神文化需求,锐意改革、创新,为树立落实科学发展观,构建社会主义和谐社会,发挥了积极作用。

(一)广播影视宣传工作成效显著

广播电视宣传始终坚持以邓小平理论和“三个代表”重要思想为指导,按照围绕中心,服务大局,唱响主旋律,打好主动仗,贴近实际、贴近生活、贴近群众的要求,牢牢把握正确的舆论导向,广播影视宣传引导能力进一步提高;按照思想重视、组织落实、责任落实、制度落实、技术落实的要求,积极防范和打击“法轮功”邪教组织对广播电视的攻击和破坏,确保了广播电视安全播出;始终坚持“二为”方向,贯彻“双百”方针,着力深化体制机制改革,电影逐步振兴,电视剧空前繁荣,影视动画得到较快发展,广播影视节目丰富多彩。

各级广播电视部门把落实科学发展观的宣传作为贯穿宣传工作的主要任务,紧紧围绕科学发展、自主创新、和谐社会、节约型社会等,及时制作播出了大量的新闻节目,营造了以科学发展观为统领的经济社会发展的良好氛围。完成了“两会”、十六届五中全会和纪念中国人民抗日战争暨世界反法西斯战争胜利 60 周年、“神舟 6 号”载人航天飞行和国民党、亲民党、新党大陆行、庆祝西藏自治区成立 40 周年、庆祝新疆维吾尔自治区成立 50 周年、纪念中国电影百年等重大任务和重要活动的报道。

宣传工作在坚持“三贴近”原则的同时,在内容、方法、手段、形式等方面有改进、有创新。对重大突发性事件报道,做到了主动及时、客观准确,充分掌握了舆论引导权。同时适应科技发展和网络传播的新形势,积极加强和拓展网络广播影视宣传阵地建设。中央和地方电台电视台积极推进节目栏目改版,频率频道的专业化、品牌化特色进一步增强。中央人民广播电台继续深化各套节目的专业化改革,完善机制和流程,加强自主策划和品牌宣传,2005 年广播节目播出时间达到 71431 小时。中央电视台完成电视剧、经济、体育、科教和英语等频道的改版,初步形成频道品牌化发展的基本格局。2005 年电视节目套数为 29 套,其中公共套数 16 套,付费套数 13 套,全年电视节目播出时间 124664 小时,对国外播出 52560 小时,全年制作电视节目 75956 小时,制作合拍电视剧 236 部,5655 集,制作动画电视 14 部,473 集。中国国际广播电台全面推进现代国际广播体系建设,加强节目海外落地工作,在探索节目落地“本土化”方面效果明显,开办了多语种的“国际在线网络电台”,2005 年全年播出广播节目时间 379058 小时,对外播出 377775 小时,对外播出语言 43 种。一些地方电台电视台也开办了网络广播、网络电视,都产生了积极的影响,收到了较好的效果。

与“九五”末期相比我国公共广播节目播出时间增量为 254 万小时,增幅为 34%,于“十五”末期达到 996 万小时;广播播出新闻类节目 195 万小时,增幅 180%。公共电视节目播出时间为 1263 万小时,增量 829 万小时,增幅 191%;其中电视播出新闻类节目 148 万小时,增幅 378%,,播出影视剧类节目时间,560 万小时。

与“九五”末期相比,“十五”末期我国广播节目制作增加了 209 万小时,达 613 万小时,增幅 51%;制作新闻资讯类广播节目 106 万小时,增幅 112%。电视节目制作增加 168 万小时,达 255 万小时,增幅 192%。制作新闻资讯类电视节目 63 万小时,增幅 294%;制作电视剧近 1000 部 20000 多集。全年动画电视制作 100 余部 4000 多集。

(二)广播电视传输覆盖水平进一步提高

通过实施西新工程、村村通工程、农村电影放映工程、走出去工程,广播影视基础设施条件得到有效改善,综合传输覆盖能力显著提高。同时广播

专栏 2005年全国自然村广播电视"村村通"情况

为了加强对我国新农村的建设,丰富广大农民群众的生活,提高我国农村广播电视的收听收看水平,2005年全国广电系统认真贯彻中央领导的重要指示和国务院办公厅文件精神,全面启动了50户以上已通电自然村"村村通"工程建设,并着力在提高传输覆盖质量和水平上下功夫,着力在建立长效机制和维护管理体制上下功夫。各级广电部门按照中央关于做好"村村通"工作的要求,将"村村通"工作作为广电事业建设的重点,狠抓资金落实、责任落实、措施落实,从实际出发,因地制宜,主要通过有线光缆联网、数字多路微波、多路小功率无线转发、卫星接收等多种方式,有效解决农村广播电视覆盖问题。截止到2005年底,全国共完成8.6万个50户以上已通电自然村和新通电行政村(1246个)"村村通"建设,并修复1.2万个"返盲"行政村,使2700万农民群众可以收看到中央第1套、第7套、少儿频道和本省的第1套电视节目,收听到中央第1套、本省第1套广播节目。同时,建立"村村通"运行维护机制、保障长期通的工作取得了突破性进展,全国已有三分之二的省(区、市)采取各种有效措施,落实了"村村通"基本维护经费。

"村村通"工程建设得到各级政府的大力支持,中央财政共安排工程建设资金7.5亿元,补助中部11省国家扶贫开发工作重点县和西部12省(区、市),各级地方政府安排配套资金共8.9亿元。中央财政每年安排专项维护经费对新疆、内蒙古、宁夏自治区和青海、甘肃、云南、四川省藏区"村村通"工程运行维护经费给予补助,从根本上解决了"村村通"长期通问题。为推进工程顺利实施,各级政府成立了"村村通"工作领导小组,保证了"村村通"工作的顺利开展和任务的圆满完成。

(国家广播电影电视总局
计划财务司统计处)

电视安全播出工作进一步加强,有效抵御了"法轮功"邪教组织的多次攻击破坏和境外有害信息的进入,确保了重大节日、重要活动、重点时段的安全播出,广播电视安全播出与安全保障能力显著提升。

"十五"末期我国广播电视发射台、转播台6.5万座。与"九五"末期相比,微波线路由8.3万公里发展到10万公里,卫星收转站由38万座增加到120万座,有线电视用户由0.84亿户增长到1.28亿户,广播综合人口覆盖率由92.47%提高到94.48%,电视综合人口覆盖率由93.65%提高到95.81%。对外广播节目播出40万小时,对外电视节目播出16万小时。

(三)广播影视数字化进程取得重大突破

在大连和太原全国城市有线电视数字化工作现场会的推动下,我国城市有线电视数字化试点工作由点到面逐步展开,41个城市和省(区、市)启动整体转换,到2005年底青岛、杭州已完成数字化整体转换,进入开展多种业务和拓展服务领域的新阶段。深圳、大连、太原、佛山、宁波、绵阳、南阳等地数字电视用户初具规模。全国共有107套数字付费广播电视节目开播。北京、上海等城市开展移动电视业务取得良好效果,IP电视、手机电视等新媒体业务开始登台亮相。截至2005年全国数字电视用户390万,其中付费数字电视用户120万。

(四)农村广播电视工作得到进一步加强

"十五"期间,全国广播影视部门将加快农村广播影视工作作为重中之重,大力推动自然村"村村通"工作,到2005年底,共完成8.6万个50户以上自然村村村通建设任务,修复1.2万个返盲行政村。2004至2005年,中央财政投入建设资金7.5亿元,对中部11省国家扶贫开发工作重点县和西部12省(区、市)给予补助,地方配套资金8.9亿元,使新增广播电视覆盖的2700万农村群众可以收看到中央第一套、第七套、少儿频道和本省第一套电视节目,可以收听到中央第一套、本省第一套广播节目。与此同时,通过农村电影放映工程的实施,新增农村电影放映队近1800个,全国农村电影放映队总数已达3.5万个,2005年农村放映电影365万场,观众达13亿人次。

(五)广播电视重点工程建设取得显著进展

截至2005年底,基本完成西新工程第三阶段第二期建设任务,新扩建发射台127座,新增更新发射机299部,新建广播电视监测台2座、遥控监测站54个,新增少数民族语言影视节目译制制作设备47套,配置电影流动放映车203辆,西部地区广播影视覆盖和少数民族语言影视节目译制制作能力大大加强,中央台和新疆、内蒙古、西藏等边境省区对周边国家和地区的节目覆盖能力显著提高。

广播影视走出去工程取得突出成绩。到2005年底,北美长城平台的订户已突破3万;中央电视台CCTV-4覆盖境外华语观众达1500多万户,CCTV-9境外用户近5000万户,西班牙语法语频道已在美国、智利等6个国家实现整频道落地;中国国际广播电台通过实施境外落地本土化,每天节目由原先的199小时增加到347.5小时。亚洲长城平台开播,台湾岛内用户超过1万;中央人民广播电台、海峡之声对台广播和福建海峡卫视节目进一步加强,新开办了厦门电视台对台卫视,对台宣传相对薄弱的状况得到初步改善。中央电视台新台址工程进展顺利。

(六)电影事业的发展取得新进展,数字技术在电影领域得到广泛应用

2005年,我国共有263部次国产影片在海外参加了101个国际电影节,获得32个奖项;在国外和港澳台地区举办了26次中国电影展,共展映国产影片215部次;国产影片海外票房收入达16.5亿元人民币。2005年开展了隆重纪念中国电影诞生100周年的系列活动,成功举办了纪念大会、纪念展览、博览、展映活动及国际论坛,评选了国家有突出贡献电影艺术家和优秀电影艺术家。组织了"优秀电影进社区"活动等。中影、长影、上影等国有电影制片单位的公司制、股份制改革力度加大,电影生产能力增强;民营资本投资电影生产经营的积极性进一步提高;院线制改革继续深化,电影市场日益活跃。2005年电影产量再创历史新高,生产故事片260部,城市影院票房、海外市场收入、电影综合收入都有较大幅度增长,国产影片在电影市场上已占据主导地位。2005年数字电影产量超过50部,完成了近300部优秀国产影片的数字化转换;城市数字影院建设加强,全国专业数字影厅数量突破200家,农村数字电影流动放映试点工作进一步推进。中国电影博物馆建成开馆。

(国家广播电影电视总局计划财务司统计处)

四、体育事业

2005年体育系统认真贯彻党的十六大和十六届五中全会精神,以科学发展观统领体育工作全局,紧紧抓住筹备2008年奥运会历史机遇,努力促进我国体育事业全面、协调、可持续发展。

(一)群众体育蓬勃发展

2005年既是《全民健身计划纲要》颁布实施十周年,同时还是联合国倡导的"国际体育运动年"。围绕《纲要》颁布十周年和举办十运会等大型活动,国家体育总局和各级体育部门组织举办了一系列群众体育活动。

1.组织开展以纪念《全民健身计划纲要》颁布实施十周年为主要内容的系列群体活动,掀起了新一轮全民健身热潮

第一次实现了全国联动、项目联动、政府与社会联动,活动贯穿全年。在全国各地的响应和配合下,从2005年元旦登高全民健身活动开始,至年底的百万青少年冰雪活动,各省(区、市)、各全国性单项运动协会和行业体协组织开展了近百起大型群众健身活动。

发布了《中国全民健身十年》(白皮书),向国际、国内新闻媒体宣传我国政府实施全民健身计划取得的成就,引起了社会各界广泛关注;举办中国首届"全民健身博览会"和"全民健身十年成就展",集中反映了10年来我国群众体育事业蓬勃发展的历程和全民健身工作取得的辉煌成就。

2.第二次全国国民体质监测圆满完成测试任务

开展了第二次全国国民体质监测。此次国民体质监测对象为3至69周岁的中国国民,分四个年龄段进行,总监测样本量22万多人。为使监测能覆盖全国各地区及各个人群,利用本级体育彩票公益金,支持教育部全国学生体质健康调研工作以及14个西部省(区、市)开展体质监测工作。全国有27个省、区、市同时开展了本地的体质监测工作。据不完全统计,各省自测样本量近70万人,投入经费6000多万元,参加监测工作人员1万多人。各地测试工作从3月份陆续开始,10月全部结束。按照国家体育总局统一要求,全国各地不仅科学、准确地采集了数据,而且向参加测试的近100万群众现场反馈了测试结果并进行了健康咨询。

3.群众健身场地设施建设力度加大,全民健身

工程出现新的亮点

2005年，国家体育总局继续投资6000万元在全国实施第九批路径工程，建设了1200个“全民健身路径工程”。同时，在全国范围内试点建设专项路径——篮球长廊和乒乓球长廊(室外)。其中建设篮球长廊100条、乒乓球长廊200条。

为更好地推动全民健身工程进一步发展，探索新型的建设理念和形式，国家体育总局投入体育彩票公益金2100万元，应用“预制式轻型钢架结构”建设模式，选择12个试点单位，进行了“雪炭工程”和社区“全民健身活动中心”综合健身馆试点项目建设。试点项目采取统一组织，统一设计，统一项目管理，统一建设；业主单位、项目管理公司、受赠单位各负其责，建成后移交受赠单位使用管理。此形式将成为我国健身场馆设施建设的新亮点。

4.青少年体育工作成效显著

为加强青少年体育组织建设，今年继续开展了青少年体育俱乐部创建工作。今年新增青少年俱乐部246所。自2000年国家体育总局使用体育彩票创建以来，目前我国青少年体育俱乐部数量已达2379个。大多基本形成有效的会员管理、训练、活动制度，为广大青少年参加体育健身活动创造了良好条件。

5.2005年，利用体育彩票公益金所实施的第九批“全民健身路径工程”和第五批“雪炭工程”，提出了以质量、效益为核心，以长效管理为重点，“建”、“管”并重的原则。加强了对社区体育俱乐部等群众体育组织的建设与管理。继续深入开展“体育三下乡”活动，加大了对农村体育工作的支持力度。制定下发了《关于进一步加强社会体育指导员工作的意见》，加强了对各级社会体育指导员的管理和培训。

(二)竞技体育成就辉煌

2005年是“十五”体育工作的收获之年，是《中华人民共和国体育法》、《全民健身计划纲要》颁布实施10周年，同时还是雅典奥运会之后新奥运周期的开局之年，又是第十届全国运动会的举办年。全国体育系统积极响应党中央的号召，认真进行了保持共产党员先进性教育活动，坚定了共产主义理想和信念，提高了做好本职工作的自觉性和积极性，增强了完成2008年奥运会任务的信心。在体育工作中求真务实，开拓创新，取得了显著成绩。

1. 成功举办第十届全国运动会

2005年10月12至23日，第10届全国运动会在江苏举行。这是2005年我国社会生活中的一件大事，党中央、国务院高度重视。胡锦涛同志、温家宝同志分别出席了开、闭幕式。胡锦涛同志亲切接见了全国体育系统、全国群众体育先进单位和先进个人代表，并就我国体育事业发展发表了鼓舞人心的重要讲话。本届全运会开得文明、热烈、精彩、圆满，真正成为了“体育的盛会，人民的节日”。

十运会作为2008年奥运会前最大规模的一次国内练兵，达到了锻炼队伍的目的，为2008年奥运会进行了一次成功的预演。从比赛结果看，不少代表团之间整体实力差距进一步缩小，竞争更加激烈，整体竞技水平有所提高。特别是一些年轻队员脱颖而出，必将成为冲击奥运奖牌的生力军。此次十运会办出了区位特色、人文特色和科技特色，为办好2008年奥运会和其他大型综合性体育赛事积累了宝贵的经验。

2. 运动项目取得优异成绩

2005年我国运动员在世界锦标赛、世界杯赛(总决赛或者总排名)的比赛中，共在自由式滑雪、短道速滑、速度滑冰、射击、现代五项、举重、柔道、摔跤、跆拳道、拳击、帆船(帆板)、跳水、体操、蹦床、乒乓球、羽毛球、保龄球、航海模型、武术、中国象棋、龙舟、健美22个项目中获得106个世界冠军。

2005年共有8人2队21次15项创世界纪录。自建国以来，截止2005年12月底，我国运动员共获得世界冠军1901个，创超世界纪录1140次，其中“十五”期间，我国获得世界冠军493个，创超世界纪录98次。

(三)反兴奋剂工作成效显著

国家体育总局高度重视赛风赛纪和反兴奋剂工作。提出了“教育、自律、制度、监督、惩处”的反腐倡廉“十字方针和五个环节”，制定了一系列关于加强赛风赛纪工作的制度。坚决贯彻“严令禁止、严格检查、严肃处理”的反兴奋剂方针。十运会期间，加大了兴奋剂检查、检测的力度，赛前检查大幅度增加。截至到开幕前，完成尿检3537例，比去年及2001年九运会同期增加约18%；决赛阶段的兴奋剂检查数量比上届全运会增加22.5%，达到1710例，为全运会兴奋剂检查数量之最。从全运会的成绩看，反兴奋剂工作有效的抑制住了滥用兴奋剂的现象，运动成绩基本反映了我国运动员的实际水平。

（四）体育产业发展迅速

2005年6月，召开了新世纪以来第一次全国体育产业工作会议，对体育产业一些重大的理论和实践问题进行了研究、探讨，确立了今后的工作重点和发展方向。体育市场管理工作效果显著，标准制定和修订工作取得较大进展。正式颁布了轮滑、攀岩等13个运动项目的运动场所对外开放的条件与技术要求的国家强制标准。国家体育总局会同国家认监委共同制定的《体育服务认证管理办法》已于2006年1月1日正式实施。

十运会的市场开发工作效益良好，为以全运会为代表的综合性运动会市场开发积累了宝贵经验。体育场馆管理和经营的科学化水平不断提高，多种新的管理模式研究和实践正在取得进展。成功举办了第16、17届国际体育用品博览会。

体育彩票以基础建设工作为重点，一手抓安全，一手促销量，取得了显著成绩。体育彩票全年销量达到302.54亿元人民币，创下历史最高水平。

（五）体育法制建设不断加强

体育法制和理论工作进一步得到加强。以纪念《中华人民共和国体育法》颁布十周年为契机，加大了体育普法和执法检查力度。召开全国体育法制工作会议，总结了十年来的经验得失，表彰了一批全国体育法制工作先进单位和个人，研究和部署了新时期的体育法制工作。各级体育部门积极贯彻国务院《全面推进依法行政实施纲要》，进一步提高了依法行政、依法治体的能力。

（执笔：徐文强）

五、民政事业

（一）民间组织健康发展，管理工作不断完善

截至2005年底，全国共有民间组织32万个，比上年增长10.7%，其中：社会团体17.1万个，民办非企业单位14.8万个，基金会975个。其业务范围涉及教育、科技、文化、卫生、劳动、民政、体育、社区、环保、公益、慈善、农村专业经济等社会生活的各个领域，成为党和政府联系人民群众的桥梁和纽带。

（二）优抚对象抚恤标准进一步提高、退役士兵安置改革顺利进行

截至2005年底，国家抚恤、补助各类重点优抚对象460.2万人，比上年减少1.6万人，下降0.3%。

重点优抚对象抚恤补助标准进一步提高。2005年抚恤事业费大幅增长，全年共支出143.6亿元，比上年增加39.5亿元，增长37.9%。

2005年省级人民政府共批准烈士314人；烈士纪念建筑物15605处，其中，零散烈士纪念建筑物7483处。

2005年是应对新问题，出台新政策最多的一年，积极完善各项优抚安置政策，推进退役士兵安置改革，推动修订兵役法，完成纪念抗战胜利60周年系列活动，退役士兵安置改革稳步推进。目前，全国有1800个县（市）开展了自谋职业改革工作，约有50%城镇退役士兵自谋职业。2005年安置退役士兵、复员干部45.2万人。其中：退伍义务兵39.3万人（城镇义务兵21.5万人）；转业、复员士官5.7万人；复员干部1809人。全年共接收军队离退休干部、无军籍职工1.9万人。

截至2005年底，全国有各类优抚安置单位3058个；优抚类收养性床位8.1万张，与去年基本持平，年末收养各类人员5.7万人。

（三）社会救助体系框架基本形成

2005年，社会救助成效显著，各项社会救助制度基本建立，社会救助体系框架已初步形成。社会救助工作进入了统筹安排、整体推进、制度运行的轨道，绝大多数城乡特殊困难群众的基本生活得到了保障。

灾害应急救助的体制的进一步健全。基本确立减灾国际合作机制和国内的工作指导机制，成功举办亚洲减灾大会，基本形成了亚洲地区减灾合作的工作框架。2005年，中央下拨救灾款43.1亿元，调拨救灾帐篷6.7万顶，全国共紧急转移安置灾民1570.3万人，为1998年以来转移人口之最。全年共启动四级以上救灾响应30次。开展全国春荒救助，共发放《灾民救助卡》1549.4万张，救助灾民4552万人；开展冬令救助，共发放《灾民救助卡》1921万张，救助灾民5688万人；全年恢复重建灾区民房190.4万间，保证了受灾群众的衣、食、住、水、医等基本需求，灾区人心安定、社会稳定，灾后恢复重建工作紧张有序进行。

2005年发生各类自然灾害比上年有所上升。全国农作物受灾面积3881.8万公顷，比上年增加4.6%。其中，绝收面积459.7万公顷，比上年增加5.4%：其中因灾死亡2475人，比上年增加10%；

倒塌房屋226.4万间,比上年增加50万间,直接经济损失2042.1亿元,比上年增加27.4%,为近年来灾害较重年份。

城市居民最低生活保障工作有序实施。开展了城市最低生活保障情况按月统计通报和重点督察,完成各地分类施保情况的摸底调研,进一步巩固了动态管理下的应保尽保。全年各级财政共支出低保资金191.9亿元。2005年全国城市最低生活保障月人均保障水平72.3元,比上年提高11.2%。2005年底城市居民最低生活保障平均标准达到156元。全国共有994.7万户,2234.2万城市居民得到了最低生活保障,分别比上年同期增长4.1%和1.3%,保障户型结构向小户型转变,使城市居民中的孤寡老人、"三无"对象进一步得到了保障,城市低保对象连续3年稳定在2200多万人,城市最低生活保障制度进入了平稳发展时期。得到最低生活保障人员中:在职人员114.1万人,比上年同期下降了19.1%;下岗人员430.7万人,比上年同期下降了8.1%;退休人员61.3万人,比上年同期下降了16.1%;失业人员410.1万人,比上年同期下降了3.0%;"三无"人员95.8万人,与上年基本持平;上述人员的家属及其他特殊救济人员1122.1万人,比上年同期增长11.8%。

农村特困户救助和农村最低生活保障制度稳步推进,农村五保供养制度日趋规范,供养水平有所提高。截至2005年底,全国有13个省份、1308个县(市)建立了农村最低生活保障制度,有825.0万村民、406.1万户家庭得到了农村最低生活保障,分别比上年同期增长了69.0%和72.1%,其中:困难户298.8万户,五保户49.7万户,其他人员家庭57.7万户。在没有开展农村居民最低生活保障工作的地区,初步建立了农村特困户救助制度,2005年共有1066.8万人、654.8万户家庭得到了特困救助,分别比上年同期增长了16.7%和19.9%,其中特困户290.4万户,五保户300.1万户,其他救济对象64.4万户。全国农村得到五保供养的家庭有349.7万户。

积极推进医疗救助的全面展开。全年共支出农村医疗救助金7.8亿元,其中:资助参加新型农村合作医疗资金0.95亿元,资助大病救助资金4.8亿元,累计救助贫困农民854.5万人次,其中:民政部门资助参加合作医疗654.9万人次,民政部门医疗救助199.6万人次。城市医疗救助114.9万人次。全年中央财政共补助城乡医疗救助资金6亿元,有力的保障了各地医疗救助工作的开展。

(四)慈善事业健康发展,社会捐助成果显著

2005年,我国慈善事业进入政府全面推动阶段,开创了慈善事业新局面,成功召开中华慈善大会,向全社会发出政府支持慈善事业的信号,向公众发出积极投入慈善事业的号召。广泛开展了经常性的社会捐助活动,积极推进社会捐助经常化、规范化和捐助形式多样化。成功组织了印度洋海啸的捐赠活动,募集资金6.56亿元,首开我国民间向境外捐赠的先河;开展在中央部门和单位全体共产党员中开展为困难群众特别是受灾群众送温暖、献爱心活动。

截至2005年底,全国共建立经常性社会捐助工作站、点31153个(其中慈善超市3076个),基本形成覆盖全国城市的社会捐助网。全年民政部门和慈善会直接接收社会捐款及接收捐赠物资折款共计61.9亿元,使3610.7万人(次)困难群众受益。

(五)启动建设和谐社区活动、逐步完善城乡基层群众自治机制

建设和谐社区活动全面启动。开展"全国百城社区建设情况抽样调查活动",扩大社区直接选举,完善社区自治功能,拓展社区服务领域,推进科教文卫等服务进社区,在3.6万个社区开展了万家社区图书援建和万家社区读书活动。截至2005年底,全国城镇社区服务设施19.5万处;其中,中国福利彩票公益金资助的星光老年之家2.6万个,安置下岗人员138.8万人;综合性的社区服务中心8479个。

稳步推进村委会换届选举。以村委会直接选举为重点的农村基层民主建设成为《中国的民主政治建设》白皮书中的一大"亮点"。2005年全国共有4.7亿人参加了选举,当年进行选举的村委会36.8万个。选举的竞争性增强,对选举的监督力度加大,"难点村"、"重点村"问题逐步得到解决。

村务公开民主管理工作继续推进。开展7省(区)村务公开和民主管理工作专题督查调研活动;开展全国范围内130个县(市)规模的农村村民自治状况抽样调查活动;启动"村务公开民主管理示范单位"创建活动。有力促进了《关于健全和完善村务公开和民主管理制度的意见》(中办发〔2004〕17号)的贯彻落实。2005年,全国共评选出村民自治模范村88181个,村民自治模范乡镇7543个,村民自治模范县(市、区)513个。

城市化进程进一步加快,村委会和居委会的结构得到调整。截至2005年底,全国设有居委会(社区居委会)79947个,比上年增加1.2%;居民小组123.3万个,比上年减少6.3万个;居委会成员45.4万人,比上年增加2.9万人。村委会62.9万个,比上年减少了1.5万个,下降2.3%;村民小组490.5万个,比上年减少1.8万个,下降3.4%;村委会成员265.7万人,比上年减少19万人,下降9%。

(六)婚姻登记规范化建设顺利进行,服务水平明显提高

2005年全国办理结婚登记823.1万对,比上年减少44.1万对,其中:内地居民登记结婚816.7万对,比上年减少44.1万对;涉外及华侨、港澳台居民登记结婚6.4万对,与上年基本持平;结婚率为12.6‰,比上年降低0.7个千分点。

2005年办理离婚手续的有178.5万对,比上年增加12万对,其中:民政部门登记离婚118.4万对,比上年增长13.2%,法院办理离婚60.1万对,比上年下降2.9%,涉外及华侨、港澳台居民登记离婚8267对,比上年增长41.8%;离婚率为2.73‰,比上年增加0.17个千分点。

(七)稳妥调整行政区划,启动地名公共服务工程,加强界线管理

加强行政区划调整、论证和规划,地名公共服务工程顺利启动,继续完善依法治界。全面完成城市地名标志设置任务,以实施地名公共服务工程为平台,开展城市地名规划,启动县乡镇地名设标,四级地名数据库建设和地名信息服务取得较大进展。出台省级行政区域界线联合检查办法,强化界线管理部门合作机制,完成11条省界线1400多条县界线的联检任务,及时调处界线纠纷。加强行政区划调研、论证和规划,完成国家"十一五"发展专项规划《行政区划调整与城市化进程健康发展》的编制工作。从严从紧调整县级以上行政区划14件。完成了《中华人民共和国行政区划图集》和部分省行政区划地图的编制工作。

我国县以上行政区划趋于稳定。2005年对县级以上行政区划调整审慎报批,使2005年成为1978年以来县级以上行政建制数量、类别唯一没有变更、调整的一年。

继续加大乡镇撤并力度。2005年底全国乡镇总数为35473个,其中:镇19522个,比上年减少361个;乡15951个,比上年减少1500个。乡镇撤并进一步减轻了农民负担,推进了城市化进程,促进了农村经济的发展。

2005年底共有街道办事处6152个,比上年增加248个。

(八)各类福利机构管理服务日益规范,社会福利事业稳步发展

重点实施"明天计划"和"明天计划"志愿服务活动,已有1.3万多名残疾孤儿接受了手术治疗,手术成功率达到99.7%。启动孤儿政策制定工作,着手研究孤儿救助、艾滋孤儿救助关怀、无人监护的服刑人员未成年子女的帮扶政策。积极开展孤儿收养合作,研究收养政策,启动清理国内事实收养前期调查工作。2005年全国各类收养性社会福利单位共收养儿童7.8万人,其中:各级儿童福利院共收养儿童2.7万人,;全年被国内外家庭收养的孤儿、弃婴5.1万人,其中:被外国人收养1.3万人。

制定下发《关于支持社会力量举办社会福利机构的意见》的通知,积极开展了养老服务社会化示范活动,各项社会福利服务趋向规范,社会福利事业单位数量稳步增长。截至2005年底,收养性社会福利单位4.1万个;床位163.9万张,比上年增长11.6%;收养123.6万人,比上年增长11.4%。可提供食宿的社区服务中心622个,床位17669张,收养各类人员7723人。

积极协调福利企业税收优惠政策,推动社会福利社会化。2005年全国共有福利企业31211万个,比上年减少1199个;残疾职工63.7万人,比上年减少2.5万人;实现利润225.2亿元,比上年增长2.8%;年末固定资产1329.4亿元,比上年增长6.9%。

修订《殡葬管理条例》,进一步规范殡葬管理,推动生态墓地建设。截至2005年底,全国共有殡葬事业单位3284个,其中,殡仪馆1549个,;殡葬管理单位681个;民政部门管理的公墓1009个,比上年增加72个。殡葬职工共有6.9万人,其中殡仪馆职工4.4万人,比上年增加0.1万人;火化炉5037台;火化遗体450.2万具,比上年增加13.3万具,火化率53%,比上年增加0.5个百分点。

救助管理工作规范化水平不断提高。截至2005年底全国共有救助管理工作站1079个,床位4.4万张,先后救助城市生活无着的流浪乞讨人员119.6万人次。

(九)老龄事业健康发展

截至2005年底,65岁及以上人口1.0055亿人,占全国总人口的7.7%,比上年上升了0.1个百分点。老龄工作机构4001个,老龄工作人员1.3万人。老年大学3317个,在校学员100.6万人;老年学校42660个,在校学员330.8万人。

(十)民政事业费保持持续增长态势

2005年民政事业费占国家财政支出比重由2004年的2.04%增加到2.13%,比上年提高了0.09个百分点。

民政事业费支出718.4亿元,比上年增长24.4%,其中:抚恤事业费143.6亿元,比上年增长37.9%;军队离退休、退职费88.9亿元,比上年增长20%;城市居民最低生活保障支出191.9亿元,比上年增长11.1%;农村及其他社会救济支出79.9亿元,比上年增长67.9%,其中:农村最低生活保障费25.3亿元,比上年增长56.2%;农村定期救济费27.8亿元,比上年增长91.7%;社会福利费55.6亿元,比上年增长6.7%;自然灾害救济费62.6亿元,比上年增长22.5%;地方离、退休人员费用13.7亿元,比上年增长1.4%;其他民政事业费82.3亿元,比上年增长33.6%。

民政事业基本建设投资总额31.6亿元,比上年增长8.6%。其中:国家投资9.1亿元,与去年持平,施工项目4249个。

2005年各级民政部门和慈善会接受社会捐赠资金60.3亿元,其中:各级慈善会共募捐资金28.9亿元,比上年增长71.6%;资助福利项目1903个。

(执笔:何珊珊)

六、残疾人事业

2005年是实施中国残疾人事业"十五"计划纲要的最后一年。中国残联着力解决残疾人在康复、教育、就业、维权、宣传、文化、体育、基础设施和组织建设等方面最关心、最直接、最现实的问题,各项工作取得显著成效,为"十一五"残疾人事业各项工作的顺利开展奠定了良好的工作基础。

(一)残疾人康复工作

2005年,通过实施一批重点工程,使352.3万残疾人得到不同程度康复。

全年完成白内障复明手术57.2万例,人工晶体植入率达到90.1%,脱盲率达到98.1%;组派60批医疗队,赴31个省(自治区)309个县(区)为5.2万名贫困白内障患者免费施行复明手术。

全年为3.6万名低视力患者配用助视器,培训儿童家长1.3万名,有效开展家庭康复训练;采取逐级培训的方式,为各地培训管理和技术骨干5174名。

全国共对19765名聋儿进行了听力语言康复训练,入普幼普小率达27.1%;共培训聋儿家长23374名;联合办学培养各类专业人员3586人次;资助贫困聋儿17739名,为贫困聋儿配戴助听器7564台。

2005年,在739个市县开展精神病防治康复工作,覆盖总人口数达到4.6亿人;对274.3万重性精神病患者进行综合防治康复,监护率达到92.4%,显好率达到73.5%,社会参与率达到62.3%,肇事率降低至0.17%;解除关锁23271人;救济贫困精神病患者30.1万人。

全年对麻风畸残者实施矫治手术3903例,组派医疗队42批,发放辅助用具58224件,安装假肢957具,对8514名麻风畸残者进行了康复训练。

截止到2005年底,累计建立普及型假肢装配供应站521个,为残疾人减免费用装配普及型假肢1.7万例,供应用品用具800余种90多万件,装配矫形器3.5万件。

全国49个市辖区、195个县(市)形成了较完善的社会化康复训练服务体系。2005年,对5.4万肢体残疾人、1.1万脑瘫儿童和2.4万0—14岁的智力残疾儿童进行了康复训练,训练有效率分别达到92%、91%和90%。

开展特需人群补碘的知识普及和社会宣传,发放宣传材料932.9万份。

(二)残疾人教育工作

截止到2005年底,全国为盲、聋、智残少年儿童兴办的特殊教育学校已经发展到1662所,在校的盲、聋、智残学生达到56万人。

已开办特殊教育普通高中66所,在校生3891人;其中聋高中49所,在校生3187人;盲高中17所,在校生704人。全国有4335名残疾人被普通高等院校录取,904名残疾人进入特殊教育学院学习。

全国省(自治区、直辖市)、地(市、州)、县(区)三级残疾人职业教育培训机构已发展到1044个,接受残疾人职业培训的普通机构有2206个,近

59 万残疾人接受了职业教育与培训；达到中等学历的职业教育机构有 158 个，在校生 11960 人。

2005 年资助 12.2 万名贫困残疾儿童入学。中国残联“专项彩票公益金助学”项目资助贫困残疾儿童 20069 人接受义务教育，资助贫困残疾学生 2200 余人接受高中和大学阶段教育。截止到 2005 年底，全国未入学适龄残疾儿童少年总数 243490 人。其中，视力残疾 34560 人、听力言语残疾 43701 人、智力残疾 66737 人、肢体残疾 53127 人、精神残疾 15231 人、多重残疾 30134 人。

（三）残疾人就业、保障工作

2005 年，城镇新安排 39 万残疾人就业。其中，集中就业的残疾人 11.3 万人，社会各单位按比例安排残疾人就业 11 万人，个体就业和自愿组织起来就业的残疾人 16.7 万人；农村残疾人累计就业达到 1803 万人。

截止到 2005 年底，全国已建各级残疾人就业服务机构 3048 个，完成应建机构数的 96.7%；残疾人就业服务机构工作人员总数达到 30983 人，其中 7523 人为聘用人员。

按比例安排残疾人就业工作在全国范围基本实施。实施的省 31 个、地 51 个、市（含县级市）656 个、市辖区 827 个、县 1601 个。

2005 年，培训盲人医疗按摩人员 5075 名，盲人保健按摩人员 7399 名，已培训的盲人保健按摩师就业率达到 95% 以上；保健按摩机构达到 6625 个，医疗按摩机构达到 1451 个；在职业技能鉴定和专业技术职务资格评审中，分别有 1235 人和 3670 人通过医疗按摩人员中级和初级职称评审，全国有 40 名盲人医疗按摩师通过高级职称评审。

全国城镇已参加社会保险的残疾人达到 125.2 万人；在已经实行最低生活保障制度的城乡，共有 390.9 万残疾人享受到最低生活保障，58.3 万残疾人在各类福利院、养老院享受集中供养、五保供养；487.1 万残疾人得到临时救济、定期补助和专项补助。

（四）残疾人扶贫开发工作

2005 年，扶持贫困残疾人 194 万人。其中，129.3 万人解决了温饱；当年接受实用技术培训的残疾人达 71.6 万人。

2005 年，计划安排康复扶贫贷款 8 亿元，实际落实 68341.5 万元，到位率达 86%。其中，扶持基地使用贷款 56257.7 万元，扶持基地 301 个；小额信贷扶持到户贷款 6012.8 万元，使 0.82 万名贫困残疾人受益；当年使用康复扶贫贷款的县达 201 个，覆盖比例达 7%。

2005 年，康复扶贫贷款到期返还率达 77%。当年，全国各级残联共争取 9838.8 万元的财政扶贫资金和 5612 万元的专项工作经费用于残疾人扶贫。

截止到 2005 年底，全国已建立县级残疾人服务社 1865 个，占县（市、区）总数的 65%，实有人员 5538 人；乡镇残疾人服务社 18724 个，占乡镇总数的 42.5%，实有人员 22550 人。

2005 年，有 643.8 万贫困残疾人享受减免照顾等优惠政策，减免税费 33277.2 万元；对贫困残疾人开展结对帮扶的单位和个人分别达到 30.6 万个和 178.5 万人，帮扶物资折款及资金投入共计 21345 万元。

（五）残疾人宣传文化、体育生活

2005 年，第十五次“全国助残日”系列活动成功开展，在社会中引起广泛关注和积极反响；组织 2005 年度“中国残疾人事业好新闻评选”；召开中国残疾人事业新闻宣传促进会全国理事会第三届代表大会；截至到 2005 年底，全国共开辟省级报刊专栏 43 个、广播专题 36 个、电视专栏 39 个；共开辟地市级报刊专栏 272 个，广播专题 235 个，电视专栏 219 个。

举办了第六届全国残疾人艺术汇演，直接参与到各级汇演的残疾人超过 10 万人；组织开展了一系列文化活动，举办了残疾人作家联谊会第一次笔会，面向社会各界和广大残疾人开展了以“爱与和平”和“放飞希望”为主题的大型征文活动，成立了中国残疾人美术家和书法家联谊会，这些都极大地丰富了残疾人的精神文化生活。截至 2005 年底，各省、自治区、直辖市及新疆生产建设兵团残联共开设省级盲文及盲人有声读物图书馆（室）25 个，残疾人文化活动场所 39 个，举办省级残疾人事业展览 56 次；开设市（地）级盲文及盲人有声读物图书馆（室）219 个，残疾人文化活动场所 997 个，举办残疾人事业展览 566 个；已成立残疾人艺术团队 156 个。

2005 年，圆满完成 23 项次国际赛事。共组织 378 名残疾人运动员和 49 名特奥运动员代表我国参加了轮椅篮球、田径、自行车、击剑、举重、滑雪、射箭、乒乓球、游泳、射击等比赛；中国残疾人运动员共夺得金牌 167 枚、银牌 100 枚、铜牌 78 枚，破 6 项世界纪录，特奥运动员共夺得金牌 37 枚、银

专栏　我国无障碍建设取得可喜成绩

"十五"期间国家有关部门制订和修订了一批无障碍建设标准,发布实施了《城市道路和建筑物无障碍设计规范》、《民用机场旅客航站区无障碍设施设备配置标准》、《特殊教育学校无障碍设计规范》、《铁路旅客车站无障碍设计规范》等规范。许多城市还出台了无障碍建设的法规、规章。

2002年起,建设部、民政部、中国残联、全国老龄办共同开展了创建全国无障碍设施建设示范城市工作,全国各地积极响应。经创建检查验收,北京、天津、上海、大连、青岛、南京、杭州、厦门、广州、西安、厦门、秦皇岛等12个城市被国务院命名为全国无障碍设施建设示范城市。

"十五"期间,全国各大中城市建设了一批高质量的无障碍设施,城市无障碍水平得到提高,县城、小城镇无障碍建设逐步开展。多数大城市的主干道、主要商业街、城市中心区道路、广场、步行街的人行道铺设了盲道,路口设置了缘石坡道;部分路口、人行横道配套设置了与红绿灯同步的过街音响信号装置。大城市相当一部分政府部门办公建筑、商场、宾馆、饭店、银行、邮局、图书馆、博物馆、体育馆、医院、公园、学校老年公寓、旅游景点及公共厕所等,程度不同地建设了无障碍设施。居住小区、住宅也进行了无障碍建设和改造。

"十五"期间交通无障碍、信息交流无障碍、无障碍宣传也取得了积极的进展。民航机场全部按无障碍要求进行了改造。北京、上海、广州等城市的地铁、轻轨主要车站设置了垂直电梯、无障碍入口等无障碍设施;部分城市的部分火车站、汽车客运站、码头也进行了无障碍建设(如北京火车站全部将站台加高,基本与列车持平),一些火车车厢还设置了残疾人专用卫生间;北京、上海、南京、杭州等城市在部分公交线投入使用了无障碍低底盘公交车辆,方便残疾人、儿童和老年人乘坐。

中央、省、部分市电视台在节目中配备了字幕、开办了手语新闻栏目;部分城市银行、邮局等行业推出了手语服务;图书馆为盲人读者配备了有声读物;一些企业开发了盲人上网软件和聋人专用通讯设备等。

通过在电视台、电台、报纸等媒体制作节目、开办专题、专栏、刊登播放公益广告及印发宣传资料等多种形式,开展了无障碍设施建设的宣传,提高了公众的无障碍意识,营造了社会无障碍环境舆论氛围。

通过"十五"期间的努力,我国城市的无障碍设施分布范围明显扩大、数量明显增加、规范化程度和建设质量明显提高、城市无障碍建设的总体水平明显提升。越来越多的残疾人、老年人和其他社会成员在参与社会生活时,感受到了无障碍环境带来的方便。

(中国残疾人联合会维权部)

牌23枚、铜牌15枚,为祖国赢得了荣誉。

已开辟或设立的省级残疾人活动场所169处,市(地)级体育活动场所857处;已挂牌的省、市(地)残疾人体育训练基地分别达到126个、338个;省级相对稳定教练员453人,市(地)级相对稳定教练员1148人;各省共开发适合各类残疾人体育健身项目80种,举办省级残疾人运动会及各类残疾人群众体育比赛活动171次,参与残疾人13110人;举办市(地)级残疾人群众性体育比赛活动828次,参与残疾人49507人。

(六)社区残疾人工作

全国31个省份已整合的社区中87%成立了残协,选聘了49994名残疾人专职委员,依托"星光计划"或其他公共综合服务设施,建立了46041个残疾人活动室。

2005年,社区有130.8万名残疾人纳入低保,86.6万残疾人就业,80.4万残疾人得到康复服务,9万残疾人得到法律服务,14万名残疾人或残疾人子女得到就学服务,87万残疾人得到志愿者扶助,2.6万残疾人参加了文体活动,各级残联组织通过社区残协密切了和最基层广大残疾人的联系。

(七)残疾人维权工作

截止到2005年,全国省级残联中有18个省单独设立了维权机构,14个省设立了残联合署维权机构,36.3%的市(地)级残联设立了维权机构;6个省(市)完成对残疾人保障法实施办法的修订;2639个县和17777个乡镇(街道)制定了扶助残疾人的规定。

全国县级以上人大对残疾人保障法执法检查1248次。其中,省级人大执法检查20次、市级人大执法检查143次、县级人大执法检查1085次。全国各级政协进行视察和专题调研1157次。其中，省级政协视察19次、市级政协视察127次、县级政协视察1011次。全国县级以上人民政府及其组成部门开展专项检查1748次。其中，省级政府及其组成部门专项检查45次，市级政府及其组成部门专项检查181次，县级政府及其组成部门专项检查1522次。

2005年，全国有3102家律师事务所接受各级残疾人联合会的指定或者委托，为残疾人提供"优先、优质、优惠"的无障碍法律服务；2574个各级残疾人维权机构为残疾人提供了及时有效的法律咨询等服务。其中，省级残疾人法律援助中心27个，市级法律援助中心残疾人分部（站）277个，县级法律援助中心残疾人分部（站）2270个。

全国共命名4370个维权示范岗。其中，省级命名残疾人维权示范岗671个，市（地）级命名残疾人维权示范岗415个，县级命名残疾人维权示范岗3284个，有力地促进了法律援助和法律服务工作。残疾人参政议政工作得到加强，2005年协助残联系统人大代表、政协委员提出议案、建议、提案936件，办理议案、建议、提案743件。

2005年，无障碍建设法规、标准进一步完善，全国有84个市（地）出台了无障碍设施建设管理规定，铁道部颁布实施了《铁道旅客车站无障碍设计规范》；建设部、中国残联等有关部门联合命名北京等12个城市为全国无障碍设施建设示范城市，探索形成了我国城市无障碍建设的模式和经验，为"十一五"无障碍建设的开展奠定了良好的基础。

2005年，全国省、市（地）级残联配合有关部门查处侵害残疾人合法权益案件110件，维护了残疾人的合法权益；全国各级残联共处理接待残疾人群众来信来访518364件次（人次）。其中，处理来信94825件次，接待来访423539人次。其中，集体访33581人次，1253批次，27329人次。

（八）残疾人组织建设

2005年，全国32个省级残联中，领导班子全部配备了残疾人理事长或副理事长，40.6%配备了驻会盲人理事，43.8%配备了驻会聋人理事；18.8%的省级残联机关完成了配备15%以上的残疾人干部比例任务；359个市（地）级残联中，41%的领导班子配备了残疾人理事长或副理事长；2801个县级残联（未含西藏、新疆生产建设兵团和黑龙江农垦总局残联系统）中，59%的县级残联机关配备了残疾人干部；乡镇（街道）已配备残联理事长40647名，选聘残疾人专职委员22917名；村委会选聘残疾人专职委员290804名，社区选聘残疾人专职委员49994名。残联组织体系进一步完善，代表性得到较大加强，干部队伍结构有了明显改善，残疾人工作者综合素质普遍提高，与广大残疾人的联系更加紧密。

目前，全国残联系统共有编制76133个，工作人员已达80984人，干部培训工作取得新进展。2005年，全国残联系统共举办培训班4468期，培训干部107914人次，在编干部普遍接受过一次培训，对提高残联系统干部队伍素质起到了重要作用。

专门协会组织架构和工作机制进一步完善。全国共建立各类残疾人专门协会13378个。其中，盲人协会2756个、聋人协会2730个、肢残人协会2886个、智力残疾人及亲友协会2464个、精神残疾人及亲友协会2437个、智力残疾人及亲友协会和精神残疾人及亲友协会二者合一的105个。全国的市和市辖区级专门协会已建比例为90%；县（含县级市）级专门协会已建比例为76%。

（九）残疾人综合服务设施建设

截止到2005年底，全国已竣工并投入使用的各级残疾人综合服务设施共计2106个，比上年增加17.3%，在建项目共计292个，筹建项目共计279个。其中，省级行政单位已竣工并投入使用的残疾人综合服务设施数已达60个，比上年增加5%，总占地面积26万平方米，总建设规模45万平方米，总投资11亿元；地级行政单位已竣工并投入使用的残疾人综合服务设施数已达244个，比上年增加7%，占地级行政单位总数的73%，总占地面积79万平方米，总建设规模79万平方米，总投资13亿元；县级行政单位已竣工并投入使用的残疾人综合服务设施数已达1802个，比上年增加19%，占县级行政单位总数的63%，总占地面积392万平方米，总建设规模405万平方米，总投资37亿元。

（十）信息技术与应用

截止到2005年底，全国已有25个省级残联、131个市（地）县残联建立了互联网网站；20多个省级残联纳入了全国政府系统"办公业务资源网"；22个省级残联和中国残联建立了机关内部办公网；开发并升级改造数据库软件8个，整理发布数据约85万条；中国残联网站全年共收到地方残联稿件近7000件，发稿量达到9000多篇；网站的日平均浏览量达到3万页,日平均浏览人次达到6700人次,日平均访问人数达到3000人。

(中国残疾人联合会信息中心)

七、公安工作

2005年,中国公安机关在中共中央、国务院和地方各级党委、政府的领导下,深入贯彻落实《中共中央关于进一步加强和改进公安工作的决定》和第二十次全国公安会议精神,全面推进公安工作和公安队伍建设,为巩固共产党执政地位、维护国家长治久安、保障人民安居乐业做出了重大贡献。

(一)组织开展保持共产党员先进性教育活动

从2005年1月开始,根据中共中央的统一部署和要求,全国公安机关深入扎实地组织开展保持共产党员先进性教育活动,基本实现了"提高党员素质、加强基层组织、服务人民群众、促进各项工作"的目标。

通过开展保持共产党员先进性教育活动,全国公安机关在加强队伍建设上有新成效,广大党员干部的思想、工作、作风发生了可喜的变化;在推进各项工作上有新起色,实现了先进性教育活动和公安工作的"双促进"、"双丰收",全面推进了公安工作和公安队伍建设。

(二)集中处理群众信访问题

2005年5月18日至9月6日,全国公安机关累计接待群众来访20.4万起,绝大多数地区停访息诉率达80%以上;查破各类刑事案件1.7万起,为群众挽回经济损失1.3亿元,赔偿补偿群众经济损失近1.6亿元,为群众解决户口问题8000多件,基本实现了"人人受到局长接待,件件得到依法处理"的目标。

(三)依法打击各类违法犯罪活动

2005年,公安机关充分发挥职能作用,积极预防、依法打击"法轮功"邪教组织的违法犯罪活动。积极配合有关部门,大力加强宣传教育工作,教育、挽救了一批被"法轮功"邪教组织蒙蔽的群众。公安机关以建立完善反恐怖工作机制为重点,强化反恐怖专门力量建设和基础建设,提高防范和打击恐怖势力的工作水平,全面推进反恐怖斗争。

2005年,公安机关破获刑事案件209.7万起,比2004年上升4.6%。有效遏制了刑事犯罪活动高发的势头,进一步增强了人民群众的安全感。

公安机关以"命案必破"为目标,严厉打击杀人和爆炸、投毒、放火、抢劫、绑架等致人死亡的严重暴力犯罪活动。全年现行命案破案率达到88.9%,比2004年上升0.29个百分点。全国3464个县、市、区级立案单位中,1623个实现命案全破,346个没有发生命案。

公安部部署全国公安机关开展打击"两抢一盗"犯罪专项斗争,严厉打击抢劫、抢夺、盗窃等多发性侵财犯罪。全年共破获"两抢一盗"犯罪案件142.4万起,比2004年上升5.3%。2005年,全国公安机关所立"两抢一盗"案件比2004年下降2.3%。

公安机关与有关部门密切配合,组织开展集中打击赌博违法犯罪活动专项行动。专项行动期间,公安机关共查处、侦破各类赌博违法犯罪案件16.3万起,查获赌博团伙4197个,收缴赌资24.2亿元。

公安部、教育部召开贯彻落实"公安机关维护校园及周边治安秩序八条措施"电视电话会议,部署全国公安机关开展学校及周边治安秩序集中整治行动。专项行动期间,公安机关共破获侵害师生人身财产权利的刑事案件7856起,查处治安案件1.5万起;在校园周边增设治安岗亭1.7万个,增设交通标志和交通安全设施7.6万处;向校园派驻保安员5.4万名,选派法制副校长或法制辅导员8万名;对校园进行消防检查68万次。

公安部会同有关部门,组织天津、河北、山东、河南等17个省、自治区、直辖市公安机关,深入开展整治油气田及输油气管道生产治安秩序专项行动,公安机关共破获涉油气刑事案件3238起,打掉涉油气犯罪团伙196个。

公安机关深入开展整顿和规范市场经济秩序工作,严厉打击经济犯罪活动。全年共破获经济犯罪案件6.1万起,挽回经济损失143.2亿元。组织开展打击侵犯知识产权商标专用犯罪专项行动,破获侵犯知识产权犯罪案件3149起,挽回经济损失13亿元;组织开展打击涉税违法犯罪专项整治行动,破获涉税犯罪案件7652起,协助税务部门追缴税款7亿元;组织开展打击假币犯罪专项行动,破获假币犯罪案件1776起,捣毁伪造货币窝点12个,收缴假人民币5.4亿元;组织开展打击传销犯罪专项行动,破获传销犯罪案件277起,扣押冻结涉案资金5984万元。

海关缉私部门在海关总署、公安部的领导下，侦查终结走私犯罪案件1090起，涉案金额85亿元，偷逃税额19.1亿元。

公安机关全年共破获毒品犯罪案件9.3万起，缴获海洛因8936.5千克、冰毒4597.7千克、鸦片2065.5千克、摇头丸92.5万粒，铲除非法种植罂粟555万株，缴获易制毒化学品157.9吨。

公安机关共破获利用互联网视频聊天等从事淫秽色情活动的违法犯罪案件331起，有力遏制了网络淫秽色情活动泛滥的势头，有效净化了网络环境。

(四)加强预防犯罪和社会治安管理工作

2005年，公安机关坚持"打防结合，预防为主"方针，积极参与平安创建活动，深入推进社会治安防控体系建设，建立完善覆盖全社会的治安防控网络，预防犯罪的能力明显增强。

2005年，公安机关强化各项社会治安管理措施，坚决整治各类突出治安问题，维护了良好的社会治安秩序。开展民用爆炸物品专项整治，清理、整顿枪支弹药制造企业，严厉打击非法制贩枪支的违法犯罪活动，堵塞非法制造、贩卖枪支弹药的渠道。公安部发布施行《剧毒化学品购买和公路运输许可证件管理办法》，加强对剧毒化学品购买和公路运输活动的治安管理。采取规范管理和打击整治相结合的方式，强化对出租房屋、特种行业、公共复杂场所的治安管理，堵塞治安管理漏洞。以防爆炸、防火灾、防拥挤踩踏事故为重点，严格落实大型群众性活动的治安管理措施，保障了各项大型活动的安全顺利进行。

(五)公安行政管理工作迈出新步伐

2005年，公安机关积极推进户籍管理制度改革，全面推进集中换发第二代居民身份证工作，切实加强流动人口管理和服务。公安机关深化户籍管理制度改革工作，进一步调整户口迁移政策，放宽城市落户限制。全面开展小城镇户籍管理制度改革。公安机关进一步加强暂住户口登记、房屋租赁登记备案、暂住证的办理和查验以及暂住人口、出租房屋信息录入等各项基础工作，落实出租房主、用工单位负责人在流动人口管理中的治安责任，保护流动人口的合法权益，促进了人口的合理、有序流动。全面推进集中换发第二代居民身份证工作。截至年底，全国28个省、自治区、直辖市已相继开展集中换发工作，制作、换发第二代居民身份证1亿多张，北京、天津、上海等地基本完成换发任务。

2005年，公安边防部门全面加强边境管理和控制，严密防范、严厉打击跨国跨境违法犯罪活动，大力整治边防辖区的突出治安问题，有效维护了国家主权和沿边沿海地区的安全稳定。

2005年，公安出入境管理部门全年批准中国公民因私出国出境2196.2万人次，检查出入境人员3亿人次、出入境交通运输工具2407.6万辆(架、列、艘)次。

2005年，公安消防部门参加灭火和抢险救援39.5万次，救助遇险人员11.5万名，抢救、保护财产350.2亿元。2005年，全国发生火灾23.6万起，造成2496人死亡、2506人受伤，直接财产损失13.6亿元，分别比2004年下降6.7%、2.6%、15.6%、18.6%。

2005年，公安交通管理部门有效遏制了道路交通事故上升的势头。2005年，全国发生道路交通事故45万起，造成9.9万人死亡、47万人受伤，分别比2004年下降13.1%、7.8%、2.3%。2005年，全国因客车超员、超速行驶导致交通事故造成的死亡人数分别比2004年下降19.5%、13%。

(六)圆满完成重要会议、重大活动的安全保卫任务

2005年，公安机关精心组织、周密部署，圆满完成了中共十六届五中全会、十届全国人大三次会议和全国政协十届三次会议、中国人民抗日战争胜利暨世界反法西斯战争胜利60周年纪念、西藏自治区成立40周年大庆、新疆维吾尔自治区成立50周年大庆等重要会议、重大活动的安全保卫任务。

(七)组织开展"规范执法行为，促进执法公正"专项整改活动

2005年6月，公安部按照中共中央政法委员会的统一部署，组织全国公安机关开展"规范执法行为，促进执法公正"专项整改活动，认真查摆、整改公安执法活动中存在的突出问题，加强执法制度建设，狠抓执法培训考核，进一步提高了公安民警的执法素质，全面推进了公安法制建设。

切实整改突出问题。紧紧围绕公安执法活动的重点岗位和环节，有针对性地开展了清理治安员、"两个违规"专项治理、取保候审专项检查、制止刑讯逼供专项教育整治、集中清理扣押物品等专项整改活动。

建立健全长效机制。从人民群众反映强烈的

问题入手,从严重影响公安机关严格、公正、文明执法的岗位和环节抓起,积极建章立制,严密和细化执法制度。公安部制定了《公安机关刑事案件现场勘验检查规则》、《公安机关执法告知服务制度》、《关于办理伤害案件若干问题的意见》等一批执法制度。

切实加强培训考核。公安部制定、实施《公安机关领导干部法律学习培训规定》,组织开展《中华人民共和国治安管理处罚法》学习培训,促进了公安机关整体执法水平的提高。

(八)加强公安队伍建设

2005年,全国公安机关以公安队伍正规化建设为主线,大力加强领导班子建设和基层建设,深入开展大练兵活动,狠抓"五条禁令"、"四个坚决"、"九要九不要"等从严治警措施的贯彻落实,积极构建具有公安特色的惩治和预防腐败体系,公安队伍的整体素质和战斗力明显提高,警风警纪明显好转,违法违纪和腐败现象得到明显遏制。

(执笔:王辉　严从兵)

八、人民法院审判工作

(一)关于审判和执行工作

一年来,最高人民法院共办结各类案件3196件(含审查申诉和申请再审案件),同比上升9.3%。地方各级人民法院共办结各类案件794万件,上升0.9%。诉讼标的金额10597.96亿元。

1.依法严惩严重刑事犯罪,维护国家安全和社会安定

2005年,最高人民法院共审结危害国家安全、走私、金融诈骗、虚开增值税专用发票、制售毒品、贪污、受贿等重大犯罪案件445件,上升11.3%。

地方各级人民法院全年共审结一审刑事案件68.4万件,判处罪犯84.5万人,分别上升6.2%和10%。其中判处5年以上有期徒刑、无期徒刑直至死刑的罪犯13.2万人;审结贪污、贿赂、渎职等国家工作人员职务犯罪案件2.4万件,判处县处级以上国家工作人员罪犯1932人,其中省部级6人,地厅级178人。

各级人民法院切实加强刑事司法领域的人权保障,严把案件事实关、证据关、程序关和适用法律关,依法宣告2162名刑事被告人无罪。依法保护被告人的诉讼权利,共为11.7万名符合法律援助条件的被告人指定了辩护人。

2.依法平等保护公民、法人和其他组织的民事权利,维护社会主义市场经济秩序和人民群众生产生活秩序

2005年,最高人民法院共审结国有土地使用权出让和转让、矿产开采、企业改制、婚姻家庭、人身损害、借款担保、股东权益、涉外商事、海事海商等重大民事案件568件,诉讼标的金额104.4亿元。通过责令停止侵害、返还财产、恢复原状、赔偿损失等民事责任方式,平等保护各类民事主体的合法权益,维护诚实信用、公平竞争的市场秩序。

地方各级人民法院全年共审结一审民事案件436万件,上升1.3%,诉讼标的金额6530亿元。其中,审结婚姻家庭、财产继承纠纷案件113.2万件;审结劳动争议案件12.1万件,诉讼标的金额23.7亿元;审结建设工程合同纠纷案件7万件,诉讼标的金额306.5亿元;审结各类服务性合同纠纷案件26.8万件,诉讼标的金额329.1亿元;审结涉及军人军属权益案件1778件。加大司法调解力度,一审案件调解结案率32.1%,许多基层法院达70%以上。

3.加大对知识产权的司法保护力度,促进自主创新能力和国家创新体系建设

一年来,最高人民法院共审结各类重大知识产权案件77件。

地方各级人民法院共审结假冒、盗版等侵犯知识产权犯罪案件3529件,上升28.3%;审结知识产权一审民事案件1.3万件,上升38.0%。

4.监督和支持行政机关依法行政,保护公民、法人和其他组织的合法权益,维护行政管理秩序

一年来,最高人民法院审结涉及城市规划、房屋拆迁、劳动和社会保障、环境保护、工商管理等各类重大行政诉讼案件和国家赔偿案件62件。

地方各级人民法院全年共审结一审行政诉讼案件9.6万件,上升3.8%。共撤销、变更、确认行政行为违法或无效1.7万件;共维持行政机关行政行为3.7万件;准予原告因行政机关改变具体行政行为而撤诉等4.2万件。此外,还审查办理非诉行政案件12.5万件;审结国家赔偿案件2991件,涉及赔偿金额3751万元。

5.加强对跨地区民事执行案件的协调,努力缓解执行难问题

2005年,最高人民法院加强了对跨地区重大

民事执行案件的协调,共办理此类案件210件。同时,运用现代电子信息技术手段,开发“全国法院执行案件信息管理系统”,探索建立国家执行威慑机制,会同公安、工商、银行等部门对拒不执行法院生效裁判的被执行人加大制约力度,促使其自动履行生效裁判。

地方各级人民法院全年共新收申请执行案件205.3万件,旧存36万件。执结203.7万件,执行标的金额3120亿元。其中,当事人自动履行及达成和解协议的100.7万件,采取强制措施执行的43.2万件,因当事人确无财产或下落不明而终结执行等59.7万件。

(二)关于监督和指导工作

1.加强审判监督工作,努力解决人民群众关心的申诉难和申请再审难问题

一年来,最高人民法院全年共处理群众来信来访14.7万件(人)次,下降0.15%,其中涉诉信访2万件(人)次。加强申诉和申请再审的审查工作,共立案1834件,决定再审和指令下级法院复查383件。推行申诉和申请再审听证制度,全年共进行听证1000余件次。

地方各级人民法院共办理群众来信来访399.5万件(人)次,下降5.33%,涉诉信访数量在连续几年攀升后开始回落。

各级人民法院全年共受理各级检察机关按照审判监督程序提起抗诉的案件1万余件,下降18.15%。

2.加强司法解释工作,准确适用法律

2005年,最高人民法院共制定司法解释15件,发布司法指导性文件28件。明确抢劫、抢夺行为的认定标准。会同最高人民检察院对办理赌博刑事案件具体应用法律的若干问题进行解释。就利用计算机网络“开设赌场”和“聚众赌博”等行为做出界定。制定了关于审理涉及国有土地使用权合同纠纷案件适用法律问题的解释。对国有土地出让和转让的条件、合同的效力等做出了具体规定。制定了关于审理涉及农村土地承包纠纷案件适用法律问题的解释。

3.加强对人民法院基层建设工作的指导,努力提高基层司法能力和水平

最高人民法院召开全国人民法庭工作会议,制定《关于全面加强人民法庭工作的决定》,指导人民法庭的政治建设、组织建设、业务建设、物质装备、审判管理等各项工作。同时加强对基层法院法官的培训,全年共培训基层法院院长535人,培训地方法院法官4379人,地方各级法官培训机构全年共培训法官11万余人次。

4.推进人民法院司法改革,促进审判制度完善

2005年,最高人民法院颁布了《人民法院第二个五年改革纲要》,指导各级法院改革和完善诉讼程序、审判组织、审判监督、审判指导、执行机制等制度。同时,指导各级法院认真贯彻全国人大常委会《关于完善人民陪审员制度的决定》,制定了人民陪审员管理办法,加强对人民陪审员的培训。2005年,全国共有4.6万名人民陪审员参与审判各类案件16.5万件,上升16.5%,扩大了司法民主,增强了审判透明度。

5.加大司法救助力度,完善司法便民措施

最高人民法院及时修订《关于对经济确有困难的当事人提供司法救助的规定》,为特困企业、破产企业和伤残、孤寡、低保人员提供司法救助,规定交通事故、工伤事故赔偿案件以及抚养、赡养等案件的当事人可以减交或免交诉讼费。2005年,全国法院为经济确有困难的当事人提供司法救助26.7万人次,共缓、减、免交诉讼费12.65亿元,上升16.2%。同时,指导地方各级人民法院完善和落实司法便民措施,为群众提供诉讼指南,告知诉讼风险,引导群众依法、正确表达利益诉求。

(三)关于人民法院队伍建设

2005年,最高人民法院着力解决人民群众反映强烈的少数法官违法违纪、贪赃枉法等问题,努力提高法官队伍的政治素质、业务素质和职业道德素质。

1.进一步加强人民法院领导班子建设

最高人民法院在抓好自身班子建设的同时,加大对高级人民法院领导班子的协管力度。全年共派出九个调查组,协助地方党委对高级法院领导班子进行调研和考察。积极配合有关部门和地方党委严肃查处少数法院领导班子中出现的违法违纪问题。

2.进一步加强法官队伍思想政治建设

最高人民法院认真开展保持共产党员先进性教育活动,要求各级法院用邓小平理论和“三个代表”重要思想教育广大党员,增强广大法官的大局意识、法律意识和责任意识。要求各级法院认真检查裁判不公、作风粗暴、违法执行和有案不立、有诉不理等问题,采取措施,限期整改。

3.进一步加强法官队伍职业化建设

最高人民法院按照审判工作的规律和特点，指导地方各级法院严格法官职业准入，强化职业意识，培养职业道德，增强职业技能，树立职业形象。健全法官及其他工作人员的分类管理，完善录用、培训、考核、晋升和交流制度。严格执行《法官职业道德基本准则》。制定《法官行为规范》，强化法官公正效率、文明廉洁等意识。组织全国法院系统3.5万名执行人员进行统一考试，对312名不及格人员进行了二次培训或分流换岗。

4. 进一步加强审判作风和廉政建设

2005年，共有379个集体、376名个人受到中央有关部门及最高人民法院表彰。同时，严肃查处利用审判权、执行权贪赃枉法、徇私舞弊的人员。全年共查处上述违法违纪人员378人，下降18%。

一年来，内地法院积极开展与香港、澳门司法机构的交流与合作。内地法院与香港、澳门司法机构相互委托、接受送达民商事司法文书、调查取证959件。同时，人民法院还认可台湾地区有关法院民事判决17件。

最高人民法院积极开展对外司法交流与合作，成功承办了以“法治与国际和谐社会”为主题的第22届世界法律大会。大会发表了《上海宣言》，在国际法律界产生重要影响。去年，最高人民法院与10多个国家和国际组织进行了多项司法合作，为各级法院开展对外司法交流创造了条件。

最高人民法院认真接受全国人大及其常委会的工作监督，向十届全国人大三次会议认真报告工作；向十届全国人大常委会第十八次会议汇报加强审判工作监督的情况，得到了全国人大常委会和各专门委员会的大力支持。制定了《办理全国人大代表建议、批评和意见及全国政协委员提案工作的规则》，成立专门机构、配备专门人员，与全国人大代表和政协委员保持经常性联系，认真办理全国人大代表和政协委员的议案、提案和建议205件。邀请全国人大代表和政协委员视察工作，旁听庭审。主动征求和听取立法机关对司法解释工作的意见，认真做好司法解释的报送备案审查工作。一年来，全国人大及其常委会对最高人民法院工作的监督和支持，有力地推动了各项工作的开展。

（最高人民法院研究室统计处）

2005 年环境事业发展情况

一、环境保护事业

2005 年,党中央、国务院把环境保护摆在更加重要的战略位置,党的十六届五中全会提出,“要加快建设资源节约型、环境友好型社会,大力发展循环经济,加大环境保护力度,切实保护好自然生态,认真解决影响经济社会发展特别是严重危害人民健康的突出的环境问题,在全社会形成资源节约的增长方式和健康文明的消费模式”。国务院颁发《关于落实科学发展观加强环境保护的决定》,明确了今后一个时期环境保护的指导思想、基本原则、目标任务和保障措施。全国环保系统深入开展了以实践“三个代表”重要思想为主要内容的保持共产党员先进性教育活动,积极参与国家宏观调控,坚持创新,准确定位,开拓进取,取得了显著成绩,为推动经济社会健康发展做出了重要贡献。

(一)推动可持续发展战略的实施,强化环保参与宏观决策的职能

积极参与宏观调控和经济秩序整顿。国家环保部门积极检查电解铝生产企业治污和淘汰情况,落实淘汰、关停措施;参与全国固定资产投资项目清理整顿工作,清查出不符合环保要求的项目 1190 个,总投资 1742.43 亿元,遏制了重点行业盲目建设势头,淘汰了一批盲目投资的高能耗、高物耗、高水耗和污染严重的项目。会同有关部门清查无序建设的电站项目,清理出违法、违规开工建设的火电项目 31 个,并依法严肃处理。参与制定了控制高耗能、高污染、资源性产品出口政策,开展了上市公司环保审核。

推进规划和区域环境影响评价工作。对国民经济重点行业的重大经济技术政策进行环境影响论证,针对 2004 年国务院批准的《全国林纸一体化工程建设“十五”及 2010 年专项规划》实施中出现的环境问题,组织专项研究并提出了“以水定林,以林定纸,林纸结合,促进生态平衡”的原则,指导全国的林纸一体化项目工作。内蒙古自治区、大连市和武汉市开展了规划环评试点。广州、南通、北海等地市,怒江、雅砻江等重点流域,水电、煤炭、港口、交通、电力等行业以及《全国铁路“十一五”规划》、《全国港口建设布局规划》、《国家高速公路网规划》的规划环评工作正在逐步展开。

环保政绩考核工作取得进展。环保部门配合组织部门在浙江、内蒙古、四川三省区推动环保政绩考核试点工作;目前全国已有 10 多个省市地方环保部门开展环保政绩考核。

典型示范创建工作进一步推进。全国新创建了国家环保模范城市 9 个,生态示范区 48 个,环境优美乡镇 99 个,环境友好企业 24 个。此外还新创建了一批绿色社区、绿色学校,一大批企事业单位通过了清洁生产审核和 ISO14000 环境管理体系认证。

(二)全面推进重点流域区域污染防治,加快工业、城市污染治理

开展了全国饮用水水源保护区划定及监管工作。制订相关流域水污染防治工作的评估、考核和奖惩机制和敏感区域水环境应急预案,长江、珠江、淮河、黄河、海河、辽河等重点流域的水污染防治工作力度得到加强。开展了“淮河太湖水污染防治问计于百姓”活动,征集有关意见和建议。组织国务院相关部门联合检查南水北调东线、中线水污染防治工作。开展了全国海洋环境保护专项执法检查工作。完成了辽东湾海域环境容量测算试点项目。组织完成了渤海碧海行动计划执行情况的评估。

污染物总量控制工作取得积极进展。国家“十五”环境保护规划确定的五类主要污染物控制指标中,化学需氧量、氨氮、烟尘、粉尘、工业固体废物排放量分别比 2000 年下降了 5–10%。截止到 2005 年 8 月底,“两控区”“十五”计划 262 个治理项目中,已建成和在建项目为 218 个,脱硫能力 259 万吨/年;137 个现役火电厂脱硫项目中,已建成和在建项目 123 个。“十五”计划“两控区”削减 263 万吨二氧化硫的目标基本实现。

113个重点城市大气环境容量测算核定、环境综合整治和考核，环境质量超标城市的环保工作有明显推进。首次公布各省、自治区对所辖城市的“城考”排名，全国正式上报2004年“城考”结果的城市达到500个，占全国城市总数的76%。机动车污染防治取得积极进展。核准并发布第二阶段环保达标车型、发动机型12839个；完善在用车环保年检制度；启动中国车用燃料低硫计划。

会同卫生部门开展了全国医疗废物专项检查。实现固体废物进口及有毒化学品进出口管理与海关联网。开展高校实验室污染防治，提出具体管理措施。开展砷、汞加工化学品专项管理，有力打击土法炼砷的污染。建设废旧电器综合利用产业化示范园区。

（三）巩固环保专项行动成果，切实维护群众环境权益

联合发展改革委、监察等五部门开展了为期7个月的“整治违法排污企业，保障群众健康环保专项行动”。截至9月底，全国共出动环保执法人员101万人次，排查排污企业42万家，立案查处环境违法案件2.3万件，已经结案1.4万件。其中取缔关闭2682家，停产治理1750家。查处湘黔渝交界地区“锰三角”污染、豫鄂交界地区白河污染、江浙边界水污染纠纷等典型重大案件。专项行动推动基层政府解决了一批群众反复投诉、长期得不到解决的环境污染问题，整治效果明显。

为落实中纪委五次全会关于坚决纠正企业违法排污损害群众利益不正之风的精神，与监察部建立起两部门联查联办机制，共同开展专项检查。共处分责任人163人，其中政府领导7人，职能部门20人。强化了对地方政府及有关部门不依法行政、行政不作为、乱作为等环境监管失职的责任追究。

生态环境监察试点工作取得进展。开展全国自然保护区专项执法检查，共出动执法人员37227人次，检查自然保护区2593个，立案查处622起，限期补办环评200家，关停取缔建设项目543个，实施限期治理项目288个，取缔旅游线路17条，查处有关责任人155个，移送其他部门处理案件116件。初步实现了环境监察由单一工业污染点源向区域、流域全方位环境监察转变。完成了山东、河北等17个试点地区生态环境监察试点工作情况的审核评估。利用卫星遥感技术监控全国夏秋两季秸秆焚烧情况，重点禁烧区秸秆焚烧现象基本得到控制，部分地区实现了秸秆全面禁烧。

环境执法队伍建设和管理进一步加强。完成了《东、中、西部环境监察标准化建设分类指导意见》、《环境监察工作考核暂行办法》和《环境稽查工作暂行办法》。制定统一的污染源数据采集与核定工作程序，加快环境监察标准化建设。进一步加强执法证件管理，为3000余名符合持证条件的监察人员核发了环境监察执法证件。截止到2005年9月，全国征收排污费75.5亿元，比上年同期增长了51%。

（四）严格建设项目环境管理，推动区域污染物总量控制

严肃查处违法违规建设项目。2005年初，查处了违法开工的30个大型建设项目并予以曝光，责令北京圆明园遗址公园湖底防渗等整治工程停止建设，会同发展改革委、国土资源部、水利部等部门，对部分违法、违规电站建设进行了现场检查，增强了环评制度的权威性，许多地方政府或企业集团开展了“三同时”执行自查活动。组织开展输变电、油气开采等行业和部分省的“三同时”专项执法检查，对交通、煤炭、石化、钢铁和电力等行业的22个国家审批项目“三同时”执行情况进行了跟踪检查。

截止到2005年9月底，共审批电厂项目223个，总规模1.77亿千瓦，其中采取脱硫措施的机组为1.69亿千瓦，占审批机组规模的98.8%。

完善审批项目的长效监管机制。完成《环境影响评价技术导则》；推进对生态影响较大的工程项目实施施工期环境监理的制度；推广建设项目环保试生产申请制度；完善环境保护验收管理，提高环保验收的时效性；建立健全公众参与机制。开展“国家环境友好工程”评选活动，引入了“环境影响后评价”机制。

（五）生态保护工作不断加强

编制了《全国重点生态功能保护区建设规划》，完成了《西部开发生态保护和建设监督条例》、《全国生态功能区划》的起草和汇总，提出近期要抢救性建立31个国家级生态功能保护区和一批地方级生态功能保护区。健全和完善国家级自然保护区申报评审机制，首次对评审通过的46个自然保护区进行公示。开展了对国家级自然保护区建设与管理的督察，对发现的破坏行为提出限期整改要求。组织开展农村生活饮用水源现状试点调查，推动农村面源污染防治和农村环境综合整治。编制了“农村小康环保行动计划”方案。完成了全国生物物种资源保护执法检查和全国生物物种资源重点调查。

（六）核设施安全和辐射安全监管水平进一步提高

核与辐射环境管理能力逐步加强，核与辐射安全法律法规取得新突破。2005年12月1日正式实施《放射性同位素与射线装置安全和防护条例》，完成了《民用核设备安全监督管理条例》，并提出了与《放射性污染防治法》配套的“放射性废物管理法规标准体系”。2005年，在役核电厂、研究堆、核燃料循环设施、放射性物质运输、放射性废物贮存和处理处置设施等方面均未发生二级或二级以上的安全事件或事故。

（七）环境法制逐步完善

配合立法机关，制定和修改《水污染防治法修正案》、《自然保护区法》、《防治海岸工程建设项目污染损害海洋环境保护条例》等环保法律法规。发布《污染源自动监控管理办法》、《建设项目环境影响评价资质管理办法》、《废弃危险化学品污染环境防治办法》等一批部门规章。参与《海洋工程环境保护条例》、《外来物种管理条例》等90多件环保相关法律、法规的立法工作。配合最高人民法院开展了制定有关环境犯罪司法解释的调研、条文起草等工作；配合监察部起草了《环境保护违法违纪行为处分暂行规定》。组织实施国务院办公厅有关全面推行行政执法责任制若干意见，正在组织编制总局行政执法责任制流程与绩效考核标准和办法等草案。

（八）环保系统能力建设取得新进展

环境管理水平和技术能力不断提高。2005年全国新建水质自动站约100个，累计达260余个；新建空气自动系统67套（还有80套已完成招标，准备建设），累计达918套；目前，全国共有2289个环境监测站，45849人。启动三峡库区监测能力建设、二恶英监测实验室能力建设、应急监测能力建设等项目。调查了全国113个重点城市的污染源自动监控系统建设使用情况，目前全国环境保护重点城市安装污染源自动监控仪器设备共6979台（套）。其中，水污染监控设备5397台（套），大气污染监控设备1516台（套），其他监控仪器设备66台（套），各级环保局已建监控中心80个。公布了《污染源自动监控管理办法》，规范污染物排放自动监控系统的管理。

环境应急能力得到加强。国务院正式发布了《国家突发环境事件应急预案》，环保总局制定了相应的应急工作程序；编写了应急预案简本、环境应急培训教材、环境应急操作手册，指导省级环保部门制定完善环境应急预案和应急体系，目前已有14个省（区、市）完成了环境应急预案。全年接报、处置了47起突发环境事件和因环境问题引发的群体性事件。直接查处苏浙边界阑溪塘铜罗段污染纠纷，中央办公厅对调查处理工作给予较高评价。针对淮河流域枯水期易发生污染事故的问题，协调有关部门制订并启动《淮河流域枯水期环境监控应急方案》，今年淮河干支流在枯水期没有发生污染事故。

环境经济政策研究和制定工作取得进展。完成了“十一五”环境保护工作思路，起草了《国务院关于落实科学发展观加强环境保护的决定》，国务院已于12月3日正式下发全国。组织企业环境行为评价试点工作，组织环境政策评估与调整、循环经济等课题研究。提出了环境健康工作思路。建立了一批环境健康领域的技术支持单位，开展了部分重点地区环境健康调查工作。

环境科技和环保产业有所加强。发布各类环境标准共101项。全面清理了历年发布的346项环保国家标准和25个正在修订的标准计划。申报“中国酸雨沉降机制、输送态势及调控原理”和“现代城市‘病’系统识别理论与生态调控机制”两项国家重大基础性研究国家项目并获得批准，这是国家环保总局首次单独主持国家973项目。申报科技部等计划或专项，共获科技经费1380万元。会同发展改革委、国家统计局联合完成环保产业调查。批准了广州经济技术开发区等5个ISO14000国家示范区。开展了56大类的环境标志产品认证，我国成为世界上开展环境标志产品种类最多的国家之一。

环境宣传教育工作有声有色。围绕十六届五中全会提出的“建设资源节约型和环境友好型社会”，组织媒体实地采访环境友好企业，报道专家座谈环境友好型社会等系列宣传。集中报道查处30家违规建设项目、圆明园防渗工程听证会等总局重点工作，环境新闻数次成为主流媒体和社会各界关注的焦点，环境保护进一步深入人心。“六五”世界环境日期间，首次提出中国的纪念主题“人人参与，创建绿色家园”，组织开展全国环保模范城市市长峰会、召开“六五”专题新闻发布会等系列活动。举办了“绿色中国论坛”，2005 中国环境文化节，开展“2005 绿色中国年度人物”评选活动，打造“绿色中国”品牌等。

办理全国人大和全国政协提案 370 件，比 2004 年增加 61.6%；处理群众来信 3241 封，接待群众来访 458 批。全国环境信息广域网络及视频会议系统一期工程建设取得实质性进展。

（九）国际环境履约与合作取得新成效

完成生物多样性公约、联合国气候变化公约等环境公约的缔约方大会等重要谈判。《生物安全议定书》获国务院核准，我国正式成为缔约方；成立了国家发改委、外交部等 11 个部门参加的“国家履行《斯德哥尔摩公约》工作协调组”。我国主办了循环经济国际研讨会、首届大湄公河次区域环境部长会议等 24 个重要国际会议；在国外主办的中非环境合作会议中，中国为非洲国家培训环保人才成为在环保领域“南南合作”的典范。启动了与俄罗斯、朝鲜合作监测界河水质的相关工作。

以周边国家为重点的区域合作框架初步形成。启动了中日韩区域核安全合作机制。通过履约、双边合作、民间等各种渠道新促成引进国际援助资金总计达 1.4 亿美元。各种国际合作为全国环保系统提供了 200 余人次的国外培训机会。

（执笔：陈超）

二、海洋事业

2005 年是我国“十五”计划的最后一年，也是我国海洋事业承前启后、继往开来的关键之年。在党中央、国务院的领导下，海洋系统的广大干部职工围绕建设海洋强国的战略目标，坚持科学发展观，深入贯彻《全国海洋经济发展规划纲要》，开拓进取、奋发努力，为推进海洋事业的快速发展，付出了艰辛劳动，做出了重要贡献，取得了骄人成绩。

（一）海洋经济在国民经济中的地位日益提高

2005 年，我国海洋经济继续保持高于同期国民经济的增长速度，实现了《全国海洋经济发展规划纲要》确定的发展目标。据初步核算，全年主要海洋产业总产值 16987 亿元，增加值 7202 亿元，按可比价格计算，比上年增长 12.2%，相当于同期国内生产总值的 4.0%。海洋三次产业结构为 17∶31∶52。海洋第一产业增加值 1206 亿元，第二产业增加值 2 232 亿元，第三产业增加值 3 764 亿元。广东、上海、山东、浙江、福建等省市继续保持海洋经济大省（市）的龙头地位，主要海洋产业总产值均突破 2000 亿元，象山、绍兴、即墨、荣成等 41 个海洋经济强县入选全国百强县。

（二）海洋规划体系基本形成

2005 年，国家发展和改革委员会、国家海洋局、财政部联合发布了《海水利用专项规划》，是我国首部海水利用工作的指导性文件和海水利用建设项目的依据，重点规划了海水淡化、海水直接利用、海水化学资源利用及相关产业的发展，将海水淡化和海水直接利用作为我国中长期水资源节约和替代规划的重要组成部分。同时，按照《全国海洋经济发展规划纲要》的部署，沿海 11 个省、区、市相继编制完成了省级海洋经济规划，截至 2005 年底，已完成河北、山东、浙江、海南等省的省级海洋经济发展规划的评估工作。

（三）海洋法制建设进展顺利

各级海洋行政主管部门继续深入完善《海洋环境保护法》、《海域使用管理法》配套制度的建设，先后出台了《海洋特别保护区管理办法》，编制完成了《海洋工程环境保护条例》、《海洋环境监测预报条例》、《海洋倾废条例》、《海域使用金管理条例（送审稿）》、《海域使用管理规定》、《海域使用权登记管理办法》（送审稿），其中江苏省和海南省海域使用管理条例（办法）相继由省人大常委会审议通过，辽宁省和上海市海域使用管理办法由省（市）政府常务会议审议通过，山东、福建、广东和海南等省海洋部门分别会同本省财政部门联合下发了关于海域使用金征缴或使用管理的规范性文件；经过近两年的调查、研究和准备，全国人大环资委起草了《海岛法（征求意见稿）》，并于 2005 年 7 月下发征求意见。

同时，初步建立起海洋法规体系。编制印发了 2005 年国家海洋立法工作计划，研究建立海洋依法行政工作制度，印发了“国家海洋局关于贯彻《全面推进依法行政实施纲要》扎实推进海洋依法行政工作的意见”；组织清理并公布了《国家海洋局第一批废止的规范性文件目录》；组织编制并印发了《国家海洋局二〇〇五年普法工作计划》、《海洋“五五”普法规划》；印发了《海洋行政复议办法》和《国家海洋局行政复议工作规则》。

（四）海域使用管理力度不断加大

通过实施“海域使用百县示范工程”，海域使用管理的链条逐步向乡镇一级延伸，养殖用海的管理得到明显加强，海洋行政管理部门的权威得到进一步确立，海洋开发活动正逐步朝着“有序、有度、有偿”的方向发展。2005 年，全年确权面积达 27.25 万公顷，核发海域使用权证书 6887 本，征收海域使用金 10.52 亿元。海域使用管理制度在海洋经济发展中的宏观调控作用得到初步发挥。

海域勘界工作稳步推进。全国省际间海域勘界的外业调查工作已全部完成；相关的省级人民政府正式签订了津冀北线、津冀南线和粤桂线的《海域行政区域界线协议书》。全国已勘定 120 条县际间海域行政区域界线，完成界线总数的 50%，其中海南省已全面完成本省县际海域勘界任务。在海域勘界过程中开展海岸线修测工作。天津市完成了全部海岸线的修测工作，并已报市政府审批。福建省已基本完成入海河口海岸线的确定以及海岸线的修测。山东和江苏省的部分地市也已确定了海岸线。

（五）海洋环境保护和海洋防灾减灾工作进展明显

2005 年，我局重点组织开展了我国管辖海域环境质量趋势性监测、陆源入海排污口及邻近海域监测、典型海洋生态脆弱区监测、赤潮监测、以及海水增养殖区、海洋保护区、海水浴场、海洋倾倒区和海上油气开发区等重要海洋功能区监测。《风暴潮、海啸、海冰灾害应急预案》、《赤潮灾害应急预案》和《海洋石油勘探开发重大溢油应急计划》已经国务院批准，纳入了国家灾害应急管理体系。全年共设立各类监测站位 8 000 多个，累计接收 13000 余条轨道卫星数据，处理数据量约 500 GB，获得近 160 万组海洋环境监测数据。监测结果表明，2005 年全海域未达到清洁海域水质标准的面积为 13.9 万平方公里，海域总体污染状况仍未好转。近岸海域污染形势依然严峻，污染海域主要分布在辽东湾、渤海湾、长江口、杭州湾、江苏近岸、珠江口和部分大中城市近岸局部水域，近海大部分海域为清洁海域，远海海域水质保持良好状态。同时，进一步推进海洋生态保护，建立了滨州贝壳堤与湿地国家级自然保护区等海洋自然保护区和特别保护区。

2005 年我国海洋灾害频发，影响范围广，沿海 11 个省（自治区、直辖市）全部受灾，造成经济损失为 1949 年以来最严重的一年。风暴潮、赤潮、海浪、溢油等灾害共计 176 次，造成直接经济损失 332.4 亿元。其中，有毒藻类引发的赤潮次数和面积大幅增加。

（六）海洋科技工作成果显著

2005 年，我国近海海洋综合调查与评价专项进入全面实施阶段，开展了海岛、海岸带、海域使用现状和沿海地区社会经济基本情况调查，启动了海洋药用生物资源、海岛海岸带遥感、海洋灾害、海水资源利用和海洋可再生能源等专题调查，重点进行海底底质、海洋地形地貌及海洋地球物理调查。

海洋科学技术研究取得重要进展。发展了我国浅海生态和动力参数监测集成技术，形成主要生态和动力要素的自动监测能力，完成了多种海洋环境调查仪器研制，填补了国内的空白，具备了大面积实时监测的技术能力。低温多效海水淡化示范工程、海水循环冷却技术应用、大生活用水技术、气态膜法海水卤水提溴新技术完成，为海水综合利用技术产业发展提供了技术保障。初步建成具有国际水平的海洋环境数值预报业务化系统，实现中国海及邻近海域风暴潮、海冰、海浪、表层海水温度数值预报模式的业务化运行，风暴潮预报居世界领先水平，赤潮预报技术取得进展。

（七）极地和大洋工作跨上新的台阶

2005 年，中国极地科学考察工作主要围绕两极对全球变化以及反馈作用的研究、地质调查和测绘工作、南大洋生物资源和生态研究、高空大气物理观测与研究等方面展开。顺利完成中国第二十一次南极科学考察，南极内陆冰盖科学考察队对格罗夫山进行了综合性考察，成功登顶南极内陆冰盖海拔最高的 Dome A 地区，确定 Dome A 最高点位置并测定其海拔高度为 4093 米，在该 Dome A 安装了自动气象站，建设极地现场雪冰观测系统。

2005 年，“大洋一号”船完成中国首次环球大洋科学考察，实现了我国在国际海底区域工作由单一的太平洋考察区域向三大洋的扩展，实现了由单一的多金属结核资源调查向多种资源综合调查的转变，拓展了我国在国际海底区域中的活动空间；对西、中太平洋海山区的富钴结壳、三大洋中脊上几个关键热液活动区的海底硫化物系统及其周边极端生命现象的考察均有新的发现，依靠自己的力量取得了大量宝贵的资料和样品；顺利完成了对我国自主研制的深海装备的现场试验和验收。

（八）海洋执法监察工作开创了新局面

2005 年，中国海监各级机构以开展“海盾 2005”专项执法行动为突破口，以开展执法示范支队建设为契机，通过重点查处违法重案、要案和疑难案件，全面推进了海洋行政执法工作，有效遏制了违法用海和污损海域等不法行为。2005 年在河口海域、海洋自然保护区、无居民海岛的海洋行政执法工作取得新突破。全年共实施行政检查 26487 次，发现违法、违规行为 2675 起，做出行政处罚 1869 宗。

（执笔：沈君）

三、林业事业

2005 年是两个五年规划交替的一年，也是我国林业改革与发展十分关键的一年，六大林业重点工程稳步推进，林业各项建设迈出新步伐、取得新进展。

（一）森林资源与荒漠化状况

根据第六次全国森林资源清查（1999 ~ 2003 年）结果，森林面积、蓄积不断增加，结构不断改善，质量有所提高。森林面积和蓄积均居世界前列。全国森林面积 17490. 92 万公顷，森林覆盖率 18. 21%，活立木总蓄积 136. 18 亿立方米，森林蓄积 124. 56 亿立方米。我国森林面积占世界森林面积的 4. 5%，列第 5 位，森林蓄积占世界森林蓄积的 3. 2%，列第 6 位。

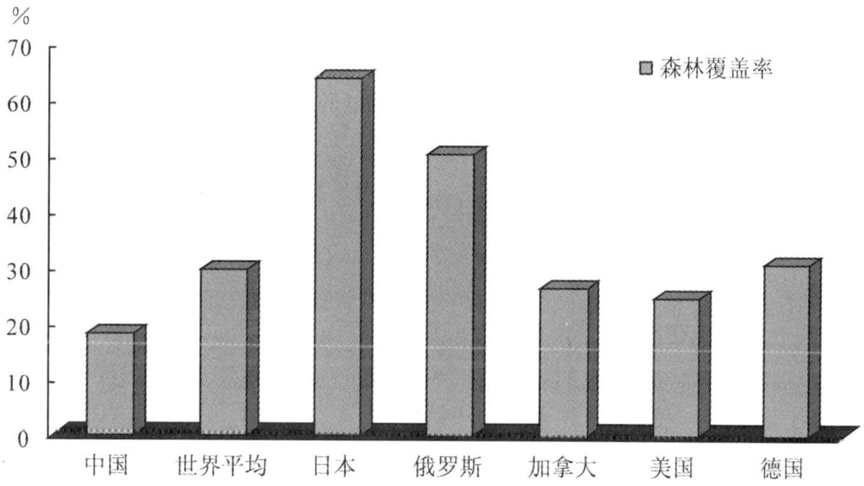

世界主要国家森林覆盖率

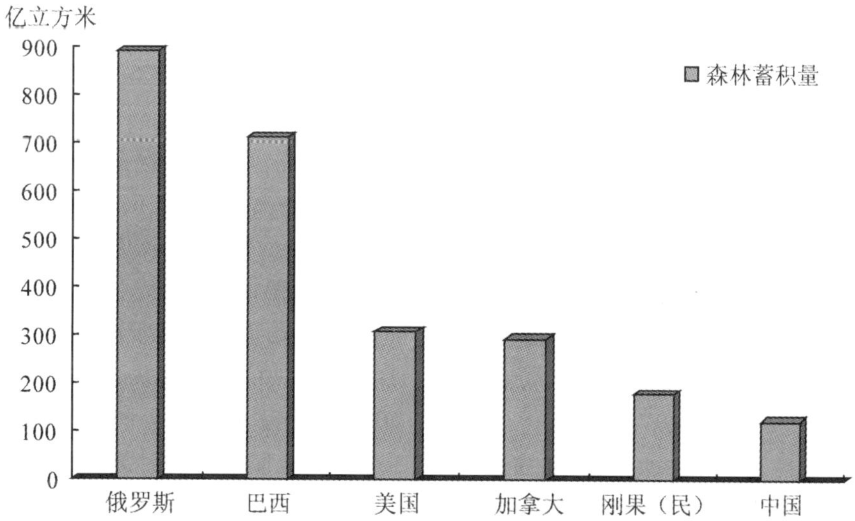

中国森林蓄积在世界的位置

根据第三次全国荒漠化和沙化监测工作结果，截止到 2004 年，全国荒漠化土地总面积为 263. 62 万平方公里，占国土总面积的 27. 46%，与 1999 年相比，全国荒漠化土地面积减少 37924 平方公里，年均减少 7585 平方公里；截止到 2004 年，全国沙化土地面积为 173. 97 万平方公里，占国土总面积的 18. 12%，与 1999 年相同监测范围内的沙化土地面积相比，全国沙化土地面积净减少 6416 平方公里，年均减少1283平方公里。监测结果显示，我国荒漠化和沙化状况总体上有了明显改善，荒漠化和沙化整体扩展的趋势得到初步遏制，但局部地区仍在扩展。

（二）林业建设

2005年全国完成营造林面积636.61万公顷，其中人工造林338.03万公顷，飞播造林41.62万公顷，新封山育林256.96万公顷；年末实有封山育林面积2054.14万公顷；迹地更新40.00万公顷，其中人工更新35.98万公顷；低产低效林改造面积23.08万公顷；中、幼龄林抚育面积952.15万公顷。

六大林业重点工程完成营造林面积543.12万公顷，占全部营造林面积的85.31%，其中天保工程、退耕还林工程（不含京津工程退耕）、京津风沙源治理工程、三北及长江流域等重点防护林体系工程、速生丰产用材林基地建设工程营造林面积分别为117.69、298.61、68.39、54.44和3.99万公顷，占全部营造林面积的比重分别是18.49%、46.90%、10.74%、8.55%和0.63%，其他营造林占全部营造林面积的14.69%。

退耕还林工程（含京津工程退耕）营造林面积为328.12万公顷，占林业重点工程营造林面积的60.41%，其中退耕地造林84.59万公顷，配套荒山荒地造林132.85万公顷，新封山育林110.68万公顷。在退耕地造林中，营造生态林的比重为85.17%，比上年提高4.33个百分点；25°以上坡耕地造林面积的比重为31.58%；完成种草面积5.41万公顷。

“十五”期间，是林业以大工程带动大发展的关键五年。林业系统从国民经济与社会发展对林业的主导需求和国情林情出发，围绕新时期林业发展战略，按照生态主体功能和目标属性，对原规划实施的17项重点工程进行了系统整合，林业生产力布局得到了战略性优化重组，推动林业步入了大工程带动大发展的道路。

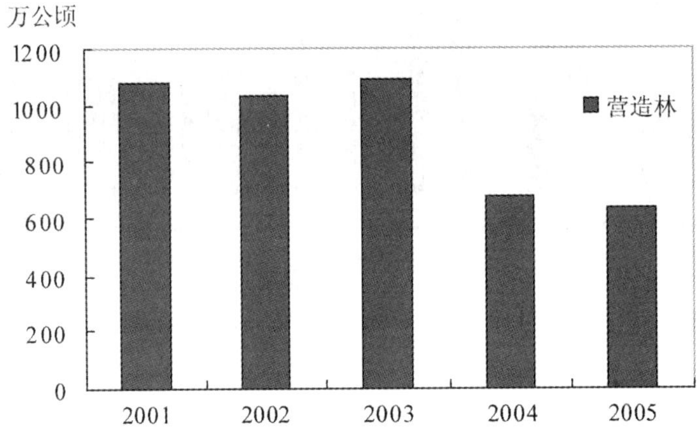

“十五”期间全国营造面积示意图

“十五”期间，全国造林绿化保持高速增长，累计完成营造林面积4520万公顷，其中人工造林和飞播造林完成3124万公顷，比“九五”期间增长30%，新封山育林完成1396万公顷。六大林业重点工程稳步推进，天然林资源保护工程共营造生态公益林778.5万公顷，9000多万公顷森林资源得到休养生息；退耕还林工程共完成营造林1970万公顷，其中退耕地造林797万公顷，荒山荒地造林1042万公顷，封山育林131万公顷；京津风沙源治理工程林业项目实施治沙造林、农田防护林、新封山育林180.2万公顷；三北和长江流域等防护林工程建设继续深入开展，造林面积313.4万公顷，新封山育林284.7万公顷；新增自然保护区790处，面积0.18亿公顷，截止到2005年底，林业系统建立和管理的自然保护区达1699处，面积1.20亿公顷，占国土面积的12.5%，其中，国家级自然保护区177处，面积7191.4万公顷。

（三）湿地保护

1. 制定了湿地保护的中长期战略规划。进入21世纪以来，湿地保护工作每年都有重大措施。2000年，国家林业局会同国务院17个部门颁布了《中国湿地保护行动计划》，确定了中国湿地保护与合理利用的指导思想和行动纲领。2001年，启动了六大林业重点工程，湿地保护被列为全国野生动植物保护及自然保护区建设工程的主要内容之一，标志着国家开始以工程措施推进湿地保护和恢复工作。2005年，国务院批准了《全国湿地保护工程实施规划》。

专栏 大力推进循环经济发展

循环经济(Circular Economy)是国际社会推进可持续发展的一种实践模式,它强调最有效利用资源和保护环境,表现为"资源——产品——再生资源"的经济增长方式,是一种以资源的高效利用和循环利用为核心,以减量化、再利用、资源化为原则,以低消耗、低排放、高效率为基本特征,符合可持续发展理念的经济增长模式,是对大量生产、大量消费、大量废弃的传统增长模式的根本变革。循环经济的运行应遵循以下的基本原则(3R 原则):

减量化原则(Reduce):以资源投入最小化为原则。在生产和服务过程中,尽可能地减少资源消耗和废弃物的产生,提高资源利用效率。

再利用原则(Reuse)以废物利用最大化为目标。产品的多次使用或修复、翻新或再制造后继续使用,尽可能地延长产品的使用周期,防止产品过早地成为垃圾,实现资源产品的使用效率最大化。

资源化原则(Recycle)以污染排放最小化为目标。废弃物最大限度地转化为资源,变废为宝、化害为利,减少自然资源的消耗,减少污染物的排放,实现废弃物最小排放。

最近,在国务院关于落实科学发展观,加强环境保护的决定中,强调大力发展循环经济,要求各地区、各部门要把循环经济作为编制各项发展计划的重要指导原则,制订和实施循环经济推进计划,加快制定促进发展循环经济的政策、相关标准和评价体系,加强技术开发和创新体系建设。要按照3R 原则,根据生态环境的要求,进行产品和工业区的设计与改造,促进循环经济的发展。在生产环节,要严格排放强度准入,鼓励节能降耗,实行清洁生产并依法强制审核;在废物产生环节,要强化污染预防和全过程控制,实行生产者责任延伸,合理延长产业链,强化对各类废物的循环利用;在消费环节,要大力倡导环境友好的消费方式,实行环境标识、环境认证和政府绿色采购制度,完善再生资源回收利用体系。

发展循环经济有利于提高经济增长质量,有利于保护环境、节约资源,是走新型工业化道路的具体体现,是转变经济发展模式的现实需要,是一项符合国情、利国利民、前景广阔的事业。发展循环经济是我国走新型工业化道路的具体体现,是实现经济、社会、环境协调发展的重要战略选择,是国家倡导建立资源节约型社会和环境友好型社会的必然要求。

(执笔:李锁强)

2. 完成了首次全国湿地资源调查。从1995 年开始,历时8 年,于2003 年完成了首次全国湿地资源调查。调查显示,我国湿地总面积为3848 万公顷(不包括水稻田3800 万公顷)。其中,自然湿地面积3620 万公顷;库塘湿地面积228 万公顷。我国湿地拥有十分丰富的生物多样性,仅水禽就达271 种之多,是世界珍稀濒危水禽保护的重点地区。

3. 积极开展湿地保护和恢复工作。截至目前,全国已有1715 万公顷,近45%的自然湿地纳入了473 处保护区得到了较好的保护。同时,国家积极开展湿地生态恢复试点示范建设,投入了6750 万元,选择生态环境脆弱、生物多样性丰富的湿地地区,开展了11 项湿地保护和恢复工程示范项目,为实施《全国湿地保护工程实施规划》积累了经验。同时,在湿地合理利用工作中,以探索创新为指导思想,主抓了国家湿地公园示范建设工作。

4. 履行《湿地公约》,开展国际合作。我国从1992 年加入公约以来,认真履行了公约的各项义务,积极开展国际合作与交流。目前,有黑龙江省扎龙等30 块湿地被列入《湿地公约》中的国际重要湿地名录,面积达330 万公顷。在2005 年11 月份结束的第九届缔约方大会上,我国首次在亚洲区域会议上以全票当选为湿地公约常委会成员国,将进一步促进国内湿地保护管理工作的开展。近年来,利用公约国际合作机制积极筹措国际资金用于湿地保护,共争取国外资金近2 亿元,相当于国家投入的4 倍。积极高效的工作成绩,使中国湿地保护得到了国际社会的肯定。2002 年,世界自然基金会将年度"献给地球的礼物"荣誉奖颁发给了中国政府。2004 年,湿地国际将"全球湿地保护与合理利用杰出成就奖"授予中国。在2005 年的湿地公约缔约方大会上,中国科学家蔡述明教授还获得了"湿地科学奖"。

(四)野生动植物保护

为查明我国野生动物、野生植物、大熊猫资源情况,国家林业局于 1995～2003 年组织完成了首次全国陆生野生动物资源调查,1996～2003 年组织完成了首次全国主要野生植物资源调查,1999～2003 年组织完成了全国第三次大熊猫资源调查。通过调查,掌握了我国 252 种野生动物、189 种野生植物和大熊猫资源的分布、数量和生境现状及濒危程度等情况。对比分析结果表明,朱鹮等国家重点保护野生动物经过多年保护,种群数量处于稳定或稳中有升;蛇类等非国家重点保护野生动物资源下降趋势十分明显;有 104 种野生植物为濒危物种,其中 56 种野生植物严重濒临灭绝,47 种野生植物濒临灭绝。调查发现,全国大熊猫栖息地面积为 1043332 公顷,全国野生大熊猫种群数量为 1596 只(不包括 1.5 岁以下大熊猫幼体数量)。在大熊猫栖息地,平均每 100 平方公里有大熊猫 6.9 只。有大熊猫自然保护区 40 个(总面积 2175780 公顷),分布有大熊猫 986 只,占全国大熊猫总数的 61.78%。

随着野生动植物保护工程的实施,我国进入了以工程措施拯救濒危物种的新阶段。在国家层面,根据物种拯救的迫切需要,选择了大熊猫、朱鹮、虎、金丝猴、藏羚羊、扬子鳄、亚洲象、长臂猿、麝、普氏原羚、鹿类、鹤类、雉类、兰科植物、苏铁等 15 大物种纳入国家工程予以拯救。各地也确定了地方层面重点拯救的上百种物种,积极强化保护。目前,除积极建立自然保护区、保护小区强化就地保护外,全国还建立野生动物拯救繁育基地 250 多处,野生植物种质资源保育或基因保存中心 400 多处,使 200 多种珍稀濒危野生动物、上千种野生植物建立了稳定的人工种群,朱鹮、扬子鳄、野马等相当一批物种已成功回归大自然。随着栖息地保护和物种资源管理的加强,野生动植物种分布范围逐步扩大,物种资源不断发展。全国野生动植物资源调查对比分析表明,55.7% 的野生动物种群稳中有升,尤其是国家重点保护物种上升的趋势更为明显,71% 的野生植物野外种群达到稳定生存发展的标准。

说明:1. 全国森林资源数据包括香港特别行政区、澳门特别行政区和台湾省;同时全国森林面积含清查间隔期内新增的部分国家特别规定的灌木林。2. 2005 年林业建设数据是电快报数据。

(国家林业局发展计划与资金管理司)

专题篇

中国经济增长动力及前景分析

《经济增长(系列)研究》课题之一

中国经济在过去26年间持续快速增长,高增长的动力是什么?未来10－20年,能否继续保持这种态势?引起了国内外的广泛关注。回答这些问题,对于中国选择今后的发展道路,实现可持续增长具有重要的现实意义和理论价值。国内以及国外的一些研究机构和研究人员对此作了大量研究,但尚未取得一致的意见。本文通过建立中国经济增长的综合因素模型,测算了各要素对中国经济增长的贡献,对中国经济高增长的动力是什么这一问题作了回答,即资本投入增加是中国经济增长最主要的源泉,而技术进步、产业结构升级、人力资本效率提高、制度变迁等对经济增长的贡献也较强,劳动投入的贡献则相对较弱。为了回答未来若干年中国经济能否继续保持较快增长的问题,本文采用三种不同的方法测算了中国经济的潜在增长速度,根据测算结果,将7－9%定位为今后一段时间中国经济增长的适度区间,并按照未来16年中国经济分别增长7%、8%和9%,实际测算了各要素特别是资本投入的保障程度,发现未来16年中国经济仍可望继续保持适度较快增长,但相对来说7%、8%的增长速度更可持续,而9%以上的增长不仅对资本投入的要求过大,可能导致投资率在已经偏高的水平上继续升高,也会使资源特别是能源的供求更趋紧张。所以,要保持中国经济的持续较快增长,最根本的还是要大力转变经济增长方式,走全面协调可持续的发展道路。

一、中国经济增长动力分析

新古典增长理论、“新”增长理论、结构主义发展理论和制度变迁理论都从不同侧面对增长的动力进行了深入研究,得出的基本结论是:资本、劳动、技术进步、资源配置、制度创新等因素是一国经济增长的重要源泉。上述因素在中国经济增长中表现如何?以下我们通过建立经济增长模型来进行实证研究。

经济增长模型以两要素生产函数为基础,引入了结构变量、人力资本和制度变量,具体形式为:

$$Y = F(K,L,ST,HC,ZD) = K^{\alpha}L^{\beta}ST^{\eta}HC^{\xi}ZD^{\theta} \quad (1)$$

其中,Y、K、L、ST、HC、ZD分别为总产出、资本投入、劳动投入、结构变动、人力资本和制度创新,α、β、η、ξ、θ分别为资本、劳动、结构变动、人力资本和制度创新弹性。需要提到的是,除了上述变量可以用来解释中国长期持续的经济增长外,还应考虑使要素生产效率持续提高的其它因素,因此,我们在(1)式中加入了其它因素变量(OTH),并假定其它因素随时间推移而改变生产技术水平,同时设 $OTH(t) = e^{rt}$,则(1)式变为:

$$\begin{aligned} Y &= F(K,L,ST,HC,ZD,OTH) \\ &= e^{rt}K^{\alpha}L^{\beta}ST^{\eta}HC^{\xi}ZD^{\theta} \end{aligned} \quad (2)$$

对模型(2)两边取对数并添加随机变量 μ_t,模型变为如下双对数形式:

$$\begin{aligned} \ln(Y_t) = & rt + \alpha\ln(K_t) + \beta\ln(L_t) + \eta\ln(ST_t) \\ & + \zeta\ln(HC_t) + \theta\ln(ZD_t) + \mu_t \end{aligned} \quad (3)$$

我们用根据第一次全国经济普查数据调整后的1978年不变价GDP来表示总产出①;用1978年不变价资本存量和全社会从业人员分别反映资本投入和劳动投入;用第一产业增加值比重来表示结构变量;用高中以上毕业生人数占从业人员的比重来表示人力资本存量;用非国有工业总产值比重和进出口贸易额相当于GDP的百分比的简单平均来表示制度变量。

利用1980－2004年数据对方程(3)进行参数估计,结果如下:

① 2004年中国进行了第一次全国经济普查,国家统计局根据普查资料将2004年GDP快报核算数调高2.3万亿元,增加了16.8%。并采用趋势离差法对1993年之后的GDP数据进行了相应调整。1978年至1992年的GDP历史数据已根据1992年进行的第一次全国第三产业普查数据进行过修订,所以此次未作调整。

$$\ln Y_t = 0.019t + 0.654\ln K_t + 0.196\ln L_t - 0.159\text{kb}ST_t + 0.117\ln HC_t + 0.044\ln ZD_t$$

(2.61) (5.86) (1.74) (-1.69) (1.88) (1.23)

AR(1) = 1.189(T 统计值为 6.86)

AR(2) = -0.636(T 统计值为 -3.76)

$R^2 = 0.9996$ DW = 1.79 (4)

从估计方程的结果来看,各变量对经济增长的贡献都比较显著,模型拟合效果较好。根据估计结果,我们计算了 1980 - 2004 年各要素对经济增长的贡献作用(见表 1)。

表 1 1980 - 2004 年各因素对经济增长的贡献

	年均增长率 (%)	产出弹性	各因素对经济增长的贡献率 (%)	各因素对经济增长的拉动作用 (百分点)
GDP	9.8			
资本投入	8.9	0.654	59.2	5.8
劳动投入	2.5	0.196	5.1	0.5
技术进步			35.7	3.5
结构变动	-2.8	-0.159	4.1	0.4
人力资本	6.9	0.117	8.2	0.8
制度创新	6.2	0.044	3.1	0.3
其它因素		0.019	20.4	2.0

分析表 1 可以得到如下结论:

(一)改革开放以来中国经济持续高增长的主要动力来自要素投入的增加,其中资本投入的增加是最主要动力,劳动投入的影响比较弱。1980 - 2004 年,资本对经济增长的贡献达到 59.2%,拉动经济增长 5.8 个百分点;劳动对经济增长的贡献只有 5.1%,仅拉动经济增长 0.5 个百分点。这一结果与同类研究基本一致,但资本的影响要更大一些,而劳动力的影响略低一点。如,OECD(2005)将 1983 - 2003 年分成四个五年测算,其平均的资本、劳动力贡献率分别为 53% 和 7%,其余部分为 40%;Wang and Yao(2001)估计 1978 - 1999 年间,资本、劳动力、人力资本和生产率的贡献率分别为 48.3%、14.0%、13.8% 和 23.9%。资本增加对经济增长的贡献远高于劳动力增加对经济增长的贡献主要是因为,其一,资本产出弹性(0.654)远大于劳动产出弹性(0.196);其二,1980 - 2004 年资本存量年均增长 8.9%,劳动力由于受到“三个人的活五个人干”这种隐性失业问题逐步显性化的影响,年均仅增长 2.5%。其三,我们所使用的方程,将人力资本,即劳动力的素质要素从劳动力中分列出来,也影响了劳动力对经济增长的贡献。由表 1 可以看到,人力资本的贡献达到 8.2%。上述实证结果与中国经济实际运行情况是基本吻合的。中国是一个人口大国,劳动力相对过剩,劳动力对经济增长的边际贡献率较低;而资本是中国相对比较稀缺的生产要素,每新增一个单位的资本投入,都会产生较高的边际报酬,资本投入对中国经济有较高的边际贡献率,所以说,经济增长最主要的源泉来自储蓄与投资增加所不断形成的资本积累。

改革开放以来中国资本积累明显加速。根据我们的估算,1980 - 2004 年按可比价格计算的资本存量年均增长 8.9%,比 1953 - 1978 年年均增长率 6.9% 高 2 个百分点,这对经济增长无疑发挥了强有力的带动作用。资本积累之所以加速,一个重要的原因是国内较高的储蓄率和投资率。1978 年以来,中国投资率一直维持在 32% 以上的高水平,其中,按照经济普查调整后数据,2004 年的资本形成率为 43.2%,比世界平均水平(20% 左右)高了一倍。维持中国投资率长期在高水平的重要原因是中国国内的高储蓄率。1992 - 2002 年中国国内储蓄率平均为 40.3%。根据东亚一些国家和地区高速增长时期的经验看,储蓄率一般保持在 30% 或高于 30%,但超过 40% 的情况并不多见,可见中国储蓄率是相当高的。

(二)技术进步在推动中国经济增长中发挥了重要作用。1980 - 2004 年,技术进步对经济增长的贡献达到 35.7%,年均拉动经济增长 3.5 个百分点。技术进步对经济增长的贡献集中体现了结构变动、人力资本效率提高、制度变迁等因素的共同作用。从来源看，技术进步主要来自人力资本的积累。这里同样需要指出的是，如果将人力资本的贡献率划归劳动力，则技术进步对经济增长的贡献率会降低到27.6%。

（三）改革开放以来，中国产业结构调整取得了明显成效，集中表现在第一产业增加值比重不断下降。产业结构调整引起生产要素从生产率较低的部门向生产率较高的部门流动，要素使用效率得以提高，产生了资源再配置效应，促进了经济增长。1980－2004年产业结构变动对经济增长的贡献达到4.1%，年均拉动经济增长0.4个百分点。分产业看，1980－2004年，第一产业平均贡献率为15.4%，拉动经济增长1.5个百分点；第二产业平均贡献率为47.8%，拉动经济增长4.7个百分点；第三产业平均贡献率为36.8%，拉动经济增长3.6个百分点。第二产业的快速发展是中国经济高增长的重要动力。

（四）随着国家教育投入的不断加大，劳动力素质不断提高，人力资本累积效应不断增强，在生产过程中不断产生外溢效应，大大提高了科技水平，直接促进了经济增长。1980－2004年，人力资本对经济增长的贡献达到8.2%，年均拉动经济增长0.8个百分点。需要指出的是，受资料所限，我们无法定量描述劳动力在工作过程中通过继续教育和“干中学”等方式所形成的人力资本积累。因此，在模型中仅用高中以上毕业生人数占从业人员的比重来表示人力资本，事实上是不全面的。如果将其它人力资本要素考虑在内，人力资本对经济增长的贡献可能还会高些。

表2 1996－2004年人力资本存量对经济增长的贡献

年份	GDP增长率（%）	HC增长率（%）	HC对GDP的贡献率（%）
1996	10.0	4.4	5.2
1997	9.3	4.7	5.9
1998	7.8	5.0	7.5
1999	7.6	5.1	7.8
2000	8.4	5.1	7.1
2001	8.3	4.8	6.7
2002	9.1	5.1	6.6
2003	10.0	5.4	6.3
2004	10.1	5.6	6.4

为进一步说明人力资本对经济增长的推动作用，我们计算了1996－2004年人力资本对经济增长的贡献率（见表2）。从表2可以看到，人力资本存量对经济增长的贡献由1996年的5.2%上升到2004年的6.4%，呈现出在波动中上升的趋势。这基本可以用来解释当前人力资本在经济增长中发挥作用越来越大的现实。这也充分说明了通过增加人力资本投资进而形成人力资本存量的累积是现代经济增长的必然选择。

（五）改革开放为中国经济增长提供了全新的制度安排，突出表现为非国有经济的迅速发展和对外开放的不断扩大。1980－2004年，中国所有制改革取得了明显进展，非国有工业总产值比重平均每年提高4.1%，非国有经济成分的扩大不仅鼓励了竞争，更有利于建立产权明晰的有效率经济。对外开放使中国直接参与世界经济的分工与合作，获得了丰富的技术、制度、知识和资源，使中国经济的生产可能性边界具备了向外扩张的能力。1980－2004年，制度创新对经济增长产生了重要的促进作用，年均拉动经济增长0.3个百分点，对经济增长的贡献达到3.1%。

（六）此外，还有一些重要因素，如技术进步，以及社会政治稳定、宏观调控政策的科学性、日趋成熟的宏观调控手段和技巧以及规模经济等，不易找到适当的指标来反映，在模型中我们将这些因素一并作为其它因素加以描述。通过分析，我们看到，其它因素对中国经济高增长发挥了重要作用，1980－2004年，其它因素年均拉动经济增长2.0个百分点，对经济增长的贡献度达到20.4%。

二、未来10—20年中国经济增长前景分析

今后10－20年，中国经济能否再创“增长奇迹”，是国内外普遍关注的热点问题。我们的研究结果表明，今后10－20年中国经济发展的主要制约因素不在需求方，而在供给方。主要理由是：其一，中国正处于工业化、城镇化快速发展阶段，从经济发展的一般规律来看，这一时期正是投资需求旺盛时期；其二，中国正进入新的消费增长周期，消费结构面临着升级换代，更主要的是农村消费市场潜力巨大；其三，中国经济发展还很不平衡，城乡差距、地区差距、第三产业发展滞后均为今后经济增长留下了广阔的需求空间。因此，我们的研究将主

要放在推动经济增长的供给方面。为了与中国经济发展规划相适应，我们的测算以 2005－2020 年 16 年为区间。

（一）潜在增长速度的测算

由于总供给和总供给的增长速度无法直接观测到，在实际工作中常常用潜在产出和潜在增长速度来反映。潜在产出常被认为是指所有资源全部使用时的最大可能产出，但在实际应用中，多数将之定义为可以持续且不会增加通胀压力的一种产出状态。就是说，潜在产出不是不可超出，只是一旦实际产出超出了潜在水平，经济运行会绷得较紧，会带来通货膨胀的压力。一般认为经济增长总是围绕潜在产出波动的，宏观经济政策可以根据两者的关系进行反向调整。

潜在产出的估算方法很多，常用的有趋势法、滤波法、奥肯法则、生产函数法、向量自回归法等。这几种方法中的前两种是单纯采用统计技术来分解趋势，后三种则需要基于经济理论。这些方法都是要将产出波动中的趋势成分分离出来，在使用中也不是截然分开独立的，比如，生产函数方法常常要用到滤波方法。不同的方法各有优劣，很难说那种方法最佳，往往需要根据实际情况权衡比较。从实际应用来看，各种滤波法特别是 HP 滤波法因对数据要求低得到广泛应用，官方机构则多采用生产函数法，如 OECD、美国国会预算办公室（CBO）等，IMF 认为对于不同的国家可以采用不同的方法。

我们分别采用 HP 滤波法、菲利普斯方程法和生产函数法对中国经济的潜在增长速度进行测算。

1. HP 滤波法，即选择 s_t 以最小化（5）式：

$$\sum_{t=1}^{T}(y_t - s_t)^2 + \lambda\sum_{t=2}^{T-1}((s_{t+1} - s_t)^2 - (s_t - s_{t-1}))^2 \qquad (5)$$

其中，y_t 为取对数后的 1978 年不变价 GDP，λ 取值为 100，得到的平滑值 s_t，即为潜在产出，再计算其增长速度，即为潜在增长速度。计算结果显示，2004 年的潜在增长速度为 9.1%，近五年（2000－2004 年）的平均潜在增长速度也为 9.1%。

2. 菲利普斯方程法。为考察通货膨胀率与 GDP 增长率之间的关系，建立与刘树成等（2005）类似的方程：

$$\Delta p_t = b_0 + \sum_{i=1}^{j} b_i \Delta p_{t-i} + b\Delta y_t + \varepsilon_t \qquad (6)$$

其中 Δp 为通货膨胀率，用 GDP 缩减指数反映；Δy_t 为 GDP 增长率。1978－2004 年的年度数据进行 OLS 估计得到：

$$\Delta p_t = -4.65 + 0.98\Delta p_{t-1} - 0.39\Delta p_{t-2} + 0.73\Delta y_t + \varepsilon_{tt}$$
$$(-2.07)\quad(6.09)\quad(-2.44)\qquad(3.50)\quad(7)$$

其中，t 统计量都很显著，调整 R^2 为 0.72，模型拟合较好；DW 值为 1.81，没有一阶自相关；残差检验显示没有异方差和高阶自相关，模型估计结果总体较好。

方程（7）表明，GDP 缩减指数受自身的滞后值和当期 GDP 增长速度影响。GDP 增长率每提高 1 个百分点，GDP 缩减指数平均提高 0.73 个百分点。据方程（7）可计算通货膨胀率连续三年保持

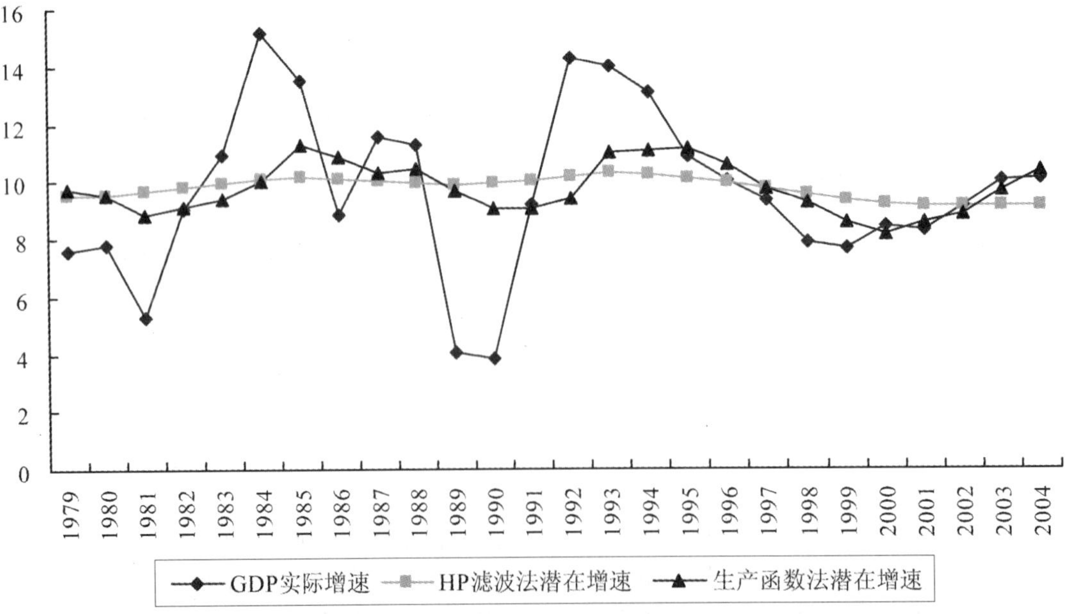

图 1　GDP 潜在增速

在一定水平时对应的 GDP 增长率，即稳态通胀水平下的经济增长速度。结果显示，GDP 缩减指数连续三年稳定在 1% 时，对应的 GDP 增长速度为 6.9%；稳定在 3% 时，对应的 GDP 增速为 8.1%；稳定在 5% 时，对应的 GDP 增速为 9.2%。如果将 1% -5% 的 GDP 缩减指数作为一个可接受的通货膨胀区间，则相应的不加剧通胀水平的潜在 GDP 增速大约在 7 -9% 之间。

3. 生产函数法。利用(4)式估计得到的生产函数，我们采用类似 OECD(2005)的方法估算潜在增长速度。利用估计的资本和劳动力的弹性，将剩余部分归为全要素生产率，对全要素生产率进行 HP 滤波，得到平滑值，代入生产函数方程。同时，将平滑后的劳动力和实际的资本存量一并代入。即采用(8)式计算潜在产出及其增长速度：

$$\ln Y_t = 0.654\ln K_t + 0.196 hp\ln L_t + hpTFP_t \quad (8)$$

其中，$hp\ln L_t$ 为取对数后就业人数的 HP 平滑值；$hpTFP_t$ 为全要素生产率 TFP_t 的 HP 平滑值。资本存量不进行平滑，以及对全要素生产率进行平滑，是遵循一般的作法；劳动力采用 HP 滤波法进行平滑，而未计算 NAIRU(nonaccelerating inflation rate of unemployment)，主要是考虑到中国存在大量潜在失业，失业率与通货膨胀率之间的关系还不够紧密而稳定。

TFP_t 由(9)式计算得到：

$$\ln TFP_t = \ln Y_t - 0.654\ln K_t - 0.196\ln L_t \quad (9)$$

采用上述生产函数法估算中国的潜在增长速度，2004 年为 10.3%，略高于 10.1% 的实际 GDP 增速，近五年的平均潜在增长速度为 9.1%。

三种测算显示，生产函数法和 HP 滤波法得到的潜在增长速度呈一定的波动性，近几年大约在 9% 附近，这应该是有一定持续性的增长速度。但从经济增长与通货膨胀的关系看，9% 又似乎是一个不带来过大通胀压力的上限，因为 9% 以上的增长速度可能导致 5% 以上的通货膨胀率。

根据潜在增长速度的测算结果，结合考虑中国正面临环境压力加大、资源约束加剧、经济增长方式亟需调整等因素，我们认为，未来 16 年中国经济增长的适度区间可以定位在 7% -9%。

(二)关于劳动力与资本要素供给的测算

根据中国全面建设小康社会目标的要求，以及中国潜在经济增长能力，我们把未来 16 年 GDP 年均增长 7% -9% 定义为较快增长，分别按照 7%、8% 和 9% 的速度，测算各要素特别是资本投入是否能够保障。

按照模型(4)，当给定了劳动力的供给以后，我们再对 ST_t、HC_t、ZD_t 等作出合理预测，便可以分析经济增长与资本存量之间的关系。

首先，关于劳动力的供给。因为我们分析预测区间只有 16 年，故 2020 年的劳动力供给主要由现有的人口结构决定，测算结果比较确定。根据权威部门的有关测算，在中国现有人口结构的条件下，到 2020 年中国 16 岁以上人口将达到 11.5 亿人，按照最近几年从业人员占当年 16 岁以上人口的比例推算，2020 年实际从业人员即劳动力供给将达到 8.7 亿人。

其次，关于其他几个变量，我们给出的预测结果如下：

1. 结构变量，即第一产业增加值比重。根据过去 10 年中国这一指标的年均下降速度和发达国家的发展经验，我们认为 2020 年第一产业增加值比重将由 2004 年的 15.2% 下降到 9.6%。

2. 人力资本变量，即从业人员中高中以上毕业生人数所占比重，2020 年将由 2004 年的 79.8% 上升到 90%。这主要是基于如下考虑：最近 10 年，中国从业人员中高中以上毕业生人数所占比重上升了 30 个百分点。今后 16 年这一比重仍将逐步上升，但考虑到中国农村从业人员仍然占有一定比重，这部分从业人员中高中以上毕业生的比重将不可能上升太快，而且，上升到一定程度后，就可能达到一个极限。事实上发达国家的情况是，2001 年这一比重最高的德国为 92.1%，加拿大为 82.8%，法国和英国才达到 73.1% 和 74.2%。中国有注重教育的传统，但受经济发展水平制约这一比重也不可能太高。

3. 制度创新变量，预测可由 2004 年的 73.3% 上升到 2020 年的 85%，其中，非国有工业总产值比重将会由 2004 年的 76.8% 上升到 85% 左右；进出口贸易额相当于 GDP 的百分比也将由 2004 年 69.8% 上升到 85% 左右。

根据以上预测结果，通过增长模型(4)，我们可以计算得到对应于 GDP 年均增长 7%、8% 和 9%，2020 年的资本存量(1978 年价)分别为 29 万亿元、37 万亿元和 46 万亿元。

进一步的测算表明，当 GDP 年均增长 7% 时，2020 年的资本形成率将比 2004 年降低 2 个百分点；当 GDP 年均增长 8% 时，资本形成率将保持大体稳定；当 GDP 年均增长 9% 时，资本形成率会继续提高约2个百分点。由于中国近年来投资率持续升高,已经处于较高水平,根据普查数据进行调整后,2004年资本形成率仍高达43.2%,比世界平均水平(20%左右)高了一倍;而消费率为54.3%,低于世界平均水平20多个百分点。未来16年,如果资本形成率继续攀升,势必会使结构失衡的矛盾更为激化。从长期看,隐藏着巨大的风险,一是由于消费落后于投资,最终使得靠高投资维持的高增长难以支撑,导致经济大起大落;二是导致银行呆坏账大量积累,危及国家金融安全,这方面东南亚金融危机是我们的前车之鉴;三是陷入所谓的凯恩斯陷阱,通过大规模投资来刺激经济,而投资的边际产出下降甚至趋于零,过剩的投资会引发新一轮萧条,为刺激经济需要更多的投资,从而形成恶性循环:膨胀——萧条——再膨胀——再萧条。此外,资源和资金的制约,也不能够支撑投资长时期地高速增长。所以,从消费和投资的关系来看,7-8%的增长速度更具有可持续性。

(三)关于能源供给的瓶颈制约

中国的经济增长正面临比较明显的资源约束特别是能源约束。能源的供求状况直接关系经济较快增长是否可持续。从能源的供给情况看,以过去10年石油、煤炭生产的年均增长速度1.89%和4.86%推算,到2020年的石油、煤炭的产量将分别为2.4亿吨和42.6亿吨标准煤。对石油和煤炭生产量的理论预测与储量和可开采量进行比较发现,到2020年,现有资源可以保证原煤的生产实现;但原油生产的实现有一定困难。因为,目前中国石油剩余可开采储量只有24亿吨,而按上述预测,今后16年将需要开采33亿吨原油。这需要国内加大对油田资源勘探的力度,以及加快与周边国家在海洋油气田方面的合作勘探与开采来增加可开采储量,还需要通过进一步扩大进口来弥补。

关于能源的需求,以过去10年石油和煤炭需求对GDP增长的弹性为基准,在GDP分别增长7%、8%和9%的情况下,可得出石油和煤炭的需求量。过去10年,石油、煤炭相对于GDP的增长弹性分别是0.80和0.46,对应于GDP增长7%,石油、煤炭需求的增长速度分别是5.6%和3.22%;对应于GDP增长8%,石油、煤炭需求的增长速度分别是6.4%和3.68%;对应于GDP增长9%,石油、煤炭需求的增长速度分别是7.2%和4.14%。

综合上述供需两个方面,我们可以得到石油、煤炭的供需缺口预测情况(见表3)。

表3 2020年石油、煤炭供需及缺口情况

		石油(万吨)	煤炭(万吨)
供给		23969	414170
需　求	7%	73051	321453
	8%	81807	345157
	9%	91535	370491
供需状况	7%	-49081	可满足需求
	8%	-57838	可满足需求
	9%	-67566	可满足需求

注:"-"号表示缺口

由上表可以看出,依目前的趋势发展下去,到2020年,石油供需存在巨大缺口。要实现经济年均增长7%、8%和9%的目标,相应的石油缺口将分别达到4.9亿吨、5.8亿吨和6.8亿吨,如全部依靠进口弥补的话,对外依存度将分别达到67.2%、70.7%和73.8%。而煤炭供给能力可以满足要求。

三、结论与建议

通过以上测算和分析,我们认为,未来16年中国经济需求增长的空间较大,可以支撑经济保持7%-9%的较快增长。从供给方,特别是资本和能源等制约的角度看,GDP年均增长7%-8%是可以支撑的,但在现有的增长模式下,要保持9%的增长,难度较大。特别是对资本的巨大需求会导致资本形成率和投资率持续升高,使经济结构扭曲而最终难以为继;能源主要是石油存在巨大缺口,要靠进口弥补难度很大。因此,要实现持续高增长,在保证资源供给的同时,必须在发展思路和增长方式上进行转变,改变过去那种粗放的主要依靠投资扩张、资源高消耗等来推动经济高增长的态势。由于有需求增长的巨大空间,由于有供给的基本支撑,特别是劳动力和煤炭等资源供给的支撑,由于有科学发展观的指引,有制度变革的巨大潜力、日臻成熟的宏观调控经验、社会政治稳定等等有利因素,经过努力,今后10-20年中国经济是能够保持持续较快发展的。当然,要把这种可能性转变为现实,应特别注意以下几点:

1. 以科学发展观为指导,切实转变经济增长方

式

转变经济增长方式就是要通过技术进步、通过资源的合理配置、通过科学的管理，实现以效率不断提高为前提的经济增长，彻底摒弃过去主要依靠资金、劳动力和资源消耗推动经济增长的粗放式的增长方式。为此，在未来经济增长过程中，要充分发挥科学技术是第一生产力的作用，加快技术进步和科技创新，促进新技术和新成果的不断涌现和转化，提高技术进步对经济增长的贡献率。科学技术发展和进步离不开人，在未来16年，中国劳动力在总量上没有大问题，但质量和结构问题较为突出。根据中国2000年人口普查资料，中国15岁及15岁以上人口中，受过高等教育的只占4.6%，大大低于法国25.4%、德国13.9%、英国26.1%、韩国24.0%、墨西哥24.7%的水平；受过中等教育的只占14.4%，大大低于法国46.0%、德国68.3%、英国47.4%、韩国43.5%、墨西哥29.0%的水平。总量超过1亿的农民工（占全部劳动力总量15%左右）的整体素质更令人担忧。加大人力资本投资，提高劳动力素质是未来中国经济增长的关键所在。转变经济增长方式还要消除经济发展和社会进步的体制性障碍。要进一步完善社会主义市场经济体制，发展全国统一的生产要素市场和消费市场，改善市场环境，健全法律体系，保护知识产权。继续深化行政管理体制改革，不断完善干部政绩考核机制，切实转变政府职能，要减少对微观经济活动的直接干预，更多地依靠制定规则、维护规则管理经济。

2. 扩大国内消费，逐步降低中国过高的国民储蓄率水平，以扩大消费来代替资本的过度投入

努力营造消费环境，使中国巨大的潜在消费转变成现实消费，用扩大消费来代替对资本的过度依赖，让消费逐步取代投资成为拉动中国经济持续高速增长的主要动力。在当前的条件下，扩大国内消费，最主要的是让城里人没有后顾之忧，让农民看到增收希望。具体而言，一是要逐步降低政府对固定资产投资的投入力度，适当扩大政府最终用于消费的转移支付支出；二是要积极推进城镇居民医疗、教育、社会保障制度改革，加快建立农民和农民工的社会保障制度，为城乡居民扩大消费、降低储蓄提供社会保障；三是要进一步完善收入分配制度，更多地提高中低收入者收入水平，缩小收入分配差距；四是要加快制定严格的食品卫生、环保等国家标准，加强对市场的监督管理，打击假冒伪劣商品，维护正常的消费秩序，营造良好的消费环境；五是要加快社会信用体系建设，进一步完善信贷消费政策，改善信贷消费环境；六是要大力促进服务业健康发展，积极推动文化、体育、娱乐、旅游、餐饮、家政、物业管理等服务消费等。

3. 保障石油供应，促进节约能源

综合采用税收政策、产业政策等，鼓励节约，惩罚浪费，倡导节能理念，提高能源利用效率，建立节约型社会。同时，实施多元化能源发展战略，开发利用新能源，切实解决能源特别是石油短缺问题。在立足国内，加大海洋石油勘探开采力度的同时，要大力开拓海外市场，采取灵活多样的方式，疏通国际石油贸易渠道，完善相关的资源和运输安全保障机制，确保满足中国日益扩大的石油需求。

参考文献：

1. 多恩布什、费希尔、斯塔兹，2003：《宏观经济学》[M]，中国财政经济出版社。

2. 菲利普·阿吉翁(Philippe Aghion)，彼得·霍依特（Peter Howitt)，2004：《内生增长理论》[M]，北京大学出版社。

3. 经济合作与发展组织(OECD)，王益烜译，2005：《资本测算手册——关于资本存量、固定资本消耗及资本服务测算》，中国统计出版社。

4. 罗伯特·M·索洛等，2003：《经济增长因素分析》，商务印书馆。

5. 周振华，1996：《现代经济增长中的结构效应》，上海三联书店。

6. 世界银行，1998：《2020年的中国》，中国财政经济出版社。

7. 韩廷春，1999：《经济持续增长的内在机制分析》，北京大学中国经济研究中心讨论稿。

8. 叶飞文，2004：《要素投入与中国经济增长》，北京大学出版社。

9. 国家统计局，2005：《2005中国发展报告》，中国统计出版社。

10. 国家统计局：《中国统计年鉴》2003年和2004年卷，中国统计出版社。

11. 刘树成、张平、张晓晶,2005,中国经济周期波动问题研究,人民网,http://theory.people.com.cn/GB/49154/49155/3834207.html。

12. Congressional Budget Office, 2001, CBO's Method for Estimating Potential Output: An Update (August 2001).

13. De Masi, Paula R., 1997, IMF Estimate of Potential Output: Theory and Practice, Prepared by, IMF Working paper, WP/97/177.

14. OECD, 2005, OECD Economic surveys: China, OECD Publishing.

15. Wang, Yan, and Yao, Yudong, 2001, Sources of China's Economic Growth, 1952－99, World Bank Working Paper, WPS2650.

附录:资本存量的测算

资本存量的测算采用永续盘存法计算。估计资本存量的基本公式为:

$$K_t = I_t + (1-\delta)K_{t-1} = K_{t-1} + I_t - \delta K_{t-1} \quad (1)$$

其中 K_t 为 t 年的资本存量,I_t 为 t 年的资本形成,δ 为折旧率, δK_{t-1} 为折旧额,$I_t - \delta K_{t-1}$ 为净资本形成。

固定资本折旧数据,通常是按照一定的折旧率计算。由于国家统计局尚未按收入法计算 GDP,但省区市都开展了 GDP 的收入法核算,因此,固定资产折旧采用各省区市折旧的总和。但因各地区汇总的 GDP 不等于全国 GDP,所以需要进行相应调整:

$$D_t = D'_t \times GDP_t / GDP'_t \quad (2)$$

其中 D_t 和 GDP_t 分别为全国折旧和国内生产总值,D'_t 和 GDP'_t 分别为各地区汇总的折旧和国内生产总值。

不变价净资本形成采用资本形成总额缩减指数进行缩减,再得到不变价的资本存量数据。

课题组长:邱晓华

课题组成员:郑京平、万东华、刘丽萍、叶植材、周小知、冯春平
巴威、严于龙、施发启、潘建成、王文波、林京兴

本报告执笔人:郑京平、万东华、巴威、严于龙、冯春平

经济增长的成果分配研究

《经济增长(系列)研究》课题之二

经济增长的成果国民总收入最终要在参与经济活动的主体——国家、企业和居民个人三者之间进行分配。统计分析表明,改革开放以来,政府、企业和居民个人都享受了经济增长的成果,特别是居民个人得到了更多的实惠。但国民收入分配中依然存在不合理的因素,特别是城乡居民之间、不同群体之间和不同地区之间在收入分配上仍存在着较大差异,收入分配关系需要进一步理顺。

一、在政府、企业和居民之间的分配

改革开放以来,随着国家分配政策的调整,国家、企业和居民三者的分配关系也发生了变化。1978 年,国家、企业和居民个人三者的分配比例为 33.9%、11.1% 和 55.0%,到 2002 年,这一分配比例变为 20.5%、14.3% 和 65.2%。24 年间,国家收入比重下降了 13.4 个百分点;企业收入比重上升了 3.2 个百分点;居民收入比重上升了 10.2 个百分点。居民收入比重上升,国家收入比重下降,企业收入比重基本稳定是改革开放以来收入分配变化的基本特征。但是从总体上看,个人拿大头,国家拿中头,企业拿小头的收入分配格局始终没有改变。1978—2002 年,24 年平均,国家、集体和居民个人占国民可支配收入的比重分别为 18.7%、14.8% 和 66.5%。

改革开放以来,三者分配关系的演变大体可分为显著变动(1978－1990 年)和相对稳定两个阶段(1991 年至今)。

在显著变动阶段,三者收入分配比例变化明显,国家占国民总收入的比重持续下降,居民个人所占比重持续上升,企业所占比重稳中有降。1990 年,政府、企业和居民三者之间的分配比例变为 21.5%、9.1% 和 69.4%。与 1978 年相比,居民收入所占比重上升了 14.4 个百分点;政府所占比重下降了 12.4 个百分点,企业的比重下降了 2 个百分点。这一时期的主要特点是收入分配向居民个人倾斜,特别是在 80 年代后期,一度出现了收入向居民个人倾斜过快的倾向,1988 年,居民个人收入所占比重曾达到了 70.5%。

在相对稳定阶段,随着国家宏观调控力度的加强,政府收入的比重在波动中有所回升,企业收入比重明显上升,居民收入比重则在波动中有所下降,收入分配向居民个人倾斜的状况得到一定程度的校正。到 2002 年,政府、企业和居民个人三者之间的分配关系变为 20.5%、14.3% 和 65.2%。政府收入的比重,回升到 90 年代初的水平上,但仍比 1990 年低 1 个百分点;企业收入比重比 1990 年提高了 5.2 个百分点;居民收入比重比 1990 年下降 4.2 个百分点(详见表 1)。

表 1　政府、企业、居民收入分配比例

单位:%

年份	政府	企业	居民个人
1978	33.9	11.1	55.0
1980	28.2	9.8	62.0
1985	25.4	7.7	66.9
1988	21.2	8.3	70.5
1990	21.5	9.1	69.4
1992	19.0	13.3	67.7
1993	19.2	16.2	64.6
1994	18.0	16.0	66.0
1995	16.5	16.7	66.8
1996	17.1	13.6	69.3
1997	17.4	14.7	67.9
1998	17.5	14.4	68.1
1999	18.2	13.3	68.5
2000	19.5	15.6	64.8
2001	21.1	15.1	63.8
2002	20.5	14.3	65.2

资料来源:根据《中国资金流量核算历史 1998－2002》有关数据整理。

从国际经验看,在由低收入向中等收入国家迈进的过程中,国民收入的分配格局一般表现为居民和企业所得比重略有上升，政府所得比重有所下降。我国目前的人均 GDP 刚超过 1200 美元，属于由低收入向中等收入过渡的国家，政府收入比重下降、企业和居民收入比重上升符合国际上收入分配的一般规律。

从实践角度看，我国三者分配关系的变化也符合改革的方向。收入分配在一定阶段向企业和居民个人倾斜，是针对我国长期以来居民和企业收入所占比重过低，人民生活水平得不到有效提高，企业无力进行更新改造和自我发展而采取的措施，有补还“欠账”的因素，有利于解放和发展生产力，有利于增加消费，改善投资与消费的比例关系。

二、在不同地区间的分配

由于经济基础和自然条件的差异，我国的经济发展在地区之间很不平衡，1978－2004 年，东部地区①生产的地区生产总值占全国的比重平均达到 56%，而中部地区和西部地区则分别是 26% 和 18%，东部地区创造了全国一半强的经济总量。与 GDP 的生产一样，可用于分配的国民总收入，地区之间的差异也很大。从 1998－2002 年的数据来看，东部地区的可支配收入占全国的比重为 55.5%，中部地区为 26.3%，西部地区为 18.2%，东部地区的比重超过了中、西部之和，经济的发展和分配都呈现出东重西轻的格局。

从不同地区企业、政府和居民个人可支配收入占全国的份额看，也是东部最高，中部居中，西部最低。1998－2002 年，企业可支配收入占全国的份额，东部、中部和西部地区分别为 66.8%、20.3% 和 12.9%，东部的比重比中西部总和还要高出 33.6 个百分点；政府可支配收入占全国的份额，东部、中部和西部地区分别为 54.4%、24.7% 和 20.9%，东部的比重比中西部总和高出 8.8 个百分点；居民可支配收入占全国的份额，东部、中部和西部地区分别为 52.4%、28.5% 和 19.1%，东部的比重比中西部总和高出 4.8 个百分点。无论是企业所得，还是政府所得和居民所得，东部地区都占到全国的一半以上（详见表 2）。

表 2　东中西部企业、政府和居民可支配收入占全国的份额

单位：%

	东部			中部			西部		
	企业	政府	居民	企业	政府	居民	企业	政府	居民
1998	66.6	54.2	51.6	18.5	24.7	29.2	14.9	21.1	19.2
1999	67.0	53.8	52.0	20.2	24.9	28.6	12.8	21.3	19.4
2000	67.1	55.0	52.4	20.1	25.6	28.6	12.8	19.4	19.0
2001	67.7	54.3	52.5	20.4	24.5	28.5	11.9	21.2	18.9
2002	65.7	54.5	53.3	21.5	24.1	28.0	12.8	21.4	18.7
1998－2002	66.8	54.4	52.4	20.3	24.7	28.5	12.9	20.9	19.1

资料来源：根据《中国资金流量核算历史 1998－2002》有关数据整理。

从东部、中部和西部各自内部三者分配的结构看，1998－2002 年，东部地区，企业、政府和居民个人所得的比重分别为 22.5%、18.7% 和 58.8%。中部地区，三者的比重分别为 14.7%、18.0% 和 67.3%。西部地区，三者的比重分别为 13.0%、22.0% 和 65.0%。比较起来，东部地区企业所得比重较高，分别比中部和西部高出 7.8 和 9.5 个百分点；政府所得比重略高于中部但低于西部；个人所得的比重较低，分别比中部和西部低 8.5 和 6.2 个百分点（详见表 3）。

① 本文所用的东部地区包括北京、天津、河北、辽宁、上海、江苏、浙江、福建、山东、广东、海南 11 个省市，中部地区包括山西、吉林、黑龙江、安徽、江西、河南、湖北、湖南 8 个省，西部地区包括内蒙古、广西、重庆、四川、贵州、云南、西藏、陕西、甘肃、青海、宁夏、新疆 12 个省区市。

表3　东中西部企业、政府和居民可支配收入所占比例

单位:%

	东部			中部			西部		
	企业	政府	居民	企业	政府	居民	企业	政府	居民
1998	22.0	17.0	61.0	12.6	15.9	71.5	14.4	19.2	66.4
1999	22.0	17.6	60.4	13.8	16.9	69.3	12.5	20.7	66.8
2000	22.0	18.7	59.3	13.8	18.3	67.9	13.0	20.5	66.5
2001	22.5	19.4	58.1	14.4	18.6	67.0	12.2	23.3	64.5
2002	23.2	18.9	57.9	16.4	18.1	65.5	14.0	23.0	63.0
1998－2002	22.5	18.7	58.8	14.7	18.0	67.3	13.0	22.0	65.0

资料来源:根据《中国资金流量核算历史1998－2002》有关数据整理。

东、中、西三个地区的分配特点表明,东部地区企业所得一直处于较高水平,从而为这一区域的经济长期快速发展提供了良好的基础。而中西部地区基础本来就薄弱,企业所得水平又比较低,企业发展后劲明显不足,影响了经济的持续增长,成为目前东中西部差距不断扩大的重要原因。因此,充分利用西部大开发、东北地区等老工业基地振兴和中部崛起的大好战略时机,将中西部地区的企业做强做大,是缩小地区差距的有效途径。

三、在城镇居民和农村居民之间的分配

根据城乡住户调查和人口调查数据推算,2004年,居民可支配收入为72634亿元,比1978年增长42.5倍,剔除价格因素影响,实际收入年均增长9.2%,基本上与同期的经济增长同步。

但是,城乡居民的收入分配差距进一步扩大,城镇居民可支配收入在居民可支配收入中的比重上升,农村居民可支配收入在居民可支配收入中的比重下降。2004年与1978年相比,城镇居民可支配收入在居民可支配收入中所占的比重从35.7%上升到69.2%,上升了33.5个百分点;同期,农民收入的比重则由64.3%下降到30.8%,下降了33.5个百分点(详见表4)。占全国41.8%的城镇人口占有着全部居民可支配收入的69.2%,而占全国58.2%的农村人口仅占有30.8%。收入分配明显向城镇居民倾斜。

表4　居民收入的城乡构成比例表

单位:%

年份	城镇居民可支配收入占居民可支配收入的比重	农村居民可支配收入占居民可支配收入的比重	年份	城镇居民可支配收入占居民可支配收入的比重	农村居民可支配收入占居民可支配收入的比重
1978	35.7	64.3	1992	49.1	50.9
1980	37.2	62.8	1993	51.8	48.2
1981	35.2	64.8	1994	53.0	47.0
1982	33.7	66.3	1995	52.3	47.7
1983	33.1	66.9	1996	48.5	51.5
1984	34.5	65.5	1997	52.8	47.2
1985	36.2	63.8	1998	54.9	45.1
1986	40.3	59.7	1999	57.8	42.2
1987	41.8	58.2	2000	60.5	39.5
1988	42.7	57.3	2001	62.9	37.1
1989	44.6	55.4	2002	66.0	34.0
1990	44.0	56.0	2003	68.1	31.9
1991	46.6	53.4	2004	69.2	30.8

资料来源:根据《中国统计摘要2005》中的有关数据整理得到。

城镇居民收入比重上升的主要原因，一是城市化进程加快，二是城乡居民收入增长速度存在差异。

随着城市化进程的加快，城镇人口在总人口中的比重不断上升。1978 年，城镇人口与农村人口的比例为 17.9 ∶ 82.1，2004 年，这一比例改变为 41.8 ∶ 58.2，这必然使居民收入中城镇居民收入所占的比重上升。

城乡居民收入的增长速度，总的趋势是城镇快于农村，唯有 1979－1984 年期间，农村实行家庭联产承包责任制，国家调高农产品收购价格，农村居民收入的增长速度快于城镇，农村居民可支配收入占国民可支配收入的比重高于城镇居民，1983 年达到 66.3%。1985 年以后，随着城市改革的逐步推开和不断深化，城镇居民的收入增长明显加快，而农业进入平稳增长时期，农民收入增长放慢，除个别年份外，大多是城镇居民的收入增长快于农民。到 1997 年，城镇居民可支配收入占国民可支配收入的比重上升到 52.8%，改变了改革开放初期农村居民由于人口多和收入增长快形成的比重优势，居民收入开始向城镇倾斜。随后，城镇居民收入占居民收入的比重逐步攀升，1999 年到 2004 年，短短 6 年间就从 57.8% 上升到 69.2%，提高了 11.4 个百分点（详见表 4）。

随着城镇化、工业化和市场化的加快，城镇居民收入份额上升有一定的合理性，但农村居民收入份额下降过快，不利于缩小城乡差距和实现共同富裕，不利于扩大农民消费，改善投资和消费的比例关系，也不利于构建和谐社会。因此，如何实现农村和城市共同发展、共同富裕，是我们在进一步的收入分配中应该着力解决的问题。

四、在不同群体之间的分配

收入分配在居民的不同群体之间也存在差异，呈现出中低收入群体收入比重下降，高收入群体比重上升，收入向高收入群体集中的现象。根据城乡住户调查资料，如果将城乡居民五等份分组，将占人口 20% 的最低收入户界定为低收入群体，占人口 20% 的最高收入户界定为高收入群体，中间的 60%（包括中低收入户、中等收入户和中高收入户）界定为中等收入群体，则有以下的结论：2004 年，城镇居民中，低收入群体的收入占全部收入的比重为 7.4%，比 1985 年的 12.8% 下降了 5.4 个百分点；中等收入群体收入所占比重为 51.6%，比 1985 年下降了 6.1 个百分点；高收入群体收入所占比重为 41%，比 1985 年提高了 11.6 个百分点。也就是说，收入分配明显向高收入群体集中，到 2004 年，占城镇居民 20% 的高收入群体获得了城镇全部可支配收入的 40% 强，而占城镇居民 80% 的广大中低收入群体只获得了城镇全部可支配收入的 60%（详见表 5）。另据城市居民家庭财产调查，2002 年，占城镇居民 10% 的最高收入家庭，其财产总额占全部城镇居民财产的 45%，同样占城镇居民 10% 的最低收入家庭，其财产总额仅占全部城镇居民财产的 1.4%。

表 5　城镇不同收入群体的收入分配

单位：%

	城镇居民		
	低收入	中等收入	高收入
1985	12.8	57.7	29.4
1990	12.3	57.4	30.2
1995	12.4	62.0	25.7
2000	9.7	55.4	35.0
2001	9.4	54.9	35.7
2002	7.8	52.5	39.7
2003	7.6	52.4	40.0
2004	7.4	51.6	41.0

资源来源：各年《中国统计年鉴》。

农村居民的收入分配与城镇居民类似，也存在着较为严重的不平衡，即收入向高收入群体集中。按照与城镇居民相同的分组，2004 年，农村居民低收入群体收入所占的比重为 6.3%，比 1988 年下降了 1.9 个百分点；中等收入群体收入所占的比重为 50.3%，比 1988 年下降了 2.1 个百分点；高收入群体收入所占的比重为 43.4%，比 1988 年提高了 4 个百分点。这就意味着，占农村居民 20% 的高收入群体获得了农村全部纯收入的 40% 多，而占农村居民 80% 的广大中低收入群体获得的农村全部纯收入还不到 60%（详见表 6）。

可见，收入分配向高收入群体集中，是我国城乡收入分配领域中的共性问题。收入的增速随收入水平呈阶梯式增长，收入越多收入增长越快，呈现典型的“富者愈富，穷者愈穷”的特征，居民之间的收入差距不断扩大。究其原因，一是经济发展阶段和居民个人自身条件等原因造成居民的收入存在差距。二是部分垄断行业靠对资源的占有来获得远远超过其他行业的超额利润，使这些行业职工的收入水平大大高于其他群体。三是在新旧体制转轨过程中，由于法制不健全、政策不完善等原因而对“寻租”现象缺乏有效的监控。四是个人所得税的征缴和财政转移支付还不够有力。此外，高收入者可以利用积累的财富获取更多的投资性收入。

表6　农村不同收入群体的收入分配

单位：%

	城镇居民		
	低收入	中等收入	高收入
1988	8.2	52.4	39.4
1990	8.4	52.8	38.8
1995	7.2	51.4	41.4
2000	6.6	50.9	42.5
2001	6.4	50.4	43.2
2002	6.3	49.9	43.7
2003	6.1	49.6	44.4
2004	6.3	50.3	43.4

资源来源：各年《中国统计年鉴》。

五、在国内和国外之间的分配

国内生产活动创造的经济总量，通过在国内与国外之间的分配，即GDP加上来自国外的净要素收入，得到国民总收入(GNI)，国民总收入再加上来自国外的经常净转移收入，便形成了国民可支配收入。一个国家的国民可支配收入是可以用于对国家、企业和居民个人三者进行分配的总资源。改革开放以来，我国各年国民可支配收入占GDP的比重基本围绕100%小幅波动，1982－2004年，该比重平均为99.8%，表明减去我国对外支付的要素收入和经常转移收入，加上我国从国外获得的要素收入和经常转移收入，我国GDP中的99.8%转化成了我国本国的国民可支配收入，也就是说，我国国民可支配收入的绝大部分是由国内生产创造的。

分要素收入和经常转移收入看，大部分年份，特别是上世纪90年代以来，我国的要素净收入为负值，表明我国对外支付的要大于我们从国外获得的，这与国外来华投资大于中国对境外投资有密切关系。经常转移净收入，绝大部分年份都为正值，表明我们从国外获得的要大于我国对国外支付的，这与中国有遍布全球且数量巨大的侨胞紧密相关。1982－2004年，中国对外支付的要素净收入11151.6亿元，从国外获得的经常转移净收入8421.9亿元，两者相抵，中国的GDP累计有2729.7亿元流向国外，未能形成我国本国的国民可支配收入。

表7　我国GDP总量在国内和国外之间的分配

单位：亿元

年份	GDP	国外要素净收入	国外经常转移净收入	国民可支配收入	国民可支配收入/CDP(%)
1982	5294.7	7.1	9.2	5311.0	100.3
1983	5934.5	22.9	10.1	5967.5	100.6
1984	7171.0	35.7	10.3	7217.0	100.6
1985	8964.4	24.7	7.1	8996.2	100.4
1986	10202.2	-0.8	13.1	10214.5	100.1
1987	11962.5	-8.0	8.3	11962.8	100.0
1988	14928.3	-6.0	15.6	14937.9	100.1
1989	16909.2	8.6	14.3	16932.1	100.1
1990	18547.9	50.5	13.1	18611.4	100.3
1991	21617.8	44.7	44.2	21706.8	100.4
1992	26638.1	13.7	63.6	26715.4	100.3
1993	34634.4	-74.0	67.5	34627.9	100.0
1994	46759.4	-89.3	115.4	46785.5	100.1

续表

年份	GDP	国外要素净收入	国外经常转移净收入	国民可支配收入	国民可支配收入/GDP(%)
1995	58478.1	-983.2	119.7	57614.6	98.5
1996	67884.6	-1034.0	177.9	67028.4	98.7
1997	74462.6	-1319.9	694.4	73837.1	99.2
1998	78345.1	-1377.9	354.6	77321.7	98.7
1999	82067.5	-1487.9	409.1	80988.7	98.7
2000	89468.1	-1214.1	557.1	88811.1	99.3
2001	97314.8	-1587.0	1151.7	96879.6	99.6
2002	105172.3	-1237.0	1210.8	105146.1	100.0
2003	117390.2	-648.8	1459.6	118201.0	100.7
2004	136875.9	-291.6	1895.2	138479.6	101.2
合计/平均	1137023.6	-11151.6	8421.9	1134293.9	99.8

资料来源:各年度《国际收支平衡表》。

以上的分析可以看出,我国改革开放以来的收入分配格局总体上符合社会主义市场经济的发展方向,在注重效率的同时兼顾了公平,充分调动了各经济主体的积极性,有效地促进了经济长期稳定快速的发展,保证了社会的和谐和稳定。但是,企业所得比重偏低,特别是居民收入分配在城乡之间和不同群体之间的差距扩大等问题,需要引起各级政府的高度关注,采取措施妥善加以解决。

为此,提出几点建议:一是统一内资和外资企业所得税税率,尽快在全国范围内推行由增值税向消费税的转型,降低企业税负水平,增强企业发展后劲。二是合理调整国民收入分配结构,加大对农村、农业、农民的支持和保护力度,努力遏制城乡差距扩大的趋势。三是全面落实促进地区协调发展战略,加大对欠发达地区的财政转移力度,逐步缩小地区间社会经济发展的差距。四是建立健全城乡居民社会保障制度,努力提高低收入者的收入水平。五是加大政府对收入分配的调节力度,强化个人所得税征管。

课题组组长:邱晓华
课题组主要成员:郑京平　万东华　刘丽萍　叶植材
周小知　巴　威　严于龙　施发启
董礼华　潘建成　王文波　林京兴
本报告执笔人:刘丽萍　董礼华　施发启

中国经济增长的"成本"

《经济增长(系列)研究》课题之三

改革开放以来,我国经济高速增长,令世人瞩目。但我国经济增长主要靠的是高投入和高耗能,付出的发展成本较高昂,粗放型增长特点明显,经济和社会发展的非均衡性日益突出。如何尽量降低经济增长的成本,保持国民经济持续、快速、健康发展,是下阶段亟待解决的重大问题,本文对此进行了初步分析。

一、资源消耗大,环境压力日益增大

我国各类人均资源占有量不同程度低于世界人均水平,其中人均水资源为世界平均水平的1/4,人均石油资源不到1/5,人均耕地面积为40%左右,铜为1/4 ,铝为1/10。而与此同时,我国也是世界上自然资源消耗最大的国家之一。我国已成为煤炭、钢铁、铜和水的世界第一消费大国,继美国之后的世界第二石油和电力消费大国,2003年我国原油、原煤、铁矿石、钢材、氧化铝和水泥的消耗量,分别约为世界消耗量的7.4%、31%、30%、27%、25%和40%,而创造的GDP仅相当于世界总量的4%。

资源利用率低,环境污染严重成为发展中的重大问题。我国每万元工业增加值取水量为90立方米左右,约为发达国家的3-7倍;工业用水重复利用率约52%,比发达国家低35%;矿产资源的总回收率约为30%,比国外先进水平低20%;单位GDP的废水、固体废弃物排放量也大大高于发达国家水平。

尽管单位产出的能耗与排污趋于下降,仍明显高于国际平均水平。从实际GDP(按汇率法计算,1995年价)所消费的能源看,2002年,我国为0.86千克油当量每美元,虽然分别比1980年的2.58千克油当量每美元和1990年的1.74千克油当量每美元低66.7%和50.6 %,但与发达国家相比仍显得很高。中国比美国高出4.1倍,比英国高出6.2倍,比日本高出13.3倍,比澳大利亚高出4.7倍,比同为发展中国家的巴西高4.7倍,比印度高1.5倍。从污染排放情况看,我国的单位GDP的污染排放量也明显偏高。根据世界银行《2003世界发展指数》的数据,2000年我国二氧化碳排放总量为27.9亿吨,占全球排放总量的12.13%,排放总量仅次于美国;每天有机污水排放总量为6204吨,排放总量全球第一。

二、社会问题日益增多

长期以来,由于重经济发展,轻社会发展,导致经济和社会发展出现明显的不和谐。

1.收入差距不断扩大,机会不均等现象加剧

一是贫富收入差距扩大。根据城乡住户调查资料,2004年,城镇居民中占人口20%的低收入群体的收入占全部收入的比重仅为7.4%,与1985年相比,降低了5.4个百分点;而占人口20%的高收入群体收入所占比重则达到41%,比1985年提高了11.6个百分点。与之类似,2004年农村居民中最低和最高收入群体比重分别为6.3%和43.4%,与1988年相比分别下降和上升了2.1和4个百分点。收入分配向高收入群体集中,贫富两极分化严重,已经成为我国城乡收入分配领域中的共性问题和共同难题。

二是城乡差距扩大。改革初期,城乡收入差距1985年曾缩小为1.86倍,以后逐年扩大,2004年扩大为3.21倍。2004年占全国41.8%的城镇人口占有着全部居民可支配收入的69.2%,比1978年上升了33.5个百分点;而占全国58.2%的农村人口仅占有全部居民可支配收入的30.8%,比1978年降低了33.5个百分点。如果考虑到城乡居民所能享受到社会保障方面的巨大差异,则城乡差距会更大,而且这种趋势还在进一步发展。

三是地区差距扩大。1978—2004年,东部地区生产的地区生产总值占全国的比重平均达到56%,而中部地区和西部地区则分别是26%和18%,东部地区创造了全国一半强的经济总量。这种差距近十多年来呈现扩大趋势，东西部地区人均地区生产总值的比例由1991年的1.86∶1扩大到2004年的2.61∶1。

2. 农民工利益受到侵蚀

据统计，目前农民工数量已达1.2亿，占全国农村劳动力的四分之一，已成为城镇就业人员的半壁江山，且随着城市化的发展呈现不断增长的趋势。然而农民工在为经济增长做出巨大贡献的同时，也付出了很大的代价。

一是劳动时间过长、劳动报酬过低。据国家统计局农调总队的调查，农民工每周平均工作6－6.5天，每天工作9－12个小时。2004年农民工外出务工月平均收入780元，不到城镇单位就业人员平均工资的60%。若折算成小时工资，则不到城镇单位就业人员的40%。农民工不仅工资低，而且经常被拖欠。

二是缺乏必要的劳动保障。据调查，目前近九成的农民工用工单位没有为其购买劳动保险，近八成的农民工没有与用工单位签订劳动合同。

三是边缘化的生存状态使农民工生活在社会底层。除生活居住环境差外，许多农民工没有时间和机会接受技能培训，相当部分农民工的子女也享受不到公平的基础教育。据调查，超过七成的农民工从来没有接受过任何形式的技能培训，单纯靠体力挣钱；四成的农民工子女不能在打工所在城市就学，而上学的农民工子女中，三分之二要向学校支付比城里孩子高得多的各项费用。

3. 安全问题日益突出

安全生产事故频发，交通事故死亡率过高。据统计，2004年全国共发生各类事故80万起，死亡人数达13.7万人。其中道路交通事故死亡人数由1986年的5万人上升到2004年的10.7万人，年均增长4.6%。从国际比较看，我国交通事故死亡率明显过高。2004年我国万车死亡人数为9.2，虽比上年有所下降，仍明显高于1999年美国的2、法国的2.5、日本的1.3的水平。

2004年，全年煤矿企业发生各类伤亡事故3853起，死亡6009人，全国煤矿百万吨死亡率为3.1，是美国的100倍；2004年我国煤炭产量19.56亿吨，约占全球三分之一，而死亡人数占全球的近80%。

食品、药品安全问题几成顽疾。据统计，2004年29个省（自治区、直辖市）报告食物中毒2305起，中毒4.3万人。据对全国29个省（区、市）21类食品抽查，不合格率超过10%，其中肉及肉制品不合格率超过15%，乳制品不合格率超过13%。

4. 社会保障欠帐较多

失业问题。尽管20多年来我国经济高速增长，但是失业率并没有下降，反而呈现上升趋势。目前4%左右的城镇登记失业率实际上没有包括大量没有登记的城镇失业人口和农村富裕劳动力。工业化和市场化的双重变化带来了经济的快速增长，而工业化的技术升级、市场化的减员增效对劳动的排斥与中国这样的劳动力存量和增量都在世界名列前茅的国情，形成了突出的矛盾。

养老问题。中国在2000年就进入了老龄社会，预计到2050年，中国老龄人有可能达到4.93亿，占总人口的四分之一。而目前养老保障所覆盖的范围却十分有限。发达国家老龄化是在工业化完成之后出现的，而中国是在工业化中期阶段，相关条件没有准备好的情况下进入老龄社会的。

医疗问题。据卫生部第三次卫生服务调查，目前50%以上的城市人口、87%的农村人口无任何医疗保障。目前医疗资源分配极不平衡，80%集中在城市，其中2/3又集中在大医院，用于农村的卫生经费比较少，一些农民往往因看病而致贫、返贫。

5. 社会不稳定隐患增加

在社会分化加剧的情况下，目前我国已进入社会矛盾凸显期。其标志之一就是精神病患病率、离婚率显著上升，刑事和经济犯罪率逐年递增。其中离婚率由1985年的0.9‰上升为2004年的2.5‰；精神疾病的患病率近年来一直处于上升趋势；刑事罪犯总数由1997年的52.6万人上升为2004年的76.4万人，年均增长5.5%；2004年涉嫌贪污贿赂犯罪的人数已达到35万人。

三、财政和金融风险不断积聚

我国经济的快速增长主要来自于投资的迅速增加。1985—2004年间，除个别年份外，固定资产投资的增长速度都明显高于GDP的增长速度。目前，我国GDP的最终使用中，家庭消费支出占47%，政府消费占12%，资本形成将近40%，而世界平均为61∶17∶22，其中低收入国家为70∶11∶20；中等收入国家为59∶15∶25。数据表明我国经济增长对投资的强依赖性十分明显。

与此同时，投资效率出现下滑的趋势。利用国际通用的“边际资本－产出比率”对我国资本生产率变动情况衡量的结果，从20世纪80年代前期到

1992年以前,我国的投资效率不断得到改善,但是从1992年以后则出现持续恶化。事实上,从资本存量的增长明显低于资本增量的增长上,也可以看出投资效率恶化的趋势。1978－2004年,初步估算我国资本存量年均增长8.7%,而同期反映增量的资本形成总额年均增长9.9%,两者相差1.2个百分点。在这种忽视投资效率的投资迅猛增长中,产出了大量的无效供给,包括大量过剩的产能和一些形象工程、豆腐渣工程,而投资资金中又有相当一部分是来自财政和银行信贷,2004年仅国家预算内资金和国内贷款两项就占固定资产投资资金来源的22.7%。再加上其他方面资金使用过程中的问题,目前我国的金融和财政风险在积累。

1. 金融风险

我国资本市场改革严重滞后,银行贷款为核心的间接融资仍是我国企业融资的主要渠道,这也增加了我国银行业和金融业的经营风险。最近几年,间接融资比重增加的趋势还得到了进一步加强,2001－2003年,银行贷款占我国企业融资的比重分别为75.9%、80.2%和85.1%,明显高于发达国家70%的水平。2004年底我国的M2/GDP比率为1.85,几乎是世界最高的。这一指标的持续上升表明我国的经济增长具有明显的信贷推动特征,而且信贷资产的运用效率趋于下降。同时,因为直接融资发展滞后,使得现有的间接融资中,大中型企业和中长期基建项目贷款比重高,而贷款集中度高容易形成不良资产,不利于金融风险防范。

2. 财政风险

一是国家债务风险较大。从债务依存度看,国际上公认警戒线为20%,而我国早在1995年就超过了20%,到2004年达到24.2%;从国债偿债率看,受多年积极财政政策的影响,财政赤字逐年攀升,随着还债期的到来,从1996年起,每年还本付息的压力都在1000亿元以上,2004年更是高达3672亿元。

二是地方财政负债风险增加。按法律地方政府是不能举债的,但一些地方通过各种方式形成了这样或那样的隐性债务,使地方财政的风险在增加。

四、长期竞争力增强缓慢

1. 研发投入偏少导致我国的企业尤其是内资企业创新能力不强

因为拥有廉价的劳动力(尤其是农民工),以及对自然资源不加节制的利用,目前我国企业的市场竞争很大程度上还是依靠价格的竞争,通过薄利多销的方式拓展国内外市场,对通过创新获取超额利润的动力不足。目前国内药品企业平均每年只拿出销售收入的2%用于研发,远远低于国外一些药品生产企业17%至18%的水平;2002年,我国IT百强企业研发经费投入总额217亿元(合26亿美元),尚不及同期IBM的60%,微软的50%。

近15年来,外国企业和中国企业在我国申请发明专利的比例是6.4比1,在信息领域外国企业在我国申请专利占90%,在生物领域占87.3%。

2. 缺乏国际品牌产品和企业

2005年8月1日出版的美国著名商业杂志《商业周刊》刊登最新一期的“全球品牌100强”,没有一个中国品牌上榜。中国是名副其实的制造业大国,却也是国际品牌弱国,中国的产品仍然是价廉物美的代名词。由于缺少具有国际品牌的跨国企业,中国企业无法充分利用全球的资源整合自己的生产流程,只能挤在国内这条船上竞相消耗本来已经十分稀缺的资源,在国际市场上赚取微薄的利润。

3. 影响产业集聚的形成

产业集聚的形成以及国家和区域创新体系的创建是提高国家竞争力的必然选择,而产业集聚的形成要求政府部门、大学、研究机构与企业通过利益的纽带和市场的行为自觉地形成网络,通过相互作用进行创新活动,其中重要的一点就是产业集聚的形成是跨行政区划的。我国目前由于地方政府的发展冲动和地方保护、低水平重复建设等因素造成产业结构的扭曲,影响产业集群的自然形成。

五、基本结论及政策建议

1. 伴随着我国经济长期的快速增长,资源过度消耗、环境恶化趋势十分明显

经济增长本身并不是浪费资源、破坏环境的罪魁祸首,资源和环境压力显著加大主要与长期形成的粗放的经济增长方式有关。经济发展不平衡、重化工业趋向、国外资本向国内转移资源消耗和环境污染型企业的倾向以及小型企业迅速发展是构成资源、环境压力的重要因素。

2. 在经济快速增长的同时,社会发展在多方面出现失衡现象

收入差距扩大、机会不均等导致社会分化趋势严重，以农民工为主体的社会弱势群体利益缺乏有效保护，危及人民生命的各类安全事故频发，自杀率、离婚率以及各类刑事、经济案件发生率的上升昭示社会不稳定程度的提高，工业化、城市化的快速发展与社会保障制度建设滞后的矛盾使养老、失业、医疗和基础教育（尤其是农村医疗和教育）等方面出现的危机渐渐露出冰山。这种经济快速发展与社会矛盾的尖锐既不符合不断提高人民生活水平的增长目的，也不利于维护社会的和谐与稳定。

3. 经济的快速增长对投资和信贷存在过度的依赖

这种依赖在影响效率提升的同时造成财政和金融风险的积聚。在不可逆转的经济全球化的趋势下，这种风险的积聚势必构成金融危机的隐患。

4. 粗放式经济增长基于对廉价人力资源、自然资源的过度依赖及对环境成本的忽略，导致企业创新动力不足，妨碍了国家竞争能力的提高

这种阻碍常常被充分发挥地区相对优势的思想所掩盖。

总而言之，无论是经济增长中的资源和环境代价，还是社会代价；无论是经济增长背后潜在的财政、金融风险，还是国家创新能力的不足，都与粗放的经济增长方式相关。之所以长期以来粗放的、片面的经济增长方式一直占据主导地位，主要有以下几个方面原因：

一是传统的政绩观的影响。唯 GDP 的政绩观导致了以地区 GDP 增长竞赛为主要内容的地方政府竞争。由于地方官员任期的限制，使这种竞争更多地表现出各地追求 GDP 短期增长的竞争，这种短期行为直接导致通过牺牲资源、环境和社会公平与安定换取 GDP 增长现象的发生。

二是对社会发展重视不够。繁荣经济与社会进步是现代化建设的两个基点，但在相当长时间里，不少地方对社会进步重视不够，表现在投入力度小，发展步伐慢，社会事业的欠帐较多，影响了民众福祉的改善和经济的健康发展。

三是政府职能的错位。一方面，目前政府拥有过多的支配资源尤其是紧缺的要素资源如土地、资金、矿藏资源的权力，资源定价方式不合理，透明度低，市场竞争差，这不仅影响资源配置效率，而且也是出现“寻租”现象的根源；另一方面，在应该由政府发挥作用的地方，政府作用发挥不够，尤其表现在政府在社会发展支出方面的投入严重不足。

四是国内巨大的区域差异造成国内经济落后地区对资源的依赖和对环境保护的忽视。由于落后地区在教育、科研、人才、资金等方面的相对劣势，其发展和富裕目前主要靠廉价的土地等各种优惠条件，对高污染、高能耗的工业项目把关不严。这种区域的巨大差距客观上造成资源过度消耗和环境污染由东部沿海地区逐步向中西部地区呈梯度蔓延。

五是由于廉价劳动力的充分供给、对知识产权的保护不力、政府对企业直接干预导致的企业短期行为、我国的教育科研体制与现实经济脱节等等从不同方面影响了企业创新的动力和创新能力的提高。

基于上述分析，我们认为只有采取切实有效的措施，促进经济增长方式的转变，才能在保持经济快速增长的同时，将资源、环境和社会代价控制在尽可能低的范围之内。

一是必须全面贯彻落实科学发展观。要从指导思想上，摒弃传统的重物轻人的观念，始终把提高人民的物质文化生活水平和健康水平作为出发点和归宿；转变单纯利用和征服自然的观念，在发展过程中要充分考虑资源和生态环境的承载能力。二是建立完善的地方政府政绩考核指标体系，彻底转变仅仅通过 GDP 的增速来考核地方官员政绩的做法。三是要加快改革步伐，切实转变政府职能，适当减少经济增长的直接投资职能，加大社会事业的投入力度，做好社会服务工作。四是进行产业结构调整，优化产业的空间布局，避免地区之间的结构趋同。五是完善引进外资政策，严格限制那些资源消耗大、环境污染严重的外资项目的引进。六是加快资本市场发展步伐，扩大直接融资规模，减轻银行贷款风险的压力。七是关注国家创新体系的建设，从根本上提高国家的竞争能力。

课题组组长：邱晓华
课题组主要成员：郑京平　万东华　刘丽萍　叶植材
周小知　巴　威　严于龙　施发启
潘建成　王文波　林京兴
本报告执笔人：叶植材　潘建成

农村居民收入分配差距实证分析

改革开放以来,农村居民收入持续增长,但收入分配差距也持续扩大,虽然目前分配差距仍处于警戒线之下,但已逼近警戒线,要高度重视农村收入分配差距持续扩大问题。我们利用农村住户抽样调查资料,采用基尼系数和泰尔指数分析方法,对近年农村居民收入分配的差异程度、变动趋势及影响因素等进行了深入分析。研究表明,农村住户家庭经营收入不平衡和地区内部收入分配差距,是农村居民收入分配差距形成的主体;近年农村住户工资性收入和财产性收入差距扩大,是农村居民收入分配差距持续扩大的重要原因。要千方百计增加农民收入,提高农村居民收入水平;要加大对中西部地区的投入,促进中西部地区加快发展,逐步缩小地区差距;同时,要继续深化收入分配体制改革,加强对收入分配的宏观调控,及时化解收入分配中的矛盾。要用发展和改革的办法解决农村居民收入分配差距扩大的问题,逐步扭转差距持续扩大的趋势,促进农村社会的和谐与稳定。

一、农村居民收入持续增长

农村改革20多年来,农村居民收入持续增长,收入水平显著提高。与此同时,农村居民收入来源结构也发生了显著变化。

(一)收入水平显著提高

改革开放以来,农村居民收入显著提高,由1978年的134元提高到2004年的2936元,翻了4番多,年均增长7.1%。26年来,农村居民收入在波动中持续增长,总体上看大致经历了五个阶段:

第一阶段,1978-1984年农民收入超常规增长。农村普遍实行以推行农村家庭联产承包责任制为主要内容的经济体制改革,极大地调动了农民生产积极性,农村经济快速发展。这期间农村居民人均纯收入由人均134元增加到355元,增长1.7倍,年均增长16.5%。

第二阶段,1985-1990年农民收入在波动中缓慢增长。这一时期农业生产出现徘徊,主要农产品产量下降,农业生产资料等工业品价格大幅度上涨,农业增产不增收的矛盾突出,农民收入增速产生剧烈波动。这期间农民收入年均增长3.0%,其中1988年增长6.4%,1989年出现负增长,增速为-1.6%。

第三阶段,1991-1996年农民收入反弹回升。乡镇企业从三年治理整顿中显露生机,农村劳动力流动就业快速发展;国家连续两次提高农副产品收购价格,农业增产不增收的矛盾缓解,农民收入增速持续回升。这期间农民收入年均增长5%,除1991年和1993年农民实际收入只增长2%和3.2%以外,其余几年均超过5%,1996年增幅达到9%。

第四阶段,1997-2000年农民收入增速持续下降。农业和农村经济发展进入新阶段,"三农"形势发生重大变化,农民增收进入最困难时期,农民收入增速持续下降。这期间农民收入年均增长3.7%,其中1997年增长4.6%,1998年增长4.3%,1999年增长3.8%,2000年增长2.1%。

第五阶段,2001—2004年农民收入增速回升。农民增收仍处于最困难时期,进入新世纪农民增收又面临了许多新困难。在困难情况下,由于中央及时采取了一系列支持农民增收的重大政策,农民收入增速回升。这期间农民收入年均增长5.0%,其中2004年增速达到6.8%,为1997年以来增速最高的一年。

(二)收入来源结构显著变化

农村居民纯收入按来源可分为工资性收入、家庭经营纯收入、财产性收入和转移性收入。近15年农村居民收入结构的变化有三大特点:一是家庭经营收入仍然是农村居民收入的最主要来源,但所占比重大幅度下降。1990年,家庭经营收入占农村居民人均纯收入的比重为75.6%,2004年下降为59.5%,下降16.1个百分点,年均下降1.1个百分点;二是工资性收入所占比重持续提高,已成为

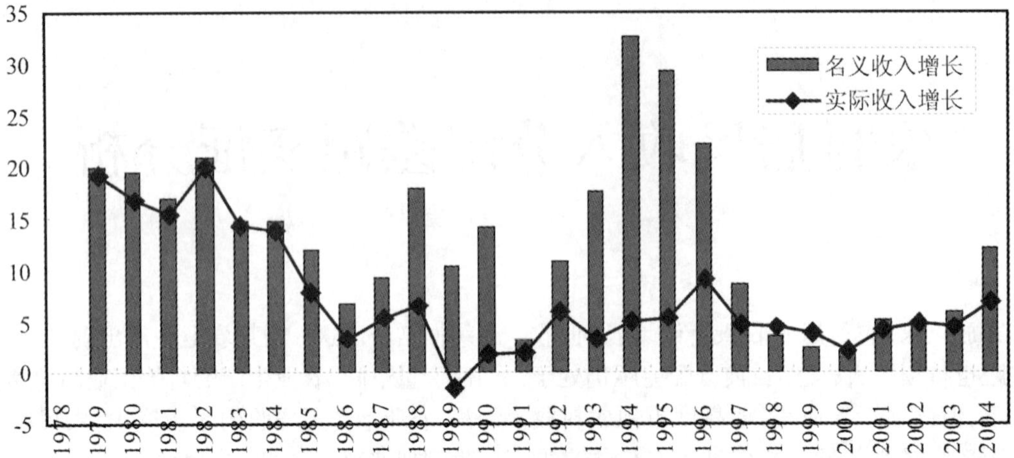

图1 改革开放以来农村居民收入增长情况

农村居民增收的重要来源。1990 年,工资性收入占农村居民人均纯收入的比重为 20.2%, 2004 年提高到 34.0%,提高 13.8 个百分点,年均提高 0.9 个百分点;三是财产性、转移性收入所占比重稳步提高。1990 年,财产性和转移性收入占农村居民人均纯收入的比重为 4.2%, 2004 年提高到 6.5%,提高 2.3 个百分点,年均提高约 0.2 个百分点。

表1 农村居民收入来源及构成

		全年纯收入	工资性收入	家庭经营纯收入	财产性收入	转移性收入
收入（元/人）	1990 年	686	139	518	14	15
	1995 年	1578	354	1126	41	57
	2000 年	2253	702	1427	45	79
	2004 年	2936	998	1746	77	115
构成（%）	1990 年	100.0	20.2	75.6	2.0	2.2
	1995 年	100.0	22.4	71.4	2.6	3.6
	2000 年	100.0	31.2	63.3	2.0	3.5
	2004 年	100.0	34.0	59.5	2.6	3.9

二、农村居民收入分配差异现状及特征

(一)农村居民总体的收入分配差距持续扩大

改革以来我国农村居民收入差异呈持续扩大趋势,但近年的扩大速度有所减缓。1978—2004 年,农村的基尼系数由 0.2124 上升到 0.3692,提高了 15.7 个百分点。从基尼系数的提高程度看,近年扩大速度有所减缓。1980—1990 年 10 年农村居民收入分配的基尼系数提高 6.9 个百分点,年均提高 0.69 个百分点;1990—2000 年 10 年提高 4.4 个百分点,年均提高 0.44 个百分点,扩大速度比前 10 年下降 0.25 个百分点;2000—2004 年提高 1.6 个百分点,年均提高 0.39 个百分点,扩大速度比上世纪后 10 年下降 0.05 个百分点。

(二)高低收入组农户收入差距持续扩大

按照农户人均收入水平进行 5 等分分组(每组各占总户数的 20%),近 15 年来,不同收入组农户收入保持持续增长,但低收入组农户增速相对较慢。2004 年低收入组农户人均纯收入 1007 元,比 1990 年增加 712 元,年均增加 51 元,年均名义增长 9.2%(未扣除价格上涨因素,下同);中低收入组农户人均纯收入 1842 元,比 1990 年增加 1378 元,年均增加 98 元,年均名义增长 10.4%;中等收入组农户人均纯收入 2579 元,比 1990 年增加 1971

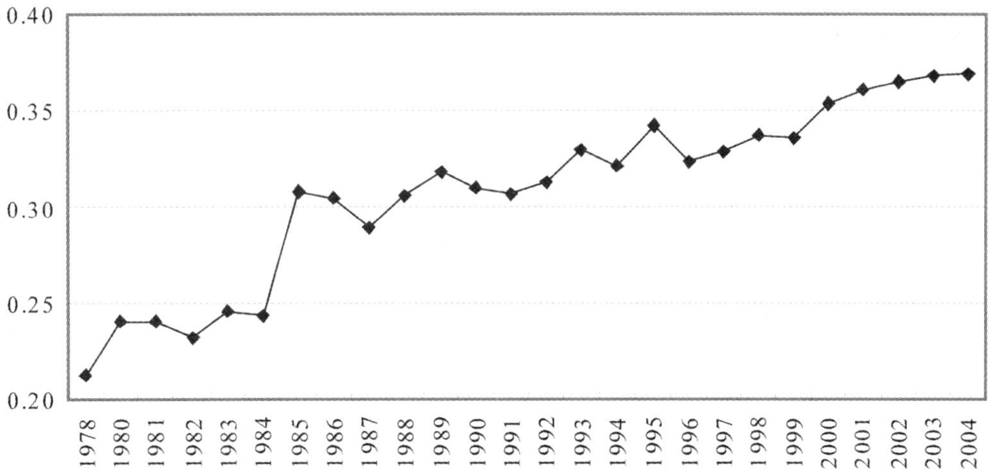

图2 改革开放以来农村居民收入分配差距变化情况

元,年均增加141元,年均名义增长10.9%;中高收入组农户人均纯收入3608元,比1990年增加2802元,年均增加200元,年均名义增长11.3%;高收入组农户人均纯收入6931元,比1990年增加5551元,年均增加397元,年均名义增长12.2%。与高收入组相比,低收入组农户收入年均增长速度低3个百分点,年均增加额相差346元。

由于低收入农户收入增长速度相对缓慢,增加的收入较少,在总收入中所占的份额持续下降,高低收入组农户收入差距持续扩大。1990年,低收入组农户收入在占农村居民收入中所占的份额为9.6%,2004年下降为7.5%,下降2.1个百分点;1990年高收入组农户收入所占份额为35.4%,2004年提高39.6%,提高了4.2个百分点。从收入水平差距看,2004年高收入组与低收入组农户的收入差距比为6.9∶1(以低收入组为1),比1990年扩大了2.2倍;中等偏上收入组与低收入组农户的收入差距比为3.7∶1,比1990年扩大了1倍;中等收入组与低收入组农户的收入差距比为2.6∶1,比1990年扩大了0.6倍;中低收入组与低收入组农户的收入差距比为1.8∶1,比1990年扩大了0.2倍。

表2 收入五等分分组各组住户收入所占份额(单位:%)

年份	合计	低收入组	中等偏下收入组	中等收入组	中等偏上收入组	高收入组	高低收入组收入所占份额差距
1990年	100	9.6	14.2	18.1	22.8	35.4	25.8
1995年	100	8.4	13.3	17.4	22.9	38.0	29.6
2000年	100	7.9	13.2	17.4	22.8	38.7	30.9
2004年	100	7.5	13.0	17.2	22.7	39.6	32.1

表3 收入五等分分组组间收入差距

年份	低收入组	中等偏下收入组	中等收入组	中等偏上收入组	高收入组	高低收入差
1990年	1.00	1.57	2.06	2.73	4.67	3.7
1995年	1.00	1.70	2.31	3.18	5.79	4.8
2000年	1.00	1.80	2.50	3.45	6.47	5.5
2004年	1.00	1.83	2.56	3.58	6.90	5.9

（三）不同类型农户收入差距大

根据收入来源的不同，农村住户可分为以农业收入为主的住户和以非农业收入为主的住户两大群体，现阶段，以农业收入为主的住户约占农村住户的三分之二。2004年，以农业收入为主的住户人均纯收入为2536元，以非农业收入为主的住户人均纯收入为3966元。以农业收入为主的住户收入水平，比农村居民总体平均水平人均低400元，仅相当于以非农业收入为主的住户收入水平的65%，不足三分之二，两大群体收入差距较大。

表4 2004年不同类型农户收入来源

指　标	收入来源(元/人)		收入来源构成(%)	
	农业户	非农业户	农业户	非农业户
全年纯收入	2536	3966	100.0	100.0
(一)工资性收入	482	2259	19.0	57.0
(二)家庭经营纯收入	1899	1441	74.9	36.3
1.第一产业纯收入	1810	576	71.4	14.5
2.非农产业纯收入	88	865	3.5	21.8
(三)转移性和财产性纯收入	155	266	6.1	6.7

（四）区域内农村居民收入分配差距普遍低于总体水平

分区域情况看，各省内部农村居民收入分配差距较小。1990年全国仅有4省农村居民收入分配的基尼系数超过0.3，仅有2个省的基尼系数高于全国农村的总体水平；2004年，有22个省的基尼系数超过了0.3，有5个省高于全国农村的总体水平，贵州、陕西、广西、江西、四川、湖南、上海、重庆、安徽等8个省区市的基尼系数仍在0.3以下。

三、影响农村居民收入分配的因素分析

根据国家统计局对全国31个省（区、市）6.8万个农村住户的抽样调查资料，采用基尼系数和泰尔指数分析方法（方法介绍见附件），对影响农村居民收入分配差距形成的原因和农村居民收入来源对收入分配的影响进行分析。

（一）农村居民收入分配差距形成的原因

1.家庭经营收入差异是农村居民收入分配差距形成的主体

采用基尼系数分析模型，根据收入来源对农村居民收入分配的基尼系数进行分解。结果表明，农村居民收入的四个来源对基尼系数形成的贡献率近15年来发生了明显变化。家庭经营收入仍然是农村居民收入差距形成的主体，但贡献率明显下降。2004年，家庭经营收入的贡献率占50.5%，比1990年下降14.1个百分点。

2.工资性收入差异形成的影响显著提高

工资性收入的贡献率显著提高，日渐成为农村居民收入分配形成的重要因素。2004年，工资性收入对收入分配差距的贡献率为41.3%，比1990年提高13.0个百分点。财产性、转移性收入的贡献率提高，但尚未成为收入分配差距形成的重要因素。2004年，财产性、转移性收入对收入分配差距的贡献率分别为3.7%和4.3%，分别比1990年提高2.5个百分点和0.5个百分点。

表5 收入来源对农村居民内部总体收入分配差距的贡献率(%)

收入来源	1990年	1995年	2000年	2004年
纯收入	100.0	100.0	100.0	100.0
1.工资性收入	28.3	31.4	38.7	41.3
2.家庭经营纯收入	64.6	59.1	53.7	50.5
3.财产性收入	1.2	2.6	2.9	3.7
4.转移性收入	3.9	4.0	4.3	4.3

3. 省内分配差距对农村居民收入分配差距的贡献率超过3/4

用泰尔指数将农村居民内部总体收入分配差距分解为省内差距和省际间差距，结果显示，2004年各省内部农村居民收入分配差异对总体差异形成的贡献率为78.1%，超过3/4，省际间差异对总体差异形成的贡献率为21.9%，不足1/4。省内差异对总体差异形成的贡献率呈上升态势，1990年的贡献率为76%，2004年上升为78.1%，提高了2.1个百分点；省际间差异对总体差异形成的贡献率由1990年24.0%下降为2004年的21.9%，下降了2.1个百分点。

表6　农村居民收入差距的地区间和地区内分解

	农村个人收入差距分解			对总体收入差距的贡献率(%)	
	农村内部总体收入差距	省间差异	省内差异	省间差异贡献率(%)	省内差异贡献率(%)
1990年	0.1554	0.0374	0.1180	24.0	76.0
1995年	0.2000	0.0605	0.1395	30.2	69.8
2000年	0.2212	0.0507	0.1705	22.9	77.1
2004年	0.2345	0.0513	0.1829	21.9	78.1

4. 东部地区对区域内部分配差距的影响最大

用泰尔指数将农村居民内部总体收入分配差距分解为区域之间的收入差距和地区内部的收入差距，结果显示，地区之间收入差距对农村内部总体收入分配差距的贡献率为14%，区域内部收入差距的贡献率为86%，说明农村居民收入分配差距主要来自区域内部差异的影响。东部地区内部收入分配差距对总体收入分配差距的贡献率为38.2%，中部地区为26.4%，西部地区为21.4%，东部地区的贡献率大大高于中西部地区和地区之间的收入差距。

表7　农村居民收入分配差距泰尔指数分解结果

	总体收入分配差距	地区间收入差距	地区内收入差距	东部地区	中部地区	西部地区
1990年	0.1554	0.0188	0.1365	0.0636	0.0423	0.0307
1995年	0.2000	0.0419	0.1581	0.0709	0.0446	0.0425
2000年	0.2212	0.0339	0.1873	0.0805	0.0555	0.0512
2004年	0.2345	0.0328	0.2017	0.0894	0.0619	0.0502
对总体差距的贡献率(%)						
1990年	100.0	12.1	87.9	40.9	27.2	19.7
1995年	100.0	21.0	79.0	35.5	22.3	21.2
2000年	100.0	15.3	84.7	36.4	25.1	23.1
2004年	100.0	14.0	86.0	38.1	26.4	21.4

5. 不同类型农户群体内部收入分配差异形成原因不同

以农业收入为主的住户和以非农业收入为主的住户两大群体内部收入分配差距形成的原因不同，以农业收入为主的住户群体内部收入分配差距形成的主要来源是家庭经营收入差异，以非农业收入为主的住户群体内部收入分配差距形成的主要来源是工资性收入差异。在以农业收入为主的住户群体，家庭经营纯收入与纯收入差距之间的相关系数高达0.9212，群体内部收入分配差距的75.6%来自于家庭经营收入差异；在以非农业收入为主的住户群体，群体内部收入差距中仅有

34.9%来源于家庭经营收入,工资性收入的贡献率为54.8%,转移性和财产性收入为10.2%,工资性收入是以非农业收入为主的住户群体内部收入差距的主要来源。

表8 收入来源对不同类型农户内部基尼系数的贡献率(%)

收入来源	1990年	1995年	2000年	2004年
农业户				
纯收入	100.0	100.0	100.0	100.0
工资性收入	19.1	15.4	17.1	17.4
家庭经营纯收入	74.9	76.2	76.4	75.6
财产性收入	1.3	2.6	1.9	2.3
转移性收入	3.9	3.7	4.5	4.6
非农业户				
纯收入	100.0	100.0	100.0	100.0
工资性收入	55.9	54.8	52.4	54.8
家庭经营纯收入	39.9	33.2	38.6	34.9
财产性收入	0.9	3.0	4.2	5.6
转移性收入	4.0	5.2	4.5	4.6

(二)收入来源对收入分配均衡化的影响

1.家庭经营收入在农村居民收入分配中起均衡收入的作用

对2004年基尼集中度的测算表明,工资性收入、财产性收入和转移性收入的基尼集中度均大于1,分别为1.16、1.47和1.13,说明这三个收入来源对农村居民收入分配起着扩大差异、拉大差距的作用。而家庭经营收入的基尼集中度小于1,为0.87,说明家庭经营收入对收入分配起着均衡化收入、缩小收入差距的作用。家庭经营收入在农村居民收入中占60%,是最主要的收入来源,由于其在收入分配中起着缩小收入差距的作用,因此促进农户家庭经营收入的普遍增长,将有助于缩小农村居民收入分配差距。

从1990年来的情况看,虽然家庭经营收入的基尼集中度均小于1,但呈逐步提高的趋势,由1990年的0.85提高到了2004年的0.87,说明家庭经营收入在均衡收入方面作用在降低。这主要是由于农户家庭经营的资源禀赋不同,经营收入来源结构差异扩大,经营收入水平的差异在扩大。

2.财产性收入对扩大收入分配差距的影响日趋显著

随着收入分配制度的改革,财产性收入参与到收入分配中,财产性收入对农村居民收入分配的影响越来越大,农户财产性收入差异扩大成为近年农村居民收入分配差距扩大的重要影响因素。1990年财产性收入的基尼集中度为0.58,在收入分配中起着均等化、缩小收入差距的作用;1995年转变为大于1,在收入分配中所发挥的作用由缩小差距转变为扩大差距。近年来,财产性收入在扩大分配差距方面的作用越来越显著,成为农村居民收入分配差距持续扩大的重要影响因素。2000年财产性收入的基尼集中度达到1.47,2002年进一步提高到1.61,这两年虽有所下降,但2004仍达1.47。

表9 收入来源对农村居民内部总体收入分配差距的影响

	1990年	1995年	2000年	2001年	2002年	2003年	2004年
纯收入	1.00	1.00	1.00	1.00	1.00	1.00	1.00
1.工资性收入	1.41	1.38	1.18	1.18	1.16	1.14	1.16
2.家庭经营纯收入	0.85	0.85	0.87	0.86	0.85	0.87	0.87
3.财产性收入	0.58	1.03	1.47	1.55	1.61	1.44	1.47
4.转移性收入	1.34	1.09	1.27	1.30	1.32	1.28	1.13

3. 不同类型农户内部收入分配差距扩大的影响因素不同

从两大群体农村住户收入来源的基尼系数集中度看，不同类型农户群体内部收入分配差距持续扩大的影响因素不同。从以农业收入为主的住户群体看，工资性收入的基尼集中度由1990年的1.22下降到2000年的0.94，2004年进一步下降为0.91，工资性收入在收入分配中的作用逐渐由扩大差距转变为均衡收入、缩小差距；转移性收入的基尼集中度呈现下降趋势，由1990年的1.38下降为2004年的1.12，对收入分配的影响，由扩大差距逐渐向均衡收入转变；而家庭经营收入的基尼集中度由小于1逐渐转变为大于1，财产性收入的基尼集中度由1990年的0.59迅速扩大到2004年的1.21，说明近年来以农业收入为主的住户群体内部收入分配差距持续扩大，主要是由于家庭经营收入和财产性收入差异扩大所致。从以非农业收入为主的住户群体看，家庭经营收入和工资性的劳动者报酬收入的基尼集中度由先大于1逐渐转变为小于1，工资性收入和家庭经营收入在以非农业收入为主的住户群体中，逐渐转变为均衡收入和缩小差距的作用；而财产性收入的基尼集中度由1990年的0.65迅速上升到1.64，转移性收入的基尼集中度也呈逐年上升的趋势，由1990年的1.26提高到1.31，说明近年以非农业收入为主的住户群体内部收入分配差距扩大，主要是由住户间财产性、转移性收入差距扩大所造成。

表10 收入来源对不同类型农户内部收入分配差距的影响

	1990年	1995年	2000年	2004年
农业户				
纯收入	1.00	1.00	1.00	1.00
工资性收入	1.22	1.11	0.94	0.91
家庭经营纯收入	0.93	0.97	0.99	1.01
财产性收入	0.59	1.00	1.26	1.21
转移性收入	1.38	1.04	1.29	1.12
非农业户				
纯收入	1.00	1.00	1.00	1.00
工资性收入	1.07	1.06	1.00	0.96
家庭经营纯收入	1.08	0.82	0.93	0.96
财产性收入	0.65	1.36	1.64	1.64
转移性收入	1.26	1.25	1.36	1.31

四、对策建议

目前农村收入分配的基尼系数达到了0.3692，分配差距仍处于合理区间，但已开始逼近警戒线。因此，要高度重视农村居民收入分配差距扩大问题，及时化解收入分配中存在的矛盾，保持农村社会的稳定与和谐。

（一）牢固树立发展观念，用发展的办法化解收入分配中的矛盾

当前农村居民收入分配面临的主要矛盾是农民增收难、增速缓慢，在国民收入分配中所占的份额持续下降。1997年至2003年，农村居民收入年均增长3.9%，城镇居民收入年均增长8.7%，国内生产总值年均增长7.8%。农村居民收入的增长速度仅为GDP的一半，比城镇居民收入的增长速度低4.8个百分点。由于农村居民收入持续缓慢增长，在全部居民收入中所占的比重持续降低。农村居民收入占全部居民收入的比重，1980年为62.8%，1990年为56%，2000年为39.5%，2003年进一步下降到31.9%。因此，化解农村居民收入分配中存在的矛盾首先是要用发展的办法，加速提高农村居民的收入水平，提高农村居民收入在全部居民收入中所占的比重，在收入水平全面提高的基础上解决农村居民收入分配差距持续扩大的问题。

（二）积极扩大农民就业，解决农民增收难问题

农村土地资源太少、农业劳动力太多，农村劳动力就业不充分是农民增收难、增速慢的主要根源。近年来，党和政府采取积极有效措施，改善农民进城务工环境，积极有序地引导农民外出务工，农村外出务工劳动力持续增加，为近年农民收入实现平稳较快增长作出了重要贡献，外出务工已成为农民扩大就业的重要实现形式。但近期农民外出务工人数出现了增势减缓势头，不及时扭转这一局面将对农民增收造成不利影响。增势减缓原因是多方面的，有农村劳动力总量增加速度减缓影响，也有农业生产效益提高部分外出务工劳动力返乡务农等因素的影响。但从目前看，主要影响因素还是工资水平低、合法权益得不到保障、农民非就业技能差外出就业困难等，农民外出务工直接面对的突出问题没有得到很好解决。要采取综合措施，加快解决当前农民外出务工面临的突出问题，积极有序地引导农民外出务工，保持农民外出务工收入的平稳较快增长。

（三）发展农村个体私营经济，提高农民家庭经营的增收能力

农户家庭承包经营是农村的基本经营制度，家庭经营差异是农村居民收入分配差距形成的主要来源，家庭经营收入在农村居民收入分配中起着缩小差距的作用。因此，要普遍提高农户家庭经营增收的能力，促进家庭经营收入增长，缩小家庭经营收入之间的差距。近年来，中央高度重视农业，制定了一系列农业增收的政策措施，农户家庭经营农业生产的收入增速回升，但农户家庭经营收入的增速仍然缓慢，原因是农民家庭在二三产业生产经营上的投入减少，收入增速大幅度下滑。“十五”前四年，农民家庭经营二三产业纯收入年均增长0.8%，增速比“九五”时期下降了13.9个百分点。农民家庭在二三产业生产经营上的投入减少，是因为农村个体私营经济发展面临诸多困难。只有促进县域经济繁荣，才能有效解决农村个体私营经济发展面临的突出问题，带动农民家庭经营二三产业的发展，全面提高农民家庭经营的增收能力。繁荣县域经济，首先要在国民经济和社会发展规划中要统筹考虑县域经济发展问题，加强对县域经济发展规划的编制和实施的指导；其次要完善对县域经济发展的扶持政策，适当调整国家基本建设投资和国债投资的结构和投向，向县域倾斜，改变县域基础设施少、物力建设的状况；再次要在总结试点经验基础上，逐步推广省直管县体制，积极推进财政体制改革，加强县级公共财力建设，扩大县级政府调控经济社会发展的能力。

（四）建立健全农业支持保护制度，维护农业生产经营者利益

以农业生产经营收入为主的住户占农村住户三分之二，这些住户收入水平低，与以非农业收入为主的住户收入水平差距大。因此，解决好以农业生产经营收入为主的住户增收问题，迅速提高收入水平，是扭转农村居民收入分配差距持续扩大趋势的有力手段。农业是需要保护与支持的弱质产业，世界各国工业化发展到一定阶段都要对农业给予支持与保护，我国农业经营规模小，竞争力不强，抗御自然风险和市场风险的能力弱，更需要国家给予必要的支持与保护。要贯彻落实中央提出的工业反哺农业、城市支援农村的大政方针，调整国民收入分配结构和财政支出结构，不断增加对农业的投入，加强农业基础建设，改善对农业的服务。对已经实行的直接补贴，如粮食直补、良种补贴、购买大中型农机具补贴、培训补贴、退耕还林还草补贴等，要继续加大补贴力度，进一步完善措施，建立起完备的国家对农业、农村和农民进行补贴的机制。着力提高农业生产者抵御自然风险和市场风险的能力，维护农业生产经营者利益，促进以农业收入为主农户收入的持续快速增长。

（五）重视财产性收入的分配调节，预防扩大差距新因素的产生

尽管目前农村居民的财产性收入还不多，占收入的比重还很低，但增长速度较快。2004年，农村居民的财产性收入人均为77元，增长16.5%，占农民人均纯收入的比重为2.6%。财产性收入快速增长，但农村住户之间的差异很大，对近年农村居民收入分配差距扩大产生较大影响。随着财产集中程度的增加和财产性收入增长速度加快，财产性收入差距将成为影响收入差距扩大的重要因素。要未雨绸缪，密切关注和研究农村居民财产性收入的发展变化，根据财产性收入的发展趋势和特点，研究制定合理的分配调节制度，加强对财产性收入的分配调节。

（六）促进区域协调发展，缩小地区差异

全面落实促进区域协调发展的战略，坚持推进西部大开发，振兴东北老工业基地，促进中部地区崛起，全面推进中西部地区加快发展，同时鼓励东部地区继续加快发展，形成东中西互动、优势互补、相互促进、共同发展的新格局，逐步缩小地区间差异。中西部地区发展的基础很弱，国民收入分配要适当向中西部地区倾斜，在财政转移支付、投资项目、税收政策等方面加大对中西部地区的支持，对中西部地区发展加以扶持。农村低收入贫困人口主要集中在中西部地区，要继续推进扶贫工作，完善扶贫开发机制，多渠道增加扶贫资金投入，提高资金使用效率，搞好农村扶贫开发，继续加强贫困地区的基础设施建设，帮助贫困地区加快调整农业生产结构，有效增加低收入贫困人口的收入。要加大投入，积极推进贫困地区社会事业发展，尽快改变贫困地区教育、卫生、文化的落后状况。

附：分析方法

一、基尼系数分解法

对基尼系数的分解可以考察不同收入来源对总基尼系数的贡献度，以此分析影响收入差异程度的主要来源是结构性效应还是收入集中效应。本课题是应用费·兰尼斯(Fei－Rains)的基尼系数分解法，分析收入来源对收入差距的影响，具体做法为：

1. 将收入按来源分为 k 个分项。这里按农村收入来源把人均收入分为工资性收入、家庭经营纯收入、财产性收入和转移性收入。

2. 将 n 个调查对象按人均纯收入由低到高进行排序，计算每项收入来源在全部纯收入中的比重和集中率。其中：集中率的计算方法类似于基尼系数，只是排序的基础不同，集中率按总收入高低排序，基尼系数则按分项收入本身的大小排序，前者主要用来测算分项收入对总差距的贡献，后者用于表示分项收入本身的差距，前者一般小于后者。计算公式为：

设有 K 种不同的收入来源，$Y=\sum_{k=1}^{K}Y_k$，则：

$G=\frac{2\text{cov}(Y,F(Y)/n)}{\bar{Y}}=\sum_{k=1}^{K}S_kR_kG_k$　　G 是总基尼系数

其中，$S_k=\bar{Y}_k/\bar{Y}$　为来自于 k 种的收入在总收入中所占的份额；

$R_h=\frac{\text{cov}(Y_k,F(Y)/n)}{\text{cov}(Y_k,F(Y_k)/n)}=\frac{\bar{G}_k}{G_k}$　为第 k 种收入与总收入之间的相关系数；

G_k 为第 k 种收入分配的基尼系数，

$\bar{G}_k$ 为拟基尼系数(集中度)。

3. 如果分项收入来源的集中度 $\bar{G}_k$ 小于总的收入的基尼系数 G，则表示该项收入来源一直发挥着使收入均等化、缩小收入总差距的作用；如果 $\bar{G}_k$ 大于 G，则表示该项收入来源一直发挥着使收入不均等扩大、加大收入总差距的作用；如果 $\bar{G}_k$ 等于 G，则表示该项收入来源的分布类似于总收入，对收入总差距既不扩大也不缩小。

二、泰尔指数分解法

泰尔(Theil)指数是与基尼系数类似的另一个常用来衡量收入差距程度的指标。泰尔(Theil)指数又称泰尔熵，最早是由泰尔(Theil and Henri, 1967)于1967年首先提出。泰尔指数的含义有三方面：

一是泰尔指数越大，差距越大。二是比较组间差距和组内差距占总差距的比重，分析差距构成。三是比较不同年份的组间差距和组内差距，观察差距的变化情况。其分解方法如下：

1. 总体泰尔指数

$$I(x)=\frac{1}{N}\sum_{g=1}^{G}\sum_{i=1}^{N^8}\quad\ln\left(\frac{m_x}{x_i^g}\right),c=0 \tag{1}$$

$$I(x)=\frac{1}{N}\sum_{g=1}^{G}\sum_{i=1}^{Ng}\left\{\left(\frac{m_x}{x_i^g}\right)\right\},c=1 \tag{2}$$

$$m_x = \sum_{g=1}^{G} f^g m_x^g \qquad m_x^g = \frac{1}{N^g}\sum_{i=1}^{Ng} x_i^g \qquad g = 1,2,\cdots,G$$

公式(1)和公式(2)中:$x = (x^1, x^2 \Lambda, x^G)$,$x^g$ 是 G 地区的收入指标,g = 1,2,…,G;x_i^g 是地区 g 中第 i 户的人均收入指标;G 是总的地区数;N^g 是 g 地区的住户数,N 是总的住户数;f^g 是第 g 个地区的人口份额。

c = 0 或 c = 1,为泰尔(*Theil*)系数 $I(x)$ 的两种不同结果形式。c 的值越小,$I(x)$ 给予低收入人群收入分配变化的权数就越小。

2. 泰尔指数的地区内分解

$$WG = \sum_{g=1}^{G} f^g [\ln(m_x^g) - m_y^g], \qquad c = 0 \tag{3}$$

$$WG = \frac{f^g m_x^g}{m_x}\left[\frac{m_z^g}{m_x^g} - \ln(m_x^g)\right], \qquad c = 1 \tag{4}$$

公式(3)和公式(4)中:$w_i^g := x_i^g$,即地区 g 中第 i 户的人均收入指标;$y_i^g := \ln(x_i^g)$,$z_i^g := x_i^g \ln(x_i^g)$,$g = 1,2,\cdots,g$;$m_x^g, m_y^g, m_y^g$ 分别是 w_i^g, y_i^g, z_i^g 的样本均值。

3. 泰尔指数的地区间分解

$$BG = \sum \frac{G}{g=1}\left[f^g \ln\left(\frac{m_x}{m_x^g}\right)\right], \qquad c = 0 \tag{5}$$

$$BG = \left[f^g \frac{m_x^g}{m_x} \ln\left(\frac{m_x^g}{m_x}\right)\right], \qquad c = 1 \tag{6}$$

因公式(5)和公式(6)的字符含义与公式(3)和公式(4)的字符含义同,故此处略。

课题组组长:张为民
课题组副组长:张淑英、盛来运
课题组成员:阳俊雄 唐 平 阎 芳 彭丽荃 吴 伟

我国城镇居民收入差距实证分析

改革开放以来,我国城镇居民收入普遍大幅度增加,各个群体都获得了改革开放以来国民经济和社会持续快速发展所带来的实惠,生活水平显著提高。与此同时,不同群体间的收入水平也逐渐拉开档次,收入差距日趋扩大,社会反映强烈,成为当前各级党政领导重视,老百姓关注的焦点问题。政府决策部门、研究机构以及高等院校的专家学者纷纷对城镇居民收入差距的现状、成因及其对策进行了大量的研究分析。由于可用于研究分析的数据资料有限,针对当前很多研究分析工作局限于定性分析,定量分析较少的实际情况,本课题着重进行定量分析。

本课题侧重于对我国城镇居民收入差距的现状及其成因进行定量分析。采用的分析方法是国际上通用的基尼系数和泰尔指数分解法。数据来源于全国3万多户城镇居民家庭收入调查原始数据。城镇居民收入主要包括工薪收入、经营净收入、财产性收入和转移性收入等内容,常用总收入和可支配收入两个指标来反映。由于可支配收入能够真实地反映居民可自由支配的收入,课题组选用了这一指标。分析研究结果表明:目前我国城镇居民收入差距总体上仍在合理范围之内;影响收入差距的因素发生了积极的、巨大的变化;收入分配格局正朝着与社会主义市场经济要求相适应的方向发展。鉴于当前收入分配领域存在的矛盾比较突出,要高度重视合理调节收入分配的问题,更加注重社会公平,防止两极分化,使全体人民共享改革发展的成果,实现构建和谐社会的宏伟目标。

一、城镇居民收入与收入差距状况

(一)收入水平快速增长,收入构成变化较大

改革开放以来,我国城镇居民的收入水平得到了迅速提高。2004年全国城镇居民人均可支配收入为9422元,扣除价格因素的影响,是1978年的5.5倍,年均增长6.8%。是1990年的2.8倍,年均增长7.6%。

城镇居民收入增长变化呈现出明显的阶段性特征。大体可分为四个阶段:第一阶段,1978—1984年,国民经济恢复时期,价格比较平稳,收入快速增长;第二阶段,1985—1994年,经济增长加速,但价格大幅度上涨,收入增长减缓;第三阶段,1995—1997年,经济增长减速,收入增长明显放慢;第四阶段,1998—2004年,经济增长加快,收入分配政策不断完善,收入得到高速增长(见表1)。

表1 城镇居民人均可支配收入增长情况

时 期	起止年份	年均增长(%)	年均实际增长(%)
改革开放以来	1978-2004	13.6	6.8
第一阶段	1978-1984	11.3	8.0
第二阶段	1985-1994	18.3	5.7
第三阶段	1995-1997	13.9	4.1
第四阶段	1998-2004	9.0	8.6

在城镇居民收入快速增长的同时,收入构成状况也发生了很大变化。从1990年、1995年、2000年、2004年四个年份的收入构成看,虽然工薪收入一直是城镇居民收入的主体,但所占比重持续下降,从1990年的82.0%下降为2004年的69.2%,下降了12.8个百分点。与此相反,转移性收入占可支配收入的比重却在不断增加,从1990年的15.8%,上升为2004年的24.2%,增加了8.4个百分点。经营净收入和财产性收入占可支配收入的比重相对较小,1990年均为1.1%。但经营净收入所占比重增长较快,已从1990年的1.1%上升到2004年的5.1%,增加了4个百分点;而财产性收入所占比重的增长相对比较平缓,从1990年到2004年仅增加了0.4个百分点(见表2)。

表 2 城镇居民收入构成情况

单位:%

指 标	1990 年	1995 年	2000 年	2004 年
可支配收入	100.0	100.0	100.0	100.0
工薪收入	82.0	78.7	70.8	69.2
经营净收入	1.1	1.3	3.3	5.1
财产性收入	1.1	2.0	2.0	1.5
转移性收入	15.8	18	23.9	24.2

(二)收入差距不断拉大,呈继续扩大趋势

1. 历年基尼系数比较显示差距拉大

据测算,我国城镇居民人均可支配收入基尼系数 2003 年和 2004 年最高,均为 0.33。1978-1986 年,我国实行"计划经济为主,市场经济为辅"的经济体制,就业集中在国有和集体单位,分配制度和改革开放前基本相同,分配中的主要倾向仍然是吃大锅饭,搞平均主义,基尼系数均低于 0.2。1987-1994 年,我国实行"以公有制为主体,大力发展有计划的商品经济"的经济体制,经济体制改革加速。在经济体制转轨和经济快速增长的过程中,全国人民生活水平普遍提高的同时,地区差距扩大,部分社会成员之间收入的差别逐步出现悬殊,基尼系数也从 1987 年的 0.2 快速上升为 1994 年的 0.3。1995-1999 年,为建设有中国特色的社会主义市场经济,政府采取了一系列政策,包括进一步改革和完善社会保障制度,加大个人所得税的征收力度等,在一定程度上规范和完善了初次分配和再分配体制,收入差距扩大趋势有所减缓。1995 年,基尼系数出现改革开放以来第一次下降。此后,基尼系数一直徘徊在 0.29 左右。2000-2004 年,市场经济体制改革向更深的层次推进,实施了大规模产业结构调整,国有企业下岗职工不断增加,城镇下岗失业人员再就业、城镇新成长劳动力就业等方面的压力增大,就业矛盾相当突出,导致收入差距进一步拉大。2004 年,基尼系数为 0.33(见下图)。

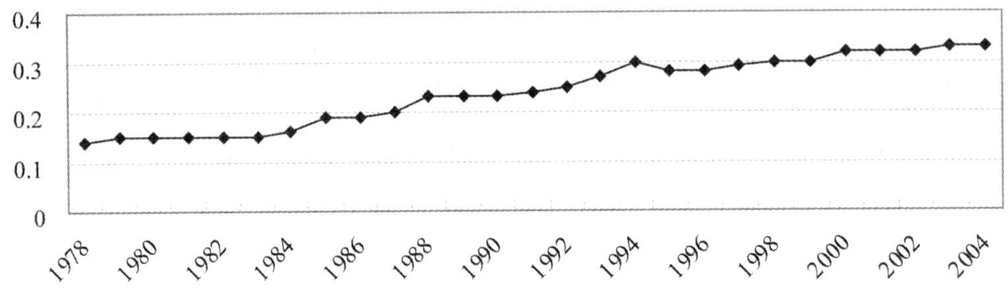

1978-2004 年城镇基尼系数变化图

2. 五等分组显示收入差距呈加速扩大趋势

按户人均收入由低到高排队,将全部调查户等分为五组,计算各组人均收入及其在总收入中的比重,计算结果显示,高收入户和低收入户的收入差距比较明显。

2004 年,20% 高收入组人均可支配收入为 20102 元,占总收入的 43%,20% 低收入组人均可支配收入为 3642 元,占总收入的 8%,收入比为 5.5∶1。其中:最高 10% 收入组为 25377 元,占总收入的 27%,最低 10% 收入组为 2862 元,仅占 3%,收入比为 8.9∶1。需要引起注意的是,1990 年至 2000 年的十年间,最高与最低组收入比从 3.2 倍上升到 4.6 倍,扩大了 44%;而在 2000 年至 2004 年的四年间,最高与最低组收入比从 4.6 倍达到 8.9 倍,扩大了 93%,收入分配差距的扩大明显加速(见表 3)。

表 3 各收入分组的人均可支配收入情况

单位:元

年份	平均收入	最低收入户(10%)	低收入户(20%)	中等偏下收入户(20%)	中等收入户(20%)	中等偏上户(20%)	高收入户(20%)	最高收入户(10%)	最高与最低收入之比
1990	1387	765	974	1150	1359	1607	1899	2435	3.2
1995	4283	2170	2775	3360	4069	4955	6032	8222	3.8
2000	5854	2618	3492	4364	5512	6905	8632	12084	4.6

续表

年份	平均收入	最低收入户（10%）	低收入户（20%）	中等偏下收入户（20%）	中等收入户（20%）	中等偏上户（20%）	高收入户（20%）	最高收入户（10%）	最高与最低收入之比
2001	6280	2653	3634	4624	5898	7487	9434	13311	5.0
2002	7703	2409	3649	4932	6657	8870	11773	18996	7.9
2003	8472	2590	3970	5377	7279	9763	13123	21837	8.4
2004	9422	2862	3642	6024	8167	11051	20102	25377	8.9

从增长速度看，2004 年收入最高 10% 组的人均可支配收入比上年增长 16.2%，而收入最低 10% 组的人均可支配收入只增长 10.5%，比前者低 5.7 个百分点。而 1990 年收入最高 10% 组的人均可支配收入比上年只增长 6.8%，而收入最低 10% 组的人均可支配收入增长 10.4%，比前者高出 3.6 个百分点。收入增长速度的明显差异使得高低收入组之间差距呈加速扩大的趋势。

二、城镇居民收入差距的分解分析

（一）研究方法

课题组采用国际上通行的方法：基尼系数和泰尔指数分解法，来揭示不同收入来源和不同收入要素对收入差距的贡献。

1. 基尼系数分解法

基尼系数是目前国际上用来判断收入差距程度最常用的指标。基尼系数可以进行国际比较，也便于进行分解分析。选用这一方法，总收入的基尼系数（G）与其各个分项收入的关系可以写成：$G = \sum(Ui \times Ci)$，其中的 Ui 和 Ci 分别是第 I 项收入在总收入中所占的份额和集中率。通过基尼系数分解分析，可以计算出不同年份城镇居民收入的四个构成部分对总体基尼系数的贡献率和不同年份间的变化。

2. 泰尔指数分解法

泰尔指数是由泰尔（Theil，1967）利用信息理论中的熵概念来计算收入不平等而得名。泰尔指数主要用来反映地区间、不同人群组间的收入差距构成，可以表示为：T 总 = T 组间 + T 组内，即总差距等于组内差距和组间差距之和。用泰尔指数来衡量不平等的一个最大优点是，它可以衡量组内差距和组间差距对总差距的贡献。

泰尔指数的具体含义：泰尔指数越大，差距越大；比较组间差距和组内差距占总差距的比重，可以分析差距构成；比较不同年份的组间差距和组内差距，可以看出差距的变化情况。通过泰尔指数分解分析，可以计算出地区、性别、文化程度、行业、所有制、职业和工龄等特征对收入差距的贡献率以及这些贡献率的变动情况。

基尼系数和泰尔指数之间具有一定的互补性，前者对中等收入水平的变化特别敏感，后者对上层收入水平的变化很明显。详细研究方法见附录。

（二）基尼系数的分解分析

通过计算不同年份城镇居民收入的四个构成部分对总体基尼系数的贡献率，可以发现城镇居民收入差距的来源构成。

1. 城镇居民收入构成的基尼系数分解

计算结果显示，近十五年来，城镇居民可支配收入的四个构成部分各自对基尼系数的贡献率均发生了明显的变化。工薪收入的贡献率始终在 70% –80% 之间，在收入构成部分中贡献率最大，但趋势是不断地缩小，已从 1990 年的 80.3% 逐渐缩小到 2004 年的 70.4%，下降了 9.9 个百分点。转移性收入的贡献率较大，且在不断增长，已从 1990 年的 16.8% 增加到 2004 年的 23.7%，2000 年一度达到 26.1%。1990 年贡献率最小是经营净收入，仅占 0.6%，之后缓慢上升，到 2000 年也只有 1%，但是在 2004 年迅速增长到 3.2%。财产性收入的贡献率也较小，过去十五年来变动不大，2004 年的贡献率只有 2.4%，是贡献率最小的（见表 4）。

2. 城镇居民收入中四个构成部分对收入差距的单位贡献率分析

把城镇居民收入中四个构成部分对基尼系数的贡献率除以其占可支配收入的比重，可以得到收入四个构成部分对总体基尼系数的单位贡献率，它意味着每一单位收入对收入差距的贡献大小。

表4 城镇居民人均可支配收入基尼系数分解情况

指标	1990年		1995年		2000年		2004年	
	基尼系数分解	贡献率（%）	基尼系数分解	贡献率（%）	基尼系数分解	贡献率（%）	基尼系数分解	贡献率（%）
可支配收入	0.2334	100.0	0.2829	100.0	0.3194	100.0	0.3300	100.0
工薪收入	0.1873	80.3	0.2090	73.8	0.2248	70.4	0.2334	70.7
经营净收入	0.0013	0.6	0.0024	0.9	0.0034	1.0	0.0105	3.2
财产性收入	0.0055	2.3	0.0107	3.8	0.0079	2.5	0.0079	2.4
转移性收入	0.0392	16.8	0.0608	21.5	0.0833	26.1	0.0780	23.7

计算结果显示，在工薪收入、经营净收入、财产性收入和转移性收入四部分中，单位贡献率最大的是财产性收入，2004年为1.6，最高时在1990年达到2.1；其次是工薪收入，2004年为1.02，由过去的第三位上升到第二位；2004年位居第三的是转移性收入，为0.98；最后是经营净收入，2004年为0.63，2000年一度下降到0.32（见表5）。

表5 城镇居民收入四个构成部分对总体基尼系数的单位贡献率

指 标	1990年	1995年	2000年	2004年
工薪收入	0.98	0.94	1.00	1.02
经营净收入	0.55	0.69	0.32	0.63
财产性收入	2.10	1.90	1.24	1.60
转移性收入	1.06	1.19	1.09	0.98

（三）人口特征与收入差距关系的泰尔指数分解

某些人口特征既是影响经济发展的重要因素，也是影响居民收入的重要因素。课题组利用泰尔指数，对城镇居民有收入者的某些人口特征进行分解，以此分析这些特征对收入差距的贡献率以及这些贡献率的变动情况。根据以往的研究经验，本课题选择的个人特征包括地区、性别、文化程度、行业、所有制、职业和工龄。

1. 地区（省份）

计算结果显示，近十五年来，以地区分组的组间泰尔指数有巨大变动，经历了一个迅速提高又逐步回落的过程。数据表明，1990年至1995年，组间差距贡献率由14.0%急剧增加到26.2%，短短5年内增长了近一倍。随后出现了下降趋势，到2000年下降到19.5%，2004年继续下降到了13.2%，又回复到1990年的状态（见表6）。

表6 泰尔指数对地区（省份）的分解

指标	年 份	泰尔指数	组间泰尔指数	组内泰尔指数	组间指数贡献（%）	组内指数贡献（%）
地区分组	1990年	0.0445	0.0062	0.0383	14.0	86.0
	1995年	0.0678	0.0177	0.0500	26.2	73.8
	2000年	0.0879	0.0171	0.0709	19.4	80.6
	2004年	0.1060	0.0140	0.0920	13.2	86.8

2. 性别

计算结果显示，近十五年来，以性别分组的组间指数变动不大。性别组间泰尔指数的贡献率1990年为3.9%，2004年为4.1%，1995年和2000年的贡献更低，仅为2.5%和2.4%。这说明近十五年来我国城镇居民收入分配中性别因素在收入中的地位基本稳定，性别歧视现象尚不明显（见表7）。

3. 文化程度

本课题将文化程度分为未上过学、扫盲班、小学、初中、高中、中专、大学专科、大学本科、研究生九个组，利用泰尔指数计算出不同文化程度对城镇居民收入差距的贡献率。

计算结果显示，近十五年来，以文化程度分组的组间泰尔指数由1990年的3.9%，迅速扩大到2004年的12.2%，增加了2倍多。这说明文化程度对收入差距的贡献越来越大(见表8)。

表7　泰尔指数对性别的分解

指　　标	年 份	泰尔指数	组间泰尔指数	组内泰尔指数	组间指数贡献(%)	组内指数贡献(%)
性别分组	1990年	0.0445	0.0017	0.0428	3.9	96.1
	1995年	0.0678	0.0017	0.0661	2.5	97.5
	2000年	0.0879	0.0021	0.0858	2.4	97.6
	2004年	0.1060	0.0043	0.1017	4.1	95.9

表8　泰尔指数对文化程度的分解

指　　标	年 份	泰尔指数	组间泰尔指数	组内泰尔指数	组间指数贡献(%)	组内指数贡献(%)
性别分组	1990年	0.0445	0.0017	0.0428	3.9	96.1
	1995年	0.0678	0.0030	0.0648	4.4	95.6
	2000年	0.0879	0.0073	0.0806	8.3	91.7
	2004年	0.1060	0.0130	0.0930	12.2	87.8

4.行业

为了分析就业者所在行业与收入差距的关系，本课题将行业分为农林牧渔、采矿、制造、电力燃气水生产供应、建筑、交通运输仓储邮政、信息计算机服务软件、批发零售、住宿餐饮、金融、房地产、租赁商务服务、科技服务地勘、水利环境公共设施管理、居民和其他服务、教育、卫生社保福利、文体娱乐、公共管理社会组织和国际组织共20种，用泰尔指数计算出不同行业对城镇居民收入差距的贡献率。计算结果显示，不同行业间泰尔指数的贡献率有较大增长，从1990年的2.6%增加到2004年的7.7%，增加了近2倍。进一步分析发现，行业间收入差距的扩大主要发生在1995－2000年间，短短五年内从2.9%急剧增长到8.0%，增长了176%(见表9)。

表9　泰尔指数对行业的分解

指标	年 份	泰尔指数	组间泰尔指数	组内泰尔指数	组间指数贡献(%)	组内指数贡献(%)
行业分组	1990年	0.0445	0.0012	0.0434	2.6	97.4
	1995年	0.0678	0.0020	0.0658	2.9	97.1
	2000年	0.0879	0.0070	0.0809	8.0	92.0
	2004年	0.1060	0.0082	0.0978	7.7	92.3

5.所有制

本课题将所有制按国有、集体和其他所有制分类，计算出不同所有制对城镇居民收入差距的贡献。计算结果显示，以所有制分组的组间泰尔指数的贡献率变动不大，甚至稍有下降。1990年是5.1%，2004年为4.8%。数据分析表明，以国有、集体和其他所有制分类的所有制因素对收入差距的贡献变动不大。收入差距更多地受各种所有制内部的因素影响(见表10)。

表 10　泰尔指数对所有制的分解

指标	年 份	泰尔指数	组间泰尔指数	组内泰尔指数	组间指数贡献(%)	组内指数贡献(%)
所有制分组	1990 年	0.0445	0.0022	0.0423	5.0	95.0
	1995 年	0.0678	0.0034	0.0643	5.1	94.9
	2000 年	0.0879	0.0029	0.0850	3.3	96.7
	2004 年	0.1060	0.0051	0.1009	4.8	95.2

6. 职业

本课题将职业分为各类专业技术人员、国家机关党群组织与企事业单位负责人、办事人员和管理人员、商业工作人员、服务性工作人员、农林牧渔劳动者、生产运输工人和有关人员、不便分类的其他劳动者八类，计算出不同职业对城镇居民收入差距的贡献率。计算结果显示，由职业分组的组间泰尔指数贡献率上升较大，由 1990 年的 8.8% 增加到 2004 年的 12.5%，增加了 42%。进一步分析发现，这种增加主要发生在 1995 至 2000 年间，五年内从 7.1% 增加到 11.2%，增加了 58%（见表 11）。

表 11　泰尔指数对职业的分解

指标	年 份	泰尔指数	组间泰尔指数	组内泰尔指数	组间指数贡献(%)	组内指数贡献(%)
职业分组	1990 年	0.0445	0.0039	0.0406	8.8	91.2
	1995 年	0.0678	0.0049	0.0641	7.1	92.9
	2000 年	0.0879	0.0099	0.0780	11.2	88.8
	2004 年	0.1060	0.0132	0.0927	12.5	87.5

7. 工龄

工龄，无论是在计划经济条件下，还是在目前的市场经济条件下，都是有着一定法律意义、与职工所尽义务和应享受权利相关的重要概念。本课题把工龄按 5 年作为分组的组距，计算出不同工龄对城镇居民收入差距的贡献率。计算结果显示，以工龄分组的组间泰尔指数的贡献率大大降低了，从 1990 年位居第一的 24.2% 锐减至 2004 年的末位 3.0%，仅为原来的八分之一（见表 12）。

表 12　泰尔指数对工龄的分解

指标	年 份	泰尔指数	组间泰尔指数	组内泰尔指数	组间指数贡献(%)	组内指数贡献(%)
工龄分组	1990 年	0.0445	0.0108	0.0337	24.2	75.8
	1995 年	0.0678	0.0066	0.0612	9.8	90.2
	2000 年	0.0879	0.0048	0.0831	5.4	94.6
	2004 年	0.1060	0.0032	0.1028	3.0	97.0

三、对目前城镇居民收入差距状况的评价

（一）城镇居民收入差距总体上仍在合理的范围内

国际上，通常用基尼系数测量贫富差距程度。一般认为：基尼系数小于 0.2 为高度平均，0.2—0.3 为比较平均，0.3—0.4 为差距合理，0.4—0.5 为差距较大，大于 0.5 为高度不平均，国际上通常将 0.4 作为警戒线。

我国城镇居民人均可支配收入差距的基尼系数从 1978 年的 0.14 逐步扩大到 1990 年 0.23，1995 年 0.28，2000 年的 0.32，到了 2004 年为

0.33，尚处于0.3－0.4相对合理的范围内。值得注意的是，由于非法收入和灰色收入的存在，对人们心理上的影响甚大。尽管从数量上看可能对总体收入差距的影响不是很大，但无论是从公平的角度还是效益的角度来讲，人们都难以接受，怨言颇多。

1. 基尼系数和五等分组比较

近一段时期以来，国内外对我国居民收入差距状况的争论颇多，许多人甚至认为已经大大超过了国际警戒线，贫富悬殊，两极分化十分严重。实际情况是否如此，尚未发现很有说服力的研究结论。由于历史原因，我国城乡二元化结构的分配体制长期存在，导致城乡差距非常明显，并且这种差距还有进一步扩大的趋势，的确需要引起足够的重视。但从我国城镇和农村内部各自收入分配差距的状况看，这种差距仍然是可以接受的。因此，课题组选择了与我国经济发展水平比较接近的四个国家，印度尼西亚、菲律宾、泰国和波兰进行横向比较分析（见表13）。

表13 同等发达国家的收入分配比较

国家	年份	人均GDP（元）	基尼系数	收入占全部收入的比重（%）				
				最低的20%	第二个20%	第三个20%	第四个20%	最高的20%
印度尼西亚	1993	740	0.317	8.7	12.3	16.3	22.1	40.7
菲律宾	1988	680	0.407	6.5	10.1	14.4	21.2	47.8
泰国	1992	1910	0.462	5.6	8.7	13	20	52.7
波兰	1992	1970	0.272	9.3	13.8	17.7	22.6	36.6
中国（城镇）	1999	1100	0.295	11.4	15.6	19.0	22.7	31.0

研究发现，我国城镇居民的基尼系数略高于波兰，但明显低于其它国家。从五等分组收入占全部收入的比重看，我国城镇低收入阶层占总收入的比重最高，高收入阶层占总收入的比重最低，表明我国城镇的贫富分化程度在同等发达国家中居最低水平。

2. 聚类分析比较

20世纪90年代后，新古典主义经济学家们利用一些最新资料加强了对世界各地区国家的横向比较研究：分别计算90个国家的四种指数，其中，基尼系数表示总体差距，阿鲁瓦利亚指数表示收入最低的40%的人口占总收入的比重，库兹涅茨指数表示收入最高的20%的人口占总收入的比重，不良指数是一个综合指数，指数越低，分配状况越好。

利用聚类法对90个国家的收入状况进行分类，去除一个异常值，可将这些国家分为3类。第一类国家除美国外，都是亚非拉发展程度较低的国家，经济状况不发达，分配状况悬殊不大。第二类国家大多数属于经济欠发达国家，随着经济的发展，收入差距逐步拉大，出现了两极分化。第三类国家包括大多数发达国家，收入差距在合理范围之内。

将我国城镇数据和国际进行比较，得出以下结论：我国城镇居民收入状况属于第二类和第三类国家之间，但是更趋近于第三类国家，和世界平均水平比较接近。说明我国城镇收入差距仍处于合理区间，但两极分化的趋势应引起注意（见表14）。

表14 收入分配差距的多种指数比较研究

类或国家	国家个数	基尼系数	阿鲁瓦利亚指数	库兹涅茨指数	不良指数
第一类	22	0.4750	0.1367	0.5112	3.8005
第二类	13	0.5708	0.0931	0.6119	6.6520
第三类	54	0.3155	0.2096	0.4005	1.9618
平均水平	89	0.3910	0.1730	0.4610	3.2940
中国城镇		0.3300	0.2652	0.3179	2.8990

（二）影响城镇居民收入差距的因素发生了巨大变化

泰尔指数对各种人口特征的分解，从量的角度揭示出近十五年来我国城镇居民的收入分配格局发生了巨大变化。从对泰尔指数贡献率的大小排位来看，1990 年，影响城镇居民收入差距的前四个因素是工龄、地区、职业和所有制，到了 2004 年变成了地区、职业、文化程度和行业。其中工龄和所有制的位次降低，地区和职业各前移一个位次，文化程度和行业的排位上升。

工龄因素对泰尔指数的贡献率变化最大，1990 年为 24.2%，排在第一位，2004 年为 3.0%，降到了最后一位。地区因素的贡献率始终很大，变动也较大，经历了一个迅速上升又逐步回落的过程，除 1990 年位居第二外，其它年份一直排在首位。职业因素的贡献也很大，由 1990 年的 8.8%，排在第三位，上升到 2004 年的 12.5%，位居第二。文化程度对收入分配的贡献增加了 2 倍以上，由 1990 年的第五位 3.9%，上升到 2004 年的第三位 12.2%。性别因素的贡献始终不大，且没有什么明显的变动，始终在 2.4% –4.1% 之间，排在第六、七位。所有制因素的贡献稍有下降，但变化不大，由 5.0% 下降为 4.8%，位次稍稍后移了一、两位。行业因素的贡献率加大，2004 年为 7.7%，相对于 1990 年的 2.6% 增加了近 2 倍，排名也由 1990 年的第七位上升到 2004 年的第四位（见表 15）。

表 15　影响城镇居民收入差距的因素位次的排序

	1990 年位次	1995 年位次	2000 年位次	2004 年位次
工龄	1(24.2)	2(9.8)	5(5.4)	7(3.0)
地区	2(14.0)	1(26.2)	1(19.4)	1(13.2)
职业	3(8.8)	3(7.1)	2(11.2)	2(12.5)
所有制	4(5.0)	4(5.1)	6(3.3)	5(4.8)
文化程度	5(3.9)	5(4.4)	3(8.3)	3(12.2)
性别	6(3.9)	7(2.5)	7(2.4)	6(4.1)
行业	7(2.6)	6(2.9)	4(8.0)	4(7.7)

（三）城镇居民收入分配格局正朝着符合市场经济规律的方向发展

大多数实行市场经济的国家和地区实践表明，不仅居民的收入来源应随着市场经济的发展越来越多样化，影响居民家庭和个人收入的因素也主要集中在职业、文化程度和性别三个特征上。经过二十多年的改革开放，我国的城镇居民收入分配格局正朝着这一符合市场经济规律的方向逐步迈进。

1. 个人收入来源多样化

改革开放以来，我国的分配理论和分配方式经历了从单一的按劳分配，到按劳分配为主、其他分配方式为辅，再到按劳分配与按要素分配相结合的演变过程，改变了计划经济时期以行政手段为主的平均主义分配体制，引入了市场经济的激励和竞争机制。特别是按要素分配的观念确立，使生产要素市场的供求关系逐渐成为个人收入分配的基础性调节机制。经过这种理论、观念、方式的变革，我国城镇居民的收入来源日益多元化。城镇居民人均可支配收入的四个构成部分的比重发生了一些变化。工薪收入虽然仍是城镇居民人均可支配收入的主体，但其比重一直在逐步降低；经营净收入、财产性收入和转移性收入的比重都有不同程度的提高。

2. 职业已成为影响居民收入的重要因素

党的十一届三中全会以来，我们在对所有制结构进行改革的同时，对分配制度也进行了改革与调整。主要是实行按劳分配为主体、多种分配方式并存的制度。按劳分配成为分配制度的主体，以每个劳动者付出的劳动在生产过程中的贡献大小作为进行收入分配的依据。而劳动在现代社会的主要表现形式就是人们所从事的职业和所担任的职务，所以人们的职业和收入分配水平有着极大的相关性。

1990 年和 2004 年，城镇居民人均年收入最高的职业分别是高级工程师、国家机关党群组织与企事业单位负责人。此类职业的从业者具有较高的文化素质和个人能力，与受教育程度和以及个人素质密切相关。职业对收入差距贡献的上升意味着社会更加注重人力资本的作用，也表明了我国城镇居民收入分配中按劳分配的主体地位。

3. 文化程度在居民收入中的作用越来越重要

长期以来，人们把按劳分配作为社会主义的一个根本标志，从而把其当作进行收入分配的唯一原则。改革开放以来，我国在坚持实行按劳分配的前提下，逐步肯定了其他生产要素参与分配的合法性。十六大报告明确指出：“确立劳动、资本、技术和管理等生产要素按贡献参与分配的原则，完善按劳分配为主体、多种分配方式并存的分配制度。”这说明进行收入分配的过程中，要在继续凸显劳动作用的同时，给资本、技术和管理等生产要素以足够的重视,使它们也合理合法地得到回报。这其中不可忽视的是资本的重要组成部分——人力资本要素的作用和回报。

人力资本是指人身上所具有的教育、文化及其健康的投资,通常以文化程度作为衡量人力资本的重要指标。各国的经济发展实践表明,人力资本的作用越来越大,教育对于国民收入增长率的贡献正在大幅攀升,人的素质和知识、才能等对经济发展越来越具有决定性意义。因此,如何使人力资本得到足够的回报,对于经济的持续发展以及国民收入的分配变得非常重要。

据测算,按文化程度分组,我国城镇居民年人均可支配收入最高的组也是文化程度最高的组,城镇居民的年人均可支配收入和文化程度具有明显的正相关关系。2004 年城镇有收入者中文化程度最高的研究生,人均年收入为 34643 元,大学本科为 21308 元,而小学仅为 9090 元,未上过学的为 8445 元。居民家庭财产状况也是如此,据国家统计局 2002 年 10 月发布的《中国城市居民家庭财产调查报告》显示,户主文化程度越高、受教育年限越长,家庭财产越多;户主文化程度为硕士及以上的家庭其家庭财产最多,户均财产为 50 万元,户主文化程度为小学的家庭平均财产最少,不到前者的三分之一。

这种现象反映出我国收入分配体制的改革导致知识收益率在增加,教育的经济收益率明显提高,说明我国改革初期存在的严重"脑体倒挂"现象,在近十五年来已经得到很大程度的修正,知识越来越受到社会的尊重。

4. 工龄在居民收入中的地位下降到末位

工龄无论是在计划经济条件下,还是在目前市场经济条件下,都是有着一定法律意义、与职工所尽义务和应享受权利相关的重要概念。从上面的分解分析可以看到,工龄因素的贡献率从 1990 年的 24.2% 下滑到 2004 年的 3.0%,由首位下降到末位。

1990 年我国城镇居民的收入水平与工龄的长短具有强烈的正相关关系,即工龄越长,年收入越高。而到了 2004 年,收入最高的是 36 年 -40 年组,但是在 11 年 -45 年工龄之间的各组收入差别不是很大,也没有显示出工龄与收入的相关关系。这从侧面说明了我国按劳分配为主体、多种分配方式并存的分配制度更加注重能力、贡献、资本、技术等因素的作用。这种现象意味着我国的分配体制已打破了传统的论资排辈的格局,一个重视激励机制,鼓励人才竞争,使得优秀人才能够脱颖而出的良好社会环境正在形成。

5. 女性在收入分配中的地位保持稳定

"男女平等"的思想在新中国建立后得到了大力宣传与贯彻,与计划型资源配置方式一起渗透到城市经济的各个领域。劳动力的就业和职工的工资完全由计划来决定,市场所起的作用是微乎其微的。城市中几乎所有走上工作岗位的女性劳动力具有与男性相同的工作时间。在工资方面,"男女同工同酬"成了一个普遍的原则,性别因素对收入差距的贡献率相当小。

在计划经济向市场经济转型的过程中,女性因文化程度、技能水平、工作经验的限制导致的竞争力较低固然成为导致男女收入差异的重要原因,但性别因素对收入差距的贡献率一直排在比较靠后的位次(第 6 位、第 7 位),说明与其它因素相比,性别因素对城镇居民收入的差距的贡献不是很高。在考察期内它对收入差距的贡献率总的来说变化不大,比较平稳。从数据来看,在有收入者当中,总的收入差距是在扩大,但是性别因素对收入差距的影响基本保持稳定。这说明改革开放并没有使性别因素在城镇居民收入结构中的地位产生根本性的改变。

(四)影响城镇居民收入差距扩大的一些因素不容忽视

在肯定城镇居民收入分配中合理的、积极因素变化的同时,必须清醒地看到一些影响我国城镇居民收入差距扩大的一些不合理因素,如地区、行业以及非法收入等,已经成为社会发展的不和谐因素。如果继续忽视这些不合理因素,将引发一系列社会问题,造成恶劣的社会影响,不利于国家及社会的长期安定团结。

1. 地区差别长期成为影响城镇居民收入差距首要因素的格局应该改变

在我们这样一个幅员辽阔、人口众多而又资源有限的国家,由于地理环境和历史发展的差异、工业布局和产业结构的调整以及劳动力素质和改革开放的力度等因素,我国区域经济发展很不平衡。从总体上看,东部地区发展较快,中西部特别是西部地区发展较慢。我们走了一条区域经济的不均衡发展的道路,在收入分配领域就表现为地区之间收入差距的扩大。

分省看,1990 年人均可支配收入最高的三个省市是广东省、上海市和北京市,分别为 2355 元、2050 元、1787 元;而人均可支配收入最低的三个省市是内蒙古、江西省和吉林省,分别为 1126 元、1167 元、1214 元。2004 年人均可支配收入最高的三个省市是上海市、北京市和浙江省,分别为 16683 元、15638 元、14546 元;而人均可支配收入最低的三个省市是宁夏区、青海省和贵州省,分别为 7218 元、7320 元、7322 元。其中,最高和最低收入的省市人均可支配收入的绝对差额由 1990 年的 1229 元上升为 2004 年的 9465 元,收入倍数由 2.0 倍扩大到 2.3 倍。可以看到,地区间收入差距在不断扩大。

从前面的泰尔指数分解分析也可看到,地区因素对城镇居民收入差距的贡献,经历了一个迅速上升又逐步回落的过程,目前仍处于继续回落的趋势,但是一直排在较高的位次(除 1990 年第二外,其他三个年份都是第一位)。这种格局的长期存在,将不利于社会的稳定与和谐发展。但我们也要看到,国家采取的一些旨在缩小区域经济差距的政策,如 1999 年,党中央做出了"实施西部大开发的战略决策",继而又做出"振兴东北老工业基地"和"中部崛起"等重大宏观调控战略,效果还是比较明显的。从前面的分析看到,1990 年至 1995 年,组间差距贡献率由 14.0% 急剧增加到 26.2%,短短 5 年内增长了近一倍。随后出现了下降趋势,到 2000 年下降到 19.5%,2004 年继续下降到了 13.2%,比 1990 年还略低一些。

2. 行业差距

计划经济体制下,我国不同行业之间的职工收入差距一直不是很大,高工资行业为地质勘探业、采掘业、建筑业等艰苦且危险的行业。改革开放以来,随着生产中科技含量的提高,传统的工资格局产生了很大变化,收入分配行业差距扩大。我国工资最高行业的职工平均工资与工资最低行业的职工工资之比,1978 年为 2.17 : 1,1985 年为 1.81 : 1,2000 年达到 2.60 : 1,到了 2004 年急剧上升到 4.60 : 1。

一般而言,行业之间存在收入差别是市场经济的正常现象。但是目前我国城镇居民行业之间的收入差距具有以下特点:行业差距拉得太快、太大;恰好是国民经济最重要的基础部门,如工业、建筑业,地质部门等,收入普遍偏低;收入高的行业,基本上都是具有垄断性的行业。这种状况产生了许多负面影响,行业之间的收入差距已经成为社会收入分配不公的焦点之一。

3. 灰色、非法收入对城镇居民收入分配的影响较大

我国目前正处于新旧体制交替的过渡阶段,与市场经济发展相适应的一系列制度尚未建立和健全,相当一部分人通过钻法律法规的空子、打"擦边球"或采用不法行为,如走私贩私、偷税漏税、倒卖批文、股市操纵、制假贩假、贪污受贿、非法买卖集体土地、丧失信用、权钱交易、骗取贷款或外汇等,进行了灰色或肮脏的财富积累,这些现象加剧了社会各阶层收入分配的不公。

据有关部门的不完全统计,全国每年因诈骗而造成的经济损失高达数亿元,因信用缺失而带来的经济损失更是一个天文数字,其中相当部分都进了那些不法者的腰包。而这些不合理收入,又使他们站在较高的起点上,在新一轮的角逐中,进一步扩大了贫富差距。

四、对策与建议

各级党政领导十分重视解决居民收入差距不断扩大问题。近年来,各级政府相继采取了一系列的政策措施调节收入分配,努力改善低收入群体的收入状况。包括实施下岗职工再就业工程,建立和完善了最低生活保障制度、失业保险、养老保险、医疗保险制度等社会保障体系,取得了较好的成效。但由于分配领域存在的矛盾比较突出,需要做的工作很多,工作中还有不少不尽如人意之处。主要表现在三个方面:一是社会保障制度尚需不断完善,对低收入群体的帮助力度有待进一步加强;二是对高收入群体的收入调节缺乏行之有效的政策措施;三是缺乏系统的、有效的扩大中等收入者比重的实施办法。

中国共产党第十六届中央委员会第五次全体会议通过的《中共中央关于制定国民经济和社会发展第十一个五年规划的建议》,高度重视合理调节收入分配问题。明确提出了"十一五"期间要逐步解决收入分配差距过大的原则和政策,强调要更加注重社会公平,着力提高低收入者收入水平,逐步扩大中等收入者比重,有效调节过高收入,规范个人收入分配秩序,努力缓解地区之间和部分社会成员收入分配差距扩大的趋势。

要实现这一目标,任务相当繁重。必须坚持以科学发展观统领经济社会发展全局,保持国民经济

持续快速协调健康发展。只有实现又快又好地发展,才能处理好各种社会矛盾,从根本上解决好各种各样的问题,没有经济持续较快的发展是做不到的。围绕上述任务,课题组提出如下政策建议:

(一)加快和完善市场建设,建立公平竞争的社会环境

按照社会主义市场经济的内在要求,尽快建立和健全包括生产资本、劳动力、技术、信息等在内的市场体系,形成全国统一市场,消除影响生产要素自由流动的一切障碍。要进一步完善法规,规范市场行为,努力营造平等的社会环境。

1.加强收入分配领域的法制建设

经济体制改革以来,社会经济生活中出现了许多无序的因素,这是造成收入分配扩大的最主要的因素之一,也是最容易引起社会不稳定的重要原因。从八十年代的外贸进出口许可证、生产资料双轨制,到九十年代的国有资产流失、寻租造租,都在很大程度上加剧了收入分配的不公平状况。特别是近年来的寻租和造租行为,造成大量国有资产流失和部门垄断,已经成为影响收入分配和社会安定的一个严重问题。同时,政府官员的贪污腐败、权钱交易等现象频频出现,犯罪的级别越来越高,涉案金额也越来越大,影响极其恶劣。2005 年 3 月 9 日最高人民检察院检察长贾春旺在答记者问时透漏,2004 年全国检察机关就查办各类大案 1.8 万多件,查处县处级以上领导干部 2900 多人,大案要案占立案总数的 56.2%。这些无序因素的存在,与收入分配立法不健全、法制建设滞后密切相关。

对此,必须加强收入分配领域的法制化建设。要采取积极稳妥的措施,加快立法步伐,以统一的法律法规来约束和规范全社会及其成员的收入分配行为。目前以及相当长的一段时期内,收入分配领域法制建设的重点是打击和取缔非法收入。要加大打击力度,从重处罚和惩处非法暴富,提高违法犯罪行为受罚的概率,使各种违法行为成本远远大于其在政治上、经济上、心理上的收益。

2.继续完善社会保障体系

养老、医疗、就业以及最低生活保障,无不关系到广大人民群众的切身利益。我国长期以来一直延续的是大政府、小社会的局面,养老、医疗等社会保障项目几乎全部由所在单位负责,社会保障制度很不完善。由于没有一套完善的社会保障体系作后盾,在各项改革措施相继出台,经济快速增长同时,也带来了一系列的社会问题。很多低收入群体本来就没有固定的工作和工作单位,不可能得到相应的保障。而低收入家庭有愿望而且还有能力参加社会保险的比例又极低,这更加剧了低收入群体在再分配过程中的弱势地位。近年来,全国各级政府为探索建立和完善社会保障制度,为实现社会保障管理和服务的社会化做了大量有益的工作,但仍然存在不少问题。主要是制度不尽完善、覆盖范围较窄、管理不够规范等,一些地方还存在着资金和工作不能完全到位现象。基本制度已经确立,方向也是正确的。下一步工作的关键和着力点是要狠抓落实,切实把各方面的工作做细、抓实,积极稳妥地推进多层次社会保障体系的建设。

3.建立全国统一的劳动力市场,促进劳动力要素合理流动

建立全国统一的劳动力市场,一方面可以使劳动力通过流动各得其所,不同的人力资源得到不同的回报;另一方面可以使某些高收入岗位面临较大的竞争压力,平衡个人之间不合理的收入差距。为此,要逐步破除劳动力流动的各种制度性障碍。主要有三个方面,即户籍制度、福利制度和就业制度。要逐步废除城乡分割的户籍制度,推动农村剩余劳动力的转移。改革福利制度,并逐步缩小福利的范围,使福利货币化和透明化。增加居民在大城市与中小城市之间,城镇与农村之间迁移和就业的自由度。

4.坚决打破垄断,消除不正当竞争

针对行业差距过大的现象,应通过制定反垄断法和竞争法等法律、法规,限制和打破垄断,逐步消除行业壁垒和垄断,提高某些行业的市场准入程度,鼓励资本在行业之间的合理流动和有序竞争,促进行业之间平均利润的形成,缩小行业之间的收入差距。对少数特殊的垄断行业,要加强收入分配的控制,防止收入分配差距过大。垄断行业的超额利润应通过征收资源税、补偿税等措施收归国家所有。

(二)完善政策,狠抓落实,推进和谐社会建设

1.加大中西部开发力度,缩小地区差距

世界范围内存在一个共同的现象,即一个国家或地区经济发展水平越高,其居民收入水平越高;经济发展速度越快,居民收入水平提高越快。

改革开放前,由于经济、科技、人才、资源、地理环境等基础条件不同,地区间经济发展水平差异较大。改革开放后国家先后出台了许多地区性优惠政策,对东部沿海地区实行政策倾斜。如经济特区政策、沿海开放城市政策和经济技术开发区政策等。这些优惠政策不仅吸引了大批外资，也吸引了大批内资，使原本资金紧缺的中西部地区更加捉襟见肘，引发了大批人才"孔雀东南飞"。地区间经济发展的差距日趋扩大，相应地也进一步拉大了居民的收入差距。

为尽快发展经济，优先发展东部及沿海地区的战略是完全正确的，短期内引发的地区差距进一步扩大也是不可避免的。但中西部地区经济的长期滞后发展，已经在一定程度上制约了东西部协调发展和国民经济持续快速健康发展。二十多年来经济和社会发展的突飞猛进，国家和东部沿海发达地区积累了相当的实力，为缩小地区差距创造了条件。国家要继续在经济政策、资金投入和产业发展等方面，加大对中西部地区的支持，加强中西部地区的基础设施建设。东部要制定切实可行的优惠政策措施，鼓励东部投资者到中西部投资，努力将东部的资金、技术、人才引入到中西部，通过各种形式增强中西地区的经济实力，加快中西部地区的经济发展，以经济发展带动中西部居民收入的增长，缩小与东部发达地区居民收入的差距。

2. 加大对低收入群体的扶持力度

从收入来源情况看，低收入家庭在国有经济单位从业人员少，享受政策性调资的人员少。2004年，10%低收入家庭工薪收入占总收入的比重为63.1%，低于全国平均水平7.5个百分点。同时，10%低收入家庭人均可支配收入2862元，人均消费性支出2855元，基本上收支相抵。当前我国城镇低收入群体主要集中在下岗职工和残疾人员家庭。下岗职工是一群具有工作能力却又找不到工作的人群，下岗失业后生活很困难，极易引发他们对政府的不满，是引发社会不稳定的重大因素。近年来，政府部门虽然对低收入群体采取了一些扶持措施，如最低生活保障制度等，收到了较好的效果，但还不能完全解决低收入群体的实际困难。特别是在出台某些改革措施时，没有充分考虑低收入群体的利益，对他们的生活负面影响很大，必须引起足够的重视。因此，建议在下列方面对低收入群体进一步加大扶持力度：扩大就业渠道，切实解决再就业问题；实行向特困家庭倾斜的优惠政策，提供更多的廉租房与经济适用房；降低低保户进入社会保险的门槛，或根据不同情况实行减免；把减免低保户子女教育费用政策落到实处，让所有低保户子女都能够享受九年义务教育。

3. 加强对高收入群体收入的税收调节，安富济贫

目前我国的个人所得税的征收有一定的缺陷：由于工资外收入的存在，个人所得税所涉及的也就是工薪阶层的基本工资收入，并不能真正起到调节收入分配的作用，对偷税漏税的行为也没有严厉的处罚措施。因此，要进一步强化收入申报制度，加强对偷税漏税的惩罚力度；要加强对高收入群体纳税意识的教育和引导，完善服务，提高高收入群体自觉纳税的积极性，真正发挥个人所得税在缩小贫富差距中的作用。

提倡安富济贫。要加强宣传的力度，使高收入群体意识到投资扶贫的最大收益是维护社会稳定，为投资兴业提供最终的基本保障。鼓励高收入群体关怀低收入群体，建立基金会或资助希望工程等有助于减少社会不公、加强社会稳定的社会保障项目，通过一定的资源分享，换取社会的稳定和投资环境的完善。在政策和宣传上要大力提倡"安富济贫"、"贫富互利"等双赢规则，尽量使贫富两极在社会公平的平台上找到共同的利益；并且，在政策上要对他们的投资扶贫给予一定的优惠政策。

4. 扩大中等收入者比重

努力扩大中等收入者比重，尽快促成橄榄型的、拥有庞大社会中间层的社会阶层结构的形成，这不仅有助于社会对低收入群体进行救助，而且更有利于维持社会稳定。在这一社会阶层结构中，社会中的大多数人从事着有较高社会地位的职业（如白领职业），并享有中等或中等以上的收入。当前扩大中等收入者的比重对我国社会经济生活还有以下特殊作用：一是庞大的中等收入群体是我国全面进入"小康社会"的基本要求和重要标志；二是庞大的中等收入群体是我国经济增长的持续动力，是内需的重要组成部分及支撑因素；三是庞大的中等收入群体可以带来我国税收的同步增长，改善财政状况；四是庞大的中等收入群体是社会稳定的中坚力量和保证。

2004年国家统计局城调总队《城市中等收入群体研究》课题把6万元—50万元作为界定我国城市中等收入群体的年家庭收入标准。目前，城市中等收入群体的家庭占全部城市家庭比例为5%。预计，到2010年，城市中等收入群体的家庭占全部城市家庭的14%，到2020年，城市中等收入群体的家庭占全部城市家庭的45%。

要扩大中等收入者的比重，具体来看，一是要

建立一种整个社会的择优机制,即社会上的优秀分子可以通过自身努力,获得较好的职业和收益;二是要加大教育的普及率和发展速度,实现以蓝领为主体转向以白领为主体的职业结构变迁,使大多数人成为收入和职业身份上的中间层;三是要为中小创业者提供良好的投资和生长环境;四是要为有突出贡献的研究人员搭建更有利于其出成果、出人才的"平台";五是要深化国有企业改革,建立法人治理结构,造就业务过硬、事业心强的职业经理人队伍。

总之,政府应将政策的重点放在合理调整国民收入分配格局,逐步解决地区之间、行业之间以及部分社会成员之间收入差距过大的问题。在鼓励致富的同时加强对高收入阶层的收入调节和对低收入群体的扶贫力度,以缓解社会矛盾,不断提高构建社会主义和谐社会的能力,促进经济社会协调发展。

附录:研究方法介绍

(一)基尼系数分解法

基尼系数分解主要用于分析各项收入来源在总收入中的份额、不均等程度及其对总差距的贡献。具体做法为:

1. 将收入按来源分为 m 个分项。如我们把收入分为工薪收入、经营净收入、财产性收入和转移性收入。

2. 将 n 个调查对象按人均收入由低到高进行排序,计算每项收入来源在总收入中的比重和集中率,用 Y_j、G_j、C_j 分别表示第 j 分项收入占总收入的比重、集中率、对总差距的贡献率。

3. 集中率的计算方法类似于基尼系数,只是排序的基础不同,集中率按总收入高低排序,基尼系数则按分项收入本身的大小排序,前者主要用来测算分项收入对总差距的贡献,后者用于表示分项收入本身的差距,前者一般小于后者。计算公式为:

$$G_j = 1 - \sum_{i=1}^{n} P_i \left(2\sum_{k=1}^{i} W_{kj} - W_{ij}\right)$$
$$C_j = Y_j * G_j / \sum_{j=1}^{m} (Y_j * G_j) \qquad (j=1,2,\cdots\cdots m, i=1,2\cdots\cdots n)$$

其中:P_i 为第 i 组人口占总人口的比重;

W_{ij} 为第 i 组第 j 分项收入占第 j 分项总收入的比重。

4. 计算总基尼系数 G。

5. 如果分项收入来源的集中率 G_j 小于总收入的基尼系数 G,则表示该项收入来源一直发挥着使收入均等化、缩小收入总差距的作用;如果 G_j 大于 G,则表示该项收入来源一直发挥着使收入不均等扩大、加大收入总差距的作用;如果 G_j 等于 G,则表示该项收入来源的分布类似于总收入,对收入总差距既不扩大也不缩小。C_j 表示第 j 分项收入能解释收入总差距的百分比。

(二)泰尔指数分解法

基尼系数主要用来反映收入总差距的大小,而泰尔指数主要用来反映地区间、不同人群组间的收入差距构成。可以表示为:T 总 = T 组间 + T 组内,即总差距等于组内差距和组间差距之和。泰尔指数的具体含义:泰尔指数越大,差距越大;比较组间差距和组内差距占总差距的比重,可以分析差距构成;比较不同年份的组间差距和组内差距,可以看出差距的变化情况。

泰尔指数的计算方法

1. 将调查单元按地区或人群特征分为 m 组。

2. 计算组间差距。

$$T_{组间} = \sum_{i=1}^{m} W_i * LOG(W_i / P_i)$$

其中:W_i 为第 i 组收入占总收入比重;

P_i 为第 i 组人口占总人口比重；

m 为分组的组数。

3. 计算组内差距。

$$T组内 = \sum_{i=1}^{m} W_i \sum_{j=1}^{Ni} W_{ij} LOG(W_{ij}/P_{ij})$$

其中：Wi 为第 i 组收入占总收入比重；

m 为分组的组数；

Ni 为第 i 组的调查单元数；

Wij 为第 i 组第 j 个调查单元的收入占第 i 组总收入的比重；

pij 为第 i 组第 j 个调查单元的人数占第 i 组总人数的比重；

$\sum_{j=1}^{Ni} W_{ij} * LOG(W_{ij}/P_{ij})$ 为第 i 组的组内差距。

4. 计算总差距。

$$T总 = T组间 + T组内$$

5. 计算组内差距和组间差距占总差距的比重。

课题组组长：张为民

课题组副组长：魏贵祥　庞晓林

课题组成员：程学斌　王有捐　李东海　余秋梅　张丽萍

我国利用外资与外商投资企业发展现状产业与技术影响

——《我国利用外资与外商投资企业研究》课题之一

改革开放以来,我国利用外资取得了举世瞩目的成就,外商投资企业[1]得到了长足发展,弥补了长期困扰我国的资金和技术双缺口,极大地推动了经济增长,增加了出口、税收和就业机会,促进了产业结构的优化升级和技术进步,对我国贸易发展、国际收支平衡以及人民币汇率稳定起到了重要作用,加快了我国经济全面融入国际社会的步伐。

一、我国利用外资以及外商投资企业发展的基本情况

(一)我国利用外资的几个发展阶段

1978年到2004年,我国利用外商直接投资[2](FDI)已经走过了26年的历程。特别是1995年以来,我国已经连续十年列发展中国家吸收FDI的第一位,在2003年全球FDI流量下滑、美国吸收FDI大幅减少的情况下,我国吸收FDI仍然达535亿美元,列世界第一位;2004年则以606亿美元仅次于美国列第二位。到2004年底,全国累计批准设立外商投资项目508941个,合同外资金额10966亿美元,实际使用外资金额5621亿美元。2004年末,实有登记注册运营的外商投资企业约24万家,其中制造业约17万家;已开业投产的外商投资企业中直接就业人员超过2400万人,占全国城镇就业人口的10%左右。

总体上看,我国吸收FDI经历了五个发展阶段:

1979年至1986年为起步阶段。这一阶段,我国吸收的外商投资主要来自港澳地区,以劳动密集型的加工项目和宾馆、服务设施等第三产业项目居多。这些企业大部分集中在广东、福建两省以及其他沿海省市,内地吸收外资则刚刚起步。

1987年至1991年为稳步发展阶段。这一阶段,我国吸收外商投资的结构有了较大改善,生产性项目及产品出口企业大幅度增加,消费类电子产品生产线加紧向东部沿海转移,旅游服务项目的比重降低较多,外商投资的区域和行业有所扩大,台湾厂商开始对大陆投资并逐年增加。

1992年至1994年为高速发展阶段。这一阶段利用外资除了大幅度增长外,还有平均项目规模扩大、房地产业发展迅速、新的投资领域扩大以及中西部地区利用外资步伐加快等特点。

1995年至2001年为调整适应阶段。这一阶段FDI在我国开始进入相对缓慢增长期。外商投资于制造业的比重进一步上升,以IT产业为代表的轻型加工组装制造业逐步完成在我国珠三角和长三角的布局和集聚;第三产业的许多行业开始了利用外商投资的试点;中西部地区利用外商投资的落后状况有了很大的改善。在这一阶段,我国开始对外商投资逐步实行国民待遇原则。

2002年至今为入世后过渡期。外商投资的各方面结构都发生了较大变化,利用外商投资的重点由注重数量转向注重质量和结构优化。越来越多的大型跨国公司进入我国;外商投资企业的资金来源结构和技术结构进一步改善;投资领域进一步拓宽,产业与行业结构日趋合理。特别是2003年以来,一批重化工业和装备工业向中国转移,我国成为一些先进技术产品的全球制造中心,服务业外包带动服务专业岗位如研究开发、软件设计等向我国转移的步伐加快。

(二)外商投资企业在我国工业经济中的地位

外商长期持续地对工业领域投资形成了强大的生产能力,使外商投资工业企业对我国工业的贡献不断增强,已经占有举足轻重的地位。

1. 外商投资工业企业[3]资产占到工业资产总量的四分之一。外商对我国工业的持续投资积累了大量资产,外商投资工业企业的资产比重从1995年的15.2%,上升到2000年的20.4%,2004年的25.8%;外商投资工业企业对工业资产增量的贡献率,从1995－2000年的29.1%,上升到

2001 – 2004 年的 34.1%。

2. 外商投资工业企业对工业产出和利润的贡献份额均超过三分之一。1993 年以前，外商投资工业企业在工业总产值中所占份额较小，不足 10%。从 1995 年开始，随着利用外资规模的迅速扩大，外商投资工业企业的产值快速增长，对工业总产出的贡献大幅度提高，对我国经济的快速增长起了重要的推动作用。2004 年外商投资工业企业的总产值比重比 1995 年增长了 15.2 个百分点（详见表 1）。同时，外商投资工业企业对工业总产值增加额的贡献率不断增长，从“八五”的 25.5%，上升到“九五”的 50.2%，虽然 2001 – 2004 年有所下降，但仍保持着 36.5% 的份额。

表 1　外商投资工业企业总产值和利润比重

年度	工业总产值		利润总额	
	价值量（亿元）	占工业比重（%）	价值量（亿元）	占工业比重（%）
1990	378.1	2.0	21.6	3.9
1993	3614.2	9.1	215.6	13.5
1995	9612.5	17.5	361.4	22.1
1996	11962.8	19.1	407.5	27.4
1997	14243.3	20.8	490.5	28.8
1998	16757.9	24.7	418.6	28.7
1999	18954.2	26.1	753.9	33.0
2000	23464.6	27.4	1282.5	29.2
2001	27220.9	28.5	1443.0	30.5
2002	32459.3	29.3	1877.2	32.5
2003	44357.8	31.2	2777.4	33.3
2004	65995.2	32.7	3876.0	32.5

外商投资工业企业对利润和税收的贡献较大。九十年代以来，外商投资工业企业对我国利润和税收的贡献稳步增长，2004 年外商投资工业企业占工业利润的比重为 32.5%，占上交税金的比重为 19%，对工业税收增长的贡献率 1995 – 2000 年期间为 27.8%，2001 – 2004 年期间为 21.1%。

3. 我国三分之一的市场份额为外商投资工业企业占有。2004 年外商投资工业企业的主营业务收入占 32.7%，比 1995 年的 19.1% 提高了 13.6 个百分点。从 1995 年至 2004 年的十年间，国内市场销售增量的近 40% 是由外商投资工业企业提供的，汽车、移动通讯设备、电子计算机、化妆品等商品的品牌多数为外资企业拥有。

4. 外商投资工业企业对我国就业贡献巨大。外商投资企业的增加，大量吸纳了我国的劳动力，缓解了就业压力。2000 年外商投资工业企业的从业人员为 853 万人，2004 年增长到 1755 万人，四年增长了 1 倍多，对工业就业增长的贡献率高达 84.9%，成为我国就业的主要渠道之一。

5. 外商投资企业对我国出口的贡献超过内资企业。外商投资企业对我国出口总量[4] 贡献突出，1990 年以前，我国出口的 90% 以上由内资企业完成，外商投资企业的出口份额不到 10%。1990 年以后外商投资企业出口快速增长，份额逐年加大，1990 年为 12.6%，1995 年为 31.5%，2001 年为 50.1%，2004 年达到 57.1%。2001 年外商投资企业对出口的拉动首次超过内资企业，并保持着旺盛的上升势头，作用越来越大。

外商投资企业对我国出口增量贡献巨大。1990 年以前，我国出口增长额主要来自内资企业，内资企业贡献率超过 80%，外商投资企业不足 20%。“八五”时期，外商投资企业对出口增量的贡献率上升到 45.1%，“九五”时期超过 70%，2001 – 2004 年期间虽有所减弱，但仍保持着 62.8% 的份额。

二、外商直接投资的产业流向及对我国经济结构的影响

(一)外商直接投资的三次产业分布

改革开放以来,我国利用外商直接投资主要集中在第二产业,其合同项目比重和合同金额比重都在70%左右,其中制造业又占绝大比重;而第一产业利用外资比重一直偏低,多年不足3%;第三产业比重则始终在20%—30%之间。1979至2004年底,利用外资累计合同项目数的一、二、三产业比例为2.84∶75∶22.16,累计合同金额的一、二、三产业比例为1.94∶68.27∶29.79。

加入WTO后,根据入世协议,我国在五年过渡期内逐步降低了农业、特别是服务业领域的准入门槛,从理论上讲,外资将更多地流入第一产业和第三产业,特别是第三产业即服务业的外资比重应该有明显提高,但是实际情况并非如此。从2002、2003和2004年三年的数据看(详见表2),第二产业的比重继续走高,其中制造业仍然是外商直接投资的主要行业,第一产业比重还有所下降,第三产业比重并没有大幅度的提高。外商直接投资在我国三次产业的流向一方面印证了国际产业转移的阶段性特征,另一方面体现了我国渐进式的对外开放战略。

表2 2002-2004年外商直接投资的产业结构比重

	2002年		2003年		2004年	
	项目数	合同外资	项目数	合同外资	项目数	合同外资
第一产业	2.85	2.04	2.72	1.98	2.59	2.13
第二产业	73.98	73.85	73.63	74	72.21	75.98
#制造业	72.96	71.61	71.34	70.17	69.59	71.5
第三产业	23.17	24.11	23.65	24.02	25.2	21.88

(二)外商投资流向对我国工业结构的影响

外商直接投资是我国工业资产形成的重要组成部分,其流向具有明显的结构倾斜特征,对我国产业结构变动产生了重大影响。

1.外商直接投资对轻、重工业结构的影响。1998年以前,外商投资于轻工业的比重高于重工业,1998年外商投资工业企业的轻、重工业结构为56.53∶43.46,全部工业为41.54∶58.46。外商直接投资的结构倾斜使我国轻工业品的生产能力大大增加,为缓解九十年代中期以前消费品短缺做出了贡献,同时也带来了市场的充分竞争,到1997年,我国工业消费品出现了相对过剩。1998年以后,无论是外资还是内资都加大了对重工业的投资,2003年外商投资工业企业的轻、重工业之比为39.45∶60.55,全部工业为33.77∶66.23,重工业比重增长是由于我国仍处于重化工业阶段,外资则更多投向计算机、通信设备、制药、汽车等高技术行业。在轻、重工业变动中,外商直接投资所起的作用不可低估,1998-2003年,轻工业增长了81.4%,其中外商投资工业企业的贡献率为38.6%,拉动31.4个百分点;重工业增长了152.9%,其中外商投资工业企业的贡献率为34.2%,拉动52.3个百分点。由此可见,外资工业的结构倾斜对我国轻、重工业的结构影响非常明显,成为推动我国产业结构演变的一个重要因素。

2.外商直接投资加快了我国工业结构的高加工度化进程。外商直接投资高度集中于制造业,在制造业中又主要集中在加工工业。1998年外商投资工业企业占以非农产品为原料的轻工业的比重为40.0%,占重加工业的比重为29.2%,而在原料工业中的比重只占9.6%;到2002年,这三个比重分别上升到42.3%、40.7%、11.3%,可以看出,外商投资工业企业在重加工业中的比重上升最快,上升了11.5个百分点,对加工工业的影响大大高于对原料工业的影响,对我国工业结构的高加工度化起了明显的推动作用。

3.外商直接投资促进了工业行业结构调整。外商直接投资的工业行业分布,具有强烈的倾向性,一方面促进了我国技术和资金密集产业的发展,另一方面也助长了劳动密集型产业的扩张。外商直接投资的行业倾向可以用行业偏向指数表示。行业偏向指数是指将某一行业外商投资企业的固

定资产占全部外商投资工业的比重与同一行业全部企业在全部工业中的比重相比计算的指数,它反映外资向该行业的相对集中程度。行业偏向指数大于1,说明外商投资企业向该行业集中程度较高;小于1,则集中程度较低。指数值越大,说明外商投资越偏向于该行业,反之亦然。

根据2004年工业行业数据计算的外商投资企业的行业偏向指数表明(详见表3),通信设备、计算机及其他电子设备制造业的偏向指数最高,达到3.29,说明该行业的外商投资企业最为集中,对外商来说是最具吸引力的投资领域。仪器仪表及文化办公用机械制造业的偏向指数排第5位,达到2.29,也是具有较高吸引力的行业,外商投资企业偏向这些技术密集型行业促进了我国高技术产业的发展。文教体育用品制造业,家具制造业,皮革毛皮羽毛(绒)及其制品业,塑料制品业,橡胶制品业等劳动密集型行业,外商投资的偏向指数也比较高,均在2以上,推动了我国劳动密集型行业的发展。外资偏向指数最低的行业包括黑色金属冶炼及压延加工业,水的生产和供应业,非金属矿采选业,石油和天然气开采业,烟草制品业,黑色金属矿采选业,有色金属矿采选业,煤炭开采和洗选业等行业,指数值均在0.5以下,这与我国对一些行业限制外资进入有关。

表3 外商投资企业的行业偏向指数分布

行业偏向指数分组	行业数	行业名称
3以上	1	通信设备、计算机及其他电子设备制造业
2-3	6	文教体育用品制造业,家具制造业,皮革、毛皮、羽毛(绒)及其制品业,仪器仪表及文化、办公用机械制造业,塑料制品业,橡胶制品业
1-2	17	纺织服装、鞋、帽制造业,造纸及纸制品业,食品制造业,电气机械及器材制造业,金属制品业,饮料制造业,工艺品及其他制造业,交通运输设备制造业,废弃资源和废旧材料回收加工业,化学纤维制造业,通用设备制造业,印刷业和记录媒介的复制,木材加工及木、竹、藤、棕、草制品业,纺织业,农副食品加工业,专用设备制造业,非金属矿物制品业
0.5-1	6	医药制造业,化学原料及化学制品制造业,有色金属冶炼及压延加工业,燃气生产和供应业,电力、热力的生产和供应业,石油加工、炼焦及核燃料加工业
0.5以下	9	黑色金属冶炼及压延加工业,水的生产和供应业,非金属矿采选业,其他采矿业,有色金属矿采选业,石油和天然气开采业,黑色金属矿采选业,烟草制品业,煤炭开采和洗选业

4. 外商投资工业企业的行业集中度及其贡献率。从2004年主营业务收入的行业构成看,外商投资工业企业主要分布在高技术和资金密集型行业,其中通信设备、计算机及其他电子设备制造业占有最高份额,为28.9%;交通运输设备制造业占8.8%;电气机械及器材制造业占6.5%;化学原料及化学制品制造业占5.1%。前4个行业合起来占49.2%,具有非常高的行业集中度。外商投资工业企业对高技术行业和劳动密集型行业的贡献也较大,从表4的各项总量指标计算的外商投资工业企业在行业中的比重可以看出,外商投资企业在通信设备、计算机及其他电子设备制造业,仪器仪表及文化办公用机械制造业的产出比重超过60%,占有绝对优势;比重在40%-60%的行业中,除交通运输设备制造业外,主要为劳动密集型行业,与内资企业平分秋色;而在其他行业,特别是能源、原材料行业,外商投资企业处于劣势。

(三)外商投资对我国区域经济格局的影响

1. 利用外资及外商投资企业的东、中、西分布。改革开放以来,我国在吸收外商直接投资方面所表现出的区域失衡问题日益突出。从1979年至今,东部地区无论是利用FDI的合同项目、合同外资金额还是实际投资额,其占全国总数的比重都在80%以上,而中西部合计不足20%(见表5)。这对于中西部地区资本要素本身就奇缺的状况更是雪上加霜。从2004年外商投资工业企业产出的东中西分布看,主营业务收入东部占73.28%,中部占16.18%,西部占10.54%,进一步拉大了东部和中西部地区工业经济发展的差距。

表4 外商投资企业在工业行业中的比重

行 业	工业总产值(%)	主营业务收入(%)	资产(%)	利润总额(%)	税金总额(%)	从业人员(%)
总 计	**32.72**	**32.73**	**25.82**	**32.49**	**18.95**	**26.51**
通信设备、计算机及其他电子设备制造业	83.22	83.30	69.38	85.75	61.51	71.02
仪器仪表及文化、办公用机械制造业	68.05	68.94	49.14	65.68	44.27	49.88
文教体育用品制造业	60.27	60.95	62.86	52.11	38.08	67.98
家具制造业	60.19	60.58	61.50	61.53	40.88	56.90
皮革、毛皮、羽毛(绒)及其制品业	53.92	54.18	59.80	42.30	42.27	62.87
纺织服装、鞋、帽制造业	48.06	48.43	45.24	46.99	40.87	52.35
塑料制品业	44.61	44.73	49.65	46.91	34.95	45.14
交通运输设备制造业	42.77	42.63	33.29	61.76	53.82	20.09
工艺品及其他制造业	41.28	41.84	39.20	44.86	32.36	48.53
橡胶制品业	40.05	41.81	47.22	43.96	38.12	39.16
废弃资源和废旧材料回收加工业	39.87	38.90	37.53	34.42	26.58	19.49
食品制造业	38.96	39.78	37.46	50.34	50.46	28.44
电气机械及器材制造业	38.72	38.85	34.78	42.73	26.61	40.10
金属制品业	37.20	37.77	37.57	47.74	22.50	29.96
饮料制造业	36.66	39.16	33.55	35.97	34.15	21.91
造纸及纸制品业	33.88	34.52	42.59	45.56	30.86	23.05
印刷业和记录媒介的复制	33.20	33.21	31.53	43.80	27.32	25.54
农副食品加工业	29.96	29.93	28.84	28.87	22.35	23.49
化学纤维制造业	29.38	29.65	31.52	47.99	30.07	20.16
通用设备制造业	28.92	29.52	27.47	44.62	22.79	16.99
燃气生产和供应业	28.58	28.12	17.06	21.93	10.36	10.93
纺织业	27.13	27.21	29.37	31.44	19.51	25.03
木材加工及木、竹、藤、棕、草制品业	26.99	26.78	30.48	20.01	20.15	22.41
化学原料及化学制品制造业	26.16	25.93	23.49	35.63	27.86	12.19
医药制造业	25.09	24.20	20.33	31.14	28.38	17.26
专用设备制造业	24.87	25.97	22.87	40.89	24.60	17.31
非金属矿物制品业	19.50	19.89	22.33	26.14	14.92	13.15
有色金属冶炼及压延加工业	17.03	16.84	16.66	16.01	9.45	11.11
黑色金属冶炼及压延加工业	12.64	12.48	10.99	12.30	7.84	6.89
电力、热力的生产和供应业	11.25	10.75	10.20	32.58	14.30	5.24
石油加工、炼焦及核燃料加工业	10.16	10.18	13.14	27.86	8.64	7.36
水的生产和供应业	8.88	8.81	8.27	153.32	6.98	2.22
石油和天然气开采业	7.77	4.46	2.34	7.21	3.53	0.13
非金属矿采选业	7.42	7.23	6.12	4.44	4.86	3.29
其他采矿业	3.67	3.61	3.86	−0.84	0.23	4.90
有色金属矿采选业	2.40	3.21	6.31	6.24	4.75	1.49
煤炭开采和洗选业	1.81	1.79	1.20	2.02	0.96	0.27
黑色金属矿采选业	1.73	1.54	1.28	0.98	0.90	1.03
烟草制品业	0.32	0.35	0.52	0.50	0.17	1.63

表5　东部、中部、西部地区构成

	截止2004年外商直接投资						2004年外商投资工业企业产出	
	项目数（个）	比重（%）	合同外资（亿美元）	比重（%）	实际使用（亿美元）	比重（%）	主营业务收入（人民币亿元）	比重（%）
总　计	508941	100	10966.1	100	5621.01	100	198909	100
东部地区	419505	82.43	9515.89	86.78	4848.13	86.25	145751	73.28
中部地区	56195	11.04	843.39	7.69	514.7	9.16	32192	16.18
西部地区	33241	6.53	606.81	5.53	258.17	4.59	20966	10.54

2. 东、中、西部外商投资企业的产业结构差异。东部地区利用FDI领域拓宽，投资结构不断优化，同时服务部门外商投资企业比重上升，旅游、商贸、金融和其他中介服务行业正成为投资热点。工业领域资本与技术密集型行业外商投资企业数量大大增加，通信设备、计算机、交通运输设备、电气机械及器材的制造等产业成为重点投资领域，其中通信设备、计算机及其他电子设备制造业为支柱产业，比重高达31.3%。相比较而言，中部和西部地区外商投资于资本和劳动密集型企业占绝对优势，支柱产业均为交通运输设备制造业（见表6），技术密集型产业和高新技术项目较少，第三产业发展较慢，甚至中西部优势明显的旅游业等服务部门，外商投资也微乎其微。

中西部外商投资企业产业结构的另一个明显差距是外资与本地产业的关联度低。东部地区特别是长三角和珠三角，外资与本地产业高度关联，形成了一批配套条件好、国际竞争力强的产业发展群体，如电子信息业、IT产业、汽车制造业等。与东部相比，中西部吸收的外资则没有与当地产业有效配合，未能形成良好的产业集聚和产业配套条件。

表6　外商投资工业企业在东、中、西分布的前10个行业

东　部	比重（%）	中　部	比重（%）	西　部	比重（%）
通信设备、计算机及其他电子设备制造业	31.30	交通运输设备制造业	33.02	交通运输设备制造业	17.47
交通运输设备制造业	6.85	农副食品加工业	7.96	农副食品加工业	9.58
电气机械及器材制造业	6.76	有色金属冶炼及压延加工业	5.67	化学原料及化学制品制造业	6.79
化学原料及化学制品制造业	5.08	通信设备、计算机及其他电子设备制造业	5.16	黑色金属冶炼及压延加工业	6.02
纺织业	4.32	电力、热力的生产和供应业	5.08	食品制造业	5.87
通用设备制造业	3.83	电气机械及器材制造业	4.51	通信设备、计算机及其他电子设备制造业	5.35
农副食品加工业	3.25	化学原料及化学制品制造业	3.75	电力、热力的生产和供应业	5.14
黑色金属冶炼及压延加工业	3.19	饮料制造业	3.30	医药制造业	4.71
金属制品业	3.09	黑色金属冶炼及压延加工业	3.22	非金属矿物制品业	4.45
纺织服装、鞋、帽制造业	3.00	食品制造业	3.12	纺织业	3.85

3. 形成东部和中西部地区利用外资巨大差距的原因。首先是我国对外开放政策造成的，我国对外资的引进利用是从东部向中部、西部梯度推进的，国家的非均衡发展战略以及对东部地区倾斜的投资政策，是东部得以大规模吸收外资的重要原因。其次是东部地区历史上形成的基础设施雄厚、

科研创新能力强、市场发育程度高、产业集聚配套能力强等，其投资的硬环境和软环境都远远优于中西部地区，必然成为外商投资的首选地。

三、外商投资企业对推进我国产业技术进步的影响

外商向我国投资形成资本的同时，通常也伴随着技术转移和技术溢出效应，对提升我国产业技术水平具有积极影响。

(一)外商投资企业的技术转移和技术溢出途径

技术转移效应是指外商投资企业进行投资并形成资本的同时，将技术转移到东道国，对提升当地产业的技术水平产生的积极影响。外商投资企业对我国的技术转移主要通过以下途径实现：第一，外商投资企业从国外引进技术含量较高的资本货物和加工工艺，提升国内产业的技术水平。20世纪90年代以来，进入我国的跨国公司投资项目大多为技术密集型和资本密集型项目，这些项目带来了一系列先进的技术、工艺和设备，填补了我国的一些技术上的空白，2004年外商投资企业作为投资进口的设备、物品达311.6亿美元，占进口额的9.6%。第二，外商投资企业通过引进新产品实现技术扩散，例如1990年我国轿车占汽车总产量的比重仅为6.8%，外资的进入使我国轿车产量增长很快，2004年轿车占汽车总产量的比重达到45.6%。第三，跨国公司在我国建立研发机构，能够带动我国研发水平的提高。1995年上海贝尔实验室、IBM中国研究中心在我国成立，1998年11月，微软中国研究院在北京成立。截止到2004年底，在大中型工业企业中，外商投资企业在我国设立的科技机构达569家，占32.9%。

技术溢出效应是跨国公司在东道国进行直接投资，实现技术的当地化过程中，通过技术的非自愿扩散、技术示范、市场竞争、人力资本流动等途径带来的东道国技术的进步和生产率的提高。其途径主要有：第一，通过外商投资企业的竞争和示范效应，促进国内企业技术进步；第二，外商投资企业与当地企业逐步形成产业链和集群，带动国内配套产业的技术进步；第三，外商投资企业的员工本土化以及人力资本流动，为国内企业带来了技术和管理的溢出效应。

(二)外商的技术转移和溢出效应对我国产业技术升级发挥了积极作用

第一，外商投资企业促进了我国高技术产业的发展。90年代中期以来，我国高技术产业得到迅速发展，1995年至2004年年均增长了23.7%，比工业年均增速高8.1个百分点，其中外商投资工业企业是推动高技术产业发展的主力军，无论是企业数量还是产出规模都迅速扩大，2004年企业数比重比1995年增长了12.3个百分点；主营业务收入比重增长了29.9个百分点。从1998年开始，外商投资工业企业对高技术产业的贡献率超过内资企业(详见表7)，并且保持了强劲的增长势头，到2004年，超过2/3的高技术产业产出来自于外商投资工业企业。

表7 高技术产业中外商投资工业企业和内资企业的比重

年度	高技术产业企业数(个)			高技术产业主营业务收入(亿元)			企业数比重(%)		主营业务收入比重(%)	
	合计	外资企业	内资企业	合计	外资企业	内资企业	外资企业	内资企业	外资企业	内资企业
1995	18834	4581	14253	3917	1728	2189	24.3	75.7	44.1	55.9
1998	9348	2724	6624	6580	3371	3209	29.1	70.9	51.2	48.8
1999	9492	2836	6656	7820	4431	3389	29.9	70.1	56.7	43.3
2000	9758	3046	6712	10034	6007	4027	31.2	68.8	59.9	40.1
2001	10479	3338	7141	12015	7375	4640	31.9	68.1	61.4	38.6
2002	11333	3668	7665	14614	9043	5571	32.4	67.6	61.9	38.1
2003	12322	4208	8114	20412	13734	6678	34.2	65.8	67.3	32.7
2004	17898	6560	11338	27846	20611	7235	36.7	63.3	74.0	26.0

第二,外商投资企业的技术创新带动了我国产品结构的升级。外商投资工业企业在科技力量投入上呈现快速上升趋势,大中型外商投资工业企业1995年R&D活动人员折合全时当量的比重为4.3%,2004年上升到27.2%;科技经费支出比重由1995年的14.1%上升到2004年的44.9%。科技投入的不断增加有力地带动了技术创新活动的产出和我国产品结构的升级。2004年外商投资工业企业的新产品产值达到6530亿元,新产品产值率为11.1%,特别是其交通运输设备制造业的新产品产值率高达41.7%,主要是外资企业大量进入汽车制造领域带动了汽车品牌、车型的快速更新。据海关统计,2005年高新技术产品出口额[5]达到2183亿美元,占出口量的28.64%,我国的高新技术产品在国际市场已具有较强的竞争力。

第三,外商投资企业的产出效率高于内资企业,加快了我国工业整体水平的提升。2004年外商投资工业企业的劳动生产率达到9.48万元/人,比内资企业高1.14万元/人,比全部工业高0.84万元/人;外商投资工业企业的流动资产周转率为2.3次/年,比内资企业高0.16次/年,比全部工业高0.11次/年。从主要行业看,外商投资工业企业的产出效率具有更明显的优势,外资集中的前几个行业的劳动生产率、总资产贡献率、流动资产周转率,外商投资工业企业均高于内资企业,对提升我国工业的投入产出效率发挥了重要作用(详见表8)。

表8　2004年工业行业产出效率对比(按外商投资工业企业行业集中度排序)

行业	劳动生产率(万元/人)			总资产贡献率(%)			流动资产周转率(次/年)		
	工业	外商投资企业	内资企业	工业	外商投资企业	内资企业	工业	外商投资企业	内资企业
总计	**8.64**	**9.48**	**8.34**	**11.01**	**10.93**	**11.04**	**2.19**	**2.30**	**2.14**
通信设备、计算机及其他电子设备制造业	11.85	12.50	10.26	7.66	8.55	5.65	2.41	2.90	1.30
交通运输设备制造业	10.05	22.68	6.87	10.15	17.02	6.71	1.73	2.12	1.53
电气机械及器材制造业	8.04	7.55	8.36	9.28	9.44	9.20	1.94	2.16	1.82
化学原料及化学制品制造业	10.98	25.65	8.94	12.35	16.26	11.15	2.39	2.32	2.42
纺织业	4.33	4.76	4.18	7.36	6.15	7.86	2.25	1.98	2.37
农副食品加工业	10.01	12.20	9.33	9.16	8.21	9.55	3.29	3.09	3.38
通用设备制造业	6.76	12.33	5.62	9.38	11.74	8.49	1.58	1.64	1.55
黑色金属冶炼及压延加工业	16.84	25.26	16.21	12.91	12.46	12.96	2.72	2.70	2.73
金属制品业	6.17	7.32	5.68	9.71	9.62	9.77	2.12	2.09	2.14
纺织服装、鞋、帽制造业	3.39	3.24	3.56	10.13	9.78	10.42	2.44	2.48	2.41
塑料制品业	5.79	5.63	5.91	8.20	6.89	9.50	2.13	1.91	2.35
电力、热力的生产和供应业	18.73	62.32	16.32	6.73	13.36	5.98	2.30	2.09	2.33
仪器仪表及文化、办公用机械制造业	6.82	8.42	5.23	9.27	10.59	7.99	1.89	2.51	1.22
皮革、毛皮、羽毛(绒)及其制品业	3.41	2.88	4.32	10.85	7.74	15.48	2.67	2.38	3.12
非金属矿物制品业	5.53	8.34	5.10	9.78	8.82	10.06	1.87	1.67	1.93
专用设备制造业	6.34	9.95	5.58	8.25	11.66	7.23	1.48	1.60	1.44

综上所述,改革开放以来,我国利用外资快速增长,外商投资企业对我国产业结构调整、技术发展、研究和开发能力提高起到了重要作用。随着我国利用外资结构的升级,外商投资企业的技术转移效应和技术溢出效应将进一步增强,对我国产业技术进步和升级将会产生更大的作用。

参考资料：

1.《中国统计年鉴》. 相应年份 . 中国统计出版社

2.《工业统计年报》. 相应年份

3.《2004 年环境统计年鉴》. 国家环境保护总局

本文中数据除特别注明外,均来自上述资料

4. 陈明森 . 2004.《产业升级外向推动与利用外资战略调整》. 科学出版社

课题组组长:徐一帆

课题组副组长:任才方 翟志宏 刘富江 耿 勤

课题组成员:邢俊玲 张卫华 龙 玲 周学文

王晓辉 江 源 隋秀芹 于卫宁

执笔人:王晓辉 龙 玲 于卫宁

[1]外商投资企业:包括外商和港澳台商投资企业。

[2]外商直接投资(FDI):为全社会口径,下同。

[3]除特别注明外,外商投资工业企业均为规模以上工业企业,即全部国有企业和年主营业务收入 500 万元以上的非国有工业企业,下同。

[4]出口总量:为全社会口径。

[5]高新技术产品出口额:为全社会口径。

我国外商投资企业发展中存在的问题与对策建议

——《我国利用外资与外商投资企业研究》课题之二

外商投资企业[1] 的大力发展推动了我国的经济增长，产业结构调整和技术进步，但利用外资也是一把双刃剑，在发展过程中也存在着给我国资源和环境带来沉重的压力，由于税收等方面的超国民待遇以及监管不到位造成的税收流失，以及对内资企业形成挤出效应等负面影响。如何以科学发展观，走可持续发展道路来指导外商投资企业的发展，趋利弊害，将是我国今后更好地利用外资，促进经济稳定、高速增长的重要途径。

一、现阶段我国利用外资以及外商投资企业发展中存在的主要问题

（一）走可持续发展道路必须重视外商的引资成本

由于外商投资在经济发展中的作用越来越大，使得一些地方政府把吸引外资落户作为经济工作的重点，争相为外商投资提供优惠，甚至不计成本展开引资大战，而忽略了外资带来的负效应。任何一个外商来投资都是趋利性的，是看中了我们在廉价劳动力、税收优惠、市场、资源等方面对其有利可图，如果我们在这些方面不计成本，盲目进行引资竞争，我国的自然资源和生态环境就难以支撑经济的长期稳定增长和可持续发展。特别是中西部地区生态环境脆弱，引资不但要注重对经济的促进作用，更要注重对资源和生态的消耗和破坏作用。

2004 年我国工业的废水排放达到了 222 亿吨，废气排放 237696 亿立方米，比 1995 年增长了 121%；二氧化硫排放 1891 万吨，增长了 35%；固体废物产生量 120030 万吨（未被综合利用的占 43.52%），增长了 86%。表 1 中列出的工业企业三废排放量[2] 前十个行业多集中在重化工业，而中西部地区的外商投资企业则更多集中在这些高耗能、高污染行业。从表 2 的外商投资工业企业[3] 的东、中、西部行业分布看出，中部地区排在第三位的有色金属冶炼及压延加工业，第五位的电力、热力的生产和供应业，第七位的化学原料及化学制品制造业，第九位的黑色金属冶炼及压延加工业都是高耗能、高污染行业。西部地区排在第三位的化学原料及化学制品制造业，第四位的黑色金属冶炼及压延加工业，第七位的电力、热力的生产和供应业，第九位的非金属矿物制品业，第十位的纺织业也都是高耗能、高污染行业，对环境污染程度呈上升趋势。因此，引进外资项目必须从长期发展的角度评估和计算对环境带来的影响，对高排放行业实行准入限制。

（二）创新技术，特别是核心技术不可能通过“以市场换技术”引进来

提高综合竞争力，必须注意引进具有技术创新优势的外资，改革开放 20 多年的实践证明，“以市场换技术”是行不通的，新技术，尤其是核心竞争技术是引不进来的。总的看来，我国外商投资企业生产技术含量不高，附加价值较低。从外商投资企业的类型看，在我国投资的外商企业主要有两种类型，一种是市场占有型的企业，即以开拓和占领我国市场为主要目的；另一种是生产基地型的企业，即把我国作为加工基地，在华子公司往往是国外母公司全球战略分工中的一部分，很多是两头在外的三来一补企业。2004 年外资企业在全部贸易额中已占 57.07%，但一般贸易只有 18.65%，78.66% 是来料和进料加工装配贸易。因此，其生产的技术含量不高，附加价值较低。从 2004 年规模以上工业企业的增加值率对比可以看出，外商投资工业企业的增加值率最低，为 25.2%，比全部企业的 28.37% 低 3.17 个百分点；比国有及国有控股企业的 33.03% 低 7.83 个百分点；说明外商投资企业生产的附加价值低，生产规模是数量扩张的结果。从行业结构看，外商投资工业企业集中度最高的通信设备、计算机及其他电子设备制造业的增加值率比国有及国有控股工业企业低 6 个百分点，电气机械及器材制造业低 2.14 个百分点，而这两个行业属于高新技术产业，应该是高附加值行业，更加说

明其核心技术和关键零部件都掌握在国外母公司手中,拿到我国来的只是利用廉价劳动力的加工装配,加工深度低,生产链条短。相反交通运输设备制造业、化学原料及化学制品制造业、医药制造业以及一些劳动密集型行业由于引进的是全套生产线,其增加值率高于国有及国有控股工业企业,附加价值和生产效率是比较高的(见表3)。

表1 2004年工业企业三废排放量的前10个行业

	工业废水排放量(%)		工业废气排放总量(%)		工业固体废物(%)
化学原料及化学制品制造业	16.34	电力、热力的生产和供应业	33.62	电力、热力的生产和供应业	21.01
造纸及纸制品业	16.11	非金属矿物制品业	19.66	黑色金属冶炼及压延加工业	17.18
电力、热力的生产和供应业	12.72	黑色金属冶炼及压延加工业	19.27	煤炭开采和洗选业	13.92
黑色金属冶炼及压延加工业	9.45	化学原料及化学制品制造业	6.02	黑色金属矿采选业	13.77
纺织业	7.78	有色金属冶炼及压延加工业	4.86	有色金属矿采选业	9.87
农副食品加工业	5.21	石油加工、炼焦及核燃料加工业	4.15	化学原料及化学制品制造业	7.76
石油加工、炼焦及核燃料加工业	3.10	造纸及纸制品业	1.62	有色金属冶炼及压延加工业	3.94
煤炭开采和洗选业	2.53	纺织业	1.11	非金属矿物制品业	2.96
非金属矿物制品业	2.42	化学纤维制造业	1.08	石油加工、炼焦及核燃料加工业	1.62
化学纤维制造业	2.40	交通运输设备制造业	0.93	农副食品加工业	1.14

表2 外商投资工业企业在东、中、西分布的前10个行业

东部	比重(%)	中部	比重(%)	西部	比重(%)
通信设备、计算机及其他电子设备制造业	31.30	交通运输设备制造业	33.02	交通运输设备制造业	17.47
交通运输设备制造业	6.85	农副食品加工业	7.96	农副食品加工业	9.58
电气机械及器材制造业	6.76	有色金属冶炼及压延加工业	5.67	化学原料及化学制品制造业	6.79
化学原料及化学制品制造业	5.08	通信设备、计算机及其他电子设备制造业	5.16	黑色金属冶炼及压延加工业	6.02
纺织业	4.32	电力、热力的生产和供应业	5.08	食品制造业	5.87
通用设备制造业	3.83	电气机械及器材制造业	4.51	通信设备、计算机及其他电子设备制造业	5.35
农副食品加工业	3.25	化学原料及化学制品制造业	3.75	电力、热力的生产和供应业	5.14
黑色金属冶炼及压延加工业	3.19	饮料制造业	3.30	医药制造业	4.71
金属制品业	3.09	黑色金属冶炼及压延加工业	3.22	非金属矿物制品业	4.45
纺织服装、鞋、帽制造业	3.00	食品制造业	3.12	纺织业	3.85

表3 外商投资工业企业的行业分布及增加值率对比

行业	外商投资企业各行业的比重(%)	工业增加值率(%)		
		规模以上工业企业	国有控股企业	外商投资企业
总计		**28.37**	**33.03**	**25.2**
通信设备、计算机及其他电子设备制造业	28.9	20.16	24.15	18.15
交通运输设备制造业	8.8	24.86	25.01	26.35
电气机械及器材制造业	6.5	24.95	26.42	24.28
化学原料及化学制品制造业	5.1	27.66	27.36	30.1
纺织业	4.2	24.57	25.04	24.95
农副食品加工业	3.7	23.56	21.6	22.53
通用设备制造业	3.7	27.27	25.95	29.21
黑色金属冶炼及压延加工业	3.3	27.54	31.32	22.53
金属制品业	2.9	25.49	27.43	24.36
纺织服装、鞋、帽制造业	2.8	28.16	31.53	29.31
塑料制品业	2.8	24.19	25.19	23.84
电力、热力的生产和供应业	2.5	32.46	31.11	50.26
仪器仪表及文化、办公用机械制造业	2.3	26.23	31.94	23.73
皮革、毛皮、羽毛(绒)及其制品业	2.2	26.05	28.92	25.62
非金属矿物制品业	2.2	30.78	31.22	31.29
专用设备制造业	2	27.52	25.96	30.06
造纸及纸制品业	1.7	26.13	27.64	25.51
食品制造业	1.7	30.13	30.39	33.65
有色金属冶炼及压延加工业	1.5	23.58	26.69	22.06
饮料制造业	1.4	37.28	44.7	37.1
石油加工、炼焦及核燃料加工业	1.4	19.03	17.05	25.5
医药制造业	1.1	36.19	35.21	38.9
橡胶制品业	1.1	26.77	24.46	26.55
文教体育用品制造业	1.1	25.1	31.81	24.96
家具制造业	1	25.49	20.11	24.91
工艺品及其他制造业	1	26.98	24.82	28.2
化学纤维制造业	0.9	18.52	18.51	19.7
印刷业和记录媒介的复制	0.6	32.98	41.6	33.74
木材加工及木、竹、藤、棕、草制品业	0.5	26.91	30.15	25.08
石油和天然气开采业	0.3	76.16	75.36	88.15
燃气生产和供应业	0.2	28.45	31.9	20.67
废弃资源和废旧材料回收加工业	0.1	18.72	15.62	15.82
煤炭开采和洗选业	0.1	49.08	50.51	35.97
水的生产和供应业	0.1	46.1	47.36	52.88
非金属矿采选业	0.1	35.3	41.27	31.4

(三)第三产业开放度不够,外商投资在第三产业中的比重仍然偏低

目前,外商投资主要向第二产业倾斜,第三产业由于对外商的开放度不够,比重偏低。2004 年底注册的外商投资企业中,第三产业的企业数量占 24.75%,比 2001 年上升了 0.81 个百分点;投资总额占 31.07%,比 2001 年下降了 3.24 个百分点。由此可见,加入 WTO 后,我国第三产业的比重并没有提高,反而略有降低。在第三产业内部,外商投资企业主要集中在房地产业,交通运输、仓储和邮政业,住宿和餐饮业以及批发和零售业;而教育,卫生、社会保障和社会福利业,金融、保险,水利、环境和公共设施管理,文化、体育和娱乐业等行业由于开放较晚,所占比重非常低(见表 4)。

表 4 2004 年末登记注册外商投资企业中第三产业的比重

	企业数(%)	投资总额(%)
第三产业合计	24.75	31.07
交通运输、仓储和邮政业	1.68	5.23
信息传输、计算机服务和软件业	1.84	1.69
批发和零售业	4.22	1.78
住宿和餐饮业	2.24	1.99
金融业	0.07	0.36
房地产业	5.20	12.66
租赁和商务服务业	2.67	1.16
科学研究、技术服务和地质勘查业	1.86	1.58
水利、环境和公共设施管理业	0.25	0.58
居民服务和其他服务业	2.45	1.45
教育	0.07	0.03
卫生、社会保障和社会福利业	0.11	0.14
文化、体育和娱乐业	0.89	0.93
其他	1.19	1.50

(四)外商投资企业在税收上的超国民待遇以及对其监管不到位造成内外资企业的不平等竞争

长期以来,外商投资企业一方面享受税收优惠政策,另一方面由于监管不到位,企业避税问题难以避免,造成外商投资企业的税赋低于内资企业,形成不平等竞争环境。

改革开放初期,为了吸引外资,给予外商投资企业一定的税收优惠政策,对利用外资,引进先进技术和企业间竞争,拉动经济增长起到了积极的促进作用。1991 年颁布的《中华人民共和国外商投资企业和外国企业所得税法》规定设在经济特区、经济技术开发区等的生产性外商投资企业,企业所得税减按百分之十五的税率征收。外商投资企业实际交纳的所得税率明显偏低,2004 年规模以上外商投资工业企业所得税为 404 亿元,占全部规模以上工业企业所得税的 19.23%,而外商投资企业工业增加值的份额达到了 29.07%,工业总产值的份额为 32.72%,显然外商投资企业对税收的贡献远不及对 GDP 的贡献。随着外商投资企业的不断壮大和国际经济秩序的变化,外商投资企业长期享受的税收优惠待遇使其能以较低价格开拓和占领国内市场,大大提高了竞争力,对内资企业产生了巨大的挤出效应。

外商投资企业税收较低的另一个问题是避税,一方面生产快速增长,欣欣向荣,另一方面利润和税收远不及生产的增长,很多企业长期处于亏损状态却不断扩大生产,这就反映出了一个不争的事实,即外商投资企业虚亏避税或合理避税。

利用 2004 年规模以上的数据分析看出,外商投资工业企业的亏损面为 27.98%,比全部工业企业高 6.93 个百分点,在外商投资工业企业涉足生产的 36 个行业大类中,有 33 个行业的亏损面高于全部工业企业,而从生产的成本投入和费用看,外商投资企业的成本费用率(成本费用与主营业务收入的比率)只比全部工业企业高0.84个百分点,36个行业中,24个的成本费用率低于全部工业企业,特别是行业集中度高的5个行业的成本费用率均低于全部工业企业(详见表5),说明其盈利能力并不低,亏损在一定程度上是帐面亏损,虚亏实盈。

表5 工业企业的亏损面、成本费用率

行业	亏损面(%)		成本费用率(%)	
	全部规模以上企业	外商投资企业	全部规模以上企业	外商投资企业
总计	**21.05**	**27.98**	**93.31**	**94.15**
通信设备、计算机及其他电子设备制造业	26.43	31.96	96.57	96.50
交通运输设备制造业	21.26	26.29	94.34	90.16
电气机械及器材制造业	19.30	28.78	95.19	94.68
化学原料及化学制品制造业	19.51	25.04	92.61	90.36
纺织业	22.22	29.32	97.41	97.40
农副食品加工业	19.44	25.97	96.51	97.16
通用设备制造业	16.71	22.49	94.66	91.65
黑色金属冶炼及压延加工业	23.02	27.93	93.42	93.67
金属制品业	17.73	27.48	95.49	94.49
纺织服装、鞋、帽制造业	22.94	27.96	96.02	96.48
塑料制品业	20.69	31.00	96.81	97.89
电力、热力的生产和供应业	38.31	35.99	95.04	83.34
仪器仪表及文化、办公用机械制造业	20.58	25.88	95.64	95.50
皮革、毛皮、羽毛(绒)及其制品业	17.05	24.88	95.80	96.72
非金属矿物制品业	21.27	26.50	94.49	93.16
专用设备制造业	20.22	24.93	96.02	92.73
造纸及纸制品业	21.33	28.40	95.91	94.90
食品制造业	24.37	29.72	95.07	94.06
有色金属冶炼及压延加工业	21.47	29.49	95.24	94.80
饮料制造业	24.85	33.16	89.03	90.78
石油加工、炼焦及核燃料加工业	23.23	31.10	93.37	90.11
医药制造业	26.16	28.64	91.31	88.75
橡胶制品业	19.73	30.01	95.35	95.24
文教体育用品制造业	20.79	29.13	97.40	98.42
家具制造业	20.20	32.20	95.05	95.10
工艺品及其他制造业	16.56	22.80	95.64	95.05
化学纤维制造业	29.30	34.11	97.47	95.16
印刷业和记录媒介的复制	24.89	27.87	92.99	90.38
木材加工及木、竹、藤、棕、草制品业	18.12	31.29	96.28	97.52
石油和天然气开采业	18.03	14.29	55.49	31.23
燃气生产和供应业	39.44	41.30	101.72	100.01
废弃资源和废旧材料回收加工业	18.65	37.00	97.20	97.68
煤炭开采和洗选业	12.08	26.92	88.81	89.55
水的生产和供应业	48.89	20.69	103.15	82.94
非金属矿采选业	13.24	37.82	92.80	96.57

外商投资工业企业上交各项税金的比率均低于全部工业企业和国有及国有控股企业，其中主营业务税金及附加率（主营业务税金及附加与主营业务收入的比率）为0.46%，分别低于全部工业企业和国有及国有控股企业0.86个百分点和2.23个百分点；所得税率（所得税与主营业务收入的比率）为0.62%，分别低于全部工业企业和国有及国有控股企业0.44个百分点和0.87个百分点；应交增值税率（应交增值税与主营业务收入的比率）为2.3%，分别低于全部工业企业和国有及国有控股企业1.18个百分点和2.62个百分点。从行业大类看，多数行业的这三种税率也低于全部工业企业和国有及国有控股企业（详见表6）。因此，外商投资企业上交税收少不是行业结构的影响，而是普遍现象，是虚亏避税的结果。

表6 外商投资企业高集中度行业的税率对比

	主营业务税金及附加率（%）			所得税率（%）			增值税率（%）		
	规模以上企业	国有控股企业	外商投资企业	规模以上企业	国有控股企业	外商投资企业	规模以上企业	国有控股企业	外商投资企业
总 计	**1.32**	**2.69**	**0.46**	**1.06**	**1.49**	**0.62**	**3.48**	**4.92**	**2.3**
通信设备、计算机及其他电子设备制造业	0.10	0.20	0.03	0.48	0.62	0.38	1.17	1.61	0.91
交通运输设备制造业	1.51	2.02	2.37	0.71	0.65	0.66	2.82	2.88	3.10
电气机械及器材制造业	0.30	0.33	0.10	0.82	0.82	0.59	2.37	3.31	1.73
化学原料及化学制品制造业	0.67	0.79	0.54	1.22	1.48	0.96	3.57	4.06	4.02
纺织业	0.41	0.33	0.21	0.61	0.41	0.40	2.47	3.49	1.85

外企避税已经成为公开的秘密，其手法一般是通过利润转移。利润转移的方式一种是高进低出，往往是两头在外的加工企业以高价进口原材料，低价出口产品，将利润转移到境外的关联企业。另一种是与关联企业的固定资产购销或租赁，将固定资产购销或租赁价格提高，虚增成本。据官方保守估计，亏损的外商投资企业中约2/3为非正常亏损，每年通过转让定价避税的税款损失有300亿元。

二、我国利用外资战略进一步调整的对策建议

（一）加强利用外资的宏观调控，减少地方政府之间的盲目竞争，引导外商投资企业实现可持续发展

宏观经济政策和产业政策上要加强对利用外资的调控，建立国家一级的协调机构，在外商投资项目上进行分类管理和协调，对地方招商引资项目建立一套资源、能源、水消耗和污染物达标排放的评估体系，对地方政府提供给外商的过度优惠条件，对高耗资、耗能、耗水、高污染的项目坚决予以制止，从整体和全局上保证清洁生产，杜绝以牺牲环境、资源为代价的外资引进。

对吸引出口导向型的利用外资政策也需要适当调整。如2002年发布的《指导外商投资方向规定》把外商投资项目分为鼓励、允许、限制和禁止四类。其中第十条规定："产品出口销售额占其产品销售总额70%以上的限制类外商投资项目，经省、自治区、直辖市及计划单列市人民政府或者国务院主管部门批准，可以视为允许类外商投资项目"。在第六条规定："属于下列情形之一的，列为限制类外商投资项目：（一）技术水平落后的；（二）不利于节约资源和改善生态环境的；（三）从事国家规定实行保护性开采的特定矿种勘探、开采的；（四）属于国家逐步开放的产业的；（五）法律、行政法规规定的其他情形"。这就使得本来应该受到限制的外商投资项目因为出口而能变成允许类项目，而限制类项目中"技术水平落后的"，不单单是产品的品质落后，往往在生产工艺、原材料消耗、生产排放上也是落后的，如果变成允许类项目，势必对环境保护造成压力。"不利于节约资源和改善生态环境的"、"从事国家规定实行保护性开采的特定矿种勘探、开采的"限制类外商投资项目，如果由于其出口销售额达到70%以上就变为允许类外商投资项目，将加大我国自然资源的开采和利用，加重生态环境的破坏，造成事实上的资源外流，

不利于经济的可持续发展，特别是生态环境脆弱的西部地区更要注意不能以牺牲资源和环境为代价换取外商投资项目。

（二）实行统一的所得税率，逐步建立成熟的对外商投资企业的市场监管体系

加快内、外资企业所得税率合一的步伐，在WTO框架内对所有内、外资企业实行国民待遇，为各类企业提供公平的竞争平台，促进其协调发展。

采取积极有效措施，对外商投资企业实行国际通行的规范化管理，减小其消极影响。其一，采取有利措施，避免外商投资企业的虚亏避税。反避税是外向型经济国家普遍面临的问题，近年来，双边或多边预约定价安排已经逐渐发展成为各国解决复杂转让定价税收问题的主要方式，我国要想较好地运用预约定价方式来避免转让定价中的税收损失，就要加强产品价格信息建设和共享，掌握国际产品价格和相关信息，否则很难在预约定价中占到优势。其二，加强对外商投资企业在经营中的统计调查、会计核算、审计监督。其三，加强对外商投资企业税收征管的检查和处罚，对偷税漏税等非法行为不但要求其补交税款，而且要采取罚款等惩罚措施。其四，建立外商投资企业信用公布系统，对偷税漏税、不正当竞争等行为公开暴光。其五，加强税收征管人员队伍建设，培养一批既懂国内税法、税率，又懂主要贸易输出国税收制度和规定的专业税务人才，同时增加税务稽查人员的数量，以应对不断增长的外商投资企业纳税管理需要，保证涉外税收的真正到位。

（三）引导外商投资实现结构调整和优化

我国利用外资已经度过了数量扩张阶段，应该由弥补资金不足转向扩大技术效应的阶段，改变利用外资大而不强的局面。

首先，要改变外资投向的结构调整，引导其由一般加工贸易向高新技术产业、环保产业、基础设施和现代服务业等领域转移，逐步扩大金融、保险，文教、卫生，水利、环境和公共设施等领域对外资的开放度，加大第三产业的引资力度。

其次，吸引外资研发机构的移入，将以“市场换技术”向“人才换技术”转变。

再次，转变外商直接投资的单一模式，扩大并购方式在利用外资中的份额，盘活和带动国内存量资产。

（四）变优惠政策为优质服务，提高吸引外资的软环境

从长远发展看，提高吸引外资的软环境，稳定、规范的投资环境比一般的优惠政策更重要。我国各级政府在招商引资工作中要将提升当地软环境作为重点，一要加强和重视教育，特别是劳动力的素质教育和技能培训，培养高级技术工人；二要提升国内企业的配套生产能力，延长与外资企业配套的产业链，这就要求国内企业在生产技术和产品品种质量上提高档次，接近外资企业对相关零配件的要求；三要着力构建和完善市场信息与协调服务系统，增加透明度，提升服务质量和服务水平。

参考资料：

1.《中国统计年鉴》. 相应年份. 中国统计出版社

2.《工业统计年报》. 相应年份

3.《2004年环境统计年鉴》. 国家环境保护总局

本文中数据除特别注明外，均来自上述资料

4. 陈明森. 2004.《产业升级外向推动与利用外资战略调整》. 科学出版社

课题组组长：徐一帆

课题组副组长：任才方　翟志宏　刘富江　耿　勤

课题组成员：邢俊玲　张卫华　龙　玲　周学文

王晓辉　江　源　隋秀芹　于卫宁

执笔人：王晓辉　龙　玲　于卫宁

[1] 外商投资企业：包括外商和港澳台商投资企业。

[2] 工业企业三废排放量：为全部工业企业口径。

[3] 工业企业和外商投资工业企业：除特别注明外，文中的工业企业和外商投资工业企业口径为规模以上工业，即全部国有企业和年主营业务收入500万元以上的非国有工业企业，下同。

和谐社会统计监测指标体系研究

构建社会主义和谐社会，是全面建设小康社会的重要内容。党的十六大把“社会更加和谐”作为全面建设小康社会的目标之一提出来，党的十六届四中全会又把“提高构建社会主义和谐社会的能力”作为党执政能力的一个重要方面明确提出来，显然具有很强的针对性。

如何推进社会主义和谐社会的建设，是摆在党和各级政府面前的一项重大课题。和谐社会统计监测指标体系研究的目的和任务就是按照和谐社会的具体要求，建立统计监测评价指标体系，对和谐社会要求的诸多方面进行定量评价，从而有助于找出差距、明辨方向、确定目标，为推进社会更加和谐做出应有的贡献。

一、准确把握构建“和谐社会”的精神实质

（一）准确理解“和谐社会”的内涵

社会主义和谐社会的科学内涵究竟是什么？准确把握这个问题，是本项研究的出发点和落脚点。胡锦涛总书记明确指出，根据马克思主义基本原理和我国社会主义建设的实践经验，根据新世纪、新阶段我国经济社会发展的新要求和我国社会出现的新趋势、新特点，我们要建设的社会主义和谐社会，应该是民主法治、公平正义、诚信友爱、充满活力、安定有序、人与自然和谐相处的社会。这6个基本特征既包括人与人之间关系的和谐，也包括人与自然之间关系的和谐，体现了民主与法治的统一、公平与效率的统一、活力与秩序的统一、科学与人文的统一、人与自然的统一。从这个意义上讲，社会主义和谐社会同社会主义市场经济、民主政治、先进文化既是并列关系又是包含关系。同时，这6个基本特征还表明，构建社会主义和谐社会既是一个治国理想，又是一种治国方略、治国机制，同时也是一种治国结果。此外，还应特别注意，构建社会主义和谐社会，既要讲物质利益原则，又要注重提高全民族整体素质。

（二）正确认识构建社会主义和谐社会同全面建设小康社会的关系

构建社会主义和谐社会同全面建设小康社会，都属于建设中国特色社会主义的重要组成部分，两者现实起点一致、未来目标一致、实践过程一致，而且相互包含、相辅相成。作为社会建设过程，构建社会主义和谐社会既是全面建设小康社会的重要内容，也是全面建设小康社会的重要条件。十六大关于全面建设小康社会的标志性要求—“六个更加”，明确提出了“社会更加和谐”的要求。作为社会建设水平和社会发展程度，构建社会主义和谐社会比全面建设小康社会要求更高、时间更长、任务更重，我们在完成了全面建设小康社会的宏伟目标之后，还要为构建社会主义和谐社会继续长期奋斗。所以，本项研究始终把握构建和谐社会与全面建设小康社会两者之间的相辅相成和相互渗透的关系，以求使二者珠联璧合、相映生辉。

（三）正确认识构建和谐社会的目标与过程之间的关系

社会主义和谐社会不是无差别、无矛盾的社会，因此，它不是静态的完美，而是动态的协调。无庸置疑，任何社会都不可能是无差别的社会，更不可能是没有任何矛盾和问题的社会，社会主义和谐社会也是如此，但重要和关键的是，社会主义和谐社会建设能够建立不断解决矛盾和化解冲突的机制，其中，包括顺畅的社会流动机制、合理的利益协调机制、安全的社会保障机制、有效的矛盾疏导机制等。当然，构建社会主义和谐社会需要经过长期奋斗和不懈努力才能实现。在各个不同的发展阶段，和谐社会建设有着不同的具体目标，因此，既要把握目标与过程的统一，又要把握长远性目标与阶段性目标的统一；要坚持从我国正处于并将长期处于社会主义初级阶段的基本国情出发，不操之过急，不急于求成，有序发展，稳步前进，比如，既要坦诚面对和承认社会收入分配差距悬殊的现实及由

此产生的社会矛盾，又要努力为缩小这种差距和解决这些矛盾而奋斗。从实践和更具体的层面说，既要顾全大局、从落实中央的部署和要求着眼，又要结合实际、根据各地的不同情况着手，不提脱离实际的口号，从能够办得到的事情做起，一步一个脚印、扎扎实实地推进这项事业。

此外，从动态意义上理解“和谐”的概念，应该清楚“和谐社会”是一个相对的、动态的概念，不存在绝对意义上的和谐，构建和谐社会就是努力使一个社会结构从不和谐走向和谐、从低层次和谐逐步走向高层次和谐的动态过程，这是一项永无止境的伟大事业。因此，我们在研究过程中，运用辩证的观点分析问题、思考问题，把握“绝对与相对”、“静态与动态”、“平衡与不平衡”之间的关系，充分认识矛盾的绝对性和协调的相对性，把构建和谐社会的目标与过程统一起来。

二、研究思路

本项研究采用定量分析的方法描述“社会和谐”的程度，即根据“和谐社会”内涵构建统计监测评价指标体系，用“社会和谐”的综合指数和若干分类指数，描述和判断近期我国社会和谐状态的变化情况。

(一)研究思路与目标

1. 定量反映社会结构状态的主要特征

根据“和谐社会”内涵的诸方面，选择有代表性的统计指标反映和谐社会的主要特征，用定量分析的方法构建统计监测评价指标体系，评价不同时期社会和谐的状态。在研究过程中，首先设计出一套理论指标体系，然后根据数据的可得性，确定评价的程度。从数据情况来看，要想对我国社会的和谐程度做出总体的定量评价，目前条件还不成熟。因此，我们当前只对数据条件较好的入选指标进行测算，而暂不做总体评价。

2. 采用目标评价法进行综合评价

关于评价方法，采用目标评价法给出具体的定量测算结果。由于任何一种分析工具的作用都是有限的，统计方法也不例外。我们不可能期望仅仅靠某一种统计方法和有限的统计指标就能诠释出“和谐社会”的丰富内涵，只要能通过这种方法反映出其主要特征和动态变化情况，就不失其有效性。

3. 确立有限目标

本项研究的立足点为阶段性的有限目标。所谓有限目标，指某个特定的历史阶段，就本课题而言，是指2000至2020年期间我国社会结构的和谐状态。因此，在确定指标的目标值时，我们以2020年基本建成全面小康社会为依据。通过本项研究，可以监测到2020年我国社会和谐程度的动态变化，对部分指标还可描述其变化的方向和数量。

(二)研究中的难点问题

1. 子目标的确定

“和谐社会”的总体目标由若干个子目标构成，理论上讲，它们应该构成“和谐社会”的完备性指标体系，即：不仅全面、准确地反映“和谐社会”的内涵，而且没有重复和交叉。经过反复推敲，本项研究按照胡锦涛总书记所阐述的6个方面确定子目标，即分层指数。

2. 具体指标选择

在选择具体指标时，常常碰到理想的指标无法量化或是数据难以取得，而能够得到数据的指标又不是最理想的，比如，反映“诚信”度，采用“合同违约率”、“个人银行诚信记录”等指标显然更理想一些，但因为数据在目前条件下无法取得，暂时只能忍痛割爱。可见，在科学性和可行性之间的差距是本项研究不得不面对的局限和遗憾。

3. 权数的确定

权数的确定是综合评价的重要因素之一，如何科学而符合实际地确定权数确实颇费斟酌。本项研究的权数主要采用平均赋权法，其理由是6项分层指数居于同等重要的程度，不可偏废；每一层中选择的指标，也是经过反复筛选得到，其重要程度相当。

4. 标准值的确定

标准值的确定，既要反映其动态的变化，又不能脱离我国的现实国情，这是最大的难度所在，加之有些指标的标准值量化问题与“和谐社会”的目标、与现代化和全面小康社会的目标的差异性，使标准值的确定又难上加难，如何把握得当，确实历经艰难。

三、和谐社会统计监测指标体系的确定原则

和谐社会统计监测指标的确定，除了把握一般性的原则以外，还应特别注意以下几点：

(一)准确反映和谐社会的内涵

在设计指标体系时，要充分、准确反映有关和谐社会特征的诸方面。

(二)保持与全面小康统计监测指标体系的协调一致

在本项研究中，构建和谐社会是全面建设小康社会的一个重要组成部分，因此，和谐社会统计监测指标体系中的一些指标与全面小康指标相同，但所属分层指数不同，因而其所表示的涵义也不尽相同。但确定这些指标的标准值时，保持了与全面小康统计监测指标体系的协调一致。

(三)突出和谐社会的特征

和谐社会与全面小康社会二者有共性，也各有自己的特性，本项研究侧重于和谐社会自身特点的研究和阐述。

四、和谐社会统计监测评价指标体系

本项研究将和谐社会统计监测评价的总目标—“社会和谐指数”，分解为6个层次的子目标—“分层指数”，每个子目标又由若干个具体指标构成，以下为社会和谐统计监测评价指标体系结构图：

民主法治，就是社会主义民主得到充分发扬，依法治国基本方略得到有效落实，各方面积极因素得到广泛调动；社会治安状况良好，人民群众安居乐业。

落实到具体的统计指标上，可用指标“公民自身民主权利满意度”、“廉政指数”和“社会安全指数”来反映“民主法治”的主要内容。

公平正义，就是社会各方面的利益关系得到妥善协调，人民内部矛盾和其他社会矛盾得到正确处理，社会公平和正义得到切实维护和实现。

落实到具体的统计指标上，可用“基尼系数”反映不同利益阶层之间的收入分配差距，用“城乡居民收入比”反映城乡居民的收入分配差距，用“地区经济发展差异系数”来反映不同地区之间的生活水平差异，用“高中阶段毕业生性别比”反映教育的性别公平，但目前还没有选择到合适的指标来反映“正义”，故只能用以上4个指标来表述公平的主要内容。

诚信友爱，就是全社会诚实守信、互帮互助，人民融洽相处、平等友爱。

落实到具体的统计指标上，可用“合同违约率”来反映社会成员和各经济主体之间的诚实守信程度，用“银行业主要金融机构不良贷款率”来描述企业的诚信度，用“消费者投诉率”反映生产厂家、经销商和消费者之间的信誉，用“慈善捐款占CDP比重”来描述社会成员之间互助友爱的状况，并由此构成诚信友爱的重要内容。

充满活力，就是一切有利于社会进步的愿望和创造得到尊重，体现出创新得到支持，才能得到发挥，成果得到肯定。

落实到具体的统计指标上，可用“基层选举投票率”从某种程度上表现全体社会成员的政治活

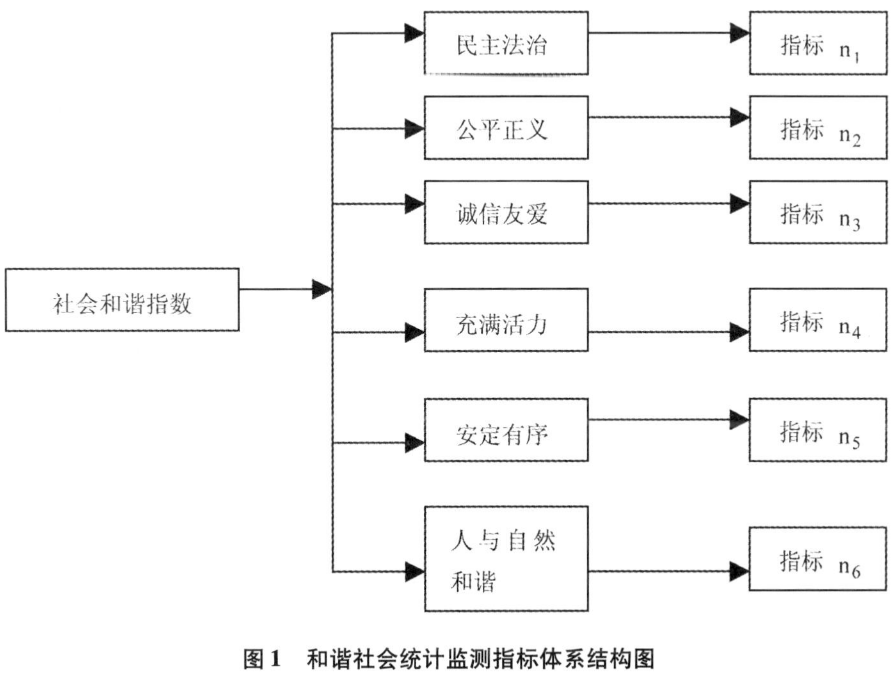

图1 和谐社会统计监测指标体系结构图

力，用“人口流动率”反映人口和劳动力的活力，用“制造业新产品销售收入比重”描述企业的创新活力，用“企业注册率”反映作为经济活动载体的经济元素的活力，用“万人专利数”和“万人注册商标数”表现劳动者的发明创造活力，并由此反映充满活力的程度。

安定有序，就是社会组织机制建立健全，社会管理完善有效，社会秩序井然良好，人民群众安居乐业，社会局面安定团结。

表 1　和谐社会监测评价理论指标体系

指　　标	单位
一、民主法治	
1. 公民自身民主权利满意度	%
2. 廉政指数	%
3. 社会安全指数	%
二、公平正义	
4. 基尼系数	-
5. 城乡居民收入比	以农为 1
6. 地区经济发展差异系数	-
7. 高中阶段毕业生性别比	女性 = 100
三、诚信友爱	
8. 合同违约率	件/万人
9. 银行业主要金融机构不良贷款率	%
10. 消费者投诉率	件/万人
11. 慈善捐款占 GDP 比重	%
四、充满活力	
12. 基层选举投票率	%
13. 人口流动率	%
14. 制造业新产品销售收入比重	%
15. 企业注册率	%
16. 万人专利数	项/万人
17. 万人注册商标数	个
五、安定有序	
18. 5 岁以下儿童性别比	女性 = 100
19. 城镇调查失业率	%
20. 基本社会保障覆盖率	%
21. 居民生活满意度	%
六、人与自然和谐	
22. 万元 GDP 综合能耗	吨/万元
23. 森林覆盖率	%
24. 常用耕地面积指数	%
25. 环境质量指数	%

落实到具体的统计指标上，可用指标“5 岁以下儿童性别比”反映社会成员的性别和谐、有序状况，用“城镇调查失业率”和“基本社会保障覆盖率”反映人民群众安居乐业和社会稳定的程度，用“居民生活满意度”反映社会成员的实际生活质量，由此来描述社会安定有序的状态。

人与自然的和谐，就是生产发展，生活富裕，生态良好。

落实到具体的统计指标上，可用“万元 GDP 综合能耗”表示经济发展中能源消耗的程度，用“森林覆盖率”反映对生态资源的保护程度，用“常用耕地面积指数”描述对耕地资源的保护和利用状况，用“环境质量指数”来反映人们的生活环境质量状况，由此构成人与自然和谐的状况。

以上 6 个方面，构成了社会主义和谐社会的核心内容，并且，这些方面相互联系、相互作用、有机结合。从这样的核心内容出发，可以把“和谐社会”的基本内容简单地表述为：一要建立起人与人之间互相尊重、互相信任的社会关系；二要全体人民和谐相处、各尽其能、各得其所；三要和谐创业、和谐兴国、和谐安邦。

至此，可得包含 25 个指标的和谐社会监测评价的理论指标体系，见表 1。

五、和谐社会统计监测综合评价方法

本项研究选用指数法进行综合评价，其基本步骤为：

1. 根据评价目的，确定评价指标体系；
2. 确定评价指标体系中指标的目标值；
3. 确定评价指标体系中指标的权重；
4. 确定评价指标体系中指标的无量纲方法；
5. 确定评价模型（或合成方法）；
6. 计算评价结果及对评价结果进行分析。

其中，第 1 步在前面的论述中已经完成，第 2 - 5 步与全面小康社会统计监测系统中所用方法基本一致，这里就不再赘述。以下仅给出指标的目标值和权重构成表。

（一）目标值一览表

由于理论指标体系中有些指标目前尚无数据，因而也无法确定目标值。以下仅给出可评价指标的目标值，见表 2。

表 2　和谐社会统计监测可评价指标的目标值

	分层指数	指 标	单 位	数据情况	目标值	不容许值
社会和谐指数	民主法治	1. 公民自身民主权利满意度	%	暂无	–	–
		2. 廉政指数	%	暂无	–	–
		3. 社会安全指数	%	有	x≥100	–
	公平正义	4. 基尼系数	–	有	0.3≤x≤0.4	x>0.5
		5. 城乡居民收入比	以农为1	有	1≤x≤2.85	x>4
		6. 地区经济发展差异系数	–	有	x≤0.75	–
		7. 高中阶段毕业生性别比	女性=100	有	100	x<80 或 x>120
	诚信友爱	8. 合同违约率	件/万人	暂无	–	–
		9. 银行业主要金融机构不良贷款率	%	有	x≤10%	–
		10. 消费者投诉率	件/万人	暂无	–	–
		11. 慈善捐款占 GDP 比重	%	有	x≥1	–
	充满活力	12. 基层选举投票率	%	暂无	–	–
		13. 人口流动率	%	有	x≥20%	–
		14. 制造业新产品销售收入比重	%	有	x≥25%	–
		15. 企业注册率	%	暂无	–	–
		16. 万人专利数	项/万人	有	x≥6	–
		17. 万人注册商标数	个	有	x≥8	–
	安定有序	18. 5 岁以下儿童性别比	女性=100	有	100%≤x≤110%	x<94 或 x>120
		19. 城镇调查失业率	%	有	3%≤x≤6%	x>8%
		20. 基本社会保障覆盖率	%	有	x≥80%	–
		21. 居民生活满意度	%	暂无	–	–
	人与自然和谐	22. 万元 GDP 综合能耗	吨/万元	有	x≤0.84	–
		23. 森林覆盖率	%	有	x≥23.4	–
		24. 常用耕地面积指数	%	有	x≥100	x<90
		25. 环境质量指数	%	有	100	–

（二）权重构成表

这里采用平均赋权的方法确定权重，即对 6 项分指数大致平均赋权，在每一层内也采取平均赋权的方法，其权重构成如表 3。

表 3　和谐社会统计监测指标体系的权重构成

分层目标	层次权重	指　　标	层内权重
民主法治	18	1. 公民自身民主权利满意度	6
		2. 廉政指数	6
		3. 社会安全指数	6
公平正义	16	4. 基尼系数	4
		5. 城乡居民收入比	4
		6. 地区经济发展差异系数	4
		7. 高中阶段毕业生性别比	4

续表

分层目标	层次权重	指　　标	层内权重
诚信友爱	16	8. 合同违约率	4
		9. 银行业主要金融机构不良贷款率	4
		10. 消费者投诉率	4
		11. 慈善捐款占 GDP 比重	4
充满活力	18	12. 基层选举投票率	3
		13. 人口流动率	3
		14. 制造业新产品销售收入比重	3
		15. 企业注册率	3
		16. 万人专利数	3
		17. 万人注册商标数	3
安定有序	16	18. 5 岁以下儿童性别比	4
		19. 城镇调查失业率	4
		20. 基本社会保障覆盖率	4
		21. 居民生活满意度	4
人与自然和谐	16	22. 万元 GDP 综合能耗	4
		23. 森林覆盖率	4
		24. 常用耕地面积指数	4
		25. 环境质量指数	4

六、我国近期社会和谐程度部分指标监测结果

在以上建立的社会和谐统计评价指标体系中，由于一些指标的统计数据目前还难以取得，无法对我国社会和谐状态做出总体定量评价，只能对部分指标进行测算。

2000－2003 年，我国社会和谐统计监测评价指标体系部分指标测算结果见表 4，表中数据表示相应指标的达标程度。

在 25 项理论指标中，目前能够测算的有 18 项，其中，5 项指标呈上升趋势，5 项指标呈下降趋势，7 项指标呈波动状态，1 项指标已经达标。

"民主法治指数"所包括的 3 项指标中，目前可测的指标只有"社会安全指数"。测算结果显示，2000－2003 年，社会安全指数逐年下降（见图 2），如果以 2000 年为标准 100 的话，2001－2003 年社会安全指数分别为 94.87%、93.39% 和 92.07%，4 年下降了近 8 个百分点，平均每年下降 2 个百分点。

"公平正义指数"所包括的 4 项指标均可测。测算结果显示，2000－2003 年，"基尼系数"、"城乡居民收入比"和"地区经济发展差异系数"均呈下降趋势，而"高中阶段毕业生性别比"呈显著上升趋势，4 年上升了 36 个百分点，平均每年上升 10 个百分点。

"诚信友爱指数"所包括的 4 项指标中，目前只有 2 项指标可测。"银行业主要金融机构不良贷款率"的达标程度由 2000 年的 38.46% 上升为 2003 年的 56.18%，4 年上升近 18 个百分点；2000－2002 年，"慈善捐款占 GDP 比重"的达标率一直在 2% 左右，2003 年提高到 3.7%，该项指标的达标率是所有指标中最低的一项。据估计，这一指标的实际达标率应比现有测算要高，因为慈善捐款的统计口径还远不够完善，即使这样，它离目标值也相差甚远，见图 4。

表4 和谐社会统计监测体系部分指标测算结果

单位:%

	分层指数	指 标	数据情况	2000	2001	2002	2003
社会和谐指数	民主法治	1. 公民自身民主权利满意度	暂无				
		2. 廉政指数	暂无				
		3. 社会安全指数	有	100	94.87	93.39	92.07
	公平正义	4. 基尼系数	有	83.00	69.00	60.00	50.00
		5. 城乡居民收入比	有	100	96.51	89.52	83.81
		6. 地区经济发展差异系数	有	100	99.77	99.85	99.31
		7. 高中阶段毕业生性别比	有	32.60	61.15	69.40	69.25
	诚信友爱	8. 合同违约率	暂无				
		9. 银行业主要金融机构不良贷款率	有	38.46	45.45	43.42	56.18
		10. 消费者投诉率	暂无				
		11. 慈善捐款占 GDP 比重	有	2.00	2.10	2.00	3.70
	充满活力	12. 基层选举投票率	暂无				
		13. 人口流动率	有	57.05	60.00	62.50	65.00
		14. 制造业新产品销售收入比重	有	42.44	43.68	45.92	45.20
		15. 企业注册率	暂无				
		16. 万人专利数	有	12.50	13.00	14.50	19.33
		17. 万人注册商标数	有	12.75	16.38	16.50	19.88
	安定有序	18. 5 岁以下儿童性别比	有	0	13.90	0	0
		19. 城镇调查失业率	有	100	100	100	100
		20. 基本社会保障覆盖率	有	24.00	26.63	38.00	41.75
		21. 居民生活满意度	暂无				
	人与自然和谐	22. 万元 GDP 综合能耗	有	57.53	60.00	59.15	57.14
		23. 森林覆盖率	有	70.73	71.97	73.21	74.49
		24. 常用耕地面积指数	有	100	96.00	90.00	59.30
		25. 环境质量指数	有	64.98	57.02	53.23	57.85

"充满活力指数"所包括的 7 项指标中,"人口流动率"、"制造业新产品销售收入比重"、"万人专利数"和"万人注册商标数"4 项指标可以测算。2000 - 2003 年,"人口流动率" 、"万人专利数"和"万人注册商标数"的达标率都呈逐年上升趋势,但上升幅度不太大;2000 - 2002 年,"制造业新产品销售收入比重"呈上升态势,但 2003 年有所回落。

"安定有序指数"所包括的 6 项指标中,有 3 项指标可测算,但"5 岁以下儿童性别比指数"只有 2001 年大于 0,其余年份均为 0,也就是说均在不容许值以外;而"城镇调查失业率"都在标准值范围内,因而其指数 4 年均为 100;"基本社会保障覆盖率"指数呈逐年上升趋势,由 2000 年的 24.0% 上升至 2003 年的 41.75% 。

"人与自然和谐指数"由"万元 GDP 综合能耗"、"森林覆盖率"、"常用耕地面积指数"和"环境质量指数"4 项指标构成,并均可测算。2000 - 2003 年,"万元 GDP 综合能耗指数"在 60% 左右波动;"森林覆盖率指数"年均上升 1 个多百分点;"常用耕地面积指数"在以加速度下降,由 2000 年的 100% 下降为 2003 年的 59.3% ;"环境质量指

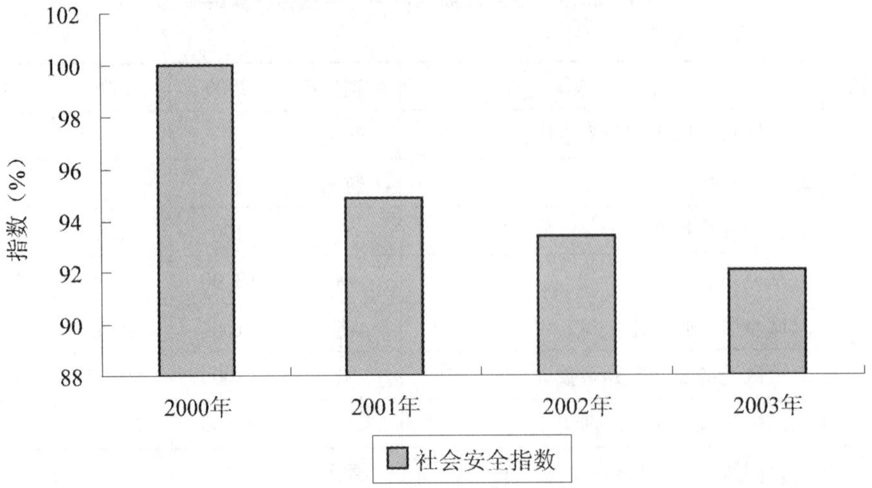

图 2

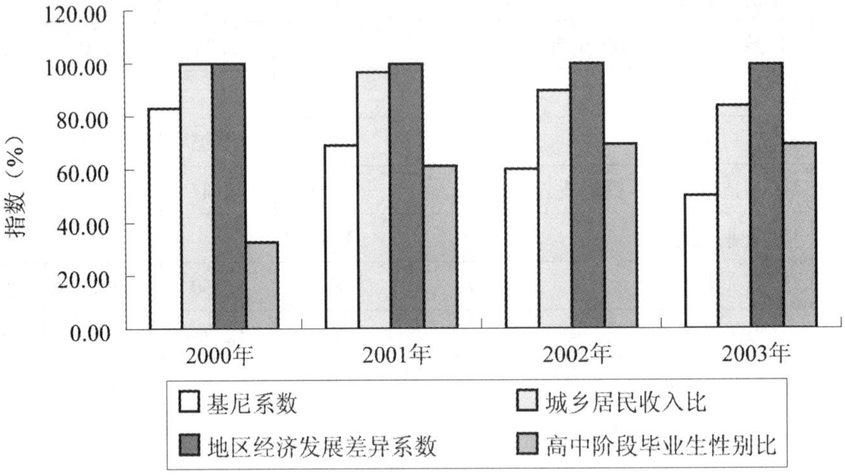

图 3

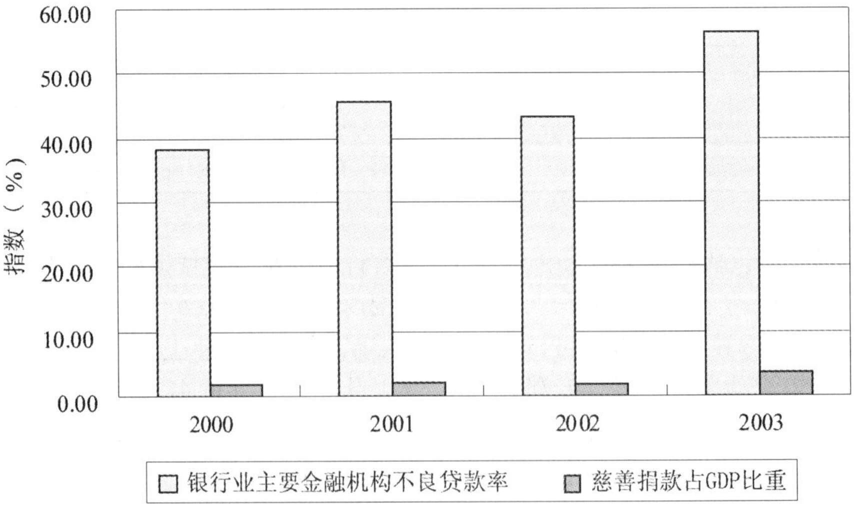

图 4

数”2000－2002 年间逐年下降，2003 年略有回升，总体在 57% 左右波动。

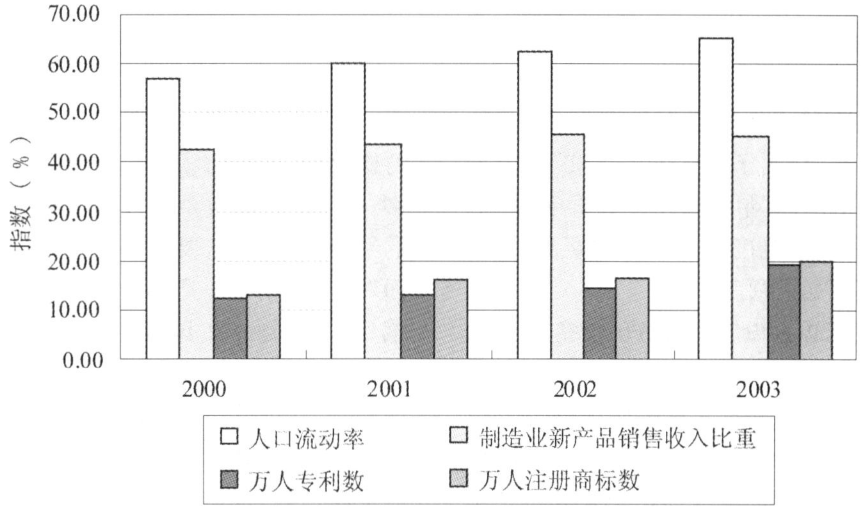
70.00
60.00
50.00
40.00
30.00
20.00
10.00
0.00
指数（%）
2000
2001
2002
2003
人口流动率
制造业新产品销售收入比重
万人专利数
万人注册商标数

图5

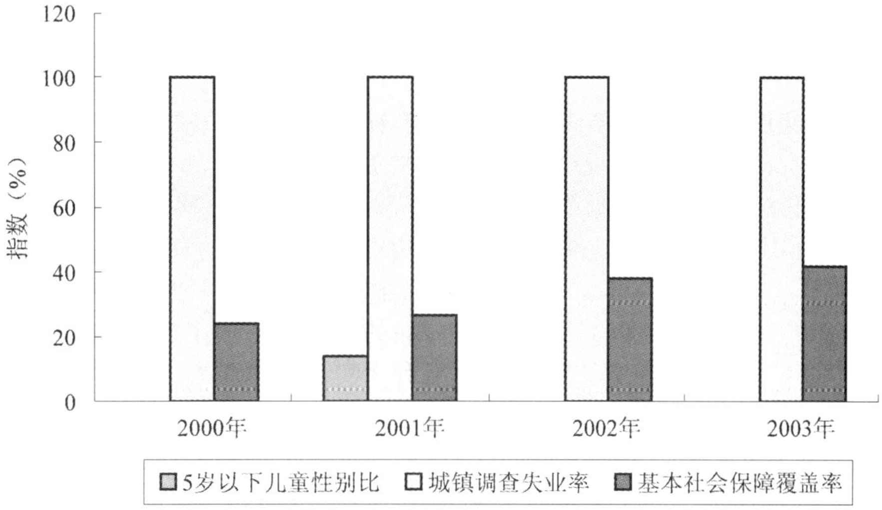
120
100
80
60
40
20
0
指数（%）
2000年
2001年
2002年
2003年
5岁以下儿童性别比
城镇调查失业率
基本社会保障覆盖率

图6

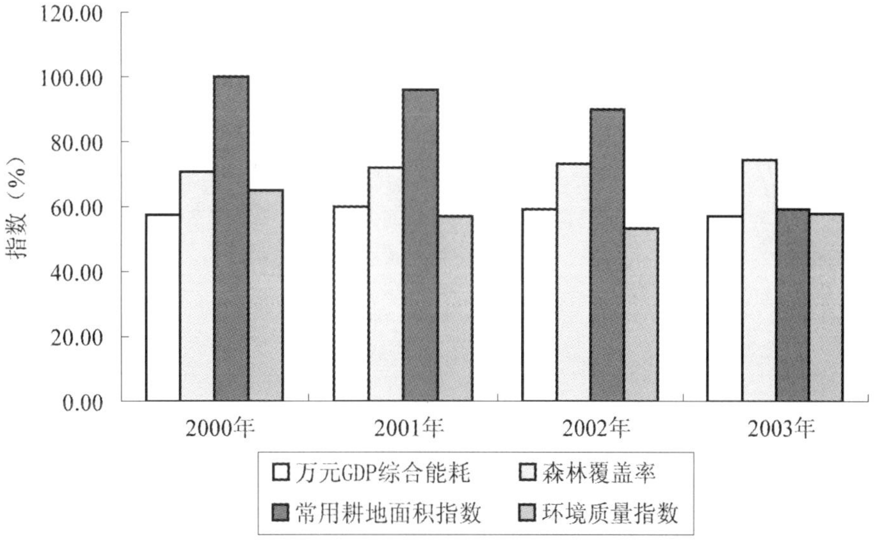
120.00
100.00
80.00
60.00
40.00
20.00
0.00
指数（%）
2000年
2001年
2002年
2003年
万元GDP综合能耗
森林覆盖率
常用耕地面积指数
环境质量指数

图7

七、需要说明的问题

在本项课题研究过程中，课题组全体成员进行了许多探索性研究，付出了很大的艰辛和努力，同时也得到了有关部门和专家的热情指导和帮助。尽管如此，该项研究的难度远比想象的要高，目前的研究结果也不尽如人意。

（一）统计指标体系设置有待进一步完善

研究过程中，深感目前统计指标体系的设置还远不能满足社会经济问题研究的需要，理论指标体系与可操作指标体系之间存在较大差距。事实上，目前要对我国社会的和谐状况做出总体评价还不具备可操作性，主要是由于一些指标无法取得数据而不得不放弃测算。因此，现行研究只对能够获得统计数据的指标进行评价，而没有测算社会和谐总指数。

（二）需与第一次经济普查数据衔接

现在所用统计指标的数据均为常规统计年份统计数据，在后续的研究中，我们将根据第一次经济普查数据对指标值和目标值进行调整和修正。

结束语

综上所述，和谐社会统计监测指标体系采用统计方法，以科学指标和大量数据描绘出一个理想社会的和谐之美和充满和谐的理想社会。这样的描绘不是虚无缥缈的海市蜃楼，而是一个实实在在、充满希望的壮美前景。

本项研究展示的成果和揭示的问题，为创造和谐社会昭示出无限的希望，为居安思危和未雨绸缪敲响了警钟。建设和谐社会，是一个庞大的系统工程，是科学发展观的应有之义。我国在经济发展的特殊时期，各方面利益关系复杂，社会动荡因素很多，所以要巩固改革发展的成果，要避免可能出现的经济社会问题，要推动经济可持续发展，就应该面对现实、正视矛盾、解决矛盾、放眼未来、高瞻远瞩、科学谋划。在具体规划和运作中，要重视社会利益的均衡，把握社会心态的变化，寻求社会稳定的机制，促进社会组织的发育，畅通社会诉求的渠道，完善社会利益的协调机制，既要制定经济发展政策和目标，也要制定社会发展政策和目标，既要调整完善经济结构，也要调整完善社会结构。

和谐之美、和谐之爱、和谐之愉悦、和谐之魅力，在一个理想的社会，是每一个普通人的亲身感受；和谐社会、和谐生活、和谐相处、和谐关系，是所有社会成员孜孜以求的美好愿景。中国历史悠久、文明远播、礼仪之邦、民风淳厚；中国改革开放、经济腾飞、走向富强、举世瞩目，这是建设和谐社会的历史和现实最好的背景和条件。在和谐社会统计监测指标体系项目的研究进程中，社会主义和谐理论的巨大力量，全国各族人民同心同德追求和谐的伟大实践，给人信心、给人动力、给人希望！有理由相信，一个社会资源兼容共生、社会结构合理匀称、社会规范先进有序、社会风气击浊扬清、社会协调顺畅灵活的社会主义和谐社会，一定会在神州中国成为美好的现实！

课题组组长：邱晓华　徐一帆
课题组副组长：文兼武　察志敏　宋长青　刘晓越
课题组成员：程　晞　陈玉营　刘　魏　于弘文
石庆焱　邓　伟　吕　洁

国有资产监管指标体系研究

国有资产监管是我国现阶段一个十分重要的现实问题。近年来,有关这方面的理论研究和实际操作办法都有一些成果,特别是在微观层面上针对具体国有企业资产的监管指标体系已基本形成。然而,有关宏观层面的国有资产监管指标体系研究显得相对滞后,本课题试图在这一领域有所创新。一方面建立了监管宏观国有资产的统计指标体系,并进行了具体测算和比较分析,另一方面提出了一种新的监管国有资产的方法,即问卷调查法,这种方法可以弥补统计评价指标的局限性。

一、建立国有资产监管指标体系的必要性和迫切性

我们认为,建立国有资产监管指标体系的必要性和迫切性主要表现在以下几个方面:

(一)国有资产是社会主义制度赖以存在的重要物质基础

经过50多年的发展,国有资产已遍布我国的各个地区、各个领域、各个行业,成为我国国民经济和社会事业发展的重要支撑力量,是我国财政收入的主要来源,是不断满足人民群众物质文化生活需要的重要保证。同时,国有资产的合理配置对整个国家产业结构的调整和生产力布局的完善也起着重要作用,还是国家调节、引导其他经济成份健康发展的重要杠杆和手段。在我国,国有资产担负着与其它国家不同的重要职责,即依靠国有资产发展公有制经济,成为社会主义制度赖以存在的重要物质基础。在新的历史阶段,确保国有资产保值增值和发展壮大,对于保持我国国民经济的持续平稳较快发展,实现全面建设小康社会的宏伟目标具有重大意义。

(二)国有资产监管问题越来越受到国内外广泛关注

国有资产不仅关系到我国国民经济和社会事业的发展,也事关每个国民的切身利益。国有资产归国家和全民所有,而全民不可能作为一个整体来行使所有人的权利。所以,与私有财产不同,国有资产只能是由特定的机构和人员代表国家和人民来行使其所有权。就是说,从委托代理的关系上讲,国有资产原则上并不存在终极的单一委托人,每个层次上的监督人都只是代理人,而不是真正的所有者,也就是人们常说的"所有者不到位"。这种情况下,如何实施有效监管,确保国有资产的有效运用和保值增值,成为一项受到社会各界广泛关注的重大课题。国家一直在积极推进国有资产管理体制改革,探索建立有效的监管体制,特别成立了国有资产管理委员会行使监管职责。全国人大、中纪委、监察部等重要部门也都在投入力量研究这个问题。统计部门有责任参与这一重大课题的研究,从统计专业的角度为搞好国有资产监管提供服务和支持。

(三)建立国有资产监管指标体系是国有资产监管工作的重要基础

监管国有资产,必须准确掌握国有资产的存量,及时了解国有资产的变化。大至整个国家,小至一个企业,国有资产有多大规模,经营情况如何,在多大程度上实现了保值增值,是否存在流失,如何对国有资产的运用情况进行总体评价,这些问题都需要在监管中给出准确定量的回答。为此,必须建立起相应的国有资产监管指标体系,以便于管理者从微观上和宏观上全面了解国有资产的状况、变化,据此对国有资产的运营进行评价、考核,以促进国有资产得到高效优质的运用。

二、宏观层面国有资产监管指标体系构架

(一)与国有资产相关的几个基本概念

国有资产:国有资产是指所有权属于国家的一切财产,主要包括国家依法所拥有的土地、森林、地下矿藏、河流、海洋等资源性资产,国家对企业各种

投资所形成的经营性资产及其收益，国家向行政事业单位拨款所形成的非经营性资产，国家所接受的馈赠，包括公民赠与及外国友人、团体、政府赠与而获得的资产，另外还有我国境内无主财产而由国家认定的资产等。

国有资本：国有资本是指国家对企业各种形式的投资和投资所形成的收益。具体来讲，它包括实收资本中的两个部分：一部分是国家资本，另一部分是国有法人资本。

国有资产与国有资本的联系和区别：国有资产与国有资本既有密切联系又有一定区别。其共同点是，二者都属于国家所有，为国有经济这一主体拥有、使用或者控制，是能够带来收益的以货币计量的经济价值。其差别是：第一，从会计学看，企业的资产与资本是两个完全不同的概念，资产与负债和所有者权益两部分相对应，资本只是所有者权益中的一部分。第二，从形成来源看，国有企业的资产形成来源是多方面的，包括国家投资、企业自有资金和借贷资金等。而国有资本的形成具有独立性，仅是国家投资和国有企业投资。第三，从表现形式看，国有资产既可表现为实物资源的占用，也可计量其经济价值。而国有资本作为投资和收益，通常都以价值形态体现。

国有企业：我国国有企业包括独资的国有企业和控股的国有企业，其中控股的国有企业既包括国有绝对控股企业，也包括国有相对控股企业。

经营性与非经营性资产：国有资产按其经济用途可划分为经营性国有资产和非经营性资产。经营性资产是指投入到生产经营过程中或按企业经营要求所使用的资产，经营性资产主要分布在各个产业部门、各经济实体之中，同时也包括行政事业单位等在保证完成本单位正常工作的前提下，按照国家有关政策规定用于从事生产经营活动的资产，经营性资产的运营要求是实现资产价值的的保值增值。非经营性资产是指那些不投入生产经营过程，而由行政事业单位、党派和社会团体等为完成国家行政任务和开展业务或社会活动所占有、使用的资产。非经营性资产不直接参与生产经营活动，不具有资产增值的特点，而是要求维护资产的安全与完整，使资产得到合理有效的使用，保证占用国有资产的单位、机构履行职责并产生良好的社会效益。在某些情况下非经营性国有资产可以转化为经营性国有资产，但必须遵循国有资产管理的有关规定来操作。

按历史成本价计算的国有资产与按市场价计算的国有资产：按历史成本价计算的国有资产是指按资产购置时的实际成本价格计算的国有资产价值，不考虑资产价格的变化，通常会计核算计价国有资产时采用这种方法。按市场价格计算的国有资产是指按核算时的现行市场价格计算的国有资产价值，对不同时期购置的各类资产要进行重新估价，剔除价格因素变化的影响，更加真实地反映各类资产的现行价值，通常国民经济核算计价国有资产时采用这种方法。

（二）评价主体与评价客体

建立国有资产监管指标体系首先要考虑评价主体和评价客体，只有这样才能根据评价主体的目的和评价客体的特点，确定反映国有资产监管的内容、指标、标准和方法。评价主体又称为评价组织机构，是评价行为的组织发动者。国有资产监管指标体系应从出资人角度出发，满足出资人监管的需要。因此，资本所有者和资本所有者的代表或授权监管人应是国有资产评价监管的基本主体，包括财政部、监察部、国资委、工委等。建立国有资产监管指标体系的目的主要是从出资人和宏观的角度，对国有资产的绩效和保值增值能力进行客观公正的评判，以便为有关监管部门加强和改进国有资产管理提供科学根据。评价对象就是评价行为实施受体，这里是指全部国有企业的国有资产总体经营状况。

（三）构建国有资产监管指标体系的基本原则

第一，突出国有资产监管的主要环节和主要方面。国有资产监管内容繁多复杂，主要包括清产核资、产权界定、产权登记、股权管理、资本金预算、资产评估和资产保值增值等，但核心内容是提高国有资产质量、保障国有资产保值增值，发挥国有资产在国民经济中的关键作用。因此，构建国有资产监管指标体系要抓住主要环节和主要方面，突出反映国有资产的质量和效益，以及国有资产的流失、保值增值等内容。

第二，区分经营性资产和非经营性资产两种不同类型的国有资产。经营性资产和非经营性资产的主要区别是前者参与经营生产活动，运营的目的是实现资产的保值增值，后者不参与经营生产活动，主要是为保障社会效益，为国家行政管理提供服务。对于这两类不同性质的国有资产，应设置不同的监管指标体系和具体指标。本课题主要是研究经营性的国有资产，即国有企业的国有资产。

第三,注重监管指标的可操作性。建立监管指标体系必须充分考虑当前国有资产管理的需要,坚持从我国国情出发,充分利用现有的财务和统计资料,使各项指标能够可测可得,或者经过努力在近年内可以计算出来的监管指标。这样的监管指标体系具有较强的可操作性。

(四)宏观层面国有资产监管指标的选择

根据委托代理理论,企业所有者和经营者之间的信息是不对称的,经营者可能为了表现其经营才能和业绩等个人目的,利用其掌握的信息,人为地提高短期的资本回报水平,以牺牲国有企业的长远利益和持续经营潜力为代价,通过掠夺式的经营方式将年度资产总额做大。企业这种短期行为,对出资人的权益必将造成极大的损害。因此,国有资产监管指标体系要从国有资产的效益状况、营运状况、偿债能力状况、发展能力状况和资产控制力等多个方面反映国有资产的总体状况。因此,选择监管指标也要从这几个方面考虑。

1. 资产收益状况

资产收益主要是表明全部国有资产综合利用的效果,体现国有资产生产收益的水平。所有者或投资者关心的是资本能否带来预期的回报,或者是不低于银行存款利率的现实回报;而债权人关心的是借出资本的安全,但债权安全也要以企业良好的经营效益作为保障,没有正常的利润回报,企业将无力偿还债权人的债务。因此,国有资产收益能力大小是国有资产监管指标体系考核的核心内容。本文选择反映资产收益能力的指标为净资产收益率、总资产报酬率和资产生产率。

2. 资产营运状况

资产营运状况是指国有资产的运行质量,在国有资产中,有多少是好的资产,有多少是不良资产。国有资产质量是国有资产监管指标体系考核不可或缺的内容。选择反映资产营运状况的指标为不良资产比率。

3. 资产偿债能力状况

企业偿还债务能力的强弱,是企业经济实力和财务状况的重要体现,也是衡量企业是否稳健经营、财务风险大小的重要尺度。评价国有资产偿债能力,可以作为分析我国金融风险的重要依据。选择反映资产偿债能力状况的指标为资产负债率。

4. 资产发展能力状况

无论是出资人还是债权人都十分关注企业的资产发展能力。因为它不仅关系到企业的持续生存问题,也关系到出资人的资产未来收益和债权人长期债权的风险程度。评价国有资产发展能力,一方面可以在一定程度上防止国有企业经营者的短期行为,促进国有企业稳定健康发展,另一方面也可以促进国有资产保值增值。选择反映资产发展能力状况的指标为资本积累率。

5. 资产控制力状况

国有资产控制力主要是反映国有资产在国民经济中的地位和作用,对国民经济的影响力和支配力。选择反映国有资产控制力的指标为国有资产总额比重和国有资产净额比重。

宏观层面国有资产监管指标体系

评价方面	基本指标
资产收益状况	净资产收益率
	总资产报酬率
	资产生产率
资产营运状况	不良资产比率
资产偿债能力状况	资产负债率
资产发展能力状况	资本积累率
资产控制力状况	国有资产总额比重
	国有资产净额比重

(五)指标的口径与计算方法

1. 净资产收益率:是全部国有企业一定时期内的净利润与平均净资产的比值。其中:净利润是国有企业未作任何分配的利润(不含少数股东权益);平均净资产是全部国有企业年初所有者权益与年末所有者权益的简单平均。计算公式为:

净资产收益率 =(净利润/平均净资产) * 100%

一般来说,净资产收益率越高越好。

2. 总资产报酬率:是全部国有企业一定时期内获得的报酬总额与平均资产总额的比值。其中:报酬总额是国有企业利润总额加上利息支出额;平均资产总额是全部国有企业年初资产总额与年末资产总额的简单平均。计算公式为:

总资产报酬率 =〔(利润总额 + 利息支出)/平均资产总额〕* 100%

总资产报酬率表示全部国有企业资产总额获取收益的水平,一般来说,总资产报酬率越高,表明国有企业投入产出水平越好。

3. 资产生产率:是全部国有企业增加值与平均

资产总额的比值,反映国有资产的利用效率。计算公式为:

资产生产率 =(国有企业增加值/平均资产总额) * 100%

一般来说,资产生产率越高,表明资产利用水平越好。

4. 不良资产比率:是全部国有企业不良资产与年末资产总额的比值。计算公式为:

不良资产比率 =(不良资产及潜亏挂账合计/年末资产总额) * 100%

不良资产及潜亏挂账是指企业资产中存在问题、难以参加正常生产经营活动的部分,主要包括三年以上应收(预付)款项、长期积压商品物资、不良长期投资、待处理资产净损失以及潜亏挂账等。宏观上的不良资产比率反映了全部国有企业经营性资产的偿债能力和资产质量状况。不良资产比率越低,说明国有资产的质量越高。

5. 资产负债率:是全部国有企业负债总额与资产总额的比值。计算公式为:

资产负债率 =(负债总额/资产总额) * 100%

资产负债率越小,表明国有企业的偿债能力越强。在经营状况良好的情况下,资产负债率较大,可以获得较多的投资收益。但如果资产负债率过高,则表明企业债务负担过重,不利于企业正常开展业务。

6. 资本积累率:是全部国有企业本年所有者权益增加额与年初所有者权益的比率。计算公式为:

资本积累率 =(本年所有者权益增加额/年初所有者权益) * 100%

资本积累率是评价全部国有企业发展潜力的重要指标。资本积累率越高,表明国有企业积累资本越多,持续发展的能力越大。

7. 国有资产总额比重:是国有资产总额占全社会资产总额的比值。计算公式为:

国有资产总额比重 =(国有资产总额/全社会资产总额) * 100%

全社会资产总额包括国有资产、集体资产、外商投资企业资产、私营企业资产、个体户资产和居民资产。国有资产总额比重从一个方面反映了国有经济的控制力。

8. 国有资产净额比重:是国有资产净额占全社会资产净额的比值。计算公式为:

国有资产净额比重 =(国有资产净额/全社会资产净额) * 100%

资产净额与资产总额的区别在于:资产总额包括由负债所形成的资产,而净额是扣除了负债后的资产。国有资产净额比重是从另一个角度来反映国有经济的控制力。

三、国有资产监管指标的测算及实证分析

测算国有资产监管指标的基本思路是:首先,确定每个指标的权数;其次,给出每个指标的评价标准;再次,设计指标的计分方法,并计算出每个指标的分值;最后,按年度进行综合,得出一个总体结果。

(一)监管指标体系中指标权数的确定

指标权数是在一个特定的指标集合体中每项指标所占的比重。对评价指标赋予不同的权数,体现了各要素对综合评价结果的影响程度和重要程度。它是对评价指标进行无量纲处理的重要条件,在多指标综合评价体系中起着重要的作用。考虑到多层次评价指标体系的特点,在权数设置上进行分层处理,并根据不同层次指标评价的需要,采用相关性权重法来确定每个指标的权数。

按照习惯做法,将评价指标体系的总权数设定为100,同时,为便于各层指标的评价计分,可先将每个层次指标的权重均设定为100,再通过一定方法将各层次的计分结果返回百分制。具体来说,根据历年国有企业财务决算资料,测算出各指标间的相关系数,确定指标之间的关联度,然后根据关联度赋予每个指标的权数并做适当调整(见表1)。由于目前我们尚未对外使用全社会资产总量数据,因此,在本课题实际测算时,暂不计算国有资产总额比重和国有资产净额比重两个指标。

表1 国有资产监管评价指标体系权数表

评价方面		基本指标	
	权数		权数
资产效益状况	38	净资产收益率总资产报酬率资产生产率	21107
资产营运状况	18	不良资产比率	18
资产偿债能力状况	20	资产负债率	20
资产发展能力状况	24	资本积累率	24
	100		100

（二）监管指标体系中指标的评价标准

评价标准是评价工作的三大要素之一，是评价对象优劣的具体参照物和对比尺度。定量评价标准的种类包括计划标准、经验标准、历史标准等。实际评价中具体选用哪种标准，主要根据评价目的、评价环境和信息采集等条件来确定，其中满足评价目的需要是选择评价标准的主要依据。考虑到可获得数据的实际情况，本课题采用历史标准方法。

定量评价标准体系由标准值和与之对应的标准系数组成。每项定量评价指标的标准值分为优秀值、良好值、平均值、较低值和较差值五个档次，其中：优秀值表示历史最高水平；良好值表示历史较高水平；平均值表示历史平均水平；较低值表示历史较低水平；较差值表示历史最低水平。标准值的常用测算方法有递进平均法和分段平均法，经过比较，本文采用了递进平均法。具体来说，首先，计算所有测算指标样本数据的历史平均值，将其作为评价标准值的“平均值”。其次，在所有样本历史数据中，筛选出大于“平均值”的样本数据，计算出这些样本数据的平均值，作为评价标准值的“良好值”。再次，对样本数据进行进一步筛选，挑选出测算指标大于“良好值”的样本数据，计算出其平均值，作为评价标准值的“优秀值”。同理，可计算出评价标准值的“较低值”和“较差值”。应该指出的是，评价指标的标准值不是一成不变的，一旦有了新的年度数据，就必须对其进行更新。

每项定量评价指标的标准系数对应定量指标五档标准值所确定的水平参数，用来计算指标实际值对应于五档标准值的得分。标准系数用介于0～1之间的数值表示，具体规定如下：

优秀值及以上的标准系数为1；

良好值及以上的标准系数为0.8；

平均值及以上的标准系数为0.6；

较低值及以上的标准系数为0.4；

较差值及以上的标准系数为0.2；

较差值以下的标准系数为0。

（三）监管指标体系中指标评价计分方法

绩效评价的计分方法有很多种，但常用的计分方法是功效系数法。所谓功效系数法，是指根据多目标规划的原理，把所要考核的各项指标按照多档次标准，通过功效函数转化为可以度量的评价分数，据此对被评价对象进行总体评价计分的一种方法。

功效系数法原来的计算公式是：单项指标评价分数＝60＋〔（指标实际值－该指标不允许值）/（该指标满意值－该指标不允许值）〕＊40。这种两档次评价标准在实际应用中存在如下弊病，一是及格分60分是人为设定的，缺乏科学根据；二是无论指标实际值是多少，基础分都是60分，存在不合理性；三是评价标准只有满意和不允许值两档，而且不允许值的确定对评价结果的影响太大，使评价计分失去了客观性和准确性。为此，需要对功效系数法进行必要改进。第一，增加评价标准的档次，即将原来公式中满意值和不允许值两档标准拓宽为优秀、良好、平均、较低、较差五档标准，目的是提高评价计分的客观性和准确性。第二，把原来对评价得分60分和40分的固定分配，根据五档评价标准变为动态分配，也就是说，把评价基础分从固定的60分变为动态分数。另外，用功效系数进行调整的幅度，也从固定的40分变为动态的幅度，即指标实际值达到哪一档次，就得到这一档次的基本得分，超过该档次标准的部分，根据实际值所处的上下两档，通过功效函数进行调整，目的是提高评价计分的灵敏度。调整后的功效系数计分公式为：

指标得分＝本档基础分＋［（指标实际值－本档标准值）/（上档标准值－本档标准值）］＊（上档基础分－本档基础分）

至此，可以根据评价指标的实际值对照相应评价标准值，运用调整后的功效系数法计算各项指标的实际得分。计算公式为：

基础指标总得分＝单项基本指标得分之和

单项基本指标得分＝本档基础分＋调整分

本档基础分＝指标权数＊本档标准系数

调整分＝［（指标实际值－本档标准值）/（上档标准值－本档标准值）］＊（上档基础分－本档基础分）

上档基础分＝指标权数＊上档标准系数

（四）监管指标体系中的指标评价

监管指标体系中的指标评价需要把评价得分、评价类型和评价级别结合起来。评价类型是评价得分的另一种表现形式，用文字和字母表示，分为优（A）、良（B）、中（C）、低（D）、差（E）五种类型；评价级别是对每种类型再划分级次，以体现同一类型中的差异，采用在字母后标注“＋、－”号的方式表示。评价类型按85分、70分、50分、40分四个数量作为类型的划分界限。

优（A）：评价得分为85分以上（含85分）；

良(B):评价得分为70~85分(含70分);

中(C):评价得分为50~70分(含50分);

低(D):评价得分为40~50分(含40分);

差(E):评价得分为40分以下。

以上五种评价类型再划分成十个级别,它们分别是:

优:A^{++}、A^{+}、A

良:B^{+}、B、B^{-}

中:C、C^{-}

低:D

差:E

当评价得分属于"优"、"良"类型时,以本类分数段最低限为基准,每高出5分(含5分,小数点四舍五入),提高一个级别;当评价得分属"中"类型,60分以下用"C^{-}"表示,60分以上(含60分)用"C"表示;当评价得分属于"低"、"差"类型,不分级别,分别用"D"、"E"表示。

(五)监管指标的资料来源

净资产收益率、总资产报酬率、不良资产比率、资产负债率数据均直接取自财政部统计评价司编制的《国有企业决算数据资料(内部资料)》中的"全国国有企业重点分析指标表";计算资本积累率所需的年末和年初所有者权益数据取自《国有企业决算数据资料(内部资料)》中的"全国国有企业所有者权益构成情况表";计算资产生产率所需的增加值和总资产数据分别取自《国有企业决算数据资料(内部资料)》中的"全国国有企业基本情况表"和"全国国有企业资产构成情况表"。

(六)监管指标计算结果及实证分析

首先,根据近10年国有企业决算资料可计算出国有资产监管指标的实际值。

表2 1997-2004年国有资产监管评价指标的实际值

年份	资产收益状况			资产营运状况不良资产比率(%)	资产偿债能力状况资产负债率(%)	资产增值能力状况资本积累率(%)
	净资产收益率(%)	总资产报酬率(%)	资产生产率			
2004	1.7	2.3	0.096	8.34	67.1	8.1
2003	-0.99	1.91	0.112	9.25	68.85	8.13
2002	0.5	2.7	0.101	10.2	65.4	9.13
2001	2	3.3	0.11	11.38	68.5	10.8
2000	1.7	3.3	0.11	11.49	65	9.48
1999	2.4	3.6	0.112	11.52	64.8	8.92
1998	3	3.5	0.121	10.13	65.9	8.23
1997	4.9	4.5	0.153	8.86	65.7	8.23

注:由于不良资产统计口径发生变化,2004年原始数据与以前年度不可比。因此,为了消除不可比性,假定2004年不良资产总额与2003年相同,从而计算出当年的不良资产率。同样,2004年所有者权益的统计范围发生较大的变化,故该年由原始数据计算出的资本积累率与以前年度也不可比。为了消除这种不可比性,假定2004年资本积累率与2003年相同。

其次,按照递进平均法可计算出各评价指标的五档标准值。

表3 国有资产监管各评价指标的五档标准值

年份	资产收益状况			资产营运状况不良资产比率(%)	资产偿债能力状况资产负债率(%)	资产增值能力状况资本积累率(%)
	净资产收益率(%)	总资产报酬率(%)	资产生产率			
平均值	1.901	3.139	0.114	10.147	66.406	8.877
良好值	3.075	3.640	0.137	9.163	65.360	9.582
优秀值	4.900	4.500	0.153	8.599	64.900	10.796
较低值	0.403	2.303	0.107	11.148	68.150	8.173
较差值	-0.990	2.105	0.099	11.463	68.675	8.116

下面以2003年数据为例，介绍如何根据改进的功效系数法计算国有资产监管指标的得分。2003年，国有企业的净资产收益率为3%，高于平均值1.901%，但低于良好值3.075%，因此该指标对应的本档标准系数为0.6，上一档标准系数为0.8。另外从表1知该指标对应的权数为21，故：

该指标本档基础分 = 指标权数 * 标准系数 = 21 * 0.6 = 12.6

上一档基础分 = 21 * 0.8 = 16.8

然后，根据改进的功效系数法可计算出该指标的调整分：

调整分 = [（指标实际值 - 本档标准值）/（上档标准值 - 本档标准值）] *（上档基础分 - 本档基础分）= [（3 - 1.901）/（3.075 - 1.901）] *（16.8 - 12.6）= 3.93

最后，将净资产收益率的基础分和调整分相加得到16.53（ = 12.6 + 3.93），这就是该指标的得分。同理可得到资产收益状况下的总资产报酬率和资产生产率的得分分别为7.44和4.60，将这三项指标加总便得到资产收益状况得分为28.57分。采取类似的方法，可计算出资产营运状况得分为10.84，资产偿债能力状况得分为13.94，资产发展能力状况得分为9.63分。至此，可以得到2003年国有资产监管指标体系总得分为62.98，相当于“中”或C^+。

表4 1997－2004年国有资产监管评价结果

年份	资产收益状况得分	资产运营状况得分	资产偿债能力状况得分	资产发展能力状况得分	总得分	评价级别
1997	16.00	18.00	10.41	0.00	44.41	D
1998	3.79	14.08	0.00	6.20	24.07	E
1999	15.46	10.60	15.85	16.13	58.03	C－
2000	22.99	4.59	5.33	24.00	56.91	C－
2001	22.07	0.00	19.13	18.51	59.71	C－
2002	25.99	0.00	20.87	14.69	61.55	C＋
2003	28.57	10.84	13.94	9.63	62.98	C＋
2004	38.00	16.32	14.70	9.99	79.00	B＋

从上表可以看出，从1997年到2004年这8年中，得分最低的是1998年(24.07分)，得分最高的是2004(79分)。但就整个时期看，国有资产监管指标总得分基本上呈上升趋势，这表明随着国有企业改革的不断深化，我国国有资产绩效正在稳步提高。但从近8年看，除了1998年（较差水平）和2004年（良好水平）外，其他大部分年份国有资产绩效还处于历史中下游水平。

本文选择的评价指标体系借鉴了企业效绩评价指标体系的思路。实事求是地讲，宏观层面的国有资产监管指标体系尚在探索中，需要改进的地方很多。就我们所观察到的问题主要有：一是本指标体系由于受数据的限制，可能遗漏了一些重要评价指标，如资本保值增值率、国家资本投入产出效率等；二是资产没有进行重估价；三是由于把历史平均水平作为评价标准值，容易受历史数据长短和异常值的影响。

四、用问卷调查的方式监管国有资产

以上监管评价方法属于定量统计方法，它通过具体计算评价指标来反映国有资产状况及其变化。使用这种方法的前提条件是统计的对象是可定量计算的。然而，在现实中，有些重要监管方面不能用统计指标来反映，在这种情况下，可以借助调查问卷的形式来完成。问卷调查是一种主观经验判断的方法，它将一些定性问题定量化，把这种方法与定量统计方法结合起来，可以更全面的监管国有资产。

（一）采用问卷调查的意义

问卷调查是围绕调查目的设计调查内容，选用适当的方式，对一定范围内一定数量的调查对象进行调查，从而获取有用信息的一种调查方式。目前，问卷调查在我国政府统计机构及民间市场调查组织中得到了广泛的应用。问卷调查的最大优势是，突破了传统的数量型统计指标的约束，通过标准化的问卷从调查对象那里获得对有关定性问题的回答，并对所有答卷进行统计处理，从而得到对定性问题的定量认识，便于对一些难以定量化的社会现象或社会问题做出科学的判断，为有关决策服务。问卷调查是标准化调查，是用统一设计的、有一定结构和特定代码的问卷进行的调查。问卷调查可以采用直接调查方式，也可以采用间接调查方式。直接调查方式是指通过调查者与被调查者直接见面，来完成对调查问卷的填答，问卷的填答可以由调查对象自填，也可以由调查员在“一问一答”过程中代填问卷。间接调查方式指调查者与被调查者不直接见面，而由被调查者自己填答问卷。问卷调查可以采用全面调查，也可以采用非全面调查，例如抽样调查。调查对象数量较大时，一般采用抽样调查的方式。抽样调查不仅能大大地节省调查所用的人力、财力和物力，还能以一定的置信度保证调查结果的无偏性。

获取国有资产流失的具体数额，是一件非常困难的事情。目前，我国的统计部门及国有资产管理部门都还没有这方面的统计调查信息。一些专门部门可能有对个别国有企业领导人违法查处后的个别案例数据。统计调查中，获取国有资产流失数额的难点在于：现实生活中，无法从任何一类调查对象那里得到国有资产流失的准确数字。国有企业领导人及企业内有关部门的负责人可能会知道本企业的资产流失情况。但是无论任何单位组织这种调查，都不可能取得国有企业领导人及企业内有关部门负责人的真实配合，从而也不可能获得准确的信息。在国有企业工作一定时间的普通职工，可能会知道本企业资产流失的严重程度，但不会知道资产流失的准确数额。所以，我们不用常规统计调查方法调查国有资产流失状况，而是选用问卷调查方式，期望得到一个对国有资产流失程度及主要流失方式的判断和认识，并且希望这种判断和认识具有一定的可信度和代表性。

（二）调查目的

客观地了解我国国有企业中国有资产的流失程度，判断国有资产流失的主要方式，比较国有资产流失程度和流失方式在地区之间及行业之间的差异，以便有针对性地采取措施，加强对国有资产的监管，保护全体公民的利益。此外，全面了解国有企业在生产中的节能情况，以落实最近召开的中央经济工作会议要求：“大力节约能源资源，加快建设资源节约型、环境友好型社会”。

（三）调查原则

调查员要向调查对象说明调查目的；调查必须遵守《中华人民共和国统计法》，对调查对象的一切个人信息负责保密，对泄密承担法律责任；调查过程要尊重调查对象的意见，避开可能对被调查对象产生不利影响的场所和方式。

（四）调查对象及抽样框的确定

调查对象是那些在国有企业已经工作了三年以上的企业职工。但是，如何获得调查对象的信息，这是一件艰苦的工作。理想的状况是，有全国的国有企业名称、地址、地址代码、行业代码、电话、资产总计、职工人数、职工个人信息（姓名、住址、电话）等资料构成的抽样框。但是，现实很难获得这样的抽样框，主要是缺少职工个人信息（姓名、住址、电话）。可以操作的办法是，从大（范围）到小（范围），逐步分解，确定调查对象。具体来说，可以利用我国的经济普查资料，获得全国范围的国有企业名称、地址代码、行业代码、电话、资产总计、职工人数等资料。把调查样本数量，从国家到地方，层层分解，直至居委会，最后从居委会获取国有企业职工个人信息，来完成问卷调查。

（五）调查样本数量及分布

根据调查经费的多少和调查目的要求，确定调查对象个数（样本数量）。如果只了解全国的情况，不进行地区比较和行业分析，那么，需要在全国调查 1100 个左右的调查对象即可，这个样本量能以 95% 的置信度，保证所得出的比率估计结果上下不差 3 个百分点。这 1100 个样本，应根据国有企业资产数额或国有企业职工人数在全国各地区、各行业的分布比例，相应分配到各地区、各行业。若想要确保调查结果在某个地区或某个行业具有代表性或说服力，就要保证从本地区或本行业抽取的样本量也达到 1100 个左右。

（六）调查结果的加工处理办法

由于本问卷的所有问题及回答选择都采用了标准化的代码设计方式，问卷回收后，不用特意编写计算机处理程序，依靠 Excel 软件即可完成对问卷的数据录入、数据加工、数据处理和数据分析。例如，在全国调查并回收了 1000 个有效样本，其中有 300 个样本在回答问卷表的 03 问题时选择了 3，我们就可以说，此调查以 95% 的把握程度得知，我国有 30% 的国有企业职工认为国有资产“流失较重”；如果有 700 个样本在回答问卷表的 04 问题时选择了1,我们就可以用95%的把握程度说,全国有70%的国有企业职工认为国有资产近两年的流失程度比两年前"加重了"。

(七)调查问卷表

01 您所在的地区(省、自治区、直辖市)代码:□□
02 您所在的行业大类代码:□□
03 您认为目前(所在企业)国有资产流失程度为:1. 没有流失,2. 流失很轻,3. 流失较重,4. 流失严重;□
04 您认为近两年(所在企业)国有资产流失程度比两年前:1. 加重了,2. 一样,3. 减轻了;□
05 您对(所在企业)下面国有资产流失方式的严重性的判断: 051 交易性流失程度(在企业改制、改造、重组过程中,对国有资产低估贱卖): 1. 不存在,2. 流失很轻,3. 流失较重,4. 流失严重; □ 052 乱投资、乱担保等没有经过科学论证的盲目决策造成的流失程度: 1. 不存在,2. 流失很轻,3. 流失较重,4. 流失严重;□ 053 日常经营管理松散、跑、冒、滴、漏造成的流失程度: 1. 不存在,2. 流失很轻,3. 流失较重,4. 流失严重;□ 054 经营者以权谋私、贪污、私分造成的流失程度: 1. 不存在,2. 流失很轻,3. 流失较重,4. 流失严重;□ 055 向政府有关部门、有关人员送礼、行贿造成的企业资产的流失程度: 1. 不存在,2. 流失很轻,3. 流失较重,4. 流失严重;□
06 您认为阻止(所在企业)国有资产流失的有效方法是(可选3个):1. 对职工、群众或媒体的举报给予奖励和保护;2. 有关职能部门(如国资委)加强监管;3. 企业会计总监由外部委派;4. 不能阻止,没有好办法;5. 其它办法:__________;□□□
07 您认为近两年(所在企业)对能源的消耗水平比两年前:1. 上升了,2. 差不多,3. 下降了;□

(八)调查问卷适用范围

此调查问卷适用的调查对象是:在国有企业工作三年以上的职工、关注国有企业的经济研究人员、监管国有企业的政府有关部门的干部、与国有企业有密切关系或经常发生业务往来的工商业业主。

五、加强国有资产监管的对策建议

国有资产自身的产权属性,以及数量庞大、分布广泛、形态各异的特点决定了国有资产监管是一项异常复杂的工作。要搞好监管工作,既需要加强监管工作自身,也需要良好的外部环境;既需要事后监管,也需要事前和事中监管;既需要统一客观的定量评价,也需要灵活的定性判断。根据我们在监管指标体系研究中的一些认识和体会,对加强国有资产监管工作提出一些初步建议:

1. 进一步完善国有资产管理体制。有效的监管有赖于良好的管理体制。目前国有资产管理体制改革仍相对滞后,突出表现在出资人还没有真正到位,法人治理结构不完善。要继续改进和完善国有资产管理体制改革,切实解决国有资产出资人不到位、保值增值的责任主体不明确的问题,逐步建立起能够调动各方面保值增值积极性,防止国有资产流失的长效机制。

2. 建立监督监管者的制度。不管由谁来代理行使国有资产出资人的职责,其权限过小,则不利于监管国有资产;而如果其权限过大过于集中,则容易因个人行为不当给国有资产带来较大损失。所以,在解决出资人到位问题的同时,需要建立健全对直接监管者的监管制度,这方面可以充分发挥各方面的作用,特别是人大、纪委、审计等部门的监督作用。

3. 积极发展和完善产权交易市场。公平公开的市场交易是降低交易成本的有效途径。当前,国有产权转让成为国有资产流失的一个主要途径,原因是国有产权没有完全进入市场,难以发现国有产权的市场价格,很难判断国有资产是保值增值还是贬值流失。为此,应大力发展产权交易市场,通过市场的价格发现机制来防止国有资产的低估贱卖。

4. 完善公司治理结构。企业管理制度不健全，为少数内部人员转移侵吞国有资产提供了可乘之机。要加强国有资产监管，除了完善外部环境外，必须努力完善公司治理结构，真正建立起规范的现代企业制度，改善内部人控制现象。

5. 完善相关法律法规。目前与国有资产相关的法律法规还不健全，有的法律法规不能很好地适应社会主义市场经济发展的新形势，亟待修改或废止。要抓紧完善国有资产管理的基本法律法规，如国有资产法，国有企业改制和国有产权转让等方面的法律规章。

课题组组长：章国荣
课题组副组长：彭志龙　周小知　雷平静
课题组成员：王跃新　吴　优　施发启
冯春平　杨玉民

“十五”时期我国经济社会发展取得巨大成就

“十五”时期的五年，是我国社会主义现代化进程中极不平凡的五年，是继往开来与时俱进的五年，是我们战胜各种困难大踏步前进的五年。五年来，面对世界经济低迷、贸易保护主义抬头、石油价格大幅上涨、恐怖主义猖獗等风云变幻的国际环境，面对突如其来的非典疫情和重大自然灾害的冲击，在党中央、国务院的正确领导下，全国各族人民认真贯彻落实党的十六大和十六届三中、四中、五中全会精神，以科学发展观为指导，聚精会神搞建设，一心一意谋发展，战胜了非典等突发灾难，有效地抑制了经济运行中出现的不稳定不健康因素，国民经济保持平稳较快发展，综合经济实力明显增强，人民生活水平显著提高，市场经济体制继续完善，各项社会事业蓬勃发展，社会主义现代化建设事业取得举世瞩目的巨大成就。

一、国民经济快速增长，综合国力显著增强。

“十五”时期，通过实施积极的财政政策，加强和改善宏观调控，积极有效应对经济运行中出现的问题和困难，国民经济实现了持续平稳较快发展。国内生产总值由2000年的99215亿元上升到2005年的182321亿元，平均每年以9.5%的速度递增，比“九五”时期平均增速高0.9个百分点。其中，第一、第二、第三产业增加值分别达到22718亿元、86208亿元和73395亿元，平均增长速度分别为3.9%、10.7%和9.9%。

经济的快速发展使我国在世界的地位持续提高。预计2005年我国的经济总量将超过意大利、法国和英国，跃至世界第四位，我国国内生产总值占世界的份额也将提高到接近5.0%。人均GDP则由2000年的7858元(949美元)提高到2005年的13985元(1707美元)。人均GDP步入1000美元-3000美元的新的发展阶段，在向中等发达国家水平挺进的道路上迈出了重要一步。

二、工农业生产迅速发展，生产能力持续大幅提高。

农业特别是粮食生产在波动中得到加强。“十五”前期，农业生产特别是粮食生产曾一度陷入低谷，2003年粮食产量只有8614亿斤，已低于1991年的水平。面对这种严峻局面，党中央、国务院采取了多项支持“三农”的政策，特别是宣布用三年时间全面取消农业税，极大地调动了农民的生产积极性，2004年农业生产出现重要转机，粮食获得大丰收，全年粮食总产量达9389亿斤，扭转了1999年以来连续5年下降的局面。2005年在2004年丰收的基础上又增产291亿斤，总产量重新登上9600亿斤台阶，达到9680亿斤。棉花、油料产量分别达到571万吨和3077万吨，比2000年增长29.4%和4.1%。

工业生产持续快速增长。“十五”时期，大规模的基础设施投资以及近几年固定资产投资的快速增长刺激了对工业品的需求，也带来了工业生产能力的迅速扩大，工业生产持续快速增长，煤炭、冶金、电力、建材等产业在经济发展中的作用越来越显著。2005年工业增加值突破7万亿元，达到76190亿元，比2000年增长了67.3%(按可比价计算)，平均每年增长10.8%，比“九五”时期平均每年10.2%的增速高0.6个百分点。2001年至2005年五年间共生产原煤87.4亿吨、发电量9.7万亿度、钢材13.1亿吨、水泥42.8亿吨，分别比“九五”时期五年的产量高21.4亿吨、3.7万亿度、7.6亿吨和15.7亿吨。

三、固定资产投资快速增长，基础设施和基础产业得到明显加强。

“十五”时期，在国家积极财政政策和稳健货币政策的作用下，民间投资得到明显恢复，外商投资依然活跃，在各类投资需求的共同作用下，全社会固定资产投资快速增长。2005年全社会固定资产投资达到88604亿元，五年年均增长20.2%(按累计法计算)，比“九五”时期平均每年增长速度高9个百分点。2001年至2005年全社会固定资产投资累计完成29.5万亿元，比“九五”期间增加15.6万亿元，超过了1981-2000年20年间全社会固定资产投资的总和。

与此同时，通过发行国债，扩大投资，“十五”

时期集中办了一些多年来想办而没有办成的大事。这五年，是基础设施建设、基础产业投资最多、力度最大、发展最快的时期，一大批重大基本建设项目和重点骨干企业的技术改造项目建成投产。五年来，我国新建公路35万公里，其中高速公路2.4万公里（超过2000年以前的高速公路长度总和），新建铁路投产里程7063公里，港口万吨级码头泊位新增吞吐能力45232万吨。一批对经济社会长远发展有重大促进作用的项目相继建成投产、发挥效益。西气东输管道工程实现全线商业运营；青藏铁路全线铺通，结束了西藏地区不通铁路的历史；三峡工程进展顺利，电站工程已投产运行14台发电机组，累计发电940亿千瓦时；西电东送北通道、中通道、南通道共形成输送能力超过3250万千瓦。2005年末发电装机容量超过5亿千瓦，比2000年末增加1.8亿千瓦。五年新增局用交换机容量23254万门，新增光缆线路长度214万公里。产业技术进步步伐加快，装备制造业技术水平迅速提高，高技术产业快速发展。

四、对外经济迅猛发展，对外开放水平不断提高。

“十五”时期，是改革开放以来我国对外贸易发展最快的时期。经过艰苦谈判，我国终于成功地加入了世界贸易组织，对外经济贸易环境发生了深刻而重大的变化，我们在享受运用世界贸易规则带来好处的同时，也不断迎接了来自各个方面各种各样的挑战，并在克服困难、解决问题中不断发展壮大。2005年，我国进出口贸易总额达14219亿美元，比2000年增长199.8%，平均每年增长24.6%，比“九五”平均增长速度快13.6个百分点，进出口贸易总额占我国GDP的比重已经接近65%。2004年，我国进出口贸易总额已占世界贸易量的6.2%，在世界各国和地区排名由2000年的第八位跃居到第三位，成为仅次于美国和德国的贸易大国。2005年，我国出口7620亿美元，比2000年增长205.8%，平均每年增长25%，比“九五”平均增长速度快14.1个百分点；进口6600亿美元，比2000年增长193.2%，平均每年增长24%，比“九五”平均增长速度快12.7个百分点。

利用外资发展也比较快。2005年实际使用外商直接投资603亿美元，比2000年增长48.2%，平均每年增长8.2%，比“九五”平均增长速度快6.6个百分点。“走出去”战略取得明显进展，对外投资规模不断扩大。2003年到2005年，对外直接投资额（非金融部分）分别为29、55和69亿美元。

国家外汇储备大幅度增加，2005年底达到8189亿美元，比2000年末增加近4倍。

五、国内市场持续繁荣活跃，人民生活水平不断提高。

经过多年努力，“十五”时期市场商品供应充裕，已基本不存在供不应求的商品，加上进口规模的不断扩大，消费者有了前所未有的选择余地。经济的快速发展，人民收入水平的不断提高，加上消费环境的不断完善，也有效地刺激了人们的消费欲望，城乡商品交易市场繁荣活跃，商业经济保持良好发展态势。2005年，社会消费品零售总额达到67177亿元，比2000年增长71.8%，五年间年均增长11.4%，比“九五”平均增长速度快0.8个百分点。

城乡居民收入水平持续提高，储蓄规模继续扩大。2005年，城镇居民人均可支配收入达10493元，扣除价格因素，比2000年实际增长58.3%，年均增长9.6%，比“九五”平均增长速度快3.9个百分点，是改革开放以来历次五年计划期增长速度最快的；农村居民家庭人均纯收入达3255元，扣除价格因素，比2000年实际增长29.2%，年均增长5.3%，比“九五”平均增长速度快0.6个百分点，增速仅次于“六五”时期。到2005年底，城乡居民人民币储蓄存款余额达14.1万亿元，比2000年末增加了7.7万亿元。

居民消费结构明显改善，生活质量继续提高。2005年城镇居民家庭恩格尔系数为36.7%，农村居民家庭恩格尔系数为45.5%，分别比2000年降低2.7和3.6个百分点。电话普及率由2000年末的20.1部/百人提高到2005年末的57.3部/百人，其中移动电话普及率由6.8部/百人提高到30.3部/百人；城镇居民每百户拥有家用汽车由2000年末的0.5辆提高到2005年末的3.4辆，农村居民每百户拥有摩托车由21.9辆提高到41辆。城乡居民的居住条件和生存环境进一步改善。城镇居民人均住房使用面积由2000年末的18平方米扩大到2005年末的21.3平方米；农村居民人均住房面积则由24.8平方米扩大到29.7平方米。扶贫工作成效明显。农村贫困人口由2000年的3209万人降低到2365万人。

六、注重科技教育，各项社会事业全面协调发展。

“十五”时期，党中央科学分析了我国经济和社会发展的国情,提出了以人为本、科学发展、和谐发展的方针,推动了我国经济增长方式的转变和社会事业的全面发展。

就业和社会保障体系建设成效显著。转变经济增长方式,实现和谐发展,必须建立强有力的社会保障体系。“十五”时期,社会保障事业取得了比较明显的进展。一是实施积极的就业政策,始终把扩大就业摆在经济社会发展更加突出的位置上。五年来,平均每年解决城镇就业人口836万人,五年共增加就业人员4180万人,城镇登记失业率稳定在4%左右,其中2005年登记失业率为4.2%。二是采取多种措施,大力完善城镇职工基本养老和基本医疗、失业、工伤、生育保险制度,建立健全与经济发展水平相适应的社会保障体系。到2005年末,全国有17444万人参加了基本养老保险,有10648万人参加了失业保险,有13709万人参加了医疗保险,分别比2000年末增加3827万人、240万人和10846万人。累计有9920万城镇居民得到最低生活保障。社会救济和优抚安置政策逐步完善,农村社会保障工作开始起步。

科技事业成果丰硕。转变经济增长方式,关键要靠科技。2001－2005年间,全国研究与试验发展(R&D)经费支出8203亿元,占同期国内生产总值的1.16%,其中2005年达到1.3%;组织实施“863”计划课题6000多项,安排高技术产业化示范工程项目1000多项。基础研究和战略高技术研究成果丰硕。在生物技术领域,在国际上率先完成水稻基因组测序工作;在航天领域,神舟五号、神舟六号载人航天飞行取得圆满成功,标志着我国成为第三个掌握载人航天技术的国家;在纳米材料领域,成功开发纳米“超级开关”材料,实现纳米表面材料超疏水与超亲水之间的可逆转变。重大科技成果转化步伐明显加快。成功研制并启用10万亿次高性能计算机,64位高性能通用CPU芯片龙芯2号自主研制成功。自主建成的大型商用核电站秦山核电站二期工程建成并投入商业运行。世界上第一条商业化运营磁悬浮列车线在上海建成运行。科研和生产的结合更加紧密,传统产业的创新能力大幅提高。短短五年间,就取得省部级以上科技成果15.3万项,技术合同成交金额5596亿元。

教育事业快速发展。五年来,各级政府坚持教育优先发展的方针,加大了对基础教育的投入力度,增加了对农村和西部偏远地区的教育补贴,义务教育普及程度继续提高,普通高中的办学条件进一步改善,高等教育办学规模明显扩大,职业教育得到迅速发展,教育结构有所改善。2005年,普通高等教育招生505万人,在校生1562万人,分别比2000年增加284万人和1006万人;各类中等职业教育招生647万人,在校生1559万人,分别比2000年增加239万人和275万人;普通高中教育招生878万人,在校生2409万人,分别比2000年增加405万人和1208万人。五年累计,普通高等教育、中等职业教育、普通高中、普通小学毕业生分别达到971、1919、2391和11171万人。

公共卫生事业得到明显加强。针对突如其来的非典和高致病性禽流感等重大疫情,“十五”时期,国家以建设全国疾病预防控制体系和突发公共卫生事业医疗救治体系为重点,加快公共卫生体系建设,并取得积极成效。到2004年末,全国1410个县级和250个省、市(地)级疾病预防控制中心基本建成,290所紧急救援中心也陆续开工,基本建成了有效应对重大疫情的公共卫生网络体系。医疗体制改革也做了积极的探索,新型农村合作医疗制度改革的试点工作逐步推开。到2005年末,参加新型农村合作医疗的农民达到1.77亿。

此外,文化、体育等其余社会事业也得到了长足的发展。特别值得指出的是,在雅典奥运会上,我国运动员奋力拼搏,迭创佳绩,共获得金牌32块,银牌17块,铜牌14块,金牌总数居世界第二位,创造了新的历史记录。

七、社会主义市场经济体制逐步完善,重点领域关键环节的改革取得突破。

“十五”时期,我国各项改革步入攻坚阶段。党的十六届四中全会通过的《中共中央关于完善社会主义市场经济体制若干问题的决定》系统提出了新时期我国经济体制改革的总体框架,在这一纲领性文件的指引下,各项改革进一步深化。

行政管理体制改革有了新的突破。按照经济调节、市场监管、社会管理和公共服务等市场经济对政府的要求,全力推进政企分开,投资体制改革和行政机构改革有所深化,特别是在减少和规范行政审批的数量方面有较大进展,《行政许可法》颁布实施后,国务院先后取消和调整了1795个行政审批事项,较原来减少了48.9%,各级政府开始更多的靠经济手段和法律手段管理经济。

财税金融体制改革进展平稳。公共财政体系建设步伐加快,部门预算改革,“收支两条线”管理改革,国库管理体制改革,政府采购管理制度改革稳步推进，增值税转型也在进行当中，个人所得税改革迈出了重要步伐。金融改革方面，国内外广泛关注的完善人民币汇率形成机制改革顺利实施，利率市场化改革取得积极进展，上市公司股权分置改革进展平稳，国有商业银行股份制改革迈出重要步伐，深化农村信用社改革全面推进。

国有经济布局和结构调整、国有企业改革取得重要进展。适应市场经济要求，“十五”时期在继续完善国有资本有进有退、合理流动机制的同时，一方面，加快了国有大型企业股份制的改革，健全国有资产管理和监督机制，健全公司法人治理制度，截止 2004 年底，2903 家国有及国有控股大型骨干企业中已有 1464 家企业改制为多元股东的公司制企业。国有控股的境内外上市公司已达 1000 多家，其实现利润占全部国有及国有控股企业的 46%。另一方面，把深化垄断行业改革作为重点，放宽了市场准入，电信、石化、电力、民航等大的国有公司通过改组、分立已经初步形成了市场竞争的局面。

农村综合改革成效显著。在农村土地制度方面，实施了最严格的土地保护制度，按照保护农民权益、控制土地规模的原则，完善了征地程序，农民的利益和国家的粮食安全得到了最大限度的保护。在完善农产品市场体系方面，放开了粮食收购市场，特别把通过流通环节对农民的间接补贴改为直补，有效地保护了农民的利益。在农村税费改革方面，尤其值得关注。由“十五”初期的完善农村税费制度的各项政策逐步过渡到全面取消农业税和农林特产税，农民负担大幅度降低。

与此同时，社会保障、住房、科技、教育、文化等方面的改革也取得新的进展。

总之，“十五”时期，我国的经济发展和各项社会事业都取得了长足的进步，“十五”时期经济和社会发展的巨大成就为“十一五”时期更辉煌的发展奠定了良好基础。尤其重要的是，以人为本、全面协调可持续的科学发展观和构建社会主义和谐社会重大思想的提出将对全面建设小康社会和推进社会主义现代化事业起到全局和长远的指导作用。

我们在充分肯定“十五”成绩的同时，还要看到经济运行和社会发展过程中存在的问题，主要有：一是经济整体素质依然不高，经济结构仍不合理，经济增长依然粗放。比如，对当前我国相对偏高的投资率而言，消费率依然偏低，经济增长仍过分依赖第二产业，第三产业比重仍然偏低等。再如，在经济发展的过程中，仍存在片面追求速度，轻视质量和效益的现象。二是改革仍有些滞后。“十五”时期，围绕完善社会主义市场经济体制，进行了多项改革，取得了重要进展。但与社会主义市场经济发展的要求相比，仍有许多不适应，从而影响了社会经济的更好更快发展。如，行政管理体制改革、投融资体制改革相对滞后，妨碍了科学发展观和正确政绩观的落实。三是地区经济发展仍然不平衡，居民收入分配差距仍然较大。2005 年城镇居民人均可支配收入是农民人均纯收入的 3.2 倍，比 2000 年的 2.8 倍又有所扩大。在全国各省和自治区当中，城镇居民人均可支配收入最高的浙江是最低的新疆的 2 倍，农民人均纯收入最高的浙江是最低的贵州的 3.5 倍。到 2005 年末，农村仍有贫困人口 2365 万人。四是经济与社会的发展仍不协调。我们必须高度重视这些问题和矛盾，认真总结经验教训，认真应对。

“十五”时期取得的巨大成就为我国在新世纪的发展奠定了更坚实的基础。站在新的历史起点上，展望未来，我们既面临着严峻的挑战，更有着前所未有的机遇。我们相信，只要我们紧密团结在以胡锦涛同志为总书记的党中央周围，高举邓小平理论和“三个代表”重要思想伟大旗帜，全面贯彻落实科学发展观，把握机遇，开拓进取，求真务实，艰苦奋斗，就一定能够继续把我国改革开放和社会主义现代化建设推向新的阶段。

（执笔：王文波　刘爱华）

政策信息篇

综合

国务院关于发布实施《促进产业结构调整暂行规定》的决定

国务院 2005 年 12 月 2 日 发布《促进产业结构调整暂行规定》。为贯彻落实党的十六届五中全会精神,实现"十一五"规划目标的一项重要举措,对于全面落实科学发展观,加强和改善宏观调控,进一步转变经济增长方式,推进产业结构调整和优化升级,保持国民经济平稳较快发展具有重要意义。《暂行规定》包括:产业结构调整的目标、产业结构调整的原则、产业结构调整的方向和重点、产业结构调整指导目录等内容作了具体规定,共四章二十一条。

农业

农村土地承包纠纷仲裁试点设施建设项目组织实施办法

为切实加强农村土地承包纠纷仲裁试点基础设施建设项目管理,规范项目建设程序和行为,提高项目建设质量和投资效益,农业部 2005 年 11 月 15 日 发布《农村土地承包纠纷仲裁试点设施建设项目组织实施办法》印发你们,请遵照执行。

国家发展改革委、财政部关于重新核定农业转基因生物安全评价费等收费标准的通知

中华人民共和国国家发展和改革委员会、中华人民共和国财政部 2005 年 12 月 2 日 发布《关于申请继续执行农业转基因生物安全评价收费标准的函》的通知,通知内容包括:

一、农业部科技发展中心在对农业转基因生物中间试验、环境释放、生产性试验进行安全评价时,向申请农业转基因生物试验以及申请农业转基因生物安全证书的单位和个人收取农业转基因生物安全评价费,仍按照以下收费标准执行。

二、农业部指定检测机构向申请农业转基因生物试验以及申请农业转基因生物安全证书的单位和个人收取农业转基因生物检测费的标准,根据检测机构开展农业转基因生物检测工作的费用支出情况,按照补偿服务成本的原则确定。

三、收费单位应到指定的价格主管部门办理《收费许可证》,使用财政部统一印制的票据,并自觉接受价格、财政部门的监督检查。

四、上述规定自 2005 年 12 月 1 日起执行,有效期 2 年。有效期满后,由你部向国家发展改革委、财政部重新申报。《国家计委、财政部关于农业转基因生物安全评价收费标准的通知》(计价格〔2003〕131 号)同时废止。

国务院办公厅关于印发《省级政府耕地保护责任目标考核办法》的通知

国务院办公厅 2005 年 10 月 28 日 发布《省级政府耕地保护责任目标考核办法》,该办法分为以下九部分:

一、为贯彻落实《国务院关于深化改革严格土地管理的决定》(国发〔2004〕28 号),建立省级政府耕地保护目标责任制度,切实加强耕地保护工作,依据《中华人民共和国土地管理法》和《基本农田保护条例》的规定,制定本办法。

二、各省、自治区、直辖市人民政府对《全国土地利用总体规划纲要》(以下简称《纲要》)确定的本行政区域内的耕地保有量和基本农田保护面积负责,省长、主席、市长为第一责任人。

三、国土资源部会同农业部、统计局等有关部门,根据《纲要》确定的相关指标和生态退耕、自然灾害等实际情况。

四、耕地保护责任目标考核遵循客观、公开、公正的原则。

五、考核采取自查、抽查与核查相结合的方法。

六、全国土地利用变更调查提供的各地区耕地面积、生态退耕面积、基本农田面积以及分等定级的数据,将作为考核参照依据。

七、国务院对各省、自治区、直辖市的耕地保护责任目标考核结果进行通报。

八、耕地保护责任目标考核结果,列为省级人民政府第一责任人工作业绩考核的重要内容。

九、县级以上地方人民政府应当根据本办法,结合本行政区域实际情况,制定对下一级人民政府耕地保护责任目标考核办法。

工业建筑

财政部、国家发展改革委、国家安全生产监督管理总局、国家煤矿安全监察局关于调整煤炭生产安全费用提取标准加强煤炭生产安全费用使用管理与监督的通知

为进一步加大煤炭生产企业对安全生产设施的投入,财政部、国家发展改革委、国家煤矿安全监察局2005年4月8日发布《关于印发〈煤炭生产安全费用提取和使用管理办法〉和〈关于规范煤矿维简费管理问题的若干规定〉的通知》如下:

一、调整安全费用提取标准。

二、任何部门和单位不得以任何形式集中煤炭生产企业提取的安全费用。

三、完善安全费用提取和使用的监管措施。

四、本通知未涉及事宜,仍按照财政部、国家发展改革委、国家煤矿安全监察局《关于印发〈煤炭生产安全费用提取和使用管理办法〉和〈关于规范煤矿维简费管理问题的若干规定〉的通知》(财建〔2004〕119号)执行。

五、本通知自2005年4月1日起执行。

国家发展改革委、国务院振兴东北办关于发展高技术产业促进东北地区等老工业基地振兴指导意见的通知

2005年11月1日国家发展改革委、国务院振兴东北办发布《关于发展高技术产业促进东北地区等老工业基地振兴指导意见的通知》。通知说:为贯彻党中央、国务院"支持东北地区等老工业基地加快调整和改造的战略"部署,充分发挥高技术产业在振兴东北地区等老工业基地中的重要作用,促进产业结构战略性调整和产业升级,提高产业竞争力,通知摘要如下:

一、充分认识发展高技术对振兴老工业基地的重要意义。

二、发展高技术,促进老工业基地振兴的指导思想和基本原则。

三、大力促进高技术产业规模化和国际化发展。

四、大力推进高技术产业化。

五、加快信息化进程。

六、大力促进以装备制造业为代表的传统产业升级。

七、加强技术创新,奠定可持续发展的坚实基础。

国家发展改革委关于对部分药品从出厂环节制定价格进行试点的通知

为进一步加强和改进药品价格管理,从源头抓起,降低药品零售价格,规范药品购销行为,减轻群众药费负担,经研究,决定对部分药品从出厂环节制定价格进行试点。国家发展改革委2005年11月2日发布《关于对部分药品从出厂环节制定价格进行试点的通知》,如下:

一、纳入试点范围的品种,为我委定价目录内实行政府指导价的维生素及矿物质类缺乏症用药,具体品种见附表。

二、生产企业可低于规定的最高出厂价格供应药品。

三、药品实际出厂价格为扣除各种折扣后的含税出厂价格。

四、各省、自治区、直辖市价格主管部门应根据本地区实际情况,在综合考虑药品批发企业和医疗机构经营成本的基础上,本着有利于规范购销行为、维护公平竞争,有利于降低药品价格、减轻群众负担的原则,降低医疗机构对试点药品的实际加价率。

五、本通知发布后,对纳入试点范围的品种,我委在重新制定或调整价格时,将按上述有关规定公布其最高出厂价格和最高零售价格。

一、制定公布出厂价格后,各级价格主管部门要加强监督检查。

国家发展改革委关于加强煤炭基本建设项目管理有关问题的通知

中华人民共和国国家发展和改革委员会2005年12月8日发布关于"加强煤炭基本建设项目管理有关问题的通知"。通知说:针对近年来,在国家有关政策的支持下,通过全行业的共同努力,大中型煤矿建设加快,煤炭供应能力迅速提高,有效缓解了"十五"中后期煤炭供应偏紧的局面。但部分地区对煤炭需求增长缺乏科学分析,出现了投资过热、无序建设的苗头和现象。这种情况发展下去,势必造成煤矿建设失控、生产布局失衡、煤炭总量过剩,矿难事故多发。为加强煤炭基本建设管理,做好煤炭总量平衡,促进煤炭工业健康发展,摘要如下:

一、抓紧完善煤炭发展规划。

二、严格执行煤炭项目建设程序。

三、加快煤炭工业结构调整。

四、提高煤矿建设规模标准。

五、全面调查和清理在建煤矿项目。

国家发展改革委办公厅、卫生部办公厅关于制定和调整大型医用设备检查治疗价格指导意见的通知

国家发展改革委办公厅、卫生部办公厅2005年12月15日发布《制定和调整大型医用设备检查治疗价格指导意见的通知》,要求各地区按照国务院办公厅转发国务院体改办等八部门《关于城镇医药卫生体制改革的指导意见》(国办发[2000]16号)和卫生部、国家发展改革委、财政部制定的《大型医用设备配置与使用管理办法》(卫规财[2004]474号)的有关要求,为合理配置大型医用设备,科学核定大型医用设备检查治疗价格,指导地方作价行为,现就有关意见通知如下:

一、非营利性医疗机构配置的列入国务院卫生行政部门和省级卫生行政部门管理的甲、乙类品目的大型医用设备。

二、制定和调整大型医用设备检查治疗价格,应按有关规定做好成本分摊测算工作,严禁列支各种不

合理成本项目。

三、加强大型医用设备检查治疗项目规范的管理。

四、国家发展改革委会同卫生部将加强对各地定调价工作的指导。

五、医疗机构要合理配置和使用大型医用设备,要严格执行价格主管部门会同卫生行政部门核定的指导价格,努力减轻群众负担。

国家发展改革委关于改革天然气出厂价格形成机制及近期适当提高天然气出厂价格的通知

为理顺天然气价格,促进节约用气,优化用气结构,促进天然气工业的持续健康发展,保证国内天然气市场供应,经报请国务院批准,决定改革天然气出厂价格形成机制,并适当提高天然气出厂价格。有关事项通知如下:

一、改革天然气出厂价格形成机制的目标和原则。

二、改革天然气出厂价格形成机制的具体内容。

三、适当提高天然气出厂价格。

四、认真做好天然气出厂价格改革的有关工作。

(2005 年 12 月 23 日)

交通邮电旅游

关于进一步加强山区公路建设生态保护和水土保持工作的指导意见

中华人民共和国交通部 2005 年 9 月 23 日发布《关于进一步加强山区公路建设生态保护和水土保持工作的指导意见》指出:

近年来,各级交通主管部门和公路建设从业单位认真贯彻国家有关法律、法规,按照科学发展观的要求,在公路建设中认真开展水土保持工作,采取切实措施保护和改善生态环境,认真做好水土保持工作,取得了显著成效。为进一步加强山区公路建设中的生态保护和水土保持工作,促进公路交通事业的可持续发展,提出如下意见,请在工作中贯彻执行。

一、总体要求

二、前期工作阶段的要求

三、工程实施阶段的要求

四、运营养护阶段的要求

关于加快交通建设领域清理拖欠工程款进度的通知

中华人民共和国交通部办公厅 20005 年 10 月 24 日发布《关于加快交通建设领域清理拖欠工程款进度的通知》,针对近两个月来,各级交通主管部门在当地政府的领导下,采取切实有效措施,不断加大清欠工作力度,清欠工作取得了显著成绩,但形势依然严峻。现将交通建设领域清欠工作进展情况予以通报,并对做好下一步的清欠工作。

关于规范转籍车辆公路养路费征收工作的通知

中华人民共和国交通部20005年12月14日发布《关于规范转籍车辆公路养路费征收工作的通知》,针对由于各地对《公路养路费征收管理规定》([91]交工字714号)中“缴费截止日期”理解不一致,导致部分转籍车辆被强制重复征收养路费。为维护人民群众的切身利益,进一步规范和完善养路费征收管理工作,作如下规定:

一、机动车辆转籍时,原车辆所有人应到转出地征稽机构缴清养路费,并凭机动车转出证明材料,办理养路费异动(转籍)通知书。

二、从2006年1月1日起,省际间转籍车辆的养路费在转出地征稽机构只缴至转籍当月,已预缴后续月份养路费的,由转出地征稽机构予以退还。

三、转籍车辆没有有效养路费缴讫证且超出规定时间未到转入地征稽部门建档缴费的,按逃缴养路费处理。

四、2005年底以前,转籍车辆已经在转出地和转入地重复缴纳养路费的,由转入地征稽机构退还或抵扣重复收取的养路费费款部分。

国务院办公厅转发发展改革委等部门关于鼓励发展节能环保型小排量汽车意见的通知

国务院办公厅2005年12月25日就发展改革委、建设部、公安部、财政部、监察部、环保总局《关于鼓励发展节能环保型小排量汽车的意见》发出通知:

·、充分认识发展节能环保型小排量汽车的重要性。

二、制定鼓励节能环保型小排量汽车发展的产业政策。

三、制定鼓励节能环保型小排量汽车消费的政策措施。

四、取消针对节能环保型小排量汽车的各种限制。

五、引导公众树立节约型汽车消费理念。

六、加强领导和督促检查。

国内外贸易

商务部颁布《外商投资租赁业管理办法》

根据我入世承诺,对于租赁服务,我国应在入世后3年内允许设立外商独资子公司。为此,商务部对原外经贸部《外商投资租赁公司审批管理暂行办法》(2001年第3号令)(以下简称“原《办法》”)进行了修改,于2005年2月3日颁布了《外商投资租赁业管理办法》(以下简称“新《办法》”)。新《办法》将于2005年3月5日施行。

新《办法》共23条,对外商投资租赁业的投资形式、审批程序、业务规则以及监管作出了具体规定。

《构成整车特征的汽车零部件进口管理办法》

中华人民共和国海关总署 中华人民共和国国家发展和改革委员会 中华人民共和国财政部中华人民共和国商务部2005年2月28日 发布《构成整车特征的汽车零部件进口管理办法》:

根据《汽车产业发展政策》及有关规定,海关总署、国家发展改革委、财政部、商务部制定了《构成整车特征的汽车零部件进口管理办法》,现予发布,自2005年4月1日起执行。

此办法共7章38条

财政部、国家税务总局关于调整部分产品出口退税率的通知

财政部 国家税务总局2005年4月29日 发布《关于调整部分产品出口退税率的通知》。

经国务院批准,自2005年5月1日起调整下列产品的出口退税率:

一、将煤炭,钨、锡、锌、锑及其制品的出口退税率下调为8%。

二、取消稀土金属、稀土氧化物、稀土盐类,金属硅,钼矿砂及其精矿,轻重烧镁,氟石、滑石、碳化硅,木粒、木粉、木片的出口退税政策。

国务院办公厅关于促进东北老工业基地进一步扩大对外开放的实施意见

国务院办公厅2005年6月30日 发布《关于促进东北老工业基地进一步扩大对外开放的实施意见》。指出:进一步扩大对外开放是实施东北地区等老工业基地振兴战略的重要组成部分,也是实现老工业基地振兴的重要途径。根据《中共中央国务院关于实施东北地区等老工业基地振兴战略的若干意见》(中发〔2003〕11号)精神,结合东北地区实际情况,经国务院同意,现就进一步扩大东北地区对外开放提出如下实施意见:

一、鼓励外资参与国有企业改组改造,加快体制和机制创新。

二、加强政策引导,推进重点行业和企业的技术进步。

三、进一步扩大开放领域,着力提升服务业的发展水平。

四、发挥区位优势,促进区域经济合作健康发展。

五、营造良好的发展环境,为加快对外开放提供保障。

金融证券与保险

财政部、人民银行、银监会关于加强国有商业银行不良贷款剥离过程中责任追究工作的通知

根据国有独资商业银行股份制改革试点工作领导小组会议决定,为加强不良资产责任追究工作,减少资产损失,防范道德风险,财政部、人民银行、银监会关于加强国有商业银行就国有商业银行当前及今后改制重组剥离不良资产过程中的责任追究问题通知。

"通知"中包括加强内部责任追究工作、严格按交接程序、责任追究工作等7方面内容。

(2004年8月19日 财金[2004]77号)

中国证监会关于信托投资公司开设信托专用证券账户和信托专用资金账户有关问题的通知

为规范信托投资公司的业务活动,维护信托各方当事人的合法权益,根据《中华人民共和国信托法》、《中华人民共和国证券法》及其他法律、法规,中国证监会就信托投资公司开设信托专用证券账户和信托专用资金账户的有关事项发出通知:

一、信托投资公司运用信托资金进行证券投资时,应该使用单独开设的信托专用证券账户和信托专用

资金账户。

二、信托投资公司应当根据本通知和信托文件的约定，申请在中国证券监督管理委员会批准的证券公司开设信托专用资金账户，资金账户名称由“信托投资公司全称加信托产品名称”组成。

三、信托投资公司在证券公司开设信托专用资金账户时，应提供设立信托的证明文件（信托合同或其他书面文件）及复印件。

四、信托投资公司应于信托专用证券账户和信托专用资金账户开设后的三个工作日内，将所开账户的开户材料报送中国银行业监督管理委员会或其派出机构备案。

五、为信托当事人保密，并配合信托投资公司接受委托人和受益人对其信托资金的检查、查询，配合监管部门对专用账户的检查、查询。

六、信托投资公司将信托财产投资于证券市场时，应当严格遵守法律、法规中有关信息披露的规定，履行信息披露义务。

七、信托终止的，信托投资公司应当及时将信托专用证券账户中的证券资产予以变现，并及时到中国证券登记结算公司和有关证券公司办理信托专用证券账户和信托专用资金账户的注销手续，并妥善保存账户的全部会计资料。

八、信托投资公司违反本通知规定或者提供虚假开户证明材料的，由国家监管部门按照《中华人民共和国银行业监督管理法》、《中华人民共和国证券法》等法律法规的规定进行处理。

九、本通知自2004年10月1日起施行，由中国银行业监督管理委员会和中国证券监督管理委员会负责解释。

（2004年9月10日）

中国人民银行公告《银行业金融机构进入全国银行间同业拆借市场审核规则》

人民银行2005年1月21日依据《中华人民共和国中国人民银行法》、《中华人民共和国行政许可法》和《中国人民银行行政许可实施办法》，中国人民银行制定并公布了《银行业金融机构进入全国银行间同业拆借市场审核规则》。

未进入全国银行间同业拆借市场的银行业金融机构从事同业拆借业务，须报所在地中国人民银行分行、营业管理部、省会（首府）城市中心支行备案，具体办法由中国人民银行分行、营业管理部、省会（首府）城市中心支行另行制定。

该规则共23条。

中国人民银行关于调整商业银行住房信贷政策和超额准备金存款利率的通知

中国人民银行决定，从2005年3月17日起，调整商业银行住房信贷政策，同时下调金融机构在人民银行的超额准备金存款利率。现将有关问题通知如下：

一、调整商业银行自营性个人住房贷款政策。

二、上调各档次个人住房公积金贷款利率0.18个百分点。其中，5年（含）以下贷款由现行年利率3.78%调整为3.96%；5年以上贷款由现行年利率4.23%调整为4.41%。

三、下调超额准备金存款利率。

中国银行业监督管理委员会关于对中资银行衍生产品交易业务进行风险提示的通知

中国银行业监督管理委员会2005年3月22日发布:2004年10月,中国航油新加坡公司在从事衍生产品交易时造成了5.54亿美元巨额亏损(以下简称中航油事件),反映了衍生产品交易存在巨大风险。为认真从中吸取教训,进一步提高风险防范意识,健康地发展衍生产品业务,更好地为客户提供服务,严格落实《金融机构衍生产品交易业务管理暂行办法》和《商业银行市场风险管理指引》的各项规定,对衍生产品交易业务的信用风险、市场风险、流动性风险、操作风险和法律风险进行有效管理,现再次就衍生产品交易风险管理提示如下:

一、严格执行授权和止损制度。

二、健全内部控制,完善公司治理。

三、提高风险监测能力。

四、加强检查,建立风险报告制度。

财政部、中国人民银行关于空头支票罚款缴库有关问题的通知

财政部、中国人民银行就为做好空头支票罚款收缴有关工作,发布如下通知:

一、空头支票罚款的代收机构由财政部驻各省、自治区、直辖市、计划单列市财政监察专员办事处(以下简称"财政专员办")和中国人民银行分支行协商确定。

二、财政专员办向空头支票罚款代收机构拨付代收手续费。

三、中国人民银行分支行向举报签发空头支票行为的银行(以下简称"举报行")按每案罚款的10%支付协助执行手续费,协助执行手续费每笔最高不超过10万元。

四、金融机构为中国人民银行办理代收空头支票罚款而获得的代收手续费收入、协助执行手续费收入均纳入"营业收入--手续费收入"中核算。

五、中国人民银行向举报行支付的协助执行手续费在中国人民银行"业务支出--手续费支出"账户中列支。

六、本通知自2005年5月1日起施行。

(2005年3月28日 财金[2005]29号)

中国人民银行、中国银行业监督管理委员会信贷资产证券化试点管理办法公告

人民银行、银监会2005年4月20公告:

为规范信贷资产证券化试点工作,保护投资人及相关当事人的合法权益,提高信贷资产流动性,丰富证券品种,中国人民银行、中国银行业监督管理委员会制定了《信贷资产证券化试点管理办法》,现予公布。

此准则共9章61条。

中国人民银行、中国银行业监督管理委员会关于进一步加强农村信用社改革试点专项中央银行票据发行兑付考核工作的通知

中国人民银行中国银行业监督管理委员会2005年4月29日发布通知，就目前深化农村信用社(以下简称信用社)改革试点工作总体进展顺利，改革试点资金支持政策正按照规定的程序和条件逐步得到落实。但是，存在的问题不容忽视，突出表现为：部分地区和信用社把工作注意力主要放在成立机构和取得资金支持上，对明晰产权关系、完善法人治理结构、强化约束机制和加强内部管理的重要性认识不足，采取的措施不够得力，部分信用社增资扩股和股本金管理不规范。为有效发挥信用社改革试点资金支持政策的正向激励作用，促进实现改革目标，人民银行分支行和银监会派出机构(以下简称各分支机构)要进一步增强工作责任感，严格按照现行规定，切实认真履行改革试点专项中央银行票据(以下简称专项票据)的发行、兑付考核工作职责。通知包括了如下内容：

一、进一步增强做好改革试点专项票据发行兑付考核工作的紧迫感、责任感和使命感，认真履行工作职责。

二、进一步完善改革试点专项票据发行兑付考核工作制度。

三、切实加强对信用社增资扩股和处置不良资产的真实性和合规性审查。

四、督促信用社切实从加强内部管理入手，完善法人治理结构、强化约束机制，并在申请兑付专项票据时取得实质性进展。

五、建立健全对各分支机构专项票据考核工作的考评机制。

财政部关于印发《银行抵债资产管理办法》的通知

为规范银行抵债资产管理，避免和减少资产损失，及时化解金融风险，促进银行稳健经营和健康发展，财政部发布《银行抵债资产管理办法》的通知。

(2005年5月27日 财金[2005]53号)

财政部、国家税务总局关于股权分置试点改革有关税收政策问题的通知

财政部、国家税务总局2005年6月13日就为促进资本市场发展和股市全流通，推动股权分置改革试点的顺利实施，经国务院批准，现就股权分置试点改革中有关税收政策问题发布通知如下：

一、股权分置改革过程中因非流通股股东向流通股股东支付对价而发生的股权转让，暂免征收印花税。

二、股权分置改革中非流通股股东通过对价方式向流通股股东支付的股份、现金等收入，暂免征收流通股股东应缴纳的企业所得税和个人所得税。

三、上述规定自文发之日起开始执行。

财政部、银监会关于规范资产管理公司不良资产处置中资产评估工作的通知

为了规范资产管理公司、资产评估机构和注册资产评估师在处置不良资产过程中的行为，进一步明确资产管理公司、资产评估机构和注册资产评估师的职责和作用，促进不良资产处置工作有序进行，财政部 银监会就不良资产处置中有关资产评估的问题通知如下：

一、资产管理公司在不良资产处置中的要求。

资产管理公司在不良资产处置中，要加强制度建设和内部控制建设，强化不良资产处置中资产评估和评估报告使用环节的管理，充分发挥评估机构在不良资产处置中的积极作用。

二、评估机构和注册资产评估师在不良资产处置中的要求。

资产评估机构和注册资产评估师在执行不良资产处置业务中，要严格依法执业，按照有关评估准则和规范的要求，保证执业的独立、客观、公正，维护社会公共利益和资产评估各方当事人合法权益。

三、不良资产评估业务的监管要求。

财政部和中评协应加强对不良资产处置中的资产评估业务的监管，各省、自治区、直辖市财政部门和行业协会要进一步强化对不良资产处置中资产评估业务的监管，加强对不良资产处置中资产评估执业质量检查，促进不良资产处置中资产评估执业质量提高，使资产评估更好地服务于不良资产处置工作。

（2005 年 6 月 15 日 财企[2005]89 号）

财政部、国家税务总局、中国人民银行关于股息红利个人所得税退库的补充通知

按照《财政部 国家税务总局关于股息红利个人所得税有关政策的通知》（财税[2005]102 号）和《财政部 国家税务总局关于股息红利有关个人所得税政策的补充通知》（财税[2005]107 号）的规定，扣缴义务人已按股息红利全额计算扣缴个人所得税并已将税款缴入国库，应当办理退税的，扣缴义务人应向主管税务机关提出退税申请；主管税务机关根据原缴款书，开具税收收入退还书，并在“收款单位”栏填写扣缴义务人名称；人民银行国库部门按规定办理退库，将应退税款退至扣缴义务人账户；扣缴义务人根据现行的结算规则及时退至纳税人账户。

中国人民银行关于加快发展外汇市场有关问题的通知

为进一步完善社会主义市场经济体制，提高汇率形成的市场化程度，充分发挥市场在资源配置中的基础作用，中国人民银行决定加快银行间外汇市场的发展，为银行和企业提供更多的风险管理工具。根据《中华人民共和国外汇管理条例》和《银行间外汇市场管理暂行规定》等有关法规，中国人民银行 2005 年 8 月 8 日 发布《关于加快发展外汇市场有关问题的通知》。通知包括：

一、扩大即期外汇市场交易主体。

二、增加外汇市场询价交易方式。

三、开办银行间远期外汇交易。

四、加强外汇市场监管。

财政部关于印发《金融工具确认和计量暂行规定(试行)》的通知

为规范金融工具确认和计量，真实地反映金融工具对金融机构财务状况和经营成果的影响，揭示金融工具的潜在风险，提高金融机构的会计信息质量，根据《中华人民共和国会计法》等有关法律法规，财政部制定了《金融工具确认和计量暂行规定（试行）》，自 2006 年 1 月 1 日起在上市和拟上市的商业银行范围内试行。

（2005 年 8 月 25 日 财会[2005]14 号）

中国人民银行关于完善票据业务制度有关问题的通知

中国人民银行2005年9月5日发布《关于完善票据业务制度有关问题的通知》:

为规范和促进票据业务健康发展,进一步明确票据业务的相关制度,现就有关事项通知如下:

一、关于商业汇票真实交易关系的审查。

二、关于票据质押的相关处理。

三、关于银行承兑汇票的查询查复方式。

四、其他相关问题。

本通知自2005年10月1日起执行。

财政部、国家税务总局关于保险公司缴纳保险保障基金所得税税前扣除问题的通知

为有效防范化解金融风险,维护金融稳定,保障保单持有人的利益,财政部、国家税务总局发布通知,对保险公司按照《保险保障基金管理办法》规定缴纳的保险保障基金企业所得税税前扣除问题明确如下:

一、保险公司按下列规定缴纳的保险保障基金,准予据实税前扣除。

二、保险公司有下列情形之一的,其缴纳的保险保障基金不得在税前扣除。

三、本通知自2005年1月1日起执行。《国家税务总局关于金融保险企业所得税若干问题的通知》(国税函[2000]906号)第十二条第二款的规定同时废止。

(2005年9月17日 财税[2005]136号)

财政部、国家税务总局关于保险公司开办的一年期以上返还性人身保险业务免征营业税的通知

根据《财政部、国家税务总局关于对若干项目免征营业税的通知》[(94)财税字002号]和《财政部、国家税务总局关于人寿保险业务免征营业税若干问题的通知》(财税字[2001]118号)的有关规定,经审核,决定对有关保险公司开办的符合免税条件的保险产品取得的保费收入免征营业税,具体免税保险产品清单见附件。

(2005年9月27日 财税[2005]145号)

国务院办公厅关于做好贯彻实施修订后的公司法和证券法有关工作的通知

国务院办公厅2005年12月23日 发布《关于做好贯彻实施修订后的公司法和证券法有关工作的通知》:

修订后的《中华人民共和国公司法》和《中华人民共和国证券法》已于2005年10月27日经十届全国人大常委会第十八次会议通过,将于2006年1月1日起施行。公司法和证券法是建立和完善社会主义市场经济体制的重要法律,也是规范资本市场运行的基本法律。为确保这两部法律的顺利实施,经国务院同意,现就有关问题通知如下:

一、充分认识实施修订后的公司法、证券法的重要意义。

二、深入开展学习宣传,加强业务培训。

三、认真做好公司法、证券法修订前后相关工作的衔接。

四、加强实施工作的组织领导，抓紧制定、清理相关行政法规和规章。

中国人民银行关于落实《个人信用信息基础数据库管理暂行办法》有关问题的通知

中国人民银行2005年12月23日发布关于落实《个人信用信息基础数据库管理暂行办法》有关问题的通知：

人民银行制定的《个人信用信息基础数据库管理暂行办法》（中国人民银行令〔2005〕第3号）已于2005年10月1日起施行。现就数据报送、异议处理等有关事项通知如下：

一、关于数据报送。

（一）各商业银行要按照附件1的规定按时向个人信用信息基础数据库报送个人信用信息。

（二）各商业银行要在数据产生的相关环节指定数据核查、更正责任人，建立快捷的错误数据处理机制，加快对错误数据的更正和重报工作。

二、关于异议处理

（一）各商业银行总行及具有个人贷款和信用卡审批权限的分支机构都要指定异议处理部门，安排专人作为异议处理人员，负责异议处理工作。

（二）人民银行各分行、营业管理部、省会（首府）城市中心支行、地市中心支行（以下简称人民银行各分支行）要指定专人，负责日常异议以及个人查询信用报告的申请受理工作。

（三）商业银行及人民银行的各级异议处理（受理）人员要严格按照《个人信用信息基础数据库异议处理规程》（见附件2）的规定，及时处理个人的异议申请。

（四）人民银行各级异议受理人员要严格按照《个人信用信息基础数据库本人查询规程》（见附件3）的规定，受理社会个人的信用报告查询申请。

科技教育

中国人民银行、银监会关于加快落实国家助学贷款新政策有关事宜的通知

2004年国家助学贷款新政策实施以来，各地积极采取措施，认真贯彻落实，做了大量工作。为加快落实国家助学贷款新政策，在今年“两会”前完成所有省属高校的国家助学贷款经办行招投标工作，保证中标银行与高校签订协议的国家助学贷款及时发放到位，中国人民银行、银监会就有关事宜通知如下：

一、进一步统一思想、提高认识，全力推进国家助学贷款按照新机制运行。

二、加强督导协调，为贫困家庭学生提供多种形式的资金支持。

三、加大宣传力度，做好实施国家助学贷款新机制的宣传报道。

四、加强调查研究，努力防范风险，确保国家助学贷款新机制平稳运行。

（2005年2月23日）

教育部关于实施农村实用技术培训计划的意见

教育部2005年3月17日就有关实施农村实用技术培训计划的发布意见：

统筹城乡经济社会发展，建设现代农业，发展农村经济，增加农民收入，是全面建设小康社会的重要任

务,是全党工作的重中之重。当前,制约农村经济社会快速发展的一个重要原因,是农村劳动力科技文化素质不高,吸收运用科学技术的能力不强。为了进一步发挥教育在解决"三农"问题中的积极作用,普遍提高农村劳动者的科技素质,我部决定组织实施农村实用技术培训计划,意见包括指导思想、目标任务、政策措施三个部分。

国务院办公厅转发教育部等部门关于进一步做好农村寄宿制学校建设工程实施工作若干意见的通知

国务院办公厅2005年7月31日发布通知要求《关于进一步做好农村寄宿制学校建设工程实施工作的若干意见》。此意见分为:

一、严格按照规划和年度计划实施"寄宿制工程",确保西部地区"两基"攻坚目标如期实现。

二、出台优惠政策,尽量减免"寄宿制工程"建设收费。

三、切实加强项目前期工作,严格履行建设程序。

四、因地制宜采取措施,切实加强寄宿制学校管理。

五、强化责任意识,严把工程质量关。

六、通过多种形式,加强对"寄宿制工程"的检查和指导。

关于严肃财经纪律 规范国家科技计划课题经费使用和加强监管的通知

科学技术部2005年11月16日发布通知:

"十五"以来,国家科研计划实施课题制管理,逐步完善评审评估机制,强化过程监督,科技经费管理水平不断提高。但通过近两年的科研专项经费审计和监督检查发现,在国家科技计划课题经费管理和使用中仍然存在一些突出的问题。为严肃财经纪律,确保合理有效地使用好科技经费,根据国务院办公厅转发科技部等四部委《关于国家科研计划实施课题制管理的规定》(国办发[2002]2号)以及各科技计划经费管理办法和相关财经法律法规,就规范课题经费使用和监督管理的有关要求如下:

一、严禁从课题经费提成用于人员奖励支出。

二、严禁从课题经费中直接提取管理费计入课题成本。

三、严禁挤占挪用课题经费,超预算范围开支的行为。

四、严禁违反规定自行调整课题经费预算。

五、严禁编制虚假预算套取课题经费。

六、严禁课题结题后不及时进行财务结算,长期挂账报销费用。

七、严禁提供虚假配套承诺或不及时足额提供配套资金。

八、严禁课题经费脱离依托单位财务部门监管。

九、各主管部门、课题依托单位、课题负责人应高度重视课题经费的使用和监督管理工作,建立分级管理和责任追究制度,各司其职、各尽其责,提高课题经费的使用和管理水平。

十、各有关部门和单位在接到本通知后,要认真组织所属单位开展课题经费自查工作,对存在的问题应切实采取有效措施,在今年年底之前纠正完毕,并于2006年1月15日前将自查和处理结果汇总报科技部。

教育部关于加强学校体育活动安全防范工作的紧急通知

2005年11月14日晨,山西省长治市沁源县沁源二中初中二、三年级800多名学生,在17名教师的组织带领下,在马路上出早操跑步,返校途中,一辆大货车撞入学生队伍中,酿成21名师生死亡、18名学生受伤的特大交通事故。

这起特大交通安全事故给师生的生命安全和健康造成了重大的伤害。为了汲取这起特大交通事故的沉痛教训,保证在学校体育工作中师生的安全与健康,各级教育行政部门和学校必须采取切实有效的措施,杜绝此类事故隐患。现将有关事项通知如下:

一、学校开展一切体育活动的目的,都是为了促进学生的身心健康发展,在体育活动过程中首先要高度重视学生的生命安全,要切实树立健康第一的指导思想。

二、城镇学校的早操、跑步等体育活动要尽量安排在校园内进行,严禁学校组织学生在主要街道和交通要道上进行集体跑步等体育活动。

三、学校开展大型体育活动以及其他大型学生活动,必须经过主要街道和交通要道的,应事先征得公安交通管理部门的同意和支持,采取必要的安全防护措施。

四、学校对体育活动时间要合理安排,校内活动场地不足的,要采取错开体育活动时间、开展不同形式的活动内容等措施,寄宿制学校要合理安排早操时间。

五、学校要加强学生上学、下学交通安全的教育,切实增强学生的交通安全意识,教育学生严格遵守交通规则,防止交通安全事故的发生。

六、请各地教育行政部门根据本通知要求立即制订出因地制宜、切实可行的实施意见和措施,并将落实情况报我部。

(2005年11月17日)

国务院关于深化农村义务教育经费保障机制改革的通知

国务院2005年12月24日发布通知:

为贯彻党的十六大和十六届三中、五中全会精神,落实科学发展观,强化政府对农村义务教育的保障责任,普及和巩固九年义务教育,促进社会主义新农村建设,国务院决定,深化农村义务教育经费保障机制改革。

一、充分认识深化农村义务教育经费保障机制改革的重大意义。

二、深化农村义务教育经费保障机制改革的主要内容。

三、农村义务教育经费保障机制改革的实施步骤。

四、加强领导,确保落实。

国务院关于2005年度国家科学技术奖励的决定

国务院2005年12月26日发布通知:

为深入贯彻党的十六大和十六届五中全会精神,全面落实科学发展观,进一步实施科教兴国战略和人才强国战略,大力推进自主创新,国务院决定,对为我国科技事业进步、经济社会发展、国防现代化建设作出突出贡献的科学技术人员和组织给予奖励。

我国已进入必须更多依靠科技进步与创新推动经济社会发展的历史阶段。科学技术作为解决当前和未来发展重大问题的根本途径和有效手段,其重要性和紧迫性愈益凸显。

全国科学技术工作者要继续发扬团结协作、顽强拼搏、奋力攀登、开拓创新的精神,努力创造更多支撑和引领经济社会发展的科技成果,为全面建设小康社会作出更大的贡献。

教育部办公厅关于进一步做好高等学校自主选拔录取改革试点工作的通知

教育部办公厅2005年12月26日发布通知：

为进一步做好部分高等学校开展自主选拔录取改革试点工作，要求如下：

一、充分认识试点工作的意义和重要性。

二、招生高校和计划。

三、招生程序及要求。

四、试点高校要积极探索实践，及时总结经验，做好自主选拔录取学生入校后相应的教学培养工作，建立质量跟踪评估机制，不断完善自主选拔录取改革试点工作。

国务院关于大力发展职业教育的决定

国务院2005年10月28日发布通知：

2002年全国职业教育工作会议以来，各地区、各部门认真贯彻《国务院关于大力推进职业教育改革与发展的决定》(国发[2002]16号)，加强了对职业教育工作的领导和支持，以就业为导向改革与发展职业教育逐步成为社会共识，职业教育规模进一步扩大，服务经济社会的能力明显增强。但从总体上看，职业教育仍然是我国教育事业的薄弱环节，发展不平衡，投入不足，办学条件比较差，办学机制以及人才培养的规模、结构、质量还不能适应经济社会发展的需要。为了进一步贯彻落实《中华人民共和国职业教育法》和《中华人民共和国劳动法》，适应全面建设小康社会对高素质劳动者和技能型人才的迫切要求，促进社会主义和谐社会建设，现就大力发展职业教育作出如下决定：

一、落实科学发展观，把发展职业教育作为经济社会发展的重要基础和教育工作的战略重点。

二、以服务社会主义现代化建设为宗旨，培养数以亿计的高素质劳动者和数以千万计的高技能专门人才。

三、坚持以就业为导向，深化职业教育教学改革。

四、加强基础能力建设，努力提高职业院校的办学水平和质量。

五、积极推进体制改革与创新，增强职业教育发展活力。

六、依靠行业企业发展职业教育，推动职业院校与企业的密切结合。

七、严格实行就业准入制度，完善职业资格证书制度。

八、多渠道增加经费投入，建立职业教育学生资助制度。

九、切实加强领导，动员全社会关心支持职业教育发展。

教育部关于加快发展中等职业教育的意见

教育部2005年2月28日 就近年来，我国高中阶段教育有了很大发展，但是在高中阶段教育的发展中，出现了普通高中教育和中等职业教育发展“一条腿长、一条腿短”的不协调现象。以科学发展观为指导，大力推动中等职业教育快速健康持续发展，是当前和今后一个时期我国教育事业改革与发展的重大战略任务。现就加快中等职业教育发展，提出以下意见：

一、充分认识加快中等职业教育发展的重要性和紧迫性。

二、明确加快中等职业教育发展的目标。

三、采取切实的政策措施加快中等职业教育发展。

四、加强领导，推动中等职业教育快速健康持续发展。

文化卫生

卫生部关于印发《医疗机构口腔诊疗器械消毒技术操作规范》的通知

为进一步加强医疗机构口腔诊疗器械消毒工作,保障医疗质量和医疗安全,卫生部制定了《医疗机构口腔诊疗器械消毒技术操作规范》(以下简称《规范》):

一、各级各类医疗机构必须高度重视口腔诊疗器械消毒工作,将口腔诊疗器械消毒质量纳入医疗质量和医疗安全管理。

二、加强《规范》的学习和培训工作。开展口腔科诊疗科目服务的医疗机构,必须认真组织学习和全面贯彻本《规范》,有关的医院感染管理人员、从事口腔诊疗服务和口腔诊疗器械消毒工作的医务人员应当接受相应培训,正确掌握消毒灭菌技术。

三、各级卫生行政部门要加强对医疗机构口腔诊疗器械消毒工作的监督管理,不符合本《规范》要求的医疗机构,不得开展相应的口腔科诊疗科目服务。

(2005年3月3日)

财政部、海关总署、国家税务总局关于文化体制改革中经营性文化事业单位转制为企业的若干税收政策问题的通知

为了贯彻落实《国务院办公厅关于印发文化体制改革试点中支持文化产业发展和经营性文化事业单位转制为企业的两个规定的通知》,推动文化体制改革试点工作,促进文化产业发展,现将文化体制改革试点中经营性文化事业单位转制为企业的税收政策问题通知如下:

一、经营性文化事业单位转制为企业后,免征企业所得税。

二、经营性文化事业单位转制为企业后,原有的增值税优惠政策继续执行。

三、由财政部门拨付事业经费的文化单位转制为企业,对其自用房产、土地和车船免征房产税、城镇土地使用税和车船使用税。

四、文化产品出口按照国家现行税法规定享受出口退(免)税政策。

五、对在境外提供文化劳务取得的境外收入不征营业税,免征企业所得税。

六、对生产重点文化产品进口所需要的自用设备及配套件、备件等,按现行税收政策的有关规定,免征进口关税和进口环节增值税。

七、本通知所称经营性文化事业单位是指从事新闻出版、广播影视和文化艺术的事业单位;转制包括文化事业单位整体转为企业和文化事业单位中经营部分剥离转为企业。

(2005年3月29日)

卫生部关于印发《化学品毒性鉴定技术规范》的通知

为了规范化学品毒性鉴定工作,加强对化学品毒性鉴定工作的管理,根据《中华人民共和国职业病防治法》和《危险化学品管理条例》等法律法规的规定,卫生部组织制订了《化学品毒性鉴定技术规范》。

(2005年7月11日)

国务院关于加强文化遗产保护的通知

国务院2005年12月22日发布通知：

我国是历史悠久的文明古国。在漫长的岁月中，中华民族创造了丰富多彩、弥足珍贵的文化遗产。党中央、国务院历来高度重视文化遗产保护工作，在全社会的共同努力下，我国文化遗产保护取得了明显成效。与此同时，也应清醒地看到，当前我国文化遗产保护面临着许多问题，形势严峻，不容乐观。为了进一步加强我国文化遗产保护，继承和弘扬中华民族优秀传统文化，推动社会主义先进文化建设，国务院决定从2006年起，每年六月的第二个星期六为我国的“文化遗产日”。现就加强文化遗产保护有关问题通知如下：

一、充分认识保护文化遗产的重要性和紧迫性。

二、加强文化遗产保护的指导思想、基本方针和总体目标。

三、着力解决物质文化遗产保护面临的突出问题。

四、积极推进非物质文化遗产保护。

五、明确责任，切实加强对文化遗产保护工作的领导。

国务院关于落实科学发展观加强环境保护的决定

国务院2005年12月3日发布：

为全面落实科学发展观，加快构建社会主义和谐社会，实现全面建设小康社会的奋斗目标，必须把环境保护摆在更加重要的战略位置。现作出如下决定：

一、充分认识做好环境保护工作的重要意义。

二、用科学发展观统领环境保护工作。

三、经济社会发展必须与环境保护相协调。

四、切实解决突出的环境问题。

五、建立和完善环境保护的长效机制。

六、加强对环境保护工作的领导。

劳动社会保障

关于进一步加强社会保险稽核工作的通知

劳动和社会保障部2005年1月21日发出通知，就《社会保险稽核办法》发布实施以来，各级劳动保障部门和社会保险经办机构狠抓落实，社会保险稽核工作取得了初步成效，有力地促进了社保基金增收节支。为了进一步做好社会保险稽核工作，现就有关问题通知如下：

一、充分认识稽核工作的地位作用，不断增强做好稽核工作的责任感和自觉性。

二、加强稽核机构队伍建设，着力整合稽核资源。

三、突出抓好征缴稽核，确保社会保险费应收尽收。

四、全面落实清欠目标责任制，下大力气抓好清理企业欠费工作。

五、加大反欺诈力度，防止社会保险基金跑、冒、滴、漏。

六、建立内部控制机制，不断优化经办管理制度。

七、建立健全企业缴费信用记录，努力营造“诚信申报，依法缴费”的良好氛围。

关于切实做好国有企业下岗职工基本生活保障制度向失业保险制度并轨有关工作的通知

劳动和社会保障部2005年2月24日发出通知：

为贯彻落实中央经济工作会议有关并轨工作的要求，2005年底要基本实现国有企业下岗职工基本生活保障制度向失业保险制度并轨（以下简称“并轨”），现就有关问题通知如下：

一、统一思想，充分认识并轨工作的重要性和紧迫性。2005年底基本实现并轨是中央总结国有企业下岗职工基本生活保障和再就业工作实践，总揽全局，审时度势做出的重大决策，事关改革、发展、稳定大局。

二、加强组织领导，确保社会稳定。

三、明确工作目标，实行分类指导。

四、多渠道筹集资金，严格按政策规定管好用好资金。

五、加大再就业工作力度，认真做好再就业与社会保障的衔接工作。

六、抓紧制定和组织实施并轨工作计划，定期报告工作进展情况。

关于确立劳动关系有关事项的通知

劳动和社会保障部2005年5月25日发出通知，就近一个时期，一些地方反映部分用人单位招用劳动者不签订劳动合同，发生劳动争议时因双方劳动关系难以确定，致使劳动者合法权益难以维护，对劳动关系的和谐稳定带来不利影响。为规范用人单位用工行为，保护劳动者合法权益，促进社会稳定，现就用人单位与劳动者确立劳动关系的有关事项通知如下：

一、用人单位招用劳动者未订立书面劳动合同，但同时具备下列情形的，劳动关系成立。

二、用人单位未与劳动者签订劳动合同，认定双方存在劳动关系时可参照下列凭证

三、用人单位招用劳动者符合第一条规定的情形的，用人单位应当与劳动者补签劳动合同，劳动合同期限由双方协商确定。

四、建筑施工、矿山企业等用人单位将工程（业务）或经营权发包给不具备用工主体资格的组织或自然人，对该组织或自然人招用的劳动者，由具备用工主体资格的发包方承担用工主体责任。

五、劳动者与用人单位就是否存在劳动关系引发争议的，可以向有管辖权的劳动争议仲裁委员会申请仲裁。

关于城镇贫困残疾人个体户参加基本养老保险给予适当补贴有关问题的通知

劳动和社会保障部、财政部、中国残疾人联合会2005年6月10日发布通知：

为切实做好困难残疾人个体户参加基本养老保险工作，根据《国务院办公厅转发民政部等部门关于进一步加强扶助贫困残疾人工作意见的通知》（国办发〔2004〕76号）关于“残疾人就业保障金有结余的地区，可用残疾人就业保障金对城镇贫困残疾人个体户缴纳基本养老保险费给予适当补贴，以促进和稳定个体就业”的精神，现就城镇贫困残疾人个体户参加基本养老保险给予适当补贴。

关于贯彻落实中共中央办公厅国务院办公厅引导鼓励高校毕业生面向基层就业意见的通知

为贯彻落实《中共中央办公厅国务院办公厅印发〈关于引导和鼓励高校毕业生面向基层就业的意见〉

的通知》的精神，进一步做好高校毕业生的就业工作，现就有关工作通知如下：

一、鼓励和支持高校毕业生到基层自主创业和灵活就业。

二、切实保障到各类中小企业和非公有制单位就业的高校毕业生合法权益。

三、在开展青年职业见习工作的基础上，探索建立高校毕业生就业见习制度。

四、做好高校毕业生就业服务工作。

五、加强对高校毕业生到基层就业的社会保险服务。

六、吸引高校毕业生充实基层劳动保障工作队伍。

（2005 年 7 月 20 日）

国务院关于进一步加强就业再就业工作的通知

国务院 2005 年 11 月 4 日发布《关于进一步加强就业再就业工作的通知》：

就业是民生之本，也是构建社会主义和谐社会的重要内容。党中央、国务院高度重视就业再就业工作，2002 年下发了《关于进一步做好下岗失业人员再就业工作的通知》（中发〔2002〕12 号），重点围绕解决国有企业下岗失业人员再就业问题，制定了积极的就业政策，连续 3 年召开全国性会议，对就业再就业工作进行部署。各地区和有关部门认真贯彻，各社会团体积极发挥作用，使各项就业再就业扶持政策得到较好落实，市场导向就业机制进一步完善，就业总量有较大增加，一大批下岗失业人员实现了再就业，对促进经济发展、深化国有企业改革、维护社会稳定产生了积极影响。但是必须看到，我国劳动力供大于求的基本格局在相当长时期内不会改变。今后几年，就业再就业工作的重点仍是解决体制转轨遗留的下岗失业人员再就业问题和重组改制关闭破产企业职工安置问题。同时，也要继续做好高校毕业生、进城务工农村劳动者和被征地农民等的就业再就业工作。

具体通知有：

一、进一步明确目标任务，多渠道开发就业岗位。

二、进一步完善和落实再就业政策，促进下岗失业人员再就业。

三、促进城乡统筹就业，改进就业服务，强化职业培训。

四、开展失业调控，加强就业管理。

五、进一步完善社会保障制度，建立与促进就业的联动机制。

六、继续加强组织领导，动员全社会力量广泛参与就业再就业工作。

国务院关于完善企业职工基本养老保险制度的决定

国务院 2005 年 12 月 3 日发布：

近年来，各地区和有关部门按照党中央、国务院关于完善企业职工基本养老保险制度的部署和要求，以确保企业离退休人员基本养老金按时足额发放为中心，努力扩大基本养老保险覆盖范围，切实加强基本养老保险基金征缴，积极推进企业退休人员社会化管理服务，各项工作取得明显成效，为促进改革、发展和维护社会稳定发挥了重要作用。但是，随着人口老龄化、就业方式多样化和城市化的发展，现行企业职工基本养老保险制度还存在个人账户没有做实、计发办法不尽合理、覆盖范围不够广泛等不适应的问题，需要加以改革和完善。为此，在充分调查研究和总结东北三省完善城镇社会保障体系试点经验的基础上，国务院对完善企业职工基本养老保险制度作出如下决定：

一、完善企业职工基本养老保险制度的指导思想和主要任务。

二、确保基本养老金按时足额发放。

三、扩大基本养老保险覆盖范围。

四、逐步做实个人账户。

五、加强基本养老保险基金征缴与监管。

六、改革基本养老金计发办法。

七、建立基本养老金正常调整机制。

八、加快提高统筹层次。

九、发展企业年金。

十、做好退休人员社会化管理服务工作。

十一、不断提高社会保险管理服务水平。

统计资料篇

表1 行政区划

（年底数）

区划名称	单 位	2002年	2003年	2004年	2005年
省级	**个**	**34**	**34**	**34**	**34**
直辖市	个	4	4	4	4
省	个	23	23	23	23
自治区	个	5	5	5	5
特别行政区	个	2	2	2	2
地级	**个**	**332**	**333**	**333**	**333**
地级市	个	275	282	283	283
地区	个	22	18	17	17
自治州	个	30	30	30	30
盟	个	5	3	3	3
县级	**个**	**2860**	**2861**	**2862**	**2862**
市辖区	个	830	845	852	852
县级市	个	381	374	374	374
县	个	1478	1470	1464	1464
自治县	个	116	117	117	117
旗	个	49	49	49	49
自治旗	个	3	3	3	3
特区	个	2	2	2	2
林区	个	1	1	1	1
乡镇级	**个**	**44850**	**44067**	**43258**	**41636**
街道办事处	个	5576	5751	5904	6152
区公所	个	34	26	20	11
镇	个	20601	20226	19883	19522
乡	个	18639	18064	17451	15951
居民、村民委员会	**个**	**767364**	**740917**	**722050**	**709026**
居民委员会	个	86087	77431	77884	79947
村民委员会	个	681277	663486	644166	629079
居民、村民小组	**个**	**6530103**	**6414143**	**6375501**	**6137528**
居民小组	个	1244451	1221774	1296392	1232992
村民小组	个	5285652	5192369	5079109	4904536

注：本表资料由民政部提供。省级以下行政区划，暂缺香港、澳门特别行政区和台湾省资料。

表 2　按行业分法人单位数

单位:个

行业门类	2000 年	2001 年	2002 年	2003 年	2004 年
全国总计	**4366141**	**5107015**	**5170849**	**5214144**	**5323235**
农、林、牧、渔业	142140	171526	170953	156033	156033
采矿业	90484	71409	70851	72538	82357
制造业	1243607	1220587	1239549	1298870	1328971
电力、燃气及水的生产和供应业	30841	36982	37136	33570	39832
建筑业	118240	123187	129062	132059	128196
交通运输、仓储和邮政业	59711	82162	83489	85991	80570
信息传输、计算机服务和软件业	25425	57420	59368	58307	72917
批发和零售业	693108	807454	829029	840241	883654
住宿和餐饮业	83014	100768	102244	103537	92874
金融业	70228	63996	64806	64802	23793
房地产业	48363	92417	96795	98943	129198
租赁和商务服务业	107229	234265	242109	219567	249196
科学研究、技术服务和地质勘查业	45003	75666	78356	110685	136569
水利、环境和公共设施管理业	30189	51007	51426	47847	44352
居民服务和其他服务业	54366	94655	96244	64391	83607
教育	218304	307817	308320	304056	299584
卫生、社会保障和社会福利业	114388	200360	200761	198879	181989
文化、体育和娱乐业	41060	57410	57891	77717	64750
公共管理和社会组织	1146645	1254546	1250166	1243967	1244793
国际组织	3796	3381	2294	2144	

注:1. 农、林、牧、渔业 2004 年数据为 2003 年基本单位年报数据。

2. 2004 年经济普查范围未包括国际组织。

表3 国民经济与社会发展总量指标（一）

指　　标	单　位	1978年	1989年	1997年	2004年	2005年
人口						
年底总人口	**万人**	**96259**	**112704**	**123626**	**129988**	**130756**
城镇人口	万人	17245	29540	39449	54283	56212
乡村人口	万人	79014	83164	84177	75705	74544
就业、失业和工资						
就业人员数	万人	40152	55329	69820	75200	75825
#职工人数	万人	9499	13742	14668	10576	10942
城镇登记失业人员	万人	530.0	377.9	576.8	827.0	839.0
职工工资总额	亿元	569	2619	9405	16900	19981
职工平均工资	元	615	1935	6470	16024	18405
国民经济核算						
国内生产总值	亿元	3645	16992	78973	159878	182321
第一产业	亿元	1018	4228	14265	20956	22718
第二产业	亿元	1745	7278	37543	73904	86208
第三产业	亿元	882	5486	27165	65018	73395
人均国内生产总值	元/人	381	1519	6420	12336	13985
支出法国内生产总值	亿元	3606	16466	74894	160280	185496
最终消费	亿元	2239	10557	43579	87033	96714
资本形成总额	亿元	1378	6095	28458	69168	80437
净出口	亿元	-11	-186	2857	4079	8346
固定资产投资						
全社会固定资产投资总额	亿元		4410	24941	70477	88604
国有经济及其他	亿元		2808	17661	50631	62642
集体经济	亿元		570	3851	9966	11925
个体经济	亿元		1032	3429	9881	14037
财政和金融						
国家财政收入	亿元	1132	2665	8651	26397	31628
国家财政支出	亿元	1122	2824	9234	28487	33708
金融机构人民币各项存款余额	亿元	1135	10786	82390	241424	287170
金融机构人民币各项贷款余额	亿元	1850	14360	74914	178198	194690
货币和准货币（M2）	亿元			90995	254107	298756
狭义货币（M1）	亿元			34826	95970	107279
流通中现金（M0）	亿元	212	2344	10178	21468	24032
外汇储备	亿美元	1.7	55.5	1398.9	6099.3	8188.7
主要农业、工业产品产量						
粮食	万吨	30477	40755	49417	46947	48402
棉花	万吨	216.7	378.8	460.3	632.4	571.4
油料	万吨	521.8	1295.2	2157.4	3065.9	3077.1
肉类	万吨			5269	7245	7743
原煤	亿吨	6.18	10.54	13.73	19.92	21.90
原油	万吨	10405	13764	16074	17587	18084
发电量	亿千瓦小时	2566	5848	11356	22033	24747
粗钢	万吨	3178	6159	10894	28291	35239
汽车	万辆	14.9	58.4	158.3	509.1	570.5

表 4 国民经济与社会发展总量指标（二）

指　　标	单　位	1978 年	1989 年	1997 年	2004 年	2005 年
建筑业						
建筑业企业房屋施工面积	万平方米		40650	128680	310986	348969
建筑业企业房屋竣工面积	万平方米		19723	62244	147364	150166
交通和邮电						
货物周转量	亿吨公里	9829	25591	38385	69445	80257
旅客周转量	亿人公里	1743	6075	10055	16309	17467
沿海主要港口货物吞吐量	万吨	19834	49025	90822	246074	292777
邮电业务总量	亿元	30.9	123.5	1773.3	9712.3	12198.9
本地电话年末用户	万户	193	568	7031	31176	35043
移动电话年末用户	万户		1	1323	33482	39343
国内商业和对外贸易						
社会消费品零售总额	亿元	1558.6	8101.4	31252.9	59501.0	67176.6
货物进出口总额	亿美元	206.4	1116.8	3251.6	11545.5	14219.0
出口额	亿美元	97.5	525.4	1827.9	5933.2	7619.5
进口额	亿美元	108.9	591.4	1423.7	5612.3	6599.5
利用外资						
实际利用外资额	亿美元		100.6	644.1	640.7	638.1
#外商直接投资	亿美元		33.9	452.6	606.3	603.3
旅游						
入境过夜旅游者人数	万人次	72	936	2377	4176	4681
国内旅游人数	亿人次			6.4	11.0	12.1
国际旅游外汇收入	亿美元	2.6	18.6	120.7	257.4	293.0
国内旅游总收入	亿元			2112.7	4710.7	5285.9
教育、科技、文化、卫生						
在校学生数						
普通高等学校	万人	85.6	208.2	317.4	1333.5	1561.8
普通中学	万人	6548	4554	6018	8695	8591
普通小学	万人	14624	12373	13995	11246	10864
研究与试验发展经费支出	亿元			509	1966	2367
技术市场成交额	亿元		82	351	1334	1551
图书总印数	亿册(张)	37.7	58.6	73.1	64.1	64.0
杂志总印数	亿册	7.6	18.4	24.4	28.4	27.5
报纸总印数	亿份	127.8	207.0	287.6	402.4	404.0
医院、卫生院数	个	64311	61613	67479	60867	60397
医生数	万人	103.3	171.8	198.5	190.5	193.8
医院、卫生院床位数	万张	184.7	253.8	286.9	304.7	313.5
城市公用事业						
城市房屋集中供热面积	亿平方米		1.9	8.1	21.6	22.3
年末供水综合生产能力	万立方米/日	2530	12821	20566	24753	24686
年末污水处理能力	万立方米/日		1022	3277	7387	8091
年末城市道路长度	公里	26966	96078	138610	222964	230846

注：1. 由于计算误差的影响，按支出法计算的国内生产总值不等于按生产法计算的国内生产总值。

2. 本表价值量指标中，邮电业务总量 2000 年及以前按 1990 年不变价格计算，2001 年起按 2000 年不变价格计算，其余按当年价格计算。

3. 社会消费品零售总额 1989 年及以前为社会商品零售总额，即包括农业生产资料零售额在内。

表5 国民经济与社会发展速度指标(一)

指标	2005年为下列各年%				平均每年增长%		
	1978年	1989年	1997年	2004年	1979－2005年	1990－2005年	1998－2005年
人口							
年底总人口	135.8	116.0	105.8	100.6	1.1	0.9	0.7
城镇人口	326.0	190.3	142.5	103.6	4.5	4.1	4.5
乡村人口	94.3	89.6	88.6	98.5	－0.2	－0.7	－1.5
就业、失业和工资							
就业人员数	188.8	137.0	108.6	100.8	2.4	2.0	1.0
#职工人数	115.2	79.6	74.6	103.5	0.5	－1.4	－3.6
城镇登记失业人员	158.3	222.0	145.5	101.5	1.7	5.1	4.8
职工工资总额	3512.2	763.1	212.4	118.2	14.1	13.5	9.9
职工平均工资	548.1	382.0	251.1	113.1	6.5	8.7	12.2
国民经济核算							
国内生产总值	1195.5	440.7	198.0	109.9	9.6	9.7	8.9
第一产业	335.9	189.1	132.1	105.2	4.6	4.1	3.5
第二产业	1797.1	609.6	214.1	111.4	11.3	12.0	10.0
第三产业	1534.1	432.4	208.7	109.6	10.6	9.6	9.6
人均国内生产总值	876.8	378.1	186.8	109.3	8.4	8.7	8.1
固定资产投资							
全社会固定资产投资总额		2009.0	355.3	125.7		20.8	14.6
国有经济及其他		2230.8	354.7	123.7		21.9	14.8
集体经济		2092.2	309.7	119.7		22.0	12.6
个体经济		1359.8	409.3	142.1		15.9	15.8
财政和金融							
国家财政收入	2793.3	1186.8	365.6	119.8	13.1	16.7	17.6
国家财政支出	3004.0	1193.7	365.1	118.3	13.4	16.8	17.6
金融机构人民币各项存款余额	25312	2662.4	348.5	118.9	22.7	22.8	16.9
金融机构人民币各项贷款余额	10523.8	1355.8	259.9	109.3	18.8	17.7	12.7
货币和准货币(M2)			328.3	117.6			16.0
狭义货币(M1)			308.0	111.8			15.1
流通中现金(M0)	11336	1025.2	236.1	111.9	19.1	15.7	11.3
外汇储备	490343	14754	585.4	134.3	37.0	36.6	24.7
主要农业、工业产品产量							
粮食	158.8	118.8	97.9	103.1	1.7	1.1	－0.3
棉花	263.7	150.8	124.1	90.4	3.7	2.6	2.7
油料	589.7	237.6	142.6	100.4	6.8	5.6	4.5
肉类			147.0	106.9			4.9
原煤	354.4	207.8	159.5	109.9	4.8	4.7	6.0
原油	173.8	131.4	112.5	102.8	2.1	1.7	1.5
发电量	964.4	423.2	217.9	112.3	8.8	9.4	10.2
粗钢	1108.9	572.2	323.5	124.6	9.3	11.5	15.8
汽车	3826.2	977.7	360.5	112.1	14.5	15.3	17.4

表 6 国民经济与社会发展速度指标（二）

指　　标	2005 年为下列各年%				平均每年增长%		
	1978 年	1989 年	1997 年	2004 年	1979－2005 年	1990－2005 年	1998－2005 年
建筑业							
建筑业企业房屋施工面积		858.5	271.2	112.2		14.4	13.3
建筑业企业房屋竣工面积		761.4	241.3	101.9		13.5	11.6
交通和邮电							
货物周转量	816.5	313.6	209.1	115.6	8.1	7.4	9.7
旅客周转量	1002.1	287.5	173.7	107.1	8.9	6.8	7.1
沿海主要港口货物吞吐量	1476.1	597.2	322.4	119.0	10.5	11.8	15.8
邮电业务总量	52985	13261	923.3	125.6	26.2	35.7	32.0
本地电话年末用户	18200	6169.1	498.4	112.4	21.3	29.4	22.2
移动电话年末用户		4014592	2973	117.5		94.0	52.8
国内商业和对外贸易							
社会消费品零售总额	4310.1	829.2	214.9	112.9	15.0	14.1	10.0
进出口总额	6889.1	1273.2	437.3	123.2	17.0	17.2	20.3
出口额	7814.9	1450.2	416.8	128.4	17.5	18.2	19.5
进口额	6060.2	1115.9	463.5	117.6	16.4	16.3	21.1
利用外资							
实际利用外资额		634.3	99.1	99.6		12.2	-0.1
#外商直接投资		1778.4	133.3	99.5		19.7	3.7
旅游							
入境过夜旅游者人数	6501.3	500.0	196.9	112.1	16.7	10.6	8.8
国内旅游人数			188.2	110.0			8.2
国际旅游外汇收入	11139	1575.1	242.6	113.8	19.1	18.8	11.7
国内旅游总收入			250.2	112.2			12.1
教育、科技、文化、卫生							
在校学生数							
普通高等学校	1824.5	750.1	492.1	117.1	11.4	13.4	22.0
普通中学	131.2	188.6	142.8	98.8	1.0	4.0	4.5
普通小学	74.3	87.8	77.6	96.6	-1.1	-0.8	-3.1
研究与试验发展经费支出			464.9	120.4			21.2
技术市场成交额		1903.1	441.5	116.3		20.2	20.4
图书总印数	169.8	109.2	87.6	99.8	2.0	0.6	-1.6
杂志总印数	361.8	149.5	112.7	96.8	4.9	2.5	1.5
报纸总印数	316.1	195.2	140.5	100.4	4.4	4.3	4.3
医院、卫生院数	93.9	98.0	89.5	99.2	-0.2	-0.1	-1.4
医生数	187.6	112.8	97.6	101.7	2.4	0.8	-0.3
医院、卫生院床位数	169.7	123.5	109.3	102.9	2.0	1.3	1.1
城市公用事业							
城市房屋集中供热面积		1151.0	276.4	103.2		16.5	13.5
年末供水综合生产能力	975.7	192.5	120.0	99.7	8.8	4.2	2.3
年末污水处理能力		791.7	246.9	109.5		13.8	12.0
年末城市道路长度	856.1	240.3	166.5	103.5	8.3	5.6	6.6

注：本表价值量指标中，除国内生产总值、人均国内生产总值、邮电业务总量和平均工资按可比价格计算，其他按当年价格计算；平均每年增长速度除固定资产投资额按累计法计算外，其他按水平法计算。

表7 国民经济与社会发展结构指标

单位:%

指标	1978年	1989年	1997年	2004年	2005年
总人口	**100.0**	**100.0**	**100.0**	**100.0**	**100.0**
城镇	17.9	26.2	31.9	41.8	43.0
乡村	82.1	73.8	68.1	58.2	57.0
就业人员	100.0	100.0	100.0	100.0	100.0
第一产业	70.5	60.1	49.9	46.9	44.7
第二产业	17.3	21.6	23.7	22.5	23.9
第三产业	12.2	18.3	26.4	30.6	31.4
国内生产总值	100.0	100.0	100.0	100.0	100.0
第一产业	27.9	24.9	18.1	13.1	12.5
第二产业	47.9	42.9	47.5	46.2	47.3
第三产业	24.2	32.2	34.4	40.7	40.2
固定资产投资总额	**100.0**	**100.0**	**100.0**	**100.0**	**100.0**
国有经济及其他		63.7	70.8	71.8	70.7
集体经济		12.9	15.4	14.1	13.5
个体经济		23.4	13.8	14.0	15.8
财政收入	**100.0**	**100.0**	**100.0**	**100.0**	**100.0**
中央	15.5	30.9	48.9	54.9	52.3
地方	84.5	69.1	51.1	45.1	47.7
财政支出	**100.0**	**100.0**	**100.0**	**100.0**	**100.0**
中央	47.4	31.5	27.4	27.7	26.0
地方	52.6	68.5	72.6	72.3	74.0
农林牧渔业产值	**100.0**	**100.0**	**100.0**	**100.0**	**100.0**
农业	80.0	62.7	58.2	50.1	49.7
林业	3.4	4.4	3.5	3.7	3.6
牧业	15.0	27.6	28.7	33.6	33.7
渔业	1.6	5.3	9.6	9.9	10.2
农林牧渔服务业				2.7	2.8
规模以上工业增加值				**100.0**	**100.0**
轻工业				32.4	31.0
重工业				67.6	69.0
社会消费品零售总额	**100.0**	**100.0**	**100.0**	**100.0**	**100.0**
市	32.4	45.3	59.2	66.7	67.1
县	24.4	16.4	12.8	11.2	11.1
县以下	43.2	38.3	28.0	22.1	21.7
货物进出口总额	**100.0**	**100.0**	**100.0**	**100.0**	**100.0**
出口总额	47.2	47.0	56.2	51.4	53.6
进口总额	52.8	53.0	43.8	48.6	46.4
在校学生数	**100.0**	**100.0**	**100.0**	**100.0**	**100.0**
大学生	0.4	1.2	1.6	6.3	7.4
中学生	30.8	26.6	29.6	40.9	40.8
小学生	68.8	72.2	68.8	52.9	51.7
卫生技术人员数	**100.0**	**100.0**	**100.0**	**100.0**	**100.0**
医生	41.9	45.1	45.1	43.4	43.5
护师、护士	16.5	24.2	27.2	29.8	30.3
其他	41.6	30.7	27.6	26.8	26.3

表 8　人均主要农业产品产量

单位:公斤

年　份	粮食	棉花	油料	糖料	水产品	水果
1978	319	2.3	5.5	24.9	4.9	6.9
1980	327	2.8	7.8	29.7	4.6	6.9
1985	361	3.9	15.0	57.5	6.7	11.1
1989	364	3.4	11.6	51.9	10.3	16.4
1990	393	4.0	14.2	63.6	10.9	16.5
1991	378	4.9	14.2	73.2	11.7	18.9
1992	380	3.9	14.1	75.6	13.4	20.9
1993	387	3.2	15.3	64.7	15.5	25.6
1994	374	3.6	16.7	61.6	18.0	29.4
1995	387	4.0	18.7	65.9	20.9	35.0
1996	414	3.5	18.2	68.7	23.1	38.2
1997	402	3.7	17.5	76.3	29.3	41.4
1998	412	3.6	18.6	78.8	31.4	43.9
1999	406	3.1	20.7	66.5	32.9	49.8
2000	366	3.5	23.4	60.5	33.9	49.3
2001	356	4.2	22.5	68.1	34.4	52.3
2002	357	3.8	22.6	80.4	35.6	54.3
2003	334	3.8	21.8	74.8	36.5	112.7
2004	362	4.9	23.7	73.8	37.8	118.4
2005	371	4.4	23.6	72.5	39.2	123.6

注:本表计算中所使用的人口数字为年平均人口数(下表同);2003 年起水果产量含果用瓜。

表 9　人均主要工业产品产量

年　份	布（米）	原煤（吨）	原油（公斤）	发电量（千瓦小时）	粗钢（公斤）	水泥（公斤）
1978	11.5	0.7	109	268	33.2	68.2
1980	13.7	0.6	108	306	37.8	81.4
1985	14.0	0.8	119	391	44.5	138.9
1989	16.9	0.9	123	523	55.1	188.0
1990	16.6	1.0	122	547	58.4	184.7
1991	15.8	0.9	123	589	61.7	219.5
1992	16.4	1.0	122	647	69.5	264.6
1993	17.2	1.0	123	712	76.0	312.2
1994	17.7	1.0	123	779	77.7	353.4
1995	21.6	1.1	125	836	79.2	394.7
1996	17.2	1.2	129	888	83.2	403.4
1997	20.2	1.1	131	923	88.6	416.0
1998	19.4	1.0	130	939	93.1	431.6
1999	19.9	1.0	128	989	99.1	457.4
2000	21.9	1.0	129	1074	101.8	472.8
2001	22.8	1.1	129	1164	119.2	519.7
2002	25.2	1.1	130	1292	142.4	566.2
2003	27.4	1.3	132	1483	172.6	669.1
2004	37.2	1.5	136	1700	218.3	746.1
2005	36.1	1.7	139	1898	270.3	816.1

表10 国民经济核算指标

指 标	单位	1990年	1995年	2000年	2004年	2005年
绝对数						
国民总收入	亿元	18718.3	59810.5	98000.5	159586.7	183191.8
国内生产总值	亿元	18667.8	60793.7	99214.6	159878.3	182320.6
第一产业	亿元	5017.0	12020.0	14716.2	20955.8	22718.4
第二产业	亿元	7717.4	28679.5	45555.9	73904.3	86207.6
工业	亿元	6858.0	24950.6	40033.6	65210.0	76189.6
建筑业	亿元	859.4	3728.8	5522.3	8694.3	10018.0
第三产业	亿元	5933.4	20094.3	38942.5	65018.2	73394.6
#交通运输仓储邮电通信业	亿元	1147.5	3424.1	7333.4	12147.6	13804.8
批发零售贸易餐饮业	亿元	1419.7	5467.7	9629.7	15249.8	17118.7
人均国内生产总值	元/人	1644	5046	7858	12336	13985
支出法国内生产总值	亿元	18319.5	58510.5	89340.9	160280.4	185496.2
最终消费	亿元	11365.2	33635.0	54600.9	87032.9	96714.1
居民消费	亿元	9113.2	26944.5	42895.6	63833.5	70849.8
政府消费	亿元	2252.0	6690.5	11705.3	23199.4	25864.3
资本形成总额	亿元	6444.0	23877.0	32499.8	69168.4	80436.6
固定资本形成	亿元	4732.0	20300.5	32623.8	65117.7	78176.4
存货增加	亿元	1712.0	3576.5	-124.0	4050.7	2260.2
货物和服务净出口	亿元	510.3	998.5	2240.2	4079.1	8345.5
指数(1978年=100)						
国民总收入指数	%	282.5	494.2	750.6	1085.4	1201.2
国内生产总值指数	%	281.7	502.3	759.9	1087.4	1195.5
第一产业	%	190.7	233.7	277.0	319.3	335.9
第二产业	%	304.1	677.7	1081.8	1613.0	1797.1
工业	%	304.9	688.2	1118.3	1680.2	1871.0
建筑业	%	298.8	597.4	799.1	1125.0	1258.5
第三产业	%	363.0	607.1	955.1	1399.8	1534.1
#交通运输仓储邮电通信业	%	297.2	532.7	973.0	1513.1	1684.6
批发零售贸易餐饮业	%	346.5	523.7	801.3	1156.1	1287.4
人均国内生产总值指数	%	237.3	398.6	575.5	802.2	876.8
构成						
支出法国内生产总值=100						
最终消费率	%	62.0	57.5	61.1	54.3	52.1
资本形成率	%	35.2	40.8	36.4	43.2	43.4
资本形成总额=100						
固定资本形成	%	73.4	85.0	100.4	94.1	97.2
存货增加	%	26.6	15.0	-0.4	5.9	2.8
最终消费=100						
居民消费	%	80.2	80.1	78.6	73.3	73.3
政府消费	%	19.8	19.9	21.4	26.7	26.7

注:1. 绝对数和构成按当年价格计算,指数按可比价格计算。

2. 国内生产总值1978-2003年为经济普查后修订数据,2004年为经济普查数据(下四表同)。

3. 支出法国内生产总值2004年和2005年为经济普查后修订数据。

4. 最终消费率=最终消费÷支出法国内生产总值×100%;

资本形成率=资本形成总额÷支出法国内生产总值×100%。

表11 国民总收入和国内生产总值

年 份	国民总收入（亿元）	国内生产总值（亿元）				人均国内生产总值（元/人）
			第一产业	第二产业	第三产业	
1978	3645.2	3645.2	1018.4	1745.2	881.6	381
1979	4062.6	4062.6	1258.9	1913.5	890.2	419
1980	4545.6	4545.6	1359.4	2192.0	994.2	463
“六五”时期	32490.0	32401.7	10105.1	14257.0	8039.6	631
1981	4889.5	4891.6	1545.6	2255.5	1090.5	492
1982	5330.5	5323.4	1761.6	2383.0	1178.8	528
1983	5985.6	5962.7	1960.8	2646.2	1355.7	583
1984	7243.8	7208.1	2295.5	3105.7	1806.9	695
1985	9040.7	9016.0	2541.6	3866.6	2607.8	858
“七五”时期	73081.1	73036.8	19044.2	31326.9	22665.7	1321
1986	10274.4	10275.2	2763.9	4492.7	3018.6	963
1987	12050.6	12058.6	3204.3	5251.6	3602.7	1112
1988	15036.8	15042.8	3831.0	6587.2	4624.6	1366
1989	17000.9	16992.3	4228.0	7278.0	5486.3	1519
1990	18718.3	18667.8	5017.0	7717.4	5933.4	1644
“八五”时期	191942.5	193030.5	39467.3	88381.0	65182.2	3258
1991	21826.2	21781.5	5288.6	9102.2	7390.7	1893
1992	26937.3	26923.5	5800.0	11699.5	9424.0	2311
1993	35260.0	35333.9	6887.3	16454.4	11992.2	2998
1994	48108.5	48197.9	9471.4	22445.4	16281.1	4044
1995	59810.5	60793.7	12020.0	28679.5	20094.3	5046
“九五”时期	417009.3	423443.5	72032.8	196971.6	154439.2	6816
1996	70142.5	71176.6	13885.8	33835.0	23455.8	5846
1997	77653.1	78973.0	14264.6	37543.0	27165.4	6420
1998	83024.3	84402.3	14618.0	39004.2	30780.1	6796
1999	88189.0	89677.1	14548.1	41033.6	34095.3	7159
2000	98000.5	99214.6	14716.2	45555.9	38942.5	7858
“十五”时期	705116.4	708009.5	92497.4	325957.2	289554.9	10976
2001	108068.2	109655.2	15516.2	49512.3	44626.7	8622
2002	119095.7	120332.7	16238.6	53896.8	50197.3	9398
2003	135174.0	135822.8	17068.3	62436.3	56318.1	10542
2004	159586.7	159878.3	20955.8	73904.3	65018.2	12336
2005	183191.8	182320.6	22718.4	86207.6	73394.6	13985

注:本表按当年价格计算。各时期人均国内生产总值为该时期各年的平均数。

表12 国内生产总值指数

（上年=100）

年 份	国民总收入	国内生产总值	第一产业	第二产业	第三产业	人均国内生产总值
1978	111.7	111.7	104.1	115.0	113.7	110.2
1979	107.6	107.6	106.1	108.2	107.8	106.1
1980	107.8	107.8	98.5	113.6	105.9	106.5
1981	105.2	105.2	107.0	101.9	110.4	103.9
1982	109.2	109.1	111.5	105.6	113.0	107.5
1983	111.1	110.9	108.3	110.4	115.2	109.3
1984	115.3	115.2	112.9	114.5	119.4	113.7
1985	113.2	113.5	101.8	118.6	118.3	111.9
1986	108.5	108.8	103.3	110.2	112.1	107.2
1987	111.5	111.6	104.7	113.7	114.4	109.8
1988	111.3	111.3	102.5	114.5	113.2	109.5
1989	104.2	104.1	103.1	103.8	105.4	102.5
1990	104.1	103.8	107.3	103.2	102.3	102.3
1991	109.1	109.2	102.4	113.9	108.8	107.7
1992	114.1	114.2	104.7	121.2	112.4	112.8
1993	113.7	114.0	104.7	119.9	112.1	112.7
1994	113.1	113.1	104.0	118.4	111.0	111.8
1995	109.3	110.9	105.0	113.9	109.8	109.7
1996	110.2	110.0	105.1	112.1	109.4	108.9
1997	109.1	109.3	103.5	110.5	110.7	108.2
1998	107.9	107.8	103.5	108.9	108.3	106.8
1999	107.6	107.6	102.8	108.1	109.3	106.7
2000	108.9	108.4	102.4	109.4	109.7	107.6
2001	108.1	108.3	102.8	108.4	110.2	107.5
2002	109.5	109.1	102.9	109.8	110.4	108.4
2003	110.6	110.0	102.5	112.7	109.5	109.3
2004	110.4	110.1	106.3	111.1	110.0	109.4
2005	110.7	109.9	105.2	111.4	109.6	109.3

注：本表按可比价格计算。

表 13 国内生产总值指数

（1978 年 = 100）

年 份	国民总收入	国内生产总值				人均国内生产总值
			第一产业	第二产业	第三产业	
1978	100.0	100.0	100.0	100.0	100.0	100.0
1979	107.6	107.6	106.1	108.2	107.8	106.1
1980	116.0	116.0	104.6	122.9	114.2	113.0
1981	122.0	122.1	111.9	125.2	126.2	117.5
1982	133.3	133.1	124.8	132.1	142.6	126.2
1983	148.2	147.6	135.1	145.8	164.3	137.9
1984	170.8	170.0	152.6	166.9	196.1	156.8
1985	193.4	192.9	155.4	197.9	231.9	175.5
1986	209.9	210.0	160.5	218.2	260.0	188.2
1987	234.1	234.3	168.1	248.1	297.4	206.6
1988	260.6	260.7	172.3	284.1	336.7	226.3
1989	271.4	271.3	177.6	294.8	354.8	231.9
1990	282.5	281.7	190.7	304.1	363.0	237.3
1991	308.2	307.6	195.2	346.3	395.0	255.6
1992	351.5	351.4	204.4	419.5	444.0	288.4
1993	399.6	400.4	214.0	502.8	497.9	324.9
1994	452.0	452.8	222.6	595.2	552.8	363.3
1995	494.2	502.3	233.7	677.7	607.1	398.6
1996	544.5	552.6	245.6	759.8	664.2	433.9
1997	593.8	603.9	254.2	839.4	735.1	469.4
1998	640.6	651.2	263.1	914.2	796.4	501.4
1999	689.2	700.9	270.5	988.6	870.5	534.9
2000	750.6	759.9	277.0	1081.8	955.1	575.5
2001	811.1	823.0	284.8	1173.1	1052.6	618.7
2002	888.5	897.8	293.0	1288.4	1162.1	670.4
2003	983.1	987.8	300.3	1451.7	1272.1	733.1
2004	1085.4	1087.4	319.3	1613.0	1399.8	802.2
2005	1201.2	1195.5	335.9	1797.1	1534.1	876.8
平均每年增长(%)						
1979－2005 年	9.6	9.6	4.6	11.3	10.6	8.4
1990－2005 年	9.7	9.7	4.1	12.0	9.6	8.7
1998－2005 年	9.2	8.9	3.5	10.0	9.6	8.1
“九五”时期	8.7	8.6	3.5	9.8	9.5	7.6
“十五”时期	9.9	9.5	3.9	10.7	9.9	8.8

注：本表按可比价格计算。

表14 地区生产总值

（2005年）

地区	地区生产总值（亿元）	第一产业	第二产业	第三产业	地区生产总值比上年增长（%）	人均地区生产总值（元/人）
北京	6814.5	95.7	2100.5	4618.4	11.1	44441
天津	3663.9	109.4	2050.3	1504.1	14.5	35234
河北	10116.6	1453.9	5324.2	3338.5	13.4	14811
山西	4121.2	257.9	2307.9	1555.4	12.5	12321
内蒙古	3822.8	600.1	1685.1	1537.6	21.6	16067
辽宁	8005.0	853.6	3906.8	3244.6	12.3	19022
吉林	3614.9	607.0	1605.1	1402.8	12.0	13350
黑龙江	5510.0	672.5	2970.8	1866.7	11.6	14467
上海	9144.0	79.7	4475.9	4588.4	11.1	51583
江苏	18272.1	1388.6	10342.7	6540.9	14.5	24518
浙江	13365.0	872.6	7147.3	5345.2	12.4	27369
安徽	5375.8	940.7	2234.2	2201.0	11.8	8810
福建	6560.1	828.8	3224.9	2506.4	11.3	18613
江西	4056.2	770.0	1914.9	1371.3	12.8	9437
山东	18468.3	1927.6	10620.3	5920.4	15.2	20030
河南	10535.2	1843.0	5539.3	3152.8	14.1	11265
湖北	6484.5	1069.8	2774.4	2640.3	11.4	11390
湖南	6473.6	1255.0	2604.6	2614.1	11.6	10264
广东	21701.3	1374.6	10747.2	9579.4	12.5	23674
广西	4063.3	902.6	1505.0	1655.7	12.7	8746
海南	893.1	301.1	218.5	373.6	10.1	10819
重庆	3069.1	463.4	1258.3	1347.4	11.5	11002
四川	7385.1	1495.7	3052.7	2836.7	12.6	9020
贵州	1942.0	359.2	822.8	760.0	11.5	5222
云南	3472.3	656.2	1449.7	1366.5	9.0	7826
西藏	250.6	47.9	59.5	143.3	12.2	9074
陕西	3674.8	418.6	1849.0	1407.2	12.6	9908
甘肃	1928.1	300.0	836.6	791.6	11.7	7455
青海	543.2	62.8	264.6	215.8	12.2	10030
宁夏	599.4	69.8	277.8	251.8	10.3	10087
新疆	2639.6	506.2	1225.5	908.0	10.2	13184

注：本表绝对数按当年价格计算，增长速度按可比价格计算。

表 15 支出法国内生产总值

年 份	支出法国内生产总值（亿元）	最终消费	资本形成总额	货物和服务净出口	资本形成率（%）	最终消费率（%）
1978	3605.6	2239.1	1377.9	-11.4	38.2	62.1
1979	4074.0	2619.4	1474.2	-19.6	36.2	64.3
1980	4551.3	2976.1	1590.0	-14.8	34.9	65.4
“六五”时期	32423.4	21435.0	11200.8	-212.4	34.5	66.1
1981	4901.4	3309.1	1581.0	11.3	32.3	67.5
1982	5489.2	3637.9	1760.2	91.1	32.1	66.3
1983	6076.3	4020.5	2005.0	50.8	33.0	66.2
1984	7164.4	4694.5	2468.6	1.3	34.5	65.5
1985	8792.1	5773.0	3386.0	-366.9	38.5	65.7
“七五”时期	71407.0	45275.0	26202.0	-70.0	36.7	63.4
1986	10132.8	6542.0	3846.0	-255.2	38.0	64.6
1987	11784.7	7451.2	4322.0	11.5	36.7	63.2
1988	14704.0	9360.1	5495.0	-151.1	37.4	63.7
1989	16466.0	10556.5	6095.0	-185.5	37.0	64.1
1990	18319.5	11365.2	6444.0	510.3	35.2	62.0
“八五”时期	186846.0	109711.1	75288.6	1846.3	40.3	58.7
1991	21280.4	13145.9	7517.0	617.5	35.3	61.8
1992	25863.7	15952.1	9636.0	275.6	37.3	61.7
1993	34500.7	20182.1	14998.0	-679.4	43.5	58.5
1994	46690.7	26796.0	19260.6	634.1	41.3	57.4
1995	58510.5	33635.0	23877.0	998.5	40.8	57.5
“九五”时期	394241.9	234312.8	148072.1	11857.0	37.6	59.4
1996	68330.4	40003.9	26867.2	1459.3	39.3	58.5
1997	74894.2	43579.4	28457.6	2857.2	38.0	58.2
1998	79003.3	46405.9	29545.9	3051.5	37.4	58.7
1999	82673.1	49722.7	30701.6	2248.8	37.1	60.1
2000	89340.9	54600.9	32499.8	2240.2	36.4	61.1
“十五”时期						
2001	98592.9	58927.4	37460.8	2204.7	38.0	59.8
2002	107897.6	62798.5	42304.9	2794.2	39.2	58.2
2003	121730.3	67493.5	51554.7	2682.1	42.4	55.4
2004	160280.4	87032.9	69168.4	4079.1	43.2	54.3
2005	185496.2	96714.1	80436.6	8345.5	43.4	52.1

注：1. 本表按当年价格计算；支出法国内生产总值不等于按生产法计算的国内生产总值，是由于统计误差的影响。

2. 资本形成率 = 资本形成总额 ÷ 支出法国内生产总值 × 100%；最终消费率 = 最终消费 ÷ 支出法国内生产总值 × 100%。

3. 各时期最终消费率和资本形成率为该时期合计数的比率。

4. 2004 年和 2006 年为经济普查后修订的数据，因与以前年份数据不可比，故“十五”时期数据暂缺。

表16 人口基本情况

指　　标	单　位	1982 年	1990 年	1995 年	2000 年	2005 年
总人口	**万人**	**101654**	**114333**	**121121**	**126743**	**130756**
按性别分						
男性人口	万人	52352	58904	61808	65437	67375
女性人口	万人	49302	55429	59313	61306	63381
按城乡分						
城镇人口	万人	21480	30195	35174	45906	56212
乡村人口	万人	80174	84138	85947	80837	74544
按农业非农业分						
农业人口	万人	83320	90446	92558	94244	
非农业人口	万人	18334	23887	28563	32499	
人口比重						
按性别分						
男性人口	%	51.5	51.5	51.0	51.6	51.5
女性人口	%	48.5	48.5	49.0	48.4	48.5
按城乡分						
城镇人口	%	21.1	26.4	29.0	36.2	43.0
乡村人口	%	78.9	73.6	71.0	63.8	57.0
出生率	‰	**22.28**	**21.06**	**17.12**	**14.03**	**12.40**
死亡率	‰	**6.60**	**6.67**	**6.57**	**6.45**	**6.51**
自然增长率	‰	**15.68**	**14.39**	**10.55**	**7.58**	**5.89**
家庭户数	**万户**	**22203**	**27738**	**31676**	**34881**	**39558**
各年龄段人口比重						
0－14 岁人口	%	33.6	27.7	26.6	22.9	20.3
15－64 岁人口	%	61.5	66.7	67.2	70.1	72.0
65 岁以上人口	%	4.9	5.6	6.2	7.0	7.7
总抚养比	%	**62.60**	**49.93**	**48.81**	**42.66**	**38.88**
少儿抚养比	%	54.63	41.53	39.58	32.67	28.19
老年抚养比	%	7.97	8.40	9.23	9.99	10.69
文化程度人口占总人口比重						
文盲人口	%	22.8	15.9	12.0		
小学文化程度人口	%	35.4	37.2	38.4	35.7	31.2
初中文化程度人口	%	17.8	23.3	27.3	34.0	35.8
高中文化程度人口	%	6.6	8.0	8.3	11.1	11.5
大专以上文化程度人口	%	0.6	1.4	2.0	3.6	5.2
婴儿死亡率	‰	**37.61** *	**32.89**	**33.03** *	**28.38**	
平均预期寿命	**岁**	**67.77** *	**68.55**	**70.80** *	**71.40**	

注:1. 总人口包括中国人民解放军现役军人数,但不包括香港、澳门特别行政区和台湾省数据(下表同)。

2. 城镇人口及非农业人口中包括中国人民解放军现役军人(下表同)。

3. 文盲人口指 15 岁及 15 岁以上不识字或识字很少的人口。

4. 表中带“＊”号的数字分别为 1981 年和 1996 年数字。

表 17 人口数、出生率、死亡率和自然增长率

年 份	总人口（万人）	按性别分		按城乡分		出生率（‰）	死亡率（‰）	自然增长率（‰）
		男	女	城镇人口	乡村人口			
1978	96259	49567	46692	17245	79014	18.25	6.25	12.00
1979	97542	50192	47350	18495	79047	17.82	6.21	11.61
1980	98705	50785	47920	19140	79565	18.21	6.34	11.87
1981	100072	51519	48553	20171	79901	20.91	6.36	14.55
1982	101654	52352	49302	21480	80174	22.28	6.60	15.68
1983	103008	53152	49856	22274	80734	20.19	6.90	13.29
1984	104357	53848	50509	24017	80340	19.90	6.82	13.08
1985	105851	54725	51126	25094	80757	21.04	6.78	14.26
1986	107507	55581	51926	26366	81141	22.43	6.86	15.57
1987	109300	56290	53010	27674	81626	23.33	6.72	16.61
1988	111026	57201	53825	28661	82365	22.37	6.64	15.73
1989	112704	58099	54605	29540	83164	21.58	6.54	15.04
1990	114333	58904	55429	30195	84138	21.06	6.67	14.39
1991	115823	59466	56357	31203	84620	19.68	6.70	12.98
1992	117171	59811	57360	32175	84996	18.24	6.64	11.60
1993	118517	60472	58045	33173	85344	18.09	6.64	11.45
1994	119850	61246	58604	34169	85681	17.70	6.49	11.21
1995	121121	61808	59313	35174	85947	17.12	6.57	10.55
1996	122389	62200	60189	37304	85085	16.98	6.56	10.42
1997	123626	63131	60495	39449	84177	16.57	6.51	10.06
1998	124761	63940	60821	41608	83153	15.64	6.50	9.14
1999	125786	64692	61094	43748	82038	14.64	6.46	8.18
2000	126743	65437	61306	45906	80837	14.03	6.45	7.58
2001	127627	65672	61955	48064	79563	13.38	6.43	6.95
2002	128453	66115	62338	50212	78241	12.86	6.41	6.45
2003	129227	66556	62671	52376	76851	12.41	6.40	6.01
2004	129988	66976	63012	54283	75705	12.29	6.42	5.87
2005	130756	67375	63381	56212	74544	12.40	6.51	5.89

注：1. 本表 1982 年以前数据为户籍统计数；1982－1989 年数据根据 1990 年人口普查数据有所调整；1990－2000 年数据根据 2000 年人口普查数据进行了调整；2001－2004 年数据根据人口变动抽样调查资料推算；2005 年数据根据全国 1% 人口抽样调查数据推算。

2. 1982 年以前的城镇人口是指辖区内全部人口；乡村人口是指县人口，但不包括镇人口。1982－1999 年的城镇人口是指设区的市所辖区人口和不设区的市所辖街道人口以及不设区的市所辖镇的居民委员会人口和县辖镇的居民委员会人口；乡村人口是指除城镇人口以外的人口。2000 年起城乡人口是按国家统计局 1999 年发布的《关于统计上划分城乡的规定（试行）》计算的。

表18 各地区人口出生率、死亡率、自然增长率

（2005年）

地　　区	年底总人口（万人）	出生率（‰）	死亡率（‰）	自然增长率（‰）
全国总计	**130756**	**12.40**	**6.51**	**5.89**
北　　京	1538	6.29	5.20	1.09
天　　津	1043	7.44	6.01	1.43
河　　北	6851	12.84	6.75	6.09
山　　西	3355	12.02	6.00	6.02
内 蒙 古	2386	10.08	5.46	4.62
辽　　宁	4221	7.01	6.04	0.97
吉　　林	2716	7.89	5.32	2.57
黑 龙 江	3820	7.87	5.20	2.67
上　　海	1778	7.04	6.08	0.96
江　　苏	7475	9.24	7.03	2.21
浙　　江	4898	11.10	6.08	5.02
安　　徽	6120	12.43	6.23	6.20
福　　建	3535	11.60	5.62	5.98
江　　西	4311	13.79	5.96	7.83
山　　东	9248	12.14	6.31	5.83
河　　南	9380	11.55	6.30	5.25
湖　　北	5710	8.74	5.69	3.05
湖　　南	6326	11.90	6.75	5.15
广　　东	9194	11.70	4.68	7.02
广　　西	4660	14.26	6.09	8.16
海　　南	828	14.65	5.72	8.93
重　　庆	2798	9.40	6.40	3.00
四　　川	8212	9.70	6.80	2.90
贵　　州	3730	14.59	7.21	7.38
云　　南	4450	14.72	6.75	7.97
西　　藏	277	17.94	7.15	10.79
陕　　西	3720	10.02	6.01	4.01
甘　　肃	2594	12.59	6.57	6.02
青　　海	543	15.70	6.21	9.49
宁　　夏	596	15.93	4.95	10.98
新　　疆	2010	16.42	5.04	11.38

注：1. 全国数据根据抽样误差和调查误差进行了修正。

2. 全国数据为31个省、自治区、直辖市和中国人民解放军现役军人数据，不包括香港、澳门特别行政区和台湾省的数据。分省数据中未包括中国人民解放军现役军人数。

表 19 就业和工资基本情况

项目	单位	1990 年	1995 年	2000 年	2004 年	2005 年
就业人员(年底数)	**万人**	**64749**	**68065**	**72085**	**75200**	**75825**
第一产业	万人	38914	35530	36043	35269	33918
第二产业	万人	13856	15655	16219	16920	18092
第三产业	万人	11979	16880	19823	23011	23815
按城乡分就业人员(年底数)						
城镇就业人员	万人	17041	19040	23151	26476	27331
#国有单位	万人	10346	11261	8102	6710	6488
城镇集体单位	万人	3549	3147	1499	897	810
其他单位	万人	164	894	2011	3492	4211
乡村就业人员	万人	47708	49025	48934	48724	48494
#乡镇企业	万人	9265	12862	12820	13866	14272
职工人数(年底数)	**万人**	**14059**	**14908**	**11259**	**10576**	**10942**
国有单位	万人	10346	10955	7878	6438	6232
城镇集体单位	万人	3549	3076	1447	851	769
其他单位	万人	164	877	1935	3287	3941
离退休人数(年底数)	**万人**	**2301**	**3094**	**3876**	**4675**	**5088**
企业单位	万人		2366	2978	3610	3842
事业单位	万人		525	647	767	831
机关单位	万人		203	251	298	312
其 他	万人					103
城镇登记失业人数(年底数)	**万人**	**383**	**520**	**595**	**827**	**839**
城镇登记失业率	**%**	**2.5**	**2.9**	**3.1**	**4.2**	**4.2**
职工工资总额	**亿元**	**2951.1**	**8100.0**	**10656.2**	**16900.2**	**19980.8**
国有单位	亿元	2324.1	6080.2	7612.9	10777.2	12009.2
城镇集体单位	亿元	581.0	1182.0	919.0	838.4	867.8
其他单位	亿元	46.0	637.8	2124.3	5284.6	7103.8
职工平均工资	**元**	**2140**	**5500**	**9371**	**16024**	**18405**
国有单位	元	2284	5625	9552	16729	19313
城镇集体单位	元	1681	3931	6262	9814	11283
其他单位	元	2987	7463	10984	16259	18362

注:1. 1990－2000 年,就业人员总计、城镇和乡村就业人员小计资料根据第五次全国人口普查资料重新调整,2001 年起数据根据人口变动抽样调查资料推算,因此分地区、分类型、分行业的分项资料相加不等于总计。

2. 1998 年起城镇单位就业人员、职工人数及相关指标统计口径有调整。

表20 固定资产投资概况

(2004年)

指 标	单位	1990年	1995年	2000年	2004年	2005年
全社会固定资产投资额	**亿元**	**4517.0**	**20019.3**	**32917.7**	**70477.4**	**88604.3**
按城乡划分						
城镇	亿元	3274.4	15643.7	26221.8	59028.2	75096.5
农村	亿元	1242.6	4375.6	6695.9	11449.2	13507.8
按经济类型分						
国有及其他经济	亿元	2986.3	14169.7	23406.8	50631.1	62641.8
集体经济	亿元	529.5	3289.4	4801.5	9965.7	11925.4
个体经济	亿元	1001.2	2560.2	4709.4	9880.6	14037.1
按资金来源分						
国家预算内资金	亿元	393.0	621.1	2109.5	3254.9	4049.1
国内贷款	亿元	885.5	4198.7	6727.3	13788.0	16123.6
利用外资	亿元	284.6	2295.9	1696.2	3285.7	3972.7
自筹资金	亿元	2954.4	13409.2	22577.1	41272.6	54878.4
其他资金	亿元				12963.7	15418.1
按隶属关系分						
中央项目	亿元		4533.7	6433.8	7524.6	8650.4
地方项目	亿元		15485.6	26483.9	62952.8	79953.9
按构成分						
建筑安装工程	亿元	3008.7	13173.3	20536.3	42803.6	53572.9
设备工器具购置	亿元	1165.5	4262.5	7785.6	16527.0	21170.5
其他费用	亿元	342.7	2583.5	4595.9	11146.8	13860.9
新增固定资产	**亿元**	**3995.3**	**14521.7**	**26842.2**	**45783.9**	**53626.0**
房屋建筑面积						
施工面积	万平方米	137171	215085	263294	376495	427318
#住宅			140452	180634	217580	238445
竣工面积	万平方米	107952	145600	181974	207019	218527
#住宅	万平方米	86425	107433	134529	124881	125938
房地产开发						
房地产开发投资额	亿元	253.3	3149.0	4984.1	13158.3	15759.3
新增固定资产	亿元		1434.7	3698.6	6871.0	8779.8
开发房屋竣工住宅面积	万平方米	3527	12525	20603	34677	40004
固定资产投资效果系数	**元/百元**	**37.1**	**62.9**	**29.0**	**34.1**	**25.3**

表 21 按经济类型分全社会固定资产投资

年 份	固定资产投资（亿元）	国有及其他经济	集体经济	个体经济	比上年增长（%）
“六五”时期	**7997.6**	**5330.5**	**1012.0**	**1655.1**	**19.4**
1981	961.0	667.5	115.2	178.3	5.5
1982	1230.4	845.3	174.3	210.8	28.0
1983	1430.1	952.0	156.3	321.8	16.2
1984	1832.9	1185.2	238.7	409.0	28.2
1985	2543.2	1680.5	327.5	535.2	38.8
“七五”时期	**20593.5**	**13342.6**	**2750.0**	**4500.9**	**16.5**
1986	3120.6	2079.4	391.8	649.4	22.7
1987	3791.7	2448.8	547.0	795.9	21.5
1988	4753.8	3020.0	711.7	1022.1	25.4
1989	4410.4	2808.1	570.0	1032.3	-7.2
1990	4517.0	2986.3	529.5	1001.2	2.4
“八五”时期	**63808.3**	**44973.6**	**10422.8**	**8411.9**	**36.9**
1991	5594.5	3713.8	697.8	1182.9	23.9
1992	8080.1	5498.7	1359.4	1222.0	44.4
1993	13072.3	9278.8	2317.3	1476.2	61.8
1994	17042.1	12312.6	2758.9	1970.6	30.4
1995	20019.3	14169.7	3289.4	2560.2	17.5
“九五”时期	**139033.2**	**98908.4**	**20834.7**	**19290.1**	**11.2**
1996	(22974.0)	(16102.2)	(3660.6)	(3211.2)	14.8
	22913.5	16050.8	3651.5	3211.2	
1997	24941.1	17660.8	3850.9	3429.4	8.8
1998	28406.2	20469.6	4192.2	3744.4	13.9
1999	29854.7	21320.4	4338.6	4195.7	5.1
2000	32917.7	23406.8	4801.5	4709.4	10.3
“十五”时期	**295361.7**	**210608.5**	**41166.6**	**43586.6**	**20.2**
2001	37213.5	26505.3	5278.6	5429.6	13.0
2002	43499.9	30993.3	5987.4	6519.2	16.9
2003	55566.6	39837.0	8009.5	7720.1	27.7
2004	70477.4	50631.1	9965.7	9880.6	26.6
2005	88604.3	62641.8	11925.4	14037.1	25.7
平均每年增长(%)					
1981－2005 年	20.1	19.3	26.4	20.8	
1990－2005 年	20.8	21.9	22.0	15.9	
1998－2005 年	14.6	14.8	12.6	15.8	
“九五”时期	11.2	11.3	8.0	14.0	
“十五”时期	20.2	20.3	18.6	21.3	

注：1. 1997 年起，除房地产投资、农村集体投资、个人投资外，其他固定资产投资的统计起点由 5 万元提高到 50 万元，增长速度按可比口径计算（下表同）。
2. 增长速度未扣除价格因素；平均每年增长速度按累计法计算（下表同）。
3. 受经济普查影响，2004 年投资额与上年有不可比因素，增长速度按可比口径计算。

表22 各地区固定资产投资

单位:亿元

地区	2000年	2001年	2002年	2003年	2004年	2005年
全国总计	**32917.7**	**37213.5**	**43499.9**	**55566.6**	**70477.4**	**88604.3**
北京	1280.5	1513.3	1796.1	2169.3	2528.2	2827.2
天津	610.9	705.0	807.5	1039.4	1245.7	1498.6
河北	1816.8	1912.5	2020.4	2478.0	3218.8	4193.6
山西	548.2	663.6	813.4	1100.9	1443.9	1831.4
内蒙古	423.6	503.6	707.9	1174.7	1788.0	2651.9
辽宁	1267.7	1421.2	1605.6	2076.4	2979.6	4203.7
吉林	603.5	701.7	834.2	969.0	1169.1	1755.3
黑龙江	832.6	963.6	1046.2	1166.2	1430.8	1794.2
上海	1869.4	2004.6	2213.7	2499.1	3050.3	3459.7
江苏	2570.0	2823.2	3450.1	5233.0	6557.1	8158.4
浙江	2350.0	2834.9	3477.5	4740.3	5781.3	6524.2
安徽	804.0	893.4	1074.5	1418.7	1935.2	2540.3
福建	1112.2	1172.9	1253.1	1496.4	1892.9	2328.5
江西	516.1	631.8	889.0	1303.2	1713.2	2207.9
山东	2531.1	2788.7	3483.3	5315.1	6970.6	9206.8
河南	1377.7	1544.1	1725.9	2263.0	3099.4	4378.7
湖北	1339.2	1486.6	1605.1	1809.5	2264.8	2722.4
湖南	1012.2	1174.3	1348.0	1590.3	2072.6	2600.0
广东	3145.1	3484.4	3850.8	4813.2	5870.0	6840.7
广西	583.3	655.6	750.3	921.3	1236.5	1734.5
海南	198.9	213.3	225.4	280.0	317.0	376.5
重庆	572.6	697.0	899.3	1161.5	1537.0	1938.8
四川	1418.0	1617.5	1902.7	2336.3	2818.4	3546.5
贵州	397.0	536.0	633.0	748.1	865.2	1014.6
云南	684.0	738.5	814.6	1000.1	1291.5	1735.5
西藏	64.1	83.3	106.6	134.0	162.4	187.2
陕西	653.7	773.4	915.3	1200.7	1508.9	1902.5
甘肃	395.4	460.4	526.2	619.8	733.9	873.7
青海	151.1	196.4	232.4	255.6	289.2	331.4
宁夏	157.5	191.1	227.0	318.0	376.2	444.0
新疆	610.4	706.0	800.1	973.4	1147.1	1338.4

注:由于有不分地区项目,因此各地区相加不等于总计。

表 23 按行业分城镇固定资产投资（一）

行　　业	投资额（亿元）		2005 年比上年增长（%）	2005 年比重（%）
	2004 年	2005 年		
全国总计	**59028.2**	**75096.5**	**27.2**	**100.0**
农林牧渔业	**645.1**	**822.8**	**27.5**	**1.1**
#林业	145.5	170.8	17.4	0.2
采矿业	**2126.3**	**3203.6**	**50.7**	**4.3**
煤炭开采及洗选业	690.4	1143.5	65.6	1.5
石油和天然气开采业	1112.3	1442.6	29.7	1.9
黑色金属矿采选业	131.4	282.0	114.6	0.4
有色金属矿采选业	116.7	182.6	56.4	0.2
非金属矿采选业	72.8	148.7	104.2	0.2
其他采矿业	2.6	4.3	63.5	0.0
制造业	**14657.2**	**20319.3**	**38.6**	**27.1**
农副食品加工业	543.3	885.1	62.9	1.2
食品制造业	367.6	544.8	48.2	0.7
饮料制造业	254.0	351.0	38.2	0.5
烟草制造业	86.9	96.0	10.5	0.1
纺织业	763.0	1053.1	38.0	1.4
纺织服装、鞋、帽制造业	259.0	381.6	47.3	0.5
皮革、毛皮、羽毛(绒)及其制品业	116.3	198.7	70.8	0.3
木材加工及木、竹、藤、棕、草制品业	178.2	281.9	58.2	0.4
家具制造业	105.3	189.7	80.1	0.3
造纸及纸制品业	422.7	556.3	31.6	0.7
印刷业和记录媒介的复制	166.5	225.2	35.2	0.3
文教体育用品制造业	54.4	87.0	60.1	0.1
石油加工、炼焦及核燃料加工业	637.9	802.4	25.8	1.1
化学原料及化学制品制造业	1581.9	2115.5	33.7	2.8
医药制造业	594.4	693.1	16.6	0.9
化学纤维制造业	171.4	174.9	2.0	0.2
橡胶制品业	178.6	198.5	11.2	0.3
塑料制品业	330.9	470.3	42.1	0.6
非金属矿物制品业	1101.8	1394.8	26.6	1.9
黑色金属冶炼及压延加工业	1789.6	2281.5	27.5	3.0
有色金属冶炼及压延加工业	572.7	758.1	32.4	1.0
金属制品业	430.6	763.3	77.3	1.0
通用设备制造业	562.0	1020.6	81.6	1.4
专用设备制造业	464.0	783.9	68.9	1.0

表24 按行业分城镇固定资产投资（二）

行业	投资额（亿元）		2005年比上年增长（%）	2005年比重(%)
	2004年	2005年		
交通运输设备制造业	1033.2	1561.6	51.1	2.1
电气机械及器材制造业	525.7	761.9	44.9	1.0
通信设备、计算机及其他电子设备制造业	1021.1	1206.9	18.2	1.6
仪器仪表及文化、办公用机械制造业	130.7	161.0	23.2	0.2
工艺品及其他制造业	200.5	300.3	49.8	0.4
废弃资源和废旧材料回收加工业	12.9	20.4	58.0	0.0
电力、燃气及水的生产和供应业	**5525.1**	**7245.6**	**31.1**	**9.6**
电力、热力的生产与供应业	4854.4	6490.1	33.7	8.6
燃气生产与供应业	209.8	275.4	31.3	0.4
水的生产与供应业	460.9	480.1	4.2	0.6
建筑业	**526.3**	**830.2**	**57.7**	**1.1**
交通运输、仓储和邮政业	**7091.5**	**8669.6**	**22.3**	**11.5**
#铁路运输业	846.3	1233.3	45.7	1.6
道路运输业	4665.5	5431.5	16.4	7.2
城市公共交通业	391.3	525.8	34.4	0.7
水上运输业	534.6	783.6	46.6	1.0
航空运输业	272.4	301.2	10.6	0.4
信息传输、计算机服务和软件业	**1638.0**	**1542.3**	**-5.8**	**2.1**
批发和零售业	**1117.2**	**1470.0**	**31.6**	**2.0**
住宿和餐饮业	**438.1**	**679.3**	**55.1**	**0.9**
金融业	**97.6**	**103.0**	**5.6**	**0.1**
房地产业	**14547.0**	**17527.5**	**20.5**	**23.3**
租赁和商务服务业	**361.7**	**514.5**	**42.2**	**0.7**
科学研究、技术服务和地质勘查业	**311.8**	**398.5**	**27.8**	**0.5**
水利、环境和公共设施管理业	**4890.8**	**5983.6**	**22.3**	**8.0**
水利管理业	749.6	818.4	9.2	1.1
环境管理业	258.9	329.7	27.3	0.4
公共设施管理业	3882.3	4835.5	24.6	6.4
居民服务和其他服务业	**107.6**	**138.6**	**28.8**	**0.2**
教育	**1803.0**	**1955.2**	**8.4**	**2.6**
卫生、社会保障和社会福利业	**446.9**	**580.3**	**29.8**	**0.8**
#卫生	419.3	540.7	28.9	0.7
文化、体育和娱乐业	**531.2**	**682.3**	**28.4**	**0.9**
公共管理和社会组织	**2165.6**	**2430.4**	**12.2**	**3.2**
国际组织	**0.3**			

表 25 按登记注册类型分固定资产投资

单位：亿元

注册类型	城镇固定资产投资额		房地产开发投资额	
	2004 年	2005 年	2004 年	2005 年
全国总计	**59028.2**	**75096.5**	**13158.3**	**15759.3**
内资	**51314.7**	**65955.0**	**11422.8**	**13888.5**
国有	23236.1	27084.7	1110.7	1054.4
集体	1270.6	1651.1	386.7	292.0
股份合作	552.3	660.9	206.0	180.6
联营企业	449.7	540.1	87.4	93.7
国有联营企业	175.9	256.5	20.1	40.4
集体联营企业	56.3	34.9	13.6	14.5
国有与集体联营企业	112.5	124.1	23.2	13.1
其他联营企业	105.1	124.6	30.6	25.7
有限责任公司	13824.2	18965.7	4992.3	6756.4
国有独资公司	1615.6	2115.9	140.8	177.5
其他有限责任公司	12208.6	16849.8	4851.6	6578.8
股份有限公司	5489.3	6731.2	1160.2	1100.0
私营企业	5771.8	9292.5	3272.8	4303.4
其他企业	720.6	1028.7	206.7	108.2
港、澳、台商投资企业	**3113.5**	**3675.0**	**1099.6**	**1167.1**
合资	1494.2	1622.8	522.0	594.9
合作	376.2	317.4	262.2	184.4
独资	1125.0	1569.6	277.2	360.8
股份有限公司	118.2	165.2	38.2	27.0
外商投资企业	**3854.0**	**4651.2**	**633.8**	**702.9**
合资	2001.1	2170.7	323.9	356.4
合作	212.4	245.4	119.4	131.7
独资	1531.3	2067.7	180.9	206.9
股份有限公司	109.2	167.5	9.6	7.8
个体经营	**746.0**	**815.2**	**2.1**	**0.8**
个体户	710.7	766.9	0.8	0.1
个人合伙	35.4	48.3	1.3	0.7

表 26 各地区城镇固定资产投资

单位:亿元

地　区	2000 年	2001 年	2002 年	2003 年	2004 年	2005 年
全国总计	**26221.9**	**30001.2**	**35488.8**	**45811.7**	**59028.2**	**75096.5**
北　京	1196.3	1419.6	1693.6	1999.9	2333.0	2595.4
天　津	541.4	627.1	715.5	931.7	1128.7	1367.5
河　北	1193.8	1260.5	1353.9	1772.8	2442.0	3361.7
山　西	482.0	587.8	727.8	998.8	1315.2	1671.9
内蒙古	358.6	434.0	635.4	1097.1	1707.5	2563.5
辽　宁	1067.1	1203.8	1364.0	1771.2	2580.3	3669.7
吉　林	531.0	628.7	750.7	872.9	1059.4	1595.9
黑龙江	774.3	888.7	958.7	1069.5	1317.0	1638.2
上　海	1697.7	1805.5	2012.3	2245.5	2863.0	3198.6
江　苏	1813.5	1999.1	2515.3	4011.6	5008.2	6211.9
浙　江	1631.2	2018.9	2429.3	3198.5	3998.8	4757.0
安　徽	626.2	712.5	864.5	1184.5	1613.0	2140.0
福　建	892.9	968.5	1030.6	1229.3	1594.5	1970.1
江　西	376.2	482.5	714.6	1099.1	1477.9	1933.9
山　东	1706.1	1971.6	2581.8	4163.9	5418.5	7274.8
河　南	943.1	1056.9	1195.9	1677.2	2434.9	3528.3
湖　北	1108.6	1236.2	1376.2	1573.7	2005.1	2433.2
湖　南	709.8	842.0	988.3	1235.3	1679.4	2174.9
广　东	2680.3	2965.0	3287.3	4145.1	5029.4	5760.7
广　西	469.8	541.5	627.7	791.3	1094.6	1554.3
海　南	170.6	183.0	202.7	246.2	291.0	351.5
重　庆	481.9	602.9	795.1	1040.6	1400.6	1786.4
四　川	1079.3	1247.4	1481.2	1835.1	2322.9	2989.6
贵　州	326.7	463.1	555.8	667.9	780.2	916.1
云　南	559.7	600.1	664.8	839.2	1113.0	1550.2
西　藏	64.1	83.3	106.6	134.0	162.4	187.2
陕　西	552.2	662.8	795.4	1071.0	1378.5	1761.2
甘　肃	342.2	401.8	465.5	553.7	660.8	790.2
青　海	138.2	181.8	215.4	236.9	272.7	312.6
宁　夏	129.0	156.2	183.5	263.1	316.8	382.7
新　疆	556.9	647.0	734.5	892.6	1046.4	1210.1

注:由于有不分地区项目,因此各地区相加不等于总计。

表 27 各地区农村固定资产投资

单位:亿元

地 区	2000 年	2001 年	2002 年	2003 年	2004 年	2005 年
全国总计	**6695.9**	**7212.3**	**8011.1**	**9754.9**	**11449.2**	**13507.8**
北 京	84.2	93.8	102.5	169.3	195.2	231.8
天 津	69.6	77.9	92.0	107.7	117.0	131.1
河 北	623.0	652.0	666.5	705.2	776.8	831.9
山 西	66.1	75.8	85.6	102.0	128.7	159.5
内蒙古	65.0	69.6	72.6	77.6	80.4	88.3
辽 宁	200.6	217.4	241.5	305.1	399.3	533.9
吉 林	72.5	73.0	83.5	96.1	109.7	159.4
黑龙江	58.3	74.9	87.5	96.7	113.8	156.1
上 海	171.7	199.2	201.4	253.6	187.3	261.1
江 苏	756.4	824.1	934.8	1221.4	1548.8	1946.5
浙 江	718.7	816.0	1048.1	1541.8	1782.6	1767.2
安 徽	177.8	180.9	210.0	234.2	322.2	400.2
福 建	219.3	204.4	222.5	267.1	298.4	358.4
江 西	139.9	149.3	174.4	204.1	235.3	273.9
山 东	825.0	817.0	901.5	1151.2	1552.1	1932.0
河 南	434.6	487.2	530.1	585.8	664.5	850.4
湖 北	230.6	250.3	228.9	235.7	259.7	289.2
湖 南	302.4	332.3	359.7	355.1	393.2	425.1
广 东	464.9	519.4	563.5	668.1	840.6	1080.0
广 西	113.5	114.2	122.6	130.0	141.9	180.3
海 南	28.3	30.3	22.7	33.8	26.0	25.0
重 庆	90.7	94.1	104.1	120.9	136.5	152.4
四 川	338.7	370.1	421.6	501.3	495.5	556.9
贵 州	70.3	73.0	77.1	80.2	85.0	98.5
云 南	124.2	138.3	149.8	160.9	178.6	185.3
西 藏						
陕 西	101.5	110.6	119.9	129.6	130.4	141.3
甘 肃	53.2	58.6	60.8	66.1	73.2	83.5
青 海	13.0	14.6	16.9	18.7	16.4	18.9
宁 夏	28.5	34.9	43.5	54.9	59.4	61.3
新 疆	53.5	59.0	65.6	80.8	100.7	128.3

表28 房地产开发企业(单位)概况

指　　标	单　位	2000年	2001年	2002年	2003年	2004年	2005年
房地产开发投资额	**亿元**	**4984.1**	**6344.1**	**7790.9**	**10153.8**	**13158.3**	**15759.3**
国有经济投资	亿元	1354.2	1407.7	1267.9	1284.1	1271.6	1272.3
商品房建设投资	亿元	3736.3	4717.5	5767.2	7356.6	9348.8	11159.9
土地开发投资	亿元	402.8	496.0	559.3	746.3	715.4	784.4
按工程用途分							
住宅	亿元	3312.0	4216.7	5227.8	6776.7	8837.0	10768.2
办公楼	亿元	297.9	307.9	381.0	508.3	652.2	739.6
商业营业用房	亿元	580.0	755.3	933.6	1302.4	1723.7	1999.9
其它	亿元	794.2	1064.2	1248.5	1566.4	1945.4	2251.6
按构成分							
建筑安装工程	亿元	3442.2	4273.2	5202.7	6742.7	8825.3	10871.6
设备工器具购置	亿元	104.1	122.7	139.8	141.0	192.9	225.4
其他费用	亿元	1437.8	1948.2	2448.4	3270.1	4140.0	4662.4
房屋建筑面积及价值							
施工面积	万平方米	65897	79412	94104	117526	140451	164445
#新开工面积	万平方米	29583	37394	42801	54708	60414	66840
竣工面积	万平方米	25105	29867	34976	41464	424265	48793
竣工价值	亿元	2859.3	3369.4	4141.7	5280.0	5952.5	7135.2
商品房销售情况							
商品房销售面积	万平方米	18637	22412	26808	33718	38232	55769
商品房销售额	亿元	3935.4	4862.8	6032.3	7955.7	10375.7	18080.3
资金来源合计	**亿元**	**6996.9**	**8983.2**	**11396.1**	**15257.7**	**20242.1**	**25359.9**
上年末结余资金	亿元	999.3	1286.8	1646.1	2060.8	3073.4	4181.4
本年资金来源小计	亿元	5997.6	7696.4	9750.0	13196.9	17168.8	21178.5
国家预算内资金	亿元	6.9	13.6	11.8	11.4	11.8	12.5
国内贷款	亿元	1385.1	1692.2	2220.3	3138.3	3158.4	3834.7
债券	亿元	3.5	0.3	2.2	0.5	0.2	5.6
利用外资	亿元	168.7	135.7	157.2	170.0	228.2	252.0
#外商直接投资	亿元	134.8	106.1	124.1	116.3	142.6	167.9
自筹资金	亿元	1614.2	2184.0	2738.4	3770.7	5207.6	7039.0
#自有资金	亿元	777.4	1145.1	1505.7	2005.9	2862.9	3966.2
其他资金	亿元	2819.3	3670.6	4619.9	6106.1	8562.6	10034.8
#定金及预收款	亿元	2297.2	3025.4	3758.8	5106.3	7395.3	7749.2
各项应付款	**亿元**	**1106.4**	**1357.8**	**1408.2**	**1699.0**	**1872.3**	**2318.6**
#工程款	亿元	677.4	878.3	938.8	1119.7	1115.9	1361.0
设备材料款	亿元	53.3	55.2	64.8	68.1	66.9	97.8

注:1.2004年、2005年数据均为快报数据(下表同)。

2.2005年商品房销售面积和销售额统计口径为期房加现房。

表 29　各地区房地产开发企业（单位）投资、商品房销售额和销售面积

地　区	房地产开发投资额（亿元）		商品房销售额（亿元）		商品房销售面积（万平方米）	
	2004 年	2005 年	2004 年	2005 年	2004 年	2005 年
全国总计	**13158.3**	**15759.3**	**10375.7**	**18080.3**	**38231.6**	**55769.1**
北　京	1473.3	1525.0	1249.1	2120.2	2472.0	3123.4
天　津	263.9	327.5	263.8	568.1	847.0	1402.3
河　北	315.9	390.5	138.8	245.6	864.9	1292.2
山　西	125.8	174.6	72.0	140.1	399.1	667.0
内蒙古	111.4	162.1	91.6	177.7	654.0	1081.7
辽　宁	701.1	873.5	421.8	714.4	1748.8	2518.3
吉　林	159.9	195.7	75.6	129.3	401.9	667.9
黑龙江	214.1	267.6	166.2	260.7	857.1	1244.9
上　海	1175.5	1246.9	1932.6	2161.3	3300.8	3158.9
江　苏	1269.8	1526.9	842.9	1629.3	3178.9	4740.2
浙　江	1295.2	1454.5	868.5	2314.7	2794.3	5299.6
安　徽	350.3	459.4	254.7	423.4	1429.2	1907.2
福　建	477.8	540.4	354.5	595.5	1384.8	1894.9
江　西	242.8	300.7	135.2	237.7	1168.9	1527.3
山　东	764.8	974.3	516.5	882.2	2525.2	3608.4
河　南	258.8	388.5	164.1	323.5	1043.5	1724.8
湖　北	337.3	448.0	224.5	386.6	1342.9	1708.0
湖　南	334.9	447.5	179.6	298.2	1188.8	1815.8
广　东	1355.8	1498.3	1164.9	2084.1	3346.0	4686.7
广　西	192.3	287.0	170.8	325.5	820.4	1556.8
海　南	56.0	70.8	30.2	73.2	125.8	257.9
重　庆	393.1	517.7	232.6	430.4	1317.1	2015.4
四　川	510.1	699.3	330.5	626.8	2102.0	3148.9
贵　州	121.7	153.3	76.8	140.3	554.3	872.7
云　南	149.9	233.8	106.4	296.3	538.1	1348.9
西　藏	5.4	6.0	2.6	1.0	9.6	4.4
陕　西	231.2	297.9	88.2	183.7	509.4	891.6
甘　肃	72.1	85.8	45.9	92.1	261.5	473.4
青　海	26.2	29.1	14.9	21.7	93.9	116.8
宁　夏	67.2	74.7	58.0	84.5	308.2	378.0
新　疆	104.7	101.7	102.0	112.3	643.4	634.9

注：2005 年商品房销售面积统计口径为期房加现房。

表30 国家财政收支和债务收支情况

单位:亿元

指　　标	1990年	1995年	2000年	2004年	2005年
财政收入	**2937.1**	**6242.2**	**13395.2**	**26396.5**	**31628.0**
中央	992.4	3256.6	6989.2	14503.1	16535.9
地方	1944.7	2985.6	6406.1	11893.4	15092.0
财政收入指数(上年=100)	110.2	119.6	117.0	121.6	119.8
财政收入按项目分					
#各项税收	2821.9	6038.0	12581.5	24165.7	28775.1
#增值税	400.0	2602.3	4553.2	9017.9	10793.9
消费税		541.5	858.3	1501.9	1633.8
营业税	515.8	865.6	1868.8	3582.0	4232.6
个人所得税	21.1	131.3	659.6	1737.1	2094.7
关税	159.0	291.8	750.5	1043.8	1065.6
企业所得税	716.0	878.4	1662.0	3957.3	5336.4
国有企业亏损补贴	-578.9	-327.8	-278.8	-217.9	-193.3
债务收入	**375.5**	**1549.8**	**4180.1**	**6871.4**	**6922.9**
国内债务	197.3	1510.9	4157.0	6726.3	6922.9
国外债务	178.2	38.9	23.1	145.1	
财政支出	**3083.6**	**6823.7**	**15886.5**	**28486.9**	**33708.1**
中央	1004.5	1995.4	5519.9	7894.1	8775.7
地方	2079.1	4828.3	10366.7	20592.8	24932.4
财政支出指数(上年=100)	109.2	117.8	120.5	115.6	118.3
财政支出按项目分					
#基本建设支出	547.4	789.2	2094.9	3437.5	4006.3
企业挖潜改造资金和科技三项费用	153.9	494.5	865.2	1243.9	1472.3
支农支出	221.8	430.2	766.9	1693.8	1776.3
文教科学卫生事业费	617.3	1467.1	2736.9	5143.7	6060.8
抚恤和社会福利救济费	55.0	115.5	213.0	563.5	706.7
社会保障补助支出			526.0	1524.5	1794.2
国防费	290.3	636.7	1207.5	2200.0	2474.9
行政管理费	303.1	872.7	1787.6	4059.9	4811.8
债务还本付息支出	**190.1**	**883.0**	**1579.8**	**3671.6**	**4737.9**

注:1. 本表及其他各表有关财政数据由财政部提供。2005年全国数据为预算执行数,以前各年数据为财政决算数。
2. 财政收入和财政支出不包括国内外债务收支。
3. 行政管理费包括国家财政支出中的“行政管理费”、“公检法司支出”和“外交外事支出”。
4. 1990年和1995年企业所得税数据包括国有和集体企业所得税。

表31 国家财政收支总额和指数

年份	财政收入（亿元）	财政支出（亿元）	收支差额（亿元）	指数(上年=100)	
				财政收入	财政支出
1978	1132.26	1122.09	10.17	129.5	133.0
1979	1146.38	1281.79	-135.41	101.2	114.2
1980	1159.93	1228.83	-68.90	101.2	95.9
"六五"时期	**7402.75**	**7483.18**	**-80.43**	**111.6**	**110.3**
1981	1175.79	1138.41	37.38	101.4	92.6
1982	1212.33	1229.98	-17.65	103.1	108.0
1983	1366.95	1409.52	-42.57	112.8	114.6
1984	1642.86	1701.02	-58.16	120.2	120.7
1985	2004.82	2004.25	0.57	122.0	117.8
"七五"时期	**12280.60**	**12865.67**	**-585.07**	**107.9**	**109.0**
1986	2122.01	2204.91	-82.90	105.8	110.0
1987	2199.35	2262.18	-62.83	103.6	102.6
1988	2357.24	2491.21	-133.97	107.2	110.1
1989	2664.90	2823.78	-158.88	113.1	113.3
1990	2937.10	3083.59	-146.49	110.2	109.2
"八五"时期	**22442.10**	**24387.46**	**-1945.36**	**116.3**	**117.2**
1991	3149.48	3386.62	-237.14	107.2	109.8
1992	3483.37	3742.20	-258.83	110.6	110.5
1993	4348.95	4642.30	-293.35	124.8	124.1
1994	5218.10	5792.62	-574.52	120.0	124.8
1995	6242.20	6823.72	-581.52	119.6	117.8
"九五"时期	**50774.39**	**57043.46**	**-6269.07**	**116.5**	**118.4**
1996	7407.99	7937.55	-529.56	118.7	116.3
1997	8651.14	9233.56	-582.42	116.8	116.3
1998	9875.95	10798.18	-922.23	114.2	116.9
1999	11444.08	13187.67	-1743.59	115.9	122.1
2000	13395.23	15886.50	-2491.27	117.0	120.5
"十五"时期	**115029.38**	**127800.68**	**-12771.25**	**118.7**	**116.2**
2001	16386.04	18902.58	-2516.54	122.3	119.0
2002	18903.64	22053.15	-3149.51	115.4	116.7
2003	21715.25	24649.95	-2934.70	114.9	111.8
2004	26396.47	28486.89	-2090.42	121.6	115.6
2005	31627.98	33708.12	-2080.14	119.8	118.3

注:1.本表不包括国内外债务收支。各计划时期指数为该时期年平均发展速度。

2.从2000年起,财政支出中包括国内外债务付息支出,以下各表中涉及财政支出和中央财政支出数据的均为此口径。

3.1985年及以前价格补贴冲减财政收入,1985年以后改列财政支出。为统一口径,本表对1985年及以前数字做了调整。

表 32　各地区财政收入和财政支出

单位:亿元

地　区	财政收入			财政支出		
	2003 年	2004 年	2005 年	2003 年	2004 年	2005 年
地方总计	**9850.0**	**11693.4**	**14884.2**	**17229.9**	**20592.8**	**25154.7**
北　京	592.4	744.5	919.2	734.8	898.3	1058.3
天　津	204.5	246.2	331.9	312.1	375.0	442.1
河　北	335.8	407.8	515.7	646.7	785.6	979.2
山　西	186.1	256.4	368.3	415.7	519.1	668.8
内蒙古	138.7	196.8	277.5	447.3	564.1	681.9
辽　宁	447.0	529.6	675.3	784.4	931.4	1204.4
吉　林	154.0	166.3	207.2	409.2	507.8	631.1
黑龙江	248.9	289.4	318.2	564.9	697.6	787.8
上　海	886.2	1106.2	1417.4	1088.4	1382.5	1646.3
江　苏	798.1	980.5	1322.7	1047.7	1312.0	1673.4
浙　江	706.6	806.0	1066.6	896.8	1062.9	1265.5
安　徽	220.7	274.6	334.0	507.4	601.5	713.1
福　建	304.7	333.5	432.6	452.3	516.7	593.4
江　西	168.2	205.8	252.9	382.1	454.1	564.0
山　东	713.8	828.3	1073.1	1010.6	1189.4	1466.2
河　南	338.1	428.8	537.7	716.6	880.0	1116.0
湖　北	259.7	310.5	375.5	540.4	646.3	778.7
湖　南	268.6	320.6	395.3	573.7	719.5	873.4
广　东	1315.5	1418.5	1807.2	1695.6	1853.0	2289.1
广　西	203.7	237.8	283.0	443.6	507.5	611.5
海　南	51.3	57.0	68.7	105.4	127.2	151.2
重　庆	161.6	200.6	256.8	341.6	395.7	487.4
四　川	336.6	385.8	479.7	732.3	895.3	1082.2
贵　州	124.6	149.3	182.5	332.4	418.4	520.7
云　南	229.0	263.4	312.6	587.3	663.6	766.3
西　藏	8.2	10.0	12.0	145.9	133.8	185.5
陕　西	177.3	215.0	275.3	418.2	516.3	639.0
甘　肃	87.7	104.2	123.5	300.0	356.9	429.3
青　海	24.0	27.0	33.8	122.0	137.3	169.8
宁　夏	30.0	37.5	47.7	105.8	123.0	160.3
新　疆	128.2	155.7	180.3	368.5	421.0	519.0

注:1. 本表及以下各地区表中,2005 年数据为月度执行情况汇总数,以前各年数据为各地区财政决算数。

2. 根据《财政部关于下达出口退税免抵未调库影响地方财政收入资金的通知》,2004 年中央本级出口退税增列 200 亿元,增加地方财政本级收入中增值税 200 亿元,这一增加额未在本表中反映。

表 33 金融、证券、保险基本情况

（年底数）

项目	单位	2001 年	2002 年	2003 年	2004 年	2005 年
金融						
银行系统机构总数	个	118691	108631	97802	88150	82453
银行系统职工人数	万人	187.9	182.7	177.7	174.5	180.0
金融机构人民币资金来源	亿元	154876	184025	225313	262740	302043
#各项存款	亿元	143617	170917	208056	241424	287170
金融机构人民币资金运用	亿元	154876	184025	225313	262740	302043
#各项贷款	亿元	112315	131294	158996	178198	194690
金融机构现金收入和支出						
现金收入	亿元	321380	365593	455528	567879	626978
现金支出	亿元	322416	367182	457996	569601	629542
投放（+）回笼（-）	亿元	1036	1589	2468	1722	2564
国家银行人民币资金来源	亿元	118424	137173	164524	193543	226481
#各项存款	亿元	97347	113452	134650	153557	181121
国家银行人民币资金运用	亿元	118424	137173	164524	193543	226481
#各项贷款	亿元	80078	90893	106156	116051	120851
货币供应量						
货币和准货币（M2）	亿元	158302	185007	221223	254107	298756
狭义货币（M1）	亿元	59872	70882	84119	95970	107279
流通中现金（M0）	亿元	15689	17278	19746	21468	24032
黄金储备	万盎司	1267	1929	1929	1929	1929
外汇储备	亿美元	2122	2864	4033	6099	8189
证券						
境内上市公司（A、B 股）	家	1160	1224	1287	1377	1381
境外上市公司（H 股）	家	60	75	93	111	122
股票发行量	亿股	141.1	291.7	281.4	227.9	541.5
股票筹资额	亿元	1252.3	961.8	1357.8	1510.9	1882.6
保险						
保险系统职工人数	万人	18.6	19.4	20.0	26.2	36.7
保险公司经济技术指标						
保费	亿元	2109	3054	3880	4318	4932
赔款及给付	亿元	597	707	841	1004	1137

注：国家银行统计口径包括中国人民银行、政策性银行、国有独资商业银行、邮政储蓄机构。

表34 金融机构现金收入和支出

单位:亿元

项目	2000年	2001年	2002年	2003年	2004年	2005年
收入总计	**277067**	**321380**	**365593**	**455528**	**567879**	**626978**
商品销售收入	32593	35716	40101	48546	57944	61763
服务业收入	13316	14957	16849	19369	22865	24091
税款收入	1586	1831	2114	2514	2880	3157
城乡个体经营收入	10652	11598	12645	15458	19109	20230
储蓄存款收入	183023	217657	252323	321578	404744	454954
其他金融机构收入	3060	2710	2260	2272	2565	2347
居民归还贷款收入	4078	5060	6261	8063	10290	11875
汇兑收入	5935	6204	5901	5092	5444	5326
有价证券收入	1918	1645	952	1124	1148	928
其他收入	20907	24003	26188	31512	40889	42307
#兑换外币收入	207	160	116	165	186	207
支出总计	**278264**	**322416**	**367182**	**457996**	**569601**	**629542**
工资性支出	20398	21537	23744	28641	34307	36963
农副产品采购支出	7126	7640	8340	10483	13059	14898
行政企事业管理费支出	15298	17640	19997	23768	27241	28585
城乡个体经营支出	13319	14815	16779	20958	24774	26450
储蓄存款支出	184907	218044	251240	318132	401910	451556
其他金融机构支出	2106	2477	2340	2233	2353	2123
居民提取贷款支出	3977	4955	6362	8080	9467	10322
汇兑支出	3790	3997	3931	3280	3280	2981
工矿及其它产品采购支出	4653	5245	6329	8741	11125	12697
有价证券支出	1304	1392	941	1002	923	762
其他支出	21387	24673	27179	32676	41163	42205

表 35 保险业基本情况

年份	机构数（个）	职工人数（人）	保费（亿元）	财产保险公司	人寿保险公司	赔款及给付（亿元）	财产保险公司	人寿保险公司
1994			376					
1995			453					
1996			538					
1997			773	382	390	247	215	32
1998		172892	1256	506	750	532	290	242
1999		171865	1406	527	879	508	280	228
2000	33	166602	1598	608	990	526	308	218
2001	35	185502	2109	685	1424	597	333	264
2002	44	194383	3054	780	2274	707	403	304
2003	62	199705	3880	869	3011	841	476	365
2004	68	262429	4318	1125	3194	1004	579	426
2005	93	366559	4932	1283	3649	1137	691	446

表 36 证券市场主要指标

种类	单位	2000 年	2001 年	2002 年	2003 年	2004 年	2005 年
境内上市公司数(A、B 股)	家	1088	1160	1224	1287	1377	1381
境外上市公司(H 股)	家	52	60	75	93	111	122
股票发行量	亿股	512.0	141.0	291.7	281.4	227.9	541.5
股票总发行股本	亿股	3791.7	5218.0	5875.5	6428.5	7149.4	7629.5
股票市价总值	亿元	48090.9	43522.2	38329.1	42457.7	37055.6	32430.3
证券成交金额	亿元	84411.7	63161.5	64287.4	94934.3	93386.0	60490.5
国债发行额	亿元	4657.0	4884.0	5934.3	6280.1	6923.9	7042.0
企业债发行额	亿元	83.0	147.0	325.0	358.0	327.0	2046.5
股票筹资额	亿元	2103.1	1252.3	961.8	1357.8	1510.9	1882.6
证券投资基金规模	亿元	562.0	804.0	1318.9	1614.7	3308.8	4714.0
上证综合指数(收盘)		2073.5	1646.0	1357.7	1497.0	1266.5	1161.1
深证综合指数(收盘)		635.7	475.9	388.8	378.6	315.8	278.8
投资者账户数	万户	6123.2	6898.7	6841.8	6981.2	7215.7	7336.1
期货总成交额	亿元	16082.3	30145.0	39490.3	108396.6	146935.3	134463.4

注：1. 证券成交金额包括股票、债券和证券投资基金；股票筹资额包括可转换债筹资额。

2. 2003 年起投资者账户数来源于中国证券登记结算公司，以前年份数据来源于上海、深圳证券交易所。本表对历史数据进行了调整。账户数 = 开户数 - 销户数。

表 37 国际收支平衡表

单位：万美元

项目	2004 年			2005 年		
	差额	贷方	借方	差额	贷方	借方
一、经常项目	**6865916**	**70069701**	**63203785**	**16081831**	**90358179**	**74276348**
A. 货物和服务	4928364	65582658	60654293	12479770	83688783	71209013
a. 货物	5898228	59339251	53441024	13418910	76248373	62829464
b. 服务	-969863	6243407	7213270	-939139	7440410	8379549
1. 运输	-1247627	1206749	2454376	-1302102	1542652	2844755
2. 旅游	658970	2573900	1914930	753693	2929600	2175907
3. 通讯服务	-3174	44046	47220	-11817	48523	60340
4. 建筑服务	12866	146749	133883	97357	259295	161938
5. 保险服务	-574279	38078	612357	-665014	54942	719956
6. 金融服务	-4415	9395	13810	-1424	14523	15948
7. 计算机和信息服务	38440	163715	125275	21768	184018	162251
8. 专有权利使用费和特许费	-426025	23636	449661	-516385	15740	532125
9. 咨询	-158179	315252	473431	-86141	532213	618354
10. 广告、宣传	15029	84863	69834	36052	107573	71521
11. 电影、音像	-13484	4099	17583	-2010	13386	15395
12. 其它商业服务	747262	1595075	847814	749703	1688478	938775
13. 别处未提及的政府服务	-15249	37850	53099	-12818	49466	62284
B. 收益	-352267	2054410	2406676	1063514	3895910	2832396
1. 职工报酬	63219	201436	138217	151965	333706	181741
2. 投资收益	-415486	1852974	2268460	911549	3562204	2650655
C. 经常转移	2289819	2432634	142815	2538547	2773486	234939
1. 各级政府	-8906	9754	18659	-17623	4885	22508
2. 其它部门	2298725	2422880	124155	2556170	2768601	212431
二、资本和金融项目	**11065976**	**34335015**	**23269040**	**6296392**	**41895620**	**35599228**
A. 资本项目	-6935		6935	410179	415515	5336
B. 金融项目	11072910	34335015	23262105	5886212	41480105	35593893
1. 直接投资	5313143	6090578	777435	6782104	8607126	1825022
2. 证券投资	1968987	2026212	57224	-493284	2199744	2693027
3. 其它投资	3790780	26218226	22427446	-402608	30673235	31075843
三、储备资产	**-20636400**	**47800**	**20684200**	**-20701600**	**192900**	**20894500**
1. 货币黄金						
2. 特别提款权	-16100		16100	-500		500
3. 在基金组织的储备头寸	47800	47800		192900	192900	
4. 外汇	-20668100		20668100	-20894000		20894000
5. 其它债权						
四、净误差与遗漏	**2704508**	**2704508**		**-1676623**		**1676623**

注:2005 年国际收支平衡表中,外国来华直接投资流入(贷方)包括我国非金融部门和金融部门的外 国来华直接投资投资流入。同时,根据《国际收支手册》(第五版)的原则,境内外母子公司往来和贷款,以及对非居民的建筑物出售收入亦属于直接投资统计范畴,本次也纳入统计。

表 38　国家外债余额和外债风险指标

指　　标	单 位	2000 年	2001 年	2002 年	2003 年	2004 年	2005 年
国家外债余额	**亿美元**	**1457.3**	**1701.1**	**1713.6**	**1936.3**	**2286.0**	**2810.5**
按债务类型分							
外国政府贷款	亿美元	246.1	237.0	244.2	254.2	322.1	272.0
国际金融组织贷款	亿美元	263.5	275.7	277.0	264.7	251.0	267.9
国际商业贷款	亿美元	947.7	972.3	929.1	1051.7	1247.8	1362.6
贸易信贷	亿美元		216.1	263.2	365.7	465.0	908.0
按偿还期限分							
中长期债务余额	亿美元	1326.5	1195.3	1155.6	1165.9	1242.9	1249.0
短期债务余额	亿美元	130.8	505.8	558.0	770.4	1043.1	1561.4
外债风险指标							
偿债率	%	9.2	7.5	7.9	6.9	3.2	3.1
负债率	%	13.5	14.7	13.6	13.7	13.9	12.6
债务率	%	52.1	56.8	46.1	39.9	34.9	33.6

注:1. 2001 年起外债余额按新口径统计,比 2000 年及以前的登记债务余额增加了 3 个月以内贸易项下的对外融资余额。
2. 偿债率指偿还外债本息与当年贸易和非贸易外汇收入(国际收支口径)之比。
3. 负债率指外债余额与当年国内生产总值之比。
4. 债务率指外债余额与当年贸易和非贸易外汇收入(国际收支口径)之比。

表 39　各 种 价 格 指 数

(上年 = 100)

指　　标	单位	2000 年	2001 年	2002 年	2003 年	2004 年	2005 年
居民消费价格指数	上年 = 100	100.4	100.7	99.2	101.2	103.9	101.8
城市居民	上年 = 100	100.8	100.7	99.0	100.9	103.3	101.6
农村居民	上年 = 100	99.9	100.8	99.6	101.6	104.8	102.2
商品零售价格指数	上年 = 100	98.5	99.2	98.7	99.9	102.8	100.8
农业生产资料价格指数	上年 = 100	99.1	99.1	100.5	101.4	110.6	108.3
原材料、燃料、动力购进价格指数	上年 = 100	105.1	99.8	97.7	104.8	111.4	108.3
工业品出厂价格指数	上年 = 100	102.8	98.7	97.8	102.3	106.1	104.9
生产资料	上年 = 100	105.1	98.8	97.7	103.6	107.8	106.8
生活资料	上年 = 100	97.8	98.5	97.9	98.9	101.2	99.8
固定资产投资价格指数	上年 = 100	101.1	101.6	100.2	102.2	105.6	101.6
建筑安装工程价格指数	上年 = 100	102.4	101.4	101.0	104.2	108.2	101.8
房地产销售价格	上年 = 100	101.1	102.2	103.7	104.8	109.7	107.6
土地交易价格	上年 = 100	100.2	101.7	106.9	108.3	110.1	109.1
房屋租赁价格指数	上年 = 100	102.4	102.8	100.8	101.9	101.4	101.9

表40 居民消费价格指数

（上年=100）

项　目	2001年	2002年	2003年	2004年	2005年
居民消费价格指数	**100.7**	**99.2**	**101.2**	**103.9**	**101.8**
食品	**100.0**	**99.4**	**103.4**	**109.9**	**102.9**
#粮食	99.3	98.3	102.3	126.4	101.4
油脂	91.7	98.7	112.6	118.2	94.3
肉禽及其制品	101.6	99.5	103.3	117.6	102.5
蛋	106.0	102.6	98.6	120.2	104.6
水产品	97.1	96.7	100.3	112.7	105.9
菜	100.9	98.2	117.7	95.1	109.1
糖	104.6	97.3	97.5	102.2	104.0
茶及饮料	99.1	99.0	99.2	100.0	100.1
干鲜瓜果	99.9	103.1	103.0	104.0	102.2
奶及奶制品	99.1	99.0	99.2	100.5	100.9
烟酒及用品	**99.7**	**99.9**	**99.8**	**101.2**	**100.4**
#烟草	99.6	99.9	99.8	100.9	100.4
酒	99.9	100.1	100.1	102.2	100.6
衣着	**98.1**	**97.6**	**97.8**	**98.5**	**98.3**
#服装	97.6	97.4	97.6	98.3	98.1
鞋袜帽	99.0	98.0	97.7	98.3	98.3
家庭设备用品及服务	**97.7**	**97.5**	**97.4**	**98.6**	**99.9**
#耐用消费品	96.1	95.9	95.8	97.1	98.8
室内装饰品	98.3	98.8	98.8	99.2	99.5
家庭服务及加工维修服务	101.5	101.2	101.1	101.9	104.4
医疗保健和个人用品	**100.0**	**98.8**	**100.9**	**99.7**	**99.9**
医疗保健	100.3	98.5	101.2	99.1	99.5
个人用品及服务费	99.5	99.5	100.2	101.2	100.8
交通和通信	**99.0**	**98.1**	**97.8**	**98.5**	**99.0**
交通	101.0	99.1	99.5	100.4	101.5
通信	96.8	97.2	96.1	96.8	96.6
娱乐教育文化	**106.6**	**100.6**	**101.3**	**101.3**	**102.2**
文娱用耐用消费品及服务	91.2	90.5	92.7	93.3	93.8
教育	113.6	103.7	104.3	103.4	105.1
文化娱乐用品	101.7	101.2	101.3	101.1	101.2
旅游及外出	100.3	95.9	95.4	100.6	99.6
居住	**101.2**	**99.9**	**102.1**	**104.9**	**105.4**
建房及装修材料	98.8	98.4	99.5	104.3	102.6
租房	108.6	104.4	103.5	103.0	101.9
自有住房	100.0	95.4	99.1	100.9	105.6
水电燃料	102.5	102.9	105.7	107.5	108.6

表 41　商品零售价格指数

（上年 =100）

项　　目	2004 年			2005 年		
	全国	城市	农村	全国	城市	农村
商品零售价格指数	**102.8**	**102.1**	**104.2**	**100.8**	**100.5**	**101.4**
食品	109.9	108.8	111.9	103.1	103.3	102.8
#粮食	126.5	125.2	128.3	101.4	101.6	101.2
油脂	116.8	115.0	119.1	94.7	94.6	94.8
肉禽及其制品	117.1	116.8	117.6	103.0	102.8	103.3
蛋	119.8	120.4	118.9	104.7	104.3	105.5
水产品	112.5	111.1	115.7	105.8	106.3	104.6
菜	95.2	94.4	96.8	108.1	108.6	107.2
干鲜瓜果	104.1	103.7	104.9	101.7	101.9	101.2
奶及奶制品	100.4	100.1	101.7	100.9	100.7	101.5
饮料、烟酒	**101.0**	**101.0**	**101.0**	**100.5**	**100.4**	**100.6**
服装、鞋帽	**98.2**	**97.9**	**98.6**	**97.9**	**97.4**	**99.1**
纺织品	**100.0**	**99.5**	**100.7**	**99.8**	**99.3**	**100.4**
家用电器及音像器材	**94.7**	**94.1**	**95.9**	**96.3**	**95.9**	**97.3**
家庭设备	96.0	95.6	96.9	98.8	98.8	98.8
文娱用耐用消费品	92.3	90.9	94.7	92.8	91.2	95.6
音像器材类	96.9	96.7	98.1	97.0	96.8	98.1
文化办公用品	**96.9**	**96.4**	**97.9**	**96.7**	**96.0**	**98.2**
日用品	**99.6**	**99.4**	**99.9**	**100.2**	**100.2**	**100.2**
体育娱乐用品	**98.2**	**97.8**	**99.1**	**98.4**	**98.1**	**99.1**
体育用品	99.4	99.5	99.4	99.8	99.9	99.7
娱乐用品	97.2	96.5	98.9	97.4	96.9	98.7
交通、通信用品	**91.8**	**91.1**	**93.3**	**91.7**	**90.8**	**94.0**
交通运输机械	95.2	94.7	96.6	95.3	94.7	97.1
通讯器材类	86.1	84.2	89.6	85.6	83.2	90.4
家具	**98.8**	**98.7**	**99.0**	**99.1**	**98.7**	**100.1**
化妆品	**98.9**	**98.9**	**99.0**	**99.3**	**99.2**	**99.5**
金银珠宝	**111.6**	**111.4**	**112.3**	**104.4**	**104.6**	**104.1**
中西药品及医疗保健用品	**96.7**	**96.7**	**96.7**	**97.6**	**97.7**	**97.4**
#中药材及中成药	98.4	98.7	97.9	96.5	96.6	96.3
西药	94.5	94.3	95.0	97.8	97.8	97.8
书报杂志及电子出版物	**101.0**	**100.9**	**101.4**	**100.3**	**100.4**	**100.3**
教材及参考书	102.8	102.6	103.1	100.8	101.0	100.5
书报杂志	100.6	100.5	100.7	100.7	100.7	100.5
电子音像制品	98.4	98.3	98.6	98.7	98.5	99.1
燃料	**112.4**	**111.5**	**114.1**	**115.4**	**114.3**	**117.4**
煤炭及制品类	119.2	117.4	120.6	121.5	120.1	122.7
石油及制品类	110.6	110.4	111.2	113.6	113.2	114.6
建筑材料及五金电料	**103.7**	**103.0**	**104.6**	**102.1**	**101.9**	**102.5**
建筑装潢材料	104.2	103.5	105.2	102.3	102.0	102.8
五金电料类	102.0	101.7	102.5	101.5	101.6	101.3

表42 人民物质文化生活状况

项　　目	单 位	1989年	1997年	2004年	2005年
就 业					
农村居民家庭每一劳动力负担人数	人	1.65	1.56	1.45	1.45
城镇居民家庭每一就业者负担人数	人	1.78	1.74	1.91	1.96
年末城镇登记失业率	%	2.6	3.1	4.2	4.2
收 入					
农村居民人均纯收入	元	602	2090	2936	3255
农村居民人均纯收入指数	1978年=100	306	437	588	625
城镇居民人均可支配收入	元	1374	5160	9422	10493
城镇居民人均可支配收入指数	1978年=100	183	312	554	607
职工平均工资	元	1935	6470	16024	18405
消 费					
全国居民消费水平	元	762	2834	4925	5434
农村居民	元	553	1876	2301	2608
城镇居民	元	1568	5796	8679	9278
农村居民人均生活消费支出	元	535	1617	2185	2555
农村居民恩格尔系数	%	54.8	55.1	47.2	45.5
城镇居民人均消费性支出	元	1211	4186	7182	7943
城镇居民恩格尔系数	%	54.5	46.6	37.7	36.7
储 蓄					
城乡居民人民币储蓄存款余额	亿元	5196	46280	119555	141051
平均每人储蓄存款余额	元	461	3744	9197	10787
住 房					
农村新建住宅面积	亿平方米	6.8	8.1	6.8	6.5
城镇新建住宅面积	亿平方米	2.0	4.1	5.7	6.1
农村人均住房面积	平方米	17.2	22.5	27.9	29.7
城市人均住宅建筑面积	平方米	13.5	17.8	25.0	
城市公用事业					
用水普及率	%	47.4	61.2	88.9	90.2
人均公共绿地面积	平方米	1.7	2.9	7.4	8.1
文 化					
农村每百户拥有彩色电视机	台	3.6	27.3	75.1	84.0
城镇每百户拥有彩色电视机	台	51.5	100.5	133.4	134.8
广播综合人口覆盖率	%	73.0	86.0	94.1	94.5
电视综合人口覆盖率	%	77.9	87.6	95.3	95.8
教育卫生					
学龄儿童净入学率	%	97.4	98.9	98.9	99.2
每十万人口高等学校在校学生数	人		482	1420	1613
每万人口医院、卫生院床位数	张	22.8	23.5	24.0	24.5
每万人口医生数	人	15.6	16.5	15.0	15.1

注:1. 本表价值量指标按当年价格计算,指数按可比价格计算。
　2. 城市人均住宅建筑面积和城市公用事业数据来源于建设部。

表 43　城乡居民家庭人均收入和指数

年　份	农村居民家庭人均纯收入			城镇居民家庭人均可支配收入		
	绝对数（元）	指　数（1978 年 = 100）	指　数（上年 = 100）	绝对数（元）	指　数（1978 年 = 100）	指　数（上年 = 100）
1978	133.6	100.0		343.4	100.0	
1979	160.2	119.2	119.2	405.0	115.7	115.7
1980	191.3	139.0	116.6	477.6	127.0	109.7
1981	223.4	160.4	115.4	500.4	129.9	102.2
1982	270.1	192.3	119.9	535.3	136.3	104.9
1983	309.8	219.6	114.2	564.6	141.5	103.9
1984	355.3	249.5	113.6	652.1	158.7	112.2
1985	397.6	268.9	107.8	739.1	160.4	101.1
1986	423.8	277.6	103.2	900.9	182.7	113.9
1987	462.6	292.0	105.2	1002.1	186.8	102.2
1988	544.9	310.7	106.4	1180.2	182.3	97.6
1989	601.5	305.7	98.4	1373.9	182.5	100.1
1990	686.3	311.2	101.8	1510.2	198.1	108.5
1991	708.6	317.4	102.0	1700.6	212.4	107.1
1992	784.0	336.2	105.9	2026.6	232.9	109.7
1993	921.6	346.9	103.2	2577.4	255.1	109.5
1994	1221.0	364.4	105.0	3496.2	276.8	108.5
1995	1577.7	383.7	105.3	4283.0	290.3	104.9
1996	1926.1	418.2	109.0	4838.9	301.6	103.8
1997	2090.1	437.4	104.6	5160.3	311.9	103.4
1998	2162.0	456.2	104.3	5425.1	329.9	105.8
1999	2210.3	473.5	103.8	5854.0	360.6	109.3
2000	2253.4	483.5	102.1	6280.0	383.7	106.4
2001	2366.4	503.8	104.2	6859.6	416.3	108.5
2002	2475.6	528.0	104.8	7702.8	472.1	113.4
2003	2622.2	550.7	104.3	8472.2	514.6	109.0
2004	2936.4	588.2	106.8	9421.6	554.2	107.7
2005	3254.9	624.6	106.2	10493.0	607.4	109.6
平均每年增长(%)						
1979 - 2005 年		7.0			6.9	
1990 - 2005 年		4.6			7.8	
1998 - 2005 年		4.6			8.7	
“九五”时期		4.7			5.7	
“十五”时期		5.3			9.6	

注:本表绝对数按当年价格计算,指数和平均增长速度按可比价格计算。

表44 城乡居民家庭人均消费支出和住房情况

年 份	农村居民家庭		城镇居民家庭		农村人均住房面积（平方米）	城市人均住宅建筑面积（平方米）
	人均生活消费支出(元)	恩格尔系数(%)	人均消费性支出(元)	恩格尔系数(%)		
1978	116.06	67.7	311.16	57.5	8.1	6.7
1979	134.51	64.0			8.4	6.9
1980	162.21	61.8	412.44	56.9	9.4	7.2
1981	190.81	59.9	456.84	56.7	10.2	7.7
1982	220.23	60.7	471.00	58.6	10.7	8.2
1983	248.29	59.4	505.92	59.2	11.6	8.7
1984	273.80	59.2	559.44	58.0	13.6	9.1
1985	317.42	57.8	673.20	53.3	14.7	10.0
1986	356.95	56.4	798.96	52.4	15.3	12.4
1987	398.29	55.8	884.40	53.5	16.0	12.7
1988	476.66	54.0	1103.98	51.4	16.6	13.0
1989	535.37	54.8	1210.95	54.5	17.2	13.5
1990	584.63	58.8	1278.89	54.2	17.8	13.7
1991	619.79	57.6	1453.81	53.8	18.5	14.2
1992	659.21	57.6	1671.73	53.0	18.9	14.8
1993	769.65	58.1	2110.81	50.3	20.7	15.2
1994	1016.81	58.9	2851.34	50.0	20.2	15.7
1995	1310.36	58.6	3537.57	50.1	21.0	16.3
1996	1572.08	56.3	3919.47	48.8	21.7	17.0
1997	1617.15	55.1	4185.64	46.6	22.5	17.8
1998	1590.33	53.4	4331.61	44.7	23.3	18.7
1999	1577.42	52.6	4615.91	42.1	24.2	19.4
2000	1670.13	49.1	4998.00	39.4	24.8	20.3
2001	1741.09	47.7	5309.01	38.2	25.7	20.8
2002	1834.31	46.2	6029.88	37.7	26.5	22.8
2003	1943.30	45.6	6510.94	37.1	27.2	23.7
2004	2184.65	47.2	7182.10	37.7	27.9	25.0
2005	2555.40	45.5	7942.90	36.7	29.7	

注:1. 城市人均住宅建筑面积为建设部统计数字。

2. 本表城镇居民家庭恩格尔系数按2002年口径进行了调整。

表45 城乡居民人民币储蓄存款年底余额和年增加额

单位:亿元

年份	年底余额			年增加额		
	总计	定期	活期	总计	定期	活期
1978	210.6	128.9	81.7	29.0	17.2	11.8
1980	399.5	304.9	94.6	118.5	138.5	-20.0
1985	1622.6	1225.2	397.4	407.9	324.3	83.6
1990	7119.8	5911.2	1208.6	1923.4	1695.8	227.6
1991	9241.6	7691.7	1549.9	2121.8	1780.5	341.3
1992	11759.4	9425.2	2334.2	2517.8	1733.5	784.3
1993	15203.5	11971.0	3232.5	3444.1	2545.8	898.3
1994	21518.8	16838.7	4680.1	6315.3	4867.7	1447.6
1995	29662.3	23778.2	5884.1	8143.5	6939.5	1204.0
1996	38520.8	30873.4	7647.4	8858.5	7095.2	1763.3
1997	46279.8	36226.7	10053.1	7759.0	5353.3	2405.7
1998	53407.5	41791.6	11615.9	7127.7	5564.9	1562.8
1999	59621.8	44955.1	14666.7	6214.3	3163.5	3050.8
2000	64332.4	46141.7	18190.7	4710.6	1186.6	3524.0
2001	73762.4	51434.9	22327.6	9457.6	4144.5	5313.2
2002	86910.6	58788.9	28121.7	13233.1	7431.9	5801.2
2003	103617.3	68498.6	35118.7	16631.6	9674.5	6957.1
2004	119555.4	78138.9	41416.5	15929.4	9640.6	6288.9
2005	141051.0	92263.5	48787.5	21496.8	14127.2	7369.6

表46 农村居民贫困状况

年份	贫困标准(元/人)	贫困人口(万人)	贫困发生率(%)	年份	贫困标准(元/人)	贫困人口(万人)	贫困发生率(%)
1978	100	25000	30.7	1995	530	6540	7.1
1984	200	12800	15.1	1997	640	4962	5.4
1985	206	12500	14.8	1998	635	4210	4.6
1986	213	13100	15.5	1999	625	3412	3.7
1987	227	12200	14.3	2000	625	3209	3.4
1988	236	9600	11.1	2001	630	2927	3.2
1989	259	10200	11.6	2002	627	2820	3.0
1990	300	8500	9.4	2003	637	2900	3.1
1992	317	8000	8.8	2004	668	2610	2.8
1994	440	7000	7.7	2005	683	2365	2.5

注:贫困发生率也称贫困人口比重指数,指低于贫困线的人口数占总人口数的比重。

表47 城镇居民家庭基本情况

项 目	单位	2000年	2002年	2003年	2004年	2005年
调查户数	**户**	**42220**	**45317**	**48028**	**50430**	**54496**
平均每户家庭人口数	人	3.13	3.04	3.01	2.98	2.96
平均每户就业人口数	人	1.68	1.58	1.58	1.56	1.51
平均每户就业面	%	53.67	51.97	52.49	52.35	51.01
平均每一就业者负担人数(含本人)	人	1.86	1.92	1.91	1.91	1.96
平均每人全年可支配收入	**元**	**6280.0**	**7702.8**	**8472.2**	**9421.6**	**10493.0**
平均每人全部年收入	**元**	**6295.9**	**8177.4**	**9061.2**	**10128.5**	**11320.8**
工薪收入	元	4480.5	5740.0	6410.2	7152.8	7797.5
经营净收入	元	246.2	332.2	403.8	493.9	679.6
财产性收入	元	128.4	102.1	135.0	161.2	192.9
转移性收入	元	1440.8	2003.2	2112.2	2320.7	2650.7
平均每人实际支出	**元**	**6147.4**	**7893.0**	**8731.6**	**9714.0**	**10579.5**
#消费性支出	元	4998.0	6029.9	6510.9	7182.1	7942.9
食品	元	1971.3	2271.8	2416.9	2709.6	2914.4
衣着	元	500.5	590.9	637.7	686.8	800.5
家庭设备用品及服务	元	374.5	388.7	410.3	407.4	446.5
医疗保健	元	318.1	430.1	476.0	528.2	600.9
交通和通信	元	427.0	626.0	721.1	843.6	996.7
娱乐教育文化服务	元	669.6	902.3	934.4	1032.8	1097.5
居住	元	565.3	624.4	699.4	733.5	808.7
杂项商品和服务	元	171.8	195.8	215.1	240.2	277.8
非消费性支出	元	1146.1	1863.1	2220.6	2531.9	2636.6
恩格尔系数	**%**	**39.4**	**37.7**	**37.1**	**37.7**	**36.7**

注:1. 本表为城镇居民家庭抽样调查资料。从2002年起,城市住户调查对象由原来的非农业人口改为城市市区和县城关镇区常住人口,与以前年份不完全可比。

2. 本表历年数据收入按2002年口径进行了调整。

3. 可支配收入计算公式:

2001年及以前:可支配收入=实际收入-个人所得税-家庭副业生产支出-记帐补贴

2002年及以后:可支配收入=全部收入-个人所得税-社会保障支出-记帐补贴

表 48 城镇居民家庭平均每百户耐用消费品年底拥有量

项 目	单 位	2000 年	2001 年	2002 年	2003 年	2004 年	2005 年
摩托车	辆	18.8	20.4	22.2	24.0	24.8	25.0
洗衣机	台	90.5	92.2	92.9	94.4	95.9	95.5
电冰箱	台	80.1	81.9	87.4	88.7	90.2	90.7
彩色电视机	台	116.6	120.5	126.4	130.5	133.4	134.8
录放像机	台	20.1	19.9	18.4	17.9	17.6	15.5
组合音响	台	22.2	23.8	25.2	26.9	28.3	28.8
照相机	台	38.4	39.8	44.1	45.4	47.0	46.9
空调器	台	30.8	35.8	51.1	61.8	69.8	80.7
淋浴热水器	台	49.1	52.0	62.4	66.6	69.4	72.7
排油烟机	台	54.1	55.5	60.7	63.6	65.6	67.9
影碟机	台	37.5	42.6	52.6	58.7	63.3	68.1
家用电脑	台	9.7	13.3	20.6	27.8	33.1	41.5
摄像机	台	1.3	1.6	1.9	2.5	3.2	4.3
微波炉	台	17.6	22.3	30.9	37.0	41.7	47.6
健身器材	件	3.5	4.0	3.7	4.1	4.2	4.7
家用汽车	辆	0.5	0.6	0.9	1.4	2.2	3.4
移动电话	部	19.5	34.0	62.9	90.1	111.4	137.0
普通电话	部			93.7	95.4	96.4	94.4

表 49 按五等份分组的城镇居民家庭收入与支出

单位:元

项 目	2000 年	2001 年	2002 年	2003 年	2004 年	2005 年
平均每人可支配收入	**6280.0**	**6859.6**	**7702.8**	**8472.2**	**9421.6**	**10493.0**
低收入户	3132.0	3319.7	3032.1	3295.4	3642.2	4017.3
中低收入户	4623.5	4946.6	4932.0	5377.3	6024.1	6710.6
中等收入户	5897.9	6366.2	6656.8	7278.8	8166.5	9190.1
中高收入户	7487.4	8164.2	8869.5	9763.4	11050.9	12603.4
高收入户	11299.0	12662.6	15459.5	17471.8	20101.6	22902.3
平均每人消费性支出	**4998.0**	**5309.0**	**6029.9**	**6510.9**	**7182.1**	**7942.9**
低收入户	2899.1	3064.4	2826.0	3066.8	3396.3	3708.3
中低收入户	3947.9	4197.6	4206.0	4557.8	5096.2	5574.3
中等收入户	4794.6	5131.6	5452.9	5848.0	6498.4	7308.1
中高收入户	5894.9	6241.5	6940.0	7547.3	8345.7	9410.8
高收入户	8135.7	8624.0	11023.1	12066.9	13753.1	15575.9

表50　农村居民家庭基本情况

项　　目	单位	1990年	1995年	2000年	2004年	2005年
调查户数	**户**	**66960**	**67340**	**68116**	**68190**	**68190**
调查户常住人口	**人**	**321429**	**301878**	**286162**	**278234**	**277759**
平均每户常住人口	人	4.80	4.48	4.20	4.08	4.07
平均每户整、半劳动力	人	2.92	2.88	2.76	2.82	2.82
平均每个劳动力负担人口(含本人)	人	1.64	1.56	1.52	1.45	1.45
平均每户生产性固定资产原值	元	1258	2774	4673	5956	7156
平均每人经营耕地面积	亩	2.10	2.17	1.98	2.00	2.08
平均每人年收入						
总收入	**元**	990.4	2337.9	3146.2	4039.6	4631.2
工资性收入	元	138.8	353.7	702.3	998.5	1174.5
家庭经营收入	元	815.8	1877.4	2251.3	2804.5	3164.4
财产性收入	元	35.8	41.0	45.0	76.6	88.5
转移性收入	元		65.8	147.6	160.0	203.8
纯收入	**元**	686.3	1577.7	2253.4	2936.4	3254.9
工资性收入	元	138.8	353.7	702.3	998.5	1174.5
家庭经营收入	元	518.6	1125.8	1427.3	1745.8	1844.5
财产性收入	元	29.0	41.0	45.0	76.6	88.5
转移性收入	元		57.3	78.8	115.5	147.4
现金收入	**元**	676.7	1595.6	2381.6	3234.2	3915.5
工资性收入	元	136.4	352.9	700.4	997.6	1173.1
家庭经营收入	元	481.2	1116.7	1498.8	2019.8	2472.3
财产性收入	元	59.1	38.2	38.9	62.6	71.8
转移性收入	元		87.8	143.5	154.2	198.3
平均每人年支出						
总支出	元	903.5	2138.3	2652.4	3430.1	4126.9
#生活消费支出	元	584.6	1310.4	1670.1	2184.7	2555.4
恩格尔系数	%	58.8	58.6	49.1	47.2	45.5
现金支出	元	639.1	1545.8	2140.4	2862.5	3567.3
房屋使用情况						
平均每人年内新建房屋面积	平方米	0.82	0.78	0.87	0.60	0.83
平均每人年末住房面积	平方米	17.83	21.01	24.82	27.90	29.68

表 51 农村居民家庭平均每百户主要耐用消费品年底拥有量

项目	单位	2000 年	2001 年	2002 年	2003 年	2004 年	2005 年
电视机	台	101.7	105.2	108.6	110.6	113.0	105.7
#彩电	台	48.7	54.4	60.5	67.8	75.1	84.0
电冰箱	台	12.3	13.6	14.8	15.9	17.8	20.1
摩托车	辆	21.9	24.7	28.1	31.8	36.2	41.0
洗衣机	台	28.6	29.9	31.8	34.3	37.3	40.2
空调机	台	1.3	1.7	2.3	3.5	4.7	6.4
电话机	部	26.4	34.1	40.8	49.1	54.5	58.3
移动电话	部	4.3	8.1	13.7	23.7	34.7	50.2
家用计算机	台	0.5	0.7	1.1	1.4	1.9	2.1

表 52 按五等份分组的农村居民家庭纯收入与生活消费支出

单位:元

项目	2000 年	2001 年	2002 年	2003 年	2004 年	2005 年
平均每人全年纯收入	**2253**	**2366**	**2476**	**2622**	**2936**	**3255**
低收入户	802	818	857	866	1007	1067
中低收入户	1440	1491	1548	1607	1842	2018
中等收入户	2004	2081	2164	2273	2579	2851
中高收入户	2767	2891	3031	3207	3608	4003
高收入户	5190	5534	5903	6347	6931	7747
平均每人生活消费支出	**1670**	**1741**	**1834**	**1943**	**2185**	**2555**
低收入户	977	992	1006	1065	1248	1548
中低收入户	1233	1274	1310	1378	1581	1913
中等收入户	1501	1563	1645	1733	1951	2328
中高收入户	1877	1946	2087	2189	2460	2879
高收入户	3086	3308	3500	3756	4129	4593

表 53 城市建设基本概况

指标	单位	1990 年	1995 年	2000 年	2003 年	2004 年	2005 年
城市人口	亿人	3.3	3.8	3.9	3.4	3.4	3.6
#非农业人口	亿人	1.5	1.8	2.1	2.3		
城市面积	万平方公里	116.6	117.2	87.8	39.9	39.4	46.5
#建成区面积	万平方公里	1.3	1.9	2.2	2.8	3.0	3.1
城市维护建设资金收入	亿元	210.5	774.4	1988.9	4276.2		
#城市“两项”维护建设资金收入	亿元	87.7	185.6	291.4	427.4		
城市维护建设税	亿元	65.1	140.9	237.3	371.7		
公用事业附加	亿元	22.6	44.7	54.1	55.7		
供水综合生产能力	亿立方米/日	1.4	1.9	2.2	2.4	2.5	2.5
供水总量	亿立方米	382.3	481.6	469.0	475.3	490.3	
#生活用水	亿立方米	100.1	158.1	200.0	224.7	233.5	
用水人口	亿人	1.6	2.2	2.5	2.9	3.0	
城市公共交通标准运营车辆	万标台	7.0	13.6	20.6	25.9	28.7	
城市公共汽(电)车客运总量	亿人次	276.8	299.0	341.0	381.4	426.7	
出租汽车数	万辆	11.1	50.4	82.5	90.3	90.3	
城市人工煤气和天然气供气总量	亿立方米	238.9	194.0	234.5	343.7	383.1	
液化石油气供气总量	万吨	219.0	488.7	1053.7	1126.3	1122.4	
用气人口	亿人	0.6	1.3	1.8	2.6	2.8	
用气普及率	%	19.1	34.3	45.4	76.7	81.5	82.9
集中供热能力							
蒸汽	万吨/小时	2.0	6.8	7.4	9.3	9.8	
热水	万兆瓦	2.0	11.7	9.7	17.1	17.4	
集中供热总量							
蒸汽	亿吉焦	0.7	1.6	2.4	5.9	6.9	
热水	亿吉焦	2.2	7.5	8.3	12.9	12.5	
集中供热面积	亿平方米	2.1	6.5	11.1	18.9	21.6	22.3
道路长度	万公里	9.5	13.0	16.0	20.8	21.8	23.1
道路面积	亿平方米	10.2	16.5	23.8	31.6	35.3	
污水年排放量	亿立方米	293.9	350.3	331.8	349.2		
污水处理厂处理能力	万立方米/日	277	714	2158	4254	7387	8091
污水年处理量	亿立方米		69.0	113.6	148.0		
建成区绿化覆盖面积	万公顷	24.7	46.1	63.2	88.2	96.0	
城市公共绿地面积	万公顷	5.8	9.4	14.3	22.0	25.2	
人均公共绿地面积	平方米	1.8	2.5	3.7	6.5	7.4	8.1
垃圾、粪便清运量	亿吨	0.9	1.4	1.5	1.8	3.4	
垃圾无害化年处理量	万吨	212	6014	7255	7545	8089	
城镇人均住宅建筑面积	平方米	13.7	16.3	20.3	23.7	25.0	

表 54 农村基层组织和农业基本情况（一）

项目	单位	1990 年	1995 年	2000 年	2004 年	2005 年
农村基层组织						
乡镇数	个	55838	47136	43735	36952	35509
#镇数	个	11392	17282	19692	19171	18888
村民委员会	个	743278	740150	734715	652718	640139
乡村人口和从业人员						
乡村户数	万户	22237	23282	24149	24971	25223
乡村人口数	万人	89590	91675	92820	94254	94907
乡村从业人员	万人	42010	45042	47962	49695	50387
按性别分						
男	万人	22552	24037	25518	26526	26930
女	万人	19458	21004	22444	23169	23457
按行业分						
农林牧渔业	万人	33336	32335	32798	30596	29976
工 业	万人	3229	3971	4109	5439	6011
建筑业	万人	1523	2204	2692	3381	3653
交通运输业、仓储及邮电通讯业	万人	635	983	1171	1476	1567
批发零售贸易业餐饮业	万人	693	1170	1752	2702	2938
其他非农行业	万人	2593	4380	5442	6102	6242
农业机械拥有量						
农用机械总动力	万千瓦	28708	36118	52574	64028	68398
大中型拖拉机	万台	81.4	67.2	97.5	111.9	139.6
大中型拖拉机动力	万千瓦	2746	2404	3161	3713	4294
小型拖拉机	万台	698	865	1264	1455	1527
小型拖拉机动力	万千瓦	6231	7848	11664	13855	14661
大中型拖拉机配套农具	万部	97	99	140	188	226
小型拖拉机配套农具	万部	649	958	1789	2310	2465

注：1. 本表乡镇数是指经国家批准设立乡、镇人民政府的乡和农村建制镇，不包括县政府驻地镇和工矿区。
2. 本表乡村人口数是指户口在乡村的常住人口，具体范围按 1964 年建镇标准划分，包括后来的新建制镇人口，口径大于人口部分的乡村总人口。
3. 本表乡村从业人员是指乡村人口中 16 岁以上实际参加生产经营活动并取得实物或货币收入的人员。
4. 分行业从业人员是按从事的主行业划分的，如以农业为主，兼营商业的，仍作为农业从业人员。

表55　农村基层组织和农业基本情况（二）

项　　目	单 位	1990年	1995年	2000年	2004年	2005年
农用排灌柴油机	万台	411.1	491.2	688.1	777.5	809.9
农用排灌柴油机动力	万千瓦	3348.5	3839.0	5232.6	5804.2	6034.0
渔用机动船	万艘	32.1	37.7	46.0	48.7	44.0
渔用机动船动力	万千瓦	696.0	965.7	1338.7	1384.2	1376.1
灌溉、施肥、用电量						
有效灌溉面积	万公顷	4740.3	4928.2	5382.0	5447.8	5502.9
农用化肥施用量(折纯)	万吨	2590.3	3593.7	4146.4	4636.6	4766.2
乡村办水电站个数	个	52387	40699	29962	27115	26726
乡村办水电站发电能力	万千瓦	428.8	519.5	698.5	993.8	1099.2
农村用电量	亿千瓦小时	844.5	1655.7	2421.3	3933.0	4375.7
农作物总播种面积	**万公顷**	14836	14988	15630	15355	15549
粮食	万公顷	11347	11006	10846	10161	10428
谷物	万公顷		8931	8526	7935	8187
豆类	万公顷		1123	1266	1280	1290
薯类	万公顷	912	952	1054	946	950
油料	万公顷	1090	1310	1540	1443	1432
棉花	万公顷	559	542	404	569	506
麻类	万公顷	50	38	26	33	33
糖料	万公顷	168	182	151	157	156
烟叶	万公顷	159	147	144	127	136
蔬菜	万公顷	634	952	1524	1756	1772
茶园面积	**万公顷**	106	112	109	126	135
果园面积	**万公顷**	518	810	893	977	1003
受灾面积和成灾面积						
受灾面积	万公顷	3847	4582	5469	3711	3882
成灾面积	万公顷	1782	2227	3437	1630	1997
成灾占受灾面积的比重	%	46.3	48.6	62.9	43.9	51.4

表 56　农林牧渔业总产值和指数

年　份	农林牧渔业总产值	#农　业	#林　业	#牧　业	#渔　业
绝对数(亿元)					
1978	1397.0	1117.5	48.1	209.3	22.1
1980	1922.6	1454.1	81.4	354.2	32.9
1985	3619.5	2506.4	188.7	798.3	126.1
1990	7662.1	4954.3	330.3	1967.0	410.6
1991	8157.0	5146.4	367.9	2159.2	483.5
1992	9084.7	5588.0	422.6	2460.5	613.6
1993	10995.5	6605.1	494.0	3014.4	882.0
1994	15750.5	9169.2	611.1	4672.0	1298.2
1995	20340.9	11884.6	709.9	6045.0	1701.3
1996	22353.7	13539.8	778.0	6015.5	2020.4
1997	23788.4	13852.5	817.8	6835.4	2282.7
1998	24541.9	14241.9	851.3	7025.8	2422.9
1999	24519.1	14106.2	886.3	6997.6	2529.0
2000	24915.8	13873.6	936.5	7393.1	2712.6
2001	26179.6	14462.8	938.8	7963.1	2815.0
2002	27390.8	14931.5	1033.5	8454.6	2971.7
2003	29691.8	14870.1	1239.9	9538.8	3137.6
2004	36239.0	18138.4	1327.1	12173.8	3605.6
2005	39450.9	19613.4	1425.5	13310.8	4016.1
指数(1978 年 = 100)					
1978	100.0	100.0	100.0	100.0	100.0
1980	109.1	106.4	113.7	122.6	103.9
1985	161.6	152.2	176.2	203.4	185.1
1990	203.9	186.5	179.5	282.0	346.7
1991	211.4	188.2	193.7	306.9	373.2
1992	224.9	196.2	208.6	333.9	430.3
1993	242.5	206.5	225.4	369.8	509.5
1994	263.3	213.2	245.3	431.4	611.4
1995	291.9	230.1	257.7	495.4	730.3
1996	319.3	248.0	272.2	551.6	832.4
1997	340.8	259.1	281.2	607.3	928.2
1998	361.1	271.9	289.4	651.9	1009.9
1999	377.9	283.6	298.6	681.6	1082.5
2000	391.5	287.6	314.7	724.5	1152.9
2001	408.1	297.7	315.2	770.1	1197.8
2002	428.1	309.3	337.6	816.3	1270.9
2003	444.8	310.8	360.9	875.9	1338.3
2004	478.2	337.2	368.2	939.0	1418.6
2005	505.5	351.0	380.0	1012.2	1510.8

注:1. 本表农林牧渔业总产值按当年价格计算,指数按可比价格计算。

2. 从 2003 年起执行新国民经济行业分类标准,总产值包括农林牧渔服务业产值。

表 57　主要农林牧渔业产品产量

项　　目	单 位	2000 年	2001 年	2002 年	2003 年	2004 年	2005 年
农产品产量							
粮食	万吨	46218	45264	45706	43070	46947	48402
谷物	万吨	40522	39648	39799	37429	41157	42776
#稻谷	万吨	18791	17758	17454	16066	17909	18059
小麦	万吨	9964	9387	9029	8649	9195	9745
玉米	万吨	10600	11409	12131	11583	13029	13937
豆类	万吨	2010	2053	2241	2128	2232	2158
薯类	万吨	3685	3563	3666	3513	3558	3469
棉花	万吨	442	532	492	486	632	571
油料	万吨	2955	2865	2897	2811	3066	3077
#花生	万吨	1444	1442	1482	1342	1434	1434
油菜籽	万吨	1138	1133	1055	1142	1318	1305
芝麻	万吨	81	80	90	59	70	63
麻类	万吨	53	68	96	85	107	110
#黄红麻	万吨	13	11	16	10	9	8
糖料	万吨	7635	8655	10293	9642	9571	9452
甘蔗	万吨	6828	7566	9011	9023	8985	8664
甜菜	万吨	807	1089	1282	618	586	788
茶叶	万吨	68	70	75	77	84	93
烟叶	万吨	255	235	245	226	241	268
#烤烟	万吨	224	205	214	201	216	244
水果	万吨	6225	6658	6952	14517	15341	16120
#苹果	万吨	2043	2001	1924	2110	2368	2401
柑橘	万吨	878	1161	1199	1345	1496	1592
梨	万吨	841	880	931	980	1064	1132
香蕉	万吨	494	527	556	590	606	652
蔬菜	万吨		48422	52861	54032	55065	56451
林产品产量							
木材	万立方米	4724	4552	4436	4759	5197	5560
橡胶	万吨	48	48	53	57	58	51
松脂	万吨	55	56	56	63	67	77
生漆	万吨	0.50	0.49	0.60	0.90	1.00	1.40
油桐籽	万吨	45	41	39	37	38	37
油茶籽	万吨	82	83	86	78	88	88
核桃	万吨	31	25	34	39	44	50
畜产品产量							
肉类产量	万吨	6125	6334	6587	6933	7245	7743
#猪牛羊肉	万吨	4838	5026	5229	5506	5777	6158
猪肉	万吨	4031	4185	4327	4519	4702	5011
羊肉	万吨	533	549	585	630	676	712
牛肉	万吨	274	293	317	357	399	436
奶类	万吨	919	1123	1400	1849	2368	2865
#牛奶	万吨	827	1026	1300	1746	2261	2753
绵羊毛	吨	292502	298254	307588	338058	373902	393172
#细毛羊	吨	117386	114651	112193	120263	130413	127862
半细毛羊	吨	84921	88075	102419	110249	119514	123068
山羊毛	吨	33266	34241	35459	36692	37727	36904
羊绒	吨	11057	10968	11765	13528	14515	15435
禽蛋	万吨	2243	2337	2463	2607	2724	2880
蜂蜜	万吨	25	25	27	29	29	29
水产品产量	**万吨**	4278	4381	4565	4705	4902	5106
海水产品	万吨	2539	2572	2646	2686	2768	2838
#天然生产	万吨	1477	1441	1434	1432	1451	1454
人工养殖	万吨	1061	1131	1213	1253	1317	1385
淡水产品	万吨	1740	1810	1918	2019	2134	2268
#天然生产	万吨	226	215	225	247	242	259
人工养殖	万吨	1513	1595	1693	1772	1892	2009

表 58 全部国有及规模以上非国有工业企业增加值和出口交货值

分类	绝对数（亿元）					2005 年比上年增长(%)
	2001 年	2002 年	2003 年	2004 年	2005 年	
工业增加值	**28329.4**	**32994.8**	**41990.2**	**54805.1**	**66425.2**	**16.4**
在总计中：						
#国有及国有控股企业	14652.1	15935.0	18837.6	23213.0	26063.4	10.7
在总计中：						
#集体企业	2615.5	2552.5	2551.7	2877.4	2581.0	12.4
股份合作企业	759.7	818.2	858.7	1043.4	897.1	16.0
股份制企业	10460.7	13056.4	17799.0	24054.1	32173.4	17.8
外商及港澳台投资企业	7128.1	8573.1	11599.6	15240.5	18976.7	16.6
在总计中：						
私营企业	2174.4	3255.8	5378.8	8290.0	11807.2	25.3
在总计中：						
轻工业	10516.9	12351.7	14352.5	17762.4	20584.6	15.2
重工业	17812.5	20643.1	27637.7	37042.7	45840.6	17.0
出口交货值	**16244.5**	**20055.2**	**26941.8**	**40484.2**	**47948.9**	**26.1**
在总计中：						
#国有及国有控股企业	2977.1	3186.2	3632.5	4433.8	5558.7	22.0
在总计中：						
#集体企业	1063.5	937.2	901.5	633.3	750.3	12.9
股份合作企业	407.1	428.8	417.4	315.3	395.7	14.2
股份制企业	3572.8	4581.5	6221.0	9193.9	10767.1	28.6
外商及港澳台投资企业	10311.7	13018.4	17958.9	28983.6	33968.9	26.1
在总计中：						
私营企业	1195.0	1837.9	2883.0	4532.4	5307.5	30.0
在总计中：						
轻工业	9231.1	10941.8	13435.0	17828.8	19786.3	19.4
重工业	7012.9	9113.5	13506.8	22655.3	28162.6	31.4

注：1. 本表除工业增加值增长速度按可比价格计算外，其它均按当年价格计算。

2. 规模以上非国有企业为年产品销售收入 500 万元以上的企业。

表59 全部国有及规模以上非国有工业企业主要经济指标(一)

(2005年)

指标	单位	合计	#大型企业	#中型企业
企业单位数	个	266090	2290	23938
#亏损企业数	个	47603	309	4462
应收账款净额	亿元	26775.7	7252.1	9217.8
产成品	亿元	12265.6	3077.2	4051.8
流动资产平均余额	亿元	105964.7	37570.1	34152.0
固定资产净值平均余额	亿元	88111.8	35845.1	27744.1
资产合计	亿元	240772.8	91595.0	79054.1
负债合计	亿元	140252.4	52588.6	45869.2
产品销售收入	亿元	244593.4	88434.6	71648.9
#产品销售成本	亿元	207323.7	74029.8	60432.9
产品销售费用	亿元	7196.7	2110.1	2580.3
产品销售税金及附加	亿元	2918.1	1579.7	807.2
管理费用	亿元	10556.1	3722.7	3273.7
财务费用	亿元	2665.7	904.1	927.9
#利息支出	亿元	2483.8	897.4	888.6
利润总额	亿元	14362.0	6401.2	4044.2
亏损企业亏损总额	亿元	1923.0	593.7	607.6
税金总额	亿元	10967.5	4897.0	3140.9
应交增值税	亿元	8049.4	3317.3	2333.7
全部从业人员平均人数	万人	6784.7	1455.3	2052.3

表60 全部国有及规模以上非国有工业企业主要经济指标(二)

(2005年)

指标	单位	#国有及国有控股企业	#集体企业	#股份制企业	#外商及港澳台投资企业
企业单位数	个	29229	17444	130491	55134
#亏损企业数	个	9943	2601	20398	13605
应收账款净额	亿元	7244.3	861.2	10737.6	11431.7
产成品	亿元	3637.4	458.1	6281.3	3736.3
流动资产平均余额	亿元	42526.9	3328.9	49461.8	33398.5
固定资产净值平均余额	亿元	49589.7	1895.2	41718.2	20577.3
资产合计	亿元	118961.8	6206.5	114660.3	62585.3
负债合计	亿元	68037.9	3661.1	68287.1	35661.7
产品销售收入	亿元	85943.7	9674.9	113597.3	77024.9
#产品销售成本	亿元	69888.5	8332.4	95307.2	66693.4
产品销售费用	亿元	1956.4	272.5	3206.5	2767.6
产品销售税金及附加	亿元	2113.9	74.6	1207.6	314.9
管理费用	亿元	4821.0	332.8	5026.3	2990.2
财务费用	亿元	1204.4	101.1	1460.1	463.4
#利息支出	亿元	1210.2	81.7	1347.1	459.5
利润总额	亿元	6446.9	550.8	7419.8	3966.8
亏损企业亏损总额	亿元	1026.2	30.9	902.1	661.0
税金总额	亿元	6218.5	379.1	5328.1	1907.7
应交增值税	亿元	4104.6	304.4	4120.5	1592.8
全部从业人员平均人数	万人	1933.5	349.0	3186.4	1846.6

表 61 主要工业产品产量

项　　目	单 位	2000 年	2001 年	2002 年	2003 年	2004 年	2005 年
化学纤维	万吨	694	841	991	1181	1700	1618
纱	万吨	657	761	850	984	1291	1440
布	亿米	277	290	322	354	482	470
机制纸及纸板	万吨	2487	3777	4667	4849	5413	5404
糖	万吨	700	653	926	1084	1034	903
原盐	万吨	3128	3411	3602	3438	4043	4455
合成洗涤剂	万吨	298	330	348	387	465	494
自行车	万辆	2907	2902	3958	5452	5001	5631
家用洗衣机	万台	1443	1342	1596	1964	2533	2953
家用电冰箱	万台	1279	1351	1599	2243	3008	2986
彩色电视机	万台	3936	4094	5155	6541	7432	8283
房间空调器	万台	1827	2334	3135	4821	6390	6765
原煤	亿吨	13.0	13.8	14.6	17.2	19.9	21.9
原油	万吨	16300	16396	16700	16960	17587	18084
天然气	亿立方米	272	303	327	350	415	500
发电量	亿千瓦小时	13556	14808	16540	19106	22033	24747
#火电	亿千瓦小时	10885	11768	13274	15804	17956	20180
水电	亿千瓦小时	2224	2774	2880	2837	3535	4010
生铁	万吨	13101	15554	17085	21367	26831	33040
粗钢	万吨	12850	15163	18237	22234	28291	35239
钢材	万吨	13146	16068	19252	24108	31976	39691
焦炭	万吨	12184	13131	14280	17776	20619	23282
水泥	万吨	59700	66104	72500	86208	96682	106400
平板玻璃	万重量箱	18352	20964	23446	27703	37026	36574
硫酸	万吨	2427	2696	3050	3371	3929	4529
农用化肥	万吨	3186	3383	3791	3881	4805	5220
乙烯	万吨	470	481	543	612	630	756
汽车	万辆	207	234	325	444	509	570
#轿车	万辆	61	70	109	207	228	277
电解铝	万吨	279	337	432	555	669	779
微型电子计算机	万部	672	878	1464	3217	5975	8084
复印机械	万部	157	144	207	264	325	403
程控交换机	万线	7136	7224	5861	7380	7625	7721
传真机	万部	196	318	297	747	851	1068
集成电路	亿块	59	64	96	148	236	266
移动电话机	万部	5248	8032	12146	18231	23752	30354

注：1. 2000 年及以后焦炭为机制焦炭，其他年份包括土焦。

2. 农用化肥按有效成份 100% 计算。

3. 原煤包括无烟煤、褐煤、烟煤，不包括石煤，包括个体产量。

表62 能源生产总量和构成

年份	能源生产总量（万吨标准煤）	构成（能源生产总量=100）			
		原煤	原油	天然气	水电
1978	62770	70.3	23.7	2.9	3.1
1980	63735	69.4	23.8	3.0	3.8
1985	85546	72.8	20.9	2.0	4.3
1990	103922	74.2	19.0	2.0	4.8
1991	104844	74.1	19.2	2.0	4.7
1992	107256	74.3	18.9	2.0	4.8
1993	111059	74.0	18.7	2.0	5.3
1994	118729	74.6	17.6	1.9	5.9
1995	129034	75.3	16.6	1.9	6.2
1996	132616	75.2	17.0	2.0	5.8
1997	132410	74.1	17.3	2.1	6.5
1998	124250	71.9	18.5	2.5	7.1
1999	125935	72.6	18.2	2.7	6.6
2000	128978	72.0	18.1	2.8	7.2
2001	137445	71.8	17.0	2.9	8.2
2002	143810	72.3	16.6	3.0	8.1
2003	163842	75.1	14.8	2.8	7.3
2004	187341	76.0	13.4	2.9	7.7
2005	206300	76.3	12.6	3.2	7.9

表63 能源消费总量和构成

年份	能源消费总量（万吨标准煤）	构成（能源消费总量=100）			
		煤炭	石油	天然气	水电
1978	57144	70.7	22.7	3.2	3.4
1980	60275	72.2	20.7	3.1	4.0
1985	76682	75.8	17.1	2.2	4.9
1990	98703	76.2	16.6	2.1	5.1
1991	103783	76.1	17.1	2.0	4.8
1992	109170	75.7	17.5	1.9	4.9
1993	115993	74.7	18.2	1.9	5.2
1994	122737	75.0	17.4	1.9	5.7
1995	131176	74.6	17.5	1.8	6.1
1996	138948	74.7	18.0	1.8	5.5
1997	137798	71.7	20.4	1.7	6.2
1998	132214	69.6	21.5	2.2	6.7
1999	133831	69.1	22.6	2.1	6.2
2000	138553	67.8	23.2	2.4	6.7
2001	143199	66.7	22.9	2.6	7.9
2002	151797	66.3	23.4	2.6	7.7
2003	174990	68.4	22.2	2.6	6.8
2004	203227	68.0	22.3	2.6	7.1
2005	222468	68.7	21.2	2.8	7.3

表 64 建筑业基本情况

项　　目	单　位	2000 年	2001 年	2002 年	2003 年	2004 年	2005 年
企业单位数	个	47518	45893	47820	48688	59018	55962
从业人员	万人	1994	2111	2245	2414	2500	2593
建筑业总产值	亿元	12498	15362	18527	23084	29022	34746
建筑业总产值指数	上年 = 100	112.1	122.9	120.6	124.6	125.7	119.7
建筑业增加值	亿元	3341	4024	4698	4655	5616	6709
建筑业增加值指数	上年 = 100	110.5	120.4	116.8	121.8	120.6	119.5
签订的合同额	亿元			26734	35940	46199	53240
#上年结转合同额	亿元			9175	11427	16057	19516
本年新签合同额	亿元			17560	24513	30143	33724
竣工产值	亿元	8978	11212	13729	16904	20266	22073
房屋建筑施工面积	万平方米	160141	188329	215609	259377	310986	348969
#本年新开工面积	万平方米	86949	107357	126658	154599	179449	189406
#投标承包面积	万平方米	108536	135953	165452	207719	243704	281103
房屋建筑竣工面积	万平方米	80715	97699	110217	122828	147364	150166
#住宅	万平方米	49668	57901	63712	69039	81859	84357
房屋建筑竣工价值	亿元				9012	11431	12097
#住宅	亿元				4744	6011	6445
按建筑业总产值计算							
的劳动生产率	元/人			74046	83245	101939	121723
人均竣工产值	元/人			49598	57061	68478	77327
人均施工面积	平方米/人			93	100	107	122
人均竣工面积	平方米/人			44	45	47	53

注：1. 本表 2000－2001 年为资质等级（旧资质）四级及四级以上建筑业企业数据；2002 年起为所有资质等级的施工总承包、专业承包建筑业企业（不含劳务分包建筑业企业）数据。

2. 2003 年起建筑业增加值统计口径调整，绝对数与以前年度不可比，指数按可比口径计算。

表 65 交通运输业基本情况

指　　标	单　位	1990 年	1995 年	2000 年	2004 年	2005 年
运输线路长度						
铁路营业里程	万公里	5.8	6.2	6.9	7.4	7.5
公路里程	万公里	102.8	115.7	140.3	187.1	193.1
内河航道里程	万公里	10.9	11.1	11.9	12.3	12.3
民航航线里程	万公里	50.7	112.9	150.3	204.9	199.9
客运量	**万人**	**772682**	**1172596**	**1478573**	**1767453**	**1847018**
#铁路	万人	95712	102745	105073	111764	115583
公路	万人	648085	1040810	1347392	1624526	1697381
旅客周转量	**亿人公里**	**5628**	**9002**	**12261**	**16309**	**17467**
#铁路	亿人公里	2613	3546	4533	5712	6062
公路	亿人公里	2620	4603	6657	8748	9292
货运量	**万吨**	**970602**	**1234937**	**1358682**	**1706226**	**1862066**
#铁路	万吨	150681	165982	178581	249017	269296
公路	万吨	724040	940387	1038813	1244990	1341778
水运	万吨	80094	113194	122391	187394	219648
货物周转量	**亿吨公里**	**26208**	**35909**	**44321**	**69442**	**80257**
#铁路	亿吨公里	10622	13050	13771	19289	20726
公路	亿吨公里	3358	4695	6129	7841	8693
水运	亿吨公里	11592	17552	23734	41429	49672
铁路机车数量	**台**	**13970**	**15554**	**15253**	**17022**	**17473**
国家铁路	台	13592	15146	14472	16066	16547
地方铁路	台	378	408	327	352	348
合资铁路	台			454	604	578
铁路客车数量	**辆**	**27526**	**32663**	**37249**	**41353**	**41974**
铁路货车数量	**辆**	**368561**	**436414**	**443902**	**526894**	**548368**
民用汽车拥有量	**万辆**	**551.4**	**1040.0**	**1608.9**	**2820.5**	**3159.7**
#载客汽车	万辆	162.2	417.9	853.7	1734.7	2132.5
载货汽车	万辆	368.5	585.5	716.3	890.1	955.5
#私人汽车	万辆	81.6	250.0	625.3	1597.3	1851.9
民用运输船舶拥有量	艘	425934	364968	229676	210700	207294
#机动船	艘	325858	299717	185018	166854	165900
驳船	艘	82482	57998	44658	43846	41394
#私人运输船舶	艘	231168	196736	142117	115503	95838
沿海主要港口货物吞吐量	**万吨**	**48321**	**80166**	**125603**	**246074**	**292777**
民用航空航线条数	**条**	**437**	**797**	**1165**	**1279**	**1257**
国际航线	条	44	85	133	244	233
国内航线	条	385	694	1032	1035	1024
地区航线	条	8	18	42	45	43
民航国内通航机场	**个**	**94**	**139**	**139**	**133**	**135**
民用飞机架数	**架**	**499**	**722**	**828**	**1119**	**1246**
#运输飞机	架		416	527	754	863
大中型飞机	架		330	462	675	785
小型飞机	架		86	65	79	78
#通用飞机	架		306	301	365	383

注:1．铁路营业里程、机车车辆及运量含国家铁路、地方铁路和合资铁路数据。

2．1995 年起铁路货物运输统计口径调整,增加了行包运量。

3．1999 年以前民航航线合计数据为国际、国内和地区之和,1999 年起为国际和国内之和,地区航线为国内其中项。

4．民航国内通航机场不含香港、澳门特别行政区。民用飞机架数合计中不含教学校验用飞机。

表 66 邮电业务基本情况

指标	单位	1990 年	1995 年	2000 年	2004 年	2005 年
邮电业务量						
邮电业务总量	亿元	155.5	988.9	4792.7	9791.2	12198.9
邮政业务总量	亿元	46.0	113.3	232.8	566.4	623.6
电信业务总量	亿元	109.6	875.5	4559.9	9224.8	11575.3
函件	亿件	54.9	79.6	77.7	82.8	73.6
特快专递	万件	343	5563	11031	19772	22879
报刊期发数	万份	20078	21689	20090	14789	14601
长途电话	亿次	11.6	101.4	210.8	225.7	260.1
无线寻呼用户	万户	43.7	1739.2	4884.3	298.7	97.1
移动电话用户	万户	1.8	362.9	8453.3	33482.4	39342.8
本地电话年末用户	万户	685.0	4070.6	14482.9	31244.3	35043.3
城市电话用户	万户	538.4	3263.6	9311.6	21084.8	23976.8
#住宅电话	万户	152.7	2358.4	7219.4	15304.4	17205.7
乡村电话用户	万户	146.6	807.0	5171.3	10159.5	11066.5
#住宅电话	万户	30.7	551.4	4597.8	9246.3	10016.1
公用电话用户	万户	4.6	85.0	352.0	2213.7	2660.4
邮政局所及邮电通信电路						
邮政局所	处	53629	61898	58437	66393	65917
邮路及农村投递路线总长度	万公里	498.3	523.2	643.8	686.7	697.1
长途光缆线路长度	公里	3334	106882	286642	645662.3	719018
邮电通信设备拥有量						
长途自动交换机容量	万路端	16.1	351.9	563.6	980.6	1338.8
局用交换机容量	万门	1232	7204	17826	42102	46954
用户交换机容量	万门		1450	1588	1415	1414
移动电话交换机容量	万户	5	797	13986	39747	48283
电话机(含移动电话)	万部	1233	5762	25607	66034	74386
#固定电话	万部	1231	5399	17153	32552	35043
邮电通信服务水平						
平均每一邮政局所服务面积	平方公里			135.3	144.6	145.6
平均每一邮政局所服务人口	万人			1.7	2.0	2.0
平均每人每年发函件数	件			6.4	6.0	5.6
平均每百人订有报刊数	份			16.4	11.0	11.2
每千人拥有公用电话数	部			0.2	17.0	20.4
全国电话普及率	部/百人	1.1	4.7	20.1	50.8	57.3
移动电话普及率	部/百人	0.002	0.3	6.8	25.8	30.3
通邮的行政村比重	%			78.7	87.0	98.5
通固定电话的行政村比重	%			82.9	89.9	91.2

注:1. 邮电业务总量2000年及以前按1990年不变价格计算,2001年起按2000年不变价格计算。

2. 1997年及以前城市电话用户为市内电话用户数,乡村电话用户为农村电话用户数。

3. 1998年及以前邮政局所为邮电局所。

表 67　国内贸易基本情况

指　　　标	单　位	2000 年	2001 年	2002 年	2003 年	2004 年	2005 年
批发零售业商品购销存总额							
商品购进总额	亿元	29784	32489	36886	45384		88163
商品销售总额	亿元	66360	72415	81266	99446	164542	164033
限额以上	亿元	32266	35153	40090	48613	86929	93796
限额以下及个体户	亿元	34094	37262	41176	50833	77613	70237
商品库存总额	亿元	3570	3618	3578	3898		7072
社会消费品零售总额	**亿元**	**39106**	**43055**	**48136**	**52516**	**59501**	**67177**
按销售单位所在地分							
市	亿元	24555	27379	31377	34608	39696	45094
县	亿元	4831	5251	5567	6012	6636	7485
县以下	亿元	9719	10425	11193	11896	13169	14597
按行业分							
批发零售贸易业	亿元	32697	36015	40982	44714	50257	56589
餐饮业	亿元	3836	4465	5555	6199	7550	8887
其他	亿元	2572	2575	1599	1603	1694	1701
社会消费品零售总额构成							
按销售单位所在地分							
市	%	62.8	63.6	65.2	65.9	66.7	67.1
县	%	12.4	12.2	11.6	11.4	11.2	11.1
县以下	%	24.9	24.2	23.3	22.7	22.1	21.7
按行业分							
批发零售贸易业	%	83.6	83.6	85.1	85.1	84.5	84.2
餐饮业	%	9.8	10.4	11.5	11.8	12.7	13.2
其他	%	6.6	6.0	3.3	3.1	2.8	2.5
城乡消费品市场情况							
市场数	个	88811	86454	82498	81017	71552	69520
城市	个	26395	26699	26529	27006	25404	25905
乡村	个	62416	59755	55969	54011	46148	43615
城乡消费品市场构成							
城市	%	29.7	30.9	32.2	33.3	35.5	37.3
乡村	%	70.3	69.1	67.8	66.7	64.5	62.7

注：1. 批发零售业商品购进总额和商品库存总额为限额以上批发零售业数据。

2. 2004 年批发零售业商品销售总额为经济普查数据，以主营业务收入为限额划分标准，其他年份以商品销售总额为限额划分标准。

3. 1993 –2004 年社会消费品零售总额为按照经济普查资料修订后的数据。

表 68 对外经济贸易和吸收外商投资

指 标	单 位	1990 年	1995 年	2000 年	2003 年	2004 年	2005 年
人民币对美元年平均汇率(中间价)	**1 美元折合人民币**	**4.7832**	**8.3510**	**8.2784**	**8.2770**	**8.2768**	**8.1917**
对外经济贸易							
货物进出口总额	亿美元	1154.4	2808.6	4742.9	8509.9	11545.5	14219.0
出口总额	亿美元	620.9	1487.8	2492.0	4382.3	5933.2	7619.5
初级产品	亿美元	158.9	214.9	254.6	348.1	405.5	490.4
工业制成品	亿美元	462.0	1272.9	2237.4	4034.2	5527.7	7129.6
进口总额	亿美元	533.5	1320.8	2250.9	4127.6	5612.3	6599.5
初级产品	亿美元	98.5	244.2	467.4	727.6	1172.7	1477.1
工业制成品	亿美元	434.9	1076.7	1783.5	3400.0	4439.6	5124.1
进出口差额	亿美元	87.4	167.0	241.1	254.7	320.9	1020.0
吸收外商投资							
合同项目	个	7371	37184	22347	41081	43664	44001
#外商直接投资	个	7273	37011	22347	41081	43664	44001
合同金额	亿美元	120.9	1032.1	711.3	1169.0	1565.9	1925.9
#外商直接投资	亿美元	66.0	912.8	623.8	1150.7	1534.8	1890.7
外商其他投资	亿美元	3.9	6.4	87.5	18.3	31.1	35.3
实际使用外资额	亿美元	102.9	481.3	593.6	561.4	640.7	638.1
#外商直接投资	亿美元	34.9	375.2	407.2	535.1	606.3	603.3
外商其他投资	亿美元	2.7	2.9	86.4	26.4	34.4	34.8
非金融类对外直接投资总额	**亿美元**				**29.0**	**55.3**	**69.2**
对外经济合作							
合同金额	亿美元	26.0	96.7	149.4	209.3	276.98	342.1
#对外承包工程	亿美元	21.3	74.8	117.2	176.7	238.4	296.0
对外劳务合作	亿美元	4.8	20.1	29.9	30.9	35.0	42.5
完成营业额	亿美元	18.7	65.9	113.3	172.3	213.7	267.9
#对外承包工程	亿美元	16.4	51.1	83.8	138.4	174.7	217.6
对外劳务合作	亿美元	2.2	13.5	28.1	33.1	37.5	48.0

注:1. 2004 年起“利用外资”改为“吸收外商投资”,包括外商直接投资和外商其他投资两部分,不包括对外借款。

2. 非金融类对外直接投资从 2002 年开始统计。

表69 各地区货物进出口总额

(2005年)

单位:亿美元

地区	按经营单位所在地分			按境内目的地、货源地分		
	进出口额	出口额	进口额	进出口额	出口额	进口额
全国总计	**14219.1**	**7619.5**	**6599.5**	**14219.1**	**7619.5**	**6599.5**
北京	1255.1	308.7	946.4	534.9	184.0	350.9
天津	532.8	273.8	259.0	546.3	260.3	286.0
河北	160.7	109.2	51.5	193.3	120.3	72.9
山西	55.5	35.3	20.2	90.9	63.0	27.9
内蒙古	48.8	17.7	31.0	53.0	22.9	30.2
辽宁	410.1	234.4	175.7	470.4	246.7	223.7
吉林	65.3	24.7	40.6	73.6	27.6	46.0
黑龙江	95.7	60.7	35.0	104.7	57.9	46.8
上海	1863.4	907.2	956.2	1815.0	865.8	949.2
江苏	2279.2	1229.7	1049.6	2384.8	1246.0	1138.8
浙江	1073.9	768.0	305.9	1238.1	815.5	422.6
安徽	91.2	51.9	39.3	92.6	50.8	41.8
福建	544.1	348.4	195.7	568.0	359.5	208.5
江西	40.6	24.4	16.3	49.6	26.5	23.1
山东	767.4	461.2	306.1	891.2	477.2	413.9
河南	77.2	50.9	26.4	90.7	56.1	34.5
湖北	90.5	44.3	46.3	99.9	41.9	58.0
湖南	60.0	37.5	22.5	69.6	38.6	31.0
广东	4279.6	2381.6	1898.1	4391.8	2409.8	1982.1
广西	51.8	28.8	23.0	57.6	28.7	28.9
海南	25.4	10.2	15.2	21.2	8.5	12.7
重庆	42.9	25.2	17.7	42.3	24.0	18.3
四川	79.0	47.0	32.0	76.7	40.9	35.8
贵州	14.0	8.6	5.4	20.4	11.3	9.0
云南	47.4	26.4	21.0	50.0	23.9	26.1
西藏	2.1	1.7	0.4	1.3	1.1	0.2
陕西	45.8	30.8	15.0	61.5	38.4	23.1
甘肃	26.3	10.9	15.4	29.9	11.1	18.8
青海	4.1	3.2	0.9	4.9	3.1	1.8
宁夏	9.7	6.9	2.8	11.8	8.1	3.7
新疆	79.4	50.4	29.0	83.0	49.9	33.1

表 70 旅游业基本情况

指　　标	单　位	2000 年	2001 年	2002 年	2003 年	2004 年	2005 年
旅游人数							
入境旅游人数	万人次	8344.4	8901.0	9790.8	9166.2	10903.8	12029.2
外国人	万人次	1023.6	1122.4	1343.9	1140.3	1693.3	2025.5
#日本	万人次	220.2	238.6	292.6	225.5	333.4	339.0
韩国	万人次	134.5	167.9	212.4	194.6	284.5	354.5
菲律宾	万人次	36.4	40.8	50.8	45.8	54.9	65.4
新加坡	万人次	39.9	41.5	49.7	37.8	63.7	75.6
英国	万人次	28.4	30.3	34.3	28.8	41.8	50.0
德国	万人次	23.9	25.3	28.2	22.2	36.5	45.5
俄罗斯	万人次	108.0	119.6	127.2	138.1	179.2	222.4
加拿大	万人次	23.7	25.4	29.1	23.0	34.8	43.0
美国	万人次	89.6	94.9	112.1	82.3	130.9	155.5
澳大利亚	万人次	23.4	25.5	29.1	24.5	37.6	48.3
港澳同胞	万人次	7009.9	7434.6	8080.8	7752.7	8842.1	9592.8
台湾同胞	万人次	310.9	344.0	366.1	273.2	368.5	410.9
#入境过夜旅游者人数	万人次	3122.9	3316.7	3680.3	3297.1	4175.1	4680.9
国内旅游人数	亿人次	7.44	7.84	8.78	8.70	11.02	12.12
城镇居民	亿人次	3.29	3.75	3.85	3.51	4.59	4.96
农村居民	亿人次	4.15	4.09	4.93	5.19	6.43	7.16
国内居民出境人数	万人次	1047.3	1213.4	1660.2	2022.2	2885.0	3103.0
#因私出境人数	万人次	563.1	694.7	1006.1	1481.1	2298.0	2514.0
旅游收入							
国际旅游外汇收入	亿美元	162.2	177.9	203.9	174.1	257.4	293.0
国内旅游总收入	亿元	3175.5	3522.4	3878.4	3442.3	4710.7	5285.9
城镇居民	亿元	2235.2	2651.7	2848.1	2404.1	3359.0	3656.1
农村居民	亿元	940.3	870.7	1030.3	1038.2	1351.7	1629.7
国内旅游人均花费	元/人	426.0	450.0	441.8	395.7	427.5	427.5
城镇居民	元/人	679.0	708.0	739.7	684.9	731.8	737.1
农村居民	元/人	227.0	213.0	209.1	200.0	210.2	227.6

表71 教育事业基本情况

指标	单位	1990年	1995年	2000年	2004年	2005年
学校数						
普通高等学校	所	1075	1054	1041	1731	1792
普通中等学校	所	105060	99814	93935	91543	
#专业学校	所	3982	4049	3646	3047	
普通中学	所	87631	81020	77268	79058	77977
小学	所	766072	668685	553622	394183	366213
专任教师						
普通高等学校	万人	39.5	40.1	46.3	85.8	96.6
普通中等学校	万人	362.8	403.8	473.4	535.3	
#专业学校	万人	23.4	25.7	25.6	19.7	
普通中学	万人	303.3	333.4	400.5	466.8	477.1
小学	万人	558.2	566.4	586.0	562.9	559.2
招生数						
普通高等学校	万人	60.9	92.6	220.6	447.3	504.5
普通中等学校	万人	1866.5	2424.1	3051.3	3442.7	
#专业学校	万人	73.0	138.1	132.6	203.8	
普通中学	万人	1619.6	2025.9	2736.0	2899.7	2854.3
小学	万人	2064.0	2531.8	1946.5	1747.0	1671.7
在校学生						
普通高等学校	万人	206.3	290.6	556.1	1333.5	1561.8
普通中等学校	万人	5239.2	6380.6	8518.4	10054.6	
#专业学校	万人	224.4	372.2	489.5	554.5	
普通中学	万人	4586.0	5371.0	7368.9	8695.4	8580.9
小学	万人	12241.4	13195.2	13013.3	11246.2	10864.1
毕业生数						
普通高等学校	万人	61.4	80.5	95.0	239.1	306.8
普通中等学校	万人	1539.1	1705.4	2302.3	2954.2	
#专业学校	万人	66.1	83.9	150.7	140.6	
普通中学	万人	1342.1	1429.0	1908.6	2617.3	2768.1
小学	万人	1863.1	1961.5	2419.2	2135.2	2019.5
研究生数						
在学人数	万人	9.3	14.5	30.1	82.0	97.9
招生数	万人	3.0	5.1	12.8	32.6	36.5
毕业生数	万人	3.5	3.2	5.9	15.1	19.0
幼儿园						
园数	万所	17.2	18.0	17.6	11.8	12.4
幼儿数	万人	1972.2	2711.2	2244.2	2089.4	2179.0
特殊教育学校						
学校数	所	746	1379	1539	1560	1593
在校学生数	万人	7.2	29.6	37.8	37.2	36.4
教育经费投入	**亿元**	**659.4**	**1878.0**	**3849.1**	**7242.6**	
学龄儿童入学率	**%**	**97.8**	**98.5**	**99.1**	**98.9**	**99.2**
小学升学率	**%**	**74.6**	**90.8**	**94.9**	**98.1**	**98.4**
初中升学率	**%**	**40.6**	**48.3**	**51.2**	**62.9**	**69.7**
高中升学率	**%**	**27.3**	**49.9**	**73.2**	**82.5**	**76.3**

注:高中升学率为普通高校招生数(含电大普通班)与普通高中毕业生数之比。

表 72 科技事业发展情况

指　　标	单　位	1991 年	1995 年	2000 年	2004 年	2005 年
研究与试验发展(R&D)活动						
研究与试验发展折合全时人员	万人年	67.1	75.2	92.2	115.3	121.9
#科学家和工程师	万人年	47.1	52.2	69.5	92.6	99.5
研究与试验发展经费支出	亿元		349	896	1966	2367
研究与试验发展经费支出占						
国内生产总值比重	%		0.57	0.90	1.23	1.30
技术成果和国家奖励						
科技成果登记数	项	32653	31099	32858	31720	35890
#应用技术成果	项	28258	27431	28843	27363	31460
国家奖励						
#国家自然科学奖	项	53	57	15	28	38
国家技术发明奖	项	209	131	23	28	40
国家科技进步奖	项	502	607	250	244	236
国际科学技术合作奖	项		6	2	5	5
技术市场成交额	亿元	95	268	651	1334	1551
成功发射卫星	次		2	6	8	5
科技服务						
出版地图	种		970	1150	1834	1667
气象观测站点	个	3903	4128	5117	8132	12940
气象科学数据共享服务数据量	GB				2261	2089
地震台站	个	1125	1183	1234	1253	1253
海洋观测站点、监测站位	个	1228	809	927	4862	8376
质量监督						
产品质量检验机构	个		5000	5500	18983	18932
#国家检测中心	个		235	230	263	293
抽查产品	类	138	185	235	256	249
抽查产品	种	3902	6713	9705	17736	12544
专利						
专利申请受理量	万件	5.00	8.30	17.07	35.38	47.63
国内	万件	4.57	6.89	14.03	27.89	38.32
国外	万件	0.44	1.41	3.03	7.49	9.31
专利申请授权量	万件	2.46	4.51	10.53	19.02	21.40
国内	万件	2.14	4.12	9.52	15.13	17.16
国外	万件	0.32	0.39	1.01	3.89	4.24

注:2000 年起研究与试验发展(R&D)活动的有关数据为全社会口径。

表73 国有企事业单位专业技术人员

项目	单位	1990年	1995年	2000年	2003年	2004年
国有企事业单位职工人数	**万人**	**9459**	**9975**	**6820**	**5575**	**5375**
专业技术人员总计	**万人**	**2285.3**	**2705.4**	**2887.4**	**2774.5**	**2750.4**
#工程技术人员	万人	479.7	562.6	555.1	499.3	480.8
农业技术人员	万人	45.0	53.6	67.0	68.3	70.5
卫生技术人员	万人	265.8	303.5	337.2	344.1	353.2
科学研究人员	万人	33.5	30.3	27.5	27.5	28.2
教学人员	万人	824.3	963.4	1178.3	1234.7	1245.6
按行业分						
农、林、牧、渔业	万人					132.9
工业	万人					334.1
建筑业	万人					90.3
交通运输、仓储和邮政业	万人					87.1
信息传输、计算机服务和软件业	万人					44.8
批发和零售业	万人					40.4
住宿和餐饮业	万人					3.6
金融业	万人					152.2
房地产业	万人					12.1
租赁和商务服务业	万人					11.5
科学研究、技术服务和地质勘查业	万人					91.3
水利、环境和公共设施管理业	万人					46.3
居民服务和其他服务业	万人					11.0
教育	万人					1245.6
卫生、社会保障和社会福利业	万人					327.9
文化、体育和娱乐业	万人					70.9
公共管理和社会组织	万人					48.4
平均每万名职工有专业技术人员	**人**	**2416**	**2712**	**4234**	**3900**	**5117**
#工程技术人员	人	507	564	814	896	894
农业技术人员	人	48	54	98	123	131
卫生技术人员	人	281	304	494	617	657
科学研究人员	人	35	30	40	49	52
教学人员	人	871	966	1728	2215	2317

注:1990年数据包括行政机关专业技术人员,但不包括社会科技领域专业技术人员及小学教师人数。

表 74 文化、卫生和体育基本情况

项 目	单 位	1990 年	1995 年	2000 年	2004 年	2005 年
文化事业						
艺术表演团体	个	2805	2684	2630	2580	2803
文化馆	个	2955	2886	2907	2841	2847
公共图书馆	个	2527	2608	2677	2720	2762
博物馆	个	1013	1194	1392	1548	1575
档案馆	个	2954	3024	3070	3127	3133
广播人口覆盖率	%	74.7	78.8	92.5	94.1	94.5
电视人口覆盖率	%	79.4	84.5	93.7	95.3	95.8
有线电视用户	万户			7950	11604	12569
报纸总印数	亿份	211.3	263.3	329.3	402.4	404.0
杂志总印数	亿册	17.9	23.4	29.4	28.4	27.5
图书总印数	亿册(张)	56.4	63.2	62.7	64.1	64.0
卫生事业						
卫生机构数	万个	20.9	19.0	32.5	29.6	29.9
#医院及卫生院	个	62126	67460	66095	60867	60397
疾病预防控制中心(防疫站)	个	3618	3729	3741	3586	3585
妇幼保健院(所、站)	个	3148	3179	3163	2997	3021
医院及卫生院床位数	万张	259.2	279.6	290.8	304.7	313.5
卫生人员数	万人	490.6	537.3	559.1	535.4	542.7
#卫生技术人员数	万人	389.8	425.7	449.1	439.0	446.0
#医生	万人	176.3	191.8	207.6	190.5	193.8
护师及护士	万人	97.5	112.6	126.7	130.8	135.0
卫生总费用	亿元	747.4	2155.1	4586.6	7590.3	
体育事业						
《国家体育锻炼标准》达标人数	万人	7478	10608	15202	12662	12220
县以上体委举办运动会次数	次	30158	24880	26196	43440	44762
新发展等级运动员	人	65540	79436	97011	33651	39102
创造世界纪录	次	16	24	30	16	21
获得世界冠军	个	54	102	110	103	106

表75 社会保障基本情况（一）

指　　标	单　位	2001年	2002年	2003年	2004年	2005年
社会救济和社会优抚						
城镇居民最低生活保障人数	万人	1170.7	2064.7	2246.8	2205.0	2234.1
城镇居民最低生活保障家庭数	万户		819.5	930.5	955.5	994.6
农村居民最低生活保障人数	万人	304.6	407.8	367.1	488.0	824.9
农村居民最低生活保障家庭数	万户		156.7	176.8	235.9	406.1
农村定期救济人数	万人			793.4	914.1	1066.7
农村定期救济户数	万户			455.9	545.8	654.8
国家抚恤、补助各类优抚对象人数	万人	450.7	459.0	464.9	461.9	460.2
社会捐赠						
社会捐赠款物	万元	199886	207980	434055	351206	618935
社会捐赠款	万元	117242	189676	410235	339641	603355
民政部门	万元	75770	110906	291690	170671	313393
慈善会	万元	41472	78770	118544	168970	289962
社会捐赠衣被物资折款	万元	82644	18304	23820	11564	10355
接收社会捐赠衣被数量	万件	12635	22961	19649	8957	15580
受益人次数	万人次		3518	4243	1849	3611
社会捐赠接收站、点数	个		25366	27790	27356	31153
社区服务						
城镇社区服务设施数	万处	19.6	19.9	19.6	19.8	19.5
社区服务中心	个	6179	7898	7520	7804	8479
村委会	万个	70.0	68.1	66.3	64.4	62.9
居委会（社区居委会）	万个	9.1	8.6	7.7	7.8	8.0
社会福利事业						
收养性单位数	个	39338	38875	37294	38593	40940
收养单位床位数	万张	124.7	125.1	129.8	146.8	163.0
年末收养人数	万人	89.3	92.6	96.5	110.9	122.9

表76 社会保障基本情况（二）

指 标	单 位	2001年	2002年	2003年	2004年	2005年
社会福利企业						
企业数	个	37980	35758	33976	32410	31211
残疾职工人数	万人	69.9	68.3	67.9	66.2	63.7
社会事务						
登记结婚人数	万对	805.0	786.0	811.4	867.2	823
#涉外及港澳台	万对	7.9	7.3	7.8	6.4	6.4
登记结婚率	‰	12.6	12.2	12.6	13.3	12.6
登记离婚人数	万对	125.0	117.7	133.0	166.5	178.5
登记离婚率	‰	1.96	1.80	2.06	2.56	2.73
收养儿童登记件数	件	44706	45336	54159	52603	49506
#涉外收养	件	8617	9964	9275	12519	14036
火化遗体数	万具	386.7	415.2	434.9	436.9	450.2
主要民政资金						
民政事业费支出	亿元	285.1	392.2	498.9	577.4	714.6
抚恤费	亿元	69.4	74.7	87.9	104.1	143.6
城市最低生活保障事业费	亿元	41.6	108.7	153.1	172.7	191.9
社会福利及其他社会救济费	亿元	49.0	58.8	78.9	99.4	55.6
农村及其他社会救济费	亿元					79.9
#农村最低生活保障事业费	亿元					25.3
自然灾害救济费	亿元	41.0	40.0	52.9	51.5	62.1
基本建设投资总额	亿元	30.8	30.1	30.0	29.2	31.6
福利彩票销售金额	亿元	139.7	168.0	200.0	226.4	250.7
社会保障						
参加基本养老保险职工人数	万人	10802	11129	11647	12250	13120
参加基本养老保险离退休人数	万人	3381	3608	3860	4103	4367
参加失业保险人数	万人	10355	10182	10372	10584	10648
参加基本医疗保险人数	万人	7286	9401	10902	12404	13783
参加工伤保险人数	万人	4345	4406	4575	6845	8478
社会保险基金收入	亿元	3102	4049	4883	5780	6968
社会保险基金支出	亿元	2748	3472	4016	4627	5401
社会保险基金累计结余	亿元	1623	2423	3314	4493	6066

注：1. 登记离婚率指当年在民政部门办理离婚登记、在法院判决和调解的离婚人数之和与全国年中总人口数之比。

2. 结婚率 = 当年领证人数（人）/当地人口数（人）×1000‰；

离婚率 = 当年领证人数（人）/当地人口数（人）×1000‰。

3. 2005年起社会福利及其他社会救济费改为社会福利费，增加农村及其他社会救济费指标。

4. 社会保险基金包括基本养老、失业、基本医疗、工伤和生育五项保险。

表77 环境保护基本概况（一）

项 目	单 位	2001年	2002年	2003年	2004年	2005年
水环境						
水资源总量	亿立方米	26867.8	28261.3	27460.2	24129.6	27430.2
人均水资源量	立方米/人	2112.5	2207.2	2131.3	1856.3	2097.8
用水总量	亿立方米	5567.4	5497.3	5320.4	5547.8	5572.6
#农业	亿立方米	3825.7	3736.2	3432.8	3585.7	3531.2
工业	亿立方米	1141.8	1142.4	1177.2	1228.9	1276.8
生活	亿立方米	599.9	618.7	630.9	651.2	687.6
生态	亿立方米			79.5	82.0	77.0
废水排放总量	亿吨	433.0	439.5	459.3	482.4	523.0
化学需氧量排放量	万吨	1404.8	1366.9	1333.9	1339.2	1413.0
#工业	万吨	607.5	584.0	511.8	509.7	554.0
生活	万吨	797.3	782.9	821.1	829.5	859.0
氨氮排放量	万吨	125.2	128.8	129.6	133.0	150.0
#工业	万吨	41.3	42.1	40.4	42.2	53.0
生活	万吨	83.9	86.7	89.2	90.8	97.0
工业废水排放达标率	%	85.2	88.3	89.2	90.7	91.0
大气环境						
二氧化硫排放量	万吨	1947.8	1926.6	2158.5	2254.9	2549.0
#工业	万吨	1566.6	1562.0	1791.6	1891.4	2168.0
生活	万吨	381.2	364.6	366.9	363.5	381.0
烟尘排放量	万吨	1069.8	1012.7	1048.5	1095.0	1182.0
#工业	万吨	851.9	804.2	846.1	886.5	949.0
生活	万吨	217.9	208.5	202.5	208.5	233.0
工业粉尘排放量	万吨	990.6	941.0	1021.3	904.8	909.0
建成城市烟尘控制区数	个	3203	3369	3599	3693	3453
建成城市烟尘控制区面积	万平方公里	2.2	2.6	3.3	3.7	3.7

注;2005年环境统计数据是初步汇总数据。

表 78 环境保护基本概况（二）

项目	单位	2001 年	2002 年	2003 年	2004 年	2005 年
固体废物						
工业固体废物排放量	万吨	2894	2635	1941	1762	1620
工业固体废物综合利用量	万吨	47285	50061	56040	67796	79697
工业固体废物综合利用率	%	52.1	51.9	54.8	55.7	58.0
噪声						
建成城市噪声达标区数	个	3111	3128	3573	3534	3573
建成城市噪声达标区面积	万平方公里	1.5	1.6	2.0	2.1	2.7
生态环境						
森林面积	万公顷			15894.1	17490.9	17490.9
森林覆盖率	%			16.55	18.21	18.21
当年营造林面积	万公顷	1077.5	1033.2	1093.6	679.5	636.6
全国自然保护区数	个	1551	1757	1999	2194	2349
#国家级	个	171	188	226	226	243
全国自然保护区面积	万公顷	12989	13295	14398	14823	14995
全国保护区面积占辖区面积	%	12.9	13.2	14.4	14.8	15.0
国家级生态示范区数	个	82	82	82	166	166
全国湿地面积	万公顷			3848.6	3848.6	3848.6
全国湿地面积占国土面积	%			4.0	4.0	4.0
自然灾害						
发生地质灾害起数	次	5793	40246	15489	13555	854 *
发生地震灾害次数	次	12	5	21	11	11
海洋灾害发生次数	次		126	172	155	176
#赤潮	次	77	79	119	96	82

注：* 为造成人员伤亡或直接经济损失 50 万元以上的地质灾害起数。